호모커넥투스
HOMO CONNECTUS

호모커넥투스

초연결 세계와 신인류의 연금술적 공생

최 민 자 지음

HOMO CONNECTUS

4차 산업혁명, 그 이후를 살아가는 뉴노멀의 지혜

도서출판 모시는사람들

서문

'연금술적 공생'을 향하여

　지구가 대규모 재앙의 티핑 포인트(tipping point)로 다가서고 있다며 국제사회의 공동 대응을 촉구하는 경고가 잇달아 나오고 있다. 기후변화와 환경생태계 파괴, 감염병 팬데믹(Pandemic, 세계적 대유행) 쇼크 등 인류의 생존 자체를 위협하는 엔트로피(entropy or disorder)의 심연과 마주하고 있는 지금, 과연 인류는 '연금술적 공생(alchemical symbiosis)'을 통해 새로운 진화적 창조성을 발휘할 수 있을 것인가? 인류는 지금 다른 행성에서 새로운 문명을 열기 위한 인터스텔라(Interstellar) 탐사 구상을 본격화하면서도 정작 인간의 의식이나 지구의 유기적 본질에 대해서는 심층적으로 이해하지 못하고 있다.

　보이지 않는 양자(quantum) 세계는 양자물리학의 미시세계에만 국한된 세계가 아니다. 바로 우리 자신의 참자아(眞我, true self)의 세계이며 '내적 자아(inner self)'의 영역이다. 육체는 다른 물질과 마찬가지로 특정 주파수대의 에너지 진동에 지나지 않는다. 육체는 참자아가 아니며 단지 참자아로 들어가는 문일 뿐이다. 내면의 하늘로 통하는 영적인 세계로의 문이다. 그 내면의 하늘은 우주 생명력 에너지로 충만해 있으며, '보이는 우주'가 형성되어 나오는 '보이지 않는 우주'이다. 우리는 우리 자신에게 있는 '양자 가능태(quantum potentia)'로부터 우리가 경험하는 실제가 되는 특정 국면을 선택함으로써 미시세계인 양자세계와 거시세계인 우리 삶의 세계를 하나로 연결한다. 관측된 세계는 바로 우리 의식이 만들어낸 세계이다. 일체의 현상은 오직 의식의 작용일 뿐이다. 거시세계와 미시세계는 상호 조응해 있으며 상즉상입의 구조로 상호 연기(緣起)하는 유비적 대응관계에 있다.

지구 자체에 대해서도 좀 더 심층적으로 이해할 필요가 있다. 지구 유기체는 지구의 물리·화학적 환경을 변화시키는 살아 있는 생명 실체이다. 영국의 과학자이며 '가이아 이론(Gaia theory)'을 창시한 제임스 러브록은 컴퓨터 시뮬레이션을 통해 지구상의 생명체가 무생명계와 상호작용함으로써 스스로 항상성(homeostasis)을 유지할 수 있다며, 지구를 자기조절 능력을 가진 거대한 생명체로 파악했다. 새로운 시스템적 관점에서 볼 때 진화의 추진력은 새로운 것을 창조하려는 생명 자체에 내재된 고유한 성향에 있으며, 새로운 것의 창조는 점증하는 복잡성과 질서의 자발적인 출현 속에서 일어난다. 미국의 생물학자 린 마굴리스의 공생 진화(symbiotic evolution) 이론에 의하면 지구상의 모든 생명체는 공생이라는 고리로 상호 연결되어 있으며 그러한 공생 진화가 없었다면 생명체는 존재할 수 없었을 것이다. 유기체와 환경은 경쟁과 협력, 창조와 상호 적응을 통해 공진화(co-evolution)한다.

최근 코로나바이러스감염증-19(COVID-19)가 팬데믹 단계에 돌입하면서 세계 증시가 폭락을 거듭하는 등 지구촌 전체가 '패닉' 상태에 빠졌다. 그 여파로 세계 각국이 자국민 보호 차원에서 국경봉쇄에 들어가고, 지역 간 이동 및 집회가 제한되고, 재택근무가 확산되고, 전자상거래 수요가 급증하고, 휴교령이 내려졌다. 팬데믹에 따른 해외 유입이 새로운 감염원이 되고 있는데다가 발생 양상이 지역 사회 감염으로 나타남에 따라 우리나라도 사상 초유의 초·중·고 온라인 개학이 실시되고 대학 온라인 수업도 장기화될 조짐이다. COVID-19가 일시적 소강상태를 보일 수는 있겠지만 언제 완전히 종식될지는 불투명하다. 많은 전문가들은 이제 인류가 감염병 팬데믹 시대에 접어들었다고 본다. 따라서 장기전 태세로 '뉴 노멀(new normal)' 시대를 내다보고 준비해야 한다는 목소리가 높아지고 있다.

감염병은 인류의 역사에 깊숙이 관여하며 총·칼조차도 무력화시킬 정도로 지정학적 역학관계를 변화시키는 데에 결정적인 역할을 해 왔다. 14세기 유럽 전역으로 급속히 확산된 페스트(흑사병)는 당시 유럽 인구의 1/3의 목숨을 앗아가면서 노동력의 손실로 이어져 결국 중세 유럽 경제를 지탱하던 장원제도와 봉건제도를 몰락시켰다. 천연두 또한 스페인군과 합세하여 아즈텍 제국과 잉카제국을 멸망시키는 데에 결정적인 역할을 했다. 이 시대의 감염병 또한 동북아의 역학 구도 변화와 세계 질서 재편에 일정 역할을 하게 될 것이라는 전망이 나온다. 또한 비대면 업무와 재택근무 증가, 온라인 수업 확산 및 온라인 쇼핑 급증으로 디지털화 추세는 가속화될 것이며 이에 따라 초연결사회로의 진화 또한 가속화될 전망이다. 초연결사회의 출현은 만물초지능 통신혁명으로 파생되는 수확 가속화로 우리의 생활 방식과 사회·경제 시스템이 총체적으로 혁신되는 호모커넥투스 시대로의 대전환을 의미한다.

초연결·초융합·초지능은 4차 산업혁명의 가장 중요한 특성이자 호모커넥투스 시대의 바탕을 이루는 것이다. 호모커넥투스는 4차 산업혁명 시대에 부응하는 인간의 새로운 정체성을 표현하기 위해 생겨난 신조어다. 즉 사람과 사물, 공간 등이 상호 연결된 초연결사회의 인간을 의미한다. 하지만 호모커넥투스는 연결되어 있어도 고독하다(Connected, but alone). 왜 그런가? 외적·기술적 존재성을 넘어 '내적 자아'의 연결로 이어지지 못하기 때문이다. 초고속 연결망이 광범위하게 깔리고 정보통신 산업에 대한 규제가 사라진다고 해서 자연스럽게 4차 산업혁명과 호모커넥투스 시대가 실현될 수 있는 것은 아니다. '연금술적 공생'을 향한 공감적 감수성이 발휘되기 위해서는 우리가 본래 호모커넥투스, 즉 '초연결의 인간'이라는 사실을 자각(self-awareness)하는 것이 중요하다. 게슈탈트 치료에서도 강조하듯이 이러한 자각으로 인해 분리성에 대한 영적 치유(spiritual healing)가 일어나기 때문이다.

이 책의 특징은 다음 몇 가지로 요약할 수 있다. 첫째는 호모커넥투스를 외적·기술적 존재성을 넘어 '연금술적 공생'을 도모하는 주체로 다루고 있다는 점이다. 둘째는 과학을 통한 영성으로의 접근(Approaching spirituality through science)과 영성을 통한 과학으로의 접근(Approaching science through spirituality)이라는 상호 피드백 과정을 통해 생명에 대한 심오한 철학적·과학적 이해를 바탕으로 호모커넥투스의 정체성에 대한 명료한 인식과 함께 공감의 신문명을 여는 추동력을 제공하고 있다는 점이다. 셋째는 홀로그램 우주와 동시성(synchronicity)의 원리를 동양의 영적 지혜의 전통과의 접합을 통해 고찰함으로써 미시세계와 거시세계가 상호 조응하며 상호 연기(緣起)하는 유비적(類比的) 대응관계에 있음을 밝히고 있다는 점이다.

넷째는 영성[眞如]인 동시에 물성[生滅]으로 나타나는 참자아[一心]의 이중성을, 파동인 동시에 입자로 나타나는 양자계(quantum system)의 역설적 존재성과 회통(會通)시킴으로써 현대 물리학의 아킬레스건인 입자-파동의 이중성을 이해하는 단초를 제공하고, 나아가 '의식 안의 과학(science within consciousness)'이 함축하고 있는 심원한 의미를 들여다볼 수 있게 한다는 점이다. 다섯째는 '양자 얽힘(quantum entanglement)'의 비국소성(nonlocality)에 대한 고찰을 통해 우리의 의식과 선택이 곧 우주를 형성한다는 양자물리학적 관점이 비이원성(nonduality)에 기초한 영적인 관점과 일맥상통하며 우리 자신과 세계를 변화시킬 모티브를 제공한다는 것을 밝히고 있다는 점이다.

본서는 총 9장으로 구성된다. 제1장은 호모커넥투스: 본질과 의미, 제2장은 전체성과 홀로그램의 원리, 제3장은 '양자 얽힘'과 생명의 그물망, 제4장은 실재를 향한 현대 과학의 여정, 제5장은 호모커넥투스와 복잡계의 진화, 제6장은 하나가 왜, 어떻게 여럿으로 나타나는가, 제7장은 호모커넥투스와 포스트모던 세계의 특성, 제8장은 호모커넥투스와 초연결사회, 제9장은 호모커넥투스 시대이다.

1장: **호모커넥투스: 본질과 의미** 호모커넥투스는 초연결·초융합·초지능의 4차 산업혁명 시대에 부응하는 인간의 새로운 정체성을 나타내는 신조어다. 사람과 사물, 공간 등이 상호 연결된 초연결사회의 인간, 즉 '초연결의 인간'을 의미한다. 호모커넥투스의 본질은 연결성이다. 연결성은 곧 소통성이므로 '하나됨(oneness)'의 근간을 이루는 것이다. 호모커넥투스란 용어가 외적·기술적 연결에 추동되어 만들어진 것이긴 하지만, 애초부터 전 우주는 분리할 수 없는 파동의 대양(氣海)이며 단 한순간도 연결되지 않은 적이 없었다! 다만 자각하지 못하고 있을 뿐이다. 우리는 이미 완전히 연결되어 있다. 우리는 본래 호모커넥투스다! 왜냐하면 우주의 본질은 생명이고, 우리 모두는 '불가분의 전체성(undivided wholeness)'인 생명이라는 피륙의 한 올이기 때문이다. 이러한 호모커넥투스의 진실은 양자역학(quantum mechanics)으로 대표되는 포스트 물질주의 과학에서 재발견되고 있다.

'접속의 시대'가 안고 있는 문제의 본질은 크게 두 가지, 즉 문화 자본주의의 등장으로 인해 지역 문화가 고갈되고 지구 문화의 동질화가 심화되면서 인류 지식의 보고(寶庫)가 사라지고 문화적 다양성이 소멸될 위기에 처했다는 것, 그리고 인간의 가치가 형성되는 유일한 원천인 문화의 상품화로 인해 문화생활을 구성하는 수많은 관계는 물론 인간 자체도 상품화됨으로써 사회적 신뢰와 사회 자본이 고갈되어 인류 문명이 위기에 처하게 되었다는 것이다. 문화 자본주의가 '효용 가치'를 앞세운 나머지 '내재 가치'가 밀려나면서 가장 깊은 의미에서 호모커넥투스의 자기정체성은 혼란을 겪고 있다. 호모커넥투스라는 신조어가 인간 본래의 정체성을 바탕으로 '내적 자아'와 연결되지 못한 채 단지 외적·기술적 연결에 머문다면 공감의 신문명은 창출되기 어려울 것이다. 스스로가 누군지 알지 못한다면 앞으로 해야 할 일들의 목록을 늘어놓는다고 해서 무슨 소용이 있겠는가?

2장: **전체성과 홀로그램의 원리** 드러난 질서[물질계, 현상계]와 숨겨진 질서[의식계, 본체계]의 유비적(類比的) 대응관계에 주목하는 것은, 사실 그대로의 우주, 인간 그리고 사물에 대한 이해가 없이는 삶의 세계의 문제들에 대해 실효성 있는 대안을 마련하기 어렵기 때문이다. 우주는 부분들의 단순한 조합이 아니라 유기적 통일체이며 우주만물은 개별적 실체성을 갖지 않고 전일적인 흐름(holomovement) 속에서만 파악될 수 있다. 실재하는 것은 전체성이고, 단지 분절적 사고(fragmentary thought) 습관에 따른 미망의 지각작용에 의해 이 우주가 분절적이라고 착각하는 데서 모든 문제가 발생한다. 따라서 우리가 해야 할 일은 분절적인 사고 습관을 그만두는 것이다. 미시세계에서의 파동-입자의 이중성은 생명의 본질 자체가 내재와 초월, 본체[理, 숨겨진 질서]와 작용[氣, 드러난 질서]을 상호 관통하는 완전한 소통성, 즉 생명계가 완전한 '열린계(open system)'인 데에 기인한다.

양자역학을 필두로 한 포스트 물질주의 과학은 철학, 종교, 문학 등 다양한 분야와의 대화를 통해 '하드 사이언스(hard science)'에서 '소프트 사이언스(soft science)'로 과학의 외연을 확장시키며 과학의 대중화를 선도하고 있다. 양자역학적 관점에서는 양자계가 근원적으로 비분리성 또는 비국소성을 갖고 파동인 동시에 입자로서의 속성을 상보적으로 지닌다고 보는데, 이는 물질[氣·色·有]의 궁극적 본질이 비물질[理·空·無]과 하나라는 사실에 기인한다. 진여(眞如)인 동시에 생멸(生滅)로 나타나는 마음의 구조를 이해하면, 파동인 동시에 입자로 나타나는 양자역학적 세계관을 이해할 수 있다. 한마디로 양자역학은 '마음의 과학'이다. 홀로그램 원리가 말하여 주듯 생명은 비분리성·비이원성을 본질로 하는 영원한 '에너지 무도(energy dance)'이다. 참자아가 곧 하늘(天·神·靈)이며 '양자 신(quantum God)'이고 보편적 실재로서의 '나', 즉 생명이고 진리이다.

3장: **'양자 얽힘'과 생명의 그물망** 전체(우주)는 빅데이터를 돌려서 얻는 부분(정보)의 단순한 합이 아니다. 이 우주는 '인드라망'과도 같이 상호 연관과 상호 의존의 세계 구조로 이루어져 있으며 만물만상이 끝없이 상호 연결된 생명의 그물망을 형성하고 있다. 이는 두 입자가 공간적으로 아무리 멀리 떨어져 있어도 비국소적으로(nonlocally) 연결되어 있기 때문에 매개체 없이도 즉각적으로 서로의 상태에 영향을 미친다는 '양자 얽힘' 이론과도 상통한다. 보어와 아인슈타인의 논쟁, 즉 양자역학의 확률론적 해석과 결정론적 해석 간의 논쟁은 곧 우연과 필연의 해묵은 논쟁으로 그것은 필변(必變)의 '보이는 우주[현상계, 물질계]'와 불변(不變)의 '보이지 않는 우주[본체계, 의식계]'의 관계적 본질에 관한 문제이다. 현실은 실재의 투사영(projection)이며 실재와 분리될 수 없다. 해석은 인식론상의 문제다. 양자역학이 물리학으로만 남을 수 없는 이유다. '양자 형이상학'이 될 수밖에 없는 이유다.

우리의 내적 상태나 생각 또는 느낌이 외부 세계의 사건에 의해 발현되거나 확인될 때 우리는 동시성 현상을 체험한다. 선과 악, 쾌락과 고통, 삶과 죽음이라는 이원론적 상황에 대한 정신의 종속으로 인해 스스로를 현상의 세계에 가둬버린 존재에게, 무의식은 숨겨진 광대한 질서의 한 자락을 틈새로 드러내며 존재의 깊숙한 곳에서 꿈틀거리는 근본지(根本智)를 향한 열망을 불타오르게 한다. 동시성의 원리는 만물이 비롯되고 또 돌아가야 할 'unus mundus(근원적 실재)'를 드러내는 원리이다. 흔들리는 깃발을 통해서 바람의 존재를 인식하듯이 우리는 동시성 현상을 통해서 'unus mundus'를 인식한다. 천변만화(千變萬化)가 'unus mundus'의 놀이이며 만물만상이 'unus mundus'의 모습임을, 무의식은 물질적 사건을 방편 삼아 무언의 암시와 메시지를 보낸다. 그것은 유위법(有爲法)에 길들여진 존재에게 무의식이 전하는 강렬한 무위법(無爲法)이다. 전 우주는 자연법인 카르마의 지배하에 있다. 영적 진화과정에서 생성과 소멸의 주기를 반복하면서 작용하는 이 삶의 법칙은 인간 행위의 불완전성에 기인한다.

4장: **실재를 향한 현대 과학의 여정** 물질의 구조와 정신의 구조 사이에 명백한 유사성이 있다고 하는 것은, 원자물리학에서는 인간의 의식이 관찰 과정에서 결정적 역할을 할 뿐 아니라 상당한 정도로 관찰된 현상의 특성을 결정하기 때문이다. 말하자면 원자물리학에서 관찰된 현상은 관찰과 측정 과정 사이의 상관관계로서만 이해될 수 있다. 영성과 물성이 하나임을 인식하는 주체는 마음인 까닭에 영성과 물성을 가교하는 마음의 메커니즘을 이해하면 우주의 비밀에 한 발짝 더 다가설 수 있게 된다. 비국소적 영역, 즉 궁극적인 '영(spirit)'의 영역은 국소적 영역과 분리된 것이 아니라 감각과 이성의 영역을 포괄하면서 초월한다. 비국소적 영역에서 일어나는 일은 물질계에서 일어나는 일과는 달리 '비인과적 관련성(매개체가 없음)'을 가지며 그러한 관련성은 감소되지 않는다. 또한 시공간의 제약을 받지 않으므로 즉각적이다. 이 비국소적 영역에서 세상의 모든 일이 조직되고 동시에 발생하는데, 이것이 바로 '의미 있는 (우연의) 일치'의 근원이 된다.

비국소성 또는 비분리성은 양자적 실재의 본질이며, 이는 곧 우리 참자아의 본질이다. 양자역학의 '비국소성(nonlocality)'은 곧 영성(spirituality)이다. 모든 것은 '절대영(spirit)'의 자기현현이다. 극도로 분절되어 있는 현 세계가 필요로 하는 것은 순수한 전일적 양태로 이들을 다시 통합할 수 있는 비전이다. 존재의 세 차원인 물질계, 양자계 그리고 비국소적 영역은 곧 우리 의식의 세 차원으로 각 상위 차원이 하위 차원을 포괄하는 동시에 초월하는 진화적 홀라키(evolutionary holarchy)로 이루어져 있다. 이는 앎의 세 양태, 즉 육의 눈(肉眼), 마음(정신)의 눈(心眼), 영의 눈(靈眼)과 상호 조응한다. 과학혁명은 패러다임의 변환과 연계되어 있고 패러다임 변환은 사회구조 변화와 맞물려 의식의 진화를 위한 최적 조건의 창출과 관계된다. 동서양의 숱한 지성들이 자연의 필연적 법칙성의 원리 규명에 천착한 것은 그러한 원리를 자각할 수 있을 때 '진인사대천명(盡人事待天命)'의 지혜가 발휘되어 자유의지와 필연이 하나가 되는 조화로운 세상을 열 수 있기 때문이다.

5장: 호모커넥투스와 복잡계의 진화 서구 전통의 뿌리 깊은 이원론에 입각한 물질주의 과학은 기술적 진보에도 불구하고 물질주의와 환원주의에 경도(傾倒)되어 우주자연과 인간에 대한 이해를 왜곡되고 피폐하게 만들었다. 무엇 때문인가? 바로 생명[神·靈·天]에 대한 몰이해 때문이다. 생명은 육체라는 물질에 귀속된 물질적 개념이 아니라 영성[靈] 그 자체다. 양자역학으로 대표되는 포스트 물질주의 과학의 주도로 다양한 분야에 걸쳐 '영성의 과학적 재발견'이 이루어지고 있는 것은 분명 고무적이다. 물질주의 이론에서는 마음이 뇌와 분리되어 존재할 수 있다는 것 자체를 이해하지 못한다. 이제 낡은 물질주의 이데올로기의 족쇄에서 벗어나 자연계에 대한 우리의 개념을 확대하고, 우주의 핵심 구조의 부분으로 마음과 영(靈)의 중요성을 재발견함으로써 포스트 물질주의 패러다임을 수용해야 한다. 이 패러다임은 연민, 존경, 평화와 같은 긍정적인 가치를 키우며 우리 자신과 자연 사이의 깊은 연결을 강조한다.

수십억 년에 걸친 생명의 진화적 전개는 생명 자체에 내재된 고유한 성향인 창조성에 의해 추동되어, 세 가지 주요 진화의 길—유전자의 무작위 돌연변이, DNA 재조합(유전자 거래), 공생(symbiosis)—을 통해 표현되고 자연선택에 의해 연마되어 끊임없이 증가하는 다양성의 형태로 확장되고 강화되었다. 단순하고 원시적인 원핵세포에서 인간의 몸을 이루고 있는 것과 같은 복잡하고 정교한 진핵세포로의 진화 메커니즘은 '공생'이다. 인간을 포함하여 동식물의 몸은 수많은 세포들이 공생한 결과물이며, 세포 역시 고대 세균들이 공생 진화의 길을 선택하면서 형성된 것이고, 우리 역시 공생자 행성에 살고 있는 공생자들이다. 진화의 시스템적 관점은 유기체와 환경이 경쟁과 협력, 창조와 상호 적응을 통해 함께 진화하는 공진화를 지향한다. 생명의 자기조직화 과정은 진화의 과정인 동시에 새로운 구조 및 행동 양식의 창발이라는 점에서 진화는 곧 창조적 진화이다.

6장: 하나가 왜, 어떻게 여럿으로 나타나는가 영성[眞如, 본체, 理]인 동시에 물성[生

滅, 작용, 氣]으로 나타나는 참자아[一心, 靈·神·知]의 이중성은, 파동인 동시에 입자로 나타나는 양자계(quantum system)의 역설적 존재성과 상통하는 개념이다. 참자아의 이중성은 선악과 시비를 체험하기 위한 방편일 뿐, 그것의 진실은 이중성의 초월에 있다. 이러한 영성과 물성의 변증법적 리듬이 조성한 긴장감을 통해 영적 진화를 위한 학습 효과가 극대화된다. 이처럼 '하나이면서 둘(一而二)이고 둘이면서 하나(二而一)'인 이기(理氣)의 묘합 구조가 보여주는 완전한 연결성과 소통성 그리고 능동성은 생명의 본질적 특성이다. 이러한 참자아의 이중성을 깨닫게 되면 그 어떤 환영(maya)이나 슬픔도 없으며 죽음의 덫에 걸리는 일도 없다. 우주의 진행 방향이 영적 진화(spiritual evolution 또는 의식의 진화)인 것은, 우주의 본질인 생명 자체에 합목적적으로 자기조직화하는 칩—'우주 지성'이라고도 부르는—이 내장되어 있기 때문이다. 우리는 영적 진화의 지향성을 갖는 생명이라는 피류의 한 올이기 때문에 전체적으로 보면 영적 진화의 방향에서 이탈할 수 없게 되어 있다. 그렇게 모듈되어 있는 것이다.

영원성 속에서 일어나는 생명의 장대한 놀이의 미학은 놀이의 '규칙(rule)'에 있다. 그 규칙은 만물이 동등한 내재적 가치를 지니며 그 어떤 것도 도구적 위치에 있지 않고 대등한 참여자로서 영원한 우주적 무도(cosmic dance)에 참여하는 것이다. '생명의 놀이'에서는 죽음조차도 진화의 한 과정일 뿐이다. 생명이 단순히 개체화된 물질적 생명체가 아니라 영성이라는 사실을 이해하지 못하고서는 삶과 죽음에 대한 진정한 통찰이 일어날 수 없다. 비분리성·비이원성을 본질로 하는 영성에 대한 통찰 없이 호모커넥투스에 대해 논하는 것은 핵심이 빠진 껍데기만 논하는 것이다. 그렇게 되면 인류 사회의 진화라는 것도 문명의 외피만 더듬는 외적·기술적 수준에서 조명하게 된다. 희생제는 인간과 하늘[참자아]과의 가능한 연계를 만드는 상징적인 제전이다. 오로지 이 육체가 자기라는 에고(ego)의 죽음을 통해 영적으로 거듭난다는 의미를 함축하고 있는 동시에, 사랑은 그 어떤 대가도 바라지 않는 온전한 희생제임을 보여주는 것이다. 대가성 없는 순수한 희생제는 우주의 본질인 생명이 존재하는 방식이다. 따라서 개체화 의식 속에서는 생명을 파악할 길이 없으며 또한 진화할 수도 없다.

7장: **호모커넥투스와 포스트모던 세계의 특성** 포스트모던적 조류가 나타나게 된 배경에는 근대 산업 문명의 폐해로 여겨지는 국가·지역·계층 간 빈부격차, 지배와 복종, 억압과 차별, 환경 파괴 등의 문제가 기존의 낡은 패러다임으로는 해결이 불가능하며 완전히 새로운 삶의 패러다임을 채택해야 한다는 인식의 공감대가 형성되어 있다. 이러한 포스트모던적 조류는 단순한 시대사조라기보다는 근대 서구의 세계관과 가치 체계의 근본적인 변화를 함축한 것으로 공감의 신문명을 창출하는 추동체로서 작용할 것이다. 포스트휴머니즘은 기술적으로만 접근할 수 있는 주제가 아니며 일체의 이원성을 넘어서는 인간 의식의 패턴 변화를 전제로 한다. 그것이 해체주의의 핵심이다. 우리의 의식이 육체적 자아에서 영적, 우주적 자아로 확장될 때 포스트모던 세계가 열린다. 포스트모던 세계는 연결성·소통성·능동성을 본질로 하는 호모커넥투스의 정체성이 구현된 세계다.

포스트휴먼(posthuman) 시대에는 인간과 사물 간의 분리가 사라지면서 포스트휴먼 사이보그(cyborg)로 진화할 것이다. 포스트휴먼 시대에 새롭게 등장하는 사이보그는 사물(만물)인터넷과 인간의 연계로 네트워크를 통해 인간의 능력이 증강된 '네트워크 사이보그'다. 인간의 뇌를 다운로드해서 슈퍼컴퓨터에 업로드하는 '트랜센던스(transcendence)' 프로젝트가 성공할 경우, 소프트웨어라는 '마음 파일(mind file)'은 육체라는 하드웨어(육체와 생물학적 뇌)의 영구성과는 상관없이 널리 확장될 것이다. 그 단계가 되면 'I AM'*은 육체적 자아의 정체성이 아니라 보편적

---

* 여기서 'I AM'은 보편적 실재로서의 유일자, 즉 참자아(靈·神·天, 一心)의 정체성을 나타내는 의미로 사용한 것이다. 다시 말해 'I AM'은 참자아의 영적 일체성(spiritual

실재로서의 참자아, 즉 순수 현존(pure presence)의 정체성을 나타내는 것임을 분명히 알게 될 것이다. 그때가 되면 참자아가 곧 하늘(天·神·靈)이며 생명이고 진리라는 것을, 그리고 물질현상이면서 동시에 물질현상의 원인이 되는 정신적인 원리라는 것을 알게 될 것이다. 더 이상은 삶과 죽음을 이원화하는 미망에 사로잡히는 일도 없을 것이며, 육체적 자아를 기반으로 한 휴머니즘의 망령과 질곡에서도 자유로워질 것이다. 불멸은 이원성(duality)의 죽음이다.

8장: **호모커넥투스와 초연결사회** 21세기 디지털 기술은 사물인터넷(IoT)·만물인터넷(IoE), 가상 물리 시스템(CPS), 인공지능(AI), 빅데이터 등을 중심으로 플랫폼 기반 네트워크에 기초해 있다. 새로운 가치 명제로 적응하고 다변화하고 지속적으로 새로운 고객 가치를 창출해 내는 것이 디지털 혁명에 대응하여 기업이 생존하고 성장할 수 있는 길이다. 디지털 혁명이 가져올 경이로운 혜택만큼 초연결사회가 직면하게 될 사이버 리스크에 대해서도 대비가 필요할 것이다. 또한 기술에 대한 '인간 제어' 기능 확보 문제, 기술 사회의 윤리 정립 문제, SNS에서의 유해 정보 확산 방지 문제 등 사이버 세상의 '기본'을 세우는 일이 시급하다. 노동시장의 거대한 변화 등으로 인해 초연결사회에서 증가하는 불평등 문제도 해결해야 할 심대한 과제다.

만물지능통신 기반의 4차 산업혁명은 속도, 범위와 깊이 그리고 시스템 충격이란 측면에서 근본적이고 글로벌한 특성을 갖기 때문에 관련 이슈에 대해 다양한 분야와 경계를 아우르는 상호 협력과 파트너십이 요구된다. 사물인터넷 플랫폼의 분산성, 개방성, 투명성으로 인해 '소유'가 아닌 '공유'가 새로운 경제 모델이 되고 있으며, 우리는 지금 수많은 소규모 플레이어들이 참여하는 좀 더

---

identity)을 표상한다. 육체적 자아의 정체성을 의미하는 것과 구분하기 위해 'AM'을 대문자로 표기하였다.

(supplier-user networks)는 판매자-구매자 시장(seller-buyer markets) 중심의 소유권 시대에 비해 더 효과적으로 경제력을 소수 기업의 수중에 집중시킨다. 각 사업 영역에서 아이디어에 대한 독점권을 보유한 소수의 기업은 산업 전체를 좌우할 수 있는 입지를 확보한다. 여기서 리프킨은 전 세계적으로 가장 빠르게 성장하는 사업으로 비교적 새로운 분야인 프랜차이징(franchising, 가맹업)과 좀 더 새로운 분야인 생명과학에 주목하고 있다. 이 두 가지 사례는 새로운 네트워크 경제에서 펼쳐지는 새로운 힘의 역학(power dynamics)을 잘 보여준다.

우선 프랜차이징은 프랜차이저(franchisor, 가맹본부)와 프랜차이지(franchisee, (체인) 가맹점) 사이의 계약에 따라 상호·상표 등의 사용권과 경영 노하우를 제공하는 대가로 가맹점 매출의 일정 비율을 수수료로 받는 프랜차이즈 체인(franchise chain) 시스템이다. 체인에는 레귤러 체인(regular chain), 볼런터리 체인(voluntary chain), 프랜차이즈 체인(franchise chain)이 있는데, 프랜차이즈는 체인의 한 하위 분류이다. 프랜차이즈 체인이 활용되는 산업은 패스트푸드, 소매, 서비스, 자동차 관련 제품, 레스토랑 등이다. 프랜차이즈 체인은 사업 방식에 대한 지적 재산권을 내세워 거대한 점포 네트워크에 대한 지배권을 행사한다. 지난 수십 년 동안 프랜차이즈 체인의 급속한 성장은 자본주의에 획기적인 변화를 가져왔다. 20세기 초 현대적 주식회사가 출현한 이후 가장 중요한 새로운 사업 조직 형태로 부상한 것이다. 체인점을 통해 상품을 판매한 지는 한 세기가 넘었지만, 새로운 네트워크 방식을 통해 사실상 모든 요소를 연결함으로써 사업 방식 자체를 체인화한 것은 소유가 아닌 접속의 경제와 잘 맞는 새로운 발상이다.

체인 가맹점은 물리적 자본을 소유하고 직원을 고용하고 제품이나 서비스를 생산하고 이윤을 낸다는 점에서 자영업의 특징을 모두 갖춘 반(半)독립

사업체처럼 보이지만, 사업체를 소유한 것이 아니며 주식회사가 될 수도 없다. 네트워크 경제에서 사업의 핵심이라 할 수 있는 아이디어, 개념, 운영 방식, 브랜드 같은 무형 자산은 본사의 소유이기 때문이다. 체인 가맹점은 사업체를 구매한 것이 아니라 공급자와 정한 조건에 따라 사업체에 단기간 접속할 수 있도록 허락을 받은 것에 불과하며 기간이 지나면 다시 갱신해야 한다. 말하자면 판매자-구매자의 관계가 아니라 공급자-사용자의 관계로서 체인 가맹점 계약의 핵심은 소유권의 양도가 아니라 접속의 합의이다. 이것은 새로운 유형의 자본주의다.[19] 미국 위스콘신대학교 사회학과 교수 라이트(E. O. Wright)는 패스트푸드 체인 가맹점이 프티 부르주아(petty bourgeoisie) 즉 소규모 자영업자와 매니저 사이의 모순된 지위에 있다며 이렇게 말한다.

> 그들(패스트푸드 가맹점)은 독립된 자영 생산자의 특징 중 몇 가지를 유지하고 있지만, 그보다는 거대 자본주의 기업의 직원처럼 되어 버렸다.
>
> While they(fastfood franchisees) maintain some of the characteristics of self-employed independent producers, they also become much more like functionaries for large capitalist corporations.[20]

대부분의 사람들은 자본주의 체제에서 새롭게 나타나는 역동적 변화가 시장의 시대의 한 축을 담당했던 소규모 자영업자가 단지 체인 가맹점으로 새롭게 변신한 것일 뿐이라고 여전히 믿고 있다. 하지만 그것은 프랜차이즈 체인 시스템의 작동 원리를 제대로 이해하지 못한 데서 오는 것이다. 프랜차이즈 체인 시스템은 소유에서 접속으로 이동한 네트워크 경제의 새로운 조직 특성을 그대로 보여준다. 즉 분산된 독립 소기업을 막강한 공급자 네트워크에 편입시켜 접속만을 공유하며 독립성을 상실한 임차인의 체제를 구축하는 것이다. 많은 체인 계약은 체인 가맹점이 본사로부터 설비를 임대한다는 것을 규정하고 있다. 또한 본사는 가맹점의 운영에도 깊숙이 관여하며 영업 실태를 조사하는 권리를 가진다. 심지어 체인 계약의 절반은 영업시간까지도 규제한다.

라이선스 계약에 삽입된 이러한 조항들은 거액의 돈을 투자했음에도 불구하고 체인 가맹점은 유형 자산에 대한 제한된 권리만을 가지며 무형 자산에 대해서는 실질적으로 아무런 소유권이 없다는 것을 말해준다. 본사는 체인 가맹점을 '판매(sell)'하는 것이 아니라 단기간의 '접속권(right of access)'을 허용하는 것이기 때문이다. 프랜차이즈 체인의 경우 경제력은 물리적 자산을 '직접' 소유하거나 통제하는 방식이 아니라 상표, 아이디어, 포맷(format) 같은 무형 자산의 사용을 통제하는 방식으로 행사된다. 리프킨에 따르면 산업 시대에는 물리적 자본, 기계, 재산, 토지를 소유하고, 직원을 고용하고, 생산 공정을 관리하고, 물자와 서비스를 유통하는 것만으로도 충분히 독립된 소유권을 가질 수 있었다. 그러나 유형 자산보다는 무형 자산이 중시되는 네트워크 경제에서 실질적 소유권자는 노하우, 개념, 아이디어, 브랜드, 운영 기술을 가진 사람이다. 그는 프랜차이즈 체인이라는 새로운 사업 형태를 소유의 시대에서 접속의 시대로 이행하는 과도기에 나타나는 '하이브리드 기업(hybrid enterprise)'으로 간주한다.[21]

다음으로 리프킨은 생명과학에서 나타나고 있는 새로운 힘의 역학에 대해 고찰한다. 수십 년 동안의 유전자 연구에 따른 유전자 혁명(gene revolution)으로 인해 생명과학 산업에서도 중요한 변화가 일어나고 있다. 우리의 물적 기반이 화석연료, 금속, 광물 같은 산업혁명의 원료로부터 생명공학 시대의 원료인 유전자로 빠르게 바뀌고 있으며 유전자 혁명이 거의 모든 산업 분야에 침투하고 있다. 유전자 조작으로 만들어진 새로운 유형의 슈퍼 작물, 새로운 의약품, 새로운 종류의 섬유와 건축 자재, 나아가 새로운 에너지를 만드는 데에도 유전자가 사용되고 있다. 산업 시대에는 화석연료, 금속, 광물처럼 재생 불가능한 자원은 상품 시장에서 팔고 살 수 있는 재산으로 다루어졌고, 소유권은 판매자에서 구매자로 이전되었다. 그러나 유전자는 같은 방식으로 다뤄지지 않는다. 유전자 거래는 판매자-구매자 관계에서가 아니라 공급자-사용자 관계에서 일어난다[22]고 리프킨은 말한다.

> 그들(유전자)은 팔지 않고 빌려줄(임대할) 뿐이다; 사지 않고 빌릴(임차할) 뿐이다. 유전자는 특허의 형태로 공급자의 소유로 남아 있으며 사용자에게 단기간 빌려줄 뿐이다.
>
> They(Genes) are not sold but only licensed out; not bought, only leased. Genes remained the possession of the suppliers in the form of patents and are loaned to users for short durations.[23]

산업 시대의 화학 자원과 생명공학 시대의 유전자는 발견이냐 발명이냐의 중요한 구분에 있어 전혀 다르게 다뤄진다. 19세기의 화학자는 자연에 존재하는 새로운 화학원소를 발견했을 때 그 처리 공정에 대해서는 특허를 낼 수 있었지만, 화학원소 자체에 대해서는 특허를 낼 수 없었다. 미국을 비롯한 세계 여러 나라의 특허법은 '자연의 발견(discoveries of nature)'을 발명으로 간주하는 것을 금하고 있다. 그러나 1987년 미국 특허상표국(PTO)은 기존 입장을 번복하는 결정을 내렸다. 유전자, 염색체, 세포, 섬유 같은 살아 있는 생명체의 구성요소도 특허를 낼 수 있으며, 누구든 최초로 그 성질을 분리해내고 기능을 묘사하고 상품화에 성공하면 지적 재산권으로 보호받을 수 있다는 기본 정책 방향을 발표한 것이다.

다가오는 시대의 가장 기본적인 자원이자 새로운 경제의 중요한 물질인 생물학 자원은 접속만 될 뿐 팔고 사지는 못할 것이다. 판매자-구매자 관계에서 공급자-사용자 관계로 이동하는 추세가 특히 농업 분야에서 감지되고 있다. 다국적 생명과학 기업은 얼마 안 남은 독립 종자 기업을 사들임에 따라 모든 농작물 생산이 의존하는 생식세포를 한손에 틀어쥐었다. 널리 분산되어 있던 생물 종자의 소유권이 소수 기업의 수중으로 집중되는 현상은 농업의 역사에서 일대 전환점이 될 만한 사건이라고 리프킨은 말한다. 특허를 얻은 종자(씨앗)는 판매되지 않으며 한 해 농사를 지을 동안만 빌려준다. 수확을 해서 얻은 새 종자의 소유권은 특허권자에게 있기 때문에 농부가 이듬해 농사에 사용할 수 없다. 전 세계의 농민은 사용자가 되어 매년 파종 시기가 되면 씨앗에 대한 접속권을 구매해야 한다. 신석기시대 농업혁명 이후 지금까지 자신의 종자를 소유해 온 농부와 씨앗의 근본적 관계가 처음으로 깨지기 시작했다[24]고 리프킨은 말한다.

> 따라서 농부는 다른 사람의 지적 재산에 단기적으로만 접속할 수 있다. 종자는 기술적으로 판매되거나 또는 법적으로 구매되는 것이 아니며 오직 임대될 뿐이다.
>
> Thus the farmer is granted only short-term access to someone else's intellectual property. The seeds are never technically sold or legally purchased, only rented.[25]

세계의 얼마 안 남은 종자에 모조리 특허를 냄으로써 생명과학 기업은 세계 농업생산을 효과적으로 지배하고 있다. 델타 앤드 파인 랜드(Delta and Pine Land)와 미국 농무부(USDA)는 농부가 종자를 재사용할 수 없도록 하기 위해 수확을 통해 얻은 씨에서는 싹이 트지 않게 하는 종자 불임 기술(seedsterilizing technology)을 개발하여 특허를 냈다. 국제농촌발전재단(RAFI)은 이 새로운 기술을 '터미네이터 기술(Terminator technology)'이라고 부르면서 이것이 담배뿐 아니라 목화에서도 효력을 발휘했다며 경각심을 일깨웠다. 터미네이터 기술에 반대하는 운동이 거세게 확산되자, 1998년 10월 유엔과 세계은행의 자금을 지원받는 세계 최대의 농업 연구 단체인 국제농업연구자문단은 산하 16개 회원 기구에 그들의 연구 프로그램에서 터미네이터 기술의 사용을 금지해 달라고 권고했다. 리프킨은 만약 농민이 씨앗이 없어서 파종을 못하고 특허 종자에 의존할 수밖에 없는 상황이 오게 되면 대규모 기아가 현실로 다가올 것이라고 경고한다.[26]

생물 특허는 전통적 소유 관념과 판매자와 구매자 사이의 소유권 양도가 정착된 다른 상업 영역으로도 확장되고 있다. 과거에는 동물을 구매하면 그 동물이 낳은 새끼도 구매자의 재산이었다. 그러나 이제는 법적으로 특허 동물의 공급자가 동일한 유전형을 가진 모든 후손을 소유한다. 따라서 동물을 복제해서 특허를 내면 그 동물의 모든 후손에 대해서도 지적 재산권을 행사할 수 있다. 농부든 연구자든 다른 어떤 사람이든, 동물을 소유하는 것이 아니라 특허 복제 동물에 대한 접속권을 구매하는 것이며 새끼가 태어날 때마다 로열티의 형태로 추가 접속료를 부담해야 하는 것이다. 앞으로 특허를 받은 복제 동물이 식품 생산으로, 생체 이식용으로, 화학 공장으로, 의료 연구용으로 널리 사용되면 이러한 문제는 더욱 중요하게 부각될 것이다.

하지만 앞으로는 자기 몸 안에 있는 DNA, 세포조차도 마음대로 하지 못하는 시대가 올 것이라고 리프킨은 전망한다. 1990년 캘리포니아 대법원의 판례를 보면, 인체 조직 안에 있는 유형 재산은 재산으로서 인정을 받지 못하지만, 같은 인체에서 나온 세포계(細胞系, cell line)에 대한 특허 형태의 무형 재산은 법적 보호를 받는다. 인간 유전자와 세포의 특허가 일반화되고 있다. 특정 질환에 걸릴 수 있는 유전자나 유전적 성향이 있는지를 검사 받고자 한다면 해당 유전자 특허를 보유한 회사에 로열티를 포함한 대금을 먼저 지불해야 한다. 유전자 정보를 찾는 사람들은 문제의 유전자를 사용할 때마다 엄청난 접속료를 부담해야 할 것이다. 유전자풀(gene pool)을 특허라는 형태로 독점한 소수의 생명과학 기업은 헬스케어 서비스의 미래에 심대한 문제를 야기할 수 있고 심지어는 헬스케어 시스템의 존립 자체를 위협할 수도 있다고 리프킨은 우려한다. 인체 줄기세포를 이용하여 인간의 성장을 지배하는 다양한 유전 스위치를 켜고 끄는 방법을 찾아내게 되면, 인간 단백질, 세포, 조직, 장기를 생산하는 새로운 길이 열릴 것이다. 줄기세포를 이용하는 치료를 받을 경우 역시 접속료를 지불해야 할 것이다.[27]

리프킨은 지적 재산의 독점을 우려하는 목소리를 높이고 있다. 무형 재산과 다양한 형태의 지적 재산권에 대한 지배를 통해 다국적 기업은 강력한 공급자-사용자 네트워크를 형성하여 완전히 새로운 방법으로 더 큰 경제력을 집중할 수 있게 되었다는 것이다. 또한 판매자-구매자 시장이 공급자-사용자 네트워크로 재편되고 광범위하게 분산되어 있던 소유권이 자본, 상품, 서비스에 대한 단기적 접속으로 바뀌면서 여러 가지 곤혹스러운 경제적 및 사회적 문제도 제기되고 있다는 것이다. 이에 대해 리프킨은 전례 없는 권력의 집중 양상을 드러내는 독점, 곧 기본적 정보에 대한 독점을 명시적으로 규제하기 위해서 반독점법을 활성화할 필요가 있다는 견해에 동조한다.[28] 소유에서 접속으로의 변화가 글로벌 경제의 메가트렌드(megatrend)가 되고 있는 지금, 우리나라 역시 이런 문제에서 예외일 수는 없으므로 이에 대한 면밀한 연구 조사와 정책적 논의가 이루어져야 할 것이다.

리프킨이 지적하는 '접속의 시대'가 안고 있는 문제의 본질은, 인류가 수천 년 동안 발전시켜 온 문화의 광맥을 문화 자본주의가 샅샅이 발굴하여 상품화한 결과, 지역 문화가 고갈되고 지구 문화의 동질화가 심화되면서 문화적 다양성이 소멸될 위기에 처했다는 것, 같은 맥락에서 전 세계의 많은 언어가 사라지면서 문화도 사라지고 그로 인해 인류가 오랜 세월 동안 축적해 온 가공되지 않은 원초적 지식(raw knowledge)의 보고(寶庫)가 사라지고 있다는 것, 그리고 문화의 상품화로 인해 문화생활을 구성하는 수많은 관계가 상품화되고 심지어는 인간 자체도 상품화됨으로써 인류 문명이 위기에 처하게 되었다는 것이다. 문화적 다양성의 유지는 생물종(種) 다양성의 유지와 마찬가지로 지속 가능한 문명의 토대를 이루는 것이다. 관계적인 접속을 통한 다양한 문화적 경험은 의식의 확장을 가져오는 단초가 되는 것이라는 점에서 인류 사회의 공진화와 관계되는 문제이기도 하다.

리프킨이 적절히 지적한 바와 같이, 지난 수백 년 동안 인류는 물리적 자원이 소유권이 부여되는 상품으로 전환되는 시대를 살았다. 이제는 문화적 자원이 유료로 제공되는 개인적 경험과 오락으로 전환되는 시대를 살고 있다. 상업 자본주의에서 산업 자본주의로 발전해 온 자본주의 체제가 문화 자본주의로 이행되는 단계에 진입한 것이다. 디지털 통신기술과 문화 상업주의로 대변되는 새로운 경제 패러다임에서는 소유보다는 접속의 비중이 훨씬 커질 것이며 경험 세계에 접속할 수 있는 권리를 확보하는 것이 우선순위다. 새로운 통신기술이 일상생활의 점점 많은 부분을 지배함에 따라 수천 년 동안 반독립 영역에서 존재하며 단 한 번도 시장에 흡수 당한 적이 없었던 문화—인간이 공유하는 경험—가 이제 경제 영역으로 끌려 들어가고 있다고 리프킨은 진단한다.[29] 말하자면 문화의 상품화가 진행되고 있는 것이다.

새로운 문화 자본주의는 커뮤니케이션과 문화의 긴밀한 관계를 바탕으로 하고 있다. "인간이 자기 주위에 만들어가는 '의미망(the webs of significance)'

을 문화라고 한다면, 커뮤니케이션—언어, 미술, 음악, 댄스, 책, 영화, 음반, 소프트웨어—은 이 의미망을 해석하고 재현하고 유지하고 변형하는 수단이다."[30] 문화생활은 우리가 공유하는 경험이기 때문에 항상 접속과 포함(inclusion)의 문제로 귀결된다. 리프킨에 따르면 문화 자본주의 시대에 우리 앞에 놓인 길은 공동체와 문화의 일원으로 의미와 경험을 공유하는 네트워크에 접속하는 권리를 누리느냐 배제당하느냐 둘 중의 하나이다. 점점 더 많은 공유 문화가 네트워크 경제의 파편화된 상업적 경험으로 분해됨에 따라 접속권도 사회적 영역에서 상업적 영역으로 이동하고 상업 영역에서 통용되는 경제력에 따라서 부여된다.

소비 지향의 자본주의에서 예술은 문화적 영역으로부터 시장으로 끌려나와 광고 회사와 마케팅 전문가의 볼모가 되어 '생활 양식(way of life)'을 파는 데 동원되었다. 그러나 오늘날 자본주의는 새로운 도전에 직면해 있다고 리프킨은 말한다. 선진국에서, 특히 자본주의 생활 양식이 제공하는 혜택을 충분히 누리는 전 세계 인구의 20퍼센트에 해당하는 사람들에게 상품의 소비는 거의 한계점에 이르렀으며, 이제 자본주의는 완전한 문화적 자본주의를 향한 최후의 변신을 시도하고 있다는 것이다. 문화적 생활을 상징하는 기호와 그 기호를 해석하는 예술적 의사소통 방식은 물론 살아 있는 체험 그 자체가 상품이 되는 것이다.[31] 미국 일리노이대학교 사회학 교수 노먼 덴진(Norman Denzin)은 문화 자본주의가 초래한 인간관계의 극적인 변화를 비판적으로 묘사한다. "살아 있는 체험(lived experience)은 상품화의 마지막 단계이다. 환언하면 살아 있는 체험은…자본 순환에서 최종 상품이 되었다."[32] 미국의 미래학자 앨빈 토플러(Alvin Toffler)는 우리가 역사상 처음으로 첨단 기술을 이용하여 인간의 체험이라는 가장 일시적이면서도 지속적인 상품을 생산하는 사회에서 살게 될 것이라고 말한다.

오늘날 새로운 체험 경제(experience economy)의 선두주자 역할을 하는 것은 문화 생산의 한 형태인 세계 관광(global tourism)이다. 관광 산업에서는 지속 가능한 개발, 야생 동식물의 보호, 생물 다양성 보존, 지역 생태계와 생물 서식지 유지 등이 중요한 과제가 되고 있으며 생태 관광(eco-tourism)이 대세다. 수백 년 동안 문화의 집결지였던 공공 광장에도 문화 자본주의 물결이 밀려들었다. 공공 광장에서의 문화 활동은 쇼핑몰 안으로 흡수되었으며 판매를 위한 상품이 되었다. 쇼핑몰이라는 새롭게 창조된 상업화된 공간에서 문화는 상품화된 체험의 형태로 존재한다. 오락 산업, 환상과 놀이의 산업, 강렬하고 즐거운 살아 있는 체험의 산업은 문화 상품으로 각광을 받고 있다. 리프킨은 모든 비즈니스가 '쇼 비즈니스(show business)'라고 말한다. 경영은 '공연 예술(performing art)'이다. 새로운 시대에는 '근면'이 '창조'로 바뀌고, 사업은 일보다는 놀이에 가까워진다.[33] 리프킨은 접속의 시대에 문화 생산이 경제생활의 제1열로 부상할 것이라고 내다본다.

> 접속의 시대에 문화 생산은 경제생활의 제1열로 부상하고 정보와 서비스는 2열로, 제조업은 3열로, 농업은 4열로 내려간다. 이 네 개의 열은 소유 관계에 기반을 둔 시스템을 접속에 기반을 둔 시스템으로 계속해서 변화시킬 것이다.
>
> In the Age of Access, cultural production ascends to the first tier of economic life, while information and services move down to the second tier, manufcturing to the third tier, and agriculture to the fourth tier. All four tiers will continue the process of metamorphosing from a system based on property relations to one based on access.[34]

디지털 혁명은 사이버스페이스에서 살아 있는 문화적 체험을 상품으로 만들 수 있는 잠재력을 가지고 있다. 사이버 공간의 철학자이자 정보사회학의 기수로 알려진 마누엘 카스텔스(Manuel Castells)는 디지털 혁명과 전자 상거래가 문화에 미치는 영향을 이렇게 간파하고 있다. "온갖 종류의 메시지가 매체에 에워싸여 있다. 매체는 동일한 멀티미디어 텍스트 안으로 과거와 현재 그리고 미래의 모든 인간 경험을 흡수할 수 있을 정도로 포괄적이고 다각적이고 탄력적이다."[35] 카스텔스는 그의 '정보화 시대' 3부작[36]을 통하여 산업사회의 정치·경제 논리와 문화적 정체성이 오늘날의 정보화 사회에서는 구심력을 상실하고 네트워크가 모든 것을 지배하는 사회로 이행되고 있다고 본다.

그는 정보화 사회의 중핵을 이루는 변화를 새로운 경제—네트워크가 기업 조직이나 공장 체제를 대체하고 노동력을 유연하게 통합하며, 지식 정보가 생산성과 경쟁력을 결정하는—의 등장에서 찾고 있다. 그리하여 역사상 처음으로 인터넷과 정보통신에 의해 전 지구가 동시간대에 연동되는 시장이 생겨났다는 것이다. 그는 또한 인터넷과 네트워크가 시민 사회와 시민운동을 되살리는 반면, 국가가 미디어 정치, 스캔들 정치의 포로가 되면서 대의민주주의는 큰 위기에 처해 있다고 본다. 그리하여 그는 경제, 기술, 정보, 권력 등의 차원에서 이루어지는 세계적 변화를 '네트(the Net)'라고 하고, 이러한 세계적 변화에 대한 문화적 정체성의 대응을 '셀프(the Self)'라고 정의하여 변화를 이끌어낼 수 있는 희망을 이 양자 간의 새로운 관계 형성에서 찾고 있다. 즉 반(反)세계화 운동, 신사회 운동 등을 통해 '네트'와 '셀프'가 새로운 관계를 만들어 가고 있다는 것이다.

사이버스페이스는 우리가 상상할 수 있는 모든 종류의 문화 상품이 공연될 수 있는 새로운 세계 무대이며 여기서는 문화 생산이 산업 생산을 앞지르게 될 것이다. 모든 것이 추상화되고 상징화되고 탈물질화되는 가상현실이라는 초현실적 세계(hyper-real world)에서, 재산이라는 관념과 소유권이라는 낡은 개념은 설득력을 잃을 것이다. 문화 생산이 각광 받는 분야로 떠오르면 문화를 상품화된 체험으로 변형시키는 수단인 마케팅 역시 그 비중이 커질 것이다. 마케팅은 문화 상품의 기획자로서의 새로운 역할이 부여될 것이고, 그 기능 또한 제품을 파는 것에서 체험을 파는 것으로 강조점이 달라질 것이다. 생산 지향에서 마케팅 지향으로 관점이 이동하는 것은 자본주의의 역사에서 중대한 사건이라고 리프킨은 말한다.[37]

소유 관계에서는 가진 자(the haves)와 못 가진 자(the have-nots)를 구분하고, 접속 관계에서는 접속자(the connected)와 비접속자(the disconnected)를 구분한다. 따라서 소유 관계든 접속 관계든 모두 포함이냐 배제냐의 문제이다. 소유 관계에 기반을 둔 사회에서는 물리적 자본을 소유하고 생산수단을 지배하는 사람이 주도권을 행사하지만, 접속 관계에 기반을 둔 사회에서는 커뮤니케이션 채널을 소유하고 네트워크에 이르는 통로를 지배하는 사람이 주도권을 행사한다. 접속의 시대에는 네트워크에 접속하는 것이 모든 사회활동의 전제조건이 되는 만큼, 네트워크에 접속할 수 있는 조건을 정하는 '문지기(gatekeeper)'의 의미는 각별하다. 인터넷에 접속하려면 인터넷 서비스 제공사에 가입해야 하고, 인터넷에서 구체적 정보 사이트에 접속하려면 검색 엔진에 의존해야 한다. 이들 회사는 사이버스페이스 안의 수많은 세계로 들어가는 관문(gateway)이며 문지기들이다.[38]

자본주의가 문화 생산 단계로 이행하고 체험의 상품화가 진행되면서 '문화의 중개자(cultural intermediaries)'라고 불리는 새로운 엘리트 계급이 정치 영역과 시민사회에서 막강한 영향력을 행사하기 시작했다. 이 새로운 문화의 중개자는 지식과 창조성, 예술적 감수성과 기획력, 전문적 식견과 마케팅 감각 같은 무형 자산을 갖추고서 개인과 문화 체험 사이에서 문지기가 된다. 문화 상품의 세계 무역 규모가 불과 10년 만에 3배 이상 증가하면서 지구 문화의 동질화가 확산되는 것 아니냐는 우려가 커지고 있다. 이러한 동질화 과정은 전 세계의 많은 언어가 한꺼번에 사라지고 영어가 새로운 문화 상품의 표준으로 대체되는 현상에서 이미 감지되고 있다. 미국의 미디어 기업들이 전 세계의 문화 상거래를 주도하는 데서 오는 당연한 귀결이다. 언어는 한 문화가 공유하는 의미, 표현, 가치관, 이해를 전달한다. 그래서 미국 MIT 언어학 교수 켄 헤일(Ken Hale)은 "하나의 언어가 사라지는 것은 루브르 박물관이 폭격을 당하는 것과 같다"고 했다.[39] 실로 언어가 사라지면 문화도 소멸할 수밖에 없는 것이다.

그런데 사이버스페이스 접속의 문제는 접속이냐 배제냐의 문제만은 아니다. 모든 사람이 컴맹에서 벗어나고 사이버스페이스에 아무런 제약 없이 접속할 수 있는 기회가 보장된다고 해도 접속의 시대가 안고 있는 본질적인 문제가 해결되는 것은 아니다. 리프킨은 새로운 글로벌 네트워크에 대한 접속을 보장하는 것과 마찬가지로 건강하고 다양한 지역 문화에 대한 지속적인 접속을 보장하는 것이 중요하다고 역설한다. 수천 년을 이어온 살아 있는 체험의 풍부한 문화적 다양성에 접속할 수 없게 되면 생물학적 다양성을 잃는 것 못지않게 우리의 생존과 번영에 파괴적인 영향을 미칠 것이기 때문이다.[40] 계몽된 지역 문화는 글로벌 네트워크 경제에 저항하는 힘이기도 하지만 동시에 글로벌 네트워크 경제의 존립에 필수적인 전제조건이기 때문에 글로벌 사이버스페이스 경제에 대한 접속을 보장하기 위해서라도 다양한 지역 문화를 재구축해야 한다고 리프킨은 말한다.

문화적 다양성이 약화되거나 사라지면 사회적 신뢰와 사회 자본이 고갈되어 상업과 무역이 이루어지고 유지되는 토대로서 더 이상 이용될 수 없기 때문에 자본주의 시장은 결국 무너질 것이다.

Weaken or eliminate cultural diversity, and capitalist markets will eventually tumble because…social trust and social capital will dry up and no longer be available as a foundation for building and maintaining commerce and trade.[41]

리프킨에 따르면 접속의 시대에 핵심이 되는 문제는 '접속'이 정확히 무엇을 뜻하는가 하는 것이다. 단순히 기술이나 데이터에 대한 제한된 의미의 접속이 아니라 더 광범위한 맥락의 접속, 즉 접속 관계의 사회학적 본질과 정치적 의미와 관련된 것이다. 캐나다 토론토대학교 정치학 교수 크로퍼드 맥퍼슨(Crawford B. MacPherson)에 따르면 근대적 소유 개념의 특징은 타인을 '배제할 권리(right to exclude)'이다. 하지만 그 이전의 역사에서는 '배제당하지 않을 권리(right not to be excluded)'도 소유 개념에 포함되어 있었으며 이러한 법적 권리를 보장하기 위해 사회는 공원, 도시 거리, 공유지, 수로를 공공 소유라는 소유의 두 번째 범주에 넣었다. 말하자면 소유라는 개념은 사적 영역만이 아니라 공적 영역까지 포괄하여 타인을 배제할 수 있는 권리만이 아니라 타인으로부터 배제당하지 않을 권리도 보장했던 것이다.

그런데 근대로 이행하면서 공공재라는 관념은 정부에 남아 있고 모든 개인에게 포함의 권리(right of inclusion)와 배제의 권리(right of exclusion)가 동시에 보장되는 이중 소유 체제가 존재했다는 사실을 기억하는 사람은 거의 없다고 맥퍼슨은 말한다. 근대적 시장과 산업 자본주의가 부상함에 따라 배타적 소유가 경제적 및 사회적 관계의 전면으로 부각된 것이다. 하지만 상호의존성이 높은 오늘날의 복잡한 사회에서 타인을 배제할 수 있는 개인의 권리만으로 경제적 관계를 구조화하는 조건을 규정하는 것은 더 이상 적절하지 않다고 맥퍼슨은 주장한다. 오늘날 가장 중요한 소유의 형태는 '사회 전체의 누적된 생산자원의 이용이나 혜택으로부터 배제당하지 않을 개인의 권리'[42]

이며, 소유 개념은 이러한 배제당하지 않을 권리까지 포함하는 것으로 확장되어야 한다는 것이다.

이러한 권리는 최근 몇십 년 동안 시민운동, 여성운동, 환경운동이 활발히 전개되면서 상당히 진척을 보이고 있다. 맥퍼슨에 의하면 풍요로운 사회에서는 타인을 배제하는 권리로서의 소유는 그 중요성이 감소한다. 물질적 결핍을 극복한 사회에서는 비물질적 가치가 우위를 점하며, 자기 성취와 개인적 변신을 추구하는 것이 목표가 된다. 그런 사회에서는 '충만한 삶(full life)'으로부터 배제당하지 않을 권리가 가장 중요한 소유의 가치가 된다. 새로운 시대에 소유는 '충만한 인간적 삶을 영위할 수 있게 하는 역학관계의 시스템에 참여할 권리'[43]가 되어야 한다고 맥퍼슨은 결론 짓는다.[44]

리프킨에 따르면 역사적으로 사회적 공동체, 즉 문화는 상업 영역보다 먼저 나타났다. 사회적 교환의 규칙을 수립하고 복잡한 상호관계망을 형성하고 사회적 신뢰(social trust)를 구축한 다음에야 공동체는 상업적 교역을 시작하고 교환을 위한 시장을 만들었다. 말하자면 상업은 문화의 파생물이었다. 그런데 지금은 문화가 상품화되면서 상업 영역에 의해 잠식당하고 있다. 모든 나라는 시장이라는 제1부문(the first sector)과 정부라는 제2부문(the second sector)을 중심으로 공공정책을 운용하면서 문화라는 제3부문(the third sector)의 중대한 역할―즉 사회적 신뢰를 구축하고 시장을 만들고 교역을 가능하게 하는―에 대해서는 깨닫지 못하고 있다. 교회, 세속적 기관, 시민단체, 상조회(공제회), 스포츠클럽, 예술집단, 비정부기구와 같은 한 사회의 문화기구는 사회적 신뢰의 원천이다.

제3부문은 전 세계 수많은 지역사회에서 수백만의 사람들에게 봉사활동을 하고 있으며, 지역 문화의 다양한 차원을 보존하고 강화하는 막중한 책임도 맡고 있다. 이들의 활동 범위와 규모는 정부 부문과 상업 부문을 능가

하며 민주주의 사회의 유지에 필수적인 기본적 기능의 많은 부분을 담당한다. 제도적 권력 남용에 도전하고 사회적 불만을 표출시키고 사회적 약자에게 자애의 손길을 내밀고 역사와 문화전통을 지켜 나가는 가운데 시민 윤리를 익히고 공유하는 가치를 창출하고 민주적 역량을 연마한다. 제3부문은 문화의 풍성함이 유지되는 놀이의 장이다. 자본주의 체제가 문화 영역의 상당 부분을 상업화된 문화 상품과 체험의 형태로 흡수할 경우, 문화는 더 이상 사회 자본(social capital)을 충분히 생산하지 못할 정도로 위축될 것이고 그렇게 되면 경제도 지탱하기 어렵다. '문화가 시들면 문화의 가장 중요한 두 가지 산물인 사회적 신뢰와 공감(empathy)은 어떻게 될 것이며, 사회적 신뢰와 공감이 없이 앞으로 어떻게 상업과 교역을 해 나갈 수 있을까?'라고 리프킨은 묻고 있다.[45]

이러한 리프킨의 문제 제기는 1990년대 이후 우리 사회를 풍미했던 '문화의 시대'라는 감상적 명제에 대해 근본적인 재고를 촉구한다. 전 세계의 풍부한 문화적 다양성의 경험을 상업 영역에서 근시안적 영리를 위해 착취하기만 하고 순환이나 재충전을 허용하지 않는다면, 경제는 결국 문화 생산의 재료가 되는 인간 경험의 방대한 풀(pool)을 잃게 될 것이다. 문화도 자연과 마찬가지로 계속 캐내면 고갈된다. 생명의 다양성과 마찬가지로 문화의 다양성도 중요하다. 상업 영역은 문화 영역에 의존하기 때문에 토착 음악이 상업 세력에 흡수당하여 결국 고갈되면 상업 영역도 약화된다. 경제는 인간이 문화적 토양에서 육성하고 상업적 영역에서 상품화 및 교환을 위한 자원을 제공하는 감정, 가치, 공유 경험, 의미와 같은 자원의 기반을 집어삼킬 것이다.[46] 『1998년 유네스코 세계 문화 보고서(The 1998 World Culture Report of UNESCO)』는 문화와 상업 사이의 점증하는 긴장 관계를 역설한다.

지방, 지역, 국가공동체를 접속시키고 정체성을 부여하는 문화적 가치가 글로벌 시장의 무자비한 힘에 압도당할 위험에 처해 있다. 이런 상황에서 사회가 지방 문화나 국가 문화, 그리고 그것들을 지탱하는 창조성이 손상되지 않고 오히려 보존되거나 강화되는 방향으로 세계화의 영향을 어떻게 관리할 수 있을 것인가 하는 문제가 제기된다.

The cultural values which identify and link local, regional or national communities seem in danger of being overwhelmed by the relentless forces of the global marketplace. In these circumstances, questions are raised as to how societies can manage the impacts of globalization such that local or national cultures, and the creativity that sustains them, are not damaged but rather are preserved or enhanced.[47]

리프킨에 의하면 향후 가장 중요한 정치적 임무의 하나는 문화와 상업의 생태학적 균형을 회복할 수 있게 만드는 것이다. 그러기 위해서는 문화 상품에 대한 접속권의 보장을 위해 기울이는 노력을 지역 문화를 활성화하는 데에도 똑같이 기울여야 한다. 상업 네트워크와 문화 네트워크, 가상체험과 실생활 체험, 상업적 오락과 문화적 의식(儀式)이 균형을 이루어야 하며, 문화 영역과 상업 영역에 똑같은 관심과 시간을 배분할 필요가 있다. 문화를 소생시켜야 하는 것은, 그것이 단순히 문화 생산에 자원이 되기 때문이어서만도 아니고, 시장이 기능하는 데 필요한 사회적 신뢰와 공감을 만들어내기 때문만도 아니다. 무엇보다도 문화는 인간의 가치가 형성되는 유일한 원천이기 때문이다. 모든 현실 문화는 지리적 공간인 공동체에 존재하며 거기서 친밀감이 일어난다. 친밀감이 없으면 사회적 신뢰망을 구축하거나 공감대를 형성하기 어렵다. 따라서 문화를 소생시키고 활성화하려면 사이버스페

이스에 기울이는 만큼의 관심과 정성을 현실 공동체에도 기울여야 한다.[48]

산업 시대에는 정치세력이 좌우로 갈라져 주로 소유의 문제에 관심이 집중되었다면, 접속의 시대에는 좌우 대립의 정치가 내재 가치(intrinsic value)와 효용 가치(utility value)로 갈등을 빚는 새로운 사회의 역동적 구도에 흡수된다. 내재 가치란 가장 깊은 의미의 문화적 정체성(cultural identity)을 뜻한다. 문화와 상업의 갈등은 내재 가치와 효용 가치의 갈등이다. 두 가치는 모두 지난 수백 년 동안 사회 담론에서 그 나름의 역할을 해 왔지만, 최근에 들어서는 상업 영역이 득세하고 문화 영역이 쇠퇴하면서 내재 가치가 효용 가치에 밀려나고 있다. 여기서 리프킨은 지역 문화를 일관성 있고 자각적인 정치세력으로 만들어야만 인간 사회의 구도 안에서 중요한 역할을 재확립할 수 있다며 제3부문의 정치 세력화를 제안한다. 수만 개의 강력한 지역 공동체는 사이버스페이스 안에서 작동하는 글로벌 상업네트워크의 위력에 맞서는 세력이면서 동시에 강력한 사회적 비전을 대변한다.

생물 다양성과 문화 다양성을 보존하려는 운동은 21세기의 두 가지 중요한 사회운동이다. 이 두 가지 사회운동은 유전자 변형 식품 반대, 환경과 문화적 정체성을 위협하는 지역 및 세계 무역 협정의 조항에 대한 도전, 토착문화 지원, 지역 생태계를 보존하기 위한 지속 가능한 농법의 개발 같은 광범위한 사안에 대해 공조를 취하고 있다. 이 두 강력한 사회운동이 하나로 결속하는 것은 인간의 사회적 뿌리가 자연 세계에 있다는 공감대가 형성되어 있기 때문이다. 생물 다양성과 문화 다양성을 추구하는 사회적 운동이 어느 정도의 공조를 취하느냐에 따라 21세기 정치 활동의 판세는 상당히 달라질 것이라고 리프킨은 전망한다.[49]

리프킨에 의하면 산업 자본주의가 문화 자본주의로 이행하고 있는 지금, '노동 정신(work ethos)'은 '놀이 정신(play ethos)'에 서서히 밀려나고 있다. 놀이는 문화를 창조한다. 새로운 자본주의 시대에는 놀이가 세계 상거래의 전면에 등장한다. 접속은 누구를 놀이에 참여시키고 누구를 배제시킬 것인지를 결정하는 방식이 된다. 생산공정의 자동화와 로봇의 등장으로 거의 모든 분야에서 노동력은 점점 줄어드는 반면 생산 능력은 점점 늘어나고 있다. 산업 경제에서 일이 중요했던 것처럼 문화 경제에서는 놀이가 중요해진다. 그러나 여기서 생산되는 놀이는 돈을 주고 사는 것이므로 사회적 경험이라기보다는 계약 경험이라는 점에서 문화 영역에서 생산되는 놀이와는 다르다. 문화와 상업이 균형을 이루는 생태계를 복원하는 것이 다가오는 시대의 중대한 현안이라고 리프킨은 말한다.[50] 그는 21세기에 우리가 만들어나갈 사회의 본질이 다음 물음에 대한 답변에 의해 결정될 것이라고 결론 짓는다.

> 접속의 시대는 '우리가 서로에 대한 가장 기본적인 관계를 어떻게 재구성하고 싶어하는가.'라는 근본적인 물음으로 우리를 내몰 것이다. 그것은 단순히 누가 접속권을 갖느냐는 물음이 아니라 어떤 유형의 체험과 세계가 추구할 만하고 접속할 만한 가치가 있느냐는 물음이다.
>
> The Age of Access will force each of us to ask fundamental questions about how we want to restructure our most basic relationships to one another. It's not a question just of who gains access but rather what types of experiences and worlds of engagement are worth seeking and having access to.[51]

끝으로 요약하면, '접속의 시대'가 안고 있는 문제의 본질은 크게 두 가지, 즉 문화 자본주의의 등장으로 인해 지역 문화가 고갈되고 지구 문화의 동질화가 심화되면서 인류 지식의 보고(寶庫)가 사라지고 문화적 다양성이 소멸될 위기에 처했다는 것, 그리고 인간의 가치가 형성되는 유일한 원천인 문화의 상품화로 인해 문화생활을 구성하는 수많은 관계는 물론 인간 자체도 상품화됨으로써 사회적 신뢰와 사회 자본이 고갈되어 인류 문명이 위기에 처하게 되었다는 것으로 압축될 수 있다.

이에 대한 리프킨의 대안으로는, 다양한 지역 문화를 재구축하고 글로벌 네트워크에 대한 접속을 보장하는 것만큼 건강하고 다양한 지역 문화에 대한 지속적인 접속을 보장할 것, 지역 문화를 활성화함으로써 문화와 상업의 생태학적 균형을 회복시킬 것, 문화라는 제3부문의 정치세력화를 통해 생물 다양성과 문화 다양성을 추구하는 사회운동이 지속적인 공조를 취하도록 할 것, 문화를 소생시키고 활성화하기 위해 사이버스페이스에 기울이는 만큼의 관심과 정성을 지리적 공간에 뿌리를 둔 현실 공동체에도 기울일 것, 생물 다양성과 문화 다양성의 실현을 위해 단순히 '누가 접속권을 갖는가.' 라는 물음보다는 '어떤 유형의 체험과 세계가 추구할 만하고 접속할 만한 가치가 있는가.'라는 물음에 대해 궁구(窮究)할 것 등이다.

리프킨이 제기한 문제와 제시한 대안들은 21세기 접속의 시대에 호모커넥투스의 자기정체성에 대해 깊이 사유할 수 있게 한다. 인터넷과 5G 이동통신, 인공지능(AI), 로봇, 자율주행, 블록체인, 클라우드 등 최신 ICT(정보통신기술) 산업은 적어도 외적·기술적 연결에 있어서는 어느 정도 성공한 듯이 보인다. 그러나 묻고 싶다. "호모커넥투스는 진정으로 연결되어 있는가?" 문화 자본주의가 '효용 가치'를 앞세운 나머지 '내재 가치'가 밀려나면서 가장 깊은 의미에서 호모커넥투스의 자기정체성은 혼란을 겪고 있다. 리프킨은 앞으로 우리가 해야 할 일만을 이야기한다. 그러나 이에 못지않게 중요한 것은 우리가 본래 '생명(life)'이라는 피륙의 한 올로서 완전히 연결되어 있다는 사실을 인식하는 것이다. 스스로가 누군지 알지 못한다면 앞으로 해야 할 일들의 목록을 늘어놓는다고 해서 무슨 소용이 있겠는가?

공감의 신문명

호모커넥투스의 자기정체성에 대한 명료한 인식이 앞으로 우리가 해야 할 일 못지않게 중요한 것은, 아무리 바빠도 바늘허리에 실을 꿰어 쓸 수 없는 이치와도 같다. 존재와 당위는 동전의 양면인 까닭에 당위성을 강조하고 촉구한다고 해서 빠르게 실현될 수 있는 것이 아니다. 스스로의 존재성에 대한 고찰 없이는, 다시 말해 스스로가 누군지 알지 못하고서는 공감의 신문명도, 자기실현도 불가능하다. 유기체와 환경, 부분과 전체가 경쟁과 협력, 창조와 상호 적응을 통해 공진화하는 것은 본래 생명의 그물망이 그렇게 얽히고설켜 있기 때문이다. 이 책에서 우리는 과학을 통한 영성으로의 접근(Approaching spirituality through science)과 영성을 통한 과학으로의 접근(Approaching science through spirituality)이라는 상호 피드백 과정(mutual feedback process)을 통해 생명에 대한 심오한 철학적·과학적 이해를 수반하는 시너지 효과를 창출함으로써 호모커넥투스의 자기정체성에 대한 명료한 인식과 함께 자기실현을 위한 추동력을 얻게 될 것이다.

여기서는 '접속의 시대'의 논의를 공감의 신문명의 창출과 관련하여 좀 더 이어가기로 한다. 호모커넥투스의 자기정체성 문제가 제기되는 것은 외적·기술적 연결에 치중한 나머지 내적 자아(inner self)의 연결이 이루어지지 못함으로 인해 온갖 종류의 인간적 및 사회적 불협화음이 파생된 데 기인한다. 이는 곧 내재 가치와 효용 가치가 조화를 이루지 못하는 것이고 문화와 상업이 균형을 이루지 못하는 것이다. 그렇게 되면 '소유냐 존재냐(to have or to be)'의 문제와 같은 맥락에서 '접속이냐 존재냐(to access or to be)'의 문제가 제기될 수 있다. 그래서 리프킨은 단순히 누가 접속권을 갖느냐는 물음보다는 어떤 유형의 체험과 세계가 추구할 만하고 접속할 만한 가치가 있느냐는 물음에 더 비중을 둔 것이다.

독일계 미국인으로 사회심리학자이며 정신분석학자, 인문주의 철학자인 에리히 프롬(Erich Fromm)은 그의 저서 『소유냐 존재냐 To Have or To Be』(1976)에서 인간의 실존 양식을 '소유형(having mode)'과 '존재형(being mode)'의 두 가지 유형으로 분류했다. 소유형 인간은 타자에 대한 우월감, 자신의 힘(재산, 지위, 명예, 권력, 지식 등), 그리고 극단적인 경우 정복, 강탈, 죽이는 능력에서 자신의 존재성을 확인한다. 존재형 인간은 사랑(loving), 공유(sharing), 베푸는(giving) 것에서 자신의 존재성을 확인한다.[52] 산업사회를 지배하는 소유형 인간은 그들 자신의 정체성을 다음 공식으로 확인한다. 즉 "나는 내가 가진 것과 소비하는 것이다(I am = what I have and what I consume)."[53] 반면 존재형 인간은 소유와 탐욕을 떠나 사랑하고 공유하고 베푸는 능동적인 삶에서 자신의 정체성을 확인한다. 진정한 의미에서의 욜로(Yolo, You Only Live Once)족이다.

프롬은 소유형 인간의 잘못된 삶의 방식을 질타한다. "내가 가진 것이 나라면 그리고 내가 가진 것을 잃게 되면 대체 나는 누구인가?(If I am what I have and if what I have is lost, who then am I?)."[54] 재산이든 지위든 친구든 그 밖의 무엇이든, 우리는 가진 것을 잃을 수 있고 목숨 또한 잃을 수 있다. 따라서 소유형 인간은 모든 것에 불안감을 느끼며 '자기중심적인(self-centered)' 인간으로 살아간다. 이런 유형의 인간은 삶의 끝에 이르러서야 소유에 얽매인 삶의 방식 때문에 그 자신이 될 수 없었다는 것을, 결코 그 자신이 아니었다는 것을 알아차린다. 존재형 인간은 중심이 자신 속에 있기 때문에 안전함을 느끼며 충만한 기쁨(joy) 속에서 살아간다. "내가 만약 내가 가진 것이 아니라 참자아가 나라면, 아무도 나에게서 나의 안전과 정체성을 빼앗거나 위협할 수 없다."[55] 죽음에 대한 두려움을 진정으로 극복할 수 있는 유일한 길은 '삶에 매달리지도 않고, 삶을 소유로 경험하지도 않는(not hanging onto life, not experiencing life as possession)'[56] 것이다.

> 그렇다면 그 두려움은 죽음에 대한 것이 아니라 내가 가진 것을 잃는 것, 즉 내
> 몸, 자아, 소유물, 정체성을 잃는 것에 대한 두려움이다; 비정체성의 심연에 직
> 면하는 것에 대한 두려움, "상실되는" 것에 대한 두려움이다.
> The fear, then, is not of dying, but of *losing what I have*: the fear of losing my
> body, my ego, my possessions, and my identity; the fear of facing the abyss of
> nonidentity, of "being lost."[57]

소유와 존재에 대한 프롬의 정치(精緻)한 분석은 죽음에 대한 분석에서 절
정에 이른다. 소유형 인간일수록 죽음에 대한 두려움은 커진다. 어떤 합리
적 설명도 이러한 두려움을 없애 주지는 못한다. 그러나 그러한 두려움은
죽음의 순간에조차도, 우리의 삶에 대한 유대를 재언명(再言明)함으로써, 우
리의 사랑을 불태울 수 있는 다른 사람들의 사랑에 대한 반응에 의해 줄어들
수 있다고 프롬은 말한다. 어떻게 죽을 것인지에 대한 가르침은 실로 어떻
게 살 것인지에 대한 가르침과 같다. 모든 형태의 소유욕, 특히 에고에 얽매
인 소유욕에 대한 갈망을 제거할수록 잃을 것이 없기 때문에 죽음에 대한 두
려움은 약화된다. 소유형 인간은 과거, 현재, 미래의 시간 속에서만 존재한
다. 시간은 곧 돈이며 산업사회의 최고의 지배자다. 존재형 인간은 오직 '지
금 여기(now here)'에 존재한다. 사랑, 기쁨, 진실을 이해하는 경험은 시간 속
에서 일어나지 않는다. '지금 여기'는 영원성, 즉 무시간성(timelessness)이다.[58]
'소유 양식'이 지배하는 산업사회의 문제를 해결하기 위해 프롬이 제시하
는 새로운 사회상 및 인간상은 삶에 집착하지 않으면서 삶을 긍정하고 타자
와 나누며 능동적으로 살아가는 '존재 양식'의 정착 여부에 달려 있다. 심리

적 및 사회경제적 차원의 변혁을 수반하는 존재형 인간의 복권에 대한 프롬의 관점은 영국의 경제학자 에른스트 슈마허(Ernst Friedrich Schumacher)의 관점과 상통하는 바가 있다. 슈마허는 그의 저서 『작은 것이 아름답다 Small is Beautiful』(1973)[59]에서 "무한한 성장이란 개념은 유한한 세계에 맞지 않기 때문에 삶의 내용으로서의 경제는 치명적인 병이다.···만약 내적 인간의 문화인 정신문화가 무시된다면, 이기심은 인간 속에 지배적인 힘으로 남게 되고 자본주의처럼 이기적인 시스템으로 남을 것이다."[60]

소유형 인간이 지배하는 산업사회에 대한 프롬과 슈마허의 비판적 고찰과 대안은 리프킨의 관점과 일맥상통한다. '소유 양식'을 넘어서는 '존재 양식'의 회복과 정신문화에 대한 강조는, 가장 깊은 의미의 문화적 정체성을 뜻하는 내재 가치에 대한 제러미 리프킨의 강조와 같은 맥락에서 이해될 수 있다. 리프킨이 적절히 지적한 바와 같이 21세기 새로운 사회의 본질은 단순히 누가 접속권을 갖느냐에 의해서가 아니라 어떤 유형의 체험과 세계가 추구할 만하고 접속할 만한 가치가 있다고 생각하는가에 따라 결정될 것이다. 문화와 상업의 생태학적 균형을 회복하고 제3부문의 정치 세력화를 통해 생물 다양성과 문화 다양성을 추구하는 사회운동을 지속적으로 벌이며, 사이버스페이스에 기울이는 만큼의 관심과 정성을 현실 공동체에도 기울일 때 공감(empathy)의 신문명은 스스로의 모습을 드러낼 것이다.

21세기는 호모 엠파티쿠스(Homo Empathicus, 공감하는 인간)가 만들어가는 '공감의 문명(empathic civilization)'이 대세가 될 것이라고 리프킨은 예단한다. 인간이 이기적이고 물질적이고 공격적이라는 오래된 믿음과는 달리, 생물학과 인식과학 분야를 중심으로 인간이 근본적으로 공감하는 종(種)이라는 새로운 인식이 확장되는 추세다. 가장 심오한 인간의 감정인 공감은 감정이입을 통해 희망과 고통을 타자와 공유하는 체험이며 그런 감정을 통해서 서로에 대해 배우고 배려하게 된다. 또한 공감은 연민과 이타심, 헌신이 솟아나게 하는 샘이며 사회적 신뢰를 형성하는 토대가 되는 것이기도 하다. 이처럼 공감은 진정한 내적 연결, 즉 소통의 원천이라는 점에서 호모 엠파티쿠스는 연결성(소통성)을 그 본질로 하는 호모커넥투스와 긴밀한 관계에 있다. 호모커넥투스와 호모 엠파티쿠스는 21세기 '공감의 시대'를 표징하는 인간형이다.

공감의 신문명으로 나아가는 길목에서 2008년 영국 싱크탱크 신경제재단(New Economics Foundation, NEF)이 낸 보고서는 의미 있는 시사점을 제공한다. 이 보고서의 핵심 내용은 '정신적 웰빙(mental wellbeing)'의 강화를 통해 '멘털 캐피털(mental capital, 정신적 자본)'을 축적하는 것이 영국의 미래 신성장 동력이라는 것이다. 보고서에 제시된 다섯 가지 행동 강령은 주변과 소통하기(Connect), 적극적으로 활동하기(Be Active), 호기심 갖기(Take Notice), 계속해서 배우기(Keep Learning), 베풀기(Give) 등이다. 이를 통해 기분 좋게 느끼기(feeling good), 잘 행동하기(functioning well)를 달성하자는 것이다. 특히 문화·예술을 통해 정신적 웰빙을 한 단계 업그레이드시키려는 이 전략은 의료 및 건강보험 비용을 뚜렷하게 절감시키는 효과를 가져왔다. 산업혁명의 종주국인 영국이 정신적 웰빙을 '멘털 캐피털' 차원에서 접근한 것은 공감의 시대적 조류를 선도하는 것으로 볼 수 있다.[61]

역사상 위대한 경제적 변혁과 새로운 사회의 창조는 새로운 커뮤니케이션 기술이 새로운 에너지 체계와 만날 때, 다시 말해 커뮤니케이션과 에너지 매트릭스가 만들어내는 승수효과(乘數效果)의 힘에 따라 발생한다고 리프킨은 말한다. 즉 18세기 말 인쇄술과 석탄 동력의 증기기관이 조우하여 1차 산업혁명을 일으켰고, 20세기 초 전기 커뮤니케이션 기술과 석유 동력의 내연기관이 조우하여 2차 산업혁명을 일으켰으며, 그리고 오늘날 인터넷 커뮤니케이션 기술과 재생에너지가 결합하여 3차 산업혁명을 일으켰다는 것이다.[62] 그는 이러한 기술의 진화 과정이 수평적 권력으로의 패러다임 전환을 촉구하고 에너지, 경제, 그리고 세계를 근본적으로 바꾸게 될 것이라고 전망했다. 이러한 산업혁명의 연장선에서 이제 인류는 독일의 인더스트리 4.0(Industrie 4.0, 지속적인 디지털화와 모든 생산단위의 연결성 강조)으로부터 촉발된 4차 산업혁명을 목도하고 있다.

리프킨은 그의 저서 『공감의 문명 *The empathic civilization*』(2009)에서 공감이란 렌즈를 통해 경제사를 들여다보면서 사회학, 정치학, 심리학, 인류학, 예술, 철학, 문학, 신학 등 광범위한 분야에서 새로운 사회적 융단을 짜는 시도를 한다. 그렇게 기술적으로 진보한 사회는 다양한 사람들을 하나로 결속하여 인간의 의식과 사고의 지평을 확장시키고 공감적 감수성을 고조시켰다. 그러나 사회가 복잡해질수록, 공감 의식이 커질수록 에너지와 자원의 소비가 급증하고 그로 인해 지구 생태계가 급속도로 악화되는 역설이 일어난다. 세계가 하나로 연결된 오늘날의 사회경제 구조는 고도로 복잡하고 상호의존적이며 에너지 집약적인 문명을 유지하기 위해 남아 있는 지구의 자원을 엄청난 속도로 소진하고 있다. 역사상 전례가 없는 바로 그 순간에 공감 의식은 생물권 구석구석까지 확장되어 모든 생물에게 그 영향을 미치기 시작한다고 리프킨은 말한다.

우리는 북극에 사는 북극곰과 남극에 사는 펭귄이 처한 운명에 공감한다. 지구온난화로 극지방의 빙하가 녹아내리면서 생태계가 파괴되고 서식지를 잃은 이들은 멸종의 위기에 처해 있다. 수백만 년 동안 얼음으로 갇혀 있었던 북극과 남극은 2030년경이면 여름에 북극해에서 더 이상 얼음을 전혀 볼 수 없을지도 모른다고 과학자들은 경고한다. 많은 사람들은 인간이 계속 존속할 수 있을 것인지에 대해 의문을 갖기 시작했다. 인간이 야기한 기후변화는 금세기가 끝날 무렵 지구 온도를 6도 상승시키고 그 직후에는 문명의 종말이 닥칠 것이라는 전문가의 경고도 나오고 있다.[63] 이러한 절박한 상황에서 인간은 인류 사회와 동물의 고통을 자신의 고통으로 경험할 수 있는 가장 성숙한 형태의 공감적 반응을 보이기 시작했다. 공감 인식의 보편화가 이루어지기 시작한 것이다.

리프킨은 공감 인식의 보편화가 이루어지고 있는 배경에는 재앙에 가까운 기후변화와 인간 존재 자체를 위협하는 치솟는 엔트로피(entropy or disorder)가 자리 잡고 있다고 설명한다. 엔트로피는 열역학 제2법칙에 의해 시간에 따라 증가한다. 사용할 수 있는 농축된 에너지에서 사용할 수 없는 흩어진 에너지로, 질서에서 무질서로 변한다. 엔트로피는 이 변형되는 정도를 나타내는 척도이다. 리프킨은 공감-엔트로피의 역설을 해결하는 일이야말로 지구에서 인류가 살아 남아 번창할 수 있는지 여부를 가늠하는 중대한 시금석이 될 것이라고 말한다.[64]

인류는 지금 글로벌 문명의 발판을 마련하기는 했지만 인류의 절멸을 예고하는 지구촌 엔트로피의 심연과 마주하고 있다. 산업 시대가 치러야 할 엔트로피의 대가는 너무도 크다. 선진국을 중심으로 한 자원과 에너지의 과잉 소비, 지구경제의 남북 간 분배 불균형, 인구증가와 환경 악화 및 자연재해에 따른 빈곤과 실업의 악순환, 민족간·종교간·지역간·국가간 대립과 분쟁의 격화, 군사비 지출 증대와 같은 현상은 생명 위기가 발생하는 배경과 긴밀한 연계성을 갖는다. 또한 지구온난화와 오존층 파괴, 생물종 다양성의 감소와 대기·해양의 오염, 유해 폐기물 교역과 공해산업의 해외수출 등 환경문제는 국제정치경제의 새로운 쟁점이 되고 있다. 빈곤과 환경 파괴의 악순환에 따른 수많은 '환경 난민(environmental refugees)'의 발생은 국제적 차원의 해결책을 요구하고 있는 실정이다.

나사(NASA)와 미국 지질조사국(USGS) 과학자들이 발표한 연구 결과에 따르면 남부 알래스카의 빙하 감소가 지각에 작용하는 하중을 줄여 지각판이 보다 자유롭게 움직이게 돼 지진 발생 증가로 이어진다고 한다. 그렇다면 북극과 남극의 빙하, 에베레스트와 히말라야 및 킬리만자로의 만년설 해빙이 좀 더 진행되면 지진의 강도와 횟수 또한 더욱 증가할 것이다. 또한 미국 알래스카 페어뱅크스대학 연구진들은 북극의 알래스카 일대에서 영구 동토가 녹고 빙하가 후퇴하면서 고대 메탄 가스가 대기 중으로 방출돼 지구 대기권의 온실가스를 증가시키고 있다고 했다. 뿐만 아니라 태양에서 오는 열을 반사시키는 거울 역할을 하는 북극의 얼음이 사라지면 태양열의 대부분이 해수면에 전달돼 바다 수온이 급상승하므로 해양생태계(marine ecosystem)가 파괴되고 사막화가 급속하게 진행될 것이다.

빙하가 녹으면 바닷물의 염분 농도가 옅어져 바다 생물이 살 수 없게 되고 이는 육지 생태계 파괴로 이어질 것이며, 또한 해수면 상승으로 인해 해수면이 낮은 국가는 물에 잠길 위험에 처하게 될 것이다. 빙하가 녹으면서 얼음 속에 갇혀 있던 고대 세균과 바이러스가 현대의 바이러스와 만나 유전적 변이를 일으키면 인류를 위협하는 슈퍼 박테리아 변종이 탄생할 수도 있다. 환경보호단체 그린피스 인터내셔널의 책임자로 일했던 환경운동가 폴 길딩(Paul Guilding)이 예측한 '대붕괴'가 다가오는 것이다. 길딩은 그의 저서 『대붕괴 The Great Disruption』(2011)[65]에서 생태학적인 재해가 경제적 및 사회적 허리케인으로 연결돼 공중보건을 파괴하면서 격렬한 폭동으로 이어질 것이라고 경고했다.

오늘날 많은 과학자들은 인류가 '죽음의 소용돌이(vortex of death)'에 직면할 것이라고 경고한다. 내셔널지오그래픽은 인류 멸망 10대 시나리오를 제시했다. 즉 합성생물학의 대두(생명의 인위적인 탄생과 조작, 치명적인 바이러스 개발, 소모품 복제인간 등), 로봇의 반란, 핵폭탄과 그 여파(분진), 기후 재앙의 위협과 인공적인 온난화 대책(인공거울 등으로 태양 빛 차단), 인공블랙홀(강입자 가속기 실험에 의한 입자 충돌로 지구 내부에 블랙홀 생성 가능성), 변종 바이러스의 전파, 외계인의 침공, 슈퍼화산 폭발(인도네시아 토바 호(Lake Toba), 미국 옐로스톤 등), 소행성 및 혜성 충돌(지구궤도를 지나가는 소행성이 1백만 개), 움직이는 블랙홀 등이다.[66] 과연 우리는 문명 전체의 파국으로 이어지는 이 위기를, 새로운 방식으로 삶의 질을 높이고 공감의 신문명을 여는 기회로 바꿀 수 있을까?

리프킨에 따르면 인류의 의식은 수렵, 농경, 관개 농업, 1·2차 산업혁명과 3차 산업혁명 등 인류사의 발전 과정을 통해 복잡한 에너지-커뮤니케이션 구조를 하나의 체계로 운용할 수 있을 정도로 크게 확장되었다. 신화적 의식, 신학적 의식, 이데올로기적 의식, 심리학적 의식, 그리고 연극적 의식은 인류사의 각 시대에 조응하는 의식으로 인류의 영적 진화 과정을 보여주는 풍향계이며 이에 따라 공감적 감수성 또한 새로운 높이에 도달했다.[67] 그러나 사회적 구조가 복잡해지면서, 특히 근대에 들어 도구적 이성(instrumental reason)의 발흥으로 기계론적·환원론적 사고가 지배함으로써 반생태적인 근대 서구 문명은 엔트로피가 증가하는 방향으로 진행되었다. 근대 이후에는 과학적 합리주의에 편승하여 이성으로 위장한 물신(物神)의 굿판이 계속되었다.

그리하여 도구적 이성과 '도구적 합리성(instrumental rationality)' 및 과학적 방법에 대한 과도한 신뢰는 정신까지도 물질화하는 결과를 초래함으로써 반생태적(반생명적)인 물신숭배가 만연하게 되었다. 이러한 근대 합리주의에 대한 비판에 기용되고 있는 과학적 방법론은 주로 현대 물리학이 제공한 것이다. 근대의 과학적 합리주의가 함축하고 있는 과도한 인간 중심주의와 이원론적 사고 및 과학적 방법론은 20세기에 들어 실험물리학의 발달로 그 한계성이 지적되고 전일적(holistic) 패러다임으로의 대체 필요성이 역설되면서 서구 문명의 지양을 위한 새로운 패러다임, 즉 전일적 실재관의 정립에 관한 논의가 확산되었다. 이에 대해서는 다음 장에서부터 자세히 논의될 것이다.

이성적인 것과 합리적인 것, 과학적인 것이 등식화되어 있는 근대 세계에서 인간의 이성은 최적의 삶의 조건을 창출해 낼 수 있을 것이라는 믿음이 확산되어 있었으나 이러한 믿음은 산업혁명 이후 점차 심화된 자본주의의 구조적 모순으로 흔들리기 시작하여 역사상 유례 없는 양차 세계대전의 참극—특히 600만의 유대인을 학살한 나치의 만행—을 목격하면서 치명적인 손상을 입게 되었다. 그리하여 인간 이성의 산물인 사회구조와 틀 자체를 부정하게 되고 나아가 인종적·문화적 편견과 그에 따른 폭력 행사를 비판하는 등 근대 세계의 산물 전반에 대해 회의적인 태도를 갖게 된 것이다. 이러한 근대의 휴머니즘이 처한 존재론적 딜레마를 해결하고자 나타난 시대사조가 포스트휴머니즘이다. 이와 관련된 내용은 제3부에서 다뤄질 것이다.

리프킨에 따르면 인간은 영원히 '보편적 친밀감(universal intimacy)'을 찾아다니는 존재이다. 인간은 총체적 소속감을 추구한다. 좀 더 확대된 영역에서 더 큰 친밀감을 경험하게 해 주는 것은 바로 우리의 공감 본능이며 우리에게 내재된 공감 성향은 인류를 하나의 대가족으로 결속시킨다. 모든 위대한 문명이 자기 몫의 홀로코스트(Holocaust)를 치렀듯이, 사회가 친밀감을 유지시킬 힘이 없는 순간에 인간의 총체적 두려움은 제어할 수 없는 억압과 폭력의 형태로 폭발한다는 것이다.[68] 리프킨이 말하는 '친밀감'은 아리스토텔레스(Aristotle)가 말하는 '친애(philia, friendship)'와 유사하다. 아리스토텔레스는 국가적 질서 수립이 정의(justice)에 의해서 이루어지긴 하지만, 시민들의 내적 결속력을 강화하기 위해서는 '친애'의 덕이 필요하다고 말한다.

아리스토텔레스는 "사람들이 친애하면 정의를 필요로 하지 않지만, 정의로운 사람들 사이에서는 친애가 추가적으로 필요하다. 정의의 최상의 형태는 '친애의 태도(philikon)'라고 생각된다"[69]라고 했다. 가장 완전한 형태의 친애는 서로가 잘 되기를 똑같이 바라며 서로를 그 자체로서 친애하는 것으로 좋은 사람들, 유사한 사람들 사이에서 성립하는 친애이다. 이러한 유형의 친애는 일시적인 유익함이나 즐거움을 이유로 친애하는 것이 아니라 그들 자신을 이유로 친애하는 것이기 때문에 지속성을 띠며 추구할 가치가 있는 목표로 생각할 수 있다. 조건부가 아닌, 서로를 그 자체로서 친애하는 이러한 유형의 친애가 드문 것은, 이러한 사람들이 소수일뿐더러 신뢰가 쌓이기까지의 시간과 사귐을 필요로 하기 때문이다.

『니코마코스 윤리학 Nicomachean Ethics』의 제8권과 9권에 나오는 친애에 관한 글은 이성적 행위를 할 수 있는 개별자로서의 인간이 공동체적 존재로서의 인간으로 이행하는 철학적 근거를 제시한다. 인간은 본성적으로 정치적인 존재이고 그 본성 속에 친애의 능력이 내재해 있기 때문에 인간 공동체가 형성될 수 있다. 공동의 선을 추구하는 최상의 형태의 친애로부터 마침내 완전한 정치적 공동체가 생겨난다. 실로 자기 자신과의 조화 속에 사는 사람만이 다른 사람에게도 동일한 행복이 있기를 바랄 능력이 있는 것이다. '최상의 친애는 자기 자신에게 느끼는 친애와 동일한 것'[70]이라고 아리스토텔레스는 말한다. 이성적 원리인 로고스(logos)를 따라 사는 덕스러운 사람이 친애를 추가적으로 필요로 하는 것은 선을 추구함이 덕의 본질이기도 하거니와, 공존의 친애의식을 통해서만 인간은 완전히 자족적일 수 있기 때문이다. 정치적 동물로서의 인간은 자신의 영혼의 질서 속에서가 아니라 공동체의 정치적 질서 속에서, 국가의 법질서 속에서 비로소 완전한 자족을 획득할 수 있다.

리프킨은 새로운 분산 에너지 시대에 통치 제도가 관계의 협력적 네트워크 안에서 기능할 것이며 이 새로운 복합 정치기구는 생물권과 마찬가지로 상호의존적이고 호혜적으로 작동한다고 본다. 이것이 '생물권 정치(biosphere politics)'이다.[71] 생물권 정치는 지구가 상호의존성에 기초해 있는 살아 있는 유기체이며 근대 인간 중심의(anthropocentric) 시각을 넘어 전체 생물권으로의 의식 확장을 통해 생태적 지속성(ecological sustainability)을 띤 지구공동체 건설에 기여한다는 생각을 바탕으로 하고 있다. 오늘날 정보화 혁명과 초국가적 경제 실체의 등장으로 세계화가 가속화되면서 지구촌이 촘촘히 연결되어 공감적 감수성이 확대될 가능성이 열려 있다.

리프킨은 새로운 분산 커뮤니케이션 기술과 분산된 재생 가능 에너지가 인간과 인간을 이어주고 있지만 왜 수십억의 세계인이 긴밀한 관계로 이어져야 하는지에 대해, 지금까지는 정보를 공유하고 즐기고 상업적 교환을 진척시키고 경제의 세계화를 촉진시키기 위한 것이라는 빈약한 설명이 고작이라는 것이다. 그의 답은 이렇다. "인류의 연결망이 증가하는 것은 복잡하고 다양한 세계를 구성하는 모든 관계에 대한 개인적인 인식이 향상되는 것이다. 젊은 세대는 세상을 빼앗고 소유하기 위한 물건의 창고로 보기보다는 접속해야 할 관계의 미로로 보기 시작한다"[72]는 것이다. 말하자면 연결망이 증가함에 따라 모든 관계에 대한 개인적인 인식이 향상되고 지구적 힘의 관계적 성질을 이해하기 시작하는 것이다.

임계점(critical point)에 달한 엔트로피가 대량 전멸이란 카드로 우리를 위협하고 있는 상황에서, 모두가 협력하여 생물권 전체와 집단적으로 우호적 관계를 맺을 때 우리의 미래를 보장받을 수 있다고 리프킨은 말한다. 우리는 지금 지구를 감싸는 거대한 생명권과 전체 인류에게로 공감의 범위를 빠르게 넓혀 가고 있지만, 보편적인 공감적 유대를 다지기 위한 우리의 노력은 기후변화와 대량살상무기의 확산이라는 형태로 치솟는 엔트로피라는 괴물과 맞서고 있다. 지구의 기후변화가 이제 티핑 포인트(tipping point)를 넘어서고 있다는 과학자들의 경고도 나오고 있다. 지구촌의 붕괴를 막고 생물권 의식과 전 지구적인 공감에 이르기 위해서는, 다시 말해 공감의 신문명이 그 모습을 드러내기 위해서는 공감 의식을 확충하고 공감 능력을 최대한 발휘할 수 있어야 한다고 리프킨은 주장한다.[73]

리프킨은 공감의 잠재력이 발달하는 과정에서의 놀이(play)의 중요성을 지적한다. 놀이를 통해 형성되는 사회적 유대감이 공감 의식의 발달을 촉진한다는 것이다. 그에 따르면 '놀이는 본질적으로 참여적이며, 공유된 즐거움이고, 그 자체가 목적이다. 개방성과 관용은 놀이 환경의 본래적 부분이다. 놀이는 시공간 차원에서 일어나지만, 시공간 개념이 없는 것으로 경험되는 경우가 많다. 놀이 환경은 공감하는 법을 배우는 교실이다. 순수한 놀이는 인간 개발이 가장 잘 구현되는 현장이다. 자유와 놀이는 교집합을 갖는다. 놀이는 공감 의식을 확장하여 진정한 인간이 되는 법을 배우는 수단이다.' 프랑스의 철학자 장 폴 사르트르(Jean Paul Sartre)는 "인간이 자신을 자유로 이해하고 그의 자유를 사용하고 싶을 때…그때 그는 놀이를 한다"라고 했다.[74]

사실 알고 보면 이 세상의 천변만화(千變萬化)가 '생명(life)'의 장대한 놀이이며, 만물만상(萬物萬象)이 생명의 모습이다. 순수한 놀이는 시간 속에서 일어나지 않는다. 그것은 영원성, 즉 무시간성(timelessness) 속에서 일어난다. 필자에게는 '지금 여기(now here)'에서의 집필이 기쁨과 희열을 가져다주는 놀이이다. 호모커넥투스의 진실을 밝히는 이 흥미진진한 놀이에 독자 여러분들을 초대한다. 생명은 완전히 '열린계(open system)'이며 '있음(being)'의 상태가 아니라 '됨(becoming)'의 과정이다. 생명은 스스로 생성되고 변화하여 돌아가는 '스스로(自) 그러한(然)' 자, 즉 자연이다. 우리가 자연의 장대한 '놀이'와 하나가 될 수 있을 때, 그때 우리의 공감적 감수성은 완성될 것이다.

"원자 이론의 가르침에 병행하여…거대한 존재의 드라마에 있어 관객이자 배우로서의 우리의 입장을 조화시키려 한다면, 우리는 붓다나 노자(老子)와 같은 사상가들이 일찍이 직면했던 인식론적 문제로 돌아가야 한다."

"For a parallel to the lesson of atomic theory…We must turn to those kinds of epistemological problems with which already thinkers like the Buddha and Lao Tzu have been confronted, when trying to harmonize our position as spectators and actors in the great drama of existence."

- Niels Bohr, *Atomic Physics and Human Knowledge*(1958)

02

전체성과 홀로그램의 원리

- '드러난 질서'와 '숨겨진 질서'의
  상호연결성: 생명의 비밀
- 홀로그램 우주: 현실은 실재의 투사영
- 나는 선택한다, 그러므로 나는 존재한다

드러난 질서와 숨겨진 질서의 유비적(類比的) 대응관계에 주목하는 것은, 사실 그대로의 우주, 인간 그리고 사물에 대한 이해가 없이는 삶의 세계의 문제들에 대해 실효성 있는 대안을 마련하기 어렵기 때문이다. 미시세계에서의 입자-파동의 이중성은 생명의 본질 자체가 내재와 초월, 본체[理, 숨겨진 질서]와 작용[氣, 드러난 질서]을 상호 관통하는 완전한 소통성인 데에 기인한다. 드러난 질서와 숨겨진 질서, 삶과 죽음 등 일체의 양 극단이 한 맛(一味)임을 알아야 순수 현존(pure presence)이 일어난다. 생명은 전일적인 흐름(holomovement)이며 거기에는 대립자의 역동적 통일이 일어나게 하는 메커니즘이 내재되어 있다. 생명은 비분리성·비이원성을 본질로 하는 영원한 '에너지 무도(舞蹈)'이다. 참자아가 곧 하늘(天·神·靈)이며 '양자 신(quantum God)'이고 보편적 실재로서의 '나', 즉 생명이고 진리이다. 생명의 본체인 참자아는 물질현상이면서 동시에 물질현상의 원인이 되는 정신적인 원리이고, 만유 속에 만유의 참본성으로 내재해 있으면서 동시에 만물 화생의 근본원리로서 작용한다.

- 본문 중에서

02 전체성과 홀로그램의 원리

> 우주와 그 속의 모든 것들—눈송이로부터 단풍나무나 별똥별, 궤도를 도는 전자에 이르기까지—또한 시간과 공간을 초월한 실재의 차원으로부터 투사되는 유령 같은 영상에 지나지 않는다.
> Our world and everything in it—from snowflakes to maple trees to falling stars and spinning electrons—are also only ghostly images, projections from a level of reality…beyond both space and time.
>
> - Michael Talbot, *The Holographic Universe*(1991)

'드러난 질서'와 '숨겨진 질서'의 상호연결성: 생명의 비밀

우리가 살고 있는 삶의 세계는 물질적인 것과 비물질적인 것, 즉 '드러난 질서(explicate order)'와 '숨겨진 질서(implicate order)'[1]가 긴밀하게 상호연결된 관계망의 구조로 이루어져 있다. 그럼에도 우리가 이러한 상호연결성(interconnectedness)을 인지하지 못하는 것은, 눈에 보이는 물리 세계만이 유일한 실재라고 믿고 가르치고 배우며 살아온 관계로 '숨겨진 질서'의 실상을 파악하지 못했기 때문이다. 이는 마치 달과 달그림자의 관계를 이해하지 못한 채 단순히 천강(千江)에 비친 무수한 달그림자에 대해서만 논하는 것과 마찬가지로 실재성이 없다. 실재(reality)는 상호연결된 '불가분의 전체성(undivided wholeness)'이며 본질적으로 역동적이다. 다양하게 분리된 것처럼 보이는 '드러난(펼쳐진, unfolded)' 물리적 세계는 일체의 이원성을 넘어선 '숨겨진(접힌, enfolded)' 전일성의 세계가 물질화되어 나타난 것이다.

꽃잎이 펼쳐지고 접히는 것과도 같이 이러한 생명의 자기조직화(self-organization)는 우주만물[多]을 전일성[一]의 자기복제(self-replication)로 보는 일즉다(一卽多)·다즉일(多卽一)의 원리와 조응한다. 생명은 '드러난 질서'와 '숨겨진 질서'를 상호 관통하며 무수하게 펼쳐진 다(多)의 현상계와 하나로 접힌 일(一)의 본체계를 끊임없이 순환하는 것이다. '숨겨진 질서'와 '드러난 질서'의 상호연결성은 동학의 불연기연(不然其然), 즉 '그렇지 아니함'과 '그러함'의 관계와도 같다. 불연기연은 본체계[의식계]와 현상계[물질계]를 회통시키는 수운(水雲) 최제우(崔濟愚)의 독특한 논리이다. 동학의 창시자 수운은 『동경대전(東經大全)』에서 사물의 근본 이치와 관련된 초논리·초이성·직관의 영역을 '불연'이라고 하고, 사물의 현상적 측면과 관련된 감각적·지각적·경험적 판단의 영역을 '기연'이라고 하였다.

미국 출신으로 영국 런던대학교 이론물리학 교수를 역임한 세계적인 양자물리학자 데이비드 봄(David Bohm)은 숨은 변수가 발견되면 '보이는 우주[현상계, 물질계]'와 '보이지 않는 우주[본체계, 의식계]'의 상관관계가 밝혀짐으로써 '보이는 우주'는 '보이지 않는 우주'가 물리적 세계로 현현한 것임을 알게 된다고 했다. 알버트 아인슈타인(Albert Einstein)의 후계자로 지목되던 그는 첨단 이론물리학 중의 하나인 이러한 상관관계를 규명함으로써 노벨 물리학상을 수상했다. 그는 이러한 관계적 질서를 부분이 전체를 포함하는 홀로그램(hologram)적 비유로 설명하고, 현실 세계 또한 홀로그램과 같은 일반원리에 따라 구성되는 것으로 보았다.[2] 이는 곧 그의 양자이론(quantum theory)의 핵심 개념인 양자포텐셜(quantum potential 또는 양자파동장(quantum wave field))이 비국소적으로(nonlocally) 하나로 연결되어 있다는 것을 의미한다. 영국의 물리학자 폴 데이비스(Paul Davies) 또한 이렇게 말했다.

양자계의 비국소적 측면은 자연의 일반적인 성질이다.

…the nonlocal aspects of quantum systems is…a general property of nature.[3]

봄의 홀로그램 우주론에 따르면 물질계에서 일어난 모든 것은 '접힌(함축된) 질서' 속으로 들어가 있다. 이 '접힌 질서'는 고도의 유기적 통일성을 띠는 전일성의 실재 차원으로 만유의 바탕을 이루는 것이다. 거기에는 과거, 현재, 미래의 모든 형태의 물질과 생명 그리고 의식, 에너지, DNA로부터 은하계의 크기와 모양을 결정하는 힘에 이르기까지 우주의 전 역사가 다 담겨 있다.[4] 봄은 에너지, 마음, 물질 등 우주에 존재하는 모든 것이 우주에 충만해 있는 초양자장(超量子場, superquantum field)으로부터 분화된다고 보았다. 비국소성(nonlocality, 초공간성) 또는 비분리성(nonseparability)을 갖는 초양자장 개념에 의해 그는 파동-입자의 이중성(wave-particle duality)을 통합하고자 했다. 그리하여 물질은 원자로, 원자는 소립자(素粒子, elementary particle)로, 소립자는 파동으로, 파동은 다시 초양자장으로 환원될 수 있다고 보았다.*

봄은 양자역학(量子力學, quantum mechanics, 광의로는 양자론)에 대한 표준해석으로 알려진 코펜하겐 해석(CIQM, 1927)의 확률론적인 해석에 반대했다. 양자역학이 확률론적으로 해석되는 것은 아직 발견되지 않은 숨은 변수 때문이라는 것이다. 양자계(quantum system)에서 전자(electron)가 어디에 있는지 어떻게 움직이는지 그 위치와 운동량을 모르기 때문에 불확정성 원리에 따른다고 한 확률론적 해석과는 달리, 그는 스스로의 내재적 법칙성에 따라 운동하는 전자가 반드시 있을 것이라고 보았다. 그 해법으로서 그는 아인슈타인

---

* 데이비드 봄의 양자이론은 질량-에너지 등가원리를 밝힌 아인슈타인의 공식($E=mc^2$), 양자 에너지가 '플랑크상수'를 곱한 빛의 진동수에 정비례한다는 막스 플랑크(Max Planck)의 공식($E=h\nu$), 전자를 비롯한 모든 물질이 입자성뿐 아니라 파동성도 갖는다는 '물질파(matter wave 또는 드 브로이波) 가설'을 제창한 드 브로이(Louis Victor de Broglie)의 공식($\lambda=h/mv$, 파장=플랑크상수/입자운동량)들을 종합한 것이다. 드 브로이의 물질파 개념은 빛[전자기파]의 파동-입자의 이중성과 함께 양자역학의 입자-파동의 이중성 개념에 결정적인 영향을 주었다.

이 상대성이론(theory of relativity)에 의해 질량-에너지 등가원리($E=mc^2$)를 밝혀냈듯이, '숨은 변수 이론(hidden variable theory)'에 의해 입자-파동의 이중성을 밝혀내고자 했다. 그리하여 파동함수(wave function)를 존재의 확률이 아닌 실제의 장(場)으로 인식하고 '숨은 변수 이론'에 의해 '보이지 않는 우주'와 '보이는 우주'의 상관관계를 규명함으로써 결정론적 해석을 내놓았다.

양자역학의 수학적 이론이 현실 세계에 어떻게 대응하는가에 대해 코펜하겐 해석에서는 양자(quantum)는 관측되기 전에는 불확정적이어서 존재인지 비존재인지를 알 수가 없고 관측하는 순간 비로소 파동 혹은 입자로서의 존재성이 드러난다고 본다. '슈뢰딩거의 고양이(Schrödinger's cat)'라는 사고실험(思考實驗, thought experiment)은 1935년에 오스트리아의 물리학자 에르빈 슈뢰딩거(Erwin Schrödinger)가 물리학에 불확정성이 도입된 것에 반발해 양자역학의 역설(paradox)을 제시할 목적으로 한 것이지만, 그러한 역설이 오히려 양자역학의 특징을 설명하는 대표적인 예시로 흔히 사용된다. '밀폐된 상자 안에 고양이 한 마리와 그 고양이를 죽일 수 있는 가스 분출 장치가 있다고 하자. 그 가스 분출 장치는 순전히 우연에 의해 작동되므로 상자 밖에서는 무슨 일이 일어나는지 알 수 없다. 고전 물리학의 관점에서는 그 고양이는 살았거나 죽었거나 둘 중 하나이며 눈에 보이는 세계가 전부다. 양자역학의 관점에서는 관찰하기 전의 고양이는 '망각지대(limbo)'에 있으며, 상자 안을 들여다보는 순간 살거나 죽거나 두 가능성 중 하나가 실현되고 나머지는 사라진다. 따라서 관찰하기 전의 고양이는 실재한다고 말할 수도 없다'는 것이다.

봄의 양자이론에서는 파동은 관측되기 전에도 확실히 존재하며 파동이 모여 다발(packet)을 형성할 때 입자가 되는 것이고 그 파동의 기원은 우주에 미만(彌滿)해 있는 초양자장이라고 본 점에서 코펜하겐 해석과는 상당한 해석상의 차이가 있다. 봄의 초양자장은 정보-에너지 의학에서 동일시하는 세 가지, 즉 자기조직화의 창발(emergence) 현상을 가능하게 하는 '정보-에너지장(information-energy field)', 만프레드 아이겐(Manfred Eigen)의 효소의 자기조직화하는 원리,* 그리고 루퍼트 쉘드레이크(Rupert Sheldrake)의 '형태형성장(morphogenic field)'과도 조응한다. 과학과 의식(consciousness)의 불가분성에 대한 인식을 통해 동양적 지혜의 정수에 닿아 있는 봄의 '양자 형이상학(quantum metaphysics)'은 다양한 분야에서 폭넓은 호응을 얻고 있으며 현대 물리학의 미래에 많은 시사점을 제공한다.

봄의 양자이론은 블랙홀 이론을 창시한 옥스퍼드대학의 로저 펜로즈(Roger Penrose), 양자이론의 개념적 토대를 세운 파리대학의 베르나르 데스파냐(Bernard d'Espagnat) 그리고 1973년 노벨물리학상을 수상한 케임브리지 대학의 브라이언 조지프슨(Brian D. Josephson) 등의 열렬한 지지를 받았을 뿐만 아니라 과학적 쟁점들에 대해서도 해석할 수 있는 가능성을 열어 놓고 있다는 점에서 세계적인 주목을 받고 있다.[5] 양자역학의 해석에 관한 한 가장 영향력 있는 인물인 미국의 과학철학자 힐러리 퍼트넘(Hilary Putnam)은 2005년 양심선언을 통해 봄에 대한 그동안의 부정적 입장을 선회하면서 공개적으로 봄을 지지했다. 심지어 그는 '봄의 양자이론은 놀랄 만큼 우아하다'고까지 했다.[6] 존 브릭스(John P. Briggs)와 데이비드 피트(F. David Peat)의 공저 『거울우주 Looking Glass Universe』에서는 이렇게 말한다.

---

* 만프레드 아이겐은 효소가 모여서 임계치에 도달하면 효소 집단은 스스로 효소를 합성할 수 있는 창발성이 생긴다고 하고 이러한 효소의 자기조직화하는 원리를 초사이클(hypercycle)이라고 명명했다.

봄의 이론은 직관적으로 너무도 만족할 만한 이론이어서 많은 사람들이 만일 우주가 봄이 말하는 것처럼 되어 있지 않다면 반드시 그렇게 되어야만 한다고 느낄 정도이다.

…It is a theory which is so intuitively satisfying that many people have felt that if the universe is not the way Bohm describe it, it ought to be.[7]

전일적 우주에 대한 봄의 명쾌한 통찰은 그가 아원자(subatom)의 본질적인 역동성(dynamics)과 전체성(totality)을 표현하기 위해 '홀로무브먼트(holomovement)'[8]라는 신조어를 만들어낸 데서도 찾아볼 수 있다. 홀로무브먼트란 곧 우주의 창조적 에너지의 흐름이다. 이 우주는 부분들의 단순한 조합이 아니라 유기적 통일체이며 우주만물은 개별적 실체성을 갖지 않고 전일적인 흐름(holomovement) 속에서만 파악될 수 있다는 것이다. 그에 의하면 실재하는 것은 전체성이고, 단지 분절적 사고(fragmentary thought) 습관에 따른 미망의 지각작용에 의해 이 우주가 분절적인 것처럼 생각될 뿐이라는 것이다. 다시 말해 이 우주가 실제로는 분리되어 있지 않은데 마치 분리되어 있는 것처럼 착각하는 데서 모든 문제가 발생하는 것이다. 따라서 우리가 해야 할 일은 분절적인 사고 습관을 그만두는 것이다.[9]

봄의 초양자장 개념은 초(超)의식과도 같은 것으로 이는 곧 순수의식이며 일심(한마음)이다. 한마디로 비이원적인(nondual) 영원한 실재의 차원을 지칭한 것이다. 스위스의 정신과 의사이자 분석심리학의 창시자 칼 구스타프 융(Carl Gustav Jung)은 '밖(드러난 질서)을 보는 자는 꿈을 꾸고, 안(숨겨진 질서)을 보는 자는 깨어난다(Who looks outside, dreams; who looks inside, awakes)'고 했다. 또한 융은 일심, 즉 한마음(무의식)이 모든 것을 포괄하고 모든 존재를 이루지만 그 자체는 공(空)이고 어떤 기반도 갖지 않는다고 했다. 20세기 초 영국 옥스퍼드대학교 종교학 교수 에반스 웬츠(W. Y. Evans-Wents)는 티벳의 위대한 스승 파드마삼바바(Padma-Sambhava)의 생애와 가르침 등을 편집한 『티벳 해탈의 서(書) The Tibetan Book of the Great Liberation』(1954) 서문에서 한마음을 서양 과학의 관점, 특히 동역학과 물리학의 관점에서 이렇게 설명했다.

한마음은 에너지의 유일한 근원이며, 모든 잠재력들의 잠재력이며, 우주적인 힘의 유일한 발전기이며, 모든 진동의 시발자이며, 미지의 원천이며, 우주선(線)과 물질이 빛과 열, 전자기, 방사능,…유기물과 무기물 등 그 모든 전자적 성질을 띠고 자연계의 전역에 존재하게 만든 모체이다. 그리하여 한마음은 자연법의 창시자이고, 우주의 주인이자 관리자이며, 원자의 설계자이자 세계 시스템의 건설자이고, 성운(星雲)을 우주에 흩뿌린 자이며, 우주적 결실의 수확자이고, 존재해왔고 현재 존재하며 영원히 존재할 모든 것의 변치 않는 보고(寶庫)이다.

…the One Mind is the unique root of energy, the potentiality of potentialities, the sole dynamo of universal power, the initiator of vibrations, the unknown source, the womb whence there come into being the cosmic rays and matter in all its electronic aspects, as light, heat, magnetism, electricity, radio-activity, or as organic and inorganic substances…, throughout the realm of nature. It is thus the maker of natural law, the master and administrator of the Universe, the architect of the atom and the builder therewith of world systems, the sower of nebulae, the reaper of harvests of universes, the immutable store-house of all that has been, is now, and ever shall be.[10]

융이 말하는 한마음은 봄의 초양자장과 그 의미가 같은 것이다. 일심, 즉 초의식은 물질(입자, 드러난 질서)과 정신(파동, 숨겨진 질서)이 하나가 된 마음이다.

입자와 파동, 드러난 질서와 숨겨진 질서의 통합성이 바로 일심, 즉 초양자장에 있다고 본 것이다. 초양자장은 모든 것을 이루는 근본 질료이자 모든 것을 담고 있는 그릇이다. 과학과 의식의 접합을 추구한 봄의 양자이론은 포스트 물질주의 과학(post-materialist science)에서 폭넓은 호응을 얻고 있다. 입자(물질)란 정확하게 말하면 입자처럼 보이는 파동(의식)일 뿐이다. 이처럼 현대 물리학의 가장 위대한 발견이랄 수 있는 '의식(consciousness)' 발견이 이루어진 것, 그리고 양자역학을 통하여 의식이라는 개념이 현대 과학의 전면에 부상한 것은 포스트 물질주의 과학이 등장하게 된 중요한 배경을 이루는 것이다.

포스트 물질주의 과학은 물질이 유일한 현실이며 모든 것이라고 보는 물질주의(materialism), '부분을 이해하면 전체를 이해할 수 있다'라는 가정에서 출발한 데카르트 식의 기계론적인 환원주의(reductionism)를 배격한다. 그리하여 '부분의 단순한 합으로는 전체를 이해할 수 없다'고 보고 부분[개체성, 드러난 질서]과 전체[전체성, 숨겨진 질서]의 상호작용 분석에 초점을 두는 유기론적·시스템적 또는 전일적·생태학적 관점과 맥을 같이 한다. 상호배타적인 것이 상보적이라는 양자역학의 통섭적 세계관은 포스트 물질주의 과학의 전형을 보여 주는 것으로 이는 부분과 전체의 유기적 통일성에 기초한 시스템적 사고(systems thinking) 또는 맥락적 사고(contextual thinking)의 특성을 보여주는 것이기도 하다. 시스템적 사고의 주된 특징은 양자물리학, 양자생물학, 양자의학, 복잡계 과학(complexity science), 게슈탈트 심리학(形態心理學, Gestalt psychology), 초개인주의 심리학(transpersonal psychology), 생태학 등에서 찾아볼 수 있는데, 그 핵심은 전체의 본질이 항상 부분의 단순한 합과는 다르다는 것이다.

부분과 전체, 입자와 파동, 드러난 질서와 숨겨진 질서는 소우주(micro-cosm)와 대우주(macrocosm)의 유비적(類比的) 대응관계를 나타낸다. 이러한 유비적 대응관계는 『화엄일승법계도(華嚴一乘法界圖)』에 "하나[대우주] 속에 일체가 있고 여럿[소우주] 속에 하나가 있으니, 하나가 곧 일체이며 여럿이 곧 하나이다"[11]*라는 구절 속에 잘 나타나 있다. 이러한 상호 연관과 상호 의존의 세계 구조를 『화엄경(華嚴經)』에서는 인드라망(Indra網, 제석천왕의 보배 그물)으로 비유하는데, 이는 만물만상이 끝없이 상호 연결되어 있으며 서로가 서로를 비추는 상즉상입(相卽相入)의 구조로 연기(緣起)하고 있음을 보여준다. 또한 『반야심경(般若心經)』에서 "색(色, 드러난 질서)이 공(空, 숨겨진 질서)과 다르지 않고 공이 색과 다르지 않으니, 색이 곧 공이요 공이 곧 색이다"[12]라고 한 것도 같은 맥락에서 이해될 수 있다.

　마치 무수한 파도들(부분)을 잇는 바닷물(전체)과도 같이 우주만물을 잇는 에너지장(場), 즉 매트릭스(Matrix)는 언제 어디에나 이미 실재하며, 바로 이 에너지장[氣海 또는 파동의 대양]에 의해 우리 모두는 하나로 연결되어 있다. 양자역학의 성립에 핵심적 기여를 한 막스 플랑크(Max Planck)는 이 미묘한 에너지(subtle energy)를 '의식과 지성을 가진 정신(conscious and intelligent Mind)'이라고 명명했다. 여기서 소우주와 대우주, 부분과 전체, 드러난 질서와 숨겨진 질서의 유비적 대응관계에 주목하는 것은, 사실 그대로의 우주, 인간 그리고 사물에 대한 이해가 없이는 삶의 세계의 문제들에 대해 실효성 있는 대안을 마련하기 어렵기 때문이다.

　이처럼 포스트 물질주의 과학은—양자역학의 창시자 중 한 사람인 베르

---

*　근원적 一者[궁극적 실재]인 '하나'의 자기조직화(self-organization)에 의해 만물이 생겨나므로 '하나가 곧 일체(一卽一切)'이며, 그 '하나'가 만유 속에 만유의 본질로서 내재해 있으므로 '여럿이 곧 하나(多卽一)'이다. 『東經大全』에서 '內有神靈', 즉 '안에 신성한 靈이 있다'고 한 것은 바로 그 '하나'가 만유의 본질로서 내재해 있는 것을 두고 한 말이다.

너 하이젠베르크(Werner Heisenberg)가 그의 과학 자서전 『부분과 전체 *Der Teil und das Ganze (The Part and the Whole)*』(1969)에서 강조한 바와 같이—형이 상학적인 정신과학의 일반적인 문제들과 내재적으로 깊이 연결되어 있다. 말하자면 과학이 단순히 객관적인 물리 세계를 다루는 것이 아니라 의식과의 접합을 통해 드러난 질서(사물의 현상적 측면과 관련된 감각적·지각적·경험적 판단의 영역)와 그 배후의 숨겨진 질서(사물의 근본 이치와 관련된 초논리·초이성·직관의 영역)가 상호 긴밀하게 작용하는 실제 삶의 세계의 영역으로 깊숙이 들어온 것이다. 그리하여 양자역학을 필두로 한 포스트 물질주의 과학은 이제 과학이란 영역이 과학자들의 전유물이던 시대는 사실상 끝났다고 보고 철학, 종교, 문학 등 다양한 분야와의 대화를 통해 '하드 사이언스(hard science)'에서 '소프트 사이언스(soft science)'로 과학의 외연을 확장시키며 과학의 대중화를 선도하고 있다.

포스트 물질주의 과학에서는 물질이 개별적인 원자들로 구성된 실재가 아니라 장(場)이 유일한 실재이며 물질은 장이 극도로 강하게 집중된 공간의 영역에 의해 성립되는 것이라고 본다. 따라서 물질의 공성(空性)을 이해하면 물질과 비물질, 주체와 객체의 이분법은 성립되지 않는다. 물질의 공성(空性)이란 모습이 없는 참본성, 즉 공(空)과 색(色), 무(無)와 유(有)를 상호 관통하는 진여성(眞如性)을 일컫는 것이다. '진공묘유(眞空妙有)', 즉 텅 빈 것은 묘하게 있는 것이다. 사실 우리가 육체 또는 물질이라고 지각하는 것은 특정 주파수대의 에너지 진동에 지나지 않는다. 양자역학적 관점에서는 양자계가 근원적으로 비분리성 또는 비국소성을 갖고 파동인 동시에 입자로서의 속성을 상보적으로 지닌다고 보는데, 이는 물질[氣·色·有]의 궁극적 본질이 비물질 [理·空·無]과 하나라는 사실에 기인한다. 양자역학적 실험 결과에 따르면 소립자의 수준에서 물질은 마치 비국소성을 띠는 안개와도 같이 어디에도 존재하지 않거나 또는 모든 곳에 존재하는 것으로 나타난다. 이른바 '미시세계에서의 역설(paradox in the micro-world)'이란 것이 이것이다.

그러나 왜 미시세계에서는 입자-파동의 이중성이 존재하는지, 또는 미시세계에서의 역설이 의미하는 바가 무엇인지에 대해서는 과학계에서 적절한 설명을 내놓지 못하고 있다. 심지어는 물리학의 과제가 아니라고까지 하고 있다. 이러한 인식은 데카르트의 정신-물질 이원론의 기계론적 세계관에 기초한 뉴턴역학의 모델이 물리학자들의 잠재의식 속에서 여전히 작동하고 있음을 반증하는 것이다. 다시 말해 '하드 테크놀로지(hard technology)'의 발전을 견인해 온 '하드 사이언스(hard science)'로서의 물리학의 정체성이 여전히 건재함을 보여주는 것이다. 그렇다면 물리학의 역할은 무엇인가? 데카르트는 그의 자연관에서 물리학의 기본적 역할을 나무에서의 줄기와 같은 것이라고 하고 있다.

> 모든 철학은 하나의 나무와 같다. 뿌리는 형이상학이고, 줄기는 물리학이며, 가지는 여타의 모든 과학이다.
>
> All Philosophy is like a tree. The roots are metaphysics, the trunk is physics, and the branches are all the other science.[13]

그러나 줄기[드러난 질서, 물질계]는 뿌리[숨겨진 질서, 의식계]와의 연결을 통해서만 그 존재성과 의미가 드러나며, 가지와의 연결을 통해 그 존재성과 의미가 확장되고 구체화된다는 점에서 포스트 물질주의 과학으로의 이행은 필연적이다. 사실상 20세기에 들어 물리학자들은 원자·아원자 세계의 탐구 과정에서 처음으로 우주를 이해하는 그들의 능력에 심각한 도전을 받게 되었다. 실험을 통해 자연에 질문을 던질 때마다 자연은 역설로서 응답했고 이를 규명하려고 애쓰면 애쓸수록 그 역설은 더 예리해졌다. 결국 그들의 기본 개념, 언어 및 사고방식이 원자 현상을 기술하기에는 부적합하다는 인식에 이르게 된다. 이 문제가 지적(intellectual)인 것에 국한되지 않고 강렬하게 정서적이며 실존적인 경험이었다는 사실이 하이젠베르크의 술회에서 밝혀지고 있다. 그는 보어와의 열띤 토론을 계속했으나 거의 절망으로 끝난 일을 회억한다. 토론 후 그는 혼자서 근처 공원을 산책하며 자신에게 다음 물음을 반복하곤 했다.[14]

이들 원자 실험에서 보이는 것처럼 자연은 그렇게도 불합리할 수 있는 것인가?
Can nature possibly be so absurd as it seemed to us in these atomic experiments?[15]

미시세계에서의 입자-파동의 이중성은 자연이 불합리해서가 아니라 대립자의 역동적 통일성에 기초하는 '스스로(自) 그러한(然)' 자의 본질인 까닭이다. 이러한 이중성은 생명의 본질 자체가 내재와 초월, 전체와 부분, 본체[理, 숨겨진 질서]와 작용[氣, 드러난 질서]을 상호 관통하는 완전한 소통성인 데에 기인한다. 우주의 본질인 생명이 시작도 끝도 없고(無始無終), 태어남도 죽음도 없으며(不生不滅), 없는 곳이 없이 실재하는(無所不在) 완전한 '열린계(open system)'임을 이해할 수 있기 위해서는 물질주의 관점에서 벗어나야 한다. '실재는 무경계(reality is no-boundary)'이다. 오늘날의 '전자구름 모형'이 말해주듯이 원자 이하의 소립자들은 경계가 없기 때문에 위치란 것도 없고 따라서 측정할 방법도 없다.

양자역학에서의 미시세계와 우리가 살고 있는 거시세계는 상즉상입(相卽相入)의 구조로 상호 연기(緣起)하고 있다. 전체[실재]를 알지 못하고서는 물리학이란 학문 역시 '지적 유희(intellectual play)'에 지나지 않게 된다. 나무의 줄기에 해당하는 물리학이 그 뿌리에 해당하는 철학사상, 종교 등의 형이상학과 연결되지 못하면 그 존재성과 의미를 파악할 수 없게 된다. 1927년 양자세계(quantum world)에 대한 보어의 코펜하겐 해석이 고전 물리학의 근본적인 변화를 가져오게 했으며 지금까지도 유력한 위치를 차지하고 있지만, 입자-파동의 이중성 또는 미시세계에서의 역설이 의미하는 바가 무엇인지에 대한 설명은 여전히 현대 물리학의 아킬레스건으로 남아 있다. 이는 자연을 설명할 때 수학적인 언어를 일반적인 언어로 바꾸는 단순한 언어 기술상의 문제라기보다는 자연에 대한 심오한 철학적 이해—즉 우주의 본질인 생명[靈 또는 靈性]*에 대한 이해—를 수반하는 문제이다.

이러한 실험물리학의 내재적 한계에 대한 문제의식에서 현대 물리학과 동양사상의 접합에 대한 연구가 주목을 받아 왔다. 세계적인 물리학자이자 신과학 운동의 거장(巨匠)인 프리초프 카프라(Fritjof Capra)의 『물리학의 도 *The Tao of Physics*』(1975)[16]는 이 분야에서 초기의 기념비적인 저작이다. 양자역학의 창시자 중 한 사람인 닐스 보어(Niels Bohr)는 "원자 이론의 가르침에 병행하여…거대한 존재의 드라마에 있어 관객이자 배우로서의 우리의 입장을 조화시키려 한다면, 우리는 붓다나 노자(老子)와 같은 사상가들이 일찍이 직면했던 인식론적 문제로 돌아가야 한다"[17]라고 말했다.

---

* cf. "John" in *Bible*, 14:6 : "I am the way and the truth and the life…"; "John" in *Bible*, 4:24 : "God is spirit, and his worshipers must worship in spirit and in truth." 이처럼 「요한복음」에는 神이 곧 길(道)이고 진리이고 생명이고 靈이라고 나와 있다. 따라서 생명은 '스스로(自) 그러한(然) 자, 즉 자연이고 神이며 道이고 진리이고 靈이다. 우주의 실체는 의식이므로 보편적으로 생명을 지칭하는 神·靈·天은 곧 神性·靈性·天性(참본성·一心)을 의미한다.

미시세계에서의 역설은 생명의 본체인 일심[초의식, 초양자장][18]의 초공간성[비국소성]을 드러낸 것이다. 일심은 경계가 없는 실재의 영역으로 진여(眞如[파동], 天·神·靈)인 동시에 생멸(生滅[입자], 우주만물)로 나타난다.[19] 숨겨진 질서[파동]와 드러난 질서[입자]는 실물과 그림자의 관계와도 같이 상호 조응·상호 관통하므로 동시적으로 존재한다. 따라서 진여인 동시에 생멸로 나타나는 마음의 구조를 이해하면, 파동인 동시에 입자로 나타나는 양자역학적 세계관을 이해할 수 있다. 한마디로 양자역학은 '마음의 과학'이다. 어디에도 존재하지 않거나 또는 모든 곳에 존재한다는 미시세계에서의 역설은 고대 인도의 대논사(大論師) 아슈바고샤(Aśhvaghoṣa, 馬鳴)가 말한 '존재의 역설(paradox of existence)'과도 그 의미가 상통한다. 즉 "존재하는 것도 아니며, 존재하지 않는 것도 아니요, 존재와 비존재가 동시에 존재하는 것도 아니며, 존재와 비존재가 동시에 존재하지 않는 것도 아니다."[20]

『금강삼매경론(金剛三昧經論)』「본각이품(本覺利品)」장에 나오는 무주보살(無住菩薩)의 '무주'는 머무름이 없이 두루 교화하는 일을 하기 때문에 그 덕에 의해 붙여진 이름이다. '무주'의 덕은 적정(寂靜)한 일심의 체성(體性)—근원성·포괄성·보편성—이 그대로 드러난 것이므로 "공(空)도 아니고 공(空) 아닌 것도 아니어서 공(空)함도 없고 공(空)하지 않음도 없다."[21] 이러한 '무주'의 덕은 위치라는 것이 더 이상 존재하지 않는 미시세계에서의 역설을 이해할 수 있게 한다. 만물의 제1원인[神·天·靈]을 때론 보편자라고 부르기도 하는 것은, 특정한 위치에 머무름이 없는 '무주'의 덕이 그 자체에 내재되어 있는 까닭이다. '신광보조(神光普照)'—보편자의 빛은 두루 비치어 평등무차별성을 드러낸다. 미시세계에서의 '역설'은, 진리불립문자(眞理不立文字)인데 무리하게 3차원 언어로 표현하다 보니 '역설'이 된 것일 뿐이다. 하이젠베르크는 합리적 정신의 근본적인 한계를 지적하며 이렇게 말했다.

모든 언어나 개념은 명백하게 보일지 모르지만 적용 범위는 제한적일 뿐이다.
…every word or concept, clear as it may seem to be, has only a limited range of applicability.[22]

우주의 본질인 생명은 그 본질적 특성 자체가 숨겨진 질서와 드러난 질서를 상호 관통하는 완전한 소통성인 까닭에 위치라는 것이 없다. '무주'의 덕은 곧 우주 지성이며, 걸림이 없는 완전한 소통성이며 통섭이 일어나게 하는 메커니즘이다. 진흙 속의 연꽃(泥中之蓮花)과도 같이 성속일여(聖俗一如)의 경지로서 존재와 비존재, 물질과 정신, 입자와 파동 그 어느 것에도 구애됨이 없는 자유자재한 경지이다. 여기서 일심을 데이비드 봄의 초양자장 개념으로 치환해 보면 그 의미가 분명해진다. 데이비드 봄의 양자이론이 동양적 지혜의 정수에 닿아 있는 것은 그의 정신적 스승이었던 인도의 철학자 지두 크리슈나무르티(Jiddu Krishnamurti)의 영향과 무관하지 않을 것이다.

사실 고도의 수행을 통해 '물질의 장막(the veil of matter)' 너머를 보는 경지에 이른 성자들은 형체나 파동의 상태로 자유롭게 나타내는 능력을 지니는 것으로 알려져 있다. 또한 현대 과학에서도 미국의 미래학자이자 가장 잘 알려진 트랜스휴머니스트 레이(먼드) 커즈와일(Ray(mond) Kurzweil)은 21세기 전반부에 'GNR(유전학·나노기술·로봇공학)' 혁명이 중첩적으로 일어나면 자연지능과 인공지능의 융합이 이루어져 인간의 지능이 심대하게 확장될 것이라며, 2030~2040년대가 되면 근본적인 인체의 재설계가 이루어져 버전 3.0 인체가 탄생할 것이라고 전망한다.[23] 버전 3.0 인체가 탄생하면 분자나노기술(MNT) 조립법을 인체에 적용해 현실에서도 신체를 마음대로 순식간에 변화시킬 수 있게 된다. 이는 현대 과학이 발견한 입자-파동의 이중성에 비유될 수 있다. 그렇게 되면 입자-파동의 이중성을 미시세계에서만이 아니라 우리가 살고 있는 거시세계에서도 체험하게 된다.

드러난 질서와 숨겨진 질서, 삶과 죽음, 입자와 파동 등 일체의 양 극단이 한 맛(一味)임을 알아야 순수 현존(pure presence)이 일어난다. 전체성이 진리[根本智]이고 분리성은 미망(illusion)이다. 분리성은 에고(ego, 個我)의 속성이다. 에고는 경계이며 분별지(分別智)의 다른 이름이다. 본래 사물 자체에 경계가 있는 것이 아니라 에고의 분별지가 무수히 분리된 사물을 만들어내는 것이다. 깨진 창을 통해 보면 사물이 깨져 보이듯, 개체화된 의식의 창을 통해 보면 사물이 분리되어 보이는 것이다. 이 세상 그 어떤 것도 분리될 수 있는 것이 아닌데 분리되어 있다고 착각하는 데서 모든 문제가 파생된다.

그러나 전체성으로부터 분리된 에고는 의식의 불을 밝히면 사라지는 어둠이다. "일체의 분별은 곧 자신의 마음의 분별"[24]이다. 실로 생명[靈]의 진수(眞髓)가 대립자의 역동적 통일성에 있다는 사실을 이해할 때 미시세계에서의 역설 또한 이해될 수 있다. 생명은 전일적인 흐름(holomovement)이며 거기에는 대립자의 역동적 통일이 일어나게 하는 메커니즘이 내재되어 있다. 오스트리아의 물리학자 에리히 얀츠(Erich Jantsch)는 자기조직화하는 우주의 진화를 공진화(co-evolution) 개념으로 설명했다. 얀츠의 관점에서 신(God)이란 '자기조직화하는 전 우주의 역동성(the self-organizing dynamics of the entire cosmos)'[25]을 표현한 것에 지나지 않는다.

만물이 생장하고 변화하여 소멸하는 이 과정은 실은 본래의 근원으로 돌아가는 작용이다. 그래서 사람이 죽으면 '돌아가셨다'고 한다. 무릇 만물은 끊임없이 생겨나지만 각기 그 근원으로 되돌아간다. '반자도지동(反者道之動)'[26], 즉 되돌아가는 것이 도의 움직임이기 때문이다. 이렇게 근원으로 돌아감을 '고요해진다(靜)'고 하며, 고요해짐을 '본연으로 돌아간다(復命)'고 하고, 본연으로 돌아감을 '영원(常)'이라고 하며, 영원을 아는 것을 '진지(明)'라고 한다.[27] 진지(眞知)란 우주(전체성, 숨겨진 질서)와 삼라만상(개체성, 드러난 질서)이 대우주와 소우주의 관계로서 상즉상입(相卽相入)의 구조로 상호 연기(緣起)하는 유비적(類比的) 대응 관계에 있음을 아는 것이다.

만유는 무상한지라 불변(不變)함이 없고 궁극적 실재인 그 '하나(一心, 초양자장)'*만이 한결같아서 만유를 범주하며 만유가 의거하는 궁극적인 법칙으로서 대립전화적(對立轉化的)이고 순환 운동하는 규율을 갖는다. 근본으로 돌아감은 순환하여 서로 바뀐다는 뜻으로, 이는 곧 만물만상이 모두 변화하여 그 반대가 될 수 있다는 것을 의미한다. 이러한 운동과 변화는 일체의 사상(事象)이 대립-의존 관계에 있기 때문에 일어나며, 또한 대립물의 상호의존성은 조화의 미를 발현시키게 된다. 일체의 현상은 일정한 단계에 이르면 다시 변화하는 법, 궁즉통(窮則通)이다. 천지만물의 근원으로서 무한한 생명력을 지닌 그 '하나'만이 한결같아서 이러한 대립과 운동을 통일시킨다.

삶과 죽음의 이분화와 같은 생명에 대한 물질주의 관점으로는 결코 입자-파동의 이중성을 이해할 수 없다. 생명의 낮이 오면 만물은 본체계에서 나와 활동을 시작하고 생명의 밤이 오면 다시 본체계로 되돌아간다. 그렇게 우주만물은 내재된 필연적 법칙성에 따라 생성과 소멸의 순환주기를 끝없이 반복한다. 생사(生死)란 천지운행의 한 과정이며 자연의 숨결이다. 생장하고 변하여 돌아가는 것은 춘하추동의 사시가 순환하는 것과 같은 이치다. 우리가 늙는 것이 아니고 우리 육체가 늙는 것이다. 우리가 죽는 것이 아니

---

* 이 '하나'가 바로 근원적 一者(유일자·유일신·靈·天·道)인 '하나'님 또는 '하늘'님이다. 삼라만상이 다 궁극적 실재인 그로부터 나오니 너무 신령스러워 존칭의 뜻으로 '님'자를 붙인 것이다.

고 단지 육체라는 허물을 벗는 것이다. 형태와 모습만이 변할 뿐, 생명은 결코 죽지 않는다. 생명은 전일적인 흐름(holomovement)이며 그 흐름은 영원히 이어진다. 생명의 원천과 연결되지 못한 것은 결국 허구이다.

천지인은 하나인 혼원일기(混元一氣)이므로 우주의 한 호흡과 지구의 한 호흡 그리고 개인의 한 호흡은 모두 연결되어 있다. 우주적 차원에서 '돌아감(反)'은 빅뱅으로부터 시작된 물질적 우주의 한 호흡이 원래의 시작점으로 되돌아가는 것이다. 이러한 우주 심장의 팽창과 수축의 순환과정은 무수한 빅뱅을 통해 수없이 반복돼 왔다. 또한 양자역학, 우주팽창론(theory of expanding universe), 다중우주론(multiverse theory)으로 설명되는 평행우주(parallel universe) 개념이 시사하듯 우주는 하나가 아니라 우주의 모든 경우의 수만큼 무수히 존재한다. 현재 우리가 살고 있는 물질적 우주의 나이는 138억2,000만 년인 것으로 추산된다. 송대(宋代)의 거유(巨儒) 소강절(邵康節, 이름은 雍)에 따르면 우주의 1년이 12만9,600년이라고 하니, 138억2,000만 년은 우주력(宇宙曆)으로는 약 10만6,636년에 해당한다. 출발점으로 되돌아가는 우주의 한 호흡 속에는 수많은 은하와 별들의 탄생과 죽음이 말해 주듯 무수한 크고 작은 시작과 끝이 있다.

여기서 시작과 끝은 우리가 살고 있는 상대계의 언어로 나타낸 것일 뿐, 우주의 본질인 생명은 시작도 끝도 없는 영원 그 자체다. 따라서 단선적이고 직선적인 시공간의 개념으로는 올바른 우주상(像)을 정립하기 어렵다. 만물의 최소 단위가 입자가 아니라 '진동하는 끈'이라고 보는 끈이론(string theory) 또는 초끈이론(superstring theory)에 기초한 'M이론(M-theory)'에 따르면 우주는 빅뱅과 같은 하나의 사건으로 시작된 것이 아니라 영원히 존재해 왔고 또 그렇게 존재할 것이다. 그러한 대폭발은 수없이 일어났고 또 앞으로도 일어날 것이다. 일원(一元)인 12만9,600년이라는 시간대를 통해 우주의 봄·여름인 선천(先天) 5만 년이 끝나고 우주의 가을이 되면 우주섭리에 따라 후천개벽이 찾아오듯이, 빅뱅 또한 그러한 천지개벽의 도수(度數)에 조응하여 일어난다. 우주는 넘실거리는 파동의 대양[氣海]—춤 그 자체일 뿐, 춤추는 자가 따로 있는 것이 아니다. 자연은 스스로 생성되고 변화하여 돌아가는 '스스로(自) 그러한(然) 자'이기 때문이다.

우주만물은 파동의 세계가 벌이는 에너지 무도(舞蹈)에 대등한 참여자로서 참여하고 있다. 미국의 이론물리학자 존 휠러(John A. Wheeler)의 '참여하는 우주(participatory universe)'[28]의 관점은 관찰자와 관찰 대상, 주체와 객체의 이분법이 폐기된 양자역학적 관점의 정수(精髓)를 보여준다. 일체의 생명은 에너지의 항상적 흐름(constant flow)에 의존하는 우주적 생명(cosmic life)으로 진동수의 차이가 있을 뿐, 파동체라는 점에서는 모두 같은 생명체이므로 '대등한' 참여자이다. 닐스 보어는 원자가 원자핵 주위를 끝없이 회전하는 전자 파동으로 이루어져 있다고 생각했는데, 이 전자 파동을 은유적으로 표현한 것이 '에너지 무도(energy dance)'이다. 천지만물이 불가분의 파동체로서 진동하는 이 '에너지 무도'는 온전한 능동성이라는 의미에서 '참여하는 우주'라고 한 것이다. '참여하는 우주'의 실상을 이해하면 부분과 전체가 함께 진화하는 공진화(co-evolution) 개념을 이해할 수 있다.

전체 우주가 11차원*으로 구성되어 있다고 보는 M이론은 현재 지구가 속해 있는 우리 우주 외에 또 다른 우주가 수없이 존재한다는 '다중우주'의 특성을 잘 설명해 준다. 우주에 대한 다차원적 이해는 우주가 빅뱅 특이점에

---

* 11차원이라는 공간의 띠 모양이 인간의 뇌에 분포하는 뉴런과 그 모양이 매우 흡사하고, 우주의 물결치는 막(membrane, M)들의 구조가 인간의 뇌 구조, 즉 주름을 구성하는 피질과 매우 닮아 있는 것은 대우주와 소우주의 상합을 단적으로 보여준다.

서 시작했다는 빅뱅이론의 태생적 한계를 극복할 수 있는 방안을 제공한다. 영국의 물리학자 스티븐 호킹(Stephen Hawking)에 따르면 M이론은 다양한 이론들의 집합 전체를 일컫는 이름으로 궁극의 이론이 갖춰야 할 속성들을 모두 갖춘 유일한 모형이다. M이론의 다양한 버전들은 마치 메르카토르 투영법(Mercator projection)에서 지구 전체를 재현하려면 지도 여러 장을 조금씩 겹치면서 이어 붙여야 하는 것과 마찬가지로, 우주를 재현하려면 부분적으로 겹치는 다수의 이론들을 모두 동일한 바탕 이론의 측면들로 간주할 수 있다는 것이다. 그러나 지구 표면 전체를 충실히 재현하는 평면 지도가 없는 것과 마찬가지로, 물리 세계 전체에서 얻은 관측 결과들을 충실히 재현하는 단일한 지도는 존재하지 않는다.[29]

'보이는 우주'가 무수한 사상(事象)이 펼쳐진 '다(多)'의 현상계라면, '보이지 않는 우주'는 그 무수한 사상이 '에너지'로서 접혀 있는 '일(一)'의 본체계다. 성경에서 '보이는 물질세계는 보이지 않는 영(靈)의 세계의 그림자'라고 한 것도 펼쳐진 질서[多, 作用]와 접힌 질서[一, 本體]의 전일적 본질(the holistic nature)을 함축한 것이다. 불교의 법신(法身, 眞如)과 화신(化身, 生滅) 역시 접혀 있는 '일(一)'의 세계와 펼쳐진 '다(多)'의 세계의 상호 관통을 나타낸 것이다. 동학의 내유신령(內有神靈)과 외유기화(外有氣化)의 관계도 이와 같다. 즉 '안으로 신성한 영(靈)이 있다'는 것은 보이지 않는 접힌 질서[一]를 말하고, '밖으로 기화(氣化)가 있다'는 것은 보이는 펼쳐진 질서[多]를 말한다. 이는 곧 보이지 않는 세계와 보이는 세계가 내재와 초월의 관계로서 합일임을 말해 준다. 이 양 세계는 내재적 질서에 의해 하나의 고리로 연결되어 있으며 분해되지 않는 전체성을 그 본질로 한다.

말하자면 만물이 '자기조화(self-consistency)'를 통해 하나의 통일장(unified field) 속에 함께 존재하는 것이다. 파동인 동시에 입자로 나타나는 초양자장은, 본체[眞如, 숨겨진 질서]인 동시에 작용[生滅, 드러난 질서]으로 나타나는 하나인 혼원일기(混元一氣, 至氣)와도 같은 것이다. 그것은 우주 지성[性]이자 우주의 창조적 에너지[命]이며 우주의 근본 질료[精]다. 지성·에너지·질료 이 셋은 제1 원인의 삼위일체다. 생명은 비분리성·비이원성을 본질로 하는 영원한 '에너지 무도'이다. 생명은 천지만물이 생겨나기 전에도 있었던 영(Spirit)—흔히 신(神·天)이라고도 부르는—그 자체로서 '영원한 현재(eternal presence)'인 까닭에 '시간의 역사' 속에서는 그 기원을 찾을 수 없다.

홀로그램 우주: 현실은 실재의 투사영

현대 물리학의 가장 위대한 발견은 의식 발견이다. 우리가 살고 있는 세계, 그리고 우리 세계에 있는 모든 것은 분자, 원자, 전자, 아원자 입자들의 쉼 없는 운동으로 진동하는 에너지장(場)이다. 미국의 영성(靈性) 과학자 그렉 브레이든(Gregg Braden)은 우주만물을 잇는 이 에너지장이 바로 '우리 자신이자, 우리가 사랑하고 미워하고 창조하고 경험하는 모든 것'이라고 했다. "우리는 디바인 매트릭스(에너지장) 안에서 살면서 신비한 양자(quantum) 캔버스의 본질을 통해 내밀한(innermost) 열정, 두려움, 꿈, 열망을 표현하는 예술가이다. 우리는 캔버스이자 캔버스 위의 그림이며, 그림물감이자 붓이다."[30] 한마디로 우주의 실체는 의식이다. 원효(元曉) 대사가 '만법유식(萬法唯識)', 즉 일체의 현상이 오직 의식의 작용일 뿐이라고 한 것도 우주의 실체가 의식임을 밝힌 것이다. 의식은 곧 에너지이며 파동이다. 삼라만상은 불가분의 파동체로서 초공간적으로 상호 연결되어 있다.

데이비드 봄과 스탠퍼드 대학의 신경생리학자 칼 프리브램(Karl Pribram)의 홀로그램(hologram) 우주론에 따르면 우리가 인지하는 물질세계는 실재하는 것이 아니라 단지 우리 두뇌를 통하여 비치는 홀로그램적 영상에 지나지 않는다. 말하자면 이 우주는 우리의 의식이 지어낸 이미지 구조물이다. 의식은 모든 물질의 접힘(enfoldment)과 펼쳐짐(unfoldment) 속에 나타난다. 이는 일체가 오직 마음이 지어낸 것이라는 '일체유심조(一切唯心造)'와도 같은 의미이다. 봄은 "형체에 활동력을 불어넣는 것이 마음의 가장 특징적인 성질이며 우리는 이미 전자에서 마음과 비슷한 것을 발견했다"[31]고 말했다.

봄이 우주의 홀로그램적 질서를 이해하는 단초가 된 것은 원통 회전 실린더의 실험이다. 즉 실린더 위에 달린 핸들을 돌리자 잉크 방울이 글리세린 속에 퍼져서 사라지는 것처럼 보였지만 핸들을 반대 방향으로 돌리자 사라졌던 잉크의 흔적이 서서히 다시 모여서 본래의 잉크 방울로 모습을 드러낸 것이다. 접힌(숨겨진) 질서와 펼쳐진(드러난) 질서의 전일성을 함축한 이 실험을 보고서 그는 홀로그램에 대한 아이디어를 얻게 되었다. 모든 사물과 물리적 세계의 모습은 홀로그램 필름이 만들어낸 3차원 영상이며, 우리가 현실이라고 지각하는 것은 시공을 초월한 실재의 차원으로부터 투사된 영상, 즉 이미지 구조물에 지나지 않는다는 것이다.

양자물리학에 따르면 물질을 잘게 쪼개고 쪼개어 더 이상 물질의 성질을 갖지 않는 경계에 이르면 전자는 입자인 동시에 파동으로 나타나므로 어느 한쪽으로 분류될 수 없다. 물리학자들은 이를 단일 범주인 양자(quantum)로 분류하고 그것이 우주의 근본 질료라고 본다. 그런데 물리학자들은 양자가 관찰되고 있을 때만 입자의 모습으로 나타나고 관찰되지 않을 때는 파동으로 나타난다는 사실을 이중 슬릿 실험(double-slit experiment)을 통해 발견했다. 이에 대해 데이비드 봄은 전체성이라는 개념의 중요성에 착안하여 전체계가 양자장의 작용을 통해 초공간적으로 상호연결되어 있다고 봄으로써 입자-파동의 이중성을 규명하고자 했다. 봄에 의하면 홀로무브먼트의 관점에서 우주는 각 부분 속에 전체가 내포되어 있는 거대한 홀로그램적 투영물이며, 전자(electron)는 기본 입자가 아니라 단지 홀로무브먼트의 한 측면을 지칭한 것에 지나지 않는다. 봄은 홀로그램 모델을 통해 현재의 이론들이 설명하지 못하는 양자들(quanta) 간의 상호연결성이나 비국소성 같은 현상을 명쾌하게 설명할 수 있었다.

프리브램 또한 홀로그램 모델을 통해 현재의 이론들이 설명하지 못하는 두뇌의 기억 활동이나 막대한 정보의 저장 능력과 같은 신경생리학상의 다양한 쟁점을 설명할 수 있었다. 프리브램의 관점은 봄과 본질적으로 다르지 않다. 특히 그의 뇌에 대한 연구는 봄의 우주모델을 이해하는 데 시사점을 제공한다. 프리브램에게 객관적 세계란 적어도 우리가 익숙하게 생각하는 것과 같은 방식으로는 존재하지 않는다. 모든 것은 파동 현상이며 그것이 실제처럼 느껴지는 것은 단지 두뇌가 홀로그램 필름과 같은 간섭무늬를 돌이나 흙, 나무와 같은 이 세상의 친숙한 것들로 변환시키는 능력을 갖고 있기 때문이라는 것이다. 임사(臨死) 체험자들이 천국을 실재하는 공간처럼 느끼게 되는 것도 이와 같은 이치이다. 어느 쪽이 현실인가에 대해 프리브램은 둘 다 현실이거나 둘 다 현실이 아니라고 말한다.[32] 이처럼 종래의 과학적 접근방법과는 달리 혁신적이고 심오한 관점을 제공하는 봄과 프리브램의 홀로그램 모델은 이렇게 압축될 수 있다.

우리의 뇌는 시공을 초월한 더 깊은 실재의 차원으로부터 투영된 그림자인 파동의 주파수를 수학적으로 해석함으로써 객관적 현실을 만들어낸다. 두뇌는 홀로그램 우주 속에 접혀 있는 홀로그램이다.

Our brains mathematically construct objective reality by interpreting frequencies that are ultimately projections from another dimension, a deeper order of existence that is beyond both space and time: The brain is a hologram enfolded in a holographic universe.[33]

접힌 질서와 펼쳐진 질서, 즉 본체계와 현상계는 실물과 그림자의 관계와도 같이 동시적으로 존재하며 불가분의 전체성을 그 본질로 하는 까닭에 둘 다 현실이거나 둘 다 현실이 아니다. 홀로그램의 모든 부분들이 전체상을 담고 있는 것과 마찬가지로 우주의 모든 부분 또한 전체를 품고 있다. 전체성(전체)과 개체성(부분)은 상즉상입의 구조로 상호 연기(緣起)하는 까닭에 우리 몸의 세포 하나, 모래 한 알, 물방울 하나에 이르기까지 우주 안에 존재하는 모든 것들은 또한 그 속에 우주를 품고 있는 것이다. 주체와 객체의 이분법은 성립되지 않으며, 그런 점에서 '이것'이 곧 다른 '모든 것'이다. 필자가 학창시절부터 애송해 온 윌리엄 블레이크(William Blake)의 저 유명한 단시에는 이렇게 암시되어 있다.

한 알의 모래에서 세계를

한 송이 들꽃에서 천국을 보기 위하여,

당신의 손바닥에 무한을

한 순간 속에 영원을 간직하라

To see a world in a grain of sand

And a Heaven in a wild flower,

Hold infinity in the palm of your hand,

And eternity in an hour.

홀로그램은 하나의 레이저 광선을 두 개의 빔(beam)으로 나누어서 만드는 데, 첫 번째 빔은 피사체에 반사시키고 두 번째 빔은 피사체에서 반사된 빔과 충돌시킨다. 그렇게 해서 간섭무늬(interference pattern)가 생기고 그 간섭무늬가 필름에 기록되는 것이다. 암호화된 이미지를 담고 있는 홀로그램 필름은 육안으로 보면 전혀 피사체처럼 보이지 않고 '간섭무늬'라고 알려진 불규칙한 잔물결로 이루어져 있다. 그러나 이 필름에 다른 레이저 광선을 비추면 원래 피사체의 3차원 영상이 나타난다. 이 입체상은 꼭 실물과 같아서 그 주변을 돌면서 다른 각도에서 바라볼 수 있지만, 손을 뻗어 만지려고 하면 손은 허공을 지나갈 뿐 거기엔 아무것도 없다는 사실을 알게 된다. 홀로그램 필름의 모든 부분들은 필름 전체에 기록된 모든 정보를 담고 있으므로 필름을 조각내더라도 전체상을 재현해 낼 수 있다. 이는 곧 모든 정보가 홀로그램 필름 위에 초공간적으로 편재해 있음을 말해 준다.[34]

홀로그램 가설의 태두로 여겨지는 봄과 프리브램을 중심으로 한 홀로그램 모델은 이후 물리학과 생리학은 물론 심리학, 의학 등 다양한 분야로 도입되게 되는데, 특히 현재의 과학으로는 풀리지 않는 과학계의 쟁점과 유체이탈, 임사체험, 전생체험, 텔레파시, 투시, 염력, 예지, 동시성 등 거의 모든 초상현상(超常現象, paranormal phenomenon)을 푸는 열쇠를 제공해 준다. 1980년 코네티컷 대학의 심리학자이자 국제 임사체험학회 회장인 케네스 링(Kenneth Ring)은 임사체험을 홀로그램 모델로 설명할 수 있다는 주장을 제기했다. 죽음 그 자체뿐만 아니라 임사체험도 인간의 의식이 현실이라는 홀로그램의 한 차원에서 다른 차원으로 전환되는 것에 지나지 않는다고 본다. 또한 1982년 파리 대학교 광학연구소의 물리학자 알랭 아스페(Alain Aspect)가 이끄는 연구팀은 양자 얽힘(quantum entanglement)에 대한 실험적인 연구를 통해 우리 물질 우주를 이루고 있는 아원자 입자의 망이 '홀로그램의 성질

(holographic property)'을 지니고 있음을 입증했다.

한편 1985년 메릴랜드 정신의학연구소장이자 존스 홉킨스 의대 정신과 조교수 스타니슬라브 그로프(Stanislav Grof)는 자신의 저서에서 두뇌에 관한 기존의 신경생리학 모델이 원형체험(archetypal experiences), 집단무의식 체험과 기타 변성된 의식 상태에서 경험하는 비일상적인 현상들을 설명하는 데 적합하지 않으며 오직 홀로그램 모델만이 그러한 것을 설명해 줄 수 있다고 결론 내렸다. 그의 관점에서 현실이란 의식의 오묘한 권능에 비하면 구름 같은 가변적인 구조물에 불과한 것이다. 1987년 양자물리학과 의식 간의 관계를 연구하는 미국의 양자물리학자 프레드 앨런 울프(Fred Alan Wolf)는 강연에서 홀로그램 모델이 자각몽(lucid dreams) 현상을 설명할 수 있다고 주장했다. 그런 꿈이 사실은 병존하는 현실들을 방문한 것이며 홀로그램 모델이 궁극적으로 '의식의 물리학(physics of consciousness)'을 발전시켜서 존재의 다른 차원들을 더 심층적으로 탐구할 수 있게 해 주리라고 보는 것이다.[35]

영국 뉴캐슬 대학의 물리학자 폴 데이비스(Paul Davies)는 '양자계의 비국소적 측면이 자연의 일반적인 성질'[36]이라고 논평했다. 이는 우주의 구조가 홀로그램 원리로 되어 있다는 것을 의미한다. 『해월신사법설(海月神師法說)』「천지이기(天地理氣)」에서는 "사람이 (형상 없는) 음수(陰水, 에너지(파동)의 대양, 氣海) 속에서 사는 것은 물고기가 (형상 있는) 양수(陽水) 속에서 사는 것과 같다. 사람은 음수를 보지 못하고 물고기는 양수를 보지 못한다"[37]고 하였다. 하지만 우리 의식이 육체를 벗어나면 그토록 견고하게 보이던 이 물질세계도 만져지지 않는 그림자일 뿐임을, 한갓 홀로그램에 지나지 않음을 알게 된다. 우주가 홀로그램적인 성질을 지니고 있다는 사실은 동양 철학이나 종교의 바탕을 이루는 것이다.

죽음 너머 미지의 세계로 떠나는 사자(死者)를 위한 안내서로서 전 세계적으로 주목받아 온 『티벳 사자(死者)의 서(書) The Tibetan Book of the Dead: Liberation through Understanding in the Between』에서는 인간이 사후(死後)에 보게 되는 환영(幻影)들이 '자신의 생각에서 나온 그림자들'이라고 말한다. "죽은 사람은 환영들로 이루어진 장엄한 영화 화면을 지켜보는 유일한 관객이 된다. 이 화면들은 그의 의식 속에 있던 생각의 씨앗들이 꽃 피어난 것이다. 그는 마치 어린아이가 놀라움에 질린 눈으로 화면에 나타난 활동사진을 지켜보듯이, 자신이 보고 있는 것이 실제로는 존재하지 않는 것이라는 사실을 깨닫지 못한 채 눈앞에 출몰하는 광경들을 지켜본다."[38] 명상 수행에 정통한 사람이 아니라면 그 사실을 깨닫기란 거의 불가능하다는 것이다. 이승이든 저승이든 다 홀로그램 구조물이다. 의식이 깨어나지 못하면 살아서나 죽어서나 환영 속을 떠돌게 된다.

『주자어류(朱子語類)』에서는 "하나의 태극(太極, 만물에 내재해 있는 理의 총화)이 만물의 각각에 품수(稟受)되고 또 각 만물이 하나의 태극을 구유하고 있는 것은 마치 하늘에 있는 달은 하나뿐이지만 강과 호수에 반사되어 가는 곳마다 보여도 달이 나뉘었다고 말할 수 없는 것과 같다"[39]라고 하고 있다. 마치 허공에 떠 있는 달은 하나이지만, 천강(千江)에 수없이 비춰질 수 있다는 월인천강(月印千江)의 비유와도 같은 것이다. 하나의 태극이 만물의 각각에 조응하는 수많은 종류의 리(理)로 나뉘어 본체계를 구성하고, 음양의 기(氣)를 질료로 하여 만물을 낳아 현상계를 형성하는 것이다. 만물은 개별의 리(理)를 구유하고 있고 그 개별의 '리'는 보편적인 하나의 리(理)와 동일하다는 '이일분수(理一分殊)'라는 명제는 이 우주 자체가 홀로그램적 투영물임을 말해 준다.

또한 『율곡전서(栗谷全書)』 「답성호원(答成浩原)」에서는 '이일분수'를 본연자(本然者)와 유행자(流行者)로 나누어 설명한다. "본연자는 이일(理一)이고, 유행자는 분수(分殊)이다. 유행의 리(理)를 버리고 따로이 본연의 리(理)를 구함은 진실로 불가하다"[40]고 했다. '이일분수'란 생명의 본체[본체계, 전체]와 작용[현상계, 부분]이 본래 하나임을 나타낸 것이다. 『율곡전서』「천도책(天道策)」에서는 천지만상을 동일기(同一氣)와 각일기(各一氣)로 설명한다. "일기(一氣)가 운화(運化)하여 흩어져 만수(萬殊)가 되니, 나누어 말하면 천지만상이 각각 하나의 기(各一氣)이고, 합하여 말하면 천지만상이 같은 하나의 기(同一氣)이다."[41] 이처럼 시간적 선후와 공간적 이합(離合)의 저 너머에 있는 이기(理氣)의 묘합 구조는 봄(David Bohm)의 홀로무브먼트의 관점과 상통한다.

홀로그램 우주에서는 시간도 환영(幻影)이고, 공간도 환영이다. 일체가 초시간적이고 초공간적이다. 『금강경(金剛經)』의 공(空)사상은 홀로그램 우주의 실상을 이렇게 나타내고 있다. "생의 모든 현상은 꿈같고, 환상 같고, 물거품 같고, 그림자 같고, 이슬 같고, 번갯불 같으니, 그대는 마땅히 그와 같이 관하여야 하리라."[42] 생하는 모습(生相)은 꿈과 같이 자체의 성품이 없어 공(空)하다. 생상(生相)이 공(空)하므로 주(住)·이(異)·멸(滅) 또한 공상(空相)인 것은 당연하다. 『대승기신론별기(大乘起信論別記)』에서는 사상(四相, 生·住·異·滅 또는 成·住·壞·空)이 마음의 바다에서 일렁이는 파도와도 같아서 그 스스로의 본체가 없으며 오직 마음의 작용일 뿐임을 바닷물과 파도에 비유해서 설명하고 있다.

바닷물의 움직임을 파도라고 설명하지만, 파도는 그 스스로의 본체가 없다. 따라서 파도의 움직임은 없다고 한다. 물은 그 스스로의 본체를 가지고 있으므로 물의 움직임이 있다고 한다. 마음과 사상(四相)의 뜻도 역시 이와 같다.
猶如海水之動 說明爲波 波無自體故 無波之動 水有體故 有水之動 心與四相義亦如是[43]

케네스 링은 많은 임사체험(near-death experience, NDE)에 대한 사례 분석을 종합한 저서 『죽음에서의 삶 *Life at Death*』(1980)에서 인간의 의식이 물질적 육체에서 해방되면 홀로그램 현실(holographic reality)에 대한 접근이 경험적으로 가능해진다고 말한다. 하지만 감각적 세계에 매여 있으면 자신의 신념에 중독되어(addicted) 그것을 아예 백안시하거나 기껏해야(at best) 지적 구성물(intellectual construct) 정도로 치부하게 된다는 것이다. "육체와 그 감각 양식에 매여 있는 한, 홀로그램 현실은 '기껏해야' 지적 구성물이라고밖에 할 수 없다. 육체로부터 해방되면 홀로그램 현실을 직접적으로 경험한다. 이러한 이유로 신비주의자들은 자신의 비전을 그토록 확신과 신념을 가지고 말하는 반면, 이런 세계를 직접 경험해 보지 못한 사람들은 회의적이거나 심지어 무관심한 채로 남아 있게 된다."[44]

의학적으로 '사망한(dead)' 것으로 판명됐으나 소생하여 육체를 떠나 있는 동안 사후 세계인 듯한 곳을 방문했다는 임사체험에 관한 증언을 한 사례 보고는 수없이 많다. 임사체험에 대한 본격적인 연구를 시작한 미국의 정신의학자 레이몬드 무디(Raymond A. Moody, Jr.)는 많은 임사체험자들의 경험을 토대로 한 저서 『삶 이후의 삶 *Life after life*』(1975)을 출간하여 베스트셀러가 되면서 정신의학계에 큰 충격을 주었다. 뇌 기능이 완전히 정지된 상태에서 환자가 의식적 활동인 임사체험을 한다는 것은 초자연적인 현상이라고밖에 설명할 수 없었기 때문이다. 그러나 간밤에 꾼 꿈속에서의 일이 꿈속에서는 생생한 현실인 것처럼 느껴지다가도 아침에 꿈을 깨면 그림자였음을 알 수 있듯이, 낮에 눈 뜨고 꾸는 꿈도 의식이 깨어나면 한갓 그림자에 불과함을 알 수 있게 된다.

다양한 홀로그램적 특성을 지니고 있는 임사체험의 한 부분으로 인생복습(life review)이란 것이 있다. 미국 컬럼비아 대학과 마이애미 의과대학 교수를 역임하고 하버드 대학 등 여러 학술연구기관에서 임종에 직면한 사람들과의 접촉을 통해 죽음에 관한 연구를 해 온 의료인류학자 조안 할리팩스(Joan Halifax)는 인생복습의 홀로그램적인 측면을 언급했다. 임사체험 연구자들에 따르면 많은 임사체험자들은 자신의 체험을 묘사할 때 믿을 수 없을 정도로 생생하며 전 생애를 입체적, 광각적(wrap-around, 廣角的)으로 재생한 것과 같은 표현을 쓴다는 것이다. 이는 마치 입자상의 홀로그램 이미지는 만져지지 않는 그림자에 불과하지만, 파동상의 홀로그램(사진건판)은 만질 수 있을 뿐만 아니라 더 본질적인 실체인 것과도 같은 것이다. 한 임사체험자는 이렇게 말한다.

> 그것(인생복습)은 당신 생애의 영화 속으로 바로 들어가는 것과 같다. 생애의 매년 매순간이 감각적으로 완전히 디테일하게 재생된다. 완전한 기억이다. 그리고 그 모든 것은 순식간에 일어난다.
>
> It's like climbing right inside a movie of your life…Every moment from every year of your life is played back in complete sensory detail. Total, total recall. And it all happens in an instant.[45]

인생복습은 그 입체성에서뿐만 아니라 그 과정이 보여주는 정보 저장 능력, 그리고 '전체와 모든 부분을 동시에 이해하는' 능력이라는 점에서 홀로그램적이다. 그것은 다른 모든 순간들을 포함하는 하나의 순간, 즉 순간적인 '전체'이다. 임사체험자들은 일반적으로 '빛의 존재들에 의해 결코 심판받지 않았으며(never judged by the beings of light)' 그들 존재 안에서 오직 사랑과 수용성(acceptance)만을 느꼈다고 한다.

유일한 심판은 자기심판이며 오직 임사체험자 자신의 죄책감과 후회에서 일어나는 것이다.

The only judgment···is self-judgment and arises solely out of the NDEer's own feelings of guilt and repentance.[46]

사후에 출몰하는 공포스러운 환영(幻影)들은 살아생전에 축적된 자신의 부정적인 의식이 만들어낸 것들이다. 말하자면 의식의 자기투사(self-projection of consciousness)이며 그런 점에서 그 설계자(projector)는 스스로의 의식이다. 자업자득의 인과법칙이 작용한 것이다. 상과 벌을 내리는 주체가 따로이 없으므로 그것을 받을 객체도 없다. 심판자와 피심판자의 구분은 부정한 의식[分別智]이 만들어낸 이분법의 덫에 걸린 것이다. 이 우주 속 그 어떤 것도 분리될 수 있는 것이 아닌데 스스로의 '분별지'가 가공의 분리(the illusory split)를 만들어내고선 두려워하거나 적대감에 사로잡히는 것이다. '생명(life)'의 사전에는 죽음이란 없다. 생명의 낮과 밤이 존재할 뿐, 죽음이란 실재하는 것이 아니다. 따라서 이 우주가 의식이 지어낸 이미지 구조물이라는 홀로그램 현실은 삶과 죽음을 관통하는 개념이다.

한편 18세기 스웨덴 과학계의 거목이자 철학자이며 영능력자인 에마누엘 스베덴보리(Emanuel Swedenborg, 1688~1772)는 역사상 매우 특이한 삶을 산 인물이다. 그는 젊은 시절 아이작 뉴턴(Isaac Newton)과 쌍벽을 이루며 한 시대를 풍미했던 과학자로서 '18세기의 레오나르도 다 빈치(Leonardo da Vinci)'로 불리기도 했다. 57세에 심령적 체험을 한 후 하늘의 사명을 받고 과학계를 떠나 27년간 유체이탈(out-of-body)을 통해서 영계(靈界)를 자유로이 오가며 그 모든 것을 기록으로 남겼다. 그의 방대한 저서는 헬렌 켈러(Helen Adams

Keller)를 비롯하여 전 세계 수많은 사람들에게 영감과 희망을 불어 넣었다. 그가 과학계를 떠나는 것을 주변에서 만류하자, 그는 이렇게 말했다고 한다. '영계의 진리는 인류의 영원한 생명이 걸린 문제이며, 이 특별한 소명은 내가 과학자로 공헌하는 것보다 수천, 수만 배 더 중요하다.'

스베덴보리(또는 스웨덴보그)가 묘사하는 사후세계는 오늘날 임사체험자들이 묘사하는 것과 매우 유사하다. 어두운 터널을 통과함, 영혼들의 영접, 지상의 그 어떤 곳보다 더 아름답고 시공(時空)이 존재하지 않는 풍경, 사랑의 느낌을 방사하는 눈부신 빛, 빛의 존재 앞에 나섬, 모든 것을 감싸는 평화와 평온에 둘러싸임 등에 관해 그는 이야기한다. 또한 그는 죽어서 막 영계에 도착한 신참자들을 관찰하고 그들이 인생복습(그는 이것을 '생명의 서(書) 오프닝(the opening of the Book of Lives)'이라고 불렀다)을 하는 과정을 지켜볼 수 있도록 허락받았다. 그 과정에서 그는 사람들이 '평생 행한 모든 일들'을 목격했으며 거기서 나오는 정보들은 그 사람의 영체(spiritual body)의 신경계 속에 기록되어 있는 것이었다. 따라서 인생복습을 불러내기 위해서는 '천사'가 그 사람의 손가락 하나하나부터 시작해서 몸 전체를 검사해야만 했다.

스베덴보리는 현실의 홀로그램적 성질을 나타내는 듯한 언급을 한다. 즉 인간은 서로 분리되어 있는 것처럼 보이지만 우주적 일체성 속에 모두 연결되어 있으며, 우리들 각자는 작은 천국이고 모든 사람이, 실로 물질 우주 전체가 더 큰 신성한 실재의 소우주라는 것, 그리고 눈에 보이는 현실의 배후에는 파동질이 존재한다는 것 등이다. 스베덴보리 연구자들은 봄과 프리브램의 이론과 그가 말하는 개념 사이에 많은 유사성이 있다고 지적했다. 스베덴보리는 영계를 모든 지상의 형체들이 비롯되고 또 돌아가는 원형적 근원(archetypal source)으로 본다. 이는 봄이 말하는 숨겨진 질서와 드러난 질서의 개념과 유사하다. 미국 스베덴보리 종교학 대학 신학 교수 조지 돌(George

F. Dole)에 의하면 스베덴보리 사상의 가장 기본적인 교의는 '우주가 파동 같은 흐름에 의해서 끊임없이 창조되고 유지되고 있다'는 것이다. 그 흐름은 두 가지, 즉 영계로부터 오는 것과 우리의 영혼 또는 영으로부터 오는 것이다. 이 이미지를 합쳐서 보면 홀로그램과 매우 유사하다.[47]

> 우리는 두 가지 흐름의 교차에 의해 형성된다―하나는 신으로부터 직접 오는 것이며, 하나는 신으로부터 우리의 환경을 거쳐 간접으로 오는 것이다. 우리는 스스로를 간섭 패턴으로 볼 수 있다. 왜냐하면 이 유입은 하나의 파동 현상이고 우리는 그 파동들이 만나는 위치에 존재하기 때문이다.
>
> We are constituted by the intersection of two flows—one direct, from the divine, and one indirect, from the divine via our environment. We can view ourselves as interference patterns, because the inflow is a wave phenomenon, and we are where the waves meet.[48]

임사체험에 관한 이야기는 고대로부터 전승되어 오는 것이다. 그리스의 철학자 플라톤(Plato)의 『국가론 *Republic(Politeia)*』 제10권에서는 영혼의 불멸성과 올바른 삶에 대한 보상을 다루는 대목에서 그 보상은 살아 있을 때뿐만 아니라 사후에 더 크게 받는다고 나온다. 그리고는 에르(Ēr)라는 그리스 병사가 죽은 지 12일째 되는 날 화장하기 직전 장작더미 위에서 되살아나 그동안 사후세계에서 본 것을 이야기하는 내용이 나온다. 에르에 따르면 사후세계의 모든 영혼들은 운명의 여신 앞에서 제비뽑기를 하여 자신의 삶의 모습을 선택하게 되는데, 이들 대부분은 전생의 습관에 따라 제비뽑기를 하기 때문에 자기가 뽑은 것에 대해 후회하거나 비탄에 빠지게 된다는 것이다. 결론적으로 올바름은 그 자체로도 좋지만, 그 결과 때문에도 좋은 것이고 이는 사후세계에서도 마찬가지로 적용된다는 것이다.

또한 『국가론』 제7권에 나오는 '동굴의 비유(the allegory of the Cave)'에서는 일상적인 감각적 지각의 세계와 참된 이데아의 세계를 대비시키고 있다. 즉 눈에 보이는 현상 세계인 동굴 안의 세계와 지성으로 알 수 있는 실재 세계인 동굴 밖의 세계를 대비시키는 방식으로 플라톤은 현상계의 근원이 되는 실재 세계의 원형으로서의 「선의 이데아(Idea of the Good)」를 추구한다. 그의 도덕적 이상주의는 감각[육체]의 동굴을 벗어나 이성[영혼]의 이데아계로 상승했다가 세상을 구하고자 다시 감각의 동굴로 돌아오는 구세적 철인의 존재 방식으로 제시되어 있다. 소크라테스와 글라우콘(Glaucon)의 대화 형식으로 전개되는 '동굴의 비유' 이야기의 요지는 다음과 같다.

한 무리의 죄수들이 어린 시절부터 손발과 목이 묶인 채로 지하 동굴 깊숙한 곳에 갇혀 안쪽의 동굴 벽만을 쳐다보며 살고 있었다. 그들 등 뒤쪽의 동굴 입구에서는 횃불이 타오르고 있었고, 이 불빛과 죄수들 사이에는 하나의 담이 세워져 있었으며, 담과 불빛 사이의 길을 따라 사람들이 온갖 물품과 인물상(像)과 동물 상들을 담 위로 높이 들고 소리를 내기도 하며 지나갔다. 죄수들은 반사된 불빛을 통해 동굴 벽면에 비친 자신과 동료들 이외에도 다른 사물들의 그림자를 보게 되었고 그것들이 실물이라고 믿게 되었다. 사물을 운반하는 사람들이 말을 하면 마치 그림자가 말을 하는 것처럼 들렸다. 그렇게 동굴 속에서 묶여 지내는 죄수들은 자신들의 등 뒤에서 실제로 무슨 일들이 일어나는지 알지 못하였기 때문에 그림자 세계를 유일한 실재 세계로 받아들였다. 그러던 중에 한 사람이 풀려나서 동굴 밖으로 나오게 되었다. 얼마 후 그는 동굴에서 무슨 일이 벌어지고 있는지를 통찰하고서 동료 죄수들을 불쌍히 여기게 되었지만, 동굴 생활에 길들여져 동굴 세계만을 현실이라고 생각하는 그들을 납득시킬 수는 없었다.[49]

'동굴의 비유' 이야기는 실재가 아닌 그림자 세계를 실재 세계로 착각하며 살아가는 아테네인들에게 '세상에서 가장 지혜로운' 소크라테스가 「선의 이데아」를 설파하지만, 감각적 지각의 세계에 눈먼 그들에게 실재 세계는 인식될 수 없는 것이었고 마침내 소크라테스는 죽음에 처하게 된다는 이야기와 유사하다. 이 이야기는 세상이라는 동굴 생활에 가축처럼 사육되고 길들여져, 결국에는 감각의 덫에 걸려 홀로그램 현실을 인식하지 못하는 오늘의 인류에게 던지는 심오한 메시지이기도 하다. 동굴 속의 그림자 세계를 실재 세계로 착각하며 동굴 안의 억압된 현실을 직시하지도 못하고 실재 세계로 나아가려는 의지도 없는 이들이야말로 동굴과 우상에 갇힌 자들로서 죄수 아닌 죄수이며, 노예 아닌 노예이다.

네덜란드의 유대계 철학자이자 17세기 합리론의 주요 이론가 베네딕투스 데 스피노자(Benedictus de Spinoza)는 숨겨진 질서와 드러난 질서의 합일적 관계를 유일 실체와 양태, '능산적(能産的) 자연(natura naturans)'과 '소산적(所産的) 자연(natura naturata)'*의 관계로 나타낸다. 그에게 있어 자연, 신, 그리고 유일 실체는 동일 개념이다. 그에 의하면 능산적 자연으로서의 신은 만물의 내재적 원인(causa immanens)인 유일 실체이며, 이 실체로부터 생겨나는 모든 양태(modus)는 소산적 자연이다. 피동적이며 일시적으로만 존재하는 자연은 산출된 자연, 즉 소산적 자연이고, 능동적이며 창조적인 자연은 소산적 자연을 만들어내는 원인으로서의 산출하는 자연, 즉 만물의 제1원인인 능산적 자연이다.[50]

따라서 능산적 자연과 소산적 자연, 유일 실체와 양태는 불교의 법신과

---

* 16세기 이탈리아의 철학자·천문학자·수학자 브루노(Giordano Bruno)는 능산적 자연과 소산적 자연을 우주의 형상과 질료를 설명하기 위해 사용하였다.

화신, 기독교의 성부와 성자, 동학의 내유신령과 외유기화의 관계와 마찬가지로 생명의 본체와 작용의 관계로서 합일이다. 이 모두는 동양사상의 바탕을 이루는 천인합일과도 통하는 것이다. 실체와 그 실체의 자기현현으로서의 양태는 리(理)와 사(事), 체(體)와 용(用)의 관계와도 같이 합일인 까닭에 주체와 객체의 이분법은 성립되지 않으며, 따라서 창조하는 자도 없고 창조되는 것도 없다. 신은 '스스로(自) 그러한(然) 자', 즉 자연이기 때문이다. 스피노자의 일원론적 범신론(一元論的 汎神論, monistic pantheism)*은 자연이 실체[능산적 자연]인 동시에 양태[소산적 자연]이며 생명이 완전히 '열린계(open system)'임을 드러냄으로써 현실의 홀로그램적 성질에 대한 그의 이해가 현대 과학의 관점과 본질적으로 상통함을 보여준다.

스피노자에 의하면 지성이 높아지지 않고서는 홀로그램 현실을 인식할 수가 없다. 지성의 능력은 신에 대한 지적 사랑(intellectual love) 속에서 절정에 달한다. 이는 곧 무사심(無私心)을 통해서 개체성을 초월하여 신[자연]의 필연적 법칙성을 인식하는 것이다. 신의 필연적 법칙성을 인식하지 못하면 사물을 자기중심적으로 보게 되므로 질투·번민·공포·조소(嘲笑)·후회 등의 감정에 사로잡히게 된다. 신은 가장 적합한 관념이므로 신에 대한 사랑 속에서만이 인간은 일체의 정념으로부터 해방되어 심신의 안정과 자유 및 능동적인 힘을 획득함으로써 지속적인 완전한 행복[德]에 도달할 수 있다.[51] 그 어떤 정치적·경제적·종교적·신체적 조건에서도 마음의 행복에 도달할 수는 있겠지만, 신에 대한 지적 사랑은 인식의 최고 단계인 직관지(直觀知)에 이르

---

* 신을 우주의 이성적 理法으로 보는 스피노자의 범신론은 계시나 기적을 부정하고 그리스도교의 신앙 내용을 오로지 이성적인 진리에 한정시킨 18세기 계몽주의 시대의 합리주의 신학(철학)의 종교관인 理神論(deism)과 접합되는 부분이 있다.

지 않고서는 도달할 수 없는 경지이기에 이는 매우 어려운 일이라고 스피노자는 생각했다. 그 '직관지'에 이르기 위하여 오늘도 우리는 의식의 항해(a voyage of consciousness)를 계속하고 있다.

나는 선택한다, 그러므로 나는 존재한다

물질주의 과학에서는 모든 것이 물질이며 물질이 유일한 현실이라는 것을 기본 공리로 받아들인다. 이 세계가 어떻게 만들어졌는가에 대해 물질주의 과학은 소립자(정보와 에너지의 다발 또는 파동), 원자, 분자, 세포, 그리고 뇌,[52] 의식으로까지 올라가는 상향적 인과관계(upward causation)의 방식으로 설명하지만, 데카르트 식의 기계론적인 환원주의로는 물질적 인과를 벗어난 영역에 대해서는 설명하지 못한다. 한편 신의 본질(nature of God)에 대한 심오한 인식이 결여된 일부 종교인들은 '신의 개입(divine intervention)'에 의한 하향적 인과관계(downward causation)의 방식으로 천지창조를 설명하지만, 신성[神]에 대한 이성[과학]의 학대가 만연한 물질주의 시대의 의인화된 신은 정신과 분리된 물신(物神), 즉 '허수아비 신(a scarecrow god)'에 지나지 않는다.

그러나 모든 위대한 종교들은 신(神)의 세 가지 원리적 측면에 대해 의견을 같이 한다. 포스트 물질주의 과학에 의해 재발견된 신 역시 이러한 세 가지 측면을 공유하고 있다. 인도 출신으로 미국의 저명한 이론핵물리학자이자 퀀텀 행동주의자(quantum activist)로 알려진 아미트 고스와미(Amit Goswami)는 양자물리학으로 신의 존재를 입증한 저서 『신은 죽지 않았다 God Is Not Dead』(2008)에서 신의 중요한 세 가지 원리적 측면을 이렇게 제시한다. '첫째, 신은 물질세계의 인과관계를 넘어서며, 또 물질세계 위에 존재하는 인과관계를 일으키는 주체(agent)이다. 둘째, 물질 차원보다 더 '신비한 실재(subtle reality)'라는 차원이 존재한다. 그리고 셋째, 종교들이 영적 고양을 위해 가르치는 신적인 특성들(Godlike qualities)—사랑은 신의 으뜸가는 특성—이 존재한다.'[53]

여기서 고스와미가 제시하는 양자 신(quantum God)의 존재는 종교의 옷을 입은 의인화된 신이 아니라 만물의 제1원인으로서의 신, 즉 근원적 일자(一者) 또는 궁극적 실재다. 그는 『신은 죽지 않았다』에서 신에 관한 두 가지 종류의 과학적 증거를 제시한다. 첫 번째 종류의 증거는 그가 '신의 양자 특징들(quantum signatures of the divine)'이라고 명명하는 것이다. 그 한 예가 '양자 비국소성(quantum nonlocality)', 즉 신호 없는 커뮤니케이션이다. 일반적인 국소적 커뮤니케이션은 에너지로 전해지는 신호들을 통해 이루어지지만, 1982년 알랭 아스페가 이끄는 연구팀은 어떠한 신호들도 필요하지 않는 커뮤니케이션들이 존재함을 실험적으로 입증했다. 지금까지는 그러한 양자 특징들은 오직 극미소(submicroscope) 물질의 세계에서만 일어난다고 믿어졌기 때문에 매크로(macro) 영역 혹은 현실이라는 일상적 차원에서는 중요하지 않은 것으로 여겨졌다. 그러나 고스와미는 이러한 '양자 특징들'이 일상적 차원에서도 나타나며, 그 특징들이 신의 존재에 대한 명백한 증거를 제공한다는 것을 입증하고 있다.

두 번째 종류의 증거는 종교들이 '실재의 신비한 영역들(subtle domains of reality)'을 포함하고 있다는 것이다. 이런 종류의 증거는 유물론적인 관점에서는 '불가능한 해결책들을 요구하는 난제들'에 속하는 것이라고 명명될 수 있다. 그 한 가지 예로서 창조론과 진화론에 관한 많은 논쟁들을 들 수 있다. 고스와미에 의하면 이러한 논쟁이 벌어지는 이유는 생물 진화론(Darwinism)이 등장한 이후 지금까지도 진화론자들이 확실한 이론을 정립하지 못하고 있기 때문이다. 다윈설뿐만 아니라 유전학 및 집단생물학의 통합인 신다윈설(neo-Darwinism) 또한 모든 실험적 데이터와 일치하지 않는다는 것이다. 그는 모든 데이터와 일치하는 진화(evolution)와 지적 설계라는 두 가지 접근법에 대한 대안이 존재한다는 것을 이 책에서 입증하고 있다. 그 입증은 '인과적으로 권능이 부여된 신(causally empowered God)'과 생물학적 형태의 육체를 위한 설계도(blueprint) 역할을 하는 '신비체'—유물론은 이들 둘 다 허용하지 않는다—라는 존재를 필요로 한다는 것이다.[54]

'내적' 정신(inner psyche)과 '외적' 세계(outer world)는 분리되어 있지 않으며 상호작용한다. 이 양 세계의 병행을 유지시키는 것은 인간의 '의식'이며 이를 개념화하여 '양자 정신물리적 병행론(quantum psychophysical parallelism)'이라고 부른다. 심신(mind-body) 상호작용이라는 오래된 이원론 문제를 해결하기 위해서는 '신의 가설(God hypothesis)'이 반드시 필요하다고 고스와미는 말한다. 우선 과학들을 '양자 신의 가설(quantum God hypothesis)' 안에서 재정립해야 하고, 이와 함께 양자물리학의 범주 밖에서 '양자 신의 가설'의 유효성을 증명해야만 한다는 것이다. 말하자면 보이지 않는 미시세계[숨겨진 질서]와 보이는 거시세계[드러난 질서]의 상호연결성을 증명하는 것이다. '양자 신의 가설'에 입각한 새로운 과학, 다시 말해 '신을 토대로 하는 과학(God-based science)'은 모든 종교들이 그러하듯이 윤리와 가치관들을 우리 삶과 사회의 중심에 놓고 있다.[55]

이처럼 포스트 물질주의 과학은 윤리와 가치관, '의미(meaning)'들을 우선시한다는 점에서 몰가치적(value free) 성향을 띠는 물질주의 과학과는 분명 차이가 있다. 고스와미는 의미, 윤리, 그리고 가치관들을 우선시하는 것은 인류 진화를 위해서 중요하다고 말한다. 그에 따르면 우리가 물질 기반의 세계관으로부터 양자물리학과 의식의 우선성(primacy of consciousness)을 토대로 한 세계관으로 바꿀 때 그가 명명한 '퀀텀 행동주의(quantum activism)'가 시작된다. 이는 오늘날의 일반적인 행동주의를 인류 전체의 공진화를 위한 운동과 연합시키기 위한 지속적인 노력들과 통합시키는 것이다. 고스와미는 우리 모두가 물질적인 것과 영적인 것, 에고(ego) 안에서 사는 것과 '양자 자아(quantum self)' 안에서 사는 것의 두 가지 극단 사이에서 균형 잡힌 삶을 사는 퀀텀 행동주의자가 되어야 한다고 역설한다.[56]

고스와미는 존재의 근원이 물질이 아니라 '의식'이라고 단정한다. 우주의 실체는 의식[에너지, 파동]이며 이 우주는 분리할 수 없는 파동의 대양[에너지의 바다(氣海)]이라는 점은 앞서 살펴보았다. 의식이라는 단어는 '아는 것(to know)'을 의미하는 라틴어 'scire'와 '함께(with)'를 의미하는 'cum'의 합성어로 어원학적으로 '함께 아는 것(to know with)'을 의미한다.[57] 의식적인 경험은 내적 정신과 외적 물질세계의 연결에서 오는 것이다. 그에 따르면 양자적 가능성이 우리의 경험이라는 실제 현상으로 나타나기 위해서는 양자 가능성 파동들(quantum possibility waves)의 한 가지 특별한 국면을 선택해야만 한다. 여러 가능성의 파동으로부터 하나의 실제 입자(particle of actuality)로의 변화를 양자 물리학자들은 '파동함수의 붕괴(collapse of the wave function)'라고 부르는데, 이 붕괴를 만들어내는 의식적 '선택'이라는 인간의 행위는 '하향적 인과관계'라는 능력을 발휘하는 신의 행위라는 것이다.

그리하여 우리가 선택한 상태에서 우리 모두는 동일하게 '신 의식(God-consciousness)' 속에 있게 된다. 이처럼 '파동함수의 붕괴'에 대한 적절한 이해는 과학 안에서 신을 부활시키고 있다. 양자 가능성들은 단순히 우리가 그들을 관측함으로써 우리 의식과의 상호작용을 통해 실제의 경험이 되는 '관찰자 효과(observer effect)'를 나타낸다. 사실 양자 가능성들은 모든 존재의 바탕을 이루는 '의식' 그 자체의 가능성들이다. 하이젠베르크는 양자 가능성들이 초월적인 지성의 가능태(potentia) 안에 존재한다고 처음으로 명백하게 선언했다. 우리가 관측한다는 것은 모든 양자 가능성들로부터 우리가 경험하는 실제가 되는 특정 국면(facet)을 선택하는 것이다.[58] 고스와미는 "나는 생각한다, 그러므로 나는 존재한다(cogito, ergo sum)"라는 르네 데카르트(René Descartes)의 명제를 부정하여 생각한다고 존재하는 것이 아니라고 했다. 그는 '선택하는 자(chooser)'를 주체로 하여 선택하므로 존재한다고 했다.

> 나는 선택한다, 그러므로 나는 존재한다.
> opto, ergo sum: I choose, therefore I am.[59]

따라서 우리의 선택과 선택에 대한 인식은 우리 자신을 규정한다. 자의식의 주요 질문은 '선택할 것인가 또는 선택하지 않을 것인가'이다. 그렇다면 '무의식적으로 행동하는 것은 무엇을 의미하는가?'라는 질문이 제기된다. 여기서 무의식적이라는 것은 의식은 있지만 인식하지 못하는 것이다. 무의식 상태에서도 의식이 있을 수 있는 것은, 의식이 존재의 근원이며 만물에 편재(遍在)해 있는 까닭이다. 그래서 무의식적인 지각(unconscious perception) 속에서 우리는 지각(知覺)은 하지만 지각하는 것을 인식하지 못하는 사건들에 대해 이야기하게 된다. 무의식적인 지각 현상이 제기하는 중대한 문제는, '의식적 경험의 세 가지 공통된 요소, 즉 사고(thought), 느낌(feeling), 그리고 선택(choice) 중 무의식적 지각에 없는 것이 있는가?'라는 것이다.

이에 대해 고스와미는 우리가 무의식 속에서도 바로 사고하며 무의식적인 사고가 의식적인 사고에 영향을 미친다고 말한다. 느낌 역시 무의식적 지각 상태에서도 존재한다는 것이 실험을 통해 밝혀졌다는 것이다. 하지만 분명한 것은 선택이란 의식적 경험의 요소이지 무의식적 지각의 요소가 아니라는 것이다. 우리의 주체의식(subject-consciousness)은 선택할 때 일어나는 것이다. 그래서 "우리는 선택한다, 그러므로 우리는 존재한다(We choose, therefore we are)"라고 말한다. 우리가 선택하지 않는다는 것은 우리의 지각을 인정하지 않는다는 것이다. 양자이론과 인지 실험들(cognitive experiments)은 서구의 전통이 인간 경험의 중심으로서 선택의 자유를 강조하는 과학적 근거가 있다는 것을 보여준다. 하지만 양자이론에서 선택하는 주체는 하나의 보편적 주체*이며, 선택하는 의식 또한 비국소적(非局所的)이다.[60]

> 양자이론에서 선택하는 주체는 우리의 개인적인 에고로서의 "나"가 아니라 하나의 보편적인 주체다.…이 선택하는 의식 또한 비국소적이다.
> …in quantum theory, the subject that choose is a single, universal subject, not our personal ego "I".…this choosing consciousness is also nonlocal.[61]

보이지 않는 양자 세계는 주관과 객관, 전체와 부분의 경계가 사라진 전일성의 영역이므로 선택하는 주체는 개인적인 에고(ego, 個我)로서의 '나'가 아니라 하나의 보편적 주체로서의 '양자 자아(quantum self)', 즉 '양자 신(quantum God)'이다. 선택하는 의식 또한 분리된 '나'의 의식이 아니라 주관과 객관으로 분리되지 않은 '전일적 의식(unitive consciousness 또는 quantum consciousness)', 즉 보편의식이다. 「요한복음」(14:6)에서 "나는 길이요 진리요

---

* 사실 '보편'이란 개념 자체가 주체와 객체의 이분법을 초월해 있으므로 '보편적 주체'라는 용어는 논리적으로 모순이지만 설명의 편의상 하나의 툴(tool)로 사용한 것이다. 그래서 眞理不立文字, 즉 진리를 문자로 나타낼 수 없다고 한 것이다. 마치 달을 가리키는 손가락과도 같이 손가락에 의지하여 달을 보지만 손가락은 잊어버리듯이, 3차원 문자에 의지하여 진리를 直觀하면 문자는 잊어버려야 하는 것이다.

생명이니, 나를 통하지 않고서는 아버지[聖父, 眞理]께로 올 자가 없느니라"[62]에 나오는 '나' 역시 예수 개인을 지칭한 것이 아니라 하나의 보편적인 주체로서의 '나', 즉 보편의식[一心·靈性·참본성]이다. 보편의식은 무소부재(無所不在), 즉 없는 곳이 없이 실재하는 '신 의식(God-consciousness)'이므로 양자 붕괴(quantum collapse), 하향적 인과관계(우리 의식의 결과)는 비국소적[초공간적]이다. 즉 초월적인 지성의 '양자 가능태(quantum potentia)'가 '의식'에 의해 물질세계의 구체적인 현실태와 상호 연결되어 있는 것이다. 양자물리학의 관점에서 보면 자연과 초자연, 시공(時空)과 초시공, 주체와 대상의 구분은 실재성이 없다.

　여기서 우리는 '나'라는 대명사에 대해 좀 더 명료해질 필요가 있다. 우선 붓다의 탄생게(誕生偈)로 잘 알려진 '천상천하유아독존(天上天下唯我獨尊)'*의 '유아(唯我)'에 대해 살펴보기로 하자. 붓다는 태어나자마자 사방으로 일곱 걸음을 옮기고는 하늘과 땅을 가리키며 '천상천하유아독존', 즉 "하늘 위와 하늘 아래 오직 '나'만이 홀로 존귀하다"라는 게(偈)를 외쳤다고 한다. 여기서 '나'는 전체와 분리된 에고(個我)로서의 존재, 즉 붓다 개인을 지칭한 것이 아니라 만물의 제1원인─흔히 신(神)이라고 부르는─인 근원적 일자(一者)로서의 '나'이다. 참자아(true self) 또는 참본성(true nature)으로 일컬어지는 이 근원적 일자(궁극적 실재)는 분리 자체가 근원적으로 불가능한 절대유일의 하나인 까닭에 '유아'라고 한 것이다. '유아'가 곧 유일자이며 유일신이다. 흔히 불교는 신이 없는 종교라고 말한다. 이는 신이 무엇인지를 알지 못하는 데서 오는 것

---

* 『修行本起經』上卷,「降身品」에는 "天上天下唯我獨尊 三界皆苦 我當安之"라고 나와 있다. 즉, "하늘 위와 하늘 아래 오직 '나'만이 홀로 존귀하도다. 삼계가 모두 고통에 차 있으니 내 마땅히 이를 편안케 하리라"는 의미이다.

이다. '신'이란 만유에 편재해 있는 '하나'인 참본성[참자아], 즉 보편의식[근원의식·전체의식·우주의식·순수의식·神 의식·神性·靈性·一心]을 지칭하는 많은 대명사 중의 하나에 지나지 않는다. 양자 세계에서 말하는 신은 불교에서 이미 발견한 것이다. 그래서 붓다를 '최초의 양자물리학자'라고 부르기도 하는 것이다.

'유아'는 태어나지도 죽지도 않으며 세상사에 물들지도 않는 생명의 본체인 참자아[神·天·靈], 즉 만유에 편재해 있는 '하나'인 참본성[一心·보편의식]을 일컫는 것이니 홀로 존귀하다고 한 것이다. 우주의 실체는 의식이므로 '유아'는 곧 '유식(唯識)'이며 순수 공(空)이고 무아(無我)다. 이는 곧 근원성·포괄성·보편성을 띠는 일심이며 참본성이다. 에고로서의 분별지(分別智)가 아니라 순수의식으로서의 근본지(根本智)다. 따라서 '유아독존'은 전일적이고 자기근원적인 생명의 존귀함을 나타낸 것이다. 우주의 실체가 딱딱한 물질적 껍질이 아니라 의식이라는 사실을 알지 못하고서는, 다시 말해 물질의 공성(空性·眞如性)을 이해하지 못하고서는 공(空)과 '유아'·유일자·유일신이 같은 것임을, 참자아와 참본성이 같은 것임을, 신과 신성(神性 즉 神 의식)이 같은 것임을 결코 이해할 수 없다. '유아'는 만유의 본질로서 만유에 내재해 있는 동시에 다함이 없는 기화(氣化)의 작용으로 만유를 생멸시키는 불생불멸의 유일자[유일신]이니, 이 세상 그 무엇에도 비길 데 없이 존귀한 것이다. 실로 '천상천하 유아독존'이라고 하는 경구(警句)에 진리의 정수(精髓)가 담겨 있다.

한편 성경에는 '나'라는 표현이 자주 등장하는데, 이 '나'는 특정 종교의 신으로서의 '나'가 아니라 하나의 보편적 실재, 즉 참자아[참본성·神性·靈性·一心]를 일컫는 것이다. 사실 특정 종교의 신이라는 개념 자체가 성립될 수 없다. 왜냐하면 우주의 실체는 의식이므로 신은 곧 '신 의식[근원의식·보편의식·전체의식·우주의식·순수의식·一心·참본성·靈性]'이며 비분리성·비이원성(nonduality)을 본질로 하고 있기 때문이다. 신, 즉 하나의 보편적 주체란 분리 자체가 근원적으로 불가능한 무경계(no-boundary)인 실재(reality)를 지칭한 것이다. 바로 이 보편적 실재인 '나'를 파악하는 것이 진리[생명]의 정수(精髓)를 꿰뚫는 것이다. 진리 또는 생명에 대한 인류의 인식이 파편화된 것은 보편적 실재인 '나'를 '신 의식'이 아닌 파편화된 에고(ego)로서의 '나', 즉 물신(物神)으로 인식하고 있기 때문이다. 필자에게 성경은 보편적 실재로서의 '나'에 대해 깊이 사유할 수 있게 한 텍스트였다.

"나는 길이요 진리요 생명이니, 나를 통하지 않고서는 아버지(聖父, 眞理)*께로 올 자가 없느니라"에서 이 '나'는 신(神)으로 해석된다. 신은 곧 '신 의식[참본성·一心]'이며 '불가분의 전체성(undivided wholeness)'이므로 유일신 또는 유일자[유일 실재·唯我·참자아]이다. 성부와 성자를 한 분 하느님(天·神·靈), 즉 유일신이라고 한 것은, 성부는 생명의 본체를 지칭한 것이고 성자는 그 작용을 지칭한 것이니 본체와 작용은 본래 합일이기 때문이다. 말하자면 성부와 성자는 애초에 둘로 된 이치가 아니라 '하나'의 이치를 본체와 작용의 양 차원에서 관찰한 것이다. 여기서 본체와 작용이라고 한 것도 설명의 편의상 이분법을 툴(tool)로 사용한 것일 뿐, 생명은 분리 자체가 근원적으로 불가능하다. 이러한 생명의 비분리성·비국소성을 인식한다면, 신(神·天·靈)이 곧 길(道)이고 진리이고 생명인 만큼, 그 투사영(projection)인 우주만물 역시 그러하다는 것을 알게 된다. 한마디로 인내천(人乃天)이며 천인합일이다. 만물의 참본성이 곧 하늘이며 신이고 참자아[유일자·유일신·唯我]라는 말이다.

인도 최고(最古)의 성전인 『베다』의 결론부이자 베다사상의 정수라는 의미

---

* 성경에 나오는 '하나'님[하늘(님)] 아버지라는 호칭은 하나인 천지기운[우주의 창조적 에너지, 混元一氣]에서 우주만물이 나온 것이니 우주만물의 근원[생명의 본체]이라는 의미를 의인화하여 부른 것으로 동학의 '天地父母'와 그 뜻이 같은 것이다.

로 '베단타(Vedānta)'라고도 불리는 『우파니샤드 *The Upanishads*』에서는 신과 우주만물의 관계를 유일자 브라흐마(Brāhma, 대우주)와 개별 영혼 아트만(Ātman, 소우주), 즉 대아(大我, 전체)와 소아(小我, 부분)의 관계로 나타내고 있다. 브라흐마가 만유의 본질로서 내재해 있는 것을 두고 아트만이라고 부르는 것이니 아트만이 곧 브라흐마이다.[63] 우파니샤드는 생명의 본체인 브라흐마와 그 작용인 아트만이 마치 숲[전체성]과 나무[개체성]의 관계와도 같이 상즉상입의 구조로서 상호 연기(緣起)하고 있음을 보여준다. 브라흐마[靈]와 브라흐마의 자기현현인 우주만물을 불가분의 하나, 즉 불멸의 음성 '옴(OM)'으로 나타낸 것은 이 우주가 분리할 수 없는 거대한 파동의 대양[氣海]이며, 브라흐마와 아트만이 생명의 본체[전체성]와 작용[개체성]의 관계로서 합일이며 상호 관통하고 있음을 말해 준다.

동학 제2대 교조 해월(海月) 최시형(崔時亨)의 마지막 법설인 향아설위(向我設位)는 시공을 초월한 우주적 본성으로의 회귀를 강조한 것으로 유명하다. 그때까지 제사는 위패가 벽을 향하는 향벽설위(向壁設位), 즉 위패를 제사 지내는 산 사람 쪽에 두지 않고 죽은 사람 쪽에 두었는데, 이는 이승과 저승, 산 자와 죽은 자가 분리되어 있다고 믿었기 때문이다. 그러나 양자역학적 실험에서도 밝혀진 바와 같이 여기가 거기이고 그때가 지금이니, '지금 여기' 이외의 그 어떤 시간과 공간이 따로 있는 것이 아니므로 분리란 실재하는 것이 아니다. 그런 까닭에 해월은 "나를 향하여 제사상을 차려라. 내가 곧 귀신이다"[64]라고 하며 위패를 산 사람 쪽으로 옮겨 놓았는데 이를 '향아설위'라고 한다. 한마디로 벽[죽은 자]을 향하여 절하지 말고 '나'를 향하여 절하라는 것이다. 여기서 '나'는 내 안에 모시고 있는 참자아[참본성]인 하늘(天·神·靈)을 지칭한 것이다. 또한 수운 심법의 키워드인 '오심즉여심(吾心卽汝心, 내 마음이 곧 네 마음)'[65]은 조물자인 하늘과 그 그림자인 만물의 일원성(oneness)을 설파한 것으로 보편적 실재로서의 '나'를 함축하고 있다.

만물의 제1원인인 신(神), 즉 '신 의식'은 만유의 참본성으로 내재해 있는 (內有神靈) 동시에 만물화생(萬物化生)의 근본 원리로서 작용하므로(外有氣化) 만물 안에도 있고 밖에도 있고* 없는 곳이 없이 실재한다. 따라서 예수 그리스도만이 아니라 우주만물이 다 하늘(님)이다. 그래서 하느님은 무소부재(無所不在), 즉 없는 곳이 없이 실재한다고 한 것이다. 그러나 성령[聖靈 즉 一心]이 임하지 않으면 생명의 본체인 하늘과 그 작용인 우주만물이 하나임을 알 수가 없다. 생명의 전일성과 자기근원성을 일깨우기 위해서 성부·성자·성령의 삼위일체 교리가 나온 것이다. 불교의 법신·화신·보신, 동학의 내유신령(內有神靈)·외유기화(外有氣化)·각지불이(各知不移)**, 동양의 천·지·인 삼신일체*** 역시 같은 논리와 맥락에서 이해될 수 있다. 그리고 이들 모두는 필자가 명명한 '생명의 3화음적 구조(the triad structure of life)'****, 즉 생명의 본체-작용-본

---

* 안[내재]과 밖[초월]은 설명의 편의상 구분일 뿐 그러한 구분은 실재성이 없다. 물질의 空性을 이해한다면, 정신·물질 이원론의 허구성을 간파한다면 안과 밖의 구분은 실로 없는 것이다. 우리의 육체 또는 우리가 물질이라고 지각하는 것은 기실은 특정 주파수대의 에너지 진동에 불과하기 때문이다.

** 동학의 자각적 실천을 강조하는 各知不移의 '知'는 '神靈'과 '氣化'가 생명의 본체와 작용, 내재와 초월, 이치[理]와 기운[氣]의 관계로서 하나임을 아는 것, 다시 말해 우주만물이 하나인 混元一氣[至氣]의 化現임을 아는 것이다. 이는 곧 생명이 영성임을 자각하는 '萬事知'다. '불이(不移, 不二)'는 참자아의 자각적 주체로서 人乃天[天人合一]을 실천하는 것이다.

*** 기독교의 삼위일체가 천·지·인 삼신일체와 조응하는 것은 주기도문에서 "…뜻이 하늘(天)에서 이루어진 것같이 땅(地)에서도 이루어지이다…"라고 한 데서 명징하게 드러난다. 여기서 天과 地는 기도하는 주체인 人과 연결된다. 여기서 '人'은 물질적 껍질로서의 육체가 아니라 그 실체인 참본성[性], 즉 聖靈[一心]이다. 聖靈이 임하면(一心의 원천으로 돌아가면) 하늘과 우주만물이 하나임을 알게 되므로 천인합일의 조화로운 삶을 실천할 수 있게 된다.

**** '생명의 3화음적 구조'라는 용어는 拙著, 『천부경·삼일신고·참전계경』(서울: 도서출판

체·작용의 합일, 정신-물질-정신·물질의 합일, 보편-특수-보편·특수의 합일로 이루어져 있다.

이상에서 볼 때 '천상천하유아독존'의 '나', 성경 속의 '나', 우파니샤드에서의 '나', 동학에서의 '나'와 같이 정신적인 내적 체험과 관련된 '나'는 분해되지 않는 전체성의 양자 본질(quantum nature)을 가지며 보편적 실재로서의 '양자 자아', 즉 '양자 신(神)'과 그 의미가 상통한다. 물질주의 과학이 초래한 신과 인간의 분리는 정신과 물질의 분리에 기인한다. 물질주의 과학은 정신·물질 이원론에 기초해 있는 까닭에 의식 또는 영성(靈性)과의 접합을 거부하지만, 포스트 물질주의 과학을 대표하는 양자물리학은 '양자 신(quantum God)' 또는 '양자 자아'로 지칭되는 양자(quantum) 개념에 기초해 있는 까닭에 의식 또는 영성과의 접합은 필수적이다. 물질주의 과학의 치명적인 한계는 물질이 유일한 현실이며 모든 것이라고 보는 까닭에 만물이 만물일 수 있게 하는 제1원인으로서의 '신 의식'을 부정함으로써 생명의 전일성과 자기근원성을 파악하지 못한 데 있다. 생명을 단순히 물질적 껍질로 보는 정신·물질 이원론으로는 생명의 전일성을 파악할 수 없으므로 하늘과 사람과 만물을 공경하는 '삼경(三敬, 敬天·敬人·敬物)'의 실천적 삶을 기대하기 어렵다.

보이지 않는 양자 세계는 양자물리학의 미시세계에만 국한된 세계가 아니다. 바로 우리 자신의 참자아(眞我, true self)의 세계이며 '내적 자아(inner self)'의 영역이다. 육체는 참자아가 아니며 단지 참자아로 들어가는 문일 뿐이다. 말하자면 내면의 하늘로 통하는 영적인 세계로의 문이다. 그 내면의 하

모시는사람들, 2006)에서 천부경 81자의 구조를 천·지·인 삼신일체[법신·화신·보신, 성부·성자·성령, 내유신령·외유기화·각지불이], 즉 생명의 본체-작용-본체·작용의 합일이라는 세 구조로 나누면서 처음 사용한 것이다.

늘은 우주 생명력 에너지로 충만해 있으며, '보이는 우주'가 형성되어 나오는 '보이지 않는 우주'이다. 우리는 우리 자신에게 있는 '양자 가능태(quantum potentia)'로부터 우리가 경험하는 실제가 되는 특정 국면을 선택함으로써 미시세계인 양자 세계와 거시세계인 우리 삶의 세계를 하나로 연결한다. 관측된 세계는 바로 내 의식이 만들어낸 세계이다. 일체의 현상이 오직 의식의 작용일 뿐인 것이다. 만물은 개별의 리(理)[아트만]를 구유하고 있고 그 개별의 '리'는 보편적인 하나의 리(理)[브라흐마]와 동일하다는 '이일분수(理一分殊)'라는 명제가 말하여 주듯, 부분[生滅]과 전체[眞如], 거시세계와 미시세계는 합일이며 상즉상입의 구조로 상호 연기(緣起)하는 유비적 대응 관계에 있다.

고스와미는 '나'라고 하는 주체의식이 선택할 때 일어나며 또한 선택이란 것이 의식적 경험의 요소이지 무의식적 지각의 요소가 아니라고 했다. 의식적 경험은 내적 정신과 외적 물질세계의 연결에서 오는 것이다. 그러나 엄밀하게 말하면 의식적 경험이란 것도 의식이 온전히 깨어 있지 못하면[66] 온전한 선택을 할 수가 없다. 온전히 깨어 있어야 온전한 선택을 할 수 있으므로 선택한다고 존재하는 것이 아니라 깨어 있어야 진실로 존재한다. 존재감은 깨어 있음에 비례한다. 의식이 완전히 깨어나면 주체와 객체의 이분법이 폐기되어 행위자는 사라지고 행위만 남게 되므로 일체의 논쟁은 종식된다. 철학적, 종교적 논쟁의 대부분은―양자역학의 해석을 둘러싼 논쟁까지도―의식의 진화 단계에 따른 인식의 차이에서 오는 것으로 인식론상의 문제이다.

인식은 앎을 아는 것이므로 '아는 자(knower)', 즉 인식의 주체와 연결된다. '아는 자'는 주관과 객관의 저 너머에 있는 보편적 실재―흔히 '하늘'(님) 또는 신이라고 부르는―즉 생명의 본체인 참자아이다. "양자이론에서 선택하는 주체는 개인적인 에고로서의 '나'가 아니라 하나의 보편적 실재이며 이

선택하는 의식 또한 비국소적(nonlocal)"이라는 고스와미의 말은 바로 이 참자아를 두고 하는 말이다. 일체의 인과법칙에서 벗어나 더 이상은 주관과 객관의 놀이가 일어나지 않는 참자아의 조화적 기능을 일컫는 것이다. 그것은 자각적 인식이 결여된 무의식의 차원과는 달리 불변성과 가변성, 보편성과 특수성의 화해가 이루어져 보편적 실재로서 행위하는 순수 현존(pure presence)이다. 『베다 Veda』, 『우파니샤드 The Upanishads』와 함께 힌두교 3대 경전의 하나로 꼽히는 『바가바드 기타 The Bhagavad Gita』에서는 이렇게 말한다.

> 나(참자아)는 불멸인 동시에 죽음이며, 존재하는 것과 존재하지 않는 모든 것이다.
> I am life immortal and death; I am what is and I am what is not.[67]

이처럼 정신적인 내적 체험과 관련된 '나'는 '양자 본질'을 가지며 보편적 실재로서의 '양자 신(quantum God)'과 그 의미가 상통한다. 참자아가 곧 하늘(天・神・靈)이며 '양자 신'이고 보편적 실재로서의 '나', 즉 생명이고 진리이다. 생명의 본체인 참자아는 물질현상이면서 동시에 물질현상의 원인이 되는 정신적인 원리이고, 만유 속에 만유의 참본성으로 내재해 있으면서 동시에 만물화생의 근본원리로서 작용한다. 오늘도 우리는 의식적 '선택'을 통해 양자 가능성 파동을 실제로 경험하며 '순수 현존'을 향해 나아가고 있다. 어떤 사람은 오늘, 또 어떤 사람은 내일, 그리고 또 다른 사람은 모레…, 거기에 이를 것이다. 언젠가 '존재의 집'에 이르면 알게 될 것이다. 마치 소를 타고 소를 찾아 헤매는 것처럼, 우리의 본신인 신을 찾아 천지사방을 헤매었다는 것을!

HOMO CONNECTUS
호모커넥투스

"과학적 이론은 결코 실재를 완전하고 확정적으로 기술할 수 없다. 그들은 언제나 사물의 본질에 대한 근사치일 뿐이다. 단적으로 말하면, 과학자들은 진리를 다루지 않는다. 그들은 실재에 대한 제한적이고 근사치적인 기술을 다루고 있는 것이다."

"Scientific theories can never provide a complete and definitive description of reality. They will always be approximations to the true nature of things. To put it bluntly, scientists do not deal with truth; they deal with limited and approximate descriptions of reality."

- Fritjof Capra, *The Turning Point: Science, Society, and the Rising Culture*(1982)

03

'양자 얽힘'과 생명의 그물망

이 우주는 '인드라망'과도 같이 상호 연관과 상호 의존의 세계 구조로 이루어져 있으며 만물만상이 끝없이 상호 연결된 생명의 그물망을 형성하고 있다. 이는 두 입자가 공간적으로 아무리 멀리 떨어져 있어도 비국소적(nonlocally)으로 연결되어 있기 때문에 매개체 없이도 즉각적으로 서로의 상태에 영향을 미친다는 '양자 얽힘' 이론과도 상통한다.…우리의 내적 상태나 생각 또는 느낌이 외부 세계의 사건에 의해 발현되거나 확인될 때 우리는 동시성 현상을 체험한다. 동시성의 원리는 만물이 비롯되고 또 돌아가야 할 근원적 실재인 'unus mundus'를 드러내는 원리이다. 천변만화(千變萬化)가 'unus mundus'의 놀이이며 만물만상이 'unus mundus'의 모습임을. 무의식은 물질적 사건을 방편 삼아 무언의 암시와 메시지를 보낸다. 그것은 유위법(有爲法)에 길들여진 존재에게 무의식이 전하는 강렬한 무위법(無爲法)이다. 보이지 않는 양자 세계는 양자물리학의 미시세계에만 국한된 세계가 아니라 바로 우리 자신의 참자아의 세계이며 '내적 자아(inner self)'의 영역이다.

- 본문 중에서

모든 것이 실제로 그 본성과 외양을 바꾸기 시작한다; 세계에 대한 인간의 경험
이 모두 근본적으로 달라진다…사물을 경험하고, 보고, 알고, 접촉하는 넓고도
깊은 새로운 방식이 있다.
All things in fact begin to change their nature and appearance; one's whole
experience of the world is radically different…There is a new vast and deep
way of experiencing, seeing, knowing, contacting things.

- Sri Aurobindo, *On Yoga II*(1958)

보어와 아인슈타인의 논쟁

1920년대에 하나의 동역학 체계로 구축된 양자역학은 고전역학으로 설
명되지 않는 현상들을 설명하기 위한 과학자들의 줄기찬 노력이 집약된 것
이다. 양자역학의 체계는 현상의 예측과 적용에는 성공적이었지만, 보이지
않는 미시세계를 다루는 양자역학의 해석에 있어서는 관점에 따른 인식론
상의 차이로 인해 다양한 해석 방법이 등장하게 되었다. 그중에서도 당시
양자역학 연구에서 세계의 중심이 되었던 코펜하겐의 지명을 따서 이름 붙
여진 양자역학의 코펜하겐 해석(Copenhagen Interpretation of Quantum Mechanics,
CIQM)은 닐스 보어(Niels Bohr), 베르너 하이젠베르크(Werner Heisenberg), 막스
보른(Max Born), 폴 디랙(Paul Dirac), 볼프강 파울리(Wolfgang Pauli), 폰 노이만
(John von Neumann) 등으로 대표되는 정통해석으로 알려져 있으며 20세기 전
반에 걸쳐 가장 영향력이 컸던 해석으로 꼽힌다.

코펜하겐 해석은 빛[전자기파]의 파동-입자의 이중성에 관한 보어의 상보
성 원리(complementarity principle)와 전자의 속도 및 위치에 관한 하이젠베르크

의 불확정성 원리(uncertainty principle)를 바탕으로 하고 있으며 그 핵심 내용은 대개 다음과 같다. 즉 양자계가 근원적으로 비분리성(nonseparability) 또는 비국소성(nonlocality)을 갖고 파동인 동시에 입자로서의 속성을 상보적으로 지니며 서로 양립하지 않는 물리량(예컨대 위치와 운동량)은 불확정성 원리에 따른다는 것이다. 또한 전자가 관찰되거나 측정되는 순간에 '파동함수의 붕괴(collapse of the wave function)'로 대표되는 불연속적인 양자도약(quantum leap or quantum jump)이 일어난다는 것이다. 양자도약은 전자들이 연속적인 궤도 안에서 핵 주변을 회전하다가 매우 불연속적인 방식으로 특정 궤도를 거치지 않고 즉각 도약하는 것을 의미한다. 따라서 양자도약은 예측할 수 없는 불확실성에 바탕을 두고 있다.

1927년 10월 24일(월)부터 29일(토)까지 엿새 동안 전자와 광자(Electrons and Photons)를 주제로 브뤼셀에서 개최된 제5회 솔베이 학술회의에는 29명이 초대되었다. 그중에서 17명이 노벨상을 받았거나 받게 될 후보군이어서(17명 중 1927년까지 노벨상 수상자는 8명, 그 이후의 수상자는 9명) 과학사상 가장 화려한 거장들의 모임이었다. 18개월간의 준비 끝에 개최된 솔베이 학술회의 초청장은 이 학술회의가 '새로운 양자역학과 그것에 관련된 문제에 집중할 것'임을 분명히 했다. 초대된 사람들은 이 학술회의가 물리학이라기보다 철학이라고 해야 할 양자역학의 의미를 다루도록 고안되었다는 것을 알고 있었다. 새로운 물리학이 실재의 본질(the nature of reality)에 대해서 무엇을 밝혔는지를 다루는 것은 당시의 시급한 현안이었다. 그것은 마치 교리에 대한 논쟁을 해결하기 위해서 열린 니케아(Nicaea) 종교회의(325)와도 같은 물리학자들의 모임이었다.

이 학술회의에서는 영국의 물리학자 윌리엄 로런스 브래그(Sir William Lawrence Bragg, 1915년 25세 때 아버지 헨리 브래그(Sir William Henry Bragg)와 노벨 물리학상 공동 수상)의 X-선 반사의 세기, 미국의 물리학자 아서 콤프턴(Arthur Holly Compton, 1927년 노벨 물리학상 수상)의 실험과 복사에 대한 전자기이론 사이의 불일치, 프랑스의 물리학자 루이 드 브로이(Louis de Broglie, 1929년 노벨 물리학상 수상)의 새로운 양자 동역학, 독일 태생의 영국 물리학자이며 수학자 막스 보른(1954년 노벨 물리학상 수상)과 하이젠베르크(1932년 노벨 물리학상 수상)의 양자역학, 에르빈 슈뢰딩거(1933년 노벨 물리학상 수상)의 파동역학에 대한 강연을 포함한 다섯 편의 보고가 있을 예정이었다. 그리고 학술회의 마지막 두 세션에서는 양자역학에 대한 광범위한 일반 토론이 예정되어 있었다.

그런데 아인슈타인(1921년 노벨 물리학상 수상)과 보어(1922년 노벨 물리학상 수상)는 발표자 목록에는 들어가 있지 않았다. 아인슈타인은 강연 요청을 받았지만, 자신이 '양자이론의 폭풍 같은 발전에 대한 충분한 수용 능력을 가지고 있지 않으며, 또한 새 이론이 기초해 있는 순수한 통계적 사고방식을 인정하지 않기 때문'에 하지 않기로 결정했다. 아인슈타인은 드 브로이와 슈뢰딩거의 연구 작업을 간접적으로 독려했지만, 사실 그는 처음부터 양자역학이 물리적 실재에 대해 완전한 설명을 할 수 있는가에 대해서는 회의적이었다. 보어 역시 양자역학의 이론적 발전에 직접 참여하지는 않았지만, 하이젠베르크, 파울리, 디랙 등 직접 참여했던 사람들과의 토론을 통해 영향력을 행사해 왔다.[1]

학술회의 전반부인 초청 발표가 끝난 다음 날 10월 27일(목)에 파리 과학원이 프랑스의 물리학자 오귀스탱 장 프레넬(Augustin-Jean Fresnel)의 사망 100주기 기념식을 파리에서 거행하기로 결정함에 따라 기념식에 참석하기를 희망하는 사람들이 다녀와서 두 세션의 광범위한 일반 토론에 참여할 수 있도록 하루 반 동안 정회했다. 10월 28일(금) 오후에 네덜란드의 물리학자이자 학술위원회 위원장인 헨드릭 로런츠(Hendrik Antoon Lorentz, 1902년 피에터 제만(Pieter Zeeman)과 노벨 물리학상 공동 수상)의 개회사로 일반 토론이 시작되었다. 두 세션으로 나눠진 일반 토론에서 당시 과학계에서 '양자(quantum)의 왕'이었던 보어와 '물리학의 교황'이었던 아인슈타인이 격돌하면서 양자역학의 해석을 둘러싼 지적 논쟁은 뜨겁게 달아올랐다. 이때 벌어진 보어와 아인슈타인의 세기적인 논쟁(Bohr-Einstein debates)은 20세기 과학계를 대표하는 지적 논쟁으로 잘 알려져 있다.

로런츠는 참석자들이 인과성, 결정론, 확률론과 관련된 문제에 포커스를 두기를 원했다. 먼저 발언을 하도록 요청받은 보어는 '양자물리학에서 우리가 직면하고 있는 인식론적 문제'에 대한 이야기를 시작하면서 코펜하겐 해석의 정당성을 설파하며 아인슈타인을 설득하려고 했다. 보어는 파동-입자의 이중성이 상보성의 원리에 의해 설명되는 자연의 특성이고 상보성이 불확정성 원리를 뒷받침하며, 새로운 물리학의 핵심인 '양자가설(quantum hypothesis)'에서는 관찰자와 관찰 대상 간에 분명한 구분이 없다고 주장했다. 또한 가능성에서 실재로의 전환은 관찰되거나 측정되는 행위 과정에서 일어나므로 관찰자와 독립적으로 존재하는 기본적인 양자적 실재는 없으며 추상적인 양자역학적 설명이 있을 뿐이라고 했다.[2] 보어는 실재의 본질에 대한 답을 발견했다고 생각했다. 보어는 자신이 제창한 상보성 원리에 기초한 양자역학의 해석을 당시의 물리학자들에게 성공적으로 설파한 것으로 보인다.

한편 아인슈타인은 '무엇이 존재하는지를 결정하는 것이 과학의 유일한 목표'이며, 물리학은 관찰과 독립적으로 존재하는 '물리적 실재(physical reality)'에 대해서 이야기해야 한다고 주장했다.[3] 코펜하겐 해석의 확률론적인 관점에 대해, 물리적 사건에서 본질적인 역할을 하는 것은 우주에 내재해 있는 절대 법칙이라며 "신은 주사위 놀이를 하지 않는다"는 말로써 불확정성 원리와 같은 양자역학적 해석을 수용할 수 없음을 분명히 했다. 그는 마음속의 실험실에서 수행되는 가상적인 사고실험(思考實驗)을 통해 불확정성 원리를 공격하며 양자역학의 불완전성을 규명하고자 했다. 하이젠베르크가 '보어와 아인슈타인이 가장 바빴다'고 했을 정도로 학술회의의 하이라이트는 양자역학의 해석을 둘러싼 두 사람 간의 예리한 논쟁이었다. 코펜하겐 해석을 반박하기 위한 그의 사고실험은 1930년에 개최된 제6회 솔베이 학술회의에서도 수행되었다. 그 이후로도 아인슈타인은 양자 정설로 자리 잡은 코펜하겐 해석에 계속해서 도전했다.

1935년 아인슈타인과 포돌스키, 로젠은 국소성(locality)을 추가로 가정하여 양자역학의 코펜하겐 해석을 반박하기 위해 그들 이름의 이니셜을 딴 EPR(Einstein-Podolsky-Rosen) 역설(paradox)을 제창했다. 이 역설은 "물리적 실재에 대한 양자역학적 기술은 완전하다고 할 수 있는가?(Can Quantum-Mechanical Description of Physical Reality Be Considered Complete?)" (1935)[4]라는 논문을 통해 발표되었다. 이 EPR 사고실험은 물리량의 측정 문제를 제기한 것으로 양자역학이 물리적 실재를 완전하게 설명할 수 없음을 증명하기 위해 마련되었다. '양자 얽힘(quantum entanglement)' 상태에 있는 두 입자가 하나의 사건에서 방출되면 보존법칙(conservation law)에 따라 한 입자의 회전(spin) 방향은 다른 입자의 회전 방향과 반대가 되며, 한 입자의 회전 방향의 측정 결과가 다른 입자의 회전 방향의 물리적 상태를 결정한다. 그런데 한 입자의 측정이 아주 멀리 떨어져 있는 다른 입자의 회전 방향을 즉각 결정하게 되면, 이는 어떠한 신호도 빛보다 빠른 속도로 전달될 수 없다고 말한 아인슈타인 자신의 특수상대성이론(special theory of relativity)에 위배 된다는 것이다.[5]

그래서 아인슈타인은 두 입자들이 측정되기 전에 '숨은 변수'라는 어떤 특성을 지니고 있을 것이라고 가정했고 그 숨은 변수에 의해 두 입자 사이에 특별한 상관관계가 나타나는 것이라고 생각했다. 이로써 만들어진 양자역학의 해석 방법이 국소적 숨은 변수 이론(local hidden variable theory)이다. 그러나 보어에 의하면 아무리 두 입자가 멀리 떨어져 있어도 두 입자체계는 분리할 수 없는 전체이며 비국소적으로 연결되어 있기 때문에 한 입자의 측정이 다른 입자의 회전 방향을 즉각 결정한다는 것이다. 30년 후, 이러한 '양자 얽힘'의 비국소적 성질을 입증한 존 벨(John Bell)은 국소적 '숨은 변수 이론'이 양자역학의 통계적 예측과 모순된다는 벨 정리(Bell's theorem 또는 Bell's inequality:벨 부등식)를 도출해냄으로써 입자의 국소적 실재(local reality)를 주장하는 아인슈타인의 입장을 일축했다.

　이러한 '벨 정리'는 1982년 알랭 아스페(Alain Aspect)가 이끄는 연구팀의 '양자 얽힘'에 대한 실험을 통해 입증되었다. 즉 하나의 광자(또는 광양자, photon)를 동일한 특성을 지닌 두 개의 쌍둥이(twins) 입자로 나누어 고안된 기계를 이용해 두 입자를 반대 방향으로 발사했을 때, 그들 중 하나가 변화하면 다른 하나도 자동적으로 똑같이 변화하는 '양자 얽힘' 현상을 보인 것이다. 일반적인 국소적 커뮤니케이션은 에너지로 전해지는 신호들을 통해 이루어지지만, 양자 비국소성(quantum nonlocality)은 어떠한 신호들도 필요로 하지 않는 신호 없는 커뮤니케이션이라는 것이다. 이는 곧 우리 물질 우주를 이루고 있는 아원자 입자의 망이 홀로그램의 성질을 지니고 있음을 말해 준다.

　따라서 '양자 비국소성'은 두 입자가 아무리 멀리 떨어져 있어도 에너지 신호들의 교환 없이 한 입자의 측정이 다른 입자의 회전 방향을 즉각 결정하게 되는 것을 의미하므로 특수상대성이론의 초광속 장벽을 범하지 않고도 두 입자 간의 연결성을 설명할 수 있다. 아인슈타인 등은 멀리 떨어진 두 입자 사이에 상관관계가 나타나는 것은 숨겨진 변수 때문이며, 이 변수를 포함하지 않는 양자물리학은 불완전하다고 보았다. 그러나 양자역학의 허구성을 입증하기 위해 국소성을 가정한 EPR 사고실험은 결과적으로 비국소성을 입증함으로써 오히려 양자역학의 타당성을 강화시키게 되었다. 아인슈타인이 자신의 초기 연구의 도움을 받아서 수립된 양자론의 결과를 받아들이려 하지 않은 것은 과학사상 가장 흥미로운 일화[6]의 하나로 여겨지고 있다.

보어와 아인슈타인의 논쟁을 필자의 관점에서 정리하면 다음과 같다. 보어는 관찰자와 독립적으로 존재하는 기본적인 양자적 실재는 없으며, '양자 세계가 실제로는 존재하지 않고 추상적인 양자역학적 설명이 있을 뿐'[7]이라고 했다. 아인슈타인은 관찰과 독립적으로 존재하는 '물리적 실재'에 대해서 이야기했다. 말하자면 보어는 양자 세계가 실제로는 존재하지 않는다는 것이고, 아인슈타인은 관찰과 독립적으로 '물리적 실재'가 존재한다는 것이다. 보어와 아인슈타인이 세상을 떠난 이후 지금까지도 끝나지 않는 이 논쟁의 핵심은 '실재(reality)'의 존재성에 대한 것이다. 그것은 실험실을 넘어 자연에 대한 심오한 철학적 이해—즉 우주의 본질인 생명[靈·神·天]에 대한 이해—를 수반하는 문제로서, 역사상 지성 세계를 뜨겁게 달구었던 논쟁들 역시 이 문제를 둘러싸고 벌어진 것이었다. 우주의 실체는 의식이므로 보편적으로 생명을 지칭하는 영(靈)·신(神)·천(天)은 곧 영성(靈性)·신성(神性)·천성(天性·참본성·一心)을 의미함을 밝혀 둔다. 아슈바고샤(馬鳴)의 저 유명한 '존재의 역설(paradox of existence)'은 우주의 실재인 생명에 대해 심오한 암시를 제공한다.

존재하는 것도 아니며, 존재하지 않는 것도 아니요, 존재와 비존재가 동시에 존재하는 것도 아니며, 존재와 비존재가 동시에 존재하지 않는 것도 아니다.

Suchness is neither that which is existence, nor that which is non-existence, nor that which is at once existence and non-existence, nor that which is not at once existence and non-existence.[8]

실재는 경계가 없으며 존재와 비존재를 상호 관통한다. '진공묘유(眞空妙有, 텅 빈 것은 묘하게 있는 것)'는 존재와 비존재를 통섭한 용어로 실재를 표상한 것이다. 실재와 현상의 관계는 실물과 그림자의 관계와도 같다. 실재를 인식하기 위해 이분법의 툴(tool)을 사용한 것일 뿐, 실재는 불가분의 전체성이다. 실물인 동시에 그림자이며, 실재인 동시에 현상이다. 플라톤(Plato)의 이데아계와 현상계, 아리스토텔레스(Aristotle)의 형상과 질료, 성 아우구스티누스(성 어거스틴, Saint Augustine of Canterbury)의 『삼위일체론』, 중세 스콜라철학(Scholasticism)의 보편논쟁(controversy of universal), 베네딕투스 스피노자(Benedictus de Spinoza)의 실체와 양태, 리(理)·기(氣) 개념에 근거한 송대(宋代)와 조선시대의 이기론(理氣論) 등은 천·지·인 삼신일체나 동학의 불연기연(不然其然)과 마찬가지로 모두 생명의 본체[天·神·靈]와 작용[우주만물]이라는 이분법의 툴을 사용하여 실재의 전일성(oneness)을 나타내고자 한 것이다.

따라서 실재는 존재와 비존재, 있음(有)과 없음(無), 물리[氣·色·有]와 성리[理·空·無] 등 일체의 이분법의 저 너머에 있다. 고대로부터 현대에 이르기까지 그 치열한 철학적 사색과 과학적 탐색이 전개된 것은 만물의 근원인 실재에 대한 규명이 없이는 존재계의 의미를 이해할 수도, 조화로운 삶을 영위할 수도 없다는 것을 간파했기 때문이다. 하지만 실재가 무엇인지에 대한 심오한 인식론적 고찰 없이 실재는 '존재한다 혹은 존재하지 않는다'라는 존재론적 차원의 문제로 일축하는 것은 논리적 모순이며, 지식의 박피를 드러낸 것이고, 그 숱한 동서양 지성들의 치열한 탐구정신과 정치(精緻)한 철학체계를 모독하는 것이다. 실재가 무엇인지도 모르는데, 존재하는지 안 하는지

어찌 알겠는가.

우선 보어는 관찰자와 독립적으로 존재하는 기본적인 양자적 실재는 없다고 했다. 이 우주는 분리 자체가 근원적으로 불가능한 파동의 대양[氣海]이며 주체와 객체의 이분법은 성립되지 않으므로 '관찰자와 분리된 양자적 실재는 없다'고 한 것은 기본적으로 이치에 부합한다. 그런데 '양자 세계가 실제로는 존재하지 않는다'고 한 것에 대해서는 좀 더 면밀한 고찰이 필요하다. 제2장 3절에서 살펴보았듯이, 보이지 않는 양자 세계는 양자물리학의 미시세계에만 국한된 세계가 아니라 우리 자신의 참자아의 세계이며 '내적 자아(inner self)'의 영역이다. 참자아[唯我·유일자·유일신]의 세계는 전일성의 실재 영역으로 존재와 비존재의 저 너머에 있다. 따라서 '진공묘유(眞空妙有)'인 양자 세계를 단순히 '존재한다 혹은 존재하지 않는다'라는 말로 일축하는 것은 전체성(wholeness)인 실재[진리·생명]를 이분법의 틀 속에 가두는 것이다. 이는 마치 '하늘'(님) 또는 신[진리·생명·靈]을 종교의 성벽 속에 가두는 것과 마찬가지로 진리를 모독하는 것이며, 전일적인 생명의 인식론적 토대를 뒤흔드는 것이다.

보어와 아인슈타인의 논쟁이 함축하고 있는 공통된 문제는 실재에 대한 심오한 인식론적 고찰이나 개념적 명료화(conceptual clarification) 없이 성급하게 결론을 도출하고 있다는 점이다. 아인슈타인은 관찰과 독립적으로 존재하는 '물리적 실재'에 대해서 이야기했다. 하지만 그가 말하는 물리적 실재는 궁극적 실재인 생명[靈·神·진리]에 대한 인식을 바탕으로 한 것인가? 이에 대한 인식론적 고찰이나 개념적 명료화 없이 논의를 진행하는 것은 실재성이 없다. 왜냐하면 정신적 실재와 분리된 물리적 실재가 따로이 존재하는 것은 아니기 때문이다. 다시 말해 실재는 정신적 실재인 동시에 물리적 실재, 즉 유일 실재[唯我·유일자·유일신]이기 때문이다. 또한 보어와 아인슈타인의 논쟁은 필자가 제2장 3절에서 말한 '생명의 3화음적 구조(the triad structure of life)', 즉 생명의 본체-작용-본체·작용의 합일, 정신-물질-정신·물질의 합일, 보편-특수-보편·특수의 합일에 대한 인식을 바탕으로 하고 있는 것인가?

물리 세계와 삶의 세계, 미시세계와 거시세계, 우주적 법칙과 삶의 법칙은 상호 조응해 있으며 상호 관통한다. 모든 부분은—물리 세계의 새로운 발견까지도—전체와의 연결이 없이는, 더 정확하게 말하면 우주의 본질인 생명에 대한 인식이 없이는 그 의미와 가치를 발견할 수 없다. '새로운 양자역학과 그것에 관련된 문제에 집중할 것'임을 밝힌 제5회 솔베이 학술회의에서, 그것도 양자역학의 의미를 다루도록 고안되었던 그 회의에서, 궁극적 '실재'에 대한 인식론적 고찰 없이 실재는 '존재한다 혹은 존재하지 않는다'라는 논쟁을 벌인 것이야말로 실재성이 없다. 훗날 보어가 말한 것처럼 물리학의 임무가 자연이 어떻게 존재하는지를 알아내는 데 있는 것이 아니라면, 그리하여 왜 미시세계에서는 입자-파동의 이중성이 존재하는지, 또는 미시세계에서의 역설이 의미하는 바가 무엇인지를 밝히는 것이 물리학의 과제가 아니라고 한다면, 과학철학(philosophy of science)은 왜 있는 것이며, 대체 물리학은 무엇을 위한 학문인가? 실재의 본질과 연결되지 않은 것은 결국 허구다. 실재와 연결되지 않은 분리의식으로 질편한 말잔치를 벌이는 것을 두고 세상 사람들은 '지적 향연(知的 饗宴, symposium)'이라고 부른다.

이 우주는 '인드라망'과도 같이 상호 연관과 상호 의존의 세계 구조로 이루어져 있으며 만물만상이 끝없이 상호 연결된 생명의 그물망을 형성하고 있다. 이는 두 입자가 공간적으로 아무리 멀리 떨어져 있어도 비국소적으로 연결되어 있기 때문에 매개체 없이도 즉각적으로 서로의 상태에 영향을 미친다는 '양자 얽힘' 이론과도 상통한다. 아인슈타인은 물리적 실재에 대한 양자역학적 설명이 완전하지 않은 것으로 보았다. 그러나 앞서 살펴보았듯이, '양자 얽힘'의 비국소성을 입증한 존 벨은 아인슈타인의 국소적 '숨은 변수 이론'을 일축했다. 아인슈타인은 관찰과 독립적으로 존재하는 '물리적 실재'에 대해서 이야기했다. 관찰한다는 것은 단순한 눈의 작용이 아니라 마음(의식, 에너지, 파동)의 작용이다. 화정국사(和靜國師) 원효(元曉)는 마음이 일어나면 일체 모든 것이 일어나고, 마음이 사라지면 일체 모든 것이 사라진다(心生則種種法生 心滅則種種法滅)[9]고 했다.

생멸(生滅)하는 일체의 마음은 '한마음', 즉 일심(一心·靈性·神性)이 스스로 작용한 것이므로 일심과 둘이 아니다. 정신적 실재든 물리적 실재든, 모두 궁극적 실재인 일심과 분리될 수 없다. 일심은 진여(眞如)인 동시에 생멸이며, 파동인 동시에 입자이다. '관찰자와 분리된 양자적 실재는 없다'고 한 보어의 말이 기본적으로 이치에 부합한다고 필자가 말한 것은 이 때문이다. 그렇다고 필자가 보어의 확률론적 해석에 동의한다는 것은 아니다. 아인슈타인은 관찰과 독립적으로 존재하는 '물리적 실재'에 대해서 이야기했지만, 실재는 정신적인 동시에 물리적인 유일 실재이며 그 본질은 전체성이므로 마음의 작용인 관찰과 독립적으로 존재하는 물리적 실재를 상정할 수는 없다. 선불교에 전해지는 다음 이야기는 이에 대해 시사하는 바가 크다.

육조 혜능(六祖惠能)이 산에서 내려와 광주(광동성) 법성사(法性寺)에 도착했다. 그때 마침 그곳에서는 인종(印宗) 법사가 열반경(涅槃經)을 강의하고 있었다. 그때 바람에 펄럭이는 깃발을 보고, 한 스님은 '깃발이 움직이는 것이다'라고 했고, 다른 한 스님은 '바람이 움직이는 것이다'라고 하면서 쟁론이 벌어졌다. 이를 지켜보던 혜능이 말했다. "깃발이 움직이는 것도 아니고 바람이 움직이는 것도 아니다. 오직 그대들의 마음이 움직이는 것이다." 오조 홍인(五祖弘忍)의 법통을 계승한 혜능이 15년간의 은둔생활을 끝내고 세상에 나오는 이 극적인 장면이 바로

'바람과 깃발의 문답'이다.

『참전계경(參佺戒經)』에서는 사람의 몸에만 눈, 코, 입, 귀, 요도, 항문의 구규(九竅)가 있는 것이 아니라 마음에도 구규가 있다고 하였다. 몸뿐만 아니라 마음에도 아홉 구멍이 있다고 한 것은 몸과 마음이 조응 관계에 있는 까닭이다. 말하자면 눈, 코, 입, 귀, 요도, 항문은 통로일 뿐이고 기실은 모두 마음의 작용이니 마음에 아홉 구멍이 있다고 한 것이다. 사물을 본다는 것은 단순한 눈의 작용이 아니라 마음[의식]의 작용이다. 파동인 동시에 입자로 나타나는 양자역학적 세계관을 이해하기 위해서는 진여인 동시에 생멸로 나타나는 일심의 구조를 이해해야 한다. 양자역학은 마음의 과학이기 때문이다. 아인슈타인의 결정론적 해석으로 미루어 볼 때 어쩌면 그는 이렇게 말하고 싶었을지 모른다. '우리가 인식하지 못한다고 해서 진리가 실재하지 않는 것은 아니다. 우주만물은 내재된 필연적 법칙성에 따라 생성과 소멸을 반복하고 있지만, 생멸을 초월한 영원한 실재의 차원이 있다'라고. 그러자면 좀 더 정교한 인식론적 체계와 개념적 명료화가 요구된다.

보어와 아인슈타인의 논쟁은 양자역학의 확률론적 해석과 결정론적 해석 간의 논쟁이다. 양자계에서 전자의 위치와 운동량을 모르기 때문에 불확정성 원리에 따른다고 한 것이 보어와 하이젠베르크, 보른, 디랙, 파울리 등의 확률론적 해석이다. 코펜하겐 해석의 반대 그룹에는 아인슈타인, 플랑크, 슈뢰딩거, 드 브로이, 데이비드 봄 등이 있다. 아인슈타인의 결정론적 해석은 물리적 사건에서 본질적인 역할을 하는 것은 우주에 내재해 있는 절대 법칙이며 불확정성 원리와 같은 양자역학적 해석을 수용할 수 없다는 것이다. 이는 곧 우연과 필연의 오래된 논쟁이다. 이 논쟁은 필변(必變)의 '보이는 우주[현상계, 물질계]'와 불변(不變)의 '보이지 않는 우주[본체계, 의식계]'의 관계적 본질에 관한 것이다. 현실은 실재의 투사영이며 실재와 분리될 수 없다. 흔히 하는 말로 '모르면 우연이고, 알면 필연이다'라는 말이 있지 않은가?

　우연과 필연은 '보이는 우주'와 '보이지 않는 우주'의 관계로서 본래 그 뿌리가 하나다. 실재는 일체의 이분법을 넘어서 있으므로 필연이나 우연과 같은 상대계의 언어로 나타낼 수 없다. 그래서 진리불립문자(眞理不立文字)라고 하지 않는가? 그럼에도 인간은 3차원의 언어를 도구 삼아 실재에 대한 최대 근사치를 나누고자 한다. 정녕 혼신을 다한 노력의 결정(結晶)이라면, 이 또한 법보시(法布施)가 아니겠는가? 『평행우주 Parallel Worlds』의 저자 미치오 카쿠(Michio Kaku)는 "우주가 끈으로 연주되는 교향곡이라면 그 곡을 누가 작곡했을까?"라고 묻는다. 필자의 대답은 이렇다. "우주는 넘실거리는 파동의 대양[氣海]—교향곡 그 자체일 뿐, 작곡한 자가 따로 있는 것이 아니다." 이것은 필자의 해석이다. 양자역학의 해석도 이와 같다. 해석은 인식론상의 문제다. 양자역학이 물리학으로만 남을 수 없는 이유다. '양자 형이상학'이 될 수밖에 없는 이유다.

　실재는 우연도 아니고 필연도 아니다. 인간의 관점에서 이러쿵저러쿵 말하는 것일 뿐이다. 물질세계는 '보이지 않는 우주', 즉 '영(Spirit)' 자신의 설계도가 스스로의 지성[性]·에너지[命]·질료[精]의 삼위일체의 작용으로 형상화되어 나타난 것이다. '영[神]'이 생명의 본체라면, 만물은 '영'의 자기복제로서의 작용[self-organization]으로 나타난 것이므로 '물질화된 영(materialized Spirit)'이다. 그런 점에서 본체[理]와 작용[氣], 영과 육, 필연과 우연은 동전의 양면과도 같이 둘이 아니다. 그럼에도 이러한 이분법이 공식처럼 통하는 것은 우리 자신이 개체화(particularization) 의식(ego, 의식)에 사로잡혀 있기 때문이다. 우주의 본질인 생명[靈·神·天], 즉 영원한 실재는 전체성인 동시에 개체성이고, 내재성인 동시에 초월성이며, 우주의 본원인 동시에 현상 그 자체로서 영원과 변화, 필연과 우연의 저 너머에 있다.

양자역학의 확률론적 해석과 결정론적 해석의 논쟁은 생명의 전일성과 자기근원성에 대한 인식 결여에서 오는 것이다. 자연은 스스로 생성되고 변화하여 돌아가는 '스스로(自) 그러한(然)' 자이다. 생명의 낮의 주기[삶]가 되면 물성(物性)으로 나타나고 생명의 밤의 주기[죽음]가 되면 영성[靈性]으로 나타나는 생명의 순환이 있을 뿐이다. 창조하는 주체도 없고 창조되는 객체도 없다. 우주만물은 모두 간 것은 다시 돌아오고 돌아온 것은 다시 돌아가는 자연의 이법(理法)이 있을 뿐이다. 우리의 인식 여부와는 상관없이 우주만물은 내재된 필연적 법칙성에 따라 생성과 소멸의 순환주기를 끝없이 반복하는 것이다. 미시세계에서의 파동-입자의 이중성은 대립자의 역동적 통일성에 기초해 있는 '스스로(自) 그러한(然)' 자의 본질이다. 말하자면 생명의 본질 자체가 본체와 작용, 내재와 초월을 상호 관통하는 완전한 소통성인 데에 기인한다.

코펜하겐 해석은 20세기 전반 때만큼 압도적은 아니라 할지라도 물리학자들 사이에서 여전히 많은 지지를 받고 있다. 영국의 과학 저술가이자 서섹스 대학의 천문학 객원교수인 존 그리빈(John Gribbin)에 따르면 코펜하겐 해석은 1980년대 이후로 압도적 우위를 잃어 가고 있다고 한다.[10] 제2장 1절에서 고찰한 바와 같이 과학과 의식의 접합을 추구한 데이비드 봄의 '양자형이상학'은 다양한 분야에서 폭넓은 호응을 얻고 있으며 현대 물리학의 미래에 많은 시사점을 제공한다. 아인슈타인, 플랑크, 드 브로이의 공식을 종합한 봄의 양자이론은 양자계에서 스스로의 내재적 법칙성에 따라 운동하는 전자가 반드시 있을 것이라고 보고 비국소적 '숨은 변수 이론'에 의해 '보이지 않는 우주'와 '보이는 우주'의 상관관계를 규명함으로써 결정론적 해석을 내놓았다.

봄의 양자이론은 응용 면에서 사용하기가 쉽고, 또 실제로 실험 결과와 잘 맞는다는 사실이 드러나면서 날이 갈수록 호평을 받고 있다. 그중 몇 가지를 소개하면 다음과 같다. '화학, 공학 등에서의 연구 사례는 봄의 양자이론이 잘 맞으며 코펜하겐 해석으로 할 수 없는 일을 봄 이론으로는 할 수 있다. 봄의 양자이론은 물리학의 영역이 아닌 화학이나 전기전자공학에서 주목을 받고 있는데, 그 이유는 화학자와 전기공학자들에게는 봄의 이론에서의 입자의 궤적이 직관적인 이해를 시각적으로 제공하기 때문이다. 코펜하겐 해석이 미시세계와 거시세계의 중간영역인 중시세계(mesoscopic systems)를 이해하는 데 아무런 도움이 되지 않는 것에 비해, 봄의 양자이론은 중시세계를 해석하고 응용하는 데 필수적이다. 봄의 양자이론에서는 고전 물리학과 양자물리학의 개념이 충돌을 일으키지 않는다'[11]는 것이다. 뿐만 아니라 거시적 양자현상을 연구하는 '신경양자학(neuroquantology)'이나 '거시양자(macroquantum)'에 관한 많은 연구들이 발표되고 있고, 1996년 이후 노벨 물리학상은 거의 대부분이 거시적 양자현상을 연구한 과학자에게 돌아가고 있는 것을 보아도 봄이 주장한 '거시적 양자현상'이 사실임이 드러나고 있으며, 또한 '실재성 비국소성 원리'가 여러 분야에서 응용되고 있는 것을 보아도 봄의 주장이 정당함을 알 수 있다.[12]

현대 물리학에서 뉴턴역학의 영예를 누리고 있는 양자역학의 코펜하겐 해석을 넘어서고자 하는 논의들은 여전히 진행 중이다. 에버렛 3세(Hugh Everett III) 등의 다세계 해석(many-worlds interpretation, MWI), 드 브로이-봄 해석(de Broglie-Bohm interpretation), 아인슈타인을 필두로 한 앙상블 해석(ensemble interpretation of quantum mechanics, EIQM), 폰 노이만(John von Neumann), 휠러(John A. Wheeler) 등의 프린스턴 해석(Pondicherry interpretation of quantum mechanics, PIQM), 머민(N. D. Mermin) 등의 이타카 해석(Ithaca interpretation of quantum mechanics, IIQM), 그리피스(Robert B. Griffiths) 등의 정합적 역사 해석(consistent histories interpretation, CHI), 장회익 등의 서울 해석(Seoul interpretation of quantum mechanics, SIQM)[13] 등이 그것이다. 가역적(reversible), 선형적(linear)인 고전 열역학의 패러다임에서 비가역적(irreversible), 비선형적(nonlinear)인 비평형 열역학으로의 패러다임 전환이 이루어진 것, 그리고 폴 디랙에 의해 고전역학이 양자역학적 현상의 특수 사례인 것으로 밝혀진 것은 더 포괄적인 사상체계로의 통합이 계속해서 이어질 것임을 시사한다.

양자역학의 해석과 관련된 문제는 실험 대상의 파동성과 입자성을 구분하는 이중 슬릿 실험(double-slit experiment)이 갖는 과학적 의미에서 확인된다. 이 실험이 최초로 행해진 것은 1801년 영국의 의사이자 물리학자·생리학자·언어학자인 토머스 영(Thomas Young)이 광자를 대상으로 한 '이중 슬릿 실험'이었다. 17세기 뉴턴 이래 빛의 입자성이 오랫동안 정설로 여겨져 왔던 것과는 달리 이 실험을 통해 파동의 간섭무늬(interference pattern)가 확인됨으로써 빛의 파동성이 증명되었다. 이 실험 결과는 고전역학으로는 설명할 수 없는 특성이어서 당시 뉴턴역학에 큰 영향을 주었으며, 에테르 이론에 바탕을 둔 빛의 파동이론을 촉발하는 계기가 되었다.

아인슈타인의 상대성이론이 발표된 후 1927년 미국의 실험물리학자 클린턴 조지프 데이비슨(Clinton Joseph Davisson)과 미국의 물리학자 레스터 저머(Lester Halbert Germer)가 전자를 대상으로 '이중 슬릿 실험'을 하여 입자성과 파동성이 동시에 나타날 수 있다는 것을 증명하였다. 전자가 입자성뿐 아니라 파동성도 갖는다는 프랑스의 이론물리학자 드 브로이(Louis Victor de Broglie)의 이론을 확증한 것이다. 이 실험 결과로 당시 입자와 파동을 반대의 성질로 규정하며 양립할 수 없는 것으로 여겼던 물리학적 상식이 흔들리게 되었다. 이를 설명할 수 있는 새로운 관념과 물리학적 해석이 요청되면서 마침내 보어의 양자론의 탄생으로 결실을 맺게 된 것이다.[14]

한편 1998년 양자물리학 분야에서 최고 권위를 자랑하는 이스라엘의 와이즈만연구소(Weizmann Institute of Science)에서 실시한 전자의 운동성에 대한 '이중 슬릿 실험'은 전자의 운동성이 관찰자의 생각에 따라 달라짐을 보여준다. 즉 관찰자가 바라본 전자의 움직임은 직선으로 슬릿을 통과해 벽면에 입자의 형태를 남긴 반면, 관찰자가 바라보지 않은 전자의 움직임은 물결처럼 슬릿을 통과해 벽면에 파동의 간섭무늬 형태를 남긴 것이다. 양자물리학과 의식 간의 관계를 연구하고 있는 미국의 양자물리학자 프레드 앨런 울프(Fred Alan Wolf)는 양자물리학이 물리적인 환경에서는 인지할 수 없는 개념을 다루기 때문에 실제로는 볼 수 없으며 마음속에 그림을 그려 추측할 뿐이라는 점에서 육안으로는 보이지 않는 비물질적인 영성과 공통점이 있다고 본다. 그는 양자물리학과 영성의 접합을 이렇게 나타낸다.

> 양자물리학은 이 세계가 쉼 없는 변화로 가득 차 있다는 것을 깨닫게 한다. 우리가 관찰하는 대로 세계가 존재하고, 그 결과 세계와 우리 자신 둘 다를 변화시킬 기회를 제공한다는 것을 보여준다.
>
> Quantum physics enables us to realize that the world is filled with constant change. It shows us that our observations bring the world into existence and as such provide us opportunity to change both it and ourselves.[15]

아원자 물질, 원자의 핵을 구성하는 물질, 쿼크(quarks), 보존(boson)이라고 불리는 물질, 쿼크 사이의 상호작용을 매개하는 글루온(gluon)이라고 불리는 물질 등 이런 다양한 물질들은 실제로는 본 적이 없는 우리 마음속의 이론일 뿐이며 우리가 바라보는 방식에 따라 이 물질들은 변화한다는 것이다. 양자물리학에서 말하는 '관찰자 효과'라는 것이 이것이다. 외부 세계에 대한 우리의 지각은 우리의 마음에서 생겨나는 것이므로 우리가 어떤 관점을 갖느냐에 따라 우리가 지각하는 현실도 변한다. 인식은 관점에 따라 변하며 우리의 의식과 선택이 곧 우주를 형성한다는 양자물리학적 관점은 비이원성에 기초한 영적인 관점과 분명 유사성이 있다. 이렇게 볼 때 양자역학의 해석은 수많은 물리적 세계를 가정하여 해석하는 것이므로 실험실에서 답하는 것으로는 한계가 있을 수밖에 없다. 따라서 양자역학과 의식 또는 영성과의 접합은 필수적이다. 양자역학은 마음의 과학이며, 마음을 과학적으로 증명하려는 것은 허황된 망상에 불과하다.

보어는 '양자 세계가 실제로는 존재하지 않고 추상적인 양자역학적 설명이 있을 뿐'이라고 했다. 보이지 않는 양자 세계는 바로 우리 자신의 '내적 자아'의 영역이며 실재 세계를 지칭한 것이다. 실재 세계는 존재와 비존재의 저 너머에 있다. 그런데 보어는 실재가 무엇인지에 대한 심오한 인식론적 고찰 없이 '실재는 존재하지 않는다'라고 규정함으로써 실재를 존재와 비존재라는 이분법의 틀 속에 가두어 버렸다. '양자 세계가 실제로는 존재하지 않는다'라는 보어의 말은 그 자체가 모순이다. 왜냐하면 양자 세계는 불가분의 전체성이므로 이분법을 넘어선 세계인데, '존재하지 않는다'라는 말은 존재와 비존재라는 이분법적 틀을 상정하고 있기 때문이다. 물리학의 기본적 역할은 나무에서의 줄기와 같은 것—그러나 줄기는 뿌리와 연결되지 못하면 그 존재성과 의미가 드러날 수 없다. 보어와 아인슈타인의 논쟁은 양자역학의 의미를 둘러싼 논쟁이다. 이러한 점에서 실재가 무엇인지에 대한 원효의 심원(深遠)한 인식론적 고찰은 양자역학의 해석에 중요한 인식의 틀을 제공한다.

원효의 『대승기신론소(大乘起信論疏)』에서는 마음이 그 자신을 볼 수 없는 것이 마치 칼이 칼 자신을 벨 수 없고 손가락이 손가락 자신을 가리킬 수 없는 것에 비유되어 '심불견심(心不見心)'[16]이라고 했다. 볼 대상이 없으므로 보는 주관도 성립될 수 없다. 주관과 대상의 두 가지 모습이 다 없으므로 '무상가득야(無相可得也)'[17]라고 한 것이다. 이는 바로 분리 자체가 근원적으로 불가능한 양자 세계, 즉 참자아(true self)의 세계를 설명한 것이다. 삼계(三界, 欲界·色界·無色界)의 일체 모든 것은 오직 마음이 짓는 것이라고 하는 '삼계제법유심소작(三界諸法唯心所作)'[18]이라는 대목에서는 그것의 의미를 두 가지로 나누어 밝히고 있다.

첫째는 모든 법(法, 진리·실재)은 없는 것이 아니며 있는 것도 아님을 밝히는 것이고, 둘째는 모든 법은 있는 것이 아니며 없는 것도 아님을 밝히는 것이다. 먼저 '일체 모든 것은 마음을 따라 일어난 것이며 망념으로 인하여 생긴 것이다'[19]라는 말은 모든 법이 없는 것이 아님을 밝힌 것이고, '일체의 분별은 자신의 마음의 분별이고 마음은 마음을 볼 수 없으며 파악할 만한 것이 없다'[20]는 말은 모든 법이 있는 것도 아님을 밝힌 것이라고 원효는 말한다. 실로 마음을 떠나서 분별할 만한 것이 없으므로 '일체분별즉분별자심(一切分別卽分別自心)'[21], 즉 일체의 분별은 곧 자신의 마음의 분별이라고 한 것이다.

다음으로 원효는 있는 것도 아니고 없는 것도 아닌 뜻을 밝히고 있다. '세간에서 파악할 만한 본체가 있는 것이 아니고 오직 마음은 허망한 것이다'[22]라는 말은 있는 것이 아님을 밝힌 것이고, 그 다음에 '마음이 일어나면 모든 것이 일어난다'[23]라는 말은 없는 것이 아님을 드러낸 것이다. 무명(無明)의 훈습(薰習)으로 생긴 식(識)에 의하여 주관과 객관이 나타나고, 허망한 경계를 취하게 되어 평등성과는 위배되게 되므로 '심생즉종종법생(心生則種種法生)',

즉 '마음이 일어나면 일체 모든 것이 일어난다'고 한 것이다. 만일 무명(無明)의 마음이 소멸되면 그에 따라 경계도 소멸하게 되고, 갖가지 분별식(分別識)도 멸진(滅盡)하게 되므로 '심멸즉종종법멸(心滅則種種法滅)', 즉 '마음이 사라지면 일체 모든 것이 사라진다'고 한 것이다.

이렇게 볼 때 양자역학의 해석에 관한 보어와 아인슈타인의 논쟁은 유일 실재[唯我·유일자·유일신·참자아]에 대한 인식의 빈곤에서 야기된 것이다. 양자역학의 의미는 유일 실재가 무엇인지에 대한 참된 인식이 없이는 밝혀질 수가 없다. 원효가 '있는 것도 아니고 없는 것도 아닌 뜻'을 밝힌 것, 그리고 앞서 나온 아슈바고샤(馬鳴)의 '존재의 역설'은, '어디에도 존재하지 않거나 또는 모든 곳에 존재한다'는 '미시세계에서의 역설'과 그 의미가 상통한다. 스피노자는 인식의 단계를 상상지(想像知), 이성지(理性知), 직관지(直觀知)의 단계로 설정하고, 총체적 진리를 통찰할 수 있는 직관지의 단계에서 실체[본체계, 의식계]와 양태[현상계, 물질계]*24의 필연성[合一]에 대한 인식이 이루어질 때, 다시 말해 우주만물이 유일 실재의 자기현현임을 인식할 때 참된 자유와 행복을 달성한다고 보았다. 따라서 양자역학의 해석은 관점에 따라 변하며 우리 자신의 앎의 수준과 관계되므로 코펜하겐 해석을 넘어서고자 하는 시도는 계속해서 이어질 것이다. 프리초프 카프라의 말처럼, 지식의 흐름이 비기계론적 실재를 향하고 있으며 우주는 거대한 기계가 아니라 거대한 사상과 같이

---

* 무한한 지성에 의해 파악될 수 있는 모든 것이 신적 본성의 필연성에서 생겨나므로 유일 실체(실재)인 신[자연 또는 神性·靈性·참본성·一心]과 그 양태인 우주만물은 분리될 수 없다. 유일 실체와 양태의 필연적 관계성은 대우주와 소우주, 전체와 부분, 본체계와 현상계의 類比關係(analogy)로 파악될 수 있다. 이러한 유비관계를 이해하지 못하면 있는 그대로의 세상을 바라볼 수가 없어 미망 속을 헤매게 되므로 고통과 부자유 상태에 빠지게 된다.

되기 시작했다.

집단무의식과 동시성의 원리

스위스의 정신과 의사이자 분석심리학의 창시자 칼 구스타프 융(Carl Gustav Jung)은 인간의 마음이 표면의식(surface consciousness), 개인무의식(individual unconsciousness), 집단무의식(collective unconsciousness)으로 구성되어 있다고 보았다. 융은 원래 오스트리아의 정신과 의사이자 정신분석학의 창시자 지그문트 프로이드(Sigmund Freud)의 애제자로서 그의 후계자로 지목되기도 했으나 프로이드 이론의 핵심에 도전한 이론적 차이로 인해 그와 결별했다. 융은 정신(psyche)을 양 극단을 오가는 자기 제어적인(self-regulating) 역동적 시스템으로 보고 이 역동성을 설명하기 위해 프로이드의 '리비도(libido)'란 용어를 사용했지만, 그 의미는 매우 상이했다. 프로이드가 리비도를 성(性)과 밀접한 관계를 가진 본능적 욕구이며 뉴턴역학의 힘과 유사한 성질을 가진 것으로 본 반면, 융은 이것을 삶의 기본적 역동성을 나타내는 일반적인 '정신 에너지(psychic energy)'로 파악했다.[25] 융은 고전 심리학의 기계론적 모델을 벗어나 현대 물리학의 전일적 모델 및 시스템 이론과 완전히 일치하는 개념들을 개발했다. 그리하여 정신 분석의 뉴턴적 모델을 폐기하고 고전 심리학을 새로운 영역으로 확장한 선구자적 위치에 놓이게 되었다.

융의 심리학적 인간 이해의 독특한 의미는 집단무의식이라는 개념에 있다. 프로이드에게 무의식은 전혀 의식되지 않았던 요소와 기타 망각되었거나 억압된 것들을 담고 있는 현저하게 개인적 성질의 것이었다. 반면 융에게 무의식은 의식의 근원이자 우리의 삶이 시작하는 원천으로서 두 가지 영역으로 분할된다. 즉 개인에게 속하는 개인무의식과 정신의 더 심층적인 차원을 대표하며 인류에게 공통된 집단무의식의 두 영역이다. 융의 집단무의식 개념은 기계론적 모델로서는 이해될 수 없고 정신의 시스템적 관점과 완전히 일치하는 것으로 개인과 전체 인류 간의 연결성을 함축하고 있다. 융은 집단무의식을 기술함에 있어 당시의 물리학자들이 아원자 현상을 기술하기 위해 사용했던 것과 유사한 개념을 사용했다. 그는 무의식을 '집단적으로 존재하는 역동적 패턴(collectively present dynamic patterns)'을 포함하는 과정—이를 그는 '아키타입(archetype, 原型)'이라고 불렀다—으로 보았다.[26]

융은 인간의 무의식세계에도 유전자와 같은 원형(archetype)이 존재하며, 바로 이 원형이 고대인과 현대인 사이의 일치나 보편적 경험을 가능하게 한다는 것이다. 그는 정신과 의사로서의 경험을 통해 신화, 꿈, 환상, 종교적 계시 등이 모두 동일한 근원, 즉 인류가 공유하고 있는 집단무의식으로부터 나오는 것이라고 보았다. 이에 대한 하나의 예시로 그는 편집성 정신분열증을 앓고 있는 한 청년의 환상과 관련된 사건을 들고 있다. 1906년 어느 날 융은 회진 중에 이 청년이 창문 앞에 서서 이상한 몸짓으로 머리를 좌우로 움직이면서 태양을 응시하고 있는 것을 발견했다. 무엇을 하고 있느냐고 융이 묻자, 그는 태양의 남근을 바라보고 있으며 그가 머리를 좌우로 움직이면 태양의 남근이 움직이고 그로 인해 바람이 분다고 했다. 그로부터 몇 년이 지난 후 융은 우연히 2000년이 된 페르시아 경전의 번역본을 보게 되었는데, 거기에는 한 가지 계시가 적혀 있었다. 그 내용인즉, 피계시자가 태양을 바라보면 태양에 매달려 있는 튜브를 보게 될 것이고 그 튜브가 좌우로 움직이면 그로 인해 바람이 불 것이라고. 융은 정황상 그 청년이 이 경전을 보았을 가능성은 거의 없다고 보고 그 청년의 환상이 단순히 그 개인의 무의식으로부터 나온 것이 아니라 더 심층적인 인류의 집단무의식으로부터 나

온 것이라고 결론 내렸다.[27]

융의 집단무의식 개념은 심리학에 엄청난 파문을 일으켰으며 많은 심리학자와 정신의학자들이 이를 받아들이고 있다. 그럼에도 우주에 대한 현재의 이해 수준으로는 이를 설명할 아무런 메커니즘도 제공하지 못한다. 하지만 제2장 2절에서 살펴본 바와 같이 데이비드 봄은 홀로그램 모델을 통해 현재의 이론들이 설명하지 못하는 만물의 상호연결성이나 비국소성 같은 현상을 명쾌하게 설명할 수 있었다. 그는 "깊은 차원에서 인류의 의식은 하나다(Deep down the consciousness of mankind is one)"[28]라고 했다. 그렇다고 우리 각자가 전 인류의 무의식적 지식에 접근할 수 있는 것은 아니며, 다만 우리의 기억과 직접 관련된 정보만을 활용할 수 있다. 이러한 선택적인 과정을 미국의 심리학자 로버트 앤더슨(Robert M. Anderson, Jr.)은 '개인적 공명(personal resonance)'이라고 부른다. "개인적 공명 때문에 우주의 숨겨진 홀로그램 구조 속의 거의 무한한 '이미지' 중에서도 상대적으로 극히 일부에만 개인의식이 접근할 수 있다"[29]는 것이다.

홀로그램 모델에 영향을 받은 스타니슬라브 그로프는 비일상적 의식 상태(nonordinary states of consciousness)에 대한 30년 이상의 연구 끝에 우리의 정신이 홀로그램적 상호연결성을 통해 이용할 수 있는 탐험로는 사실상 끝이 없다고 결론 내렸다. 그로프는 정신의학연구소에서 환각제인 LSD의 임상적 용도를 연구하던 중에 반복적인 LSD 투여가 정신치료 과정을 촉진시킬 수 있을 뿐만 아니라, 환자의 의식이 일상적 에고의 경계 너머로 확장되는 경험을 하게 되었다. 공통된 경험은 자궁 속에서의 경험을 자세히 정확하게 되살린다는 것이었다. 또한 그로프가 치료 중이던 한 여성 환자는 자신이 선사시대의 파충류 암컷이 되었다고 확신하며 그 형체 속에 들어 있는 느낌이 어떤지 자세히 묘사했다. 어떤 환자들은 그들의 친척이나 조상들의 의식 속에 들어갈 수도 있었고, 심지어 수백 년 전 조상들이 겪었던 사건들을 정확하게 묘사해 내기도 했다. 그 밖에 인종적·집단적 기억에 접하는 경우, 더 높은 차원으로부터의 영적인 인도, 초인간적 존재들과의 조우 등 그로프의 LSD 피험자들이 체험할 수 있는 것에는 한계가 없어 보였다.[30]

그로프는 개인적 인격의 관습적 경계를 초월하는 경험 및 현상들을 기술하기 위해 '초개인적(transpersonal)'이라는 용어를 주조해 내고, 1960년대 후반에 미국의 심리학자이자 교육자인 에이브러햄 매슬로(Abraham Maslow) 등 몇몇 전문가들과 함께 심리학의 새로운 분야인 '초개인심리학(transpersonal psychology)'을 창시했다. 그로프는 초개인적 체험의 핵심적 특징들, 즉 모든 경계가 환상이라는 느낌, 부분과 전체의 구분이 모호해짐, 그리고 만물의 상호연결성들이 모두 홀로그램 우주 속에서라면 발견할 수 있는 속성들이라고 지적했다. 따라서 원형적 이미지(archetypal image)의 복합적인 성질은 홀로그램 개념을 모델로 삼을 수 있다고 보았다. 숨겨진 질서와 드러난 질서의 관계성에 대한 데이비드 봄의 개념은 비일상적 의식 상태에 대한 이해와 직결된다는 것이다. 과학자를 포함한 다양한 형태의 비일상적 의식 상태를 체험한 사람들의 보고에 의하면 그들은 어떤 의미에서는 숨겨진 실재의 영역으로 들어간 것이다.[31] 봄과 함께 홀로그램 모델의 태두로 여겨지는 칼 프리브램 역시 홀로그램 모델을 통해 동시성(同時性)이나 초자연 현상들을 설명할 수 있다고 본다.

우주를 하나의 홀로그램 시스템으로 관통하여 바라보면 다른 시각, 다른 현실에 도달한다는 것이다. 그리고 그 다른 현실은 지금까지 과학적으로 설명할 수 없었던 것들, 예컨대 동시성, 즉 명백하게 의미 있는 우연의 일치, 그리고 초자연 현상들을 설명할 수 있다.

It's that if you penetrate through and look at the universe with a holographic system, you arrive at a different view, a different reality. And that other reality can explain things that have hitherto remained inexplicable scientifically: paranormal phenomena, synchronicities, the apparently meaningful coincidence of events.[32]

융의 영적 지향(spiritual orientation)은 종교와 영성에 대해 합리적이고 과학적인 설명의 필요에 집착했던 프로이드와는 달리, 비교종교(comparative religion)와 신화를 집단무의식에 관한 독특한 정보원으로 간주했으며, 진정한 영성을 인간 정신의 필수적인 부분으로 보았다. 그는 정신 분석의 합리적 틀을 초월하여 심리적 패턴이 인과적(因果的)일 뿐 아니라 비인과적(非因果的)으로도 연결된다고 보았다. 특히 그는 내부 정신세계의 상징적 이미지와 외부 현실 속의 사건 사이의 비인과적 연결을 위해 '동시성(synchronicity)'이라는 용어를 도입했으며, 이 동시성 연결을 '비인과적 질서성(acausal orderedness)'의 특수한 예로 보았다.[33] 이러한 융의 견해는 현대 물리학에서 인과적 또는 국소적(local) 연결과 비인과적 또는 비국소적(nonlocal) 연결을 구분하는 것과 그 의미가 상통한다.

'동시성이란 그것을 볼 눈이 있는 사람에게는 늘 존재하는 현실'이라고 융은 말한다. 융은 인간 마음속의 집단무의식이 우주에 충만해 있는 집단무의식과 동일하다고 본 까닭에 합리적 설명 내지 인과적 연결이 불가능한 꿈과 현실의 모호한 경계, 과거와 미래의 뒤섞임에 대하여 비인과적인 동시성의 원리(principle of synchronicity)로 설명할 수 있다고 보았다. 비인과적 동시성이란 인과적으로 서로 결부되어 있지 않은 정신적 및 물질적 사건이 '의미 있는 일치(meaningful coincidence)' 즉 비인과적 연결(acausal connection)을 보이는 경우를 말한다. 동시성은 집단무의식과 그것의 구조를 구성하는 원형(archetype)에 대한 결정적 증거를 제공하는 원리이다.

동시성 현상의 세 가지 유형[34]은 다음과 같다. ①관찰자의 심리적(의식) 상태와 (인과적 연결이 없는) 과거의 사건이 동시적으로 일치를 보이는 경우(예: 꿈속에서 본 풍뎅이가 실제 나타난 경우), ②관찰자의 심리적 상태와 관찰자의 지각영역 밖(거리가 멀리 떨어져서 일어나고 사후에야 입증이 가능한)의 외부의 사건이 동시적으로 일치를 보이는 경우(예: 환상으로 본 화재 사건이 같은 시각에 실제 일어난 경우), ③관찰자의 심리적 상태와 미래의 사건(사후에만 입증이 가능한)이 일치를 보이는 경우(예: 동일한 징후가 미래에도 나타나거나(새떼), 꿈속의 사건이 미래에 실제 일어난 경우)가 있다.

첫 번째 유형으로 융은 환자가 꿈속에서 본 황금풍뎅이(golden scarab)가 실제로 나타난 경우를 사례로 들고 있다. 융이 치료 중이던 한 여성 환자는 전날 꿈속에서 값비싼 보석으로 만든 황금풍뎅이 하나를 받은 꿈 이야기를 융에게 하고 있었는데, 바로 그때 융은 무언가 창문에 부딪히는 소리를 들었다. 융이 창문을 열고 공중에서 비행하고 있는 그 곤충을 잡아 "여기 당신의 풍뎅이가 있군요"라고 하며 그 환자에게 건네줬다. 그것은 꿈속에서 본 풍뎅이와 거의 닮은 것이었다. 그 여성 환자는 너무나 놀란 나머지 이전의 지나치게 합리적인 태도를 누그러뜨렸고 치료는 곧 만족스런 결과로 진행될 수 있었다.[35] 이는 환자와 치료자 사이에서 발생하는 일종의 공명(resonance)으로, 상호 영향력을 주고받는 양자의 관계를 융은 '연금술적 공생(alchemical symbiosis)'에 비유했다.

두 번째 유형으로 융은 18세기 스웨덴 과학계의 거목이자 철학자이며 영능력자인 스베덴보리(스웨덴보그)가 입증한 스톡홀름의 화재를 사례로 들고 있다. 1756년 만찬 석상에서 스베덴보리는 50마일이나 떨어진 스톡홀름에서 화재가 일어난 것을 보고 있었다. 그 재난을 마치 눈으로 보는 것처럼 세부적인 사항을 들어가며 화재 장면을 묘사하였는데, 이러한 그의 묘사는 그 직후에 도착한 실제 상황과 일치했다고 한다. 그 사건은 많은 사람들이 지켜보는 가운데 입증된 것이어서 매우 신뢰할 수 있는 경우이다. 그 사건으로 인해 스베덴보리는 당시 전 유럽에서 예언자의 명성을 얻게 되었다.[36]

세 번째 유형으로 융은 그가 치료 중인 환자의 아내가 말한 새떼를 사례로 들고 있다. 그가 치료 중인 환자의 아내는 언젠가 융과의 대화 도중에 그녀의 어머니와 할머니의 임종시에 한 무리의 새떼가 임종하는 침상의 창밖으로 모여들었다고 말했다. 그 환자의 치료가 거의 막바지에 접어들 무렵 심장병 같은 증세가 나타나 그를 전문의에게 보냈는데 의사는 그를 진찰한 뒤 불안해할 만한 어떤 원인도 찾을 수 없다는 소견을 적었다. 진찰을 받고 돌아오는 길에 그 환자는 길거리에 쓰러졌고 집으로 옮겼을 때는 이미 죽어 있었다. 그 환자의 아내는 이미 극심한 불안 상태에 있었는데, 남편이 진찰을 받으러 떠난 잠시 뒤에 커다란 새떼가 그가 사는 집 위에 내려앉았기 때문이다. 그녀는 어머니와 할머니의 임종시에 일어난 비슷한 일을 회상했고 불길한 징조로 받아들였던 것이다.[37]

융은 치료과정 중에 위의 사례와 같은 의미 있는 우연의 일치를 수없이 마주치면서 그러한 일치가 거의 항상 감정적인 격렬함과 변화—즉 신념의 변화, 새로운 깨달음이나 통찰, 죽음, 탄생, 직업의 변화 등—를 동반한다는 것을 알아차렸다. 그것은 우연한 사건이 아니라 그것을 체험하는 개인의 심리적 과정과 관련된다고 확신하게 된 것이다. 그는 우리 정신의 내밀한 곳에서 일어나는 일이 어떻게 물리 세계 속의 한 사건 또는 일련의 사건들을 야기할 수 있는지를 설명하기 위해서는 지금까지 과학계에 알려지지 않았던 비인과적 연관성이라는 새로운 원리가 도입되어야 한다는 관점을

제기했다.[38]

오스트리아의 이론물리학자이자 양자역학의 개척자 중 한 사람인 볼프강 파울리는 당시 대부분의 물리학자들과는 달리 융의 비인과적 연관성이라는 관점을 진지하게 받아들였으며, 『정신의 본질과 해석 *The Interpretation and Nature of the Psyche*』(1952)이라는 공저를 융과 함께 내기도 했다. 파울리는 융과 마찬가지로 연금술이나 동양의 영적 지혜의 전통, 그리고 초감각적 지각(extrasensory perception, ESP, 투시, 텔레파시, 예지) 등에 관심이 많았다. 융은 파울리와 함께 원형(archetype)과 동시성의 개념이 '*unus mundus*('one world'를 뜻하는 라틴어로, 만물이 비롯되고 또 돌아가는 근원적 실재)'와 관련이 있을 가능성을 탐구했다. 즉 원형은 '*unus mundus*'의 표현이며, 동시성 혹은 '의미 있는 일치'는 관찰자와 연결된 현상 모두 궁극적으로 같은 근원인 '*unus mundus*'에서 비롯된다는 사실에 의해 가능해질 수 있다는 것이다.[39] 이들 두 사람과 맥을 같이 하는 영국의 물리학자 폴 데이비스(Paul Davies)는 비국소적 양자효과야말로 동시성의 한 형태라며, 비국소성과 동시성의 상관관계를 역설했다.

> 이 비국소적 양자효과야말로 그 어떤 형태의 인과적 연결도 있을 수 없는 사건들 사이에 상호연결성을 맺어준다는 점에서 실로 동시성의 한 형태이다.
>
> These nonlocal quantum effects are indeed a form of synchronicity in the sense that they establish…a correlation between events for which any form of causal linkage is forbidden.[40]

비국소성은 개인과 전체 인류 간의 연결성을 함축한 집단무의식과도 상통하는 개념이다. 따라서 비국소성과 동시성, 그리고 집단무의식은 상호 연결된 개념이다. 캐나다 퀸스 대학의 물리학자 데이비드 피트(F. David Peat)는 그의 저서 『동시성: 물질과 마음을 잇는 다리 Synchronicity: The Bridge Between Matter and Mind』(1987)에서 융의 동시성은 실재할 뿐만 아니라 숨겨진 질서를 입증한다고 보았다. 또한 그는 홀로그램 모델로써 동시성을 설명할 수 있다며, 동시성은 우리 내면의 심리적 과정과 외부의 물리 세계가 분리되어 있지 않다는 것을 계시해 준다고 했다.

> 따라서 동시성은 실재라는 직물에 생긴 '구멍'이며, 자연의 배후에 있는 광대하고 전일적인 질서를 잠시나마 엿볼 수 있게 하는 순간적인 틈새이다.
> ⋯synchronicities are therefore 'flaws' in the fabric of reality, momentary fissures that allow us a brief glimpse of the immense and unitary order underlying all of nature.[41]

융은 '고전 물리학의 3중주(三重奏)인 공간, 시간, 인과관계가 동시성 요인에 의해 보완되어 전체 판단을 가능하게 하는 4중주(四重奏, quaternio)가 될 것'[42]이라고 했다. 한편 융은 초심리학(parapsychology)이 초상현상(超常現象, paranormal phenomenon) 또는 초자연적 현상(occult phenomena)을 연구하는 데 있어 과학적으로 신뢰할 만한 기초를 제공했다고 평가한다. 초심리학은 초감각적 지각(ESP)이나 염력(psychokinesis, PK, 심리 작용에 의해 직접적으로 물리적 효과를 야기함) 등 초심리적 현상을 과학적으로 연구하는 분야이다. 산 자와 죽은 자의 영혼이 소통하는 영매(靈媒)현상(또는 심령현상, psychical phenomena)을 다루기도 한다. 초심리학의 선구자는 미국의 초심리학자 조지프 라인(Joseph Banks Rhine)으로 그가 제기한 초심리 현상은 ESP와 PK이다.

1930년대 들어 라인이 이끄는 듀크 대학 초심리학 연구팀이 ESP의 통계학적 타당성을 발견함으로써 과학 연구에 합법적인 영역을 마련했다. 라인의 보고에 따르면 심리 작용과 물리적 효과 사이에는 일정한 확률적 인과관계가 발견된다고 한다. 다만 융은 라인의 실험에서 일어난 피험자의 대답이 물리적인 카드를 관찰한 결과가 아니라, 무의식의 구조를 드러내는 상상력과 같은 우연한 생각의 산물이라고 생각했다.[43] 초심리학이 과학이냐 의사 (擬似) 과학이냐를 놓고 논쟁이 일기도 했지만, 33명의 노벨상 수상자를 배출한 영국 케임브리지 대학 트리니티 칼리지에서 이미 1882년에 심령연구학회가 발족되었고 또 오늘날에는 양자물리학과의 관계성에 대한 연구가 진지하게 이루어지고 있다는 점에서 그 확장성을 지켜볼 만하다.

융에 의하면 건강한 사람은 이성과 논리의 세계에 집착하지 않으며, 미지와 신비, 무의식의 세계에 대해 수용적인 특성을 지닌다. 또한 집단무의식에 개방적이기 때문에 인간의 관계적 본질을 한층 더 깊이 인식하고 통찰할 수 있으며, 한마음(一心)의 속성을 알기 때문에 타인을 이해하고 진정한 삶의 가치를 느낄 수 있다는 것이다. 사실 조금만 집중해서 관찰하면 우리 모두는 동시성 현상을 체험하며 살고 있다. 동시성 현상은 우리로 하여금 그 원천인 집단무의식과 원형(archetype)의 세계에 진입할 수 있는 통로를 제공해 준다. 동시성은 무의식이 우리에게 보내는 암시이며 메시지이다.

융의 동시성 이론을 물리학적으로 해명한 미국의 물리학자 빅터 만스필드(Victor Mansfield)에 따르면 동시성 현상은 개인적인 차원의 의미를 지니긴 하지만 그 경험은 원형적인 차원이며 보편적인 차원이라고 말한다. 그는 융과 마찬가지로 동시성은 숨겨진 질서와 관련이 있다고 본다. 그는 EPR 사고 실험과 양자 파동(quantum wave), 그리고 데이비드 봄의 숨겨진 질서(implicate order)와 동시성 현상과의 관련성을 심도 있게 연구했다. 또한 그는 초심리학적인 현상을 자연법칙의 비인과적 표현으로 간주함으로써 자연법칙의 일부로 편입시켰다.[44] 제2장 1절에서도 살펴본 바와 같이 EPR 사고실험과 그 이후 알랭 아스페가 이끄는 연구팀의 양자 얽힘(quantum entanglement)에 대한 실험적인 연구를 통해 양자 비국소성(quantum nonlocality)은 에너지 신호를 통해 전해지는 일반적인 국소적 커뮤니케이션과는 달리, 어떠한 신호들도 필요로 하지 않는 신호 없는 커뮤니케이션이라는 것이 밝혀졌다. 이 비국소적 양자효과가 바로 비인과적 동시성의 한 형태이다.

동시성은 비인과적인 사건의 의미 있는 일치를 나타낸다. 당시의 주요 물리학자들과 친교를 맺고 있었던 융은 현대 물리학의 모델 및 시스템 이론과 심리학 모델의 유사성을 잘 알고 있었다. 그의 동시성 원리는 양자역학으로 대표되는 포스트 물질주의 과학의 실재관에 맞닿아 있다. 융이 밝힌 바와 같이 동시성 원리는 철학적 관점도 아니고 물질주의나 형이상학도 아니다. 그것은 'unus mundus'를 인식하는 원리를 제공하는 경험적 개념(empirical concept)이다.[45] 그럼에도 근원적 실재에 대한 인식을 바탕으로 존재계와의 관계성을 함축하고 있다는 점에서 그 파급효과는 경험과학으로서의 심리학에 국한되지 않고 인식론과 존재론을 포괄하는 철학과 형이상학 전반에 미치고 있으며, 특히 의식 상태와 물질적 사건의 상호연결성을 강조하고 있다는 점에서 양자물리학의 비국소적 양자효과를 해명하고 있다. 관찰자의 심리적 상태와 객관적인 외부 사건의 '의미 있는 일치'를 해명한 융의 동시성 원리는 우리가 간과할 수 있었던 무의식이 보내는 암시와 메시지에 주의를 기울이게 하고 전일성(oneness)의 세계인 'unus mundus'에 대해 사유하게 함으로써 인류 의식의 공진화(co-evolution)에 공헌했다.

그렇다면 왜 무의식은 동시성 현상을 통해 우리에게 끊임없이 암시와 메시지를 보내는 것일까? 그것은 궁극적으로는 우주의 진행 방향이 영적 진화

(spiritual evolution 또는 의식의 진화)이며, 우리 모두는 그러한 지향성을 갖는 우주의 불가분의 한 부분이기 때문이다. 모든 상황은 영적 진화를 위한 최적 조건의 창출과 관계된다. 흔들리는 깃발을 통해서 바람의 존재를 인식하듯이 우리는 동시성 현상을 통해서 'unus mundus(근원적 실재)'를 인식한다. 공이 굴러가면 2차원 평면에서는 공 전체가 보이지 않고 지면에 닿는 공의 단면만 보이듯, 우리가 살고 있는 3차원에서의 삶이란 것도 전체가 보이지 않고 현상계라는 단면만 보인다. 그 단면에만 집착하여 일희일비(一喜一悲)하다 가는 것이 물질계에서의 삶이다. 그러나 수원(水源)과 단절된 꽃꽂이 식물이 생명력이 없듯이, 생명의 뿌리인 'unus mundus'와 단절되면 생명력을 잃게 된다. 그래서 무의식은 동시성 현상을 통해 잠시나마 'unus mundus'를 엿볼 수 있게 함으로써 생명의 전일적인 흐름(holomovement)에 대한 자각을 일깨우는 것이다.

선과 악, 쾌락과 고통, 삶과 죽음이라는 이원론적 상황에 대한 정신의 종속으로 인해 스스로를 현상의 세계에 가둬버린 존재에게, 무의식은 숨겨진 광대한 질서의 한 자락을 틈새로 드러내며 존재의 깊숙한 곳에서 꿈틀거리는 근본지(根本智)를 향한 열망을 불타오르게 한다. 동시성의 원리는 만물이 비롯되고 또 돌아가야 할 근원적 실재인 'unus mundus'를 드러내는 원리이다. 천변만화(千變萬化)가 'unus mundus'의 놀이이며 만물만상이 'unus mundus'의 모습임을, 무의식은 물질적 사건을 방편 삼아 무언의 암시와 메시지를 보낸다. 그것은 유위법(有爲法)에 길들여진 존재에게 무의식이 전하는 강렬한 무위법(無爲法)이다. 상대적인 분별지(分別智)를 뛰어넘어 절대적인 '근본지'로 향하게 하는 추동력을 발휘함으로써 '여기가 거기이고 그때가 지금(Here is there and then is now)'이니 '지금 여기(now here)' 이외의 그 어떤 시간과 공간이 따로 있는 것이 아님을, 정녕 죽음마저도 삼켜 버릴 수 있음을 '무위법'으로 보여주는 것이다.

우리의 내적 상태나 생각 또는 느낌이 외부 세계의 사건에 의해 발현되거나 확인될 때 우리는 동시성 현상을 체험한다. 동시성 현상이 보여주는 강렬한 체험을 필자도 수없이 했지만, 그중에서도 열흘 동안 집중적으로 한 체험은 본 주제와 관련하여 의미 있는 참고가 될 수도 있겠다는 생각이 들어 좀 길기는 하지만 소개하기로 한다.[46] 아주 오래전의 일이다. 필자는 홍콩을 거쳐 '양쯔강 북으로 북으로' 열흘 동안 탐사를 벌인 일이 있었다. 그 탐사는 필자의 생애에서 아주 특별한 것이었던 반면, 지극히 불확실한 것이었다. 중국 최고의 대도인(大道人)이요 지상선(地上仙)인 왕진인(王眞人)을 찾아서 홍콩을 경유하여 중국으로 들어가긴 했으나 진인께서 계시는 단하산이 양쯔강 북쪽에 있다는 사실밖에는 정확하게 아는 것이 없었기 때문이다. 다만 여기서 왕진인과 관련된 일부 지명에 대해서는 필자의 소개 의도 밖이라고 생각되어 실명(實名) 표기를 하지 않았음을 양지해 주기 바란다.

필자가 탐사하고자 했던 그곳은 필자의 스승인 여해 스승께서 1980년대 당시로부터 60여 년 전에 한 번 다녀오신 곳이었다. 당시 스승께서는 자신이 보았던 전생을 확인하러 산동성(山東省)에 들렀다가 그 일대 도관(道觀, 도교의 사찰)을 편력하던 차에 도인 순례에 나서게 되는데 그 마지막이 바로 왕진인이었다. 왕진인은 원(元)나라 초기 사람으로서, 당시 민간에서는 그의 나이를 700세가 넘은 것으로 추정했으며, 그 일대는 물론 중국 전역에 널리 알려진 대도인이었고, 그에 대한 존숭은 차라리 종교라고 할 만큼 가히 절대적이었다. 특히 선도(仙道)를 닦는 사람들에게 그의 존재는 단순한 희구의 대상을 넘어 영원의 빛 그 자체였다. 그토록 많은 사람들이 그를 만나보기를 간구했지만 뜻을 이룬 사람은 거의 없었다. 또한 그는 여해 스승의 스승이신 일송진인(一松眞人)과는 각별한 사이라고 했다.

마침 여해 스승께서 단하산에 당도한 그날은 왕진인에게 대공양을 올리는 날이라서 운집한 군중이 인산인해를 이루고 있었다. 그러한 행사는 1년에 두 차례 있었는데, 왕진인의 생신이 4월인지라 봄에 한 차례 있었고 가을에 또 한 차례가 있다고 했다. 이윽고 왕진인을 시봉하는 동자가 커다란 장대에 깃발을 펄럭이며 산에서 내려오고 있었다. 그 깃발에는 뜻밖에도 "歡迎遠方來的高麗客人(환영원방래적고려객인)", 즉 멀리 고려에서 온 손님을 환영한다고 적혀 있었다. 그 동자가 고려에서 온 손님을 찾기 시작했으나 아무도 나타나지 않았다. 바로 그때 여해 스승과 동행한 사람이 여해 스승이 고려인이라는 사실을 떠올리고는 '여기 고려에서 오신 분이 한 분 있다'고 했다. 그러자 도사는 여해 스승이 틀림없는 고려인인지 직접 그 사실을 확인하고자 했다. 이에 여해 스승은 맞긴 하지만 자신은 왕진인을 알지 못하니 다른 사람일 것이라고 했다. 고려인임을 확인한 도사가 탄성을 지르자 동자가 다가와 여해 스승의 속성(俗姓)을 확인하고는 예를 갖추어 큰절을 올렸다.

　　그리고는 '진인께서 기다리고 계신다'며 여해 스승더러 어서 연에 오르라고 했다. 그러나 여해 스승은 연을 타지 않고 걸어서 가겠다고 했다. 백두산이며 만주 일대를 거쳐 그곳에 이르기까지 거의 두 다리만으로 섭렵했으니 걷는 편이 훨씬 빠를 것이었다. 그렇게 나는 듯이 걸어서 단하산 정상까지 오른 여해 스승은 기다리고 있던 왕진인을 만나게 되었다. 왕진인의 거소인 조그만 암자에서 여해 스승은 열흘 남짓 머물렀다. 그동안 왕진인은 아무것도 먹지 않았고, 여해 스승은 왕진인이 주는 붉은 단(丹)만 매일 한 알씩 먹었는데 그것만으로도 전혀 시장기를 느끼지 않았다. 그곳에서는 거의 말을 하지 않았고, 대신 간단한 수화(手話) 또는 정신적 감응으로 의사소통을 했다. 왕진인은 머지않아 도래하게 될 황백전환기(黃白轉換期)에 대해서 말하면서, 그것은 주로 우리 백두산족을 중심으로 전개될 것임을 예고했다. 왕진인의 유현(幽玄)한 모습은 천지간에 노니는 듯 걸림이 없었고 전신으로부터 방광(放光)이 있었다. 그곳에 머무는 동안 진인께서 보여준 신비로운 이적(異蹟)들은, 이미 상당한 경지에 달해 있었던 여해 스승에게조차도 언설지극(言說之極)이요 사변(思辨)의 길이 끊기는 경계라고 하지 않을 수 없었다.

'양쯔강 북으로 북으로.'

자나 깨나 이 말이 화두처럼 필자의 머리에 박혀 있었다. 대형 중국 지도를 구하여 양쯔강 북쪽을 샅샅이 뒤져도 왕진인이 계신다는 그 산은 나타나지 않았다. 이런저런 지도를 수없이 구해다 보았으나 모두 허사였다. 중국에 들어가서 찾는 수밖에 없다는 생각이 들었다. 다만 중국과는 수교가 안 된 상태였기 때문에, 중국에 들어가더라도 수소문하고 다닐 수 있을지는 의문이었다. 더구나 여해 스승께서 그곳에 다녀오신 것은 중국이 공산화되기 훨씬 이전의 일이고, 1949년 공산화된 이후로 종교 자체가 철폐된 마당에 도관인들 무사할 수 있을까 하는 생각이 들었다. 또한 천신(天神)이 강림한 정도의 위격과 그에 대한 종교적인 존숭이 과연 유물론 사회에서도 허용될 수 있었을까 하는 의구심도 일었다. 그럼에도 불구하고 반드시 왕진인을 만날 수 있으리라는 확신이 들었다. 우선 홍콩에 있는 대도관인 '황대선(黃大仙)'에 가서 단하산의 정확한 소재지와 왕진인에 대해서 알아보기로 했다. 필자의 홍콩행은 그렇게 해서 시작되었다.

홍콩에 도착하여 중국 여행업무 일체를 관장하는 곳으로 가서 비자 신청을 했다. 급행으로 해도 모레가 되어야 비자를 찾을 수 있다고 했다. 열흘 예정으로 서울을 떠났기 때문에 홍콩 체류 기간을 제외하면 중국에 체류할 수 있는 기간은 일주일 정도가 되었다. 일단 비자 일정에 맞춰 중국행 왕복 항공권을 구입했다. 황대선이라는 도관의 위치도 파악했으나 그날은 시간이 너무 늦어 다음 날 가기로 했다. 사실 처음에는 여해 스승께서 가셨던 길을 따라 양쯔강에서 배를 타고 갈까 하는 생각도 했다. 그러나 방학 중이기는 했지만 다른 일들도 있었기 때문에 열흘 이상 시간을 낼 수 없어 그만두었다. '양쯔강 북으로 북으로'를 암호문처럼 떠올리며 필자는 '적벽회고(赤壁懷古)'를 읊었다. 오(吳) 태조 손권(孫權)이 노숙과 주유를 기용하여 조조의 대군을 격퇴했다는 적벽대전(赤壁大戰). 역사의 강물 위로 하루살이 같은 육신을 띄운 인간의 속절없음이 새삼 느껴졌다.

　다음날 필자는 일찍이 황대선으로 향했다. 꽤 시간이 걸려 황대선에 도착했다. 이름에 걸맞게 거대한 도관이었다. 평일인데도 도관에는 소원성취를 비는 수많은 사람들이 운집해 있었다. 도관 중앙에 설치된 대형 향로에는 한 다발씩이나 되는 누런 향들이 쉴새 없이 타오르고 있었다. 온통 연기로 자욱한 도관은 향이 내뿜는 열기와 사람들이 내뿜는 열기가 어우러져 마치 번뇌를 태우는 거대한 용광로처럼 느껴졌다. 필자는 도관 선생을 찾기 위해서 안쪽 건물로 들어갔다. 마침 건물 앞에는 도복을 입은 사람들이 모여 있길래 도관 선생을 찾는다고 했더니 용건을 이야기하라고 했다. 필자는 우선 단하산이 어디에 있는지부터 물어보았다. 그러자 그들은 한결같이 고개를 갸우뚱하며 들어본 적이 없다고 했다. 혹시 건물 안에는 아는 사람이 없겠느냐고 필자가 묻자, 한 사람이 안으로 들어가 몇 사람을 몰고 나왔다. 그러나 그들 중에도 아는 사람은 없었다. 그러면 왕진인에 대해서 들어본 적이 있느냐고 물었으나 역시 아는 사람은 없었다. 그런 대도관에서도 모른다는 사실 자체가 중국행의 난항을 예고하는 듯하여 기운이 빠졌다. 그러자 그때 다시 여해 스승의 음성이 들려오는 듯했다. '양쯔강 북으로 북으로.' 그러나 그것이 그렇게 단순명쾌한 암호문인 줄을 그때는 알지 못했다.

　다음 날 필자는 비자를 찾으러 갔다. 비자를 받아가지고 나오다가 혹시나

하는 생각이 들어서 나는 데스크에 앉아 있는 사람에게 단하산이 어디에 있는지 가볍게 물었다. 뜻밖에도 그는 '복건성(福建省)'이라고 거침없이 대답했다. 복건성이라면 양쯔강 남쪽인데, 그럴 리가 없다는 생각이 들었다. 필자가 한사코 아니라고 하자 그는 지도를 가지고 와서 필자에게 펴 보였다. 분명 복건성에 단하산이 있었다. 이 무슨 조화란 말인가! 깨알 같은 글씨까지 다 짚어가며 지도를 뒤져도 없던 단하산이 어떻게 여기에…. 하기야 필자는 '양쯔강 북으로 북으로'라는 여해 스승의 말씀이 하도 뇌리에 박혀서 양쯔강 남쪽은 유념하지 않았던 것이다. 더구나 그곳은 양쯔강에서도 아주 남쪽이 아닌가. 여해 스승께서 잘못 기억했을 리도 없다는 생각이 들었다. 혹시 지명을 잘못 기억할 수 있을지 몰라도, 양쯔강 남쪽과 북쪽을 틀리게 기억할 수는 없는 것이었다. 지도를 보고도 전혀 믿는 기색을 보이지 않자 그는 자기가 옳다는 것을 확인시키고 싶었던지 중국에 직접 전화를 걸어 알아보겠다고 했다.

전화를 걸기 위해 안으로 들어간 지 얼마 후, 그는 밝은 표정으로 나오면서 큰소리로 단하산은 틀림없이 복건성에 있으며 다른 곳에는 없다고 했다. 그리고는 덧붙이기를, 단하산에는 도관이 많아 도교의 순례지처럼 되어 있다는 것이었다. 순간 필자는 스스로의 확신이 무너져내림을 느꼈다. 왕진인이 계시는 곳이라면 도교의 순례지가 될 만도 하다고 생각되었기 때문이다. 더구나 중국 현지에서도 양쯔강 북쪽에는 그런 산이 없다고 하지 않는가! 중국에서도 없다고 하는 산을 필자가 간다고 찾을 수 있을지, 그것도 일주일 안에…. 왜 진작 이 사람에게 물어보지 않았을까 하는 자책감마저 들었다. 이미 구입한 항공권을 바꿔야 할 것인가 하는 현실적인 문제도 있었다. 그렇다고 필자의 믿음이 아주 흔들린 것은 아니었다. 왜냐하면 왕진인이 계시는 곳은 어차피 물어서 찾을 수 있는 곳이 아님을 처음부터 어렴풋하게나마 감지하고 있었기 때문이다. 정신적 감응이 없이는 이루어질 수 없는 일이라고 생각되었다.

이제 다음날 아침이면 홍콩을 떠나기로 한 날이라서 필자는 스스로의 생각을 정리하기 위해서 참고로 복건성으로 가는 항공노선은 어떻게 되는지 여행업무를 담당하는 여직원에게 물어보았다. 조금 기다리라고 하더니 그 직원은 일주일 이내 항공권은 매진되었다고 했다. 참으로 하늘의 뜻이라고 생각되었다. 필자의 결단은 고사하고라도, 선택의 여지가 없게 된 것이다. 그 사무실 직원들은 필자가 표를 잘못 구입한 줄 알고 안됐다는 표정들이었다. 더구나 일주일 이내 표가 매진이니 표를 바꿀 수도 없는 필자의 처지를 동정하는 듯했다. 그 여직원은 필자에게 이렇게 말했다. "어쩔 수가 없게 되었으니 그냥 그 표로 관광이나 다녀오세요." 운명의 주사위가 던져졌으니 오히려 기분은 홀가분했다. 막 돌아서 나오려는데 그 여직원은 이렇게 덧붙였다. "그곳에 가면 백운산(白雲山)에 한번 들르세요. 이름난 관광지거든요."

공항에 도착하니 이제 당장 어디로 가야 할지 알 수가 없었다. 홍콩을 떠날 때만 해도 중국에 오면 뭔가 새로운 길이 열릴 것이라고 생각했는데, 막상 도착하고 보니 막막했다. 함께 탑승했던 사람들이 몰려나가는 것을 보고 필자도 뒤따라갔다. 그들은 시내에 있는 빈관으로 간다고 했다. 필자도 일단은 공항을 벗어나야 한다는 생각에 동승했다. 얼마 후 빈관에 도착하자 그들은 모두 차에서 내려 빈관으로 들어갔다. 필자도 따라 내리기는 했으나 어떻게 해야 좋을지 판단이 서지 않아 그저 길가에서 서성이고 있었다. 바로 그때 웬 사람이 다가와 필자에게 지도를 사라고 했다. 보니 백운산 지도가 아닌가! 그 지도를 보는 순간 필자는 홍콩에서 그 여직원이 '그곳에 가면 백운산에 한번 들르세요. 이름난 관광지거든요'라고 하던 말이 생각났다.

관광을 하기 위해서라기보다 딱히 어디로 가야 할지 알 수도 없었고, 혹시 그곳에 도관이 있으면 물어볼 수도 있으리라는 생각도 들어서 필자는 백운산으로 가기로 마음먹었다. 아무래도 마을에 있는 사람들보다는 산에 있는 사람들이 더 잘 알지도 모른다는 생각에서였다.

필자는 지도를 사면서 백운산이 어디에 있는지를 물었다. 그러자 그 사람은 옆에 있는 인력거를 가리켰다. 그래서 필자는 백운산이 아주 가까이 있다고 생각하고 그 인력거를 탔다. 얼마 후 그 인력거는 멈추더니 내리라고 했다. 내린 곳은 뜻밖에도 산 부근이 아니라 많은 사람들로 붐비는 시외버스 터미널이었다. 상점으로 가서 점원에게 그 근처에 백운산이 있느냐고 물었다. 그러자 그 점원은 시외버스를 타고 세 시간 가량 가야 된다고 했다. 가까운 곳에 있으면 모르되 그렇게 많은 시간을 들이면서까지 그곳에 가야 하는지 망설여지기도 했으나, 이미 시외버스 터미널까지 온 이상 달리 방법이 없다는 생각이 들었다. 그리하여 필자는 백운산행 표를 사서 조금 기다린 후에 버스에 올랐다. 이윽고 버스가 종점에 도착하자 사람들이 버스에서 모두 내렸다. 그러나 주위에는 산의 그림자조차 보이지 않았다. 어떻게 된 일인가하고 버스 기사에게 물어보니 백운산에 가려면 그곳에서 다시 차를 타야 하는데 이미 시간이 너무 늦어서 가는 차가 없을 테니 내일 아침에 떠나야 할 것이라고 했다. 하는 수 없이 버스 종점에서 나와서 빈관을 찾아 발걸음을 옮겼다.

버스 종점 주변에는 빈관이 보이지 않아서 계속 걸었다. 바로 앞에 학생인 듯이 보이는 두 사람이 걸어가고 있어서 빈관이 어디 있는지 물었다. 그러자 그들은 자기들도 빈관이 있는 방향으로 가고 있으니 따라오라고 했다. 30분쯤 걸었을까. 그들은 빈관을 가리키며 바로 저기라고 했다. 전통적인 멋을 풍기는 꽤 운치가 있는 빈관이었다. 그들은 카운터로 가서 몇 마디 하더니 내게 식당이 있는 곳을 알려주고는 가 버렸다. 아침이 되어 필자는 백운산행 버스 주차장으로 갔다. 거기에는 미니버스 여러 대가 대기하고 있었는데, 그중 한 대는 승객들이 이미 다 탄 상태여서 출발하기 직전이었다. 차 안에는 장사치들의 것으로 보이는 짐짝들이 꽉 차 있어 발 디딜 틈도 없었다. 그러나 한시라도 빨리 가고 싶은 생각에 그 버스를 탔다. 30분쯤 걸려서 차는 백운산 입구에 도착했다.

차에서 내려서 보니 백운산으로 올라가는 길 양쪽은 관광객들을 위한 상점과 식당들이 줄지어 들어서 있었다. 백운산에 관한 정보를 얻기 위해 한 식당으로 들어가 그 부근에 도관이 있는지 물어보았으나 그 부근에는 도관이 없다고 했다. 필자는 산 쪽을 향해 무작정 걷다가, 마침 어제 빈관 앞에서 샀던 지도가 떠올라서 배낭에서 꺼냈다. 백운산 지도를 자세히 들여다보니 지도 하단에 잔글씨로 백운산을 소개하는 글 속에 그 산에 백운도관이 있다고 나와 있었다. 해발 1,000미터 되는 곳이었다. 일단 필자는 백운도관을 목표로 삼아 산을 오르기 시작했다. 백운산 문방(門坊)을 지나 산림 사이로 계속 이어지는 계단을 한참 올라가니 고풍스러운 정자가 쌍으로 서 있었고 그 앞에는 계곡을 건너는 다리가 있었다. 다리를 건너고 천연각이라는 누각을 지나면서 계단은 급경사로 끝없이 이어졌다. 계단이 조금 완만해지면서 몇 개의 정자를 더 지나니 신천지가 전개되는 듯 시야가 확 트였다. 백운계(白雲溪)—흰 구름이 굽이를 치며 부서져 내리는 듯이 계곡은 연신 하얀 구름꽃으로 피어나고 있었다. 완만한 길이 한참 이어지는가 싶더니 다시 급경사가 진 계단이 나타났다. 올려다보니 너무 가파른지라 마치 하늘로 오르는 계단 같이 느껴졌다.

가쁜 숨을 몰아쉬며 마지막 계단을 오르는 순간, 멀리 정원이 끝나는 지점에 "白雲道觀(백운도관)"이라고 새겨진 커다란 현판이 시야에 들어왔다. 갖가지 꽃들로 가꾸어진 아담한 정원과 몇 개의 석상을 지나서 필자는 그 도관 문 안으로 들어섰다. 또 하나의 문을 통과하니 널따란 마당이 나타나면서 익숙한 네 글자가 눈에 확대되어 들어왔다. 마당 전면에 있는 도관건물 우측 상단에는 가로로 "上善若水(상선약수)"라고 쓰인 커다란 현관이 걸려 있었는데, 그 필치가 어찌나 힘이 있던지 물이 닿으면 금방이라도 살아 승천할 것만 같았다. 지고의 선은 물과 같은 것. 낮은 데로 낮은 데로 흐르는 물과 같이 스스로의 처신을 낮추는 겸허함이 있고, 스스로의 형상을 고집하지 않는 물과 같이 상대를 거스르지 않고 대응할 수 있는 유연성이 있으며, 약함으로 나가기 때문에 도리어 강한 힘을 내는 것이다. 가장 이상적인 생활태도는 물과 같은 것. 물은 만물에 혜택을 주면서도 결코 상대를 거스르지 않고 사람들이 싫어하는 낮은 곳으로 흘러간다.

　우선 필자는 안채로 들어가 도관 선생이 어디 있는지부터 물어보았다. 그러자 그곳의 행자승은 바로 그날 아침에 도관 선생이 공항 근처에 볼일이 있어서 갔는데 사흘 후에 돌아올 것이라고 했다. '이렇게 길이 어긋날 수가…'라고 생각되었지만 별 도리가 없었다. 원래 계획은 도관 선생이 있으면 물어보고 즉시 떠나는 것이었다. 그렇다고 지금 그가 없는데 여기까지 올라와 그냥 떠날 수도 없고 해서, 필자는 도관 선생이 돌아올 때까지 사흘을 그곳에 머물기로 했다. 마침 객방들이 있는 별채가 따로 있어 방을 하나 정해놓고는 아까 만났던 행자승을 찾았다. 그 행자승은 필자를 보자 왜 도관 선생을 찾느냐고 물었다. 혹시 도관 선생께서 단하산이 어디에 있는지 아실까 해서 그런다고 답했다. 그러자 그는 정색을 하며, "영 잘못 왔어요. 단하산은 복건성에 있어요!"라고 말하는 것이었다. 순간 필자는 정신이 아찔했다. 중국 현지에 있는 도관에 와서까지 같은 말을 들을 줄은 생각지도 못했던 것이다. 차라리 그 말은 단하산이 전설 속의 산이지 실재하지 않는 산이라는 말보다 못했다. 왜냐하면 필자는 단하산이 여전히 양쯔강 북쪽에 있다고 믿고 있었고 그러한 믿음을 포기하고 싶지 않았기 때문이다.

　그 행자승은 필자에게 어디에서 왔느냐고 물었다. 필자는 지도 몇 개를 꺼내 보이며 양쯔강 북쪽에 있는 단하산을 찾기 위해서 서울에서 홍콩을 거쳐 이곳 도관에까지 오게 되었다고 했다. 그러자 그 행자승은 약간 놀라는 기색을 보이며 자기도 조선족이라고 했다. 이어서 그는 왜 단하산을 찾느냐고 물었다. 그래서 필자는 여해 스승과 왕진인에 관한 이야기를 간략하게 하고 난 뒤 그에게 도움을 요청했다. 그는 도관을 돌며 몇 사람을 데리고 왔다. 방 한가운데에 대형 지도를 펼쳐 놓고 그 주위에 뼝 둘러앉았다. 그리고는 열띤 쟁론이 벌어졌다. 그 몇 사람들도 행자승과 한편이었다. 그들은 직접 복건성에 있는 단하산에 다녀왔다고 했다. 필자도 신념을 굽힐 수가 없어서 이렇게 말했다. "보이는 복건성의 단하산은 보이지 않는 양쯔강 북쪽에 있는 단하산의 그림자에 불과한 것입니다. 말하자면 복건성의 단하산은 가산(假山)이요, 진산(眞山)은 여기로부터 천 리 반경 안에 있습니다."

　사실은 필자도 스스로의 말에 놀라고 있었다. 물어보기 위해서 온 사람의 말이 아니라, 알려주기 위해서 온 사람의 말이었기 때문이다. 방 안의 열기가 점점 고조되면서 도관에 있는 승려들이 모여들기 시작했다. 큰 방 안이 가득 찼다. 그들 중에는 복건에 있는 단하산에 다녀왔다는 사람들도 꽤 있었다. 필자도 그에 맞서 응수했다. "진리는 항상 가까운 곳에 있습니다. 가까이에 진산을 두고 왜 멀리서 가산을 찾으십니까?" 어느새 좌중은 화두문답장으로 변하고 있었다. 원래 주제였던 단하산은 간 곳이 없고, 그 속에 있던 보편자가 모습을 드러내기 시작한 것이다. 그들은 같이 탐사라도 할 기색이었다. 그렇다! 본래 도관의 모습은 이런 것이리라. 오랫동안 사색거리에 굶주렸던 사람처럼 그들의 얼굴에선 생기가 돌지 않는가! 화두문답도 끝이 나고 필자는 방으로 돌아왔다.

 산속의 객실 치고는 방이 꽤 괜찮았다. 창가에는 의자가 딸린 책상이 하나 있었다. 침대에는 천정에서부터 늘어뜨린 고운 망사로 된 모기장이 쳐져 있었다. 방은 비교적 넓은 편이었고 벽으로 가려진 방구석의 한 쪽에는 간단한 샤워실과 화장실이 있었다. 저녁 식사를 하지 않은 채 샤워만 하고 불을 끈 후 침대 위 모기장 속에서 필자는 바로 선정(禪定)에 들어갔다. 얼마나 지났을까. 갑자기 눈앞이 환해지면서 산속의 풍경이 나타났다. 산길을 따라 필자가 매우 빠른 속도로 이동하고 있었다. 하도 빨라서 발이 땅에 닿지도 않는 것이 마치 비신법(飛身法)을 쓰는 것 같았다. 한참을 가노라니 운치 있는 누각이 하나 보이는데, 그곳에서는 신선들이 앉아 이야기를 나누고 있었다. 얼마 후 그 장면이 사라지면서 도로 캄캄해졌다. 불을 켜고 시계를 보니 거의 자정이 다되어 있었다. 불을 켜고 난 후에도 빠르게 이동하던 강렬한 느낌은 사라지지 않았다.

 아침이 되어 일어나니 날씨가 몹시 흐려 있었다. 거기에다가 안개까지 짙게 끼어 아침인지 저녁인지 분간할 수조차 없었다. 어젯밤 일이 생생하게 떠오르면서 필자는 이번 중국행이 단순한 탐사가 아님을 새삼 느꼈다. 왕진인에 대한 필자의 생각이 진리 일반에 대한 생각으로 승화되어야 할 것임을 느끼기 시작한 것이다. 마을에 내려가서 헤매고 다닌다고 해서 새로운 길이 열릴 것 같지 않았다. 이 산에서 결판을 보아야 한다는 생각이 들었다. 만약 왕진인과의 인연이 있다면 그 전에 해답을 얻을 수 있으리라고 생각하면서 돌아가기까지 남은 6일을 그곳 도관에서 보내기로 했다. 밖으로 나가니 어둑한 데다가 간간이 비까지 뿌리기 시작했다. 참배를 하기 위해서 도량을 돌았다. 날씨가 좋지 않은 탓인지 외부 참배객은 보이지 않았다. 한참을 돌아 제일 위에 있는 도량에 이르렀다. 장천사(張天師) 신위(神位) 앞에 참배를 한 후 벽 쪽에 놓여 있는 긴 나무의자에 걸터앉았다. 마침 그곳에는 행자승이 와 있었다. 앞에 있는 장천사 신위를 멍하니 바라보고 있노라니 어둑한 날씨에 안개까지 짙게 끼어 마치 꿈속처럼 느껴졌다.

바로 그때 갑자기 웬 중년이 넘은 여인이 장천사 신위 앞에 절을 하고는 내 옆에 걸터앉았다. 예기치 않은 출현이었다. 그곳은 도량에서도 제일 높은 곳에 위치해 있어 한참 계단을 올라와야 하는데 아무런 인기척을 듣지 못했던 것이다. '이른 아침에 이렇게 높은 산에 웬 여인이 혼자서….' 이런 생각을 하고 있는데 옆에 있던 행자승이 먼저 그녀에게 말을 걸었다. 그는 필자를 가리키며 이렇게 말했다. "멀리 한국에서 홍콩을 거쳐 여기까지 단하산을 찾으러 왔다고 하는데 그 단하산이 복건에 있으니…." 그러자 그녀는 뜻밖에도 이렇게 말하는 것이었다. "이곳에 단하산이 있습니다." 놀란 것은 필자만이 아니었다. 행자승은 두 눈을 둥그렇게 뜨고 그녀에게 어떻게 단하산이 이곳에 있는지 아느냐고 물었다. 그러자 그녀는 자기가 바로 그곳에서 살았다고 했다. 그곳에서 살았다면 틀림없는 사실이었다. 그 행자승도 믿지 않을 수가 없었다. 그는 조금 흥분된 어조로 내려가서 지도를 가져올 테니 그녀에게 조금 기다려달라고 말하고서는 계단 쪽으로 달려 내려갔다.

얼마 후 그는 지도를 가지고 와서 펴 보이면서 단하산이 어디에 위치하느냐고 물었다. 그 여인은 지도를 보며 대략적인 것을 이야기해 주었다. 그 여인의 말에 의하면, 우선 필자는 백운산에 오기 위해서 세 시간 가량 시외버스를 탔던 그곳으로 돌아가야 했다. 왜냐하면 화차역(火車驛, 기차역)이 그곳에서 그리 멀지 않은 곳에 있었기 때문이다. 그곳으로 돌아가서 화차를 타고 도안시(都安市)로 가서 도안시에서 다시 보현(普縣)으로 가는 버스를 타면 된다는 것이었다. 필자는 수첩을 꺼내어 그 여인에게 적어달라고 했다. 그녀는 간략하게 가는 방향을 적어주었다. 그 여인은 필자에게 수첩을 돌려주고는 일어서려고 했다. 혹시 왕진인을 아는지 필자는 다급하게 물었으나 모른다고 했다. 그래도 단하산에 대해서 아는 사람이니 뭔가 더 물어봐야겠다는 생각이 들어 그녀를 붙들려고 했으나, 목소리가 나오지 않고 몸이 움직여지지 않았다. 마치 꿈속에서 아무리 소리를 지르고 싶어도 소리가 나오지 않고, 붙잡으려고 해도 생각뿐이지 몸이 움직여지지 않는 것처럼. 필자는 생각의 벽 속에 갇힌 채 그녀를 놓치고 있었다. 그러는 사이 그녀는 어느새 사라졌다.

도관은 술렁이기 시작했다. 어제 열띤 논쟁을 벌인지 단 하루도 안 되어 필자의 말이 입증되었기 때문이다. 그들은 마치 필자가 이적(異蹟)이라도 행한 것처럼 신기해했다. 이제 도관에는 더 이상 머물 필요가 없게 되었다. 사실 필자는 그날 아침에 일어났을 때만 해도 왕진인을 찾아가는 과정 그 자체가 공부라는 생각이 들면서 '나' 밖에서는 해답을 구하기가 어려울 것이라고 판단하고, 돌아가기까지 6일간을 그곳에서 정진하기로 했었다. 그렇게 해서 해답을 얻으리라고 생각은 했지만 의외로 그 순간은 빨리 왔던 것이다. 결과적으로 보면 필자가 그 도관에 머무른 것은 도관 선생을 기다리기 위한 것이 아니라 그 여인을 만나기 위한 것이었다. 더구나 도관 선생은 일정이 변경되어 일주일 후에나 돌아온다고 했다. 만약 처음부터 일주일 후라고 했으면 필자는 그곳에 머무르지 않았을지도 모른다.

그날은 도관에 온 지 이틀째 되는 날이자 마지막 날이기도 했다. 이제 단하산의 소재지를 알았으니 내일 아침 일찍 떠나야만 했다. 종일토록 시름시름 내리던 비는 저녁이 되자 폭우로 변했다. 온 산이 떠나갈 듯한 폭우와 천둥번개, 그리고 계곡에서 쏟아지는 거센 물소리 때문에 그날 저녁은 잠을 잘 수가 없었다. 내일 새벽 여섯 시면 도관을 떠나야 하는데 과연 하산할 수 있을지도 걱정되었다. 자정이 넘어도 폭우는 멈출 줄을 몰랐다. 새벽녘이 되어서야 겨우 잠이 들었다. 어디선가 새소리가 들려오고 있었다. 뒷문을 열어 보니 간밤의 폭우는 간 곳이 없고 맑디맑은 여름 새벽의 향취가 물씬 풍겨 왔다. 정갈하게 옷을 갈아입은 산천초목은 그 싱그러운 자태가 눈부시도록 아름다웠다. 새벽 여섯 시. 필자가 배낭을 메고 도관 입구 쪽으로 걸어가는데, 필자와 화두문답을 벌였던 도관의 승려들이 행자승과 함께 전송을 나와 있었다. 그들은 필자에게 언제 또 오는지 물었다. 필자는 미소로 답했다. 그들은 손을 흔들었다. 필자도 손을 흔들었다. 한참을 가다가 돌아다보니 그때까지도 그들은 손을 흔들고 있었다. 단하산의 소재지까지 알았으니 감격에 찬 하산을 했다. 하지만 그것은 단지 시작에 불과했다는 것을 그때는 알지 못했다.

　하산하자 필자는 백운산으로 왔던 길을 그대로 되돌아갔다. 먼저 미니버스를 기다려 타고서 종점으로 갔고, 다시 시외버스 종점으로 가서 버스를 타고 세 시간 가량 걸려 백운산행 버스를 탔던 시외버스 터미널로 복귀한 것이다. 이제 그곳에서부터 다시 시작해야 했다. 우선 택시를 타고 화차역으로 갔다. 화차역에 내려 배차시간표를 찾았으나 일목요연하게 잘 나타나 있지를 않았다. 화차역은 상당히 넓어서 도안행 표를 구입하는 창구가 어딘지 몰라 왔다 갔다 하다가 비교적 줄이 짧은 곳에 가서 섰다. 바로 필자 앞에 서 있는 학생인 듯이 보이는 사람에게 도안행 표를 구입하기 위해 서 있는 줄인지 물었다. 그러자 그는 자기도 그곳에 간다고 하면서 차를 타려면 한 시간 이상 기다려야 한다고 했다. 차례가 되어 표를 구입한 뒤 그의 안내로 필자는 대기실로 가서 한 시간을 더 기다린 후 화차에 올랐다. 도안까지는 그 학생이 안내를 하니 문제가 없었고, 남은 문제는 보현까지 어떻게 가느냐는 것이었다. 그래서 그에게 물었더니 도안에 내리면 보현으로 가는 버스를 태워주겠다고 했다. 일이 너무 쉽게 풀리는 듯했다. 긴장이 풀리면서 스르르 잠이 들었다.

얼마 후 어수선한 소리에 눈을 떠니 화차는 여전히 달리고 있었고, 시계를 보니 아직 세 시간 가량을 더 가야 했다. 다시 잠이 들고 깨기를 몇 번 하는 사이, 화차는 도안역에 가까워지고 있었다. 그는 필자에게 화차가 도안역에 잠시 동안만 머물기 때문에 준비를 하고 있다가 바로 내려야 할 것이라고 했다. 잠시 후 도안역에 내리자 그 학생은 필자를 보현으로 가는 버스 정류장으로 안내했다. 그는 정류장 맞은편 건물 안으로 들어갔다가 이내 나오면서, 30분 가량 기다려야 차가 온다고 했다. 그러면서 그는 시간이 있으니 보현행 버스에 태워주고 가겠다고 했다. 학생에게는 미안한 일이었지만 초행인 필자에게는 다행스럽고 고마운 일이었다. 버스가 도착하자 그 학생은 운전기사에게로 가서 필자를 가리키며 보현역에 내려줄 것을 당부하는 듯했다. 그 학생에게 고마움을 표시하고 버스에 오르자 차는 즉시 출발했다.

얼마 가지 않아 비포장도로가 시작되었다. 차가 얼마나 흔들렸던지 앉은 채로 몸이 치솟아 머리가 버스 천정에 닿을 정도였다. 버스 차체가 몹시 낡아 있는 데다가, 상하좌우로 흔들리면서 일부 유리창이 와장창 깨어지는가 하면, 깨어진 유리창 사이로 흙먼지가 들어와서 바로 옆사람 얼굴도 알아보기 힘들 지경이었다. 필자는 일어나서 운전기사에게 아직 보현역이 멀었는지 물었다. 그는 앉아 있으라는 시늉을 했다. 얼마를 가다가 필자는 또 일어나서 물었고, 그는 또 앉아 있으라는 시늉을 했다. 두 시간이 다 되어도 비포장도로는 계속 이어졌다. 상하좌우로 흔들리면서 필자도 두꺼운 흙먼지를 뒤집어쓴 채 정신이 멍해졌다. 날은 저물고 있었다. 보현에 도착하더라도 그날은 단하산을 보기에는 너무 늦었다. 그렇다면 빈관에서 일박해야 하는데, 끝없이 농가만 계속되는 것이 빈관이 나타날 것 같지가 않았다. 더구나 그렇게 두꺼운 흙먼지를 뒤집어쓰고 신성한 단하산에 오를 수는 없었다. 필자는 옆에 앉아 있는 사람에게 보현에 도착하려면 얼마나 더 가야 하는지 물었다. 그러자 그 사람은 자기도 보현에 가니 같이 내리면 된다고 했다. 이어서 그곳에 빈관이 있느냐고 물었더니 그는 고개를 끄덕이면서 자기가 안내하겠다고 했다.

필자 옆에 앉은 그 사람은 자그마하고 깡마른 체구에 중년의 선량한 농부와 같은 인상을 주어 어딘지 모르게 믿음이 갔다. 필자는 그에게 단하산이 어디 있는지 아느냐고 물었다. 그는 안다고 고개를 끄덕였다. '드디어 단하산이 있는 곳에 오게 되다니!' 탄성이 절로 나왔다. 보현에 단하산이 있다고 해서 온 것이기는 하지만 이렇게 단하산 가까이에 왔다는 사실이 뜻밖의 일인 것처럼 경이로움으로 다가왔다. 역시 내가 찾는 단하산은 양쯔강 북쪽에 있는 것이 확실했다. 참으로 '양쯔강 북으로 북으로'는 단순명쾌한 암호문이었다. 단하산을 안다고 하면 혹시 왕진인에 대해 들어본 적이 있을지도 모른다는 생각에, 큰 기대는 하지 않고 혹시 왕진인을 아는지 가볍게 물었다. 그러자 그는 안다고 하는 것이 아닌가! 순간 필자는 귀를 의심했다. 아마도 내 중국어 발음이 정확하지 않아서 잘못 알아들었을지도 모른다는 생각이 들어 수첩을 꺼내어 볼펜으로 적어서 보여주었다. 그리고 덧붙여 성은 왕씨이지만 진인은 이름이 아님을 강조했다. 그럼에도 그는 여전히 고개를 끄덕이면서 안다고 했다.

'꿈이래도 좋았고, 환청이래도 좋았다. 아, 얼마나 듣고 싶었던가. 단 한 번만이라도 그 말, 왕진인을 안다는 그 말을!' 잠시 후 필자는 정신을 수습하여 다시 그에게 어떻게 왕진인을 아는지 물었다. 그러자 그는 담담하게 대답했다. "3년 전 단하산에 한번 갔었는데, 거기서 두 동자가 '왕진인!' 하고 부르는 소리를 들었지요." '아, 어찌 이런 일이!' 순간 필자는 전율을 느꼈다. 여해 스승께서도 왕진인에 관한 말씀을 하실 때 두 동자 이야기를 했던 것이다. 이 얼마나 단순명쾌한 답변인가! 더 이상 필자를 믿게 할 다른 말은 필요하지 않았다. 다만 '단하산에서 두 동자가 왕진인을 부르는 소리를 들은 —그것도 3년 전에 딱 한 번—사람이 하필 내가 탄 버스 옆자리에 앉는 이 기연(奇緣)은 또 무엇이란 말인가' 하는 생각이 들었다. 그 사람에게 그곳으로 데려다줄 수 있는지 물었다. 그는 대답 대신 고개를 끄덕였다.

이제는 정말 모든 것이 다 제대로 되어 간다는 생각이 들었다. 그러는 사이, 버스는 어느새 황량한 들판을 지나 꽤 큰 마을에 이르러 있었다. 조금 후 버스에서 내려 그의 안내로 빈관으로 갔다. 우선 입실 수속을 하기 위해 프런트 데스크로 가서 직원에게 여권을 내주었더니 자꾸만 고개를 갸우뚱했다. 그래서 비자 받은 것을 펴 보이며 아직 유효기간이 남아 있다고 했다. 그래도 계속 고개를 갸우뚱하자 필자를 안내해 온 사람이 일박한 후 내일 떠날 것이라고 하니 못 이기는 듯 방 열쇠를 내주었다. 방은 바로 프런트 데스크 가까이에 있는 방이었다. 배낭을 방에 내려놓고 안내해 준 그 사람에게 저녁 식사나 같이 하자고 하니 그도 응낙하여 밖으로 나갔다. 빈관에서 그리 멀지 않은 식당으로 가니, 이미 저녁 식사 시간이 지나서 식당에는 손님이 아무도 없었다. 몇 가지 음식을 시켰으나 그는 조금 드는 시늉만 할 뿐, 거의 먹지 않은 채 내가 먹는 것을 가만히 지켜보았다. 식사가 끝나자 그는 필자를 빈관으로 데려다주며 내일 아침 일곱 시에 다시 오겠다고 하고서는 돌아갔다.

다음 날 아침이 되었다. 단하산에 오르기 위해서 필자는 새 옷으로 갈아입었다. 그것은 새 하늘과 새 땅을 열기 위한 신성한 의식과도 같은 것이었다. 의심의 먹장구름을 뚫고 쏟아질 찬란한 치유의 햇살을 맞기 위한. 아침 일곱 시. 전화벨이 울렸다. 어제 안내했던 사람의 전화로 생각하고 얼른 받았다. 그러나 뜻밖에도 전화 속의 목소리는 다른 사람이었고, 이층 회의실로 빨리 오라는 것이었다. '웬 일일까? 내가 이곳에서 만나야 할 사람은 없을 텐데……' 이런 생각을 하며 이층 회의실로 올라가니 회의실 문은 열려 있었다. 문을 들어서는 순간 필자는 무언가 잘못되었다는 것을 직감했다. 인민군복 차림의 두 사람이 험악한 인상을 지은 채 필자를 노려보고 있었기 때문이다. 영문을 몰라 어리둥절해 하자, 문 쪽에 앉아 있던 젊은 사람이 서툰 영어로 들어와 앉으라고 하면서 회의실 문을 닫았다. 그의 가슴에는 '공작원'이라고 쓴 명찰이 달려 있었다. 필자가 그들과 마주 보이는 자리에 앉자 인민군복 차림의 두 사람 중 한 사람이 팔을 치켜 올려 단호한 몸짓을 해 보이며 당장 이곳을 떠나라고 큰 소리로 말했다.

'당장 이곳을 떠나라니 무슨 청천벽력이란 말인가! 더구나 단하산과 왕진인을 눈앞에 두고…' 이유야 알 수 없었지만 당장 떠나라는 그 말이 하도 충격적이어서 하마터면 숨이 멎을 뻔했다. 내가 놀라는 기색을 보이자 그 젊은 공작원은 이곳이 개방되지 않은 구역이라서 따로 여행허가증이 필요한데, 그것이 없으니 당장 떠나야 하는 것이라고 설명했다. 그리고는 덧붙여 성(省)에 가서 그것을 받아오라고 했다. 아무런 말도 머리에 들어오지 않았다. 언제 그곳까지 가서 받아올 수 있을 것이며, 또 간다고 해서 받을 수 있을지도 의문이었다. 그제서야 필자는 어제 저녁 프런트 데스크에서 석연치 않은 표정을 짓던 이유를 알게 되었다. 아마도 빈관에서 관할 경찰서에 연락을 한 모양이었다. 그들 중 다른 한 사람이 분노로 일그러진 표정을 지으며 손바닥으로 테이블을 쾅 내리쳤다. "더구나 적성국가(敵性國家)에서 온 사람이…" '적성국가'라는 말에 필자는 정신이 번쩍 들었다. 그랬다. 중국은 북한의 우방국일 뿐, 한국과는 아직 정식 수교가 되어 있지 않았다.

적성국가라는 그의 말은 냉전체제의 잔영을 보여주는 듯했고, 양국이 아직 미수교 상태임을 새삼 환기시켰다. 단하산과 왕진인에 대한 생각만으로 필자는 그 사실을 까마득하게 잊고 있었던 것이다. '어떻게 해서 여기까지 오게 되었는데…. 이 무슨 변고란 말인가!' 필자는 정신이 아찔해졌다. 잠시 후 정신을 수습하여 어떻게 해서든 단하산을 볼 수 있도록 허가를 받아내야 한다는 생각이 들었다. 필자는 우선 따로 여행허가증 없이 들어온 것에 대해서 죄송하다는 말로 입을 열었다. 하지만 그것은 결코 고의가 아니며 사전에 알지 못했다는 말도 덧붙였다. 또한 '적성국가'에서 왔다고는 하지만, 양국 간의 오랜 선린우호 관계에 비추어볼 때 금세기 들어 몇십 년간의 단교는, 더욱이 양국관계가 호전되어 가는 마당에, 그렇게 큰 것이 아니지 않느냐고 했다. 그리고 나서는 본론을 이야기했다. 여기에 온 것은 명산인 단하산을 보기 위한 것이니, 단하산을 본 연후에는 즉시 이곳을 떠나겠다고 했다.

그러나 소용없었다. 표정은 조금 누그러졌지만 그들의 입장은 여전히 강경하여 어서 떠나라고 했다. 어서 떠나라는 그 말이 가슴에 비수처럼 꽂혔다. 필자가 절망하는 빛을 보이자 공작원은 안됐다는 생각이 들었던지, 왜 꼭 단하산을 보아야 되느냐고 물었다. 하여 필자는 좀 더 자세히 설명하지 않으면 안 되었다. "60여 년 전 저의 스승께서 단하산에 와 보신 적이 있었는데, 그때 이곳 단하산에 계시던 왕진인이라는 분을 만나신 적이 있어서 내가 단하산에 들르게 되면 꼭 그분께 안부를 전하라고 하셔서…." 이어서 홍콩에 볼일이 있어서 나왔다가 시간이 좀 남아서 명산 구경도 하고 스승의 안부도 전할 겸 이곳에 오게 된 것이라고 했다. 그제서야 그 두 사람은 표정이 풀리며 크게 호의를 베푸는 듯이 말했다. "정 그렇다면 그 사람의 주소를 주면 우리 공작원이 가서 찾아올 것이오."

갈수록 태산이었다. '나도 어제 버스에서 만난 그 사람의 안내를 받아 산을 헤매야 할 판인데, 주소는 무슨 주소이며 또 공작원이 가서 오라고 한다고 오실 분이던가!' 참으로 기가 찰 노릇이었다. 그들은 필자가 왕씨라는 성과 진인이라는 이름을 가진 사람을 찾고 있는 정도로 생각하는 듯했다. 오히려 잘되었다는 생각이 들었다. 필자는 그들에게 주소를 알지는 못하지만 스승으로부터 들은 바가 있으니 필자가 직접 가면 찾을 수 있을 것이라고 말하고 허락해 줄 것을 간청했다. 그러나 그들은 고개를 흔들며 뜻을 바꾸지 않았다. 얼마 후 그들은 시계를 보더니 황망히 나가 버렸다. 시계는 아침 여덟 시를 지나고 있었다. 그들과 한 시간 동안 입씨름을 벌였지만 결론은 안 된다는 것이었다. 필자는 그 공작원을 붙들고 그들이 어디로 가는지 물었다. 아침 식사를 하러 식당으로 가는 것이라고 말했다. 필자는 그에게 다시 한번 간곡하게 부탁했다. "두 분이 그러한 입장 표명을 한 것은 직무수행상 어쩔 수 없다는 것을 이해할 수 있어요. 하지만 저는 단하산에서 볼일이 끝나면 바로 떠날 사람이니 정 못 미더우면 저와 동행할 수도 있지 않겠어요?"

그는 호의적인 반응을 보였고 우리는 함께 식당으로 갔다. 식사를 하고 있는 두 사람 곁으로 그가 다가가 뭐라고 열심히 말했다. 그들의 표정이 다소 밝아지는 듯하여 필자도 가까이 다가갔다. 공작원의 환한 얼굴을 보며 비로소 안도의 한숨이 나왔다. 그는 자기가 필자와 동행할 것이라고 하면서 정오까지는 이곳을 떠나야 한다고 했다. 그리하여 공작원과 함께 식당을 막 나오는데 어제 필자를 안내했던 사람이 기다리고 있었다. 필자는 공작원에게 이 사람이 필자가 찾는 곳을 잘 알고 있으니 동행하는 것이 어떻겠냐고 물었다. 그러자 그는 허가를 받은 사항이 아니기 때문에 안 된다고 했다. 그는 정오까지는 여기를 떠나야 함을 다시 한번 환기시키면서 서둘러야 한다고 했다. 시간이 없으니 아침 식사도 하지 않겠다고 했다. 해서 버스에서 만난 그 사람과 그곳에서 작별하는 수밖에 없었다. 비록 그가 동행할 수는 없었다고 할지라도 3년 전에 한번 왕진인을 보았다는 그의 말은 필자로 하여금 실재에 대한 확신을 가지고 단하산을 오를 수 있게 해주었다.

공작원은 잠시 사무실에 들러서 신발을 바꿔 신고 가야겠다고 했다. 관할 경찰서는 그곳에서 그리 멀지 않았다. 대기실에서 기다리고 있으니 잠시 후 그가 나왔다. 그렇게 해서 필자는 우습게도 필자를 추방해야 할 관할 경찰서 직원을 앞세우고 단하산을 오르게 되었다. 그는 인력거를 부르더니 타자고 했다. 얼마간 가다가 내리는데, 그는 한사코 자기가 지불하겠다고 했다. 말릴 수가 없어 그냥 지불하게 두었다. 그곳에서 다시 단하산행 버스를 타고 몇십 분 후에 단하산 입구에 도착했다. 단하산(丹霞山). 이 얼마나 가슴 저미게 하는 이름이던가! 입구에서 바라다보이는 단하산의 신령스러운 자태는 옅은 안개 속에서 굽이굽이 준봉마다 영기를 가득 머금은 채 태고의 정적과 신비를 내뿜고 있었다. 산 정상 가까이에는 기암괴석들이 병풍처럼 영봉을 둘러싸고 있는 것이 과연 여해 스승의 말씀처럼 선경이었다.

저곳 어딘가에 왕진인께서 계시리라는 생각을 하면서 산을 오르기 시작했다. 날씨가 흐려 있더니 느껴질 듯 말 듯이 실비가 내렸다. 산으로 오르는 길목에는 산에서 밭을 갈며 사는 사람들의 것으로 보이는 집들이 군데군데 있었다. 공작원은 밭에서 김을 매고 있는 농부에게 왕진인에 대해서 물었으나 전혀 아는 바가 없다고 했다. 무작정 걸어 올라가면서 산에 거주하고 있는 농민들에게 또 물었으나 대답은 마찬가지였다. 세월은 흘렀다. 60여 년 전 단하산 일대뿐만 아니라 중국 전역에도 널리 알려져 있던 대선인(大仙人) 왕진인의 존호는 단하산에서조차 기억하는 사람이 없었다. 여해 스승께서 말씀하신 왕진인의 거소였던 암자에 대해서도 아는 사람은 없었다. 적어도 중국의 정신문명사적인 견지에서 볼 때 지난 몇십 년의 세월이 가져온 변화의 깊이와 폭은 과거 몇백 년의 그것과 비길 수 있을 것이라고 생각되었다. 무신론에 입각한 유물론 사회의 건설이 정신세계에 대한 관심을 위축시키고 파괴시킨 것은 당연한지도 몰랐다.

암자가 산 정상 가까이에 있다고 한 여해 스승의 말씀을 떠올리며 계속 걸었다. 올라가는 산길에는 곳곳에 채소밭이나 옥수수밭이 있어 농부들이 이따금 보였다. 만나는 사람마다 공작원과 필자는 왕진인에 대해서 물었다. 버스에서 만난 사람을 떠올리며 혹시나 하는 마음에서 심지어는 어린아이에게까지 물었다. 그러나 한결같은 대답은 들어본 적이 없다는 것이었다. 조금 더 올라가니 사찰이 하나 나타났다. 사찰 안으로 들어가서 물었으나 그들 역시 왕진인에 대해서 들어본 적이 없으며 산 정상 쪽으로 그런 암자도 없다고 했다. 공작원도 애가 타는 듯 자꾸 시계만 보고 있었다. 이미 열시가 다 되어 가고 있었다. 이제 남은 시간은 두 시간. 두 시간 안에 그곳을 떠나야 했다. 실비는 계속 내렸다. 새 하늘과 새 땅을 열기 위한 필자의 신성한 의식을 비웃기라도 하는 듯이. 울고 싶었다. '정녕 내 눈물을 가려주기 위해 실비가 내리는 것이리라.'

공작원은 조금 지치는 모양인지 걸음이 느려지고 있었다. 필자는 무거운 배낭을 운명처럼 짊어진 채 산 정상을 향하여 앞장서서 걸었다. 이따금 농부들이 보이면 또 물었다. 그러나 대답은 한결같이 모른다는 것이었다. 얼마 후 저만치 아래에서 공작원이 부르는 소리가 들렸다. 달려 내려가 보니 그곳 밭에서 일하고 있는 농부와 이야기를 나누고 있었다. 그 농부는 손가락으로 건너편 언덕을 가리키며 말했다. "저기서 가끔 왕진인을 본 적이 있습니다." 다시 하산하기 시작했다. 시간을 절약하기 위해서 가능한 한 건너편 언덕 쪽으로 길 아닌 길을 따라 내려가다 보니, 진흙 길에 배낭을 멘 채로 몇 번이나 넘어지는 바람에 진흙투성이가 되었다. 보기에 안되었던지 공작원은 자기가 배낭을 메겠다고 나섰다. 처음에는 사양했으나 결국 그가 메게 되었다. 그도 이미 바지는 진흙 칠갑이 되어 있었다.

열한 시. 이제 정오까지는 한 시간밖에 남지 않았다. 공작원과 필자는 달리기 시작했다. 미끄러지고 일어나기를 몇 번, 온몸은 진흙 칠갑이 되어 둘다 미친 듯이 달리고 또 달렸다. 그도 시간 내로 돌아가기 위해서 필자만큼이나 필사적이었다. 신성한 단하산에서 진흙 칠갑이 되어 달리게 될 줄은 짐작조차 못했던 일이었다. 필자의 몰골도 몰골이지만 옆에서 같이 진흙 칠갑이 되어 필자의 배낭을 메고 필사적으로 달리고 있는 그의 모습을 보니 하도 기가 차서 웃음이 나왔다. 새 하늘과 새 땅을 열기 위한 신성한 의식은 그렇게 진흙으로 치러지고 있었다. 하산하면서 만나는 사람마다 왕진인에 대해서 물었으나 말이 일치하지 않아 망연자실하던 끝에, 다시 한 농부의 말을 듣고 다른 방향으로 하산하여 대덕행 버스를 탔다.

드디어 정오. 떠나야 할 시간이었다. 하지만 그대로는 떠날 수 없었다. 공작원도 마찬가지 생각이었다. 대덕에서 내려 마을로 들어가 다시 묻기 시작했다. 얼마 전 그곳을 지나는 것을 보았다는 사람이 있는가 하면, 이미 그곳을 뜬 지 오래 되었다는 사람도 있었고, 심지어는 전혀 들어본 적이 없다는 사람도 있었다. 그러던 차에 한 사람이 마을 공동작업장으로 가서 알아보라고 하여 그곳으로 갔다. 오후 한 시. 이미 약속했던 시간을 한 시간 초과하고 있었다. 공작원도 초조한 듯 자꾸 시계를 보았다. 공동작업장에는 열 명도 채 안 되는 사람들이 앉아 있었다. 그들에게 물었으나 역시 아는 사람은 없었다. 공작원은 '이제는 더 이상 어떻게 할 수 없고 더 늦어지면 문책을 당하니 돌아가자'고 했다. 하기야 필자를 추방해야 할 위치에 있는 사람이 네 시간 동안이나 단하산 안내역을 맡았으면 족한 일이었다. 그것도 필자의 배낭까지 메고서. 돌아가는 수밖에 달리 방법이 없었다. 그리하여 공작원과 필자는 뒤돌아 무거운 발걸음을 옮기고 있었다.

바로 그때. 뒤에서 누군가가 부르는 소리가 들렸다. 바로 그저께 왕진인께서 일하던 곳을 본 사람이 있다는 것이었다. 그저께라면 필자가 보현에 도착하기 바로 전날인 셈이었다. 잠시 후 왕진인을 보았다는 사람이 와서 현장으로 안내를 하겠다고 했다. 일이 이쯤 되니 공작원도 어쩔 수 없다는 듯 순순히 응했다. 그렇게 해서 우리는 그 사람의 안내를 받아 그저께 왕진인께서 일을 했다는 바로 그 현장으로 갔다. 마을 공동작업장에서 논둑길을 따라 얼마를 가니 낮은 구릉지대가 나오고, 그곳에서 또 얼마를 더 가니 맞은편에 산기슭이 나타났다. 오전에 오르던 단하산과 방향은 다르지만 역시 같은 단하산 자락이라고 했다. 그 산기슭을 사이에 두고 장엄하게 펼쳐지는 계곡의 대서사시. 그곳에는 통나무로 묘하게 엮어진 30여 미터 길이의 다리가 있고, 수십 미터 아래로는 옥 같은 물이 아련히 흘러가고 있었다. 가히 선경이었다. 통나무다리를 건너니 좁다란 산길이 나타나고, 그 산길을 따라 수심이 아주 깊어 보이는 시퍼런 계곡물이 쏟아져 내리고 있었다. 얼마를 더 가니 토담집 두 채가 나오는데 집 뒷켠에는 소도 한 마리 매여 있었다. 숲길을 따라 조금 더 올라가니 예닐곱 채 되는 초가집들이 나오고 그 입구에는 우물이 있었다.

우물가. 그 우물가에는 어린아이처럼 맑고 천진스러운 눈을 가진 젊은 세 여인이 객인의 내방을 바라보며 서 있었다. 그 여인들의 자태에는 세속의 티라고는 찾아볼 수 없는, 원목과도 같이 꾸밈없는 자연 그대로의 모습이었다. 그 우물가에서 안내하던 사람은 멈춰 섰다. "저곳이 바로 그저께 왕진인께서 일을 하시던 곳입니다." 그는 우물 곁에 있는 집을 손으로 가리키며 말했다. 진인께서 어떤 일을 하셨는지 물었더니, 그곳 사람들을 위해서 농사

일을 도왔다고 했다. 그곳 사람들의 말에 의하면 왕진인은 왕대선(王大仙) 혹은 왕화상(王和尙)이라고도 불리는데, 여해 스승께서 말씀하신 대로 두 동자와 함께 단하산 정상 가까이에 있는 암자에서 기거했으나 그 두 사람이 죽고 난 후로 그곳은 비어 있다고 했다. 지금은 혈혈단신이며 일정한 거처가 없이, 그곳에서 일을 할 때는 주민들 집에 머문다고 했다. 그렇다면 그곳에서 일을 하지 않을 때에는 어디에 계시는지 물었다.

"산으로 오르시는 것을 봤어요. 아마 또 다른 마을에 가서 일을 도우시겠지요. 하지만 항상 다른 사람들을 위해서 아무런 보수도 받지 않고 일을 하신답니다." 순박한 그곳 사람들은 왕진인을 그저 의탁할 곳 없는 선량한 노인으로만 알고 있었기에 이러한 필자의 내방을 몹시 기이하게 생각하는 듯했다. 그러는 사이 공작원은 초조한 듯 자꾸 시계를 보더니 급기야는 더 참을 수 없다는 듯, "이제 왕진인의 근황을 그 정도나마 알았으니 다음 기회에 또 올 수 있지 않겠습니까. 이제 그만 갑시다"라고 재촉했다. 하기야 필자가 그곳에 도착하기 바로 전날 진인께서 어디에서 무엇을 하셨는지를 들었으니 최근황을 알게 되었다고 할 수 있었다. 오후 두 시가 가까워지고 있었다. 보현역으로 돌아오는 길 내내 '상선약수(上善若水)'라는 말이 머리를 맴돌았다. 지고의 선은 물과 같은 것. 그랬다. 진인께서는 낮은 데로 흐르는 물과 같이 당신의 처신을 낮추는 겸허함과, 형상을 고집하지 않는 물과 같이 서민 속에 스며드는 삶을 보여주셨다. 이런 생각을 하고 있는 사이, 차는 어느새 보현역에 도착했다. 공작원은 필자를 도안행 버스 역에 데려다주고는 감사를 표시할 사이도 주지 않고 총총히 가 버렸다.

곰곰이 생각할수록 왕진인의 깊은 뜻이 느껴져 왔다. 진인께서는 필자가 보현에 도착하기 바로 전날에 단하산 자락에 있는 마을 주민들을 위해서 일을 하심으로써 당신께서 여전히 건재하심을 보여주셨고, 아울러 도에 이르는 삶이 어떠한 것이어야 하는지를 필자로 하여금 현장에 가서 그곳 마을 주민들의 입을 통해서 생생하게 느끼도록 해 주셨다. '상선약수'라는 말을 진인께서는 몸소 실천하고 계셨다. 그리고 도에 이를 수 있기 위해서는 형상에 대한 집착을 버려야 한다는 점을 일깨워 주셨다. 진인과의 연(緣)이 없었다면, 지도상에도 없는 그곳을 찾을 수조차 없었을 것이다. 여해 스승의 말씀처럼 진인께서는 황백전환기를 보기 전까지는 그곳을 떠나지 않을 것이다. 진인의 형상이 더 이상은 형상이 아닌 것으로 여겨질 때, 그때는 필자 또한 형상이 아닌 형상으로 그의 형상을 대할 수 있으리라. 그날을 기다리며 오늘 이 두타행(頭陀行)도 기꺼이 기쁨으로 맞으리라고 다짐했다. 홍콩에서 일박을 하고 귀국길에 올랐다. 얼마 후 여해 스승을 찾아뵈었을 때 환한 얼굴을 하시고는 이렇게 말씀하셨다.

"왕진인께서 직접 안내를 하셨구먼. 진인과의 인연이 있음이야. 허허 허···."

『삼국유사(三國遺事)』 제3권 탑상(塔像) 제4 '오대산의 오만 진신(臺山五萬眞身)'에는 이런 이야기가 나와 있다.

자장법사(慈藏法師)가 중국 오대산 문수보살(文殊菩薩)의 진신(眞身)을 보고자, 신라 선덕왕 때인 정관(貞觀) 10년 병신년(636)에 당나라로 들어갔다. 태화지(太和池) 연못가의 문수보살 석상이 있는 곳에 이르러 이레 동안 일심으로 기도했더니, 꿈에서 부처가 나타나 네 구의 게(偈)를 주는 것이었다. 꿈에서 깨어나도 그 네 구의 글은 기억할 수 있었지만, 모두가 범어여서 그 뜻을 도무지 풀 수 없었다. 이튿날 아침 웬 중(僧)이 붉은 비단에 금색 점이 박힌 가사 한 벌과 부처의 바리때하나와 부처의 머리뼈 한 조각을 가지고 법사의 곁으로 와서는 어찌해서 수심에 싸여 있는지를 물었다. 이에 법사는 "꿈에 네 구의 게를 받았으나 범어인지라 풀 수가 없습니다"라고 대답했다.

그러자 그 중이 번역하여 말했다. "가라파좌낭(呵囉婆佐曩)이란 일체의 법을 깨달았다는 말이요, 달예치구야(達嚟哆佉野)란 본래의 성품이 무소유라는 말이요, 낭가희가낭(曩伽呬伽曩)이란 이와 같이 법성을 해석한다는 말이요, 달예노사나(達嚟盧舍那)란 부처의 진신을 곧 본다는 말입니다." 이어서 그 중은 가지고 있던 가사 등을 법사에게 주며 부탁의 말을 남기고는 이내 사라졌다. 법사는 보살의 유적들을 두루 찾아보고 본국으로 돌아오는 길에, 태화지의 용이 현신해서 법사에게 말했다.

"전일에 게(偈)를 전하던 늙은 중이 바로 진짜 문수보살입니다."

카르마의 법칙과 퀀텀 행동주의(Quantum Activism)

전 우주는 자연법인 카르마(業, karma)의 지배하에 있다. 죄와 괴로움의 인과관계를 나타내는 '업(業)'이라는 의미로 흔히 사용되는 카르마는 물리현상에서의 작용·반작용의 법칙[因果의 법칙, 輪廻의 법칙]과도 같은 것이다. 『명심보감(明心寶鑑)』에도 나와 있듯이, 하늘의 그물은 넓고 넓어서 보이지는 않으나 티끌 하나라도 새는 일이 없으며,[47] 아무리 미세한 카르마라 할지라도 언젠가는 반드시 보상하게 되어 있다. 뿌린 대로 거둔다는 말 속에는 카르마의 진수(眞髓)가 함축되어 있다. 산스크리트어로 원래 '행위'를 뜻하는 카르마의 어원이 말하여 주듯이, 영적 진화(spiritual evolution 또는 의식의 진화) 과정에서 생성과 소멸의 주기를 반복하면서 작용하는 이 삶의 법칙은 인간 행위의 불완전성에 기인하는 것이다. 행위가 불완전하다는 것은 곧 행위가 전체적이지 못하다는 것이다. 행위가 전체적이지 못하다는 것은 생명의 전일성(oneness)을 인식하지 못함으로 해서 이기심에 사로잡히게 되는 것을 말한다.

카르마의 법칙은 죄를 지으면 반드시 괴로움이 따르기 마련이라는 죄와 괴로움의 인과관계에 대한 응시를 통해 궁극적으로 우주의 진행 방향인 영적 진화를 향해 나아가도록 추동하는 자연의 법칙이다. 이 법칙은 카르마의 작용이 불러일으키는 의식계의 순환을 지칭한 것이다. 이러한 순환은 생주이멸(生住異滅, 成住壞空) 사상(四相)의 변화가 그대로 공상(空相)임을 깨닫지 못하고 탐착과 분노의 에너지에 이끌려 집착하는 데 있다. 카르마는 근본적으로 영성(靈性)이 결여된 데서 생기는 것이다. 존재로서의 삶 자체가 의식의 자기교육을 위한 학습 과정이며, 의식을 탐구하는 수단으로서 감각 기능이 주어지고 학습효과를 극대화하기 위한 학습 기자재로서 상대계인 물질계가 존재한다는 사실을 알아차리지 못한 채 결과에 대한 집착으로 불순한 행위가 일어나고, 그로 인해 영성 계발을 위해 하늘이 쳐 놓은 카르마의 그물에 걸리게 된다.

생명의 본체인 참자아[靈·天·神]에 뿌리를 내리지 못하는 행위는 결함으로 뒤덮이게 되므로 카르마의 그물에 걸리게 되는 것이다. 그리하여 계속해서 재수강[samsara 生死輪廻]을 할 기회가 주어짐으로써 종국에는 영성 계발에 필요한 학점을 이수하게 되어 생사의 굴레에서 벗어나게 된다. 이 광막한 파동의 대양[氣海, 에너지의 바다]에 쳐 놓은 카르마의 그물은 바로 이 재수강을 필요로 하는 사람들을 잡기 위한 것이다. 이 그물에 걸리지 않는 유일한 방법은 행위가 전체적이 되게 하는 것이다. 설령 인간의 행위가 결함으로 뒤덮여 있다 할지라도 행위를 멈출 수는 없다. 거칠고 방종한 자아를 길들일 수 있는 유일한 방법은 행위에 의한 행위의 초극에 있기 때문이다. 전체적이지 못한 불완전한 행위는 반복적인 행위에 의한 의식의 자기교육과정을 통해서만 교정될 수 있으며, 이러한 과정을 통해 종국에는 에고(ego, 個我)가 무르익어 떨어져 나가게 된다.

그러므로 타고난 기질에 따라 무슨 행위든 해야 한다. 우리의 의무는 오직 해야 할 일을 하는 것일 뿐 행위의 결과에 대해서는 집착하는 마음을 버려야 한다. 집착하는 마음은 이 육체가 '나(자아)'라는 착각에서 비롯된 것이다. 생명의 본체인 절대유일의 참자아는 시작도 끝도 없고, 태어남도 죽음도 없으며, 없는 곳이 없이 실재한다. 그러나 참자아는 인식의 대상이 될 수 없으므로 참자아를 깨닫는 유일한 방법은 참자아와 하나가 된 삶을 사는 것이다. 우주의 실체는 의식이므로 참자아는 곧 참본성[一心·靈性·神性·보편의식]이며, 참본성에 순응하는 삶을 사는 것이 곧 참자아를 깨닫는 방법이다. 인간은 단순한 물질적 존재가 아니다. 육체라는 옷이 해체된다고 해서 의식의 작용이 멎는 것은 아니다. 이 육체가 '나'라는 에고로서의 존재는 의식의 불을 밝히면 사라지는 어둠이다.

『만두꺄 우파니샤드 Mandukya Upanishad』에서는 자아의식(自我意識)을 네 가지 상태, 즉 잠깬 상태, 꿈꾸는 상태, 깊이 잠든 상태, 순수의식 상태[48]로 분류하고 있다. 의식의 첫 번째 상태인 잠깬 상태(the waking state)에서 우리의 눈과 감각은 외부를 향해 움직이며 객관적 세계를 인식한다. 탐착과 분노의 에너지에 이끌려 식(食)·성(性) 등의 생리적 욕구와 안전에 대한 욕구, 사회적 인정에 대한 욕구를 끝없이 분출하며 자신의 욕망이 투영된 신기루(mirage) 같은 행위를 만들어내고 황금과 권력, 명예와 인기에 강한 집착을 보인다. 그리하여 '이것이냐 저것이냐'의 문제가 항상 따라다니게 된다. 집착은 두려움을 낳고 두려움은 불행한 의식을 낳고 불행한 의식은 절망으로 이어진다. 그러나 절망의 참담함이 부귀영화를 얻지 못한 데 있는 것이 아니라 그것에 대한 집착에서 벗어나지 못하는 데 있다는 사실을 아직은 알아차리지 못한다.

　의식의 두 번째 상태인 꿈꾸는 상태(the dreaming state)에서 우리의 감각은 내부를 향해 움직이며 주관적 세계를 인식한다. 깬 상태에서 억눌린 욕구는 꿈을 통해 투사됨으로써 잠재의식이 활성화된다. 자신의 환영(幻影)에 의해 창조된 꿈의 세계 속에서 우리는 기쁨과 슬픔을 경험한다. 잠에서 깨어나기 전에는 자신이 꾼 꿈이 꿈이라는 사실을 알지 못하듯이, 깨달음이 일어나기 전에는 현실이라는 꿈이 꿈이라는 사실을 알지 못한다. 이것이 바로 꿈이 주는 커다란 암시다. 그런 점에서 하루는 일생의 축소판이자 영원의 축소판이다. 하루를 제대로 음미하면 삼사라(samsara, 生死輪廻)에서 벗어나는 길을 찾게 된다. 여기서 현실을 꿈이라고 한 것은 눈을 뜨고는 있지만 의식은 잠들어 있으므로 몽유병 환자들이 꿈속에서 하는 행위와 다를 바가 없기 때문이다. '지금 여기(now here)'가 아닌, 과거나 미래 혹은 그 중간에 머무는 의식은 모두 잠든 의식이다.

　의식의 세 번째 상태인 깊이 잠든 상태(the state of dreamless sleep)는 더 이상 욕망의 투사가 일어나지 않는 숙면 상태로서 꿈은 정지된다. 전체 존재계 속으로 사라지는 일종의 죽음과도 같은 깊은 잠속에서 의식의 밑바닥으로 가라앉은 채 무한한 평화로움과 생명 에너지를 느끼며 일체를 놓아 버리는 방기(放棄)의 묘미에 차츰 길들여지게 된다. 꿈에 매달리면 잠의 표면을 떠돌며 생명 에너지를 고갈시키게 되듯이, 삶이라는 꿈[미망 delusion]에 매달리면 고요하고 평화로운 의식의 밑바닥으로 가라앉지 못하고 생명 에너지를 고갈시키게 된다는 사실을 체험적으로 알게 된다. 꿈이 정지된 의식의 깊은 밑바닥에서 분리의식에서 벗어나 전일성의 세계인 낙원[根本智]의 평화로움에 흠뻑 젖게 된다. 그러나 깊이 잠든 상태는 자각적 인식이 결여된 무의식의 차원이다. 이렇듯 깬 상태, 꿈꾸는 상태, 깊이 잠든 상태를 반복하며 본능적인 이끌림에 의해 차츰 순수의식을 향해 나아간다.

의식의 네 번째 상태인 순수의식 상태(the state of pure consciousness)는 잠깬 상태의 객관적 세계에 대한 인식도 아니고, 꿈꾸는 상태의 주관적 세계에 대한 인식도 아니며, 그렇다고 주·객 양 세계에 대한 인식도 아니고, 깊이 잠든 무의식 상태도 아니다. 이러한 순수의식 상태는 의식의 세 가지 상태, 즉 잠깬 상태, 꿈꾸는 상태, 깊이 잠든 상태와 분리된 것이 아니다. 순수의식 상태가 세 가지 상태의 불변적 본질이라면, 세 가지 상태는 순수의식의 가변적 본질이다. 잠깬 상태와 꿈꾸는 상태는 객관과 주관의 놀이에 빠져 전체를 놓친 것으로 불변적 본질의 파편에 불과하다. 순수의식 상태에서는 진여(眞如)와 생멸, 삶과 죽음의 경계가 사라지고 참자아와 하나가 되는 체험을 통해 생명의 근원과 연결되어 온몸이 생명의 기운으로 충만하게 된다. 삶의 미망이 사라지니 투사할 욕망도 없으므로 현실이라는 꿈도 정지되어 마침내 인간의 실재(human reality)를 깨닫게 된다.

순수의식[보편의식·一心·참본성] 상태는 일체의 인과법칙에서 벗어나 있는 까닭에 더 이상은 주관과 객관의 놀이가 일어나지 않는다. 자각적 인식이 결여된 무의식의 차원과는 달리 참자아의 자각적 주체로서 실존적 삶을 구가하게 된다. 참자아는 물질적 삶의 미망이 사라지면 스스로 그 모습을 드러내는 순수 현존(pure presence)이다. 일체의 이원성을 벗어난 참자아는 인식의 대상이 될 수 없으므로 파악할 만한 것이 없다. 이기적인 행위를 도모하지 않는 까닭에 그 행위는 전체적이며 카르마의 그물에 걸리는 일도 없다. 순수의식 상태는 불변성과 가변성, 보편성과 특수성의 화해가 이루어져 괴로움과 즐거움, 성공과 실패, 삶과 죽음 등 일체의 차별상이 그 속에 용해된다. 이 세상 그 어떤 것도 포괄하지 않음이 없고 포괄되지 않음도 없는 순수 현존이다. 구름은 오고 갈 뿐 먹장구름이 푸른 하늘을 물들일 수 없듯이, 순수 현존은 더럽혀질 수도 없고 죽을 수도 없다.

자아의식이 순수의식 상태에 이르는 것은 의식의 진화(the evolution of consciousness 또는 영적 진화)를 통해서이다. 의식의 진화를 추동하는 법칙은 크게는 자연법인 카르마의 법칙으로 설명되지만, 선택과 책임의 법칙, 인력의 법칙으로 보완 설명되면 진화의 원리가 더 분명히 드러난다. 우선 카르마의 법칙에 대해 좀 더 자세히 살펴보기로 하자. 카르마는 우주 '한생명'으로서의 영적 일체성(spiritual identity)이 결여되어 '나'와 '너', '이것'과 '저것'을 분리시키는 데서 생긴다. 행위 그 자체보다는 동기와 목적이 카르마의 작용을 불러일으키는 원인이 된다. 아무리 선행을 하여도 동기와 목적이 순수하지 않으면 그 행위는 뒤에 반작용으로 나타날 새로운 카르마가 되는 것이다. 카르마의 법칙에 있어 인과관계는 아주 가깝거나 또는 아주 먼 과거에 있을 수도 있다. 카르마가 작용하는 것은 한정된 시간과 공간에서가 아니라 시공(時空) 연속체에서 일어난다. 한마디로 카르마를 보상하기에 가장 적절한 시기와 장소에서 나타나는 것이다.

카르마의 목적은 단순한 징벌에 있는 것이 아니다. 내적 자아의 각성을 통한 영적 교화의 의미와 함께 영적 진화를 위한 영성계발에 있으며 인간의 영혼이 완성에 이르기 위한 조건에 관계한다. 따라서 고통스러운 상황을 단지 수동적으로 받아들이거나 그것에 저항하기보다는 그 속에 담겨 있는 영적 교훈을 적극적으로 배우는 자세로 일관해야 한다. 새로운 카르마를 짓지 않는 비결은 이 육체가 '나'라는 착각에서 벗어나 생명의 전일적인 흐름(holomovement)을 인식하는 데 있다. 올바른 생각과 행위가 뿌리를 내리면 원래의 카르마의 방향이 바뀌고 그 힘 또한 약해지게 된다. 행위를 하되 그 행위의 결과에 집착함이 없이 담담하게 행위 할 수 있을 때 자아의식은 순수현존을 향해 나아가게 된다. 인내하고 용서하고 사랑하는 마음은 카르마의 법칙에 대한 유일한 용제(溶劑)이다.

다음으로 선택과 책임의 법칙은 우리가 스스로 선택하고 그에 따른 책임을 지는 과정에서 의식의 진화가 이루어지게 하는 삶의 법칙이다. 책임감 있는 선택이 진정한 힘을 발휘하게 되는 반면, 무의식적인 혹은 무책임한 선택은 부정적인 카르마를 낳게 된다. 다생(多生)에 걸친 삶 속에서 시행착오와 깨달음을 통해 영적 진화를 향해 나아가는 것이 인생의 의미이며 목적이라고 한다면, 자신의 의식을 성장시키고 궁극적으로 순수의식에 이르게 하는 책임은 개개인에게 있다. 영혼의 홀로서기는 성장을 위한 필수요건이다. 영적인 성장에 있어 타인의 도움과 위로는 영적 진화에 필요한 자유의지를 침해하지 않는 범위 내에서 이루어져야 한다. 영혼을 성장시키는 주요한 덕목은 인내·용서·사랑이다. 「요한일서」(4:8)에는 "신은 사랑이시니 사랑하지 아니하는 자는 신을 알지 못한다(Whoever does not love does not know God, because God is love)"[49]라고 나와 있다. 신, 즉 사랑이 곧 순수의식이며 순수 현존이다.

인간은 마음의 작용을 통하여 시간과 공간 위에 행위의 궤적을 남긴다. 인간의 무의식의 창고 속에는 각자가 개체화되고 난 이후의 모든 기억이 저장되어 있다. 인간의 영혼은 영적 교정을 위해 자신의 과거 행위의 반작용을 받고 있으며 동시에 장차 반작용으로 나타날 새로운 카르마를 짓고 있다. 새로운 카르마를 짓지 않는 비결은 사심 없는 행위를 하는 데 있다. 의식의 성장은 수신[止行, 坐禪]과 헌신적 참여[觀行, 行禪][50]를 통하여 이루어진다. 수신을 통해 내재적 본성인 신성을 깨닫고 헌신적 참여를 통해 우주 진화에 적극적이고도 자율적으로 참여하는 것이다. 말하자면 전자가 행위를 멈추고 자신의 내면을 들여다보는 것이라면 후자는 사심 없는 행위를 하는 것이다. 이는 곧 '지혜의 길'과 '행위의 길'[51]의 관계와도 같다. 영적 진화 과정에서 이 둘은 동전의 양면과도 같이 동시적으로 존재하며 그 목표는 같은 것이다.

끝으로 인력의 법칙은 영적 진화 과정에서 각각의 인격이 같은 진동수의 의식을 끌어당기는 것이다. 흔히 유유상종(類類相從)이라고 하는 것이 이것이다. 밝은 기운은 밝은 기운과 어울리고, 어두운 기운은 어두운 기운과 어울린다. 이는 국가 차원에도 적용된다. 명군(明君)은 밝은 기운을 끌어들여 나라를 밝게 하지만, 암군(暗君)은 어두운 기운만 주위에 끌어모아 나라를 암울하게 한다. 사랑의 기운은 사랑의 기운을 끌어들여 사랑을 더욱 깊게 하지만, 분노와 탐욕의 기운은 마찬가지로 동종(同種)의 기운을 끌어들여 분노와 탐욕을 확대 재생산한다. 이와 같이 긍정적인 기운은 긍정적인 기운과 친화력을 갖고, 부정적인 기운은 부정적인 기운과 친화력을 갖는다. 원망이나 저주는 새로운 카르마를 낳으며, 결국 자신이 되받게 된다. 미움이 없어야 기(氣)의 순환이 원활하여 심신이 건강하고 영적으로도 진화할 수 있게 된다. 긍정적이고도 적극적인 사고방식을 강조하는 이유가 여기에 있다.

인간의 감정체계는 크게 보면 영혼[삶]의 영역에 속하는 사랑과 육체[죽음]의 영역에 속하는 두려움이 있다. 사랑은 순수의식이며 우주의 근원적 생명력이다. 두려움은 분노·증오·질투·슬픔·탐욕·우울·소외감·죄책감·열등감·무력감 등 모든 부정적인 감정을 포괄한다. 인간이 부정적인 성향을 키우게 되는 것은 근원적인 영혼의 갈증에 있다. 문제는 재물·권력·명예·인기·쾌락 등 허상으로 영혼의 갈증을 해소하려 하지만 공허한 자아(the empty self)만 재생산해 낼 뿐이다. 긍정적인 성향과 부정적인 성향은 우리 내부에만 깃들어 있는 것이 아니라 외부에도 반영된다. 우리 내부에 사랑이 충만하면 우리가 사는 세상 또한 사랑을 반영하게 되어 점점 사랑으로 충만할 것이고, 우리 내부가 두려움으로 가득 차면 우리가 사는 세상 또한 두려움을 반영하게 되어 점점 두려움으로 가득 찰 것이다. 이렇듯 긍정적 및 부정적인 성향의 이원성은 그 자체의 리듬과 긴장감이 영적 진화를 추동하는 학습 기제가 된다.

힌두교 정신의 정수(精髓)가 고스란히 담겨 있는 『우파니샤드』의 저 명징하고도 지극히 아름다운 한 구절에는 우파니샤드의 정신적 메시지를 가슴 깊이 새기며 브라흐마(유일자, 불멸, 순수의식)를 향한 일념으로 정진하여 바로 그 불멸에 이를 것을 설파하고 있다.

'우파니샤드'라는 위대한 무기를 활로 삼고
명상으로 예리하게 간 화살을 그 위에 걸어
브라흐마를 향한 일념으로 잡아당기어
표적인 바로 그 불멸을 꿰뚫어라.
Take the great bow of the Upanishads
and place in it an arrow sharp with devotion.
Draw the bow with concentration on him(Brāhma)
and hit the centre of the mark, the same everlasting Spirit.[52]

카르마의 법칙은 삶과 죽음을 관통한다. 카르마는 생성과 소멸의 주기를 반복하면서 작용하는 삶의 법칙이기 때문이다. 우리가 살고 있는 거시세계에서는 개개의 사건을 독립적으로 인식할 뿐, 그것들이 삶과 죽음을 관통하는 카르마의 법칙과 연결되어 있다는 사실을 알지 못한다. 그래서 카르마의 법칙을 교훈적 의미 정도로 여기는 것이다. 사실 카르마의 법칙은 '뿌린 대로 거둔다'는 말이 시사하듯 인과의 법칙인데, 시공간을 초월하여 적용되다 보니 그 연결성을 알아차리기가 쉽지 않다. 만일 우리가 그러한 연결성을 깊이 인식할 수 있다면 삶이 우리에게 주는 불행이나 고통을 담담하게 수용할 수 있을 것이다. 미시세계와 거시세계는 숨겨진 질서[의식계, 본체계]와 드러난 질서[물·질계, 현상계]의 전일적 관계다. 이 두 질서의 유기적 통합성을 인식하는 것이 영적 진화의 단초다.

실로 영적 견지에서 보면 죽음이란 실재하는 것이 아니기 때문에 삶과 죽음을 관통하는 의미에서 삶의 법칙이라고 한 것이다. 흔히 천국과 지옥[53]을 생전의 죄과(罪過)에 따라 사후에 가는 곳이라고 말하기도 하는 것은, 시공(時空) 개념에 친숙한 인간에게 주는 교훈적 의미가 크다. 그러나 그것은 시공 개념이 아니라 인간의 의식 상태를 일컫는 것이다. 이 마음 하나가 천국이요 지옥이라는 말이 바로 그것이다. 8식(八識)*의 모든 물결이 다시 기동하지 않는 일심의 원천, 즉 진여심(眞如心)이 천국이다. 진여한 마음의 본바탕이 가려지고 무명(無明)의 바람이 일어 여러 형태의 생멸을 짓게 되는 그 마음, 즉 생멸심(生滅心)이 지옥이다. 지옥이 물질 차원에 갇힌 에고(ego, 個我)의 영역[어두움의 세계]이라면, 천국은 불가분의 전체성이 드러난 순수의식의 영역[빛의 세계]이다.

천국의 문은 누구에게나 항상 공평하게 열려 있지만, 문제는 영적(靈的) 시력이 좋지 않은 사람은 그 문을 찾을 수 없다는 데 있다. 물질에 대한 욕망이 크면 클수록 영적 시력은 더욱 약해져서 결국 물질의 노예가 되어 사는 것이 천국이라고 착각하기에 이른다. 살아 있어도 마음이 분노와 증오의 불길

---

* 불교의 唯識思想에 의하면 인간의 意識은 여덟 단계로 구성되어 있다. 이 八識의 이론 체계를 보면, 우선 眼識·耳識·鼻識·舌識·身識·意識이라는 흔히 前6식으로 총칭되는 표면의식이 있고, 이 여섯 가지의식은 보다 심층의 제7식(末那識)인 자아의식에 의해서 지배되며, 이 자아의식은 보다 심층의 제8식(阿賴耶識)에 연결되어 있는데 이 제8식이 우리 마음속 깊이 감춰진 모든 심리 활동의 원천이 된다.

로 타오르고 있으면, 괴로움과 고통의 나락에 빠져 있으면, 거기가 바로 지옥이다. 반면 마음이 용서와 사랑으로 충만해 있으면, 분리의식이 사라지고 존재계와 하나가 되면, 거기가 바로 천국이다. 사는 동안 마음을 부정한 심상으로 가득 채운 사람은 살아서도 지옥을 경험하고 또한 육체를 벗어 버린다고 해서 의식의 작용이 멎는 것은 아니므로 사후에도 의식체[靈體]로서 지옥을 경험하게 되는 것이니, 생전의 죄과에 따라 천국과 지옥에 간다는 말이 틀린 것은 아니다. 그러나 정확하게 말하면 천국과 지옥은 인간의 의식상태를 말하는 것이므로 삶과 죽음을 관통하는 개념이다.

실로 육체를 지닌 삶만이 삶의 전부는 아니라는 점에서 죽음은 곧 새로운 삶의 시작을 의미한다. 말하자면 영체[意識體]로서의 새로운 탄생[54]이다. 삶의 세계의 고통스러운 환경이 인간의 부정적인 의식의 산물이듯, 죽음의 세계의 지옥과 같은 고통스러운 환경 또한 심판자가 따로이 조성한 것이 아니라 육체를 벗고 영체로 태어난 자들의 부정적인 의식이 유유상종하여 만들어낸 것이다. 마찬가지로 삶의 세계의 행복한 환경이 인간의 긍정적인 의식의 산물이듯, 죽음의 세계의 천국과 같은 지복(至福)의 환경 또한 육체를 벗고 영체로 태어난 자들의 참본성의 빛이 투사된 것이다. 말하자면 천국과 지옥은 의식의 자기투사(self-projection of consciousness)이며 그런 점에서 그 설계자(projector)는 스스로의 의식이다. '징벌적 카르마(retributive karma)'가 작용한 것이 아니라,[55] 자업자득(自業自得)의 인과법칙이 작용한 것이다. 상과 벌을 내리는 주체가 없으므로 그것을 받는 객체도 없다. 심판자와 피심판자의 구분은 부정한 의식이 만들어낸 주체-객체 이분법의 덫에 걸린 것이다.

인간이 사후에 영계에 들어가면 의식의 주파수대가 같은 세계로 스스로 이동하게 된다. 영체가 되어서도 유유상종하게 되는 것이다. 순천(順天)의 삶을 산 긍정적인 의식이 집결된 곳이 천국이고, 역천(逆天)의 삶을 산 부정적인 의식이 집결된 곳이 지옥이다. 각 세계의 환경은 같은 주파수대에 있는 집단의식의 투사로서 나타난 것이다. 천국이 평화롭고 아름다운 것은 거기에 집결된 의식이 사랑의 빛을 발하기 때문이다. 지옥이 고통스럽고 공포로 가득 찬 것은 거기에 집결된 의식이 탐착과 노여움과 어리석음의 어두움을 투사하고 있기 때문이다. 진리[根本智]에 대한 충분한 자각은 없다 할지라도 양심과 도덕에 따라 선량하게 산 사람은 사후에도 그러한 의식의 빛에 상응하는 천국에 태어난다. 그러나 이 단계는 의식의 빛이 충분히 강하지 못하므로 최상의 천국이라고 할 수는 없다.

진리에 기초한 자각적 삶을 산 사람은 의식의 빛이 더 강하므로 더 상위의 천국에 태어난다. 온몸으로 섬김과 사랑을 실천하여 사랑의 화신이랄 수 있는 사람은 의식의 빛이 가장 강하므로 최상의 천국에 태어난다. 이처럼 천국에도 의식의 질에 따라 다양한 층이 있을 수 있으며 지옥의 경우도 마찬가지다. 우주의 본질은 생명이고 그 원리는 사랑이므로 사랑의 빛이 최고도로 발현되기 위해선 생명에 대한 명료한 인식이 선행되어야 한다. 포스트 물질주의 과학에서 다루는 핵심 키워드 역시 '생명'이다. 우주의 실체가 육체와 같은 물질적 껍질이 아니라 의식이라는 사실을 직시한다면, 그리고 에너지는 한 형태에서 다른 형태로 변화할 수는 있지만 어떠한 물리적 변화에서도 모든 물체가 지닌 에너지의 총량은 불변이라는 에너지보존의 법칙(law of conservation of energy)을 이해한다면, 인간이 죽음과 더불어 영원히 사라진다는 비과학적인 생각은 하지 않을 것이다. 이 우주에서 사라지는 것은 아무것도 없다.*

---

* 죽음은 곧 새로운 탄생을 의미하는 까닭에 티벳인들은 사람이 죽으면 哭을 하기보다는 더 나은 세상에 태어날 수 있도록 死者의 영혼을 인도하는 의식을 행하는 전통이

다음으로 우리는 의식의 진화와 관련하여 미국의 저명한 이론 핵물리학자이자 퀀텀 행동주의자로 알려진 아미트 고스와미(Amit Goswami)의 퀀텀 행동주의(quantum activism)에 대해 살펴보기로 한다. 우리는 제2장 3절에서 '양자 신의 가설(quantum God hypothesis)'에 입각한 새로운 과학, 다시 말해 '신을 토대로 하는 과학(God-based science)'의 정립을 시도한 고스와미의 관점에 대해 살펴본 바 있다. 그것은 모든 종교들이 그러하듯이 윤리와 가치관들을 우리 삶과 사회의 중심에 놓고 있다.[56] 이처럼 포스트 물질주의 과학은 윤리와 가치관, '의미(meaning)'들을 우선시한다는 점에서 몰가치적 성향을 띠는 물질주의 과학과는 분명 차이가 있다.

고스와미는 젊은 시절부터 양자 우주론, 양자 측정 이론, 그리고 심신 문제에 대한 양자역학적 적용을 연구하기 시작했다. 그는 존재의 근원이 물질이 아니라 '의식'이라고 단정한다. 퀀텀 행동주의자로 알려진 그에게 신이란 곧 양자 의식(quantum consciousness)이며, 양자물리학에서 대상(objects)이란 양자 의식[神]이 선택권을 가지고 있는 가능성들(possibilities)로서, 그러한 선택은 관찰자에게 경험되는 실제적인 사상(事象, events)으로 변형된다. 고스와미

있다. 더 나은 세상이란 그것이 삶의 세계일 수도 있고 죽음의 세계일 수도 있다. 여기서 죽음의 세계라고 한 것은 물질계의 관점에서 말하는 일반적인 표현일 뿐이다. 사실 육체를 지닌 삶만이 삶의 고유한 형태는 아니기 때문에 적절한 표현이라고 볼 수는 없지만 상대계의 언어로는 달리 설명할 방법이 없다. 더 나은 세상으로의 탄생은 자궁을 통한 탄생도 있을 수 있겠지만 천상계에서의 초자연적인 탄생도 있을 수 있다. 티벳인들은 전통적으로 사람이 죽은 직후 시신을 건드리거나 哭을 하지 못하게 하는데 이는 육체로부터 의식체가 완전히 분리되는 죽음의 과정이 방해받지 않도록 하기 위한 배려이다. 즉 死者의 영혼이 '브라흐마의 구멍(百會)'을 통해 차질 없이 육신을 빠져나갈 수 있도록—대개 3일 반 내지 4일이 걸린다—시신을 건드리지 않으며, 또한 死者가 삶에 대한 왜곡된 집착을 일으켜 제 갈 길을 가지 못하고 길을 잃는 불상사가 일어나지 않도록 비통하게 哭하는 것을 금한다.

는 '양자 비국소성(quantum nonlocality)', 즉 신호 없는 커뮤니케이션을 양자 신
(quantum God) 또는 '양자 자아'에 관한 과학적 증거로 제시하고 그러한 양자
특징들은 극미소(submicroscope) 물질의 세계에서뿐만 아니라 매크로(macro)
영역 혹은 현실이라는 일상적 차원에서도 나타난다고 본다.[57]

고스와미에 따르면 우리의 세계관을 물질을 기반으로 한 것으로부터 양
자물리학과 의식의 우선성(primacy of consciousness)을 토대로 한 것으로 바꿀
때 그가 명명한 '퀀텀 행동주의'가 시작된다. 퀀텀 행동주의는 신과 양자 의
식의 동일성에 대한 인식을 바탕으로 올바른 사고(right thinking)를 올바른 삶
(right living)과 통합시킨다. 그는 퀀텀 행동주의가 의미, 윤리, 그리고 가치관
들을 우선시하는 것은 인류 사회의 공진화(co-evolution)를 위해서 중요하다
고 말한다. 퀀텀 행동주의는 세상을 변화시키기 위해 오늘날의 일반적인 행
동주의를 인류 전체의 공진화를 위한 운동과 연합시키기 위한 지속적인 노
력들과 통합시키는 것이다. 이러한 시도는 인간의 삶에 새로운 의미와 가치
관을 가져다줄 것이며, 나아가 새로운 계몽의 시대로 인도할 것이다. 오늘
날 '의식 안의 과학(science within consciousness)'은 드러난 물질세계가 진화를
통해 숨겨진 세계의 가능성들을 더욱 잘 발현할 수 있도록 설계되어 있다고
본다. 퀀텀 행동주의자의 길은 물질적인 것과 영적인 것, 에고(ego) 안에서
사는 것과 '양자 자아(quantum self)' 안에서 사는 것의 양 극단 사이에서 중용
의 균형 잡힌 삶을 사는 것이다.[58]

고스와미는 의식의 진화가 현실 세상으로 나타나는 데 도움이 되는 것은
균형 잡힌 행동(balancing act)이라고 말한다. 퀀텀 행동주의자의 길은 인간의
삶을 물질적인 것에 편중된 것으로 보는 유물론자들과 영적인 것에 큰 비
중을 두는 전통적인 영적 추구자들, 이 둘의 중도(middle path)이다. 신비체
와 영이 중시되는 것만큼 표상들을 만들어내는 물질도 중시된다. 일반적으

로 정신적 건강은 '병적인(pathological)', '정상적인(normal)', 그리고 '긍정적인 (positive)' 상태라는 세 가지 범주로 분류된다. 심리치료사들은 주로 병적인 상태를 정상적인 상태로 바꿀 필요가 있는 환자들을 다룬다. 정상적인 정신 상태는 정상적인 에고 유지(ego-sustaining) 활동 및 인간관계 유지가 가능하며 감정적으로 상당히 균형 잡힌 상태로 정의된다. 긍정적인 정신 상태는 지속적인 행복감과 창조력, 독립성과 무조건적 사랑 및 유머 감각 등을 지닌 사람이 누리는 것이다. 정상적인 정신건강으로부터 긍정적인 정신건강으로 끌어올릴 잠재력은 누구나 가지고 있으며, 그것이 자기 성장의 핵심이고 퀀텀 행동주의자들에게는 하나의 특권이다.[59]

인간은 더 이상 에고 항상성(ego-homeostasis)이라는 현재 상황에 만족하지 않으며, 삶의 의미에 관한 탐구는 자아 탐구(self-inquiry), 나아가 의식 그 자체의 본질에 관한 탐구로 이어진다. 고스와미에 의하면 퀀텀 행동주의자에게는 그 어떤 세계관의 충돌은 없으며, 그들이 관심을 기울이는 것은 '물질적 총체와 신비체의 균형을 잡는 것(balancing the gross and the subtle)'이다. 의식이 현실 세계로 나타남에 있어 총체와 신비체는 둘 다 중요하다. 퀀텀 행동주의자는 일상적인 삶에서도 영성에 관여하며 자선으로서 사랑을 탐구하고 다른 사람들에게 봉사한다. 퀀텀 행동주의자에게는 기쁨(pleasure)과 행복(happiness)의 차이를 알아야 할 의무가 있다. 즉 기쁨은 언젠가는 우리와 분리되지만, 행복은 언제나 온전함의 결과라는 것이다.[60] 모든 사람이 추구하는 최고선을 아리스토텔레스(Aristotle)는 '행복(eudaimonia, happiness)'이라고 불렀다. 행복은 완전한 선, 완전한 목적이며, 또한 자족적인 선, 자족적인 목적인 까닭에 행복 때문에 길을 잃지는 않는다.

퀀텀 행동주의자들에게 가장 중요한 것은 느낌, 사고(thinking), 직관(intuition)이라는 '다양한 신비체적 영역들을 균형 있게 하는 것(balancing the various subtle domains)'이라고 고스와미는 강조한다. 유물론자에게는 사고가 모든 것이며 합리성이 최고의 가치다. 신비주의자들은 합리적 차원과 직관적 차원 모두를 포용하지만, 외적 창조성을 경시하는 경향이 있다. 하지만 퀀텀 행동주의자들은 자신의 삶 속에서 외적 및 내적 창조성을 두루 조화시켜야 하며, 둘 다 인간의 진화를 위해 중요하다. 퀀텀 행동주의자들에게 있어 가장 커다란 도전은 부정적인 감정들을 긍정적인 감정들로 변형시키는 정서적 지성(emotional intelligence)을 성취하는 것이라고 고스와미는 주장한다. 퀀텀 행동주의자들의 과제는 정신(mind)의 영역들과 비육체적인 생기(vital energies)의 영역들 안에서 일어나는 창조 프로세스에 동시에 관여하는 것이며, 그것이 바로 무조건적 사랑(unconditional love)의 실천이라는 것이다.[61]

퀀텀 행동주의자들은 '의식의 상태들을 균형 있게 하는 것(balancing the states of consciousness)'에 관심을 기울인다. 그들은 초월적인 의식 상태인 사마디(samadhi)에 관심을 가질 뿐만 아니라 창조적 경험에서 얻은 통찰(insight)에도 관심을 가지고 있다. 고스와미는 깨어 있는 자각(waking awareness)뿐만 아니라 꿈들도 자기 성장을 위해서나 영적 변형(spiritual transformation)을 위해서 활용될 수 있으며, 특히 원형적 꿈들(archetypal dreams)에 가장 많은 주의를 기울여야 한다고 본다. 우리는 각자의 삶 속에 가지고 온 원형적 학습 의제(learning agenda)가 있으며, 그것에 따라 스스로 인과법칙적(karmic) 성향들을 선택한다. 따라서 퀀텀 행동주의자들은 자신이 타고난 인과법칙적 성향들에 주의를 기울여서 자신의 삶 속에 가지고 온 학습 의제를 완수하기 위해 그 성향들을 활용해야 한다는 것이다. 이러한 방식으로 우리는 자유롭게 의식의 진화적 운동에 기여할 수 있게 된다.[62]

고스와미에 의하면 많은 사람들이 일상적인 삶에서 '선한' 사람이 되려고 하는 것은 소명으로서 경험하며 따라야 하는 진화적 압력(evolutionary pressure) 때문이다. 그는 윤리의 기초를 진화라는 과학적인 개념에 두고 있다. 그가 제시하는 진화론적 윤리(evolutionary ethics)란 윤리적 행위들이 사람들의 창조성(creativity)을 극대화시키는 것에서 한 걸음 더 나아가 모든 인간 존재의 진화적 잠재력(evolutionary potential)을 극대화시키는 것이다. 이어 그는 환경과의 올바른 관계(right relationship with the environment) 설정을 강조하며 진정한 '가이아 의식(Gaia consciousness)' 안으로 도약할 것을 촉구한다. 그러한 도약을 하면 하나의 놀라운 사실을 깨닫게 된다는 것이다. 즉 "나는 선택한다. 그러므로 나는 존재한다. 그리고 나의 세상도 존재한다(I choose, therefore I am, and my world is).

마지막으로 그는 퀀텀 행동주의자의 액션플랜과 관련하여 카르마 요가(karma yoga)에 대해 설명한다. 카르마 요가는 이기심이 없는 봉사를 함으로써 실생활 속에서의 영적 수행에 이용되는 것이다. 퀀텀 행동주의자들에게 카르마 요가는 의식의 진화와 더불어 세상에 대한 이기심이 없는 봉사로 확장되는 것이다. 따라서 그는 올바른 행동(right action)과 올바른 생활(right livelyhood)을 강조하며 '우리 사회에 의미를 회복시킬 것(bringing meaning back into our society)'을 주문한다. 우리가 신뢰하는 사회적 제도들 안에서 '의미'를 회복시키는 것, 그것이 퀀텀 행동주의의 핵심 목표 중의 하나라는 것이다. 우리 실생활의 상황이 어떠하든지 간에 그러한 목표는 권력의 추구를 의미의 추구로 되돌릴 목적을 가지고 퀀텀 행동주의를 위한 카르마 요가를 수행할 수 있는 풍부한 기회를 제공하게 되리라는 것이다.[63]

고스와미는 하향적 인과관계(downward causation)라는 가설에 의해 양자 의식(quantum consciousness)과 신을 동일시하며 '의식의 우선성'을 토대로 퀀텀 행동주의를 도출해냈다. 제2장 3절에서 살펴보았듯이, 포스트 물질주의 과학을 대표하는 양자물리학은 '양자 신(quantum God)' 또는 '양자 자아(quantum

self'로 지칭되는 양자 개념에 기초해 있는 까닭에 의식 또는 영성과의 접합
은 필수적이다. 고스와미는 양자 의식인 신을 알지 못하고서는 우리 자신을
이해할 수 없다고 했다. 여기서 우리는 보이지 않는 양자 세계가 양자물리
학의 미시세계에만 국한된 세계가 아니라 바로 우리 자신의 참자아의 세계
이며 '내적 자아'의 영역임을 환기시킬 필요가 있다. 양자 의식인 신은 곧 참
자아이며 보편적 실재로서의 '나'이므로 양자 의식인 신을 알지 못하면 우리
자신을 이해할 수 없는 것은 당연하다. 이제 우리에게 주어진 소명은 물질
패러다임으로부터 양자 패러다임으로의 변환을 통해 참자아의 자각적 주체
로서 인류 사회의 공진화에 동참하는 것이다. 이는 곧 호모커넥투스의 본질
적 특성인 연결성·소통성·능동성을 물리 세계에 구현하는 것이다.

호모커넥투스와
복잡계의 진화

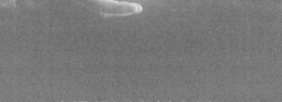

"최소한 인간에 관한 한…마음은 물질(특히 우리의 두뇌)을 통해 표현된다는 점에 우리 모두는 동의한다. 양자가 주는 교훈은 물질이 오직 마음과 연계해서만 구체적이고 명료한 존재성을 달성할 수 있다는 것이다. 만일 마음이 '물질'이 아니라 '패턴'이라면 분명히 마음은 다양한 모습으로 자신을 표현할 수 있다."

"We are all agreed that, at least insofar as human beings are concerned,…mind finds expression through matter(specifically our brains). The lesson of the quantum is that matter can only achieve concrete, well-defined existence in conjunction with mind. Clearly, if mind is *pattern* rather than *substance*, then it is capable of many different representations."

- Paul Davies, "The Mind-Body Problem and Quantum Theory," in *Proceedings of the Symposium on Consciousness and Survival*(1985)

04

실재를 향한 현대 과학의 여정

물질의 구조와 정신의 구조 사이에 명백한 유사성이 있다고 하는 것은, 원자물리학에서는 인간의 의식이 관찰 과정에서 결정적 역할을 할 뿐 아니라 상당한 정도로 관찰된 현상의 특성을 결정하기 때문이다. 말하자면 원자물리학에서 관찰된 현상은 관찰과 측정 과정 사이의 상관관계로서만 이해될 수 있다. 영성과 물성이 하나임을 인식하는 주체는 마음인 까닭에 영성과 물성을 가교하는 마음의 메커니즘을 이해하면 우주의 비밀에 한 발짝 더 다가설 수 있게 된다. 비국소적 영역, 즉 궁극적인 '영(Spirit)'의 영역은 국소적 영역과 분리된 것이 아니라 감각과 이성의 영역을 포괄하면서 초월한다. 비국소성 또는 비분리성은 양자적 실재의 본질이며, 이는 곧 우리 참자아의 본질이다. 모든 것은 '절대영(Spirit)'의 자기현현이다. 극도로 분절되어 있는 현 세계가 필요로 하는 것은 순수한 전일적 양태로 이들을 다시 통합할 수 있는 비전이다. 과학혁명은 패러다임의 변환과 연계되어 있고 패러다임 변환은 사회구조 변화와 맞물려 의식의 진화를 위한 최적 조건의 창출과 관계된다.

- 본문 중에서

실재를 향한 현대 과학의 여정

> 지식의 흐름이 비기계론적 실재를 향하고 있다. 우주는 거대한 기계가 아니라
> 거대한 사상(思想)과 같이 되기 시작했다.
> The stream of knowledge is heading towards a non-mechanical reality; the
> universe begins to look more like a great thought than like a great machine.
>
> - James Jeans, *The Mysterious Universe*(1930)

유기체적 우주관과 양자적 실재

현대 물리학의 실재관은 이 우주가 부분들의 단순한 조합이 아니라 유기적 통일체이며 우주만물은 개별적 실체성을 갖지 않고 단일 연속체의 흐름 속에서만 파악될 수 있다고 본다. 말하자면 현대 물리학은 이 우주가 불가분의 역동적인 전체이며 독립적인 최소 단위로 분해될 수 없다고 봄으로써 실재관의 혁명적 변화를 가져왔다. 닐스 보어는 "고립된 물질 입자란 추상적 개념이며 이들의 속성은 다른 체계와의 상호작용을 통해서만 정의될 수 있고 관찰될 수 있다"[1]라고 함으로써 이 우주가 상호연결된 관계의 망(網)이며 분리성은 실재하지 않는 것임을 분명히 했다. 한마디로 실재의 본질은 연결성이다. 이러한 현대 물리학의 전일적이며 유기론적인 실재관은 영국의 양자물리학자 데이비드 봄(David Bohm)과 바질 힐리(Basil J. Hiley)의 다음 글에서도 명료하게 드러난다.

전자는 흩어져 있는 것이 아니다. 왜냐하면 양자포텐셜(파동)의 작용을 통해 전

체계가 조직성 없는 군중이 아니라 발레 무용수들처럼 조화롭게 움직이고 있기 때문이다. …이러한 움직임이 보여주는 양자적 전일성은 기계의 부품들을 조립해서 얻는 통일성이라기보다는 생명체 각 부분들의 기능이 보여주는 유기적 통일성에 더 가깝다.

…electrons are not scattered because, through the action of the quantum potential, the whole system is undergoing a co-ordinated movement more like a ballet dance than like a crowd of unorganized people. …such quantum wholeness of activity is closer to the organized unity of functioning of the parts of a living being than it is to the kind of unity that is obtained by putting together the parts of a machine.[2]

전 우주의 불가분적인 양자적 상호연결성이 근본적 실재이고, 상대적으로 독립하여 행동하는 부분들은 단지 이 전체 내의 특수한 우연적인 형태이다.

"…inseparable quantum interconnectedness of the whole universe is the fundamental reality, and that relatively independently behaving parts are merely particular and contingent forms within this whole.[3]

물질의 최소 단위를 알면 우주 전체를 이해할 수 있다는 라플라스(Pierre Simon de Laplace)*의 결정론적 세계관은 근대적 사유를 표징하는 것이었다. 그러나 20세기에 들어와 원자와 아(亞)원자 세계에 대한 탐구로 물질, 시간,

---

* 프랑스의 천문학자이자 수학자인 라플라스는 뉴턴역학과 요하네스 케플러 (Johannes Kepler)의 행성의 운동에 관한 3개의 법칙 등에 힘입어 『천체역학 celestial mechanics』(5 vols. 1799~1825)을 완성하였다. 근대적 사유의 특성은 그의 결정론적 세계관 속에 잘 함축되어 있다.

공간, 인과율과 같은 고전 물리학의 기본 개념에 대한 근본적인 수정이 불가피해지면서, 결정론적 세계관은 서서히 빛을 잃고 비결정론적인 관점으로 대체된다. 아인슈타인의 상대성이론과 양자론에 이르러 데카르트적 분리(Cartesian division)와 뉴턴의 3차원적 절대 시공(時空)의 개념은 폐기되고 4차원의 '시공' 연속체가 형성되어 우주는 본질적으로 역동적이며 불가분적인 전체로서, 정신적인 동시에 물질적인 하나의 실재로서 인식되게 된 것이다. 1920년대 중반에 들어 '부분의 단순한 합으로는 전체를 이해할 수 없다'는 주장4이 나타나면서 결정론적 세계관에 기초한 뉴턴의 고전역학은 양자역학(quantum mechanics)이라는 새로운 패러다임으로 전환된다.

처음으로 양자 개념을 도입해 양자역학(광의로는 양자론)의 효시로 알려진 막스 플랑크의 양자가설(quantum hypothesis, 1900)에 이어, 빛의 입자성에 기초한 광양자가설(photon hypothesis)로 설명되는 아인슈타인의 광전효과(photoelectric effect, 1905), 그리고 결정적으로는 하이젠베르크의 행렬역학(matrix mechanics, 1925)과 슈뢰딩거의 파동역학(wave mechanics, 1926)에 이르러 양자역학이라는 새로운 패러다임으로 전환된 것이다. 1927년 하이젠베르크가 전자의 속도 및 위치에 관한 불확정성 원리(uncertainty principle)를 통해 미시적 양자 세계에서의 근원적 비예측성(unpredictability)을 입증하면서 결정론적 세계관은 결정적으로 빛을 잃게 되고 그에 따라 물리 세계는 인식론적 차원에서도 비결정론적이고 통계적인 것으로 변환된다. '나비효과(butterfly effect)'5를 비롯해 카오스이론(chaos theory) 등 복잡계(complex system) 과학은 이러한 불확실성에 근거한 것이다. 하이젠베르크의 불확정성 원리는 빛[전자기파]의 파동-입자의 이중성에 관한 보어의 상보성 원리와 결합하여 양자역학의 코펜하겐 해석을 낳는다.

현대 물리학의 두 개의 기본 이론은 상대성이론과 양자론(양자역학)이다.

양자론이 20세기 초의 약 30년간 물리학자 집단에 의해 완성된 것이라면, 상대성이론은 아인슈타인 한 사람의 기념비적인 지적 업적이다. 1905년에 아인슈타인은 과학 사조의 혁명적 전환을 가져올 두 개의 논문을 출판하게 되는데, 특수상대성이론과 전자기 복사(electromagnetic radiation)에 대한 새로운 고찰 방법이 그것이다. 10년 후 그는 일반상대성이론을 발표했다. 특수상대성이론은 뉴턴역학 이래 물리학의 대전제였던 시공간의 절대성을 부정하고 그 상대성을 적극적으로 밝힌 것으로 질량-에너지 등가원리 관계식 ($E=mc^2$)*으로 나타난다. 일반상대성이론은 특수상대성이론에서 밝힌 자연법칙의 절대성과 시공간의 상대성 개념을 강화하고 아울러 시공간이 물질의 존재와 밀접한 관련을 맺고 있음을 밝힌 것이다. 일반상대성이론은 중력이 다른 힘들과 같은 힘이 아니며, 시공간이 그 속의 에너지와 질량의 분포에 따라 구부러지거나 '휘어져' 있기 때문에 발생하는 결과라는 혁명적인 주장에 기초하고 있다.

다음으로 원자 현상의 이론인 양자론은 "아원자 입자가 고립된 물질의 알갱이가 아니라 확률 패턴이며, 분리할 수 없는 우주적 그물 속의 상호 연결이고 그 그물 속에는 관찰자와 그의 의식도 포함되어 있다"[6]는 것을 보여준다. 현대 물리학의 전일적 실재관은 이 우주가 분할할 수 없는 역동적인 전

---

* 이 관계식은 모든 질량이 그에 상응하는 에너지를 가지고 모든 에너지 또한 그에 상응하는 질량을 가지며, 에너지가 질량으로 변환될 수 있고 질량 또한 에너지로 변환될 수 있다는 것이 핵심이다. 등가원리는 관성질량과 중력질량이 동일할 경우에만 성립한다. 왜냐하면 두 종류의 질량이 동일하면 중력장에 있는 모든 물체가 그 질량에 상관없이 동일한 속도로 떨어질 것이기 때문이다. 질량 보존의 법칙과 에너지 보존의 법칙을 하나로 묶는 질량-에너지 등가 개념은 물질의 궁극적 본질이 비물질과 하나임을 보여주는 것이다. 말하자면 물질의 입자는 고밀도로 농축된 작은 에너지 다발이다. 질량을 에너지의 한 형태로 본 그의 입자관은 우리의 물질상에 심대한 영향을 끼침으로써 정신세계에 대한 깊은 통찰을 환기시켰다.

체이며 각 부분은 본질적으로 상호 연결되어 있고 우주적 과정의 패턴으로서만 이해될 수 있다고 보는 것이다. 이러한 현대 물리학의 실재관은 실재(reality)를 변화의 과정 그 자체로 본 화이트헤드(Alfred North Whitehead)의 과정철학(process philosophy 또는 philosophy of organism)[7]과 같은 맥락 속에 있다. 기존 철학의 실체 개념을 대체하는 화이트헤드의 '현실적 존재(actual entity)'는 과정 속에서의 유기적 관계에 의해 구체화가 가능하므로 흐름으로 보면 과정이지만 관계로 보면 유기체라는 것이다. 아원자 입자는 분리된 실체가 아닌 상호관계성을 통해 이해되어야 한다고 카프라는 말한다. 말하자면 분리성으로부터 관계성으로의 변환이다.

> 아원자 수준에서는 전체의 부분 상호 간의 관계성과 상호작용이 부분 그 자체보다 더 근본적이다. 움직임은 있으나 궁극적으로 움직이는 물체는 없다. 활동은 있으나 배우는 없다. 춤추는 자는 없고 오직 춤만이 있을 뿐이다.
>
> At the subatomic level the interrelations and interactions between the parts of the whole are more fundamental than the parts themselves. There is motion but there are, ultimately, no moving objects; there is activity but there are no actors; there are no dancers, there is only the dance.[8]

일반상대성이론은 시간과 공간에 대한 새로운 이해와 더불어 우리의 우주관에도 혁명적 변화를 일으켰다. 본질적으로 변하지 않는다고 생각한 우주 개념이 역동적으로 팽창하는 우주 개념으로 대체된 것이다. 오늘날 과학자들은 일반상대성이론과 양자역학(양자론)으로 우주를 기술한다. 일반상대성이론은 중력과 우주의 거시적 구조를 기술한다. 즉 이 이론은 단 몇 마일 규모에서부터 관찰할 수 있는 우주의 크기인 100만 마일의 100만 배의

100만 배의 100만 배 규모까지의 구조를 다룬다. 반면, 양자역학은 1인치의 100만분의 1의 100만분의 1처럼 극도로 미시적 규모의 현상들을 다룬다. 그러나 이 두 이론은 상호 모순되기 때문에 오늘날 물리학에서는 두 이론을 통합하는 새로운 이론, 즉 양자중력이론(quantum theory of gravity)을 탐색하고 있다.[9]

전자 발견과 원자핵 발견이 20세기 전자 시대와 핵에너지 시대의 개막으로 이어진 데서도 알 수 있듯이, 오늘날 우리가 겪고 있는 양자혁명(quantum revolution)은 원자 현상의 이론인 양자론에 기초한 것이다. 따라서 원자론에 대해 간략하게 고찰할 필요가 있다. 현대 원자론은 당대 최고의 물리학자로 꼽히던 조지프 존 톰슨(Sir Joseph John Thomson)의 음극선 실험을 통한 전자 발견(1897)과 '핵물리학의 아버지'로 불리는 어니스트 러더퍼드(Ernest Rutherford)의 알파(α) 입자 산란 실험을 통한 원자핵(양성자) 발견(1911) 및 최초의 인위적 원소 변환 실현(1919)으로부터 시작되었다. 이후 영국의 물리학자 제임스 채드윅(Sir James Chadwick)의 중성자 발견(1932), 미국의 물리학자 엔리코 페르미(Enrico Fermi)의 중성자에 의한 핵변환을 통한 인공 방사성 동위원소 제조 및 핵분열 연구 개막(1934~1938), 핵자(核子) 이동설을 제시한 유카와 히데키(湯川秀樹, Yukawa Hideki)의 중간자 이론(1935), 보어·하이젠베르크·보른·슈뢰딩거·파울리·디랙 등에 의한 20세기 양자물리학의 발전, 그리고 상온 핵융합과 원소 변환 등 19세기 말 이후 본격화된 원소 변성에 관한 이론의 전개 과정은 우주의 비밀에 한 발짝 더 다가설 수 있게 한다.

우주의 구성요소인 원자들이 나타내는 물리·화학적 성질을 설명하기 위해 제시된 원자 모형은 계속해서 새로운 모형으로 대체되어 왔고 또 앞으로도 그럴 전망이다. 기원전 5세기경 고대 그리스의 데모크리토스(Democritus)

는 모든 물질이 더 이상 쪼개지지 않는 원자(atom)로 구성돼 있다고 생각했다. 이러한 그의 원자론은 19세기 들어 화학적 원자론을 창시한 존 돌턴(John Dalton)에 의해 재발견된다. 최초의 원자 모형인 돌턴의 원자 모형은 더 이상 쪼개지지 않는 원자라는 가장 작은 알갱이로 이뤄진 모형이었으나, 톰슨의 전자 발견에 따라 양전하를 띤 원자 속에 음전하를 띤 전자가 박혀 있는 '플럼-푸딩 모형(plum-pudding model)'으로 대체됐다. 또한 톰슨의 원자 모형은 러더퍼드의 원자핵 발견에 따라 양전하를 띤 원자핵 주위를 전자들이 돌고 있는 '행성 모형(planetary model)'으로 대체됐고, 이는 다시 원자핵 주위의 전자가 가지는 물리량이 양자화되어 있다는 착상에 근거한 보어의 '궤도 모형(orbit model)'으로 대체됐으며, 이는 또다시 원자핵 주위에 확률적으로 분포하는 전자구름을 파동함수로 나타낸 현대의 '전자구름 모형(electron cloud model)'으로 대체됐다.[10]

여기서 '전자구름'이라고 한 것은 원자핵 주위를 돌고 있는 전자의 공간적 분포 상태가 양자장(quantum field)이 작용하는 차원에서는 비국소성(nonlocality, 초공간성)의 원리에 따라 위치라는 것이 더 이상 존재하지 않으므로 이를 구름에 비유한 것이다. 바로 이 비국소성이 양자적 실재(quantum reality)의 본질이다. 공간적으로 떨어져 있는 사건들이 에너지 신호로 연결되는 국소적 관계와는 달리, 비국소적 연결은 매개체 없이 즉각적으로 연결되며 서로의 관련성은 감소되지 않는다. 원자 현상은 전체에 대한 각 부분의 연결성에 의해 결정되므로 부분은 전체의 영향 아래에 놓이게 된다. 따라서 양자론에서는 개개의 사건이 확실한 원인을 가지는 것이 아니므로 단지 확률을 예측할 수 있을 뿐이다. 예컨대, 전자가 관찰되거나 측정되는 순간에 '파동함수의 붕괴'로 대표되는 양자도약(quantum leap or quantum jump)이 일어나는데, 그러한 양자도약은 전자들이 연속적인 궤도 안에서 핵 주변을 회전하다가 매우 불연속적인 방식으로 특정 궤도를 거치지 않고 즉각 도약하는 것이므로 정확한 예측을 할 수 없는 것이다.

확률은 고전 물리학과 양자물리학에서 모두 사용된다. 정확한 예측을 할 수 없는 것은 '숨겨진' 변수(hidden variables) 때문이다. 고전 물리학에서의 '숨겨진' 변수가 국소적 메커니즘인 것과는 달리, 양자물리학의 그것은 비국소적이며 즉각적인 관계이다. 아원자 입자의 모든 부분의 행동은 전체와의 비국소적 연결에 의해 결정되며, 이 연결을 정확히 알 수 없기 때문에 협의의 고전적 인과 개념은 광의의 통계적 인과율(statistical causality)의 개념으로 대치해야 한다고 카프라는 말한다. "원자물리학의 법칙은 통계적인 법칙이며, 이 법칙에 따라 전체 시스템의 역학이 원자 사건의 확률을 결정한다. 고전 역학에서는 부분의 성질과 행동이 전체의 성질과 행동을 결정하지만, 양자 역학에서는 부분의 행동을 결정하는 것은 전체다. 비국소성과 통계적 인과율의 개념은 물질의 구조가 기계적이 아니라는 것을 명확하게 시사한다."[11]

물질의 구조와 정신의 구조 사이에 명백한 유사성이 있다고 하는 것은, 원자물리학에서는 인간의 의식이 관찰 과정에서 결정적 역할을 할 뿐 아니라 상당한 정도로 관찰된 현상의 특성을 결정하기 때문이다. 말하자면 원자물리학에서 관찰된 현상은 관찰과 측정 과정 사이의 상관관계로서만 이해될 수 있다. 그래서 데이비드 봄은 그의 양자이론 텍스트에서 양자 과정(quantum processes)과 사상 과정(thought processes) 사이의 유사성에 대해 흥미 있는 고찰을 한 바 있다. 카프라에 의하면 양자론의 중대한 특성은 관찰자가 원자 현상의 성질을 관찰하기 위해서뿐만 아니라 그러한 성질을 가져오기 위해서도 필요하다는 것이다. 전자는 내 마음과 무관한 객관적 성질을 가지고 있는 것이 아니라, 전자를 어떻게 관찰할 것인가 하는 나의 의식적 결정이 어느 정도 전자의 성질을 결정하는 것이라고 그는 말한다.

내가 만일 입자 질문을 하면 입자 대답을 내게 줄 것이고, 파동 질문을 하면 파동 대답을 줄 것이다. 원자물리학에서는 정신과 물질, 관찰자와 피관찰자 간의 예리한 데카르트적 분리가 더 이상 유지되지 않는다. 동시에 우리 자신에 대해 말하지 않고서는 결코 자연에 대해 말할 수 없다.

If I ask it(an electron) a particle question, it will give me a particle answer; if I ask it a wave question, it will give me a wave answer.…In atomic physics the sharp Cartesian division between mind and matter, between the observer and the observed, can no longer be maintained. We can never speak about nature without, at the same time, speaking about ourselves.[12]

'우리 자신에 대해 말하지 않고서는 결코 자연에 대해 말할 수 없다'고 한 카프라의 말은 아미트 고스와미의 다음 말을 연상케 한다. "우리가 우리 자신의 의식을 이해할 때 우주 또한 이해하게 될 것이고, 우리와 우주 사이의 분리는 사라질 것이다."[13] 인간과 우주의 분리는 의식과 물질의 분리에 기인한다. 모든 것이 물질이라는 것을 기본적인 공리로 받아들이는 물질주의 과학(materialistic science)에서는 과학과 의식의 통섭이 일어날 수가 없다. 포스트 물질주의 패러다임(post-materialist paradigm, PMP)을 기용하는 포스트 물질주의 과학에서는 양자적 실재의 본질인 비국소성[초공간성, 비분리성]을 바탕으로 하고 있는 까닭에 과학과 의식 또는 영성과의 접합은 필수적이다. 생명을 단순히 물질적 껍질로 보는 정신·물질 이원론으로는 생명의 전일적 흐름(holomovement)을 파악할 수 없으므로 하늘과 사람과 만물을 공경하는 실천적 삶을 기대하기 어렵다. 의미, 윤리, 그리고 가치관들을 우선시하는 포스트 물질주의 과학에 우리가 주목하는 이유다.

물질주의 과학의 이데올로기화 내지는 도그마화가 초래한 몰가치적(value free) 성향으로 인해 생명 위기와 총체적인 인간 실존의 위기에 봉착한 인류 문명의 대변곡점에서, 포스트 물질주의 과학으로의 전환이 시사하는 바는 실로 심대하다. 이 책에서 신과학이라는 용어보다 포스트 물질주의 과학이라는 용어를 선호하는 것도 물질주의 과학과의 극명한 대비를 통해 그 의미를 명료하게 드러내기 위한 것이다. 현대 물리학의 전일적 실재관의 특성은 양자물리학 외에도 양자의학, 양자생물학, 게슈탈트 심리학, 신경생리학, 홀로그램 모델, 복잡계 이론, 생태이론 등에서 광범하게 나타나고 있는데, 그 핵심은 부분들이 상호작용하는 관계에 있고 전체의 본질은 항상 부분의 단순한 합과는 다르다는 것이다. 그리하여 현대 과학의 전일적 실재관과 생태 담론 및 포스트모더니즘(postmodernism) 사조가 전 지구적으로 확산되면서 이원론적 세계관의 해체(deconstruction)를 둘러싼 담론이 불붙게 되는데, 이는 곧 의식계와 물질계의 유기적 통합성을 보여주는 것이다.

환원주의적인 데카르트적 접근법의 명확한 한계는 특히 생명체에 대한 연구에서 드러난다. 오늘날 대부분의 생물학자들이 해결하지 못하는 문제는 전체로서의 생명체의 기능과 환경과의 상호작용과 관련된 것이다. 세포와 분자의 메커니즘에 대한 방대한 지식을 가지고도, 어떻게 우리가 숨 쉬고 체온을 조절하고 소화하며 우리의 주의를 집중시키는지 그 통합적인 활동에 대해서는 알지 못한다. 또한 신경세포 뉴런(neuron)이 어떻게 상호작용하는지, 즉 어떻게 전체 조직의 기능과 스스로를 통합시키는지를 이해하지 못하고 있다. 상처의 치유에 대해서도 통증의 본질과 전달경로 등 대부분은 규명되지 못하고 있다. 통합적인 활동의 극단적인 예로는 태아의 형성과 발달을 들 수 있다. 태아 발생은 그 과정에서 각 세포의 환경과의 상호작용이 결정적인 역할을 하며, 전체 현상은 전체 유기체의 통합적인 조정 활동의 결과이다. 이는 환원주의적 방법으로 접근하기에는 너무나 복잡한 과정이어서 생물학적 연구에 있어서는 전혀 성과가 없는 주제이다.[14]

양자물리학을 생물학에 접목시킨 대표적인 인물로는 러시아계 미국인 양자생물학자 글렌 라인(Glen Rein)을 들 수 있다. 그는 데이비드 봄의 양자이론을 생물학에 접목시켰지만 그 내용은 양자의학과 본질적으로 다르지 않다. 그에 의하면 생물은 몸과 마음의 이중구조로 되어 있고, 몸은 다시 '눈에 보이는 부분(explicate order)'과 '눈에 보이지 않는 부분(implicate order)'으로 되어 있다. 말하자면 생물의 몸은 장기, 조직, 세포, 분자 등과 같이 '눈에 보이는 부분'이 있는가 하면, 원자 이하의 전자, 양성자 및 중성자, 에너지, 파동 그리고 초양자장과 같이 '눈에 보이지 않는 부분'이 있다. 그리고 마음은 반드시 뇌에 위치하는 것이 아니라 몸의 공간과 겹치면서 중첩적으로 존재한다. 그는 눈에 보이지 않는 육체에 대해 정보-에너지장(information-energy field)이라는 용어를 사용했는데, 수학적으로는 미세 파동(subtle wave)이라고 하는 것이다. 이처럼 생물은 눈에 보이는 육체(physical body), 정보-에너지장 그리고 마음(mind)이라는 삼중구조로 이루어져 있다는 것이 라인의 양자생물학(quantum biology)의 핵심이다.

데이비드 봄의 양자이론과 글렌 라인의 양자생물학을 의학에 접목시킨 양자의학(quantum medicine)에서는 인간의 의식 활동을 뇌에서 일어나는 양자의 확률로 설명할 수는 없기 때문에―신경생리학자 칼 프리브램은 인식의 주체가 뇌가 아니라 마음이라고 했다―코펜하겐 해석의 불확정성 원리는 인체에 적용될 수 없다고 본다. 봄의 양자이론이 인체에 적용하기에 안성맞춤인 이유는 다음 몇 가지로 설명된다. '봄의 양자이론은 미시세계와 거시세계를 하나의 일관된 이론으로 설명할 수 있으며, 인체를 구성하는 양자계(양성자, 중성자, 전자 등), 분자, 세포, 조직 및 장기의 이중구조를 설명할 수 있다.

또한 봄의 양자이론은 인간의 마음이나 감정도 실체로 인정하기 때문에 마음을 양자이론으로 설명할 수 있으며, 몸과 마음의 연결(mind-body connection)에 대해서 과학적인 설명을 할 수 있고, 무엇보다 봄의 양자이론을 임상에 적용했을 때 효용가치가 매우 높다'[15]는 것이다. 이러한 봄의 양자이론은 향후 과학사상의 발전을 추동하는 기제로서 작용할 수 있을 것이다.

양자의학은 인체를 구성하는 세 가지 구조, 즉 눈에 보이는 물리적 구조인 육체, 눈에 보이지 않는 비물리적 구조인 정보-에너지장 그리고 정신적 구조인 마음 가운데 육체를 다루는 생의학(biomedicine, 精), 에너지장을 다루는 정보-에너지 의학(information-energy medicine, 氣), 마음을 다루는 심성의학(mind medicine, 神), 이 세 가지를 통합적으로 다루는 통합 의학이다. 양자의학에서는 인간을 포함한 생명체들을 구성하는 분자, 세포, 조직 및 장기는 각각 입자적 구조와 파동적 구조라는 이중구조로 되어 있다고 본다. 파동적 구조는 봄 이론의 핵심 개념인 '양자포텐셜(quantum potential)' 또는 '양자파동장(quantum wave field)'이다.[16] 말하자면 육체를 구성하는 장기, 조직, 세포 및 분자 등은 마음과 마찬가지로 소립자, 에너지, 파동 그리고 초양자장 등을 갖추고 있어 몸과 마음은 그 질료가 동일하고 상호연결되어 있다고 본다. 몸을 구성하는 에너지장은 비국소성을 띠며 시공을 초월하여 하나의 장으로 연결되어 있다고 생각한다. 또한 인체를 '열린계(open system)'로 보고 인체의 초양자 포텐셜이 우주의 초양자 포텐셜과 유기적으로 연결되어 있다고 본다.

양자의학에서는 생명의 시작이 난자, 정자 그리고 '정신적 요소' 등 삼합(三合)에 의해 이루어지며, 그 가운데 '정신적 요소'가 유전자 프로그램을 조율하는 최종 인자라고 생각한다. 호주의 시드니 대학 정신과 교수인 그라함 패란트(Graham Farrant)는 사람의 기억을 수정하는 순간까지 퇴행시키는 특별한 방법을 개발하여 정자와 난자 이외에 제3의 요소인 '영혼'이 합류된다는 사실을 발견했다. 이때 영혼이란 죽은 사람의 의식체(意識體)를 말하며, 수정란이 어떤 방향으로 분화하여 어떤 개체를 형성하는가는 수정란의 배후 인자인 영혼에 의해 좌우된다고 하였다. 따라서 인간의 탄생은 세포로는 부모의 분신이지만, 정신으로는 진화의 모든 재능이 축적된 것이 나타나는 것이라고 했다.[17] 영국의 이론물리학자이며 심리학자인 피터 러셀(Peter Russell)은 의식은 두뇌와는 별개로 진화를 거듭하며, 마음 또한 진화를 하는 것이라고 했다.

현대 과학의 생명사상은 생명의 자기조직화(self-organization) 원리로 설명된다. 이는 네트워크 과학에서 네트워크가 상호작용하며 스스로 만들어내는 다양한 패턴을 '자기조직화'라고 명명하는 것과 유사하다. 자기조직화의 경계는 주체와 객체의 이분법이 폐기된 '참여하는 우주'의 경계이므로 창조하는 주체도 없고 창조되는 객체도 없다. 말하자면 생명의 시스템적 속성에서 자기조직화가 일어나는 것이다. 우주의 본질인 생명은 만물이 만물일 수 있게 하는 제1원인(神·天·靈)이다. 우주 지성(性)·에너지(命)·질료(精)는 제1원인의 삼위일체로서 유일자인 생명의 세 기능적 측면을 나타낸 것이다. 말하자면 생명은 물질과 에너지의 패턴이라는 기본 구조 속에 우주 지성(정보)이 내재한 것이다. 생명은 심리적·물리적 통합체일 뿐만 아니라 정신적·영적 통합체이다. 따라서 창조냐 진화냐 하는 이분법적인 접근으로는 생명의 기원을 적절하게 설명할 수가 없다.

1977년 노벨 화학상을 수상한 벨기에의 물리화학자 일리야 프리고진(Ilya Prigogine)은 일체 생명 현상과 거시세계의 진화, 그리고 세계의 변혁을 복잡계의 '산일구조(散逸構造 또는 消散構造, dissipative structure)'에서 발생하는 자기조직화[18]로 설명한다. 그가 카오스이론에서 밝히고 있듯이 비평형의 열린 시스템에서는 자동촉매작용(autocatalysis)에 따른 비선형(non-linear) 피드백 과정에 의해 증폭된 미시적 요동(fluctuation)의 결과로 엔트로피가 감소하면서 새로운 구조로의 도약이 가능하다고 한다. 그렇게 생성된 새로운 구조가 카오스의 가장자리인 산일구조, 즉 새로운 창조가 일어나는 임계점이고, 그러한 과정이 자기조직화이다. 복잡계에서 일어나는 변화는 분기(bifurcation)와 같은 현상 때문에 비가역적(irreversible)인 것이 특징인데, 바로 이 비가역성이 혼돈으로부터 질서를 가져오는 메커니즘이라는 것이다.[19] 산일구조의 '자기조직화' 원리는 이 우주를 자기생성적 네트워크체제로 인식한다는 점에서 현대 과학의 전일적 실재관을 보여주는 대표적인 것이다.

현대 과학자들에 의하면 창발 현상이 가능한 것은 분자가 갖고 있는 '정보-에너지장(information-energy field)' 때문이며, 이 정보-에너지장이 목적과 방향을 알고 필요에 따라 모여서 단세포 생물이 탄생하게 된다고 한다. 1957년 프린스턴 대학 물리학자 휴 에버렛 3세는 우리 의식의 집중이 '어떻게' 현실을 창조하는가를 다세계 이론으로 설명하는 논문에서, 존재하는 두 가지 가능성 사이에 양자다리(quantum bridge)가 놓이고 하나의 현실에서 또 다른 현실로 이른바 '양자도약'이 가능해지는 순간—그가 '선택 포인트'라고 명명하는—에 대해 설명하고 있다.[20] 그것은 우리가 자신을 바라보는 새로운 방식과 새로운 현존을 선택할 때 그 선택을 실현하기 위해 우주적 에너지가 작동하게 된다는 말이다.

이상에서 보듯이 실재를 향한 현대 과학의 여정은—그 내재적 한계에도 불구하고—'마음의 과학'이라고 명명할 정도로 차원 전환을 보이고 있다는 점에서 이 우주가 오직 마음일 뿐이라고 한 동양의 현자들과 견해를 같이 하는 것으로 드러난다. 영성과 물성이 하나임을 인식하는 주체는 마음인 까닭에 영성과 물성을 가교하는 마음의 메커니즘을 이해하면 우주의 비밀에 한 발짝 더 다가설 수 있게 된다. 실로 이 우주가 거대한 사상과 같이 되기 시작했다. 『마이뜨리 우파니샤드 *Maitri Upanishad*』에서는 이렇게 말한다.

> 마음은 속박의 원천인 동시에 해방의 원천이다. 사물에 집착하면 속박이고, 집 착하지 않으면 해방이다.
>
> Mind is indeed the source of bondage and also the source of liberation. To be bound to things of this world: this is bondage. To be free from them: this is liberation.[21]

우리가 의식하든 의식하지 못하든, 삶의 세계에서 벌어지는 모든 일은 의 식계[본체계]와 물질계[현상계]의 유기적 통합성이 빚어낸 결정(結晶)이다. 포스 트 물질주의 과학은 이러한 삶의 세계를 들여다보기 시작했다. 죽음조차도 생명의 전일적 흐름 속에 흡수되어 버리는 궁극적 의미의 삶, 그 세계의 진 실을 들여다보기 시작한 것이다. 생물학, 신경과학, 심리학, 의학, 정신의학 등 다양한 과학 분야에서 국제적으로 권위 있는 일단의 과학자 그룹은, 물 질주의 과학에서 포스트 물질주의 과학으로의 전환이 인류 문명의 진화에 갖는 의미가 지구중심설(또는 천동설, geocentrism)에서 태양중심설(또는 지동설, heliocentrism)로의 전환보다 훨씬 더 중추적인 것일 수 있다고 단언한다.[22] 이 에 대해서는 제5장에서 자세히 다루기로 한다.

존재의 세 차원과 앎의 세 양태: 통합적 비전

16세기부터 시작된 근대 과학혁명과 더불어 기계론적 세계관(mechanistic

world view)의 등장으로 물질주의 과학이 지구촌을 점령함에 따라 물질계가 존재의 유일한 차원으로 인식되었다. 사실 수천 년 전부터 우리 고유의 천부경이나 인도의 베단타(Vedanta) 철학, 불교 철학 등에서는 우주의 실체가 의식이며, 보이는 물질계는 보이지 않는 의식계의 투사영(projection)임을 설파해 왔다. 그러나 이러한 관점은 20세기 초 양자론의 선구자들이 등장할 때까지 서구 사상에 거의 영향을 미치지 못했다. 양자론의 출현은 물리학자들의 우주관과 실재관에 심대한 영향을 주었다. 시간, 공간, 물질, 객체, 인과(因果) 등 고전 물리학의 기본 개념에 대한 근본적인 수정이 불가피해지면서 엄청난 충격을 준 것이다. 하이젠베르크는 "물리학의 기반이 흔들리기 시작했다.…이 진동은 과학의 근저를 없앨 것이라는 느낌을 일으켰다"[23]고 했다. 이와 유사한 충격을 경험한 아인슈타인은 그 느낌을 이렇게 기술했다.

> 물리학의 이론적 기반을 이 새로운 유형의 지식에 적용시키려는 나의 모든 시도는 완전히 실패했다. 그것은 마치 땅이 꺼져나간 것 같았고 새로 세울 확고한 기반은 어디에도 보이지 않는 것 같았다.
>
> All my attempts to adapt the theoretical foundation of physics to this (new type of) knowledge failed completely. It was as if the ground had been pulled out from under one, with no firm foundation to be seen anywhere, upon which one could have built.[24]

20세기에 들어와 실험물리학이 발달하면서 물질의 궁극적 본질이 비물질과 하나이며, 원자도 우주도 인간의 신체도 물리적 성질을 가지고 있지 않다는 것이 밝혀졌다. 그리하여 물질세계가 보이지 않는 에너지장을 바탕으로 하고 있고, 이 에너지장은 비국소성[비분리성]을 갖고 시공을 초월하여 하나의 장(봄의 용어로는 초양자장)으로 연결되어 있다는 것을 알게 되었다. 견고한 물질계가 실재라는 환상이 깨어지면서 미시세계인 양자계가 존재의 또 다른 차원으로 인식되게 된 것이다. 나아가 비국소성이 양자적 실재의 본질임을 알게 되었다. 양자론이 가져온 사상적, 사회적 및 기술적 영향력의 심대함에 비추어 볼 때 양자론이 물리학자들의 전유물이었던 시대는 사실상 끝났다고 봐야 할 것이다. 그 파급효과는 우리 자신의 인식과 존재의 기반 자체를 뒤흔드는 것이기 때문이다. 따라서 자아실현을 위해서나 인류의 공진화를 위해서 물질 차원을 넘어선 더 깊은 존재의 차원을 탐구해 볼 필요가 있다.

인도계 미국인 대체의학자 디팩 초프라(Deepak Chopra)는 존재의 세 가지 차원, 즉 물질계, 양자계 그리고 비국소적 영역에 대해 기술하고 있다. 이에 대해 차례로 살펴보기로 하자. 존재의 첫 번째 차원은 물질 차원의 세계, 즉 물질계이다. 경계가 분명한 이 물질 차원은 우리에게 가장 친숙한 세계로서 3차원의 모든 것을 포함한다. 우리가 오감으로 경험할 수 있는 모든 것과 생물과 무생물도 포함된다. 물질계에 있는 모든 것들은 시작과 끝이 있으므로 영원하지 않다. 살아 있는 모든 존재는 반드시 죽는다. 우리가 경험하는 물질계는 인과 법칙의 지배를 받으므로 예측 가능하다. 그리스의 탈레스(Thales)가 기원전 585년의 일식을 정확히 계산해 낸 것처럼, 과학자들은 언제 일식이 일어나서 얼마나 지속될지를 정확히 계산해 낼 수 있다. 세상에 관한 우리의 모든 '상식'은 물질계에서 비롯된 것이다.[25]

그러나 물질계에서 말하는 '나'란 전체와 분리된 개체로서의 '나'이다. 그래서 물질계에서는 '천상천하유아독존'의 '유아(唯我)'도 보편적 실재로서의 유일자[유일신, 참자아(참본성)]로 인식하지 않고 개체로서의 '나'로 인식하는 우

(愚)를 범한다. 성경에 나오는 '나' 역시 개체로서의 '나'가 아니라 절대유일의 보편적 실재임에도 예수 개체로서의 '나'로 인식함으로써 종교 충돌을 유발하고 결과적으로 진리의 근간을 훼손했다. 존재의 더 깊은 차원에서 보면 전체와 분리된 개체로서의 '나'는 실재하는 것이 아니다. 미시세계인 양자계는 우리의 내적 자아의 세계이며, 비국소성이 양자적 실재의 본질이다. 따라서 불가분의 전체성이 실재이고, 분리성은 환상이다. 만물의 참본성이 곧 하늘이며 신이고 참자아[유일자·유일신·唯我]라는 사실을 물질계 차원에서는 알지 못한다.

존재의 두 번째 차원은 양자계이다. 이 영역에서 모든 것은 정보와 에너지로 구성되어 있어서 우리는 그것을 오감으로 접촉하거나 인식할 수 없다. 우리의 마음과 생각과 에고(ego), 즉 우리가 '자아'로 여기는 것들이 양자계에 포함되어 있으며 우리는 그것들이 실제로 존재한다고 여긴다. 양자계는 마음으로 이해하는 것이 가장 쉽지만, 거기에는 훨씬 더 많은 것이 함축되어 있다. 물질계는 양자계의 부분집합이며, 물질계의 모든 것은 양자계의 에너지와 정보가 밖으로 드러난 것이다. 물질(질량)과 에너지는 형태만 다를 뿐 같은 것이다. 모든 고형 물체를 쪼개면 분자라는 작은 알갱이가 나타나고, 분자는 훨씬 작은 원자로 구성되며, 미세한 원자들은 다시 소립자로 이루어진다. 소립자들은 전혀 단단하지 않으며 그것들은 정보와 에너지의 다발 또는 파동이다. 존재의 두 번째 차원에서 우리가 앉아 있는 의자는 단지 에너지와 정보로만 존재한다.[26]

물질계는 서로 다른 주파수로 진동하는 에너지에 담긴 정보일 뿐이다. 하지만 에너지는 너무 빠른 속도로 진동하는 데 비해 우리의 감각은 너무 느리게 작용하기 때문에 '내 몸'이나 눈에 보이는 물체와 같은 에너지의 덩어리만을 인식하는 것이다. 양자계에서는 서로 다른 주파수로 진동하는 에너지장의 다양한 덩어리 모두가 전체 에너지장의 부분을 이루고 있으며 서로가 서로에게 영향을 미친다. 양자계의 관점에서 볼 때 우리는 거대한 '에너지 수프(energy soup)'의 일부분에 불과하며, 우리와 물질계의 모든 것은 이 에너지 수프에 떠다니는 에너지 덩어리다. 우리의 에너지장은 다른 사람의 에너지장과 접촉하며 서로의 에너지를 끊임없이 교환하고 또 서로 영향을 미치면서 에너지와 정보를 표현한다. 좀 더 깊은 차원에서 보면, 우리와 세상의 다른 것들 사이에는 실제로 어떤 경계도 없다. 그럼에도 어떤 물체를 접촉할 때 뚜렷한 경계가 느껴지는 것은, '모든 물체는 원자로 구성되며 원자끼리 서로 부딪치면서 단단한 느낌이 생겨나는' 것으로, 우리의 눈과 말초신경이 물체를 입체적이고 단단한 것으로 보도록 프로그래밍 되어 있기 때문이다.[27]

양자계에서는 오직 의식만 움직인다. 우리의 에너지장, 즉 전자구름이 다른 구름과 만나서 일부분이 섞이어 정보와 에너지를 교환하며, 물체와 떨어지는 순간 자신의 일부분이 떨어져 나가면서 우리는 아주 조금 달라진다. 우리 모두는 상대방의 에너지장 일부를 끊임없이 공유하므로 양자의 차원, 곧 마음과 자아의 차원에서 서로 연결되어 있으며 상호 관련되어 있다. 오직 의식 속에서만 우리의 제한된 감각이 순수한 에너지와 정보로 단단한 세계를 창조하는 것이다. '양자의 눈'으로 보면 물질계에서 단단하다고 여겼던 것들이 실제로는 무한한 빈 공간 속에서 빛의 속도로 깜박이고 있을 뿐이며, 연속되어 있다는 느낌은 오직 기억으로 유지될 뿐임을 알게 된다. 모든 존재의 감각적 경험은 오직 상상 속에서 창조된 인위적인 인식일 뿐이며, 우리의 의식이 움직이면서 세상이 존재하는 것으로 상상하는 것이다.[28] 이런 상상을 불러일으키는 마음, 즉 에너지와 정보가 담긴 장(場)은 존재의 세 번째 차원인 순수 잠재력(pure potentiality)의 장(場)에서 떠오른다.

존재의 세 번째 차원은 순수 잠재력(순수의식)만 활동하는 비국소적 영역이다. 이 세 번째 차원은 지성, 즉 의식으로 구성되어 있으며 영적(靈的)인 영역, 순수 잠재력의 장, 보편적 실재 그리고 비국소적 지성[영혼]으로 불리기도 한다. 자연의 가장 근본적인 차원은 에너지와 정보의 수프가 아니다. 그것은 바로 순수 잠재력이며, 이 가능성의 바다에서 정보와 에너지가 떠오른다. 비국소적 지성은 모든 사물의 이면에 존재하는 조직력으로, 에너지 수프를 인간이 인식할 수 있는 실재로 조직한다. 양자 입자를 묶어서 원자로, 원자를 분자로, 분자를 다시 일정한 구조로 만든다. 정보와 에너지가 물질계를 만들어내듯이 비국소적 영역은 정보와 에너지의 행동을 창조하고 지휘한다. 비국소적 영역에서 일어나는 일은 물질계에서 일어나는 일과는 달리 '비인과적 관련성(매개체가 없음)'을 가지며 그러한 관련성은 감소되지 않는다. 또한 시공간의 제약을 받지 않으므로 즉각적이다. 이 비국소적 영역에서 세상의 모든 일이 조직되고 동시에 발생하는데, 이것이 바로 '의미 있는 (우연의) 일치'의 근원이 된다.[29]

실로 순수 잠재력은 무한한 가능성과 창조력의 장(場)이다. 바로 이 순수의식[우주의식·보편의식·근원의식·一心·참본성(참자아)]으로부터 창조가 시작되었으며 '명칭과 형태와 근본 물질(primal matter)[30]이 비롯되었다. 여기서 창조란 순수의식의 자기현현(self-manifestation)이다. 하지만 양자론의 관점에서는 관찰이라는 의식적인 행위가 없다면 모든 것은 순수 잠재력으로만 존재할 뿐이다. 이러한 잠재력은 관찰이나 측정에 의해 실재성을 띠게 된다. 비국소적 영역에서는 '하나의 의식적인 관찰이 다른 현상에도 영향을 미치는데, 그것은 두 현상 사이에 비국소적 상관성(의사소통)이 일어났기 때문이다. 이 영역에서는 시공간의 제약 없이 한쪽에서 일어난 일을 다른 한쪽에서도 즉각 알 수 있다.'[31]

비국소적 영역에서 말하는 '나'란 개체로서의 '나'가 아니라 불가분의 전체성으로서의 참자아를 일컫는 것이다. 비국소적 지성으로 불리는 이 참자아는 분리할 수 없는 절대유일의 하나인 까닭에 곧 '유아(唯我)'이며 보편적 실재로서의 유일자(유일신)이다. 사실 존재의 더 깊은 차원에서는 전체와 분리된 개체로서의 '나'란 것이 성립될 수가 없다. 하지만 물질세계에서는 여전히 개체로서의 '나'가 실재인 것으로 인식된다. 그렇다면 불가분의 전체성이 실재이고 분리성은 환상이라는 말은 비국소적 영역에만 적용되는 것인가? 만일 그렇다고 생각한다면 그것은 진리의 근간을 훼손하는 것이다. 국소적 영역과 비국소적 영역, 의식과 초의식의 이분법은 우리가 살고 있는 상대계에서 의식의 단계를 설명하기 위한 하나의 툴(tool)로서 사용된 것일 뿐, 우주의 실체인 의식은 무경계이기 때문이다.

경전에 나오는 지혜의 '말씀들'(제2장 3절 참고)은 한결같이 보편적 실재로서의 '나', 즉 참자아에 방점을 둔다. 만물 속에 만물의 참본성으로 내재해 있는 참자아가 곧 진리이고 생명이기 때문이다. 하지만 다수의 양자물리학자들은 물질의 궁극적 본질이 비물질과 하나라는 사실을 수용하면서도, 보이지 않는 미시세계[본체계, 의식계]와 보이는 거시세계[현상계, 물질계], 비국소적 영역과 국소적 영역이 마치 분리된 세계인 것처럼 접근한다. 이는 주체와 객체의 이분법을 폐기한 양자론이 스스로 이분법의 덫에 걸린 것이다. 비국소적 영역, 즉 궁극적인 '영(Spirit)'의 영역은 국소적 영역과 분리된 것이 아니라 감각과 이성의 영역을 포괄하면서 초월한다. 천인합일(天人合一), 즉 생명의 본체인 하늘[비국소적 지성, 靈的인 영역]과 그 작용인 우주만물(여기서 人은 우주만물을 포괄하는 대명사로서의 人, 物的인 영역)이 하나라는 것은 생명의 전일성과 자기근원성을 함축한 것으로 이 두 세계가 분리될 수 없는 것임을 말해 준다.

비국소성 또는 비분리성은 양자적 실재의 본질이며, 이는 곧 우리 참자아의 본질이다. 오늘날 과학자들은 중력과 우주의 거시적 구조를 기술하는 일반상대성이론과 극도로 미시적 규모의 현상들을 다루는 양자역학, 이 두 이론을 통합하는 새로운 이론, 즉 양자중력이론(quantum theory of gravity)을 탐색하고 있다. 옥스퍼드대학의 세계적인 수리물리학자 로저 펜로즈(Sir Roger Penrose)는 '트위스터 이론(twister theory)'을 통해 시공간에 대한 비국소적인 설명과 함께 소립자와 공간의 불가분성을 주장함으로써 시공간의 양자 기하학적 속성에 본질적인 통찰력을 제공했다. 이러한 그의 양자 중력 접근법은 양자역학과 일반상대성이론을 통섭할 새로운 방법의 모색이라는 점에서 주목받고 있다.[32] 초프라가 제시한 존재의 세 차원은 곧 우리 의식의 세 차원이며, 각 상위 차원이 하위 차원을 포괄하는 동시에 초월하는 진화적 홀라키(evolutionary holarchy)로 이루어져 있다. 이러한 존재의 세 차원은 켄 윌버(Ken Wilber)의 앎의 세 양태와 상호 조응하며 그것과 연결될 때 그 의미가 더 분명하게 드러난다.

이 시대의 초개인심리학(transpersonal psychology) 분야의 대가이자 대표적 포스트모던 사상가인 켄 윌버[33]는 앎의 세 양태*를 육의 눈(肉眼), 마음(정신)의 눈(心眼, eye of mind or mental eye), 영의 눈(靈眼, eye of spirit)[34]으로 나누어 고찰하고 있다. 우선 육의 눈은 감각적 경험(sensory experience)의 세계에 참여하는 '몸(body)' 단계로서 육체적인 유기체를 자신과 동일시하는 자기중심적 단계이다. 시공간과 물질의 영역이며, 육체적 생존을 위해 힘쓰는 단계이다.

---

* 윌버의 앎의 세 양태는 중세 프란시스코 수도회의 신비주의 철학자 성 보나벤처(St. Bonaventure)의 '세 가지 눈(three eyes)', 즉 육의 눈(eye of flesh), 이성의 눈(eye of reason), 관조의 눈(eye of contemplation)을 원용한 것이다.

인류는 어느 정도로는 다른 고등동물(특히 포유동물)과도 이러한 영역을 공유할 수 있다. 육의 눈을 윌버는 '경험적인 눈(empirical eye)'이라고 말한다. 다음으로 마음의 눈(이성의 눈)은 관념, 이미지, 논리, 그리고 개념들의 세계에 참여한다. 이 정묘(精妙)한 정신의 영역은 감각적인 영역을 포괄하면서 초월한다. 마지막으로 '영'의 눈(관조의 눈)은 감각과 이성의 저 너머에 있는 초월의 세계에 참여한다. 이성의 눈이 초경험적이라면, '영'의 눈은 초합리적, 초논리적, 초정신적이다. 인과의(causal) 궁극적인 '영'의 영역은 감각과 이성의 영역을 포괄하면서 초월한다. '영'의 눈을 통하여 우리는 궁극적 실재인 신성(神)과 만나게 된다.[35]

이처럼 이 세 가지 눈은 각각 감각적(sensory), 정신적(mental), 초월적(transcendental)인 고유한 앎의 대상을 가지고 있으며 진화적 홀라키(evolutionary holarchy)로 이루어져 있다. 이러한 진화적 홀라키는 각 상위 차원이 하위 차원을 포괄하는 동시에 초월하므로 궁극적으로는 통합 패러다임의 모색에 기여할 수 있게 한다. 윌버에 의하면 물질에서 생명체로, 마음으로, 혼으로, 그리고 '영'으로의 모든 성장 과정은 자연적 홀라키 혹은 '점증하는 전일성과 전체성의 질서(orders of increasing holism and wholeness)'를 통하여 일어난다. 그것은 자연적 위계 혹은 홀라키라고 하는 것이다.[36] 새로운 통합 패러다임은 감각적·경험적인 조야(粗野, 거칠고 천함)한 영역(gross realms)의 육의 눈과 정신적·지적인 정묘한 영역(subtle realms)[37]의 마음의 눈, 그리고 초월적·관조적인 인과의 궁극적인 영역(causal and ultimate realms)[38]의 '영'의 눈, 이 세 가지를 모두 사용하고 통합할 수 있게 할 것이다.

윌버에 의하면 경험분석적 과학은 육의 눈에 속하고, 현상학적인 철학과 심리학은 마음의 눈에 속하며, 종교와 명상은 영의 눈에 속한다. 따라서 새로운 통합 패러다임은 경험주의(empiricism), 합리주의(rationalism), 그리고 초월주의(transcendentalism)가 이상적이고도 궁극적으로 통합된 것이다.[39] 켄 윌버는 '통합적(integral)'이란 용어를 '다양성 속의 통일(unity-in-diversity)'이라는 의미로 사용한다. 한마디로 의식과 물질, 내면과 외면, 자아와 세계, 주관과 객관이 모두 '한맛(One Taste)'이라는 것이다. 윌버는 이 우주 속의 모든 것이 상호 연결되어 있어 홀라키적인 다차원적 생명의 그물망을 형성한다고 본다. 그의 우주론은 대승불교의 중관(中觀)·유식(唯識)·화엄(華嚴)사상, 힌두교의 베단타 철학 등에 그 뿌리를 두고 있으며 모든 실재가 홀론(holon)[40]으로 구성되어 있다고 본다. 이 홀론이란 용어는 그리스어 홀로스(holos, 전체)와 온(on, 부분)의 합성어로 전체와 부분이 상즉상입(相卽相入)의 구조로 상호 연기(緣起)하고 있음을 나타낸 것이다. '존재의 대사슬(The Great Chain of Being)'로 지칭되는 윌버의 비이원론적인 앎의 방식은 인류의 전승된 지혜의 정수를 함축한 '영원의 철학(perennial philosophy)' 속에 잘 나타나 있다.

> 영원의 철학의 핵심은 물질에서 몸, 마음, 혼, 영에 이르기까지 실재가 다양한 존재의 수준과 앎의 수준으로 이루어져 있다고 보는 것이다. 각 상위 차원은 그것의 하위 차원을 초월하는 동시에 포괄한다. 따라서 이는 속성(俗性)에서 신성에 이르기까지 무한계적으로 전체 속의 전체 속의 전체와도 같은 개념이다.
>
> …the core of the perennial philosophy is the view that reality is composed of various levels of existence—levels of being and of knowing—ranging from matter to body to mind to soul to spirit. Each senior dimension transcends but includes its juniors, so that this is a conception of wholes within wholes within wholes indefinitely, reaching from dirt to Divinity.[41]

이러한 '존재의 대사슬'은 흡사 일련의 동심원(同心圓) 혹은 동심구(同心球)

와도 같이 각 상위 차원이 그것의 하위 차원을 포괄하는 '존재의 대둥지(The Great Nest of Being)'[42]이다. '의식의 스펙트럼(the spectrum of consciousness)'의 가장 낮은 곳은 물질의 영역이고, 가장 높은 곳은 영(靈)의 영역이다. 영은 최고 수준의 인과의(causal) 영역이며, 모든 수준의 비이원적(nondual) 기초이다. 그 사이의 등급은 단순하게는 몸·마음·영의 세 주요 영역으로 구분하기도 하고, 물질(matter)·몸(body)·마음(mind)·혼(魂, soul)·영(靈, spirit)의 다섯 영역으로 구분하기도 한다. 하지만 쿤달리니 차크라(kundalini chakras)와 같이 일곱 영역으로 구분하기도 하고, 어떤 전통에서는 심지어 108개 세부 영역으로 구분하기도 한다. 윌버는 이 존재의 대둥지가 영원의 철학의 골간을 이루고 있으며, 따라서 진정한 통합심리학의 중대한 요소가 될 것이라고 본다.

윌버는 각 단계가 비대등(non-equivalence)의 다차원적 상호 침투(interpenetration)를 하는 것으로 보았다. 그는 이러한 계층적 구분을 인간의 의식구조에 적용할 뿐만 아니라 인지 발달 과정과 인류 문명사의 전개 과정에도 적용하고 있는데, 그의 『에덴에서 현재까지 Up From Eden』(1981)는 이러한 적용을 보여주는 대표작이다. 지금으로부터 약 138억 년 전에 우주 대폭발과 함께 1단계인 물리적 단계가 형성되었고, 30억 년 전에 생물적 단계인 2단계가 형성되었으며, 3단계에 완전히 도달한 것이 인간이다. 4단계에서 이성적인 합리적 자아가 등장하였고, 기원전 500년경 이후부터 5단계에 들어가 그리스도, 붓다, 크리슈나 같은 인물들이 등장하였다는 것이다.[43]

우주의 본질인 생명은 심리적·물리적 통합체일 뿐만 아니라 정신적·영적 통합체이므로 올바른 이해를 위해서는 다양한 분야를 포괄하는 통합적 비전(integral vision)이 요망된다. 윌버는 "새로운 인간은 통합적이다"라고 말한다. 그의 저서 『통합적 비전: 삶, 신, 우주, 그리고 모든 것에 관한 혁명적인 통합적 접근 The Integral Vision: A Very Short Introduction to the *revolutionary Integral Approach to Life, God, the Universe, and Everything*』 (2009)[44]은 '모든 것의 의미를 이해하는 방식'을 통하여 개인적인 변형과 사회적 변화 그리고 삶의 질과 만족도를 높일 수 있다고 본다. 그는 '통합적인 삶을 위한 훈련(Integral Life Practice, ILP)'의 한 방법으로 사상한(四象限 또는 四分面, four quadrants), 수준(levels), 라인(lines), 상태(states), 타입(types)의 다섯 가지 요소로 구성된 통합지도[통합 모델] 또는 통합운영체계(Integral Operating System, IOS)[45]를 제시한다.

이 통합 모델의 다섯 가지 요소 중 '수준'은 의식의 진화 단계 또는 수준을 일컫는 것으로 각 수준에서 그 수준의 독특한 특성이 발현되며, 단계가 진행될수록 복잡화 수준이 증대된다. 세 단계로 된 단순 모델을 사용하면, 진화 단계 또는 수준은 '나'(자기중심적, egocentric), '우리'(민족중심적, ethnocentric), 그리고 '우리 모두'(세계중심적, worldcentric)로 나타낼 수 있다. 이러한 3단계는 몸, 마음, '영'의 3단계와도 조응한다. 다음으로 '발달 라인'은 인간이 소유하고 있는 다양한 지성, 즉 인식 지성, 대인관계 지성, 도덕적 지성, 정서적 지성, 심미적 지성 등의 여러 측면이 균등하게 발전하는 것이 아니라 저마다의 성장과 발달 정도를 지니고 있음을 일컫는 것으로 이들 복합 지성을 구성하는 각 지성은 중요한 3단계, 즉 '나', '우리', 그리고 '우리 모두'의 진화 단계 또는 수준을 거치면서 성장한다.[46]

다섯 가지 요소 중 '의식 상태'는 깨어 있는 상태, 꿈꾸는 상태, 형상이 없는 깊은 잠 상태가 있으며, 각 의식 상태에 상응하는 몸이 있다. 즉, '거칠고 밀도가 높은 몸(gross body)', '정묘한 몸(subtle body)', '원인이 되는 몸(causal body)'이 그것이다. 이는 몸, 마음, '영'의 3단계와도 조응한다. 의식이 깨어 있는 상태에 있으면 육체적이고 감각에 반응하는 밀도가 높은 몸을 자각하지만, 꿈꾸는 상태에서는 밀도가 높은 몸은 더 이상 존재하지 않으며 액체처럼 흐르는 이미지로 된 정묘한 몸이 존재한다. 정묘한 몸과 마음은 그 세계에서 가능성을 향해 비상한다. 형체가 없는 깊은 잠 상태로 들어가면 '나'라는 생각과 이미지마저 사라지고 광대한 공(空)만이 존재한다. 이 무형(無形)의 영역은 그에 상응하는 무한한 몸 또는 무한한 에너지인 원인이 되는 몸을 갖는다. 이 상태에 들어가면 성장 가능성이 도출되며 비상한 자각이 계발된다. 다음으로 '타입'은 모든 단계나 모든 상태에 존재할 수 있는 감정 타입, 사고 타입, 감각 타입, 직관 타입 등과 같은 것이다. 타입의 한 예로 '남성 타입'과 '여성 타입'을 사용할 수 있는데, 이 역시 '나', '우리', '우리 모두'의 단계를 거치며 성장하여 종국에는 남성성과 여성성이 결합하여 하나가 된다.

다섯 가지 요소 중 마지막 '사상한(四象限)'은 〈그림 4.1〉에서 보듯이 이 세상에 드러나는 모든 것이 '그것(IT)' 차원(객관적인 사실 차원), '우리(WE)'(나만이 아니라 다른 사람들은 어떻게 보는가)의 차원, 그리고 '나(I)'(내가 어떻게 보고 느끼는가)의 차원이 있다는 것이다. 통합적인 접근은 이 모든 차원을 함께 고려함으로써 보다 포괄적이고 효과적으로 접근할 수 있다. 〈그림 4.1〉의 '사상한'은 어떤 경우에라도 조망해 볼 수 있는 기본적인 차원들로서 무엇을 살펴보는 기본적인 방식이다. 좌상상한(左上象限, Upper Left)은 '나'(개인의 내면), 우상상한(右上象限, Upper Right)은 '그것'(개인의 외면), 좌하상한(左下象限, Lower Left)은 '우리'(집단의 내면), 그리고 우하상한(右下象限, Lower Right)은 '그것들'(집단의 외면)을 표현한 것이다. 요약하면, 사상한은 개인과 집단의 내면적·주관적 영역과 외면적·객관적 영역을 일컫는 것이다.

〈그림 4.1〉 사상한(four quadrants)과 대둥지의 통합[47]

월버는 근대 이전의 세계에서 미분화된 과학, 도덕, 예술의 삼대 권역이 근대 세계에서 각기 그것, 우리, 나로 분화되었다고 보고 이를 인간 진화의 필연적인 과정으로 이해한다. 과학은 객관적 영역을 가리키며 3인칭 언어 또는 '그것'으로 묘사된다. 도덕은 상호주관적 영역을 가리키며 2인칭 언어 또는 '우리'로 묘사된다. 예술은 주관적 영역을 가리키며, 일인칭 언어 또는 '나'로 묘사된다. 이러한 삼대 권역을 월버는 자연, 문화, 자기에 조응시키기도 하고, 진(The True), 선(The Good), 미(The Beautiful)에 조응시키기도 한다. '진'은 객관적 진리의 영역으로 '그것'으로 묘사되고, '선'은 상호주관적 진리의 영역으로 '우리'로 묘사되며, '미'는 주관적 진리의 영역으로 '나'로 묘사된다.[48] 월버는 이러한 근대성의 삼대 가치(the Big Three)의 분화 및 진화가 자유민주주의의 발전, 페미니즘 운동의 전개와 노예제 폐지, 경험과학과 의학, 물리학, 생물학, 생태학의 발전에 기여한 반면, 이러한 분화가 통합의 형태로 나아가지는 못했음을 지적하고 있다.[49]

과학적 탐구 결과에 따르면 인간 의식의 진화는 전(前)개인적-개인적-초(超)개인적, 또는 전(前)이성적-이성적-초(超)이성적, 또는 잠재의식-자아의식-초(超)의식 등으로 3개의 폭이 넓은 호(弧)를 그리며 전개해 나간다고 한다. 이에 관한 윌버의 관점을 요약하면 다음과 같다. "이성적인 단계를 향해 나아가는 첫 번째 원호(圓弧) 단계에서는 마법적이고 신화적인 힘이 지배한다. 세계의 주요 종교가 가르치고 있는 교의의 80퍼센트 정도가 여기에 속한다. 비(非)종교적이고 심지어는 반(反)종교적인 것처럼 보이는 두 번째 원호 단계는 개인적이고 이성적인 단계로서 문명의 이기와 더불어 합리적인 과학이 전면에 등장한다. 이성을 초월하여 더 넓은 관심과 의식 영역으로 발달해 나가는 세 번째 원호 단계에서는 궁극적 실재가 첫 번째 원호의 컬러인 의인화된 개념이나 두 번째 원호의 컬러인 합리적인 개념이 아니라 존재의 근거, 비어 있음, 우주의식, 비(非)이원적인 그러함, 신성, 참자아, 영원한 현재 등의 개념으로 표현된다."[50]

윌버의 통합적 비전은 전근대성과 근대성 그리고 탈근대성의 통합이라는 맥락에서 살펴볼 수 있다. 윌버의 '온수준·온상한(all-level, all-quadrant)'의 통합적 접근법(integral approach)에 기초한 통합 모델은 전근대성의 최상(존재의 대둥지)과 근대성의 최상(진·선·미, 과학·도덕·예술 삼대 가치의 분화와 진화), 그리고 탈근대성의 최상(진·선·미, 과학·도덕·예술의 통합)을 포괄하는 통합적인 진리인 것으로 나타난다.[51] 말하자면 온수준이지만 온상한은 아닌(all-level but not all-quadrant) 전근대성과, 온상한이지만 온수준은 아닌(all-quadrant but not all-level) 근대성, 그리고 극단적 해체와 허무주의로 이어진 탈근대성에 대한 비판적 대안으로 제시된 것이다.[52]

윌버의 통합적 비전[53]에 의하면 인류의 영적 진화는 특정 수준이나 특정 상한(象限)에 집착하지 않는, 삼대 가치의 '온수준·온상한'의 통합적 접근을 전제로 한다. 새로운 변형은 개인의 의식과 집단의 문화, 사회 제도 모두에서 일어나야 한다는 것이 윌버의 통합 패러다임의 요체다. 윌버는 우리가 사는 지구를 포함한 모든 것에 대한 역사, 즉 온 우주의 역사에 관한 이론을 제시한다. 모든 것은 '절대영(Spirit)'의 자기현현이다. 극도로 분절되어 있는 현 세계가 필요로 하는 것은 순수한 전일적 양태로 이들을 다시 통합할 수 있는 비전이다. '온수준·온상한'의 통합적 비전이 성공한다면, 그것은 사업, 교육, 의학, 건강관리, 정치, 문화 연구, 심리학, 인간 계발 등 즉시 응용할 수 있는 분야는 헤아릴 수 없이 많다. 그의 통합적인 접근은 '모든 것의 의미를 이해하는 방식'으로 알려져 있다. 통합 모델의 다섯 가지 요소를 함께 고려하면 '모든 것의 의미를 이해하는' 과정이 시작될 것이고, 그에 따라 개인적 변형과 더불어 사회적 삶 자체의 변화를 가져올 수 있다.

그러나 윌버의 홀라키적 전일주의가 제시하는 삼대 권역이나 '사상한'의 분석 틀은 전일적인 의식계와 다양한 물질계를 상호 관통하는 생명의 역동적 본질—즉 하나인 혼원일기(混元一氣)의 조화(造化) 작용—을 생생하게 보여주지 못하는 관계로 이러한 상호 관통을 이해하는 데는 한계가 있다. 통합적 또는 통섭적 앎은 필자가 말하는 '생명의 3화음적 구조'에 대한 본질적인 이해를 바탕으로 생명의 전일성과 자기근원성에 대한 인식을 전제로 한다. 그럼에도 윌버의 정치(精緻)한 학문적 기준과 분석 틀은 통합 패러다임과 통합 학문의 비전을 제시하고, 나아가 생명의 전일성에 대한 통찰력을 제고함으로써 생명시대의 도래를 추동하는 한 요인으로 작용할 수 있다는 점에서 그 의의를 찾을 수 있다.

윌버의 통합적 비전은 그의 홀라키적 전일주의와 비이원론적인 세계관에서 비롯된다. 통합적인 앎이 없이는 통합적 비전이 일어날 수 없고, 통합적 비전이 없이는 통합적인 삶이 전개될 수 없다는 것은 자명하다. 통합적 비전의 필요성은 낡은 기계론적 세계관의 관점이 더 이상은 생물적, 심리적, 사회적, 환경적 현상이 상호적으로 연결되어 있는 오늘의 실제 세계를 반영하지 못하며 문제 해결의 유익한 단서를 제공하지도 못한다는 사실에 있다. 하여 근대의 '도구적 이성'과 '도구적 합리주의'에 대한 자기반성이 촉구되고 패러다임 전환의 필요성이 역설되면서 통합적 비전에 의해 세계가 재해석될 필요가 생겨난 것이다. 윌버가 말하는 '영적인, 그러나 종교적이지 않은' ―이 말 속에는 '이 세상 모든 것이 상호 유기적인 관련 속에 있으며 전체와 부분은 함께 있다'고 보는 통합적 진리관[54]이 함축되어 있다. 이러한 통합적 진리관은 생명의 전일성과 자기근원성 및 유기적 통합성에 대한 자각을 일깨우고 통합적 비전을 활성화함으로써 생태적 지속성(ecological sustainability)을 띤 지구생명공동체의 출현을 촉구할 것이다.

삶의 과학을 향하여: 인간의 실현

20세기 이후 실험물리학의 발달과 양자론의 등장으로 과학과 의식의 접합에 따른 새로운 실재관으로의 변화는―'양자 형이상학'이라는 용어가 시사하듯―과학적 사고의 지평을 형이상학의 영역으로까지 확장함으로써 종국적으로 존재혁명을 추동해낼 것이라는 전망이 힘을 얻고 있다. 20세기를 거치면서 과학관에 나타난 두드러진 변화 중의 하나는 20세기 전반기를 통해 급속히 성장했던 원자물리학(atomic physics)과 소립자물리학(elementary particle physics)이 주도하던 환원주의적 과학관―생명 현상을 물리, 화학적으로 다 설명할 수 있다고 보는―이 퇴조 현상을 보이는 반면, 20세기 후반에 들어 생명 현상, 응집 현상, 비선형(non-linear) 패턴, 복잡계 등에 관한 비선형적, 유기적 과학관이 부상하기 시작했다는 것이다. 말하자면 환원주의적 사고에 대한 반동으로 복잡한 세계를 유기적으로 통찰하는 세계관이자 방법론으로서 네트워크 과학[복잡계 과학]이 나타나게 된 것이다.

이러한 복잡계 과학으로의 패러다임 전환은 21세기에 들어 가속화되고 있으며 우리의 세계관에도 심대한 변화를 초래하고 있다. 기계론적, 환원론적 세계관은 시스템적, 전일적(holistic) 세계관으로 대체되고 있으며, 이러한 새로운 세계관의 핵심에는 생명이 자리 잡고 있다. 20세기가 상대성이론과 양자역학으로 대변되는 물리학의 세기였다면, 21세기는 유전자에 의해 대변되는 생명과학(life sciences)의 시대가 될 것이라는 전망이 유력하다.[55] '생태계(ecosystems)를 이해하는 것은 궁극적으로 네트워크를 이해하는 것'이며 그런 점에서 네트워크 개념은 생태계(생명계)뿐만 아니라 생명의 본질 그 자체를 과학적으로 이해하는 열쇠이다.[56] 복잡계 연구가 본격화된 것은 과학기술의 발달과 더불어 컴퓨터 등에 의한 정보처리 기술이 발달하면서부터이다. 미국의 수학자 워런 위버(Warren Weaver)는 과학사에 나타난 패러다임 전환을 세 가지 문제군으로 분류하고 있다. 즉 고전 물리학의 '단순성(simplicity)의 문제'와 양자역학 등 현대 물리학의 '조직되지 않은 복잡성(disorganized complexity)의 문제', 그리고 복잡계 과학이 풀어나갈 '조직된 복잡성(organized complexity)의 문제'[57]가 그것이다.

조직된 복잡성이라는 개념은 오늘날 시스템적 접근의 핵심적인 주제가 되고 있다. 시스템적 관점에서 인간과 사회는 외부와의 끊임없는 물질 및 에너지의 교환이 이루어지는 열린 시스템(개방계)이며, 이러한 동역학적 시스템은 비선형적, 비평형적 속성을 지닌다. 이와 같은 열린 시스템에서는 미세한 변화가 비선형 피드백 과정에 의해 예측할 수 없는 복잡하고 다양한 파급효과(butterfly effect)를 가져올 수 있으며, 또한 시스템 자체의 자기조직화의 특성에 의해 새로운 형태의 질서의 창발이 나타날 수 있다. 이러한 동역학적인 시스템 이론에서 등장하는 '4C' 이론이 사이버네틱스(cybernetics), 파국이론(카타스트로피 이론, catastrophe theory), 카오스이론(chaos theory), 복잡계 이론(complex systems theory)이다.[58]

사이버네틱스는 1947년 미국의 수학자 노버트 위너(Norbert Wiener) 등이 창시한 것으로 컴퓨터를 비롯한 모든 기계장치, 나아가 인간 사회를 포함한 모든 유형의 시스템을 연구 대상으로 삼는 것이다. 이를테면 생태계나 집단 내부의 정보 및 의사소통 시스템, 생산관리나 품질관리 같은 산업공학(industrial engineering, IE) 분야 등도 사이버네틱스의 연구 대상이 될 수 있다. 요컨대 스스로 최적의 상태에 도달할 수 있도록 자동조절(self-regulation)되는 시스템이 사이버네틱스의 지향점이다. 파국이론은 추상화된 수학 분야에서 제기되었다. 1972년 프랑스의 수학자 르네 톰(René Thom)이 창시한 파국이론은 수학적인 불연속 현상을 다루었을 뿐만 아니라 특히 생물학에 응용된다. 복잡성의 수학은 질과 패턴을 다루며 정성분석(qualitative analysis)을 강조한다. 갑작스런 대규모 자연재해가 역사의 흐름을 바꾸어 놓거나,[59] 급격한 사회정치적 변동과 같은 불연속적인 변화에 대한 연구를 통하여 그것에 대처할 수 있게 하는 이론이다.

비선형적인 복잡계를 다루는 카오스이론(chaos theory)[60]은 서구 과학계에서 상대성이론과 양자역학에 이어 물리학에서 제3의 혁명을 가져올 것으로 기대되고 있다. 카오스이론은 1961년 미국의 기상학자 에드워드 로렌츠(Edward Lorentz)가 기상관측 도중 생각해 낸 나비효과(butterfly effect)를 발표하면서 이론적 토대가 구축된 데 이어, 스메일(Stephen Smale), 만델브로트(Benoit Mandelbrot) 등이 컴퓨터로 대표되는 정보처리 기술의 발달에 힘입어 카오스이론에 새로운 전기를 마련하였으며, 일리야 프리고진은 비평형 상태에서 일어나는 비가역적(irreversible)·비선형적 변화를 수학적으로 설명한 복잡성의 과학을 체계화하고 부분적으로 논의되던 카오스이론을 통합하여 복잡계이론을 창시함으로써 카오스이론은 1970년대 후반부터 활발하게 논의되기 시작했다. 이 이론은 역학계 이론이 모든 분야로 침투하는 계기를 마련함으로써 비단 수학이나 물리학에서뿐만 아니라 경제학·기상학·해양학·생물학·화학·공학·지질학·생태학·사회학·과학철학·군사학·천문학·의학 등 다양한 분야에서 사고의 변혁과 학문적 진전을 이루는 계기를 제공하고 있다.[61]

복잡한 비선형적인 관계로 이루어진 자연계는 가장 전형적인 카오스계로서 작은 변화가 예측할 수 없는 엄청난 변화를 일으킬 수 있다는 것을 보여준다. 카오스이론에 따르면 결정계(結晶系, system of crystallization)라고 해도 모두 예측 가능한 것이 아니라 '초기조건에의 민감성(sensitivity to the initial condition)' 때문에 예측 불가능할 수 있다는 것이다.[62] 말하자면 복잡성의 원인이 예측 불가능성(unpredictability)에 있다는 것이다. 이는 곧 카오스이론이 인식론적 차원에서는 초기조건의 변화에 따른 예측 불가능한 측면을 인정하면서도, 존재론적 차원에서는 임의적 요인을 배제하며 결정론과 인과율을 유지하고 있음을 말하여 준다. 겉으로는 무질서하고 불규칙해 보이는 혼돈 현상 속에도 어떤 숨겨진 질서와 규칙이 있을 수 있다는 것을 이 이론은 밝히고 있다. 기존의 선형적인 접근 방식으로는 알 수 없었던 혼돈 속의 질서, 다시 말해서 혼돈과 질서가 공존하는 세계가 밝혀진 것이다.

혼돈과 질서의 경계인 카오스의 가장자리는 새로운 창조가 일어나는 임계점(critical point)이다. 생명 또한 카오스의 가장자리에서 생겨난다. 복잡계 생물학의 선구자 스튜어트 카우프만(Stuart Kauffman)이 말한 '카오스의 가장자리에 있는 생명(life at the edge of chaos)'이란 이를 두고 한 말이다. 또한 카우프만은 생명의 본질적 특성이 자기조직화에 있는 것으로 보았다. 카오스의 가장자리에서 생명의 구성요소들은 상호작용에 의해 '기이한 끌개 (strange attractor)'로 자기조직화된다는 것이다. 자기조직화란 불안정한 카오스 상태에서 자발적으로(저절로) 질서의 창발이 일어나는 것을 말한다. 따라서 카오스는 단순한 무질서가 아니라 오히려 진화를 가능하게 하는 조건으로 볼 수 있다.

일리야 프리고진은 비평형 상태에서 일어나는 비가역적, 비선형적인 변화를 수학적으로 설명한 복잡성의 과학을 체계화하고 부분적으로 논의되던 카오스이론을 통합하여 복잡계 이론을 창시했다. 그에 따르면 자연계에서는 비가역적·비선형적(non-linear) 변화가 일어나는 비평형 상태가 오히려 일반적이다. 뉴턴역학의 주된 연구 대상이었던 가역적(reversible)인 선형계 (linear system)는 주로 정량적(quantitative)인 방법에 의해 구성요소들을 분석하여 그 특징을 파악하면 전체 행동을 예측할 수 있었다. 그러나 복잡계에서 일어나는 변화는 분기(bifurcation)와 같은 현상 때문에 비가역적이며 바로 이 비가역성(irreversibility)이 혼돈으로부터 질서를 가져오는 메커니즘이다.[63] 비가역적인 비선형계는 정성적(qualitative)인 방법에 의해 질과 패턴을 중시한다.

프리고진에 의하면 새로운 창조가 일어나는 임계점인 복잡계의 '산일구조(dissipative structure)'와 그러한 새로운 구조가 생성되는 과정으로서의 자기조직화[64]는 그의 비평형 열역학을 이해하는 핵심 개념으로서 평형 열역학으로는 설명할 수 없는 생명의 기원을 알려주는 단서를 제공한다. 개체의 생명이나 종으로서의 진화는 바로 이러한 산일구조에서 비롯된다.[65] 새로운 질서가 출현하는 기초는 비선형성(nonlinearity)에 있으며 질서가 출현하는 카오스의 가장자리인 산일구조는 에너지와 물질의 흐름이 증가하면 새로운 불안정성을 거치면서 복잡성이 증가된 새로운 구조로 변환될 수 있다. 자기조직화는 전체와 부분 간의 비선형 피드백 과정에 의한 자발적인 것으로 산일구조의 유기적, 시스템적 속성에서 일어난다.

모든 생명체는 산일구조체로서 지속적인 에너지 유입에 의해서만 생존이 가능한 까닭에 독자적으로는 생존할 수 없다. 물의 흐름이 있을 때에만 존재하는 소용돌이와도 같이 생명체는 영원히 변화하는 분자들로 이루어진 구조로서, 그 구조와 형태를 유지하기 위해 에너지의 항상적 흐름에 의존하는 것이다.[66] 따라서 개체의 존재성은 이러한 에너지의 흐름 속에서만 파악될 수 있다. 에너지 보존과 엔트로피 증가의 법칙을 바탕으로 한 종래의 평형 열역학에서는 아무런 변화가 없는 '있음(being)'의 상태가 일반적이고 '됨(becoming)'의 과정은 예외적 현상으로 여겨진 데 비해, 프리고진은 비평형 열역학을 통해 '됨'의 과정이 일반적이고 '있음'의 상태는 오히려 예외적 현상인 것으로 인식함으로써 실재(reality)를 변화의 과정 그 자체로 보았다.[67]

프리고진의 생명의 기원설에 따르면 분자들이 필요에 따라 모여서 큰 분자를 만들고, 큰 분자가 또 필요에 따라 모이는 식으로 해서 드디어 생명력이 있는 단세포가 만들어졌다. 무기물질인 분자들이 모여서 생명이 있는 유기물질로 변하는 과정을 그는 창발(emergence)이라고 하였으며 비평형 열역학의 토대가 되는 산일함수를 체계화함으로써 물리화학의 발전에 크게 공헌했다. 창발이란 부분에서 없던 성질이 전체가 되면 나타나는 현상을 말하는데, 예컨대 탄소, 수소, 산소 등은 단맛이 없지만 이것이 모여 설탕이 되면 단맛이 나타나는 것과 같은 이치다. 창발 현상이 가능한 것은 분자가 갖고 있는 '정보-에너지장(information-energy field)' 때문이며, 이 정보-에너지장(場)이 목적과 방향을 알고 있고 필요에 따라 모여서 단세포 생물이 탄생하게 된다는 것이다.

복잡계 과학은 전체를 유기적으로 통찰하려는 세계관이자 방법론으로서 전체와 분리된 개체성이란 실재하지 않으며 어떤 것이라도 고립시키면 진화에 역행하게 된다는 사실을 말하여 준다. 도구적 이성의 발흥으로 기계론적, 환원론적 사고가 지배했던 반생태적, 반생명적인 근대 서구문명이 엔트로피(무질서)가 증가하는 방향으로 진행되어 왔음은 부인할 수 없는 사실이다. 이제 그 무질서와 불안정성이 임계점에 이르면 새로운 구조 및 질서의 창발이 일어나게 될 것이다. 생명은 '살아 있는 시스템', 즉 네트워크이며 시스템적, 전일적 사고를 통해서만이 접근할 수 있는 영역이다. 21세기 생명과학의 시대를 맞이하여 우리 모두가 온전한 생명을 누릴 수 있기 위해서는 우주의 본질인 생명에 대한 명료한 인식이 선행되어야 한다. '생명'은 이 책의 주제인 '호모커넥투스'를 관통하는 핵심 키워드이며 앞선 논의에서도 과학과 영성의 상호 피드백 과정을 통해 심도 있게 다룬 바 있다. 인문사회과학의 문제든 자연과학의 문제든, 또는 종교적인 문제든, 궁극적으로는 모두 생명의 문제로 귀결되는 까닭에 생명에 대한 개념적 명료화는 21세기형 인간의 실현을 위해서도 필수적이다.

현대 물리학자들은 객관주의와 과학적 합리주의만으로는 현재 인류가 직면한 난제들을 해결할 수 없다고 보고 과학이 인간의 의식세계와 분리될 수 없음을 분명히 했다. 이로써 현대 과학은 분리된 물리 세계에서 연결된 삶의 세계로 사고의 지평을 확장하기 시작했고 철학사상 및 형이상학과도 소통하기 시작했다. 21세기 과학혁명은 과학과 의식의 접합을 추구하는 특성을 갖는 까닭에 필연적으로 삶 자체의 혁명, 즉 존재혁명의 과제를 수반한다. 이러한 접합은 홀로무브먼트(holomovement), 즉 전일적 흐름으로서의 생명 현상을 파악할 수 있게 하는 핵심 요소다. 근대 과학 문명이 이분법적 패러다임을 기반으로 지배와 복종, 억압과 차별의 분열적인 성격을 띤 것이었다면, 21세기 현대 과학 문명은 전일적 패러다임을 기반으로 상생과 조화의 통섭적인 성격을 띠게 될 것이다. 이는 곧 소명(召命)으로서의 과학과 관련된 것이다. 삶의 혁명적 전환을 추동해 내는 진정한 의미에서의 과학혁명, 21세기형 인간의 실현을 위한 진정한 의미에서의 존재혁명이 요구되는 시점이다.

과학혁명은 패러다임의 변환과 연계되어 있고 패러다임 변환은 사회구조 변화와 맞물려 의식의 진화를 위한 최적 조건의 창출과 관계된다. 20세기 이후의 과학혁명은 특히 현대 물리학의 주도로 과학과 의식의 접합을 추구해 왔으며, 21세기에 들어서는 더욱 가속화될 전망이다. 그러나 현대 과학은 인간 존재의 세 중심축—종교와 과학과 인문, 즉 신과 세계와 영혼의 세 영역(天地人 三才)—의 연관성 및 통합성에 대한 자각이 여전히 결여되어 있는 까닭에 생명 현상을 분리된 개체나 종(種)의 차원에서 인식함으로써 단순한 물리 현상으로 귀속시키기도 한다. 또한 입자와 파동의 이중성이나 미시세계에서의 역설에 관한 해명은 여전히 현대 물리학의 아킬레스건(腱)으로 남아 있으며, 양자역학이 소립자물리학이나 고체물리학에서 거둔 많은 성과와는 달리, 상대성이론과 접목한 양자장 이론이나 중력과의 통합을 모색하는 이론 분야는 여전히 많은 과학자들의 현안으로 남아 있다. 이에 필자는 21세기 과학혁명의 과제를 다음과 같이 상호 연관되는 몇 가지로 요약해 보고자 한다.[68]

첫 번째 과제는 물리(物理)와 성리(性理), 미시세계와 거시세계를 통섭하는 보편적인 지식체계의 구축과 관련된 것이다. 이는 곧 현대 물리학적 사유와 동양적 사유의 상호 피드백의 과제이다. 미시세계를 다루는 실험물리학과 거시세계를 다루는 동양적 지혜의 상호 피드백 과정이 긴요하다는 것이다. 우주 전체 질량 중 현대 물리학으로 설명되는 것은 4퍼센트에 불과한 것으로 나타난다. 물리 세계는 성리에 대한 인식의 바탕이 없이는 명쾌하게 설명될 수가 없다. 왜냐하면 사물의 이치란 곧 물성(物性)을 일컫는 것으로 사물의 이치와 성품의 이치는 마치 그림자와 실물의 관계와도 같이 상호 조응하는 까닭이다. 유·불·선에서 물리는 각각 기(氣)·색(色)·유(有)로 나타나고, 성리는 각각 이(理)·공(空)·무(無)로 나타난다. 말하자면 전일적·유기론적 세계관에 기초한 고대 동양의 인식 체계에서 물리와 성리는 각각 물질과 정신, 작용과 본체, 필변과 불변이라는 불가분의 표리관계로서 통합된 형태로 나타난다.

복잡계인 생명체는 전체가 부분의 총화 이상의 것이라는 점에서 물리·화학적인 분석 방법만으로는 우주와 생명의 본질을 이해하는 데에 한계가 있다. 인간 존재의 '세 중심축'이랄 수 있는 천·지·인의 통합성에 대한 자각 없이 생명 현상을 이해하기는 불가능하며, 이에 대해 동양적 지혜는 많은 시사점을 제공해 줄 수 있다. 이성과 영성, 논리와 직관의 상호 피드백 과정은 인식의 지평을 확장함으로써 우주와 생명의 본질에 더 심층적으로 접근할 수 있게 할 것이다. '마음의 과학'이라 불리는 양자역학과 일체가 오직 마음이 지어낸 것이라는 '일체유심조' 사상의 접합은 이러한 상호 피드백의 적실성을 보여주는 대표적인 것이다. 또한 거시세계를 다루는 연구자들도 미시세계를 다루는 실험물리학과의 상호 피드백 과정을 통해 인식 체계를 공고히 하고 이론체계를 강화하며 정밀화할 수 있을 것이다.

특히 미시 차원과 거시 차원의 연구 성과의 상호 조응 여부를 검토해 보는 것은 학문적 논의의 토양을 비옥하게 함으로써 지식 체계의 기반을 공고히 할 것이다. 동양사상에서 생명의 본체와 작용의 합일, 즉 천인합일에 대한 인식이 진화의 요체인 것으로 드러나듯이, 현대 물리학에서도 파동과 입자의 이중성에 대한 규명이 '자기조직화' 원리의 핵심 과제인 것으로 드러난다. 생명의 본체[眞如]와 작용[生滅]이 일심에 의해 통섭되는 '생명의 3화음적 구조(the triad structure of life)'[69]를 이해하면, 파동과 입자가 초양자장에 의해 통섭되는 양자역학적 세계관을 이해할 수 있게 된다. 동양사상의 가르침은 전체 속에 포괄된 부분이 동시에 전체를 품고 있을 때 자기실현이 가능하며 공진화 또한 가능함을 보여준다. 이는 현대 물리학에서 자기강화적인 비선형 피드백 과정이 산일구조의 유기적·시스템적 속성과 맞물려 자기조직화의 창발 현상이 일어나는 것과 상통한다.

두 번째 과제는 새로운 인식론과 존재론의 정립과 관련된 것이다. 이는 곧 이원론의 유산 극복과 관련된다. 일체의 이원론의 뿌리는 생명의 순환에 대한 몰이해에 있다. 말하자면 본체계[의식계]와 현상계[물질계]의 관계성을 인식하지 못한 데서 오는 것이다. 내재와 초월, 전체와 개체, 본체[理]와 작용[氣]이 이분법적으로 인식되는 것은, 생명의 본질 자체가 내재성인 동시에 초월성이며, 전체성인 동시에 개체성이며, 우주의 본원인 동시에 현상 그 자체, 즉 완전한 소통성임을 알지 못하는 데서 오는 것이다. 생명의 순환을 이해하는 열쇠는 궁극적 실재인 '하나'가 만유의 본질로서 내재해 있는 동시에 만물화생(萬物化生)의 근본 원리로서 작용한다는 사실을 이해하는 데 있다. 말하자면 생명은 '스스로(自) 그러한(然)' 자이므로 본체와 작용이 둘이 아니라는 것이다. 바다에 밀물과 썰물이 있듯이 생명의 바다에도 삶과 죽음의 에너지 대류 현상이 있는 것이다. 이를 이해하기 위해서는 필자가 말하는 '생명의 3화음적 구조'를 이해할 필요가 있다.

복잡계 이론을 창시함으로써 생명의 기원에 관해 새로운 장을 연 일리야 프리고진은 무기물질인 분자들이 모여서 생명이 있는 유기물질로 변하는 과정을 창발이라고 했다. 한마디로 생명은 비생명에 뿌리를 두고 있다는 것이 생명의 기원에 관한 그의 인식이다. 그러나 우주의 본질인 생명은 만유의 본질로서 내재해 있는 동시에 만물을 화생(化生)시키는 지기(至氣)로서 없는 곳이 없이(無所不在) 실재하는 까닭에 생명과 비생명의 구분 자체가 실재성이 없다. 생명은 시작도 끝도 없으며(無始無終), 태어남도 죽음도 없으며(不生不滅), 자본자근(自本自根)·자생자화(自生自化)하는 불가분의 하나인 까닭에 전일성을 그 본질로 한다. 또한 생명은 이 세상 그 어떤 것도 포괄하지 않음이 없고 포괄되지 않음도 없다. 따라서 우주 속의 그 어떤 것도 근원성·포괄성·보편성을 띠는 생명의 그물망을 벗어나 존재할 길이 없는 것이다.

일체의 이원론은 물질과 비물질, 생명과 비생명, 작용과 본체의 구분에서 파생된 것으로 그러한 구분은 실재성이 없으며 왜곡된 인식에서 오는 관념상의 구분에 불과하다. 오직 이 육체만이 자기라는 에고 의식, 즉 개체화 의식은 근본적으로 영성이 결여된 데서 생기는 것이다. 일체의 이분법이 완전히 폐기된 열린 의식, 즉 보편의식 속에서는 인식과 존재의 괴리는 일어나지 않는다. 모든 것이 어떻게 인식하느냐에 따라 향방이 달라진다는 점에서 이 세상의 모든 문제는 인식과 존재의 문제로 귀결된다. 우리의 인식이 사실 그대로의 존재태를 반영하지 못하는 것은 존재와 인식의 괴리 때문이다. 존재와 인식의 괴리는 좀 더 근원적으로는 생명에 관한 진지(眞知)의 빈곤에서 비롯된다. 이러한 진지의 빈곤은 생명의 전일적 과정을 직시하지 못하게 함은 물론, 우주적 질서에 순응하는 삶을 살 수 없게 한다. 새로운 인식론과 존재론의 정립이 필요한 것은 이 때문이다.

세 번째 과제는 존재혁명과 관련된 것이다. 이는 곧 소명(召命)으로서의 과학과 관련된 과제이다. 21세기 과학혁명은 진정한 의미에서 존재혁명이고 또한 존재혁명이어야 한다. 왜냐하면 21세기 과학혁명의 특성이 과학과 의식의 접합에 있으므로 과학혁명과 의식혁명이 상관관계에 있고, 의식혁명은 곧 존재혁명이기 때문이다. 이는 진리, 자유, 정의, 평화, 복지 등 인류가 추구하는 제 가치가 실현되는 것을 의미한다. 21세기 과학혁명이 정신·물질 이원론에 입각한 근대 과학혁명의 연장선상에 있지 않다는 것은 현대 물리학의 전일적 실재관이 분명히 말해 준다. 유럽의 근대사가 인간적 권위와 신적 권위의 회복을 각기 기치로 내건 르네상스와 종교개혁에서 시작되어 미완성인 채로 끝나 버렸다면, 21세기 과학혁명의 새로운 문명은 과학과 의식의 접합을 통해 제2의 르네상스, 제2의 종교개혁으로 서구의 르네상스와 종교개혁을 완수할 것이다.

현대 사회과학의 창시자로 평가받는 독일의 막스 베버(Max Weber)가 펴낸 『소명으로서의 정치』(1919)에서는 정치인이 구비해야 할 덕목으로 신념 윤리와 책임 윤리를 강조한다. 책임 윤리가 수반되지 않는 신념 윤리는 극단적 원리주의로 흐르기 쉬우므로 양 윤리 사이에 균형을 잡는 것이 바람직한 정치 리더십이라는 것이다. 이러한 베버의 관점은 정치 영역뿐만 아니라 과학 영역에도 적용될 수 있다. 만일 과학이 책임 윤리에 대한 고려 없이 단순히 과학자의 신념을 실현하는 유토피아적 기획이 되면 인간의 생명을 볼모로 잡는 가공할 만한 재앙을 초래할 수도 있다. 유전자공학을 통하여 개발된 생화학무기, 의료 체계와 우생학 과정, 유전자 조작과 관련된 식품 등에서 보듯 오늘날 과학기술의 발전이 세계자본주의 체제의 이윤 극대화의 논리와 긴밀히 연계돼 인간의 생명을 볼모로 잡고 있음은 주지의 사실이다. 더욱이 지구 자체를 무기로 이용하는 '지구공학(geoengineering)' 무기화 시대를 앞두고 신념 윤리와 책임 윤리 간의 적절한 균형 모색은 시대적 당면과제로 떠오르고 있다.

21세기 과학혁명과 존재혁명, 미시세계와 거시세계의 연계는 과학의 대중화와 관계가 있다. 말하자면 과학이 더 이상은 전문가 집단의 전유물이 아니라는 말이다. 21세기 과학의 주체는 일반 대중들로서,[70] 이는 근대 과학의 주체가 전문가 집단에 국한된 것과는 대조적이다. 오늘날 정보화혁명의 급속한 진전으로 과학의 대중화는 가속화될 전망이다. 근대 과학혁명 이후 종교와 과학, 정치와 종교의 분리로 학문의 분과화가 가속화되고, 기계론적 세계관의 확산으로 환경 파괴와 생태 재앙에 따른 심대한 위기의식이 지구촌을 강타하면서 과학혁명과 존재혁명의 연계성은 더욱 절실해지고 있다. 과학의 존재혁명은 기존의 정상과학의 패러다임으로는 해결할 수 없는 총체적인 존재론적 딜레마를 새로운 전일적 실재관으로의 패러다임 전환을 통해 근본적으로 해결하고자 하는 것이다. 그리하여 이 우주 자체가 '하나'인 생명의 피류임을 인식하는 일반 대중들의 참여로 존재혁명의 과제는 완수될 것이다.

미국의 과학사학자이자 과학철학자이며 패러다임 개념 창안자인 토머스 쿤(Thomas S. Kuhn)은 그의 저서 『과학혁명의 구조 The Structure of Scientific Revolutions』(1962)에서 과학이 혁명적인 과정을 통해 발전한다는 혁명적 과학관을 제시했다. 그는 패러다임 전환과 과학혁명의 상관관계를 밝힘으로써 과학혁명이 인식 구조의 변환과 긴밀한 함수관계에 있음을 보여준다. 그에게 있어 과학이론은 객관적 진리 체계가 아니라 특정 시기 과학자들 간 합의의 산물로서, 새로운 발견과 논리의 수정에 의해 바뀔 수 있는 것이었다. 그는 상호 경쟁하는 둘 이상의 패러다임, 즉 낡은 패러다임과 새로운 패러다임을 같은 기준으로 잴 수 없다는 패러다임의 불가공약성(不可公約性, incommensurability)[71]을 강조함으로써 과학 발전의 객관적 보편성을 부정하고 혁명적인 성격에 초점을 맞추었다.

역사의 무대 위에서 무수히 명멸하는 다양한 패러다임은 표면적으로는 기술적 진보 또는 사회적·경제적 및 지적(知的) 조건의 변화에 따른 것처럼 보일 수 있다. 그러나 좀 더 근원적으로는 상대계에서의 일체 변화—그것이 물질 차원이든 정신 차원이든—가 의식의 진화(영적 진화 spiritual evolution)를 위한 최적 조건의 창출과 관계된다. 우주의 실체는 의식이며, 그 진행 방향은 영적 진화이고, 인간은 그러한 지향성을 갖는 우주의 불가분의 한 부분이기 때문이다. 천·지·인은 본래 일체이므로 과학 또한 우주 진화의 궤도에서 벗어날 수 없다. 동서양의 숱한 지성들이 자연의 필연적 법칙성의 원리 규명에 천착한 것은 그러한 원리를 자각할 수 있을 때 '진인사대천명(盡人事待天命)'의 지혜가 발휘되어 자유의지와 필연이 하나가 되는 조화로운 세상을 열 수 있기 때문이다.

쿤이 과학혁명과 패러다임 전환의 상관관계를 밝히고 패러다임의 '불가공약성'을 강조함으로써 과학이론이 특정 시기에 존재하는 특정 패러다임에 의거한 주장일 뿐임을 부각시킨 것은 학문적 논의의 토양을 비옥하게 했다는 점에서 기여한 바가 크다. 모든 학문과 종교가 그러하듯 과학이론 또한 절대적 진리가 아니다. 왜냐하면 그것은 '달'을 가리키는 손가락일 뿐 '(진리의) 달' 그 자체가 될 수는 없기 때문이다. 그러나 쿤은 혁명적 발전의 지향점에 대해 명료하게 밝히지 못했을 뿐만 아니라, 과학혁명을 존재혁명의 차원과 연결시키지도 못했다. 쿤이 역점을 두어야 할 것은 혁명이냐 아니냐보다는 그것의 존재론적 의미가 무엇인지를 밝히는 것이다. 삶의 혁명적 전환을 추동해 내는 진정한 의미에서의 과학혁명, 진정한 의미에서의 존재혁명은 이제부터 시작되어야 한다.

한편 '과학의 인간성' 회복을 위해 전 생애를 바친 생물학자이자 과학사학자인 제이콥 브로노우스키(Jacob Bronowski)는 그의 저서 『과학과 인간의 미래 A Sense of the Future Essays in Natural Philosophy』(1977)에서 '진리가 과학의 핵심'[72]이라고 단언한다. 과학 활동은 진리를 그 자체의 목적으로 전제한다는 것이다. 그는 진리 탐구를 위한 도구로서의 독창성과 독립성의 가치를 높이 평가했다. 그는 과학이 개념을 확립하는 작업이라고 보는데, 사실 개념의 수준에서는 존재와 당위 사이에 차이가 없으며 그 어떤 개념도 궁극적일 수 없다. 그에 의하면 인간과 사회에 대한 우리의 생각은 변화할 수 있으며 윤리학은 궁극적인 체계가 아니라 일종의 활동이다. 마찬가지로 과학역시 궁극적인 체계가 아니라 활동이다.

또한 브로노우스키는 과학과 윤리의 접합에 주목하여 인간 존중, 관용, 자유, 정의와 같은 윤리적 가치를 강조함으로써 과학의 윤리성에 대한 논의를 촉발했다. 그의 다음 말은 '인간의 얼굴을 한 과학'을 추구하는 휴머니스트 과학자로서의 면모를 살필 수 있게 한다: "훌륭한 철학뿐만 아니라 훌륭한 과학조차 인간애 없이는 존재할 수 없다. 자연에 대한 이해의 궁극적 목표는 인간성에 대한 이해이며 자연 속에서의 인간 조건에 대한 이해라고 생각한다."[73] "새로운 이성주의에 대한 연구는 사회 속의 인간, 인간 속의 사회가 가지는 잠재력, 즉 가장 깊은 의미의 인간 실현에 대한 연구가 될 것"[74]이라고 한 그의 예단은 '과학의 인간성' 회복의 과제를 안고 있는 오늘의 우리에게 커다란 공감을 준다.

"내재적 세계는 마야(maya, 幻影)가 아니다. 에고(ego)조차도 마야가 아니다. 진짜 마야는 분리성이다. 우리가 정말로 전체와 분리되어 있다고 느끼고 생각하는 것은 환상이다."

"The immanent world is not *maya*; not even the ego is *maya*. The real *maya* is the separateness. Feeling and thinking that we are really separate from the whole is the illusion."

- Amit Goswami, *The Self-Aware Universe: How Consciousness Creates the Material World* (1995)

05

호모커넥투스와 복잡계의 진화

서구 전통의 뿌리 깊은 이원론에 입각한 물질주의 과학은 기술적 진보에도 불구하고 물질주의와 환원주의에 경도(傾倒)되어 우주자연과 인간에 대한 이해를 왜곡되고 피폐하게 만들었다. 무엇 때문인가? 바로 생명[神·靈·天]에 대한 몰이해 때문이다. 생명은 육체라는 물질에 귀속된 물질적 개념이 아니라 영성[靈] 그 자체다. 양자역학으로 대표되는 포스트 물질주의 과학의 주도로 다양한 분야에 걸쳐 '영성의 과학적 재발견'이 이루어지고 있는 것은 분명 고무적이다. 수십억 년에 걸친 생명의 진화적 전개는 생명 자체에 내재된 고유한 성향인 창조성에 의해 추동되어, 세 가지 주요 진화의 길—유전자의 무작위 돌연변이, DNA 재조합(유전자 거래), 공생(symbiosis)—을 통해 표현되고 자연선택에 의해 연마되어 끊임없이 증가하는 다양성의 형태로 확장되고 강화되었다. 진화의 시스템적 관점은 유기체와 환경, 부분과 전체가 경쟁과 협력, 창조와 상호 적응을 통해 함께 진화하는 공진화(co-evolution)를 지향한다. 생명의 자기조직화 과정은 진화의 과정인 동시에 새로운 구조 및 행동 양식의 창발이라는 점에서 진화는 곧 창조적 진화이다.

- 본문 중에서

05 호모커넥투스와 복잡계의 진화

> 신이란 자기조직화하는 전 우주의 역동성을 표현한 것에 지나지 않는다.
> God represents nothing less than the self-organizing dynamics of the entire cosmos.
>
> - Erich Jantsch, *The Self-Organizing Universe*(1980)

포스트 물질주의 과학을 위한 매니페스토:
영성의 과학적 재발견

'포스트 물질주의 과학을 위한 매니페스토(Manifesto for a Post-Materialist Science)'에 들어가기에 앞서 몇 가지 개념적 명료화(conceptual clarification) 작업이 필요한 관계로 먼저 이에 대해 고찰하기로 한다. 유사 이래 그 숱한 지성들이 지칠 줄 모르고 천착해 온 두 개의 주제를 꼽는다면 그것은 아마도 '신(神 또는 天)'과 '생명'이 아닐까 싶다. 가장 밀착되어 있음에도 불구하고 이에 따르는 세 가지 역설이 있다. 첫째는 그것들이 무엇인지 명료하게 알지 못한다는 것이다. 둘째는 그럼에도 이미 알고 있다고 전제한다는 것이다. 셋째는 신과 생명을 서로 다른 것으로 인식한다는 것이다. 만일 신과 생명이 무엇인지를 안다면 이 세상은 뒤집어진다. 세상이 거꾸로 되어 있으니 뒤집어지면 제자리를 찾는 셈이다. 존재혁명이 일어난다는 말이다.

첫째, 신과 생명이 무엇인지 왜 명료하게 알지 못하는 것일까? 육안으로 확인할 수 있는 물질이 아니기 때문이다. 신이나 생명이라는 말은 (진리의) 달을 가리키는 손가락에 불과한 것이다. 손가락에 의지하여 손가락을 여읜 달을 보는 것과 같이, 언설에 의지하여 언어가 끊어진 법을 볼 수 있어야 하는 것이다. 뗏목에 의지하여 강을 건너지만 언덕에 오르기 위해서는 뗏목을 버려야 하듯이, 언설에 의지하여 언설을 여의어야 하는 것이다. 그러나 우리의 의식이 '몸' 단계에 머물러 있으면 문자를 여의지 못한 채 이들을 물질 차원에서 인식하게 된다. 예컨대, 백인은 신을 백인으로 인식하고 흑인은 신을 흑인으로 인식한다. 그러나 예수 그리스도는 백인도 아니고 흑인도 아니고 중동지역의 인물이었다. 또한 우리의 의식이 '몸' 단계에 머물러 있으면 의인화된 형태로 신을 인식하고, 생명을 육체에 귀속되는 것으로 인식한다. 따라서 '죽으면' 생명이 끝났다고 생각하는 것이다. 그러나 천지만물이 생겨나기 전에도 생명[靈]은 있었다!

둘째, 신과 생명이 무엇인지 왜 이미 알고 있다고 전제하는 것일까? 종교의식을 통해서든 일상생활 속에서든 '신'과 '생명'은 우리와 너무도 밀착되어 있기 때문이다. 그것은 마치 인간이면서도 인간에 대해 너무 모르고 있거나, 너무 잘못 알고 있거나, 상당히 알고 있다고 착각하는 것과도 같은 것이다. 그러나 우리에게 친숙한 단어라고 해서 반드시 명료하게 파악할 수 있는 것은 아니다. 자주 만난다고 해서 상대방을 잘 알 수 있는 것도 아니다. 대개 모든 문제는 자주 만나는 가까운 사람들 사이에서 일어난다. 가깝지 않으면 일어날 일도 없다. 다이토(Daito, 大燈) 대선사의 저 명징하고도 지극히 아름다운 선시에는 이렇게 암시되어 있다.

우리는 수천 겁(劫) 이전에 헤어졌지만,
우리는 잠시도 떨어져 본 적이 없소.
우리는 종일토록 얼굴을 맞대고 있지만,

우리는 만나본 적이 없소.

We were parted many thousands of kalpas ago,

Yet we have not been separated even for a moment.

We are facing each other all day long,

Yet we have never met.

신이나 생명은 우리와 너무도 밀착된 개념이지만 우리는 명료하게 알지 못한다. 그럼에도 우리는 친숙하기 때문에 이미 알고 있다고 착각한다. 이미 알고 있다는 것은 자신의 의식 수준에 상응하는 형태로 알고 있다는 것이다. 의식이 '몸' 단계에 머물러 있는 사람은 물질 차원에서 인식하게 된다. 따라서 신을 이런저런 형상으로 인식하고, 생명을 육체에 귀속된 것으로 인식한다. 반면 의식이 '영(靈, Spirit)' 단계인 사람은 신을 형상도 속성도 없는 무속성(無俗性, Nirguṇa)의 '영' 그 자체로 인식하고, 생명을 시작도 끝도 없고, 태어남도 죽음도 없으며, 없는 곳이 없이 실재하는 우주의 본질 그 자체로 인식한다. 이처럼 차원이 다른 신과 생명을 인식하게 되는 것은 영적 진화(spiritual evolution 또는 의식의 진화)의 수준이 서로 다른 데에 기인한다.

신이 무엇인지 이미 알고 있다고 전제하다 보니, 신이 무엇인지에 대한 인식론적 고찰 없이 '신은 있다 혹은 없다'라는 존재론적 차원의 문제로 일축하게 된다. 신이 무엇인지도 모르는데, 있는지 없는지 어찌 알겠는가. 스티븐 호킹은 생전에 '신은 없다(There is no God)'라는 발언을 해서 로마 교황청과 갈등을 빚기도 했다. 그런데 그의 유고집에서 재차 '신은 없다'라는 결론을 내렸다고 마치 '폭탄선언'인 양 CNN이 보도했다. 동양의 천인합일과는 달리 창조주와 피조물이라는 서구의 뿌리 깊은 이원론(dualism)이 전문가의 의식 속에까지 깊이 침투한 것이다. 서구적 전통에서 신은 인간과는 분리된 의인화된 형상으로 정형화(?)되어 있기 때문에 신이 무엇인지에 대한 의문조차 일어나지 않는다. 신은 만물의 근원[궁극적 실재]을 지칭하는 많은 대명사 중의 하나일 뿐이다. 신이라는 이름을 폐기처분한다고 해서, 또는 '신은 없다'라고 주장한다고 해서 만물의 근원에 대한 규명의 필요성이 사라지는 것은 아니다. 실로 신이라는 이름을 넘어서지 않고서는 신이 무엇인지를 알 수 없다는 것이 신의 역설이다. 개념적 명료화가 없이는 부질없는 공론(空論)만 일삼게 된다.

셋째, 신과 생명을 왜 서로 다른 것으로 인식하는 것일까? 물질 차원의 인식을 하기 때문이다. 신은 형상과 속성을 가진 의인화된 형태로 인식하는 반면, 생명은 단순히 육체에 귀속된 것으로 인식하는 것이다. 「요한복음」(14:6)에서는 신이 곧 도(道)이고 진리이고 생명이라고 분명히 말한다.

> 나는 길(道)이요 진리요 생명이니…
> I am the way and the truth and the life….[1]

이는 육적 차원이 아닌 영적 차원의 말씀이다. 여기서 '나'는 보편적 실재로서의 나, 즉 신이다. 신, 생명, 진리, 도(道), 이 모두는 우주의 궁극적 실재[근원적 一者]를 지칭하는 대명사이다. 이 외에도 궁극적 실재를 지칭하는 대명사는 일일이 열거할 수 없을 정도로 많다. 이들 모두 '불가분의 전체성(undivided wholeness)'인 까닭에 유일자[唯我] 또는 유일신이라고도 하는 것이다. 「요한복음」(4:24)에서는 신이 곧 '영(靈)'이라고 말한다.

> 신은 영(靈)이시니 예배하는 자들은 마땅히 영과 진리로 예배해야 한다.
> God is spirit, and his worshipers must worship in spirit and in truth.[2]

신은 곧 생명이고, 진리이고, 영(靈)이다. 우주의 실체는 의식이므로 영은 곧 영성(靈性)이고, 신은 곧 신성(神性)이다. 흔히 신을 생명의 본체라고 말하기도 하는 것은, 신의 자기현현(作用)이 곧 우주만물이므로 생명의 본체인 신과 그 작용인 우주만물이 하나라는 것을 설명하기 위해서 이분법의 툴(tool)을 사용한 것이다. "모든 개물(res particulares)은 신의 속성의 변용 또는 신의 속성을 특정한 방식으로 표현하는 양태에 지나지 않는다"[3]고 스피노자는 말한다. 신, 생명, 진리, 영(靈)은 '자기원인(causa sui)'[4]의 존재자, 즉 자생자화(自生自化)하는 제1원인(또는 제1원리)[5]이다. 제1원인은 우주 지성[性]이자 우주의 창조적 에너지[命]이며 우주의 근본 질료[精]로서, 지성·에너지·질료 이 셋은 제1원인의 삼위일체다. 또한 「요한일서」(4:8)에는 신이 곧 사랑이라고 나와 있다.

> 신은 사랑이시니 사랑하지 아니하는 자는 신을 알지 못한다.
> Whoever does not love does not know God, because God is love.[6]

말하자면 신은 곧 생명이고, 영[靈性]이고, 진리이고, 사랑이다. 또한 생명[神]은 우주만물의 성(性, 神性, 靈性, 참본성)이다. '성'은 생명이 만물에 배분된 것이다. 따라서 신, 생명, 영성, 진리, 사랑은 곧 우주만물의 참본성[참자아]이다. 신과 우주만물이 하나라는 말이다. 그래서 '천상천하유아독존(天上天下唯我獨尊)', 즉 "하늘 위와 하늘 아래 오직 '나[참자아 즉 참본성]'만이 홀로 존귀하다"고 한 것이다. 신은 만물 속에 만물의 참본성으로 내재해 있는 동시에 만물화생(萬物化生)의 근본 원리로서 작용하고 있는 것이다. 이러한 개념들은 모두 영적 진화의 수준에 따라 다르게 인식된다. 영적 시력이 낮을수록 물질 차원에서 분리적으로 인식되고, 영적 시력이 높을수록 영적 차원에서 전체적으로 인식된다. 사랑의 경우 정욕적인 에로스적 사랑을 할 수도 있고, 무조건적인 아가페적 사랑을 할 수도 있다는 말이다. 아가페적 사랑의 단계에서는 사랑을 우주의 원리 그 자체로 인식한다. 모든 가치개념 또한 영적 진화 수준에 따라 다르게 인식된다. 수준이 낮을수록 개체화(particularization) 의식에 사로잡히게 되므로 이기적인 목적을 앞세우게 된다.

신의 자기복제(self-replication)를 통한 우주만물의 형성 과정은 우주의 창조적 에너지(混元一氣)인 신(神)이 기(氣)로, 다시 정(精)으로 에너지가 체화(體化)하는 과정이다. 이 과정에서 신(神)은 만유 속에 만유의 참본성[性]으로 편재하게 되므로 신과 우주만물은 분리 자체가 근원적으로 불가능하다. 우주만물에 편재해 있는 하나인 참본성[참자아]이 곧 신[神性]이고 영(靈, 靈性)이다. 오늘날 지구촌이 존재론적 불구(不具)의 형태를 보이는 것은 이러한 생명의 전일성과 자기근원성을 인식하지 못한 채 분리의식의 투사체인 물신(物神)들에 의해 점령당해 있기 때문이다. '사람이 성(誠)을 다하면 하늘도 감동한다(至誠感天)'는 말이 있듯이, 사람은 정성으로 깨달음을 얻으며 정성은 신(神)에서 완성된다. 내재적 본성인 신성의 자각적 주체가 되면, 다시 말해 천인합일의 이치를 깨달으면, 정(精)은 기(氣)로, 다시 신(神)으로 화하여 참본성이 드러나게 된다.

개념적 명료화에 기초하지 않은 일체의 지식은 사상누각(沙上樓閣)에 불과하다. 그래서 소크라테스(Socrates)는 아고라(Agora, 그리스어로 시장이라는 뜻)에서 사람들과의 문답을 통해 개념적 명료화를 도모함으로써 감각세계의 변화 저 너머에 있는 영원불변의 이성적 진리에 도달하고자 한 것이다. 플라톤(Plato)은 '태양의 비유'7를 들어 태양 빛을 잘 받는 사물이 뚜렷이 보이듯, 「선의 이데아」는 인식하는 자에게 진리와 존재를 통찰할 힘을 부여한다고 했다. 또한 '선분의 비유'를 들어 이데아 인식의 네 단계를 최하의 무지로부터 최고의 인식에까지 발전해 가는 과정을 '분할된 선'으로 묘사하여 '상상[臆測]', '신념', '추론적 사고', '지성적 앎'의 네 단계[8]로 구분했다. 신이 무엇인지를 인식할 수 있다면, '신은 있다 혹은 없다'라는 따위의 공론(空論)은 일삼지 않게 될 것이다.

신이란 무엇인가에 대해, 동학의 생명사상은 생명의 본체인 하늘(天·神·靈)과 그 기화(氣化) 작용인 우주만물이 둘이 아님을 '이천식천-이천화천(以天食天-以天化天)', '물물천 사사천(物物天 事事天)', '인내천(人乃天)', '인시천(人是天)', '불연기연(不然其然)', '내유신령(內有神靈)·외유기화(外有氣化)', '오심즉여심(吾心卽汝心)' 등으로 나타내고 있다. 본체와 작용, 내재와 초월이 하나임을 밝힘으로써 생명의 전일성과 자기근원성을 보여주는 것이다. 하늘은 만유의 중심에 만유의 참본성[一心, 참자아]으로 편재(遍在)해 있으니 만유가 다 하늘을 모시고 있는 것이다. 이러한 참본성의 자각적 주체가 될 때 통합적 비전이 발휘되어 삼경(三敬, 敬天·敬人·敬物)의 삶을 실천할 수 있게 된다.

유사 이래 지금까지도 인류는 신이 무엇인지에 대해서는 별 관심 없이 그냥 신을 찾아 헤매고 있다. 마치 나귀를 타고서 나귀를 찾아 헤매는 것처럼. 신은 곧 우리의 참본성[靈性·神性·참자아]이다. 서구 전통의 뿌리 깊은 이원론에 입각한 물질주의 과학은 기술적 진보에도 불구하고 물질주의와 환원주의에 경도(傾倒)되어 우주자연과 인간에 대한 이해를 왜곡되고 피폐하게 만들었다. 무엇 때문인가? 바로 생명[神·靈·天]에 대한 몰이해 때문이다. 생명은 육체라는 물질에 귀속된 물질적 개념이 아니라 영성[靈] 그 자체다. 양자역학의 출현으로 과학과 영성의 접합에 관한 연구가 고조되면서, 특히 포스트 물질주의 과학의 주도로 다양한 분야에 걸쳐 '영성의 과학적 재발견'이 이루어지고 있는 것은 분명 고무적이다.

그러나 사례 분석은 많이 이루어지고 있는 반면, 그 다양한 사례들을 하나로 꿰는 개념적 틀 및 연결성과 설명 체계는 여전히 빈약하다. 영성이 곧 영(靈)이고, 신[神性]이고, 하늘(天)이고, 참본성[참자아, 一心]이고, 생명이고, 진리이다. 필자가 이토록 강조하는 것은 이러한 개념적 명료화가 없이는 통섭적 지식체계를 구축하기 어려우며 통합적 비전을 발휘할 수도 없으므로 언어의 유희에 불과한 것이 되기 때문이다. 양자역학에 내재된 해석상의 문제 역시 인식론상의 문제이므로 개념적 명료화가 없이는 실효성 있는 결론을 도출해 내기 어렵다. 그러면 이상의 개념적 명료화를 바탕으로 '포스트 물질주의 과학을 위한 매니페스토'에 대해 고찰해보기로 하자.

2014년 2월 7일부터 9일까지 미국 애리조나 주 투손 캐년 랜치에서 포스트 물질주의 과학, 영성 그리고 사회에 관한 국제정상회의(International Summit)가 개최되었다. 이 회의에는 생물학, 신경과학, 심리학, 의학, 정신의학 등 다양한 과학 분야에서 국제적으로 명망 있는 과학자 그룹이 참가했다. 이 회의의 목적은 물질주의 이데올로기가 과학에 미치는 영향을 분석하고, 과학, 영성 그리고 사회의 향상을 위해 포스트 물질주의 과학과 포스트 물질주의 패러다임(PMP)의 진화 및 수용을 진전시키는 것이었다. 이 회의에서는 두 가지 점이 강조되었다. 즉 과학, 영성 그리고 사회에 대한 철학적, 이론적 이점을 탐구하고, 인류와 지구에 대한 장단기적인 실용적 이점을 고려하는 것이었다.

이 회의에 참가한 과학자 그룹은 과학이 특히 물질주의 철학에 굴종함으로써 물질만이 유일한 현실이며 정신은 뇌의 물리적 활동에 지나지 않는다는 신조와 도그마에 의해 제약되고 있다며, "과학이 데이터 수집, 가설 실험 및 비판적 토론의 과학적 방법을 고수하면서 물질주의의 제약과 도그마의 편견 없이 진정으로 개방적인 방식으로 자연 세계를 탐구할 수 있다면 과학이 더 과학적일 것이라고 믿는다"면서, '포스트 물질주의 과학을 위한 매니페스토(Manifesto for a Post-Materialist Science)'를 발표했다. 이 선언문은 18개 조항으로 구성되어 있다. 내용이 좀 길기는 하지만, 물질주의 과학과 대별되는 포스트 물질주의 과학의 본질적 특성을 다양한 분야에 걸쳐 사례 분석을 포함하여 일별함으로써 호모커넥투스의 본질에 대한 이해를 심화할 수 있고, 또 이 책의 앞선 논의와도 맥락적으로 연결되므로 전문을 소개하고자 한다. 그 내용은 다음과 같다.[9]

1. 현대 과학의 세계관은 주로 고전 물리학과 밀접한 관련이 있는 가정에 근거를 두고 있다. 물질주의, 즉 물질이 유일한 현실이라는 생각은 이러한 가정 중 하나이다. 이와 관련된 가정은 환원주의, 즉 복잡한 사물을 그 부분들의 상호작용으로, 또는 작은 물질 입자와 같은 더 단순하거나 더 근본적인 것들로 축소함으로써 이해할 수 있다는 개념이다.

The modern scientific worldview is predominantly predicated on assumptions that are closely associated with classical physics. Materialism—the idea that matter is the only reality—is one of these assumptions. A related assumption is reductionism, the notion that complex things can be understood by reducing them to the interactions of their parts, or to simpler or more fundamental things such as tiny material particles.

2. 19세기 동안 이러한 가정은 좁아지고 도그마로 변했으며, "과학적 물질주의"로 알려지게 된 이데올로기적 신념 체계로 통합되었다. 이러한 신념 체계는 정신이 뇌의 물리적 활동에 지나지 않으며, 우리의 생각이 뇌와 신체, 우리의 행동, 그리고 물리 세계에 아무런 영향을 줄 수 없다는 것을 의미한다.

During the 19th century, these assumptions narrowed, turned into dogmas, and coalesced into an ideological belief system that came to be known as "scientific materialism." This belief system implies that the mind is nothing but the physical activity of the brain, and that our thoughts cannot have any effect upon our brains and bodies, our actions, and the physical world.

3. 과학적 물질주의 이데올로기는 20세기 동안 학계에서 지배적이 되었다. 너무도 지배적이어서 대다수의 과학자들은 그것이 확립된 경험적 증거에 근거하고 있으며 유일한 합리적 세계관을 대표하는 것이라고 믿기 시작했다.

The ideology of scientific materialism became dominant in academia during the 20th century. So dominant that a majority of scientists started to believe that it was based on established empirical evidence, and represented the only rational view of the world.

4. 물질주의 철학에 기초한 과학적 방법은 자연에 대한 우리의 이해를 증진시킬 뿐만 아니라 기술의 진보를 통해 더 큰 통제력과 자유를 가져오는 데 있어 매우 성공적이었다.

Scientific methods based upon materialistic philosophy have been highly successful in not only increasing our understanding of nature but also in bringing greater control and freedom through advances in technology.

5. 그러나 학계에서 물질주의의 거의 절대적 지배는 과학을 심각하게 제약하고 정신과 영성에 대한 과학적 연구의 발전을 방해했다. 현실에 대한 배타적인 설명 체계로서의 이러한 이데올로기에 대한 믿음은 과학자들로 하여금 인간 경험

의 주관적인 차원을 무시하도록 강요했다. 이로 인해 우리 자신과 자연에서의 우리의 위치에 대해 심각하게 왜곡되고 피폐한 이해로 이어졌다.

However, the nearly absolute dominance of materialism in the academic world has seriously constricted the sciences and hampered the development of the scientific study of mind and spirituality. Faith in this ideology, as an exclusive explanatory framework for reality, has compelled scientists to neglect the subjective dimension of human experience. This has led to a severely distorted and impoverished understanding of ourselves and our place in nature.

6. 과학은 무엇보다도 현상에 대한 관찰, 실험적 조사 및 이론적 설명을 통해 자연에 대한 지식을 습득하는 비독단적이고 개방적인 방법이다. 그 방법론은 물질주의와 동의어가 아니며 특정 신념, 도그마 또는 이데올로기에 경도(傾倒)되어서는 안 된다.

Science is first and foremost a non-dogmatic, open-minded method of acquiring knowledge about nature through the observation, experimental investigation, and theoretical explanation of phenomena. Its methodology is not synonymous with materialism and should not be committed to any particular beliefs, dogmas, or ideologies.

7. 19세기 말 물리학자들은 고전 물리학으로는 설명할 수 없는 경험적 현상을 발견했다. 이로 인해 1920년대와 1930년대 초 양자역학(QM)이라는 혁명적인 새로운 물리학 분야의 발전으로 이어졌다. QM은 원자와 아원자 입자가 실제로 단단한 물체가 아니라는 것을 보여줌으로써 세계의 물질적 기초에 의문을 제기했다. 그것들은 명확한 공간적 위치와 명확한 시간에 확실하게 존재하는 것

이 아니다. 가장 중요한 것은, QM이 마음을 그 기본 개념 구조에 명시적으로 도입했다는 것이다. 관찰되는 입자와 관찰자, 즉 물리학자와 관찰에 사용된 방법이 연결되어 있다는 것이 밝혀졌기 때문이다. QM의 한 가지 해석에 따르면, 이 현상은 관찰자의 의식이 관찰되는 물리적 사건의 존재에 필수적이며, 정신적인 사건이 물리 세계에 영향을 줄 수 있음을 의미한다. 최근의 실험 결과는 이 해석을 뒷받침한다. 이러한 결과는 물리 세계가 더 이상 현실의 일차적 또는 유일한 구성요소가 아니며, 마음에 대한 언급이 없이는 완전히 이해될 수 없다는 것을 시사한다.

At the end of the nineteenth century, physicists discovered empirical phenomena that could not be explained by classical physics. This led to the development, during the 1920s and early 1930s, of a revolutionary new branch of physics called quantum mechanics (QM). QM has questioned the material foundations of the world by showing that atoms and subatomic particles are not really solid objects—they do not exist with certainty at definite spatial locations and definite times. Most importantly, QM explicitly introduced the mind into its basic conceptual structure since it was found that particles being observed and the observer—the physicist and the method used for observation—are linked. According to one interpretation of QM, this phenomenon implies that the consciousness of the observer is vital to the existence of the physical events being observed, and that mental events can affect the physical world. The results of recent experiments support this interpretation. These results suggest that the physical world is no longer the primary or sole component of reality, and that it cannot be fully understood without making reference to the mind.

8. 심리학적 연구는 의식적인 정신 활동이 행동에 인과적 영향을 줄 수 있으며, 대리자적 요인(예: 신념, 목표, 욕망 및 기대)의 설명적, 예측적 가치가 매우 높다는 것을 보여주었다. 또한 정신신경면역학 연구는 우리의 생각과 감정이 뇌와 연결된 생리적 시스템(예: 면역, 내분비, 심혈관)의 활동에 현저하게 영향을 줄 수 있다는 것을 보여준다. 다른 면에서, 정서적 자기조절, 심리 치료 및 플라시보 효과에 대한 신경 영상 연구는 정신적인 사건이 뇌의 활동에 크게 영향을 미친다는 것을 보여준다.

Psychological studies have shown that conscious mental activity can causally influence behavior, and that the explanatory and predictive value of agentic factors (e.g. beliefs, goals, desires and expectations) is very high. Moreover, research in psychoneuroimmunology indicates that our thoughts and emotions can markedly affect the activity of the physiological systems (eg, immune, endocrine, cardiovascular) connected to the brain. In other respects, neuroimaging studies of emotional self-regulation, psychotherapy, and the placebo effect demonstrate that mental events significantly influence the activity of the brain.

9. 소위 "psi 현상(초심리학적 현상, parapsychological phenomenon)"에 대한 연구는 우리가 때때로 일상적인 감각을 사용하지 않고 습관적인 공간과 시간의 제약을 초월하는 방식으로 의미 있는 정보를 받을 수 있다는 것을 나타낸다. 더 나아가 psi 연구는 우리가 물리적 장치와 살아 있는 유기체(다른 인간을 포함한)에 멀리서 정신적으로 영향을 줄 수 있다는 것을 보여준다. psi 연구는 또한 멀리 떨어져 있는 사람들이 비국소적으로 상관되는 방식으로 행동할 수 있다는 것을 보여준다. 즉 멀리 떨어져 있는 사람들 사이의 상관관계는 매개되지 않고(그들은 어떤 알려진 에너지 신호와도 연결되어 있지 않다), 감소되지 않으며(거리가 늘어나도 서로의 관

련성은 저하되지 않는다), 즉각적인(동시적인 것으로 보인다) 것으로 가정된다. 이러한 사건은 너무 흔해서 변칙적인 것으로도, 자연법칙에 대한 예외로도 볼 수 없지만, 물질주의에만 근거를 둘 수 없는 더 넓은 설명 체계가 필요하다는 징후로 볼 수 있다.

Studies of the so-called "psi phenomena" indicate that we can sometimes receive meaningful information without the use of ordinary senses, and in ways that transcend the habitual space and time constraints. Furthermore, psi research demonstrates that we can mentally influence—at a distance—physical devices and living organisms (including other human beings). Psi research also shows that distant minds may behave in ways that are nonlocally correlated, i.e. the correlations between distant minds are hypothesized to be unmediated (they are not linked to any known energetic signal), unmitigated (they do not degrade with increasing distance), and immediate (they appear to be simultaneous). These events are so common that they cannot be viewed as anomalous nor as exceptions to natural laws, but as indications of the need for a broader explanatory framework that cannot be predicated exclusively on materialism.

10. 의식적인 정신 활동은 심정지(心停止) 중 임상 사망에서 경험할 수 있다(이것이 "임사체험"[NDE]이라고 하는 것이다). 일부 임사체험자(NDErs)는 심정지 중에 발생한 실증적인 유체이탈의 인식(즉 현실과 일치하는 것으로 입증될 수 있는 인식)을 보고했다. NDErs는 또한 심정지로 유발된 임사체험 동안의 심오한 영적 경험을 보고한다. 뇌의 전기 활동이 심정지 후 몇 초 안에 중단되는 것은 주목할 만하다.

Conscious mental activity can be experienced in clinical death during a cardiac arrest (this is what has been called a "near-death experience" [NDE]). Some near-death experiencers (NDErs) have reported veridical out-of-body perceptions (i.e. perceptions that can be proven to coincide with reality) that occurred during cardiac arrest. .NDErs also report profound spiritual experiences during NDEs triggered by cardiac arrest. It is noteworthy that the electrical activity of the brain ceases within a few seconds following a cardiac arrest.

11. 통제된 실험실 실험에서는 숙련된 연구 매체(육체적으로 사망한 사람들의 마음과 의사소통할 수 있다고 주장하는 사람들)가 때로는 사망한 개인에 대한 매우 정확한 정보를 얻을 수 있다는 것을 문서화했다. 이것은 마음이 뇌와 분리되어 존재할 수 있다는 결론을 뒷받침한다.

Controlled laboratory experiments have documented that skilled research mediums (people who claim that they can communicate with the minds of people who have physically died) can sometimes obtain highly accurate information about deceased individuals. This further supports the conclusion that mind can exist separate from the brain.

12. 유물론적 경향이 있는 일부 과학자와 철학자들은 이러한 현상들이 세계에 대한 그들의 배타적 개념과 일치하지 않기 때문에 이를 인정하기를 거부한다. 자연에 대한 포스트 물질주의적 탐구에 대한 거부나, 포스트 물질주의 체계를 뒷받침하는 강력한 과학 연구 결과의 발표에 대한 거부는 경험적 데이터가 항상 적절하게 다루어져야 한다는 진정한 과학적 탐구 정신에 반(反)하는 것이다. 선호하는 이론이나 신념에 맞지 않는 데이터라고 해서 선험적이라고 일축할 수 없다. 그러한 일축은 과학이 아니라 이데올로기의 영역이다.

Some materialistically inclined scientists and philosophers refuse to acknowledge these phenomena because they are not consistent with their exclusive conception of the world. Rejection of post-materialist investigation of nature or refusal to publish strong science findings supporting a post-materialist framework are antithetical to the true spirit of scientific inquiry, which is that empirical data must always be adequately dealt with. Data which do not fit favored theories and beliefs cannot be dismissed a priori. Such dismissal is the realm of ideology, not science.

13. psi 현상, 심정지(心停止) 상태에서의 임사체험(NDEs), 그리고 신뢰할 수 있는 연구 매체의 반복 가능한 증거는 물질주의의 렌즈를 통해서 볼 때만 변칙적으로 보인다는 것을 깨닫는 것이 중요하다.

It is important to realize that psi phenomena, NDEs in cardiac arrest, and replicable evidence from credible research mediums, appear anomalous only when seen through the lens of materialism.

14. 더욱이 물질주의 이론은 뇌가 어떻게 마음을 생성할 수 있는가를 밝히지 못하며, 이 선언문에서 암시된 경험적 증거를 설명할 수 없다. 이러한 실패는 이제 낡은 물질주의 이데올로기의 족쇄와 눈가리개에서 벗어나 자연계에 대한 우리의 개념을 확대하고, 포스트 물질주의 패러다임을 수용할 때라는 것을 말해 준다.

Moreover, materialist theories fail to elucidate how brain could generate the mind, and they are unable to account for the empirical evidence alluded to in this manifesto. This failure tells us that it is now time to free ourselves from the shackles and blinders of the old materialist ideology, to enlarge our concept of the natural world, and to embrace a post-materialist paradigm.

15. 포스트 물질주의 패러다임에 따르면: a) 마음은 물리 세계와 마찬가지로 가장 중요한 현실의 한 측면을 나타낸다. 마음은 우주의 근본이다. 즉 마음은 물질에서 파생될 수 없으며 더 기본적인 것으로 축소될 수 없다. b) 마음과 물리 세계 사이에는 깊은 상호연결성이 있다. c) 마음(의지/의도)은 물리 세계의 상태에 영향을 줄 수 있고, 비국소적(또는 확장된) 방식으로 작동할 수 있다. 즉 뇌나 신체와 같은 공간상의 특정 지점에 국한되지 않으며, 현재와 같은 시간상의 특정 지점에도 국한되지 않는다. 마음은 물리 세계에 비국소적으로 영향을 줄 수 있기 때문에, 통제된 블라인드 실험 설계에서조차도 실험자의 의도, 감정 및 욕망은 실험 결과로부터 완전히 분리되지 않을 수 있다. d) 마음은 명백하게 무한하며, 모든 개인의 단일한 마음을 포함하는 단일한 하나의 마음을 제안하는 방식으로 연합할 수 있다. e) 심정지 상태에서의 임사체험(NDEs)은 뇌가 정신 활동의 송수신기 역할을 한다는 것을 암시한다. 즉 마음은 뇌를 통해 작용할 수 있지만, 뇌에 의해 생성되지는 않는다. 심정지 상태에서 발생하는 임사체험은 연구 매체의 증거와 결합되어 육체의 죽음에 따른 의식의 생존 및 비물리적인 다른 수준의 현실의 존재를 시사한다. f) 과학자들은 인간 존재의 중심적인 측면을 대표하기 때문에 영성과 영적 체험을 탐구하는 것을 두려워해서는 안 된다.

According to the post-materialist paradigm: a) Mind represents an aspect of reality as primordial as the physical world. Mind is fundamental in the universe, i.e. it cannot be derived from matter and reduced to anything more basic. b) There is a deep interconnectedness between mind and the physical world. c) Mind (will/intention) can influence the state of the physical world, and operate in a nonlocal (or extended) fashion, i.e. it is not confined to specific points in space, such as brains and bodies, nor to specific points in time, such as the present. Since the mind may nonlocally influence the physical world, the intentions, emotions, and desires of an experimenter may not be completely isolated from experimental outcomes, even in controlled and blinded experimental designs. d) Minds are apparently unbounded, and may unite in ways suggesting a unitary, One Mind that includes all individual, single minds. e) NDEs in cardiac arrest suggest that the brain acts as a transceiver of mental activity, i.e. the mind can work through the brain, but is not produced by it. NDEs occurring in cardiac arrest, coupled with evidence from research mediums, further suggest the survival of consciousness, following bodily death, and the existence of other levels of reality that are non-physical. f) Scientists should not be afraid to investigate spirituality and spiritual experiences since they represent a central aspect of human existence.

16. 포스트 물질주의 과학은 지금까지 실현된 경험적 관찰과 과학적 성취의 큰 가치를 거부하지 않는다. 그것은 자연의 경이로움을 더 잘 이해하기 위해 인간의 능력을 확장하고 그 과정에서 우주의 핵심 구조의 부분으로 마음과 영(靈)의 중요성을 재발견하고자 한다. 포스트 물질주의는 우주의 기본 구성요소로 간주되는 물질을 포함한다.

Post-materialist science does not reject the empirical observations and great value of scientific achievements realized up until now. It seeks to expand the human capacity to better understand the wonders of nature, and in the process rediscover the importance of mind and spirit as being part of the core fabric of the universe. Post-materialism is inclusive of matter, which is seen as a basic constituent of the universe.

17. 포스트 물질주의 패러다임은 광범위한 의미를 가지고 있다. 그것은 우리가 우리 자신에 대해 가지고 있는 비전을 근본적으로 변화시켜 인간으로서 그리고 과학자로서의 우리의 존엄성과 힘을 되돌려준다. 이 패러다임은 연민, 존경, 평화와 같은 긍정적인 가치를 키운다. 포스트 물질주의 패러다임은 또한 우리 자신과 자연 사이의 깊은 연결을 강조함으로써 환경 인식과 생물권 보존을 촉진한다. 이 외에도 고대의 마음-몸-영적 실천, 종교적 전통 및 명상적 접근에서 행해지고 보존되어 왔듯이, 생생한 초물질적인 이해가 건강과 복지의 초석이 될 수 있다는 것은 새로운 것이 아니며, 단지 400년 동안 잊혀졌을 뿐이다.

The post-materialist paradigm has far-reaching implications. It fundamentally alters the vision we have of ourselves, giving us back our dignity and power, as humans and as scientists. This paradigm fosters positive values such as compassion, respect, and peace. By emphasizing a deep connection between ourselves and nature at large, the post-materialist paradigm also promotes environmental awareness and the preservation of our biosphere. In addition, it is not new, but only forgotten for four hundred years, that a lived transmaterial understanding may be the cornerstone of health and wellness, as it has been held and preserved in ancient mind-body-spirit practices, religious traditions, and contemplative approaches.

18. 물질주의 과학에서 포스트 물질주의 과학으로의 전환은 인류 문명의 진화에 매우 중요한 것일 수 있다. 그것은 지구중심설(또는 천동설)에서 태양중심설(또는 지동설)로의 전환보다 훨씬 더 중추적인 것일 수 있다.

The shift from materialist science to post-materialist science may be of vital importance to the evolution of the human civilization. It may be even more pivotal than the transition from geocentrism to heliocentrism.

이상 18개 조항의 '포스트 물질주의 과학을 위한 매니페스토'에서는 인류 문명의 진화에 있어 물질주의 과학의 본질적 한계를 적시하고 포스트 물질주의 과학과 포스트 물질주의 패러다임의 긴요성을 설파하고 있다. 물질주의 철학에 기초한 과학적 방법은 자연에 대한 우리의 이해를 증진시키고 기술적 진보를 통해 더 큰 통제력과 자유를 가져오게 했다. 그러나 '과학적 물질주의'로 알려진 이데올로기적 신념 체계가 20세기를 풍미하면서, 과학적 방법론이 물질주의와 동의어가 되고 특정 신념, 도그마 또는 이데올로기에 종속되면서 과학을 심각하게 제약하고 정신과 영성에 대한 과학적 연구의 발전을 저해했다. 인류 문명의 진화를 위해서는 과학이 더 과학적일 수 있어야 한다는 주장이 나오게 된 배경이다. 따라서 물질주의의 제약과 도그마의 편견 없이 개방적인 방식으로 자연 세계를 탐구할 수 있어야 한다.

1920년대와 1930년대 초 양자역학의 출현으로 원자와 아원자 입자가 실제로 단단한 물체가 아니라는 것이 드러나면서 세계의 물질적 기초에 의문이 제기되고, 물리 세계가 더 이상 현실의 일차적 또는 유일한 구성요소가 아니라는 것이 밝혀졌다. 또한 관찰자와 관찰에 사용된 방법이 연결된 것으로 드러나면서 양자역학은 마음을 그 기본 개념 구조에 명시적으로 도입했다. '관찰자의 의식이 관찰되는 물리적 사건의 존재에 필수적이며, 정신적인 사건이 물리 세계에 영향을 줄 수 있다'는 실험 결과는 양자역학이 의식 또는 마음과의 관련성을 배제하고서는 완전히 이해될 수 없다는 것을 시사한다. 양자역학의 '비국소성(nonlocality)'은 곧 영성(靈性, spirituality)이다. 보이지 않는 비국소적 영역은 존재의 영적 차원이다. 이로부터 과학과 의식[마음] 또는 영성과의 접합에 대한 논의가 이루어지기 시작했다. 제3장 2절에서 우리는 비국소성과 동시성의 상관관계에 대해서도 고찰한 바 있다.

초심리적 현상(psi 현상), 심정지(心停止) 상태에서의 임사체험(NDEs), 유체이탈, 그리고 신뢰할 수 있는 연구 매체의 반복 가능한 증거는 물질주의의 렌즈를 통해서는 이해될 수 없는 현상들로서, 모두 과학과 의식 또는 영성과의 접합을 통해서만 이해될 수 있다. 사실 물질주의 이론에서는 마음이 뇌와 분리되어 존재할 수 있다는 것 자체를 이해하지 못한다. 이제 낡은 물질주의 이데올로기의 족쇄에서 벗어나 자연계에 대한 우리의 개념을 확대하고, 우주의 핵심 구조의 부분으로 마음과 영(靈)의 중요성을 재발견함으로써 포스트 물질주의 패러다임을 수용해야 한다. 이 패러다임은 연민, 존경, 평화와 같은 긍정적인 가치를 키우며, 우리 자신과 자연 사이의 깊은 연결을 강조함으로써 생태적 마인드와 생물권 보존을 촉진할 것이기 때문이다.

진화의 시스템적 관점: 공진화

진화론의 등장은 17세기 과학혁명 이후 일련의 과학적 발견으로 성서에 대한 신뢰가 점차 약화되면서 과학자와 철학자들 사이에서 창조론에 대한 믿음이 흔들리게 된 것과 맥을 같이 한다. 과학의 입장에서 진화론의 수용은 이 세계를 단순히 물리법칙의 작용이 일어나는 무대가 아니라, 역사적 과정과 그 과정에서 관찰된 생명 세계의 변화를 포함하는 것으로 간주해야 한다는 것을 의미한다. 이러한 변화 가운데 계속해서 진행되며 일정한 방향성을 가진 특정한 변화를 진화라고 한다. 창조론에 의거한 정적인 자연의 계단이라는 개념은 가장 하등한 생물에서 점점 더 고등한 생물로, 단순한 유기체에서 점점 더 복잡한 생물로 이동하며 그 정점에 인간이 있다는 일종의 생물학적 에스컬레이터라는 개념으로 변화하게 되었다. 미국의 생물학자 에른스트 마이어(Ernst Mayr)는 그의 저서 『진화란 무엇인가 What Evolution Is』(2001)에서 "진화는 단순한 개념이나 이론이 아니라 아무도 반박할 수 없는 압도적인 증거들이 입증한 자연의 과정에 붙여진 이름이다"[10]라고 말한다.

체계적인 학설로서 진화의 개념을 처음으로 제시한 사람은 프랑스의 생물학자 장 바티스트 드 라마르크(Jean-Baptiste de Lamarck)이다. 그는 기린의 목으로 상징되는 용불용설(用不用說, Theory of Use and Disuse)*과 획득형질 유전설을 제창한 인물로 널리 알려져 있다. 그는 『동물철학 Philosophie Zoologique』(1809)에서 인류를 포함한 모든 종이 다른 종에서 유래했다는 설을 주장하며 모든 변화는 기적적인 어떤 힘의 개입에 의해서가 아니라 법칙에 따라 이루어진다는 사실을 환기했다. 그에 따르면 '진화는 단순한 것에서 복잡한 것으로, 하등한 것에서 고등한 것으로의 변화들로 이루어져 있으며, 계절의 변화 같은 주기적 변화나 빙하기의 도래 및 날씨의 변화 같은 불규칙적 변화가 아니라 점점 더 완벽한 상태를 향해 나아가는 방향성을 가진 변화'[11]이다. 종의 역사에서 새로운 생물학적 구조의 출현이라는 진화 현상에 대한 그의 혁명적인 통찰은 이후 이어지는 과학적 사고에 심대한 영향을 끼쳤다. 특히 지질학자로서 과학 경력을 시작했다가 갈라파고스 제도 탐사 시기에 생물학에 관심을 갖게 되었던 찰스 다윈(Charles Robert Darwin)에게 강

---

* 用不用說은 자주 사용하는 기관은 발달하여 후대에 전해지고 사용하지 않는 기관은 퇴화한다는 라마르크의 진화이론이다.

력한 영향을 주었다.[12]

　영국의 생물학자이자 지질학자 찰스 다윈은 진화론에 가장 커다란 기여를 한 인물로 평가된다. 그는 획득형질의 유전을 주장한 라마르크의 용불용설을 '자연선택(natural selection)' 이론으로 대체했다. 1835년 그는 비글호를 타고 갈라파고스 제도를 탐사하여 진화론에 대한 기초 조사를 했다. 그의 '개체군적 사고'에 의해 진화의 단위가 가변적인 개체군이라는 것이 밝혀졌으며 1940년대 '진화의 종합(evolutionary synthesis)' 과정에서 널리 수용됐다. 유전자나 개체, 종 역시 일정 역할을 수행하지만 생물의 진화를 규정하는 것은 바로 이 개체군의 변화[13]라는 것이다. 진화가 질서를 만들어내기는 하지만 열역학 제2법칙인 '엔트로피 증가의 법칙(무질서 증가의 법칙)'에 위배되지 않는 것은, 생물 종의 진화는 '열린계(open system)'에서 일어나고 엔트로피 증가의 법칙은 '닫힌계(closed system)'에서만 유효하기 때문이다. 이는 카오스가 단순한 무질서가 아니라 오히려 진화를 가능하게 하는 조건이며, 카오스의 가장자리인 산일구조(dissipative structure)는 새로운 질서가 일어나는 임계점이라는 사실에서 잘 드러난다.

　진화적 사고방식은 18세기 후반과 19세기 전반에 걸쳐 널리 퍼져나가 생물학 분야뿐만 아니라 인문학, 철학, 사회학, 경제학, 심리학 등 다양한 학문 분야에 지대한 영향을 끼쳤다. 그러나 과학계에서 진화론은 오랫동안 소수의 견해로 남아 있었다. 고정불변의 정적인 세계관에 대한 믿음에서 진화론 쪽으로 기울어지게 된 것은 찰스 다윈이 그의 저서 『자연선택의 방법에 의한 종의 기원, 또는 생존경쟁에 있어서 유리한 종족의 보존에 대하여 On the Origin of Species by Means of Natural Selection or The Preservation of Favoured Races in the Struggle for Life』(약칭 『종의 기원』, 1859)에서 종(種) 변형의 메커니즘을 '자연선택'이라고 밝힌 진화론을 발표한 후이다. '인류가 경험한 가장 위대한 지적 혁명'의 하나로 꼽히는 이 사건으로 인해 생명의 세계에서 차지하고 있던 인간의 독특한 위치는 도전을 받게 되었다.

다윈은 자연에서 일상적으로 관찰할 수 있는 현상과 과정을 이용해서 진화가 자연적으로 일어난다고 설명했으며 과학을 종교로부터 분리해내는 단초를 마련했다. 그는 나무의 가지치기를 도입하여 나무의 굵은 가지는 공통 조상(common ancestor), 거기서 곁가지를 치는 것은 다양하게 분화된 종들로 보았다. 다양한 종들은 각기 다른 시점에서 공통 조상에서 분화되어 나와 진화방산(進化放散, evolutionary radiation)을 거쳐 다양해졌다는 것이 그의 진화론의 요점이다. 다윈의 생명의 나무는 진화가 처음 시작되는 아래쪽의 가지인 공통 조상을 기준으로 놓고 거기서 한 방향으로 잔가지가 다양하게 분화되는 방식으로 진화가 진행되는 것을 나타내고 있다. 그는 진화에 두 가지 종류가 있다는 사실을 발견했다. 그 하나는 조상에서 후손으로 이어지는 과정에서 점차적으로 계통 발생 줄기의 '위쪽으로' 움직이는 향상 진화(anagenesis)이고, 다른 하나는 계통 발생 나무에서 새로운 가지를 만들어내는 분기 진화(cladogenesis)로서 이 두 가지 진화는 대체로 독립적인 과정이다.[14]

그런데 다윈에 앞서 자연선택에 의한 진화를 최초로 해명한 논문을 작성해 진화론의 숨은 창시자로 꼽히는 이가 있으니, 그가 바로 영국의 박물학자이자 진화론자 앨프레드 러셀 월리스(Alfred Russel Wallace)이다. 말레이 제도를 탐사하던 중 월리스는 본래의 종(種)이 어떤 과정을 거쳐 새로운 종으로 바뀌어 가는가를 고찰한 논문 「변종이 원종(原種)으로부터 무한히 멀어지는 경향에 대하여(On the Tendency of Varieties to Depart Indefinitely from the Original Type)」를 1858년 2월 다윈에게 먼저 보냈다. 자연선택에 의한 진화의 아이디어를 가지고 있었으나 발표를 망설이고 있던 다윈은 월리스의 논문을 읽고 충격에 빠졌다. 서둘러 그의 논문을 월리스의 논문과 함께 학회에 제출해 그해 7월 1일 린네학회에서 다윈의 논문과 월리스의 논문이 공동으로 발표되었다.

자연선택과 진화에 대한 두 사람의 견해가 유사하여 진화론을 '다윈-월리스이즘(Darwin-Wallaceism)'이라고도 한다. 월리스의 논문은 다윈의 논문 두 편 뒤에 실렸으며, 최초 발표자가 우선권을 갖는 학계의 관행과 달리 다윈이 명성을 독차지하게 된다. 월리스의 자연선택에 의한 진화의 기본골격은 영국의 경제학자 토머스 맬서스(Thomas Robert Malthus)가 그의 『인구론 An Essay on the Principle of Population』(1798)에서 제시한 인구의 기하급수적 증가를 동물에 적용했다. 즉 동물은 생존 가능한 것보다 훨씬 많은 새끼를 낳으며 환경에 가장 잘 적응한 것들만이 살아남게 되므로 자연적으로 도태가 이루어져 변종이 원종으로 돌아가지 않고 점점 멀어지게 된다는 것이다.[15]

다윈-월리스(Wallace)의 자연선택은 진화를 현대적으로 해석하는 토대가 된 혁명적인 개념이었다. 자연선택은 두 단계로 이루어진 과정이다. 첫 번째 단계는 유전적 변이가 생성되는 단계로 모든 것이 우연의 문제이다. 두 번째 단계는 생존과 번식이 차별적으로 이루어지는 단계로 우연은 훨씬 적은 역할만 수행한다. '적자생존(the survival of the fittest)'은 대체로 유전에 기초한 형질에 의해 결정된다는 것이다. 따라서 자연선택은 전적으로 우연에 의존한 과정이 아니며, 또한 선택이 장기적 목표를 가지고 있지 않다는 점에서 목적론적(teleological)이지도 않다.[16] 모든 종은 환경이 수용할 수 있는 수준보다 훨씬 많은 개체를 생산하므로 살아남기 위해 개체들 간의 생존경쟁은 필연적이며 생존에 더 유익한 변이를 갖고 있는 생물은 살아남을 기회가 더 많아지고(적자생존) '자연적으로 선택' 받게 된다. 이처럼 유전 법칙에 따라 선택된 변종은 새롭게 변화한 형태로서 번식하게 된다는 것이다.[17] 자연선택이론은 다섯 가지 관찰 결과(사실)와 세 가지 추론에 기초하고 있다. 이를 도표로 나타내면 다음과 같다.

사실 1	모든 개체군은 매우 높은 번식력을 가지고 있어서 제한되지 않는다면 개체수는 지수적으로 증가할 것이다.
사실 2	개체군의 크기는 일시적, 계절적 변동을 제외하고 대개 오랜 기간 동안 일정하게 유지된다.
사실 3	모든 종의 경우 이용할 수 있는 자원이 한정되어 있다. 추론1. 한 종의 구성원 간에 치열한 경쟁(생존경쟁)이 벌어질 것이다.
사실 4	한 개체군의 구성원들은 모두 제각기 다르다. 추론2. 개체군의 개체들은 생존(즉 자연선택) 확률에서 서로 모두 다를 것이다.
사실 5	개체군 안의 개체 사이의 차이는 적어도 부분적으로는 유전될 수 있다. 추론3. 자연선택이 여러 세대에 걸쳐 일어나다 보면 진화를 일으킬 수 있다.

〈표 5.1〉 자연선택을 설명하는 다윈의 모델[18]

1859년 다윈의 『종의 기원』이 출간된 이후 사람들은 진화론에 많은 관심을 갖게 되었고 이 분야 연구도 활발하게 이루어졌다. 19세기 후반 초입에는 일단의 프랑스 생물학자들이 연속적 진화론이라는 측면에서 라마르크의 이론과 다윈의 이론을 접목시킨 진화론을 제시하기도 했다. 이처럼 진화론의 형성에 중요한 역할을 했던 자연의 연속성 개념은 19세기 후반에 이르러 오스트리아의 식물학자이자 생물학자 그레고어 멘델(Gregor J. Mendel), 독일의 진화생물학자 아우구스트 바이스만(F. L. August Weismann), 네덜란드의 식물학자이자 유전학자 휘호 더프리스(Hugo Marie de Vries)와 같은 신다윈주의자들이 주장하는 자연의 비연속성 개념과 대립하게 된다. 아우구스티노회의 수사이자 사제이기도 했던 멘델은 1856년부터 수도원의 작은 정원에서 길렀던 여러 가지 완두를 서로 교배하는 실험 과정에서 유전의 기본원리, 이른바 '멘델의 유전법칙'을 발견하여 유전학의 첫 장을 열었다.

멘델은 다윈의 진화론을 확립하는 데 결정적인 역할을 했을 뿐만 아니라 유전자의 화학적, 물리적 성질에 대한 연구 조사를 통해 유전 연구라는 완전히 새로운 연구 분야를 열었다. 사실 다윈의 진화론에는 그 자신이 해결하지 못한 문제가 있었다. 다윈의 우연 변이(chance variation)의 개념에 따르면 개인의 생물학적 특성은 부모의 특성이 대략 반반 정도 혼합된 것으로 나타나는데, 이는 유용한 우연 변이를 가진 부모의 자손에게 새로운 특성의 50 퍼센트만 유전되고 그것의 25퍼센트만 다음 세대에 전해질 수 있다는 것을 의미한다. 그렇게 되면 새로운 특성은 급속하게 약화되어 자연선택을 통해 새로운 특성이 자리 잡을 가능성은 거의 없게 된다. 다윈 자신도 이것이 그의 이론의 심각한 결함이라는 것을 알고 있었다. 멘델은 완두 교배 실험을 통하여 '유전 단위(units of heredity)'—나중에 유전자(genes)라고 불리는—라는 것이 있어서 재생산 과정에서 혼합되지 않고 정체성의 변화 없이 세대에서 세대로 전승된다고 추론했다. 이러한 멘델의 발견에 따라 유전자의 무작위 돌연변이(random mutation)는 몇 세대 내에 사라지지 않고 보존되어 자연선택에 의해 강화되거나 제거될 것이라고 가정할 수 있다.[19]

신다윈주의자들은 생명체 진화의 전제가 되는 변이를 우연적이고 불연속적인 돌연변이로 설명했다. 따라서 19세기 후반 생명체의 변이에 대한 설명은 점진적 변이와 돌연변이라는 두 이론이 대립 구도를 이루었다. 점진적 변이를 수용한 사람들은 라마르크의 획득형질 유전설을 지지하여 신라마르크주의를 형성했고, 돌연변이를 수용한 사람들은 획득형질의 비유전설을 역설하여 신다윈주의를 형성했다.[20] 신다윈주의(Neo-Darwinism)는 자연선택을 통한 다윈의 진화적 변화와 멘델의 유전적 안정성의 발견을 조합하여 발전시킨 것이다. 말하자면 다윈의 자연선택 이론과 멘델의 유전학의 '근대적 종합(modern synthesis)'이 오늘날 전 세계의 생물학과에서 확립된 진화론으로 가르치고 있는 신다윈주의이다.

신다윈주의 이론에 따르면, 모든 진화적 변이는 무작위 돌연변이, 즉 자연선택에 따른 무작위 유전적 변화에서 비롯된다. 예를 들어, 만약 동물 종들이 추운 기후에서 살아남기 위해 두꺼운 털을 필요로 한다면, 그것은 털을 자라게 함으로써 이러한 필요에 반응하지 않고 대신 모든 종류의 무작위 유전적 변화를 일으킬 것이고, 두꺼운 털을 갖게 되는 그러한 동물들은 살아남아 더 많은 자손을 생산할 것이다.

According to the neo-Darwinist theory, all evolutionary variation results from random mutation—that is, from random genetic changes—followed by natural selection. For example, if an animal species needs thick fur to survive in a cold climate it will not respond to this need by growing fur but will instead develop all sorts of random genetic changes, and those animals whose changes happen to result in thick fur will survive to produce more offspring.[21]

그러나 세포 생물학과 미생물의 진화 연구 및 지구 시스템 과학의 발전에 크게 기여한 미국의 생물학자 린 마굴리스(Lynn Margulis)는 신다윈주의가 근본적으로 결함이 있다고 본다. 그 이유는 신다윈주의가 낡은 환원주의적 개념에 기초해 있을 뿐만 아니라 부적절한 수학적 언어로 공식화되어 있기 때문이다. 활동하고 있는 신다윈주의자들은 미생물학, 세포생물학, 생화학 및 미생물 생태학 등에 대한 관련 지식이 부족하다는 것이다. 그에 의하면 오늘날의 선도적인 진화론자들이 진화적 변화를 묘사할 적절한 언어가 부족한 한 가지 이유는 그들 대부분이 동물학 전통에서 비롯되어 진화 역사의 비교적 최근 부분만을 다루는 데 익숙해져 있기 때문이다. 현재 미생물학 연구는 동물들이 현장에 나타나기 훨씬 전에 진화의 창의성을 위한 주요 방안이 개발되었다는 것을 강력하게 나타낸다.

신다윈주의의 중심이 되는 개념적 문제는 유기체의 유전자 집합인 게놈(genome)에 대한 환원주의적 개념이다. 분자생물학의 위대한 업적은 게놈을 각각 생물학적 특성에 상응하는 독립적인 유전자들의 선형 배열로 그려낸 것이다. 그러나 연구에 따르면 단일 유전자가 광범위한 형질에 영향을 미칠 수 있고, 반대로 많은 분리된 유전자가 종종 결합하여 단일 형질을 생산한다. 따라서 눈이나 꽃과 같은 복잡한 구조가 어떻게 개별 유전자의 연속적인 돌연변이를 통해 진화할 수 있었는지를 알기 위해서는 전체 게놈의 활동을 조정하고 통합하는 연구가 중요하다. 근년에 들어 일단의 생물학자들은 전통적인 생물학의 기계론적 조망에서 벗어나 유기체의 게놈을 고도로 얽힌 네트워크로 이해하고 시스템적인 관점에서 그 활동을 연구하기 시작했다.[22]

최신 과학은 여러 분야의 지식을 통섭하여 새로운 결론을 도출해 내고 있다. 생물학에서 이러한 흐름을 보여주는 대표적인 분야가 '이보디보(Evo-Devo)'[23]라고 불리는 진화발생생물학(Evolutionary Developmental Biology)이다. 진화발생생물학의 애칭인 '이보디보'는 진화생물학(Evolutionary Biology)과 발생생물학(Developmental Biology)을 통섭적으로 연구하는 분야로서 진화의 비밀을 밝힘에 있어 기능생물학 분야와 진화생물학 분야, 그리고 최근에 새롭게 등장한 생물정보학까지 아우르는 통합생물학적 성격을 띠고 있어 통섭의 아이콘으로 떠오르고 있다. 캄브리아기 대폭발을 설명할 수 없는 다윈 이론의 난점을 '다윈의 딜레마(Darwin's Dilemma)'라고 하는데, 이 문제에 대한 이보디보의 새로운 관점을 살펴보기로 하자.

다윈의 진화론에서는 자연에는 수없이 많은 '변이'가 존재하고 그 가운데 생존과 번식에 유리한 것만이 살아남아 그 형질이 유전되며, 작은 변이라도 오랫동안 누적되면 새로운 종이 탄생한다고 본다. 그러나 다윈의 '자연선택에 의한 진화'의 개념은 점진주의(gradualism)를 수용하는 개체군적 사고에 입각해 있기 때문에 비교적 짧은 기간에 캄브리아기 대폭발과 같은 진화적 혁신이 일어나는 현상을 설명할 수 없다는 딜레마를 안고 있었다. 무작위적인 돌연변이의 점진적인 축적과 유전자에 작용하는 자연선택의 이론으로는 갑자기 수많은 다양한 동물군들이 출현한 대사건을 적절하게 설명할 수 없었던 것이다. 이에 대해 위스콘신-매디슨 대학 유전학과 교수이자 '이보디보(Evo-Devo)' 주창자 중 한 사람인 션 캐럴(Sean B. Carroll)은 갑작스러운 진화적 혁신을 설명하는 새로운 방법을 제시했다.

화석 기록에 새겨진 동물 화석들의 폭발적인 증가와 다양성은 '자연선택에 의한 진화'의 개념으로는 설명이 어려운 부분이다. 다윈 자신도 이를 그의 이론의 난점이라고 고백했다. 비교적 짧은 기간에 캄브리아기 대폭발과 같은 진화적 혁신이 일어나는 문제에 대해 다윈주의 진화 개념으로는 갑작스럽게 많은 돌연변이가 한꺼번에 일어나 생물에 근본적인 변화를 일으키는 방향으로 작용했다는 식의 거친 설명밖에 되지 않는다. 션 캐럴의 저서 『가장 아름답고 무수히 다양한 형태들 Endless Forms Most Beautiful』(2005)은 갑자기 수많은 다양한 동물군들이 출현한 대사건에 대해 '이보디보'라는 첨단의 새로운 과학 개념으로 접근함으로써 캄브리아기 대폭발에 대한 우리의 이해를 증진시켜 준다.

캄브리아기에 들어 최초의 소수 동물군으로부터 갑자기 수많은 다양한 동물군들이 생겨났고 또 이후에도 계속해서 확장된 것에 대해, 이보디보는 진화를 '유전자의 빈도 변화'보다는 '유전자 발현의 변화'로 해석함으로써 집단유전학적 진화론을 재고하게 만들었다. 진화란 '오래된 유전자에게 새로운 기교를 가르치는 것'이며, 근본적으로 '구조 유전자의 변화'가 아니라 '이미 존재하는 구조 유전자(structural genes)를 통제하는 조절 유전자(regulatory gene) 즉 스위치의 변화'라는 것이다. 다시 말해 생명체의 중요한 발생 과정을 조절하는 '툴킷 유전자(tool kit gene)'—혹스 유전자(Hox gene)와 같은 '마스터 조절 유전자'—들은 오랜 진화의 시간에도 불구하고 크게 달라지지 않고 상이한 동물들의 유전자 사이에 보전되어 왔으며, 그 유전자들은 단백질 합성에 관여하는 '구조 유전자'와는 달리 발생 과정을 조절하는 일종의 스위치 역할을 한다는 것이며, 스위치 및 유전자 네트워크의 진화, 그리고 혹스 유전자의 발현 지역 이동을 통해서 스위치 체계가 변하는 것이 바로 진화라는 것이다.[24] 이러한 '이보디보'의 관점은 션 캐럴의 다음 글에서 분명히 드러난다.

> 가장 성공적이면서도 다양한 두 동물군인 절지동물과 척추동물의 신체 형태 진화가 중심 체축에서 혹스 유전자의 발현 지역 이동이라는 유사한 메커니즘으로 이뤄졌다는 발견은 놀랄 만하면서도 매우 만족스러운 것이다. …배아에서 혹스 지역의 좌표를 통제하는 것은 혹스 유전자의 스위치들이다. 혹스 지역의 진화적 이동은 혹스 유전자 스위치들의 DNA 서열 변화를 통해 일어난다.
>
> It is striking, and very satisfying, to discover that the evolution of body forms in two of the most successful and diverse groups of animals—arthropods and vertebrates—has been shaped by similar mechanisms of shifting Hox genes up and down the main body axis. …It is the genetic switches of Hox genes that control the coordinates of Hox zones in embryos. Evolutionary shifts in Hox zones arise through changes in the DNA sequences of Hox gene switches.[25]

상이한 종들의 호메오박스 염기서열을 분석한 결과는 상이한 동물들 사이의 유사성이 유전자 염기서열뿐만 아니라 복합체 조직을 이루는 방식, 나아가 배아에서 활용되는 방식에까지 미친다는 것을 보여준다. 이보디보는 혹스 유전자 복합체들이 사람이나 코끼리를 포함하여 거의 모든 상이한 동물군의 발생에 동일하게 영향을 미치고 있으며 상이한 동물들이 똑같은 유전자들로 만들어졌다고 본다. 툴킷 유전자들이 동물계에 보편적으로 분포되어 있다는 것은 툴킷이 매우 오래된 것으로 대부분의 동물 종류가 진화해 갈라지기 전부터 존재했다는 것을 의미한다. 게놈을 비교해 본 결과에 따르면, 쥐와 사람은 거의 동일한 유전자를 2만 5천 개쯤 가지고 있고, 침팬지와 사람은 DNA의 거의 99퍼센트가 동일하다고 한다. 공통의 툴킷이 있을 뿐만 아니라 상이한 종들의 게놈이 매우 유사하다는 것이다.[26] 이는 가장 아름답고 무수히 다양한 형태들이 구조 유전자의 변화에 의해서가 아니라 이미 존재하는 구조 유전자를 통제하는 스위치 체계의 변화에 의해 생겨난 것임을 말해준다. 그 스위치인 유전자들은 발생하는 배아에서 몸의 다양한 부속지가 형성될 바로 그 지점에 놓여 있으며 몸의 여러 부위들이 언제 어떻게 형성되는지를 알려준다.

이처럼 이보디보는 생명체의 역사에서 핵심을 이루는 수수께끼인 캄브리아기 대폭발과 그에 따른 동물 종류들의 폭발적인 증가와 다양성을 이해하는 데 새로운 관점을 부여한다. 동물계에서 가장 근원적인 분화, 즉 선구동물(先□動物 또는 前□動物, protostome)과 후구동물(後□動物, deuterostome)로 확실히 알아볼 수 있는 동물들이 처음 등장한 것은 캄브리아기에 들어 시간이 좀 흐른 뒤였다. 여러 계통의 증거들은 선구동물과 후구동물이 갈라지기 전의 마지막 공통 조상이 좌우대칭이었고 이동할 수 있었음을 시사한다. 많은 연구자들은 이 마지막 공통 조상이 미세한 선형동물과 비슷한 작은 벌레였을 것이라고 상상한다. 이보디보에 의하면 이 공통 조상은 신체 형성에 사용될 유전자 툴킷을 이미 가지고 있었다. 그것도 실제로 사용되기 적어도 5,000만 년 전부터 급격한 변화가 일어날 수 있는 방식으로 설정되어 있었다는 것이다. 캄브리아기 대폭발은 순식간에 일어난 것이 아니라 그것에 필요한 모든 툴킷과 특징이 5,000만 년 동안 대기 상태에 있었다는 말이다.[27]

이보디보는 절지동물이 모듈로 구성되어 있고, 새로운 기능에 전용될 수 있는 중복된 형태를 가지며, 체절로 구성된 전체 체제의 특정 영역을 쉽게 변형할 수 있는 혹스 유전자들을 가지고 있기 때문에 지구상에서 가장 다양한 동물이 되었다고 본다. 새로운 동물의 출현이 곧 새로운 유전자의 출현이라는 기존의 관점과는 달리, 션 캐럴을 비롯한 이보디보 연구자들은 절지동물의 마지막 공통 조상에게서 새로운 유전자가 진화한 것이 아니라 그들은 이미 그것을 가지고 있었으며, 그 기존의 유전자들을 변형시켜 다양화를 이룸으로써 그토록 많은 절지동물들이 생겨났다는 것이다. 말하자면 혁신의 비밀은 '기존의 것을 변형시키는' 것과 모듈성(modularity), 그리고 다윈이 이해했던 다기능성(multifunctionality)과 중복성(redundancy)에 있다는 것이다. 그래서 션 캐럴은 "형태의 진화는 어떤 유전자를 가지고 있는가보다는 그것을 어떻게 사용하는가라는 문제이다"라고 말한다. 절지동물들이 충분히 변화를 일으키고 다양화하는 데에는 10개의 혹스 유전자만 있으면 되었다. 절지동물 배아에서 특정한 혹스 유전자 단백질의 위치나 '구역'이 바뀜으로써 다양한 종류의 절지동물이 형성된 것이다.[28]

이상에서 볼 때 새로운 시스템적 관점에서 진화적 변화는 새로운 것을 창조하려는 생명 자체에 내재된 고유한 성향의 결과로서, 그것은 변화하는 환경 조건에 적응함으로써 수반될 수도 있고 그렇지 않을 수도 있다. 진화적 변화의 과정에서, 그리고 자연선택의 압력 아래에서 유기체는 생존과 재생산에 충분히 적합한 상태에 도달할 때까지 점차로 환경에 적응할 것이라는 고전적 진화이론과는 분명 차이가 있다. 또한 갑작스러운 변이가 신다윈주의 이론의 무작위 돌연변이와는 아주 다른 메커니즘에 의해 초래된다는 것을 보여준다. 시스템 생물학자들은 게놈(genome)을 자발적으로 새로운 형태의 질서를 생산하는 자기조직화하는 네트워크(self-organizing network)로 묘사하기 시작했다.[29] 이는 현대 물리학에서 비평형의 열린 시스템에서 자기 강화적인 비선형 피드백 과정이 산일구조의 유기적·시스템적 속성과 맞물려 자기조직화의 창발 현상이 일어나는 것과 같은 맥락에서 이해될 수 있다.

상이한 시스템 속에서의 자기조직화 현상을 탐구한 대표적인 과학자들로는 벨기에의 물리화학자 일리야 프리고진, 독일의 물리학자 헤르만 하켄(Hermann Haken)과 만프레드 아이겐(Manfred Eigen), 영국의 과학자이자 '가이아 이론(Gaia theory)'의 창시자 제임스 러브록(James Lovelock), 미국의 생물학자 린 마굴리스, 칠레의 인지생물학자이자 철학자 움베르토 마투라나(Humberto Maturana)와 그의 제자이자 동료인 프란시스코 바렐라(Francisco Varela) 등을 들 수 있다. 이들이 밝힌 자기조직화하는 시스템이 공유하는 주요 특성은 자기조직화하는 과정을 진화의 과정으로 보아 새로운 구조 및 행동 양식이 창발된다는 것, 이러한 창발 현상이 비평형의 열린 시스템에서 일어난다는 것, 그리고 시스템의 구성요소들이 비선형적으로 상호 연결되어 있다는 것이다.[30]

오스트리아의 물리학자 에리히 얀츠(Erich Jantsch)는 그의 저서 『자기조직화하는 우주 The Self-Organizing Universe』(1980)[31]에서 프리고진의 산일구조 이론을 기초로 공진화 개념을 도입하여 자기조직화에 의한 거시세계의 진화를 설명했다. 오늘날 복잡계 이론을 이해하는 키워드가 되고 있는 자기조직화는 유기체와 환경, 부분과 전체가 함께 진화하는 공진화 개념을 이해하는 키워드이기도 하다. 미생물학에서의 린 마굴리스의 초기 연구나 가이아 이론은 다윈의 협의의 적응 개념의 오류를 드러냈다. 살아 있는 세계를 통틀어 진화라는 것이 환경에 대한 유기체의 적응에 국한될 수 없는 것은, 환경 그 자체가 적응성과 창의성이 있는 살아 있는 시스템의 네트워크에 의해 형성되기 때문이다.[32] 말하자면 유기체와 환경, 부분과 전체가 경쟁과 협력, 창조와 상호 적응을 통해 공진화(共進化, co-evolution)하는 것이다.

> 살아 있는 유기체의 진화와 환경의 진화가 긴밀하게 결합되어 하나의 진화 과정을 구성한다.
>
> So closely coupled is the evolution of living organisms with the evolution of their environment that together they constitute a single evolutionary process.[33]

유기체의 진화와 환경의 진화가 긴밀하게 결합되어 하나의 진화 과정을 구성한 단적인 예로는 지구 대기에 처음으로 산소를 공급한 시아노박테리아(cyanobacteria, 藍細菌)를 들 수 있다. 시아노박테리아가 이끈 '산소혁명'은 진화의 방향을 재조정해 마침내 인간의 탄생으로 이어지는 새로운 생물 계통으로 안내했다. 초기 지구의 대기에는 이산화탄소가 상당량 포함되어 있던 반면 산소는 거의 포함되어 있지 않았다. 지구 대기에 산소가 포함되기 시작한 것은 27억 년 전쯤 광합성을 하는 원핵생물인 시아노박테리아가 광합성을 통해 대기 중의 이산화탄소를 사용하고 산소를 방출하면서부터였다. 시아노박테리아가 하는 광합성은 태양광을 에너지원으로 해서 물과 이산화탄소로 유기물과 산소를 만드는 광합성이다. 광합성 작용이 활발해짐에 따라 대기 중의 산소량이 풍부해졌고, 이들이 한데 뭉쳐 성층권에 오존층이 형성되면서 지구의 환경은 크게 변했다.

처음 시아노박테리아가 만들어낸 산소는 바닷물 속에 녹아 있던 철과 같은 금속을 산화시키는 데 사용되었기 때문에 대기 속으로 방출되지는 않았다. 바닷물에 포함된 금속이 모두 산화되자 대기 속으로 산소가 방출되면서 대기 중에도 산소가 포함되기 시작했다. 당시에는 동식물도 곤충도 없었지만 산소를 싫어하는 수많은 종류의 혐기성 미생물이 살고 있었고 이들 대부분은 전 지구적인 산소 오염으로 멸종됐다. 대기 중의 산소가 간단한 분자들을 산화시켜 미생물들의 에너지원을 탈취해 갔기 때문이다. 이렇게 볼 때 지구 역사에 나타난 여러 차례의 대멸종 사건 중에서 산소 오염으로 인한 대멸종이 가장 심각한 것이었을 수도 있다. 대멸종 시기에도 산소가 있는 환경에 적응한 소수의 미생물은 살아남아 산소를 이용해 살아가는 생명체의 조상이 되었다.[34] 이처럼 지구의 생명체는 지구 대기와의 상호작용을 통해 진화의 역사를 이어 오고 있다.

생물권은 자가조절 시스템이다. 가이아 이론을 창시한 영국의 과학자이자 '행성 의사(planetary physician)'임을 자처하는 제임스 러브록은 지구 유기체가 단순히 주위 환경에 적응해서 생존을 영위하는 소극적이고 수동적인 존재가 아니라 지구의 물리·화학적 환경을 변화시키는 살아 있는 생명 실체라는 '가이아 가설(Gaia hypothesis)'을 내놓았다. 말하자면 지구를 자기조절 능력을 가진 거대한 생명체로 파악하는 것이다. 그는 컴퓨터 시뮬레이션을 통해 지구상의 생명체가 무생명계와 상호작용함으로써 스스로 항상성(恒常性, homeostasis)을 유지할 수 있음을 밝혔다. 그 데이지 행성(Daisyworld) 모의실험 결과, 자연이 허용하는 범위 내에서 생태계의 생물종 다양성(biodiversity)이 구현된 곳일수록 안정성과 자체 복원력이 더 강한 것으로 드러났다. 러브록의 가이아 이론은 현재 과학계의 정설로 받아들여지고 있다.

앞서 언급한 바와 같이 새로운 시스템적 관점에서 볼 때 진화의 추진력은 무작위 돌연변이의 우연한 사건에 있는 것이 아니라, 새로운 것을 창조하려는 생명 자체에 내재된 고유한 성향에 있다. 새로운 것의 창조는 점증하는 복잡성과 질서의 자발적인 출현 속에서 일어난다. 프리초프 카프라에 의하면 진화적 창조성이 스스로를 표현하는 방법이 무엇인가에 대한 답은 분자생물학으로부터뿐만 아니라 더 중요하게는 미생물학으로부터, 진화의 첫 20억 년 동안 유일한 생명체였던 무수한 미생물의 행성망(planetary web)에 대한 연구로부터 온다고 한다. 그 20억 년 동안 박테리아는 지속적으로 지구의 표면과 대기를 변화시켰고, 그렇게 하는 가운데 발효, 광합성, 질소고정(nitrogen fixation), 호흡, 그리고 빠른 운동을 위한 회전 장치들을 포함한 모든 생명체에 필수적인 생명공학기술을 발명했다.[35]

지금까지 미생물학에 대한 광범위한 연구는 세 가지 주요 진화의 길을 밝혀냈다. 첫째는 유전자의 무작위 돌연변이다. 이는 신다윈주의 이론의 중추를 이루는 것이다. 유전자 돌연변이는 DNA의 이중나선(double helix)의 두 사슬이 분리되어 각각의 사슬이 새로운 보완 사슬의 구축을 위한 템플릿(template) 역할을 할 때 DNA의 자기복제에서 우연한 오류로 인해 발생한다. 그러나 그런 우연한 오류가 일어날 확률은 극히 낮기 때문에 엄청나게 다양한 생명체의 진화를 설명하기에는 충분하지가 않다.[36] 앞서 고찰한 바와 같이 무작위 돌연변이로는 비교적 짧은 기간에 캄브리아기 대폭발과 같은 진화적 대혁신이 일어나는 문제에 대해 적절한 설명을 할 수 없다는 것이 밝혀졌다.

둘째는 DNA 재조합(DNA recombination, 유전자 거래)이다. 박테리아의 경우 매우 빠르게 분열하고 또한 엄청난 번식률 때문에 단 하나의 성공적인 박테리아 돌연변이가 환경을 통해 빠르게 퍼질 수 있다는 점에서 돌연변이는 실제로 박테리아에 대한 중요한 진화적 길이다. 그러나 박테리아는 무작위 돌연변이보다 훨씬 더 효과적인 진화적 창조성의 길을 개발했다. 그들은 믿을 수 없는 힘과 효율성을 지닌 세계적인 교환 네트워크에서 유전적 특성을 상호 자유롭게 전달한다. 기술적으로 DNA 재조합으로 알려진 이 유전자의 세계적인 거래는 현대 생물학에서 가장 놀라운 발견 중 하나로 평가되어야 한다. 우리가 현대 문명의 진보된 업적이라고 여기는 유전공학과 지구 통신 네트워크와 같은 기술들이, 사실은 지구상의 생명체를 규제하기 위해 수십억 년 동안 박테리아의 행성망(網)에 의해 사용되었다는 것을 미생물학은 우리에게 알려 준다. 박테리아 간에 유전자의 지속적인 거래는 DNA의 주요 가닥 외에도 바이러스의 형성을 포함하여 놀라운 다양한 유전적 구조를 만들어낸다.[37]

박테리아와 같은 원핵생물(prokaryote)의 다양한 물질대사는 지구상의 생물이 서식하기에 적합한 환경을 유지시키는 화학 순환을 쉼 없이 가동하는 방식으로 지구 생태계의 맥박을 조절한다. 동식물이 이루는 생태계 작동의 열쇠는 먹이사슬의 정점에 있는 큰 척추동물이 아니라 박테리아처럼 작고 단순한 미생물들이다. 진화의 본체를 이루는 것은 빠르게 변화하면서도 무한히 존속할 수 있는 능력을 지닌 박테리아다. 이 세상이 지금도 원핵생물들의 세상이라는 것은, 원핵생물의 물질대사가 생태계의 기본회로를 이루고 있을 뿐만 아니라 생물권의 활동을 효율적이고도 지속 가능하게 지탱하는 것은 포유류가 아니라 박테리아이기 때문이다. 생태계 작동의 원리로 본다면 동식물과 같은 진핵생물이 박테리아와 같은 원핵생물의 세계에 적응하기 위해 진화한 것이다. 원핵생물은 호흡, 발효, 광합성이라는 세 가지 물질대사를 다양하게 변주하는 능력이 뛰어날 뿐만 아니라 진핵생물이 알지 못하는 '화학합성'이라는 물질대사를 하나 더 진화시켰다. 원핵생물의 물질대사는 생명체가 살 수 있는 환경을 유지시키는 화학순환을 쉼 없이 가

동한다.[38]

　위에서 살펴본 돌연변이와 DNA 재조합(유전자 거래)은 박테리아 진화의 두 가지 주요한 방법이다. 그렇다면 더 큰 형태의 생명체를 가진 다세포 유기체의 경우는 어떨까? 만일 무작위 돌연변이가 그들에게는 효율적인 진화 메커니즘이 아니라면, 그리고 만일 그들이 박테리아처럼 유전자 거래를 하지 않는다면, 어떻게 더 고등한 형태의 생명체로 진화했는가? 이 질문에 대한 답은 미국의 생물학자 린 마굴리스(Lynn Margulis)가 생물학의 모든 분야에 심오한 의미를 갖는 진화의 세 번째, 전혀 예기치 않은 길을 발견하면서 주어졌다.[39] 바로 공생(symbiosis)을 통한 진화이다. 단순하고 원시적인 원핵세포에서 복잡하고 정교한 진핵세포로의 진화 메커니즘은 '공생'이다. 이에 대해서는 다음 절에서 자세히 고찰하기로 한다. 본 절의 이하 부분에서는 사회적 진화와 기술적 진화 그리고 우주적 진화에 대해 일별한 후 끝맺음을 하기로 한다. 먼저 사회적 진화에 대해 살펴보기로 하자.

　19세기 말에서 20세기 초에는 다윈의 생물진화론에 토대를 둔 사회진화론이 널리 유행하게 되는데, 영국의 사회학자이자 철학자 허버트 스펜서(Herbert Spencer)는 그 대표적인 인물이다. 사회진화론의 선구자로 알려진 스펜서는 고전경제학자들의 합리적 전통과 철학적 급진주의자들의 공리주의에 지적 기원을 두고서 자연과학의 최신 성과(특히 생물학, 지질학)를 적극 반영한 『종합 철학체계 The Synthetic Philosophy』(1896)를 완성했다. 이러한 사상적 기초 위에 자연적인 사회 체계를 재구성하기 위해 진화론을 이용하여 생물학적 진화와 사회적 진화의 관계를 수립함으로써 독창적인 진화 사상을 발전시켰다. 그는 자연과학적 현상의 배후에 존재하는 형이상학적인 법칙의 본질을 '제1원인(first cause)'이라고 명명하고 적자생존설, 사회유기체설을 주장하며, 심리학적으로는 의식의 진화 과정을 지지했다.

그의 진화 사상의 요점은 단순성(simplicity, homogeneity)에서 복잡성(complexity, heterogeneity)으로 가는 법칙이 전 우주의 모든 것에 보편적으로 적용되기 때문에 천지창조뿐만 아니라 동물의 진화, 인류의 진화, 그리고 사회의 진화까지도 모두 이 법칙의 적용을 받는다는 것이다. 그리고 이렇게 환경이 단순성에서 복잡성으로 변화하면서 동식물뿐만 아니라 인간, 그리고 사회도 이에 적응하는 과정에서 복잡해진다는 것이다.[40] 복잡성이 증가할수록 이에 적응하는 과정에서 더 고등한 것으로 진화한다는 스펜서의 관점은―진화를 하등·고등과는 무관하게 자연의 선택 결과인 것으로 본 다윈과는 달리―라마르크의 관점과 더 가까운 것으로 나타난다. 인류 역사의 진화 과정이 입증하듯 인간 사회도 복잡성이 증가할수록 연결성 또한 증대되고 이에 따라 더 진화한 사회로 나아가고 있다. 그리고 지금은 사람·사물이 상호 연결된 '초연결(superconnection)' 사회의 인간, 즉 호모커넥투스가 운위되고 있다.

한편 미국의 미래학자 레이 커즈와일(Ray Kurzweil)은 '복잡성의 증가(increasing complexity)' 자체가 진화 과정의 궁극적 목표이거나 최종 산물은 아니라고 말한다. 그는 복잡성과는 다른 '질서(order)'라는 개념을 도입하였다. 그에 의하면 "질서란 목적에 부합하는 정보이며 정보가 목적에 부합하는 정도에 따라 질서의 크기가 결정된다."[41] 진화는 질서를 증가시키지만 복잡성은 증가되기도 하고 증가되지 않기도 한다(보통은 증가됨). 생물학적 진화의 목적이 살아남는 것이라면, 기술적 진화의 목적은 성능, 효율 등의 최적화와 경제적 성공이다. 생물학적 진화든 기술적 진화든, 진화 알고리즘(evolutionary algorithm)의 핵심은 문제를 정의하는 것이며 문제에 대한 해결책을 향상시키면 질서가 증가된다. 수확 가속의 법칙(law of accelerating returns), 즉 진화 과정이 가속적이며 그 과정의 산물 또한 기하급수적으로 증가하는 것을 나타내는 법칙이 적용되는 진화는 닫힌계가 아니며 거대한 카오스의 한가운데에서 일어나고 또한 무질서로부터 질서를 이끌어내기 때문에 '엔트로피 증가의 법칙(열역학 제2법칙)'에 위배되지 않는다. 심지어 거대 소행성 충돌 같은 위기도 일시적으로는 무질서를 증가시켰지만 결국에는 생물학적 진화에 의해 창조되는 질서를 증가시키고 심화시켰다.[42]

진화는 양(陽)의 되먹임(positive feedback) 방법을 쓰기 때문에, 다시 말해 진화적 발전의 한 단계에서 생겨난 좀 더 유용한 기법이 다음 단계를 만드는데 사용되어 점증하는 질서 위에서 진화가 일어나기 때문에 생명체든 기술이든 진화의 속도가 빨라진다. 정보를 기록하고 조작하는 기법도 점점 더 세련되고 진화가 만들어낸 혁신이 더 빠른 진화를 촉발하는 것이다. '정보기술(information technology)'이라는 용어가 점차 광범한 현상들을 포괄하여 궁극적으로는 모든 경제 활동과 문화 활동의 영역을 포함하게 될 것이다.[43] 이제 기술 진화는 생물학적 진화를 능가하고 있다. 커즈와일의 다음 글은 인간 사회가 진화할수록 연결성이 증대되고 이에 따라 '초연결' 사회의 인간, 즉 호모커넥투스가 등장하게 됨을 압축적으로 보여준다.

호모 사피엔스의 진화에는 수십만 년이 걸렸고, 원인(原人)이 만든 초기 단계의 기술 발전 속도도 매우 느려서 진화하고 널리 퍼지는 데 수만 년이 걸렸으며, 500년 전에 인쇄기술 같은 패러다임 전환의 산물이 널리 퍼지는 데는 한 세기 정도가 걸렸다. 오늘날 휴대전화와 월드 와이드 웹 같은 주요 패러다임 전환의 산물은 단 몇 년 만에 널리 사용되었다.

Homo sapiens evolved over the course of a few hundred thousand years, and early stages of humanoid-created technology⋯progressed barely faster, requiring tens of thousands of years to evolve and be widely deployed. A half millennium ago, the product of a paradigm shift such as the printing press took about a century to be widely deployed. Today, the products of major paradigm shifts, such as cell phones and the World Wide Web, are widely adopted in only a few years' time.[44]

그러면 우주의 진화는 어떠한가. 우주가 '빅뱅 특이점(Big Bang Singularity)'에서 일어난 대폭발로 생성되었다는 빅뱅이론에 의하면, 우주는 모든 에너지와 물질이 엄청난 밀도로 응축된 하나의 점에서 분출되어 나왔고, 지금도 계속해서 '가속 팽창'하고 있다.[45] 근년에 우주배경복사를 탐색한 유럽우주기구(ESA)의 플랑크 우주선 망원경은 우주배경복사를 세부영역까지 매우 정밀하게 관측하였으며 빅뱅이론이 우주의 생성을 설명하는 가장 적합한 모형임을 재확인해 주었다. 이 관측을 통해 우주의 나이는 137억 3,000만 년에서 138억 2,000만 년으로 늘어났고, 우주를 구성하는 정상물질, 암흑물질(dark matter), 암흑에너지(dark energy)의 양도 더욱 정밀하게 측정됐다.[46] 그러나 이 이론은 '플랑크 시기(Planck era)'로 알려진 최초의 그 시점 이전에 어떤 일이 있었으며 우주가 어떻게 해서 존재하게 되었는지에 대한 설명 없이 우주가 존재하게 된 이후의 진화 과정을 기술한다.

'어느 날' 대폭발이 일어났고, '우주 인플레이션(cosmic inflation)'으로 알려진 과정을 통해 우주가 급팽창하여 시공간 구조 속에 파동을 만들고 그것이 팽창하는 우주를 가로지르며 퍼져나가 지난 138억 2,000만 년 동안 수천억 개의 은하들이 생겨났고, 지금도 그 숫자는 늘어나고 있다. 말하자면 시간의 흐름 속에서 우주는 복잡한 진화를 거쳤고, 다양한 입자들 또한 진화했으며, 그러한 진화가 지구와 같은 행성들과 우리와 같은 존재들이 존재할 수 있도록 만들었다는 것이다. 한국 등 14개국 국제연구팀인 '벨(BELLE) 그

룸'에 따르면 빅뱅 이후 물질과 반물질은 같은 양으로 존재했으나 붕괴율이 서로 다른 까닭에 반물질이 순식간에 더 많이 붕괴되어 사라짐으로써 오늘의 우주가 존재하게 됐다. 물질과 반물질은 충돌하면 함께 소멸되므로 반물질과 충돌하지 않고 살아남은 물질이 현재의 우주를 만들게 됐다는 것이다.[47] 하지만 여전히 남은 의문은 '애초에 무엇이 빅뱅을 일으켰는가?'라는 것이다. 빅뱅을 만들어 낸 에너지가 우리 우주가 시작되기 전부터 다중우주(multiverse)라고 불리는 시공간 속에 존재했을 것이라고 보는 다중우주론의 관점에서는 빅뱅이 일상적이고 별 의미가 없는 것일지도 모른다. 생명은 완전히 '열린계'이고 무수히 많은 우주가 초연결된 우주에서 우리가 살고 있는 것이다.

　이상에서 우리는 생물학적 진화와 사회적 진화, 기술적 진화, 그리고 우주적 진화에 대해 일별하였다. 이들은 각기 다른 측면에서 진화를 조명한 것일 뿐 모두 유기적인 연결성 속에 있다. 천·지·인 삼신일체이므로 이 세상에 분리된 것은 아무것도 없다. 다윈의 자연선택에 의한 진화는 주로 생물학적 형체와 현상에 대한 분석에 치중해 있는 관계로 진화의 전 과정에 함축된 심원한 의미를 들여다보지 못하고 있다. 진화의 시스템적 관점에서 볼 때 점점 더 완벽한 상태를 향해 나아간다는 것은, 즉 질서가 증가된다는 것은 바로 '하나됨'으로의 길(the road to oneness)이다. '하나됨'은 근원적으로는 영성(靈性, 전일성)과 물성(物性, 다양성)의 연결이며, 이는 곧 연결성의 완성이자 호모커넥투스의 자기실현이다. 실로 영성[靈·天·神]과 물성[우주만물]의 연결이 없이는 근원적인 연결이나 상호 관통은 불가능하다. 다시 말해 궁극적 실재[靈·天·神]의 자기현현이 곧 우주만물임을 알지 못하고서는 생명의 전일성과 자기근원성을 알 길이 없으므로 '하나됨'이 실현될 수가 없다. 우주의 진행 방향은 영적 진화이며(그렇게 모듈되어 있다), 물질세계의 진화는 영적 진화와 표리의 조응 관계에 있다.

따라서 호모커넥투스는 영성과 물성의 연결을 통해 '하나됨'을 핵심 과제로 삼아야 한다. 객관적 세계의 모든 현상은 영적 진화를 위한 최적 조건의 창출과 관계된다. 진화는 '열린계(open system)'에서 일어나며 의식이 열리지 않고서는 진화할 수 없다. '이것'이 곧 다른 '모든 것'이라는 상호 연관과 상호 의존의 세계 구조를 보여주는 '인드라망(網)'의 마법에 대한 이해 없이는 진화의 진정한 의미를 파악하기 어렵다. 만유의 생성과 소멸 역시 '이것이 있으므로 저것이 있다'라는 연기법(緣起法)으로 설명될 수 있다. 그래서 "연기(緣起)를 보는 자는 진리를 보고 진리를 보는 자는 연기를 본다"[48]고 한 것이다. 진리는 전체성이며, 이는 곧 연결성이다. 실로 어디서나 '하나됨'을 볼 수 있다면 슬픔이나 미혹에 빠지는 일은 없을 것이다.[49] 모든 사람들이 추구하는 목표인 최고선—아리스토텔레스가 '행복(eudaimonia)'이라고 부르는—을 성취할 수 있을 것이다. 하등한 것에서 고등한 것으로 더 완벽한 상태를 향해 나아가는 방향성이 본질적으로 의미하는 바는 바로 이 '하나됨'이 아닐까?

진화의 시스템적 관점은 상호연결성, 상호 의존, 상호 관통에 기초하여 유기체와 환경, 부분과 전체가 함께 진화하는 공진화(co-evolution)를 지향한다. 이러한 관점은 비분리성·비이원성을 강조하는 포스트 물질주의 과학의 패러다임과도 일맥상통한다. 미생물학에서의 린 마굴리스의 초기 연구나 가이아 이론에 따르면 환경 그 자체가 적응성과 창의성이 있는 살아 있는 시스템의 네트워크에 의해 형성되기 때문에 진화라는 것이 환경에 대한 유기체의 적응에 국한될 수 없다. 말하자면 유기체와 환경, 부분과 전체가 공진화하는 것이다. 생명의 자기조직화 과정은 진화의 과정인 동시에 새로운 구조 및 행동 양식의 창발이라는 점에서 진화는 곧 창조적 진화이다. 오늘날 복잡계 이론을 이해하는 키워드가 되고 있는 자기조직화는 공진화 개념을 이해하는 키워드이기도 하다.

복잡적응계(CAS)와 공생 진화

복잡계(complex system)는 질서와 혼돈의 사이에 존재하는 계이다. 다시 말해 완전한 질서도 완전한 무질서도 아닌, 그 사이에 존재하는 계로서 수많은 요소들로 구성되어 있으며 그들 간의 비선형 상호작용에서 비롯되는 복잡한 현상들의 집합체이다. 복잡계라는 관점은 갖가지 복잡한 요소가 다양하게 얽혀있는 현실 세계에 대응하여 생겨난 것이다. 우리가 살고 있는 사회는 수많은 사람들이 상호 영향을 주고받으며 유기적 협동 현상을 낳고 그러한 협동 현상이 사회의 집단적 성질을 만들어내는 대표적인 복잡계이다. 복잡계 과학은 물리적·생물학적·경제학적 및 사회학적 대상을 수학적으로 분석하기 위한 것으로, 최근에는 경제학뿐 아니라 생명과학·사회학·물리학·화학 등 다양한 분야들에 널리 적용되고 있다. 그리하여 생물학적 복잡계에서 일어나는 행동의 유사 사례를 경제학적 복잡계에서 발견할 수 있는가 하면, 사회학적 복잡계를 이해하는 통찰력을 물리학적 복잡계의 연구로부터 제공받을 수 있게 되었다.

21세기에 들어와 복잡계에 대한 연구는 특히 네트워크 이론 등 물리학의 중요한 주제로 떠오르고 있다. 여기에는 두 가지 흐름이 있다. 그 하나는 미크로(또는 마이크로, micro)와 마크로(또는 매크로, macro)의 중간 영역에 나타나는 다양한 현상과 물성과의 관계에 관심을 두는 입장이고, 다른 하나는 물질과학적인 흥미보다는 복잡계의 자기조직화 능력이나 자발적 정보 처리 능력의 발현에 관심을 두는 입장이다. 후자의 경우 종래 물리학의 대상을 넘어 경제 시스템과 언어 시스템, 더 나아가 면역계나 생태계 네트워크, 생물 진화 등도 그 대상에 포함된다.[50] 생명 현상 또한 복잡계의 관점에서 조명될 수 있다. 생명체의 구성원인 분자 하나하나에 대해 생명 현상을 운위할 수는 없지만, 수많은 분자들이 모여서 세포를 형성하면 생명 현상이 생겨나게 된다. 이처럼 협동 현상에 의해 나타나는 집단성질은 구성원 개개의 성질과는 관계없이 새롭게 생겨난다는 점을 강조해서 창발(emergence)이라고 부른다.[51]

미시간 대학교의 심리학 및 전기공학-컴퓨터과학 교수이자 복잡계 연구의 세계적인 메카로 불리는 산타페 연구소(Santa Fe Institute) 과학위원회 공동위원장인 존 홀런드(John H. Holland)는 그의 저서 『숨겨진 질서: 어떻게 적응이 복잡성을 구축하는가 *Hidden Order: How Adaptation Builds Complexity*』 (1995)에서 복잡계의 진화와 관련하여 혁신적인 사상을 제시했다. 그는 적응 (adaptation)을 중심으로 한 복잡성(complexity)의 측면을 주로 다루었는데, 지금 이 분야는 복잡적응계(Complex Adaptive System, CAS)로 알려져 있다. 복잡적응계는 환경 변화에 따른 복잡계의 적응 양상을 연구하는 동태적인 적응계로서 구성요소가 바뀌어도 조직의 일정한 패턴은 유지된다. 예컨대, 도시 속의 모든 것은 끝없이 변하지만, 도시의 일관성은 계속 유지된다. 면역체계 역시 새로운 침입자(주로 생화학 물질, 박테리아, 바이러스)에 대응하여 항체들을 계속해서 적응시켜 나감으로써 면역체계의 일관성을 유지한다.

적응은 CAS(복잡적응계)에서 가장 중요하다. 확장된 의미의 적응은 시간 규모가 큰 편차를 보임에도 불구하고 모든 CAS 행위자에 적용된다. 신경계에서 일어나는 개별 뉴런의 적응 현상은 수 초에서 수 시간에 걸쳐 일어나며, 면역체계에서 일어나는 적응은 수 시간에서 며칠이 걸린다. 기업의 적응은 몇 달에서 몇 년이 걸리는가 하면, 생태계에서 나타나는 적응은 몇 년에서 수천 년 또는 그 이상이 걸리기도 한다. 그러나 시간만 제외하면, 모든 경우에 관련된 메커니즘에는 많은 공통점이 있다. CAS는 상호작용하는 행위자들로 구성된 계이고, 행위자들은 경험을 축적해 가면서 규칙들을 변화시킴으로써 적응한다. CAS가 복잡한 시간 패턴을 보이는 주요 원인은, CAS에서 적응성 행위자의 환경의 많은 부분이 다른 적응성 행위자들에 의해 결정되고 이에 따라 환경에 적응하려는 노력의 대부분이 다른 적응성 행위자들에 적응하는 데 쓰이기 때문이다. 이처럼 끊임없이 변화하는 패턴들을 이해해야 CAS를 이해할 수 있다.[52]

홀런드는 CAS를 폭넓게 이해하는 데 핵심적이라고 알려진 일곱 가지 기본 요소를 제시하고 있다. 여기에는 모든 CAS에 공통된 네 가지 속성과 세 가지 메커니즘이 있다. 이들이 공통 특성의 목록으로 유일한 기본 요소들은 아니지만, 이 일곱 가지 요소를 적절히 조합해서 유도할 수 있다. 네 가지 속성으로는 집단화(aggregation), 비선형성(nonlinearity), 흐름(flow), 다양성(diversity)이 있으며, 세 가지 메커니즘으로는 꼬리표 달기(tagging), 내부 모형(internal model), 구성단위(building block)가 있다. 홀런드는 이러한 기본 요소들을 속성과 메커니즘으로 나눠서 차례대로 설명하기보다는, 그것들 사이의 관계가 잘 드러나는 순서에 따라 설명하고 있다.

CAS에 공통된 첫 번째 속성인 '집단화(aggregation)'에는 두 가지 의미가 있다. 집단화의 첫 번째 의미는 복잡계를 단순화시키는 표준적인 방식이다. 학교, 회사, 자동차 등 같은 범주에 속한 것끼리 각각의 범주로 묶고 동등하게 취급한다. 우리는 새로운 장면들을 낯익은 범주들로 분해할 수 있고, 또 기존의 범주들을 재결합해서 새로운 장면을 만들어낼 수도 있다. 예컨대, 동물 우화집에 나오는 그리핀이나 키메라 같은 것들은 낯익은 동물들을 조합해서 만든 것이다. 이런 의미의 집단화는 모형을 구성할 때 사용하는 주요 기법 중의 하나이다. 집단화의 두 번째 의미는 첫 번째 의미와 긴밀하게 연결되어 있지만, CAS를 모형화하는 문제보다는 'CAS 자체가 어떻게 움직이는가' 하는 문제와 더 관련된다. 단순한 행위자들이 어떻게 복잡한 대규모 행동을 창발하는가 하는 문제의 열쇠는 집단화이다.

그 예로서 개미집을 들 수 있다. 개체로서의 개미는 거의 틀에 박힌 행동만을 하고 환경이 맞지 않으면 대부분 살아남지 못하지만, 개미의 집합체인 개미집은 적응성이 높아서 위험을 무릅쓰고 오랫동안 살아남는다. 이는 상대적으로 지능이 떨어지는 구성원들이 지능적인 유기체를 만드는 것과 같다. 이렇게 형성된 집합체는 더 높은 수준에서 행위자로 작용할 수 있는데, 이를 메타행위자(meta-agent)라고 한다. "메타행위자들 사이의 상호작용은 그것들의 집단화 속성(첫 번째 의미로)에 의해 가장 잘 표현된다.…메타행위자들이 모여서(두 번째 의미로) 메타메타 행위자가 될 수도 있다. 이런 과정이 여러 차례 반복되면, 전형적인 CAS의 계층구조가 만들어진다. 두 번째 의미의 집단화는 모든 CAS의 기본적 특성이며, 집단화에 의해 나타나는 창발 현상은 CAS가 가진 가장 큰 수수께끼이다."[53]

CAS 연구의 성공 여부는 단순한 행위자들이 고도의 적응성 집합체를 형성하는 메커니즘을 얼마나 잘 찾아내는가에 달려 있다. 집합체의 형성에 커다란 도움이 되는 첫 번째 메커니즘은 '꼬리표 달기(tagging)'이다. 가장 흔한 예로서 군대의 깃발이나 정치적 현수막, 상거래에 사용되는 상표와 로고 등을 들 수 있다. 인터넷 게시판에서 제목 앞에 붙이는 글머리는 좀 더 기능적인 꼬리표의 일종이다. 꼬리표 달기는 CAS에서 집단화와 경계 형성에 널리 사용되는 메커니즘이다. "꼬리표에 의한 정교한 상호작용은 선별, 전문화, 협동을 위한 좋은 토대가 되고, 꼬리표에 의한 상호작용은 다시 구성요소들이 계속 변해도 지속되는 메타행위자와 조직의 창발을 이끈다. 궁극적으로 꼬리표는 계층적 조직화(모든 CAS에 공통적으로 나타나는 행위자/메타행위자/메타메타행위자/…의 조직)를 뒤에서 조절하는 메커니즘이다."[54]

다음으로 CAS에 공통된 두 번째 속성은 '비선형성(nonlinearity)'이다. 수학적 도구 대부분은 전체의 값이 곧 부분 값의 총합이라는 선형성(linearity)의 가정 위에 서 있다. 그러나 CAS에서는 선형성이 잘 통하지 않는다. 홀런드는 가장 단순한 비선형 상호작용이라고 할 수 있는 포식자와 피식자 관계를 예로 들고 있는데, 이런 가장 단순한 상황에서도 비선형성이 전체에 대한 선형적 접근을 방해할 수 있다는 것을 보여준다. 복잡계의 비선형 상호작용은 거의 언제나 예측되는 것보다 훨씬 복잡한 집합적 행동을 나타낸다.[55] CAS의 기본 관점은 하나의 원인에 대응하는 하나의 결과라는 선형적인 관계 설정에서 벗어나 하나의 원인이 다양한 요인에 복합적으로 작용하여 갖가지 복잡성을 유발하는 비선형적인 관계 설정에 기초해 있다. 따라서 환원주의적 관점으로는 비선형체제를 이해할 수 없으며, 전제로서의 일정한 패턴을 이해하려면 시스템적 관점이 필요하다.

CAS에 공통된 세 번째 속성은 '흐름(flow)'이다. 일상에서 우리는 물자의 흐름이나 자본의 흐름에 대해 이야기한다. 좀 더 정교하게는 마디[처리기, 행위자]와 줄[상호작용]로 이루어진 그물 속에서의 흐름을 생각할 수 있다. 여기서 마디를 공장이라고 한다면, 줄은 공장에서 공장으로 물자가 흘러가는 길이라고 할 수 있다. CAS에서 흐름과 그물은 시간에 따른 적응성의 변화와 경험의 축적을 반영하는 패턴이다. 여기서 꼬리표는 중대한 상호작용과 연결에 관여하며 그물 자체를 결정짓는다. 흐름에는 두 가지 성질이 있다. 흐름의 첫 번째 성질은 승수효과(multiplier effect)이다.[56] 경제학에서 잘 알려진 승수효과란 '어떤 경제 요인의 변화가 다른 경제 요인의 변화를 유발하여 파급효과를 낳고 최종적으로는 처음 몇 배의 증가 또는 감소로 나타나는 총효과'[57]를 말한다.

CAS에서 승수효과는 어떤 마디에 자원을 투입할 때 일어나며, 투입된 자원은 마디에서 마디로 옮겨가면서 연쇄적으로 가치를 만들어낸다. 이러한 승수효과는 그물과 흐름의 주요 특징이다. 상품, 돈, 메시지 등 자원의 종류와는 무관하게 똑같이 일어난다. 승수효과는 특히 진화적 변화가 일어날 때 확연히 드러나며 장기 예측을 어렵게 하는 전형적인 요인이다. 흐름의 두 번째 성질은 재순환 효과(recycling effect), 즉 그물 속의 순환 효과이다. 재순환의 전체적인 효과는 충격적일 수 있다. 열대 우림이 그 좋은 예이다. 열대 우림이 종과 개체의 수 모두가 매우 풍부한 것은—열대 우림의 나무 한 그루에 곤충 1만 종 이상이나 깃든다—중요한 자원을 붙들어 거듭 재순환시키는 탁월한 능력 때문이다.

CAS에 공통된 네 번째 속성은 '다양성(diversity)'이다. 이러한 다양성은— 그것이 생명체든 뉴런(neuron)이든 기업이든—개별 행위자의 생존이 다른 행위자들이 만드는 맥락에 의존하여 변화에 적응하는 과정에서 생겨난다. 재순환을 거듭할수록 다양성은 커진다. 한 종류의 행위자는 그 주변의 상호작용에서 결정되는 생태적 지위를 차지한다. 만일 일부 행위자들의 소멸로 상호작용의 패턴에 교란이 일어나면 계가 순차적으로 적응하여 새로운 행위자들이 그 자리를 메워서 상호작용의 패턴을 복원한다. 이러한 과정은 생물학적 현상인 수렴(convergence)이나 의태(擬態)라고 부르는 현상과 비슷하다. CAS의 다양성은 동적인 패턴으로 지속성과 일관성을 가진다. 새로운 적응은 더 많은 상호작용과 새로운 생태적 지위를 창출해 낸다. CAS 패턴은 진화한다. 다양한 행위자들의 집합적 행동에 의한 자원 재활용은 개별적 행위의 합보다 훨씬 크기 때문에 단일 행위자가 진화하기는 어렵다. 지속적인

새로움이 CAS의 불가결한 특징이며 진화와 다양성으로의 길이다.[58]

CAS에 공통된 두 번째 메커니즘은 '내부 모형(internal model)'이다. 모형을 만드는 기본전략은 불필요한 세부를 제거하고 선택된 패턴을 강조하는 것이다. 내부 모형은 묵시적 내부 모형과 명시적 내부 모형으로 구분할 수 있으며, 둘 다 모든 종류의 CAS에서 발견된다. 묵시적 내부 모형은 암묵적인 예견을 통해 단순히 현재의 행위만을 규정하고, 명시적 내부 모형은 대안을 명시적이면서도 내부적으로 찾는 과정에 사용된다. 면역체계의 활동과 동일성은 묵시적 모형에 해당하는 반면, 경제체계의 행위자가 가진 내부 모형은 묵시적이기도 하고 명시적이기도 하다. 박테리아가 가진 묵시적 모형과 포유류가 가진 명시적 모형은 실제적인 차이를 보이지만, 모형의 예측을 통해 생명체의 생존 가능성을 높인다는 점에서 중요한 공통점이 있다. 모형에는 선택과 적응이 일어난다. 박테리아나 의태(擬態) 생물이 가진 묵시적 모형이 변하는 시간 규모는 포유류의 중추 신경계가 변하는 시간 규모와 다르지만, 이 모형들에 의해 적응이 강화되는 과정은 크게 다르지 않다.[59]

CAS에 공통된 세 번째 메커니즘은 '구성단위(building block)'이다. 우리는 똑같은 구성단위를 반복적으로 사용하면서 경험을 축적하지만, 똑같은 구성단위의 조합은 결코 반복되지 않을 수 있다. 가장 근본적인 수준의 구성단위는 쿼크이다. 쿼크가 결합하여 다음 단계의 구성단위인 핵자가 된다. 이처럼 이전 단계의 구성단위가 특정한 조합으로 결합하여 다음 단계의 구성단위를 만들어내는 과정이 계속 반복되어, 쿼크/핵자/원자/분자/세포기관/세포/…로 이어지는 계층이 만들어지고 물리학의 기초를 이룬다. 어떤 분야에서든 구성단위는 복잡한 세상에 규칙성을 부여한다. 새로운 상황을 만나면, 필요한 구성단위들을 조합하여 상황을 모형화하고 이를 바탕으로 적절한 대처방안을 마련한다. 예컨대, 자동차를 몰고 가다 고속도로에서 사고가 나면, 내가 가지고 있는 구성단위 중에서 고속도로, 자동차, 사고 등을 다루는 규칙을 골라내는 식이다. 모형이 묵시적이면 구성단위를 찾아내고 결합하는 데 진화론적인 시간이 필요하고, 모형이 명시적이면 필요한 시간이 더 짧겠지만, 내부 모형에 의한 적응 과정은 모든 CAS에서 비슷한 점이 많다.[60]

이상에서 CAS를 폭넓게 이해하는 데 핵심적인 일곱 가지 기본 요소에 대해 살펴보았다. 복잡계의 일관성과 지속성은 광범위한 상호작용, 요소들의 집단화(aggregation), 적응 또는 학습 등에 의존한다. 홀런드에 따르면 우리가 직면해 있는 현대 사회의 여러 가지 문제들―도시 내부의 쇠퇴, AIDS, 정신질환과 퇴행, 생태계 파괴 등―은 복잡계들의 변동을 제대로 이해하기 전까지는 해결하기 어렵다. 또한 경제의 무역 불균형이나 인터넷상의 컴퓨터 바이러스, 또는 배아 발생 시 선천적 결함과 같은 비슷한 문제들이 있고, 앞으로도 비슷한 문제들은 계속해서 생겨날 것이다. 이러한 복잡계들은 세부적으로는 서로 달라도 변화 속의 일관성이라는 일정한 패턴이 있다. 홀런드는 CAS 행동을 지배하는 일반원리를 찾는 것이 그의 저서 『숨겨진 질서』의 목적이라고 밝히고 있다. 그는 전체 CAS가 부분들의 단순 총합보다 훨씬 크고 비선형성(非線形性)을 갖기 때문에 CAS 이론을 정립하는 일은 매우 어렵지만, 여러 분야의 CAS를 비교하여 공통 특성을 찾아내어 그러한 특성들 속에서 일반이론을 위한 구성단위들을 다듬어낼 수 있다고 말한다.[61]

환경 변화에 따른 복잡계의 적응 양상을 연구하는 동태적인 복잡적응계(CAS)는 생물학적 및 생태학적 복잡계에도 마찬가지로 적용된다. 생태계는 몇 년에서 수천 년 또는 그 이상의 적응 과정에서 공생(共生, symbiosis), 기생, 생물학적 군비경쟁, 의태(擬態)와 같은 상호작용 패턴들을 보여준다. 생명의 계통수(Phylogenetic Tree of Life)[62]는 초기 지구의 생태계가 열수분출공과 온천을 중심으로 형성되었으며, 이후 광합성이 일어나면서 생물이 지구 전체로 퍼지게 되었음을 말해준다. 생명체의 초기 역사는 미생물의 역사이며, 동식물 같은 크고 복잡한 생물은 미생물이 점령한 진핵생물 가지의 끝에 달린 잔가지로서 진화의 과정에 뒤늦게 합류한 후발주자들이다. 초기 가지에 속하는 생물들은 물질대사에 산소를 이용하지 않으며, 조금이라도 산소가 있으면 살 수 없는 부류들이다. 산소를 필요로 하는 생물들은 훗날 갈라졌으며, 고농도의 산소가 필요한 인간과 같은 생물들은 계통수의 끝에 위치한다.

현재 우리가 접하고 있는 생물과 환경은 비교적 최근에 나타난 것들이다. 생물과 환경은 지구 초기부터 지금까지 공동운명체로서 지구화학적 순환에 함께 참여하며 진화해 왔다. 생명의 계통수는 캄브리아기에 생물의 다양성이 폭발하기 전에 오랜 기간 생명체의 역사가 존재했으리라는 것을 짐작케 한다.[63] 미생물의 유전자와 계통사 연구는 생명의 계통수 정립으로 끝난 것이 아니라 이제 새로운 출발점에 서 있다. 점점 많은 생물의 DNA에 들어 있는 전체 유전정보(genome)가 밝혀짐에 따라 지금까지의 과학사가 그러했듯이 현재 통용되고 있는 사실 또한 언젠가는 앞으로 밝혀질 새로운 사실들에 의해 대체될 것이다.

앞 절에서 우리는 박테리아 진화의 두 가지 주요한 방법인 돌연변이와 DNA 재조합(유전자 거래)에 대해 살펴보았다. 본 절의 이하 부분에서는 더 큰 형태의 생명체를 가진 다세포 유기체의 경우에 대해 고찰하기로 한다. 다세포 유기체의 경우 돌연변이가 효율적인 진화 메커니즘도 아니고 박테리아처럼 유전자 거래를 하는 것도 아니지만, 더 고등한 형태의 생명체로 진화했다. 이에 대해 린 마굴리스(Lynn Margulis)는 공생을 통한 진화라는 개념을 제시했다. 그의 공생 진화(symbiotic evolution) 이론에 의하면 단순하고 원시적인 원핵세포(原核細胞, prokaryotic cell)에서 인간의 몸을 이루고 있는 것과 같은 복잡하고 정교한 진핵세포(眞核細胞, eukaryotic cell)로의 진화 메커니즘은 '공생'이라는 것이다.

서로 다른 종이 긴밀한 관계를 맺으며 살아가는 방식인 공생은 어디에서든 흔히 볼 수 있는 현상이다. 우리의 소화관과 눈썹에 우글거리고 있는 세균과 동물 공생자들, 단풍나무·참나무 뿌리에 수백 종이나 뒤엉켜 살고 있는 곰팡이 공생자들…. 공생의 종류에는 인간과 장내(腸內) 세균, 개미와 진딧물, 콩과식물과 뿌리혹박테리아처럼 서로에게 이익이 되는 상리공생(相利共生, mutualism)이 있는가 하면, 해삼과 바닷게, 대합과 속살이게처럼 한쪽은 이익이 되지만 다른 쪽은 이익도 손해도 없는 편리 공생(片利共生, commensalism)이 있다. 이 외에도 한쪽은 피해를 보고 다른 쪽은 피해도 이익도 없는 편해 공생(片害共生, amensalism)이란 것도 있지만 그 예는 매우 드문 편이다. 여기서는 공생을 신종(新種)의 출현과 관련된 진화적 측면에서 주로 마굴리스의 관점을 중심으로 고찰하기로 한다. 마굴리스는 1960년대 중반에 자신의 혁명적인 가설을 발표했고, 수년에 걸쳐 그것을 완전한 이론으로 발전시켰다. '공생 발생(symbiogenesis)'으로 알려진 이 이론은 영구적인 공생적 배치를 통해 새로운 형태의 생명체가 창조되는 것을 모든 고등 유기체의 진화의 주요한 길로 보고 있다.

마굴리스는 그의 저서 『공생자 행성 Symbiotic Planet』(1998)에서 지구상의 모든 생명체는 공생이라는 고리로 상호 연결되어 있으며, 모든 생명체는 공생 진화가 없었다면 존재할 수 없었을 것이라고 주장한다. 공생이라는 용어는 1873년 독일의 생물학자 안톤 데바리(Anton deBary)가 제안한 것으로 '매우 상이한 종류의 유기체들이 함께 살아간다'는 의미이다. 인간을 포함하여 동식물의 몸은 수많은 세포들이 공생한 결과물이며, 세포 역시 고대 세균들이 공생 진화의 길을 선택하면서 형성된 것이고, 우리 역시 공생자 행성에 살고 있는 공생자들이라는 것이다. 진화적 신기성(進化的 新奇性, evolutionary novelty)이나 종(種)이라는 개념 자체가 공생을 전제로 한다며, '장기적인 공생이 처음으로 핵을 지닌 복잡한 세포를 진화시켰고, 거기서 곰팡이, 식물, 동물 같은 생물들이 출현했다'[64]는 그의 설명은 진핵생물이 '공생 발생'을 통한 진화의 산물임을 말해 준다.

공생 발생은 러시아의 생물학자 콘스탄틴 메레슈코프스키(Konstantin S. Merezhkousky)가 주창한 진화 용어로, 장기간 지속적으로 공생관계가 확립되면 공생 융합을 통해 새로운 몸, 새로운 기관, 새로운 종이 출현한다는 의미를 함축하고 있다. 마굴리스의 가장 중요한 과학적 업적은 그가 제안한 '연속 세포내공생이론(連續細胞內共生理論, serial endosymbiosis theory, SET)'이다. 당시 생물학계를 놀라게 했던 이 충격적인 가설은 미토콘드리아나 엽록체와 같이 핵의 지배를 받지 않고 자체 DNA를 가지며 필요한 효소 일부를 자가 합성하는 등의 특성을 갖는 세포 소기관의 기원을 설명하기 위한 것이다. 이이론은 서로 다른 성질의 독립된 원핵생물들이 생존을 위해 다른 세포의 원형질 안에서 공생하다가 진핵생물로 진화하게 되었다는 가설이다. 이 경우 다른 원핵생물에게 먹힌 원핵생물이 소화되지 않은 채로 남아 있다가 공생하게 된 것일 수도 있다.

네 단계로 이루어진 SET의 요점은 다음과 같다. 즉 단백질을 만드는 대사 과정은 대부분 호열산세균인 테르모플라스마(Thermoplasma)라는 고세균에서 유래했고(1단계), 이 고세균이 맨 처음 유영(遊泳) 세균인 스피로헤타(Spirocheta, 균류 스피로헤타綱의 한 目)라는 나선상(螺旋狀) 세균과 융합함으로써 섬모, 정자 꼬리, 감각모 등 진핵세포의 다양한 부속기관들이 생겨났으며

(2단계), 이후 유산소 호흡을 하는 자색비황세균(紫色非黄細菌, purple non-sulfer bacteria) 또는 프로테오박테리아(proteobacteria)라는 세균 공생자가 진화하여 미토콘드리아가 되었고(3단계), 광합성을 하는 시아노박테리아가 진화하여 엽록체(chloroplast)가 되는(4단계) 세포 내 공생이 순서대로 이루어졌다는 이론이다.[65]

미토콘드리아와 엽록체가 원래 독립된 원핵생물이었다가 공생관계를 거쳐 세포 내 소기관으로 자리 잡게 되었다는 세포 내 공생설의 근거는 다음과 같다. 미토콘드리아와 엽록체가 이중막 구조를 가지고 있다는 점, 원핵세포가 가지는 둥근 고리 모양의 DNA와 자체 리보솜(ribosome, 세포질 내의 단백질 합성 작용을 하는 세포 소기관)을 가지고 있으며, 또한 이들 두 소기관의 내막에 원핵생물에서 발견되는 효소와 전자전달계가 존재한다는 점 등을 들 수 있다. 이는 스스로 복제가 가능하다는 것을 의미하며, 그 방식이 원핵세포와 유사한 것으로 알려져 있다. 이 외에도 미토콘드리아와 엽록체가 원래 독립된 원핵세포였다는 가설을 뒷받침하는 것으로는 리보솜의 크기, 뉴클레오타이드(nucleotide)* 서열 및 크기 등을 들 수 있다.[66]

두 가지 이상의 종들이 하나로 합병(merging)되면서 진핵세포가 세균 공생자에서 진화했다는 마굴리스의 공생 진화론은 비록 각론에서는 여전히 논란이 분분하지만 오늘날 과학계에서 정설로 받아들여지고 있다. 그의 '공생발생'은 21세기 진화생물학의 위대한 업적으로 평가되고 있으며, 생물학에서 '자연선택 이후 가장 아름답고 강력한 개념'이라는 찬사를 받고 있다. 다

---

* 뉴클레오타이드는 인산, 5탄당, 염기로 구성된다. 5탄당은 탄소원자가 5개 있는 탄수화물의 일종으로 줄여서 당이라고 하는데, 당은 인산과 염기를 연결시키는 역할을 한다.

윈은 종 변형의 메커니즘을 '자연선택'이라고 했지만, 5억4,200만 년 전에 시작된 소위 캄브리아기 대폭발이라고 부르는 생물 종의 폭발적인 증가와 같은 현상을 그의 진화론으로는 제대로 설명할 수 없었다. 진핵생물이 공생 발생을 통한 진화의 산물이라고 보는 마굴리스의 이론은 신다윈주의(Neo-Darwinism)에 대한 대안적 패러다임을 제시하는 것이기도 하다.

마굴리스는 독립된 유기체의 공생을 통한 새로운 복합체의 형성이 더 강력하고 중요한 진화적 힘이었다고 주장한다. 합병된 유기체들이 산소호흡을 하는 더 복잡한 형태의 생명체로 진화하게 된 메커니즘은 영구적인 '공생 동맹(symbiotic alliance)'이었다. 공생 이론은 진화사상에서 급진적인 인식의 변화를 의미한다. 이러한 새로운 관점은 생물학자들로 하여금 진화 과정에서 협동의 치명적인 중요성을 인식하게 했다. 19세기 사회 다윈주의자들은 자연에서 경쟁만을 보았지만. 이제는 진화의 중심적인 측면으로서 모든 생명체들 사이의 지속적인 협력과 상호 의존을 보기 시작했다. 수십억 년에 걸친 생명의 진화적 전개는 모든 살아 있는 시스템에 내재된 창조성에 의해 추동되어 세 가지 주요 진화의 길―돌연변이, DNA 재조합(유전자 거래), 그리고 공생―을 통해 표현되고 자연선택에 의해 연마되어 끊임없이 증가하는 다양성의 형태로 확장되고 강화되었다.[67] 마굴리스와 미국의 천문학자 칼 세이건(Carl Edward Sagan)의 다음 말은 조화적 통일체로서의 지구의 유기적 본질을 우리에게 환기시켜 준다.

생명체는 전투로 지구를 점령한 것이 아니라 네트워킹으로 점령했다.

Life did not take over the globe by combat, but by networking.[68]

"분리된 자아는 의식의 이차적인 정체성에 불과하다. 왜냐하면 의식의 비국소적이고 창조적인 잠재력 그리고 양자 정신의 다면성(多面性)은 결코 완전히 사라지지 않기 때문이다."

"The separate self is only a secondary identity for consciousness because the nonlocal, creative potency of consciousness and the versatility of the quantum mind never completely disappear."

- Amit Goswami, *The Self-Aware Universe: How Consciousness Creates the Material World* (1995)

06

하나가 왜, 어떻게
여럿으로 나타나는가

우리가 본래 호모커넥투스, 즉 '초연결의 인간'이라는 사실을 자각하는 것이 중요한 것은 자각(self-awareness) 그 자체가 치료적 속성을 지니고 있기 때문이다. 영성[본체]인 동시에 물성[작용]으로 나타나는 참자아의 이중성은, 파동인 동시에 입자로 나타나는 양자계(quantum system)의 역설적 존재성과 상통하는 개념이다. 참자아의 이중성은 선악과 시비를 체험하기 위한 방편일 뿐, 그것의 진실은 이중성의 초월에 있다. 말하자면 '하나이면서 둘(一而二)이고 둘이면서 하나(二而一)'인 이기(理氣)의 묘합 구조로 이루어져 있다. 우주의 본질인 생명은 합목적적으로 자기조직화하는 칩—'우주 지성'이라고도 부르는—이 내장되어 있어 전체적으로 보면 영적 진화의 방향에서 이탈할 수 없게 되어 있다. 영원성 속에서 일어나는 생명의 장대한 놀이의 미학은 놀이의 '규칙(rule)'에 있다. 그 규칙은 만물이 동등한 내재적 가치를 지니며 그 어떤 것도 도구적 위치에 있지 않고 동등한 참여자로서 영원한 우주적 무도(舞蹈)에 참여하는 것이다. 희생제는 인간과 하늘[참자아]과의 가능한 연계를 만드는 상징적인 제전이다. 오로지 이 육체가 자기라는 에고(ego)의 죽음을 통해 영적으로 거듭난다는 의미를 함축하고 있는 동시에, 사랑은 그 어떤 대가도 바라지 않는 온전한 희생제임을 보여주는 것이다.

- 본문 중에서

하나가 왜, 어떻게 여럿으로 나타나는가

> 만물의 심장 속에 있는 신을 깨달은 사람은 모든 속박에서 벗어나게 된다.
> When one knows God who is hidden in the heart of all things,…he is free
> from all bondage.
>
> *- Svetasvatara Upanishad*

참자아의 이중성

우리가 본래 호모커넥투스, 즉 '초연결의 인간'이라는 사실을 자각하는 것이 중요한 것은, 게슈탈트 치료(gestalt therapy)의 창시자인 프리츠 펄스(Fritz Perls)[1]도 강조했듯이 자각(self-awareness) 그 자체가 치료적 속성을 지니고 있기 때문이다. 있는 그대로의 우주를 자각하면 영적 치유(spiritual healing)가 일어나므로 모든 문제는 순식간에 사라진다. 전체와 분리된 '나'라는 에고 의식(ego consciousness)이 환상임을 깨달으면 고통이나 두려움의 실체를 파악할 수 있게 된다. 고통이나 두려움은 그 스스로의 실체가 있는 것이 아니라 에고 의식의 부산물일 뿐이다. 따라서 '나'라는 에고 의식이 사라지면 고통하거나 두려워할 주체 역시 사라지는데, 누가 고통하며 두려워한다는 말인가?

우리가 있는 그대로의 우주를 자각하지 못하는 것은 물질적 환영(幻影)인 마야(maya)의 장막이 우리와 이 세상을 분리시키고 있기 때문이다. 분별지(分別智)의 작용으로 만들어진 탐·진·치(貪瞋癡), 즉 탐욕(貪欲)·성냄(瞋恚)·어리석음(愚癡 또는 迷惑)의 삼독(三毒)에서 파생되는 모든 것들이 참 앎을 가로막는 마야의 장막이다. 어리석고 미혹한 마음(癡心)에서 탐하는 마음(貪心)이 일어나고, 탐욕이 채워지지 않으면 성냄(瞋心)이 일어난다. 증오, 분노, 질투, 믿음, 이념, 견해, 지식 등 '자기조화(self-consistency)'가 깨어진 모든 것은 이 삼독에서 파생된 것이다. 이러한 사념의 장막은 영성의 결여 때문에 생겨나며 이로 인해 삼사라(samsara, 生死輪廻)가 일어나지만, 우리의 삶이 생명의 뿌리와 연결되면 종국에는 마야의 미망과 삼사라의 구속에서 벗어나 참자아(眞我)에로 환귀하게 된다.

우리가 본래 호모커넥투스라는 사실을 자각하기 위해서는 참자아의 이중성에 대한 인식이 선행되어야 한다. 영성(靈性, 一)과 물성(物性, 多)을 상호 관통하는 참자아의 이중성은 영적 진화의 지향성을 갖는 우주 그 자체의 속성이다. 이러한 영성과 물성의 변증법적 리듬이 조성한 긴장감을 통해 영적 진화를 위한 학습 효과가 극대화된다. "그 어떤 것에도 의존하지 않으면서 만물의 근본이 되고, 물질세계 저 너머에 있으면서 물질세계의 변화를 주재하는 참자아[유일자·유일신]"[2]란 바로 일심, 즉 해방된 마음을 지칭한 것이다. 우주의 실체는 의식이므로 참자아는 곧 참본성이며 일심(一心)이다. 일심은 진성(眞性, 性·命·精)이고, 완전한 앎이며, 순수의식[근원의식·전체의식·보편의식·우주의식]이다. 마음의 해방이 달성되지 못하는 것은 영적 무지(spiritual ignorance)에 따른 마음의 파편화로 인해 사물에 집착함으로써 세계를 전일적으로 조망하지 못하기 때문이다. 다시 말해 개체화 의식으로 인해 생명의 전일성을 인식하지 못하고 물질세계가 만들어내는 현란한 유희에 사로잡혀 있기 때문이다.

마음의 해방이란 영성(靈性)과 물성(物性)이 하나임을 인식하는 것이다. 영성과 물성이 하나임을 인식하기 위해서는 왜 전체성[靈性]인 참자아(true self)가 자기복제로서의 작용을 통해 개체성[物性]인 물질적 자아(material self)의 형태로 현현하는가를 알아야 한다. 다시 말해 왜 생명의 본체인 유일자—)가 자기조직화에 의해 다양한 우주만물(多)로 현현하는가를 알아야 한다. 참자아의 이중성은 불생불멸하는 궁극적 실재의 비존재성의 측면과 참자아의 자기복제로서의 작용으로 나타난 생멸(生滅)하는 우주만물의 존재성의 측면, 이 양 측면을 일컫는 것이다. 그러나 참자아는 이 양 측면의 어느 것에도 구애됨이 없이 양 세계를 자유롭게 상호 관통한다.

'하나(ONE, 天地人)'인 참자아가 생명의 본체인 동시에 작용으로 나타나는 것은 물질적 우주의 존재 이유와 직결되는 것이라는 점에서 그 의미는 실로 심대하다. 이에 대해 칼 구스타프 융(Carl Gustav Jung)은 『티벳 해탈의 서(書) *The Tibetan Book of the Great Liberation*』(1954) 해제 서문에서 하나가 왜 여럿으로 나타나는가, 그리고 하나와 여럿, 이 둘 중 어느 쪽이 더 진실인가에 대한 의문을 제기하면서, 거기에는 대답이 없을 것이므로 그런 질문을 해서는 안 될 것이라고 했다.

궁극적 실재가 모든 것이자 하나일 때 하나가 왜 여럿으로 나타나는가? 다원성의 원인, 또는 다원성이 환상인 이유는 무엇인가? 하나가 그 자체로서 충만하다면 왜 자신을 여럿으로 반영해 보여주는가? 자신을 여럿으로 반영해 보여주는 하나와 그것이 반영하는 여럿, 이 둘 중 어느 쪽이 더 진실인가? 거기에는 답이 없을 것이므로 아마 우리는 그런 질문을 해서는 안 될 것이다.

Why should the One appear as the Many, when ultimate reality is All-One? What is the cause of pluralism, or of the illusion of pluralism? If the One is pleased with itself, why should it mirror itself in the Many? Which after all is the more real, the one that mirrors itself, or the mirror it uses? Probably we should not ask such questions, seeing that there is no answer to them. [3]

생명이 영원한 신비인 것은 이성과 논리를 초월해 있기 때문이다. 말하자면 초의식의 상태에서만이 이해될 수 있는 그 '무엇'이기 때문이다. 과연 융의 말처럼 하나가 왜 여럿으로 나타나는가에 대한 대답은 없는 것일까? 그는 '자신을 여럿으로 반영해 보여주는 하나'와 '그것이 반영하는 여럿', 이 둘 중에서 어느 쪽이 더 진실인지를 물었다. 이는 마치 실물과 그림자, 이 둘 중에서 어느 쪽이 더 진실인지를 묻는 것과 같은 것이다. 실물과 그림자는 정확하게 일치하므로 어느 한쪽을 더 진실이라고 말하는 순간, 양자의 관계는 파기되고 말 것이다. 한마디로 그의 물음은 생명의 본체인 참자아[유일자·유일신]와 그 작용인 우주만물이 영성과 물성의 관계로서 하나임을 충분히 인식하지 못한 데서 오는 것이다. 여기서 실물은 '보이지 않는 우주' 즉 본체계[의식계]이고, 그림자는 '보이는 우주' 즉 현상계[물질계]이다. 마음이 실물이라면, 그 마음의 거울에 비친 삼라만상은 그림자이므로 마음이라는 거울과 거기에 비친 삼라만상은 분리될 수 없는 것이다.

이러한 사실을 알게 되면 하나가 왜 여럿으로 나타나는가에 대해서도 알 수 있게 된다. 여기서 말하는 '하나', 즉 참자아는 '자기원인'에 의해 존재하는 이른바 제1원인을 지칭한 것이다. 여기서 '자기원인'은 그 존재성이 다른 어떤 것에도 의존하지 않고 그 자체로서 존재하므로 유일하며 필연적 존재성을 띠는 실체를 뜻한다. 스피노자(Benedictus de Spinoza)는 '자기원인'을 이렇게 정의한다.

> 자기원인이란 그 본질이 존재를 포함하는 것, 또는 존재하는 것으로만 그 본성이 이해될 수 있는 것을 의미한다.
>
> By that which is self-caused, I mean that of which the essence involves existence, or that of which the nature is only conceivable as existent.[4]

스피노자는 '자기원인'으로서의 실체를 신과 동일시하고, 신을 자연과 동일시함으로써 실체=신=자연을 정식화했다. '신은 사물 존재의 작용인(causa efficiens)이자 사물 본질의 작용인'[5]이므로 모든 개물(個物)은 신의 속성의 변용이다. 스피노자에게 있어 실체인 신은 일체의 궁극적 원인인 동시에 그 자신이 존재하기 위해 아무런 원인도 필요로 하지 않는 '자기원인(causa sui)'[6]의 존재자, 즉 자생자화(自生自化)하는 제1원인[7]이다. 따라서 "신은 자신의 본성의 법칙에 의해서만 활동하고 다른 어떤 것에 의해서도 강제되지 않는다."[8] 또한 "신은 무한한 지성에 의해 파악될 수 있는 모든 사물의 작용인(因)이다."[9] 신이 자기원인이자 만물의 원인이라는 결론은 신적 본성의 필연성(necessitas)으로부터 도출된 것이다.[10]

또한 스피노자는 "여러 실체가 존재할 수 없고 오직 하나의 실체만이 존재할 수 있다"[11]고 말한다. 이는 "(유일)신 이외에는 어떤 실체도 존재할 수 없고 또한 파악될 수도 없다"[12]는 말이다. 이 유일 실체가 바로 유일신이며 불멸의 참자아이다. 그럼에도 특정 종교의 유일신으로 인식하는 것은 실체를 올바르게 파악하지 못한 표상지(表象知 또는 想像知)의 산물이다. 유일신은 우주만물의 근원을 지칭하는 대명사이므로 특정 종교의 유일신이 아니라 만유의 유일신이다. 참자아[유일 실체·유일신]인 영[靈性 Spirit]은 우주 생명력 에너지인 동시에 우주 지성이고 또한 우주의 근본 질료로서 제1원인의 삼위일체를 표징한다. 유일 실체와 양태, 즉 참자아와 우주만물의 필연적 관계성에 대한 인식이 곧 자유다. 인류가 부자유스럽고 불행에 빠지게 된 것은 유일 실체와 양태, 전체성과 개체성의 필연적 관계성에 대한 인식이 결여되었기 때문이다.

스피노자가 그의 주저(主著) 『에티카 Ethica』(원제는 '기하학적 질서에 따라 증명된 윤리학 Ethica in ordine geometrico demonstrata')(1677) 제1부를 실체와 양태, 즉 유일 실체인 참자아와 그 양태인 우주만물의 개념적 명료화(conceptual clarification)에서부터 시작한 것은 이러한 문제의식의 발로인 것으로 보인다. 스피노자에 따르면 실체[신]를 그 자체로 고찰하지 않고 변용의 차이에 따라 여러 실체—예컨대 유일신과 이방인의 신 등—로 구분하는 것은 목적론적이고 인간 중심적인 세계관에 기인하는 것으로 저차원의 인식의 산물이다. 실체가 유일 실체이며 그것이 곧 참자아이고 만유의 유일신임을 자각하면 만물의 상호의존성을 직시하게 되므로 지고의 자유와 행복 속에 있게 된다. 그에게 있어 절대 무한인 신은 자연의 필연적인 인과 원리와 동일하므로 의인화된(anthropomorphic) 전통적 신 관념은 미신적 허구에 지나지 않는다.[13]

융이 말한 '하나가 여럿으로 나타나는' 것, 다시 말해 생명의 본체인 참자아[神·天·靈]*가 그 작용인 우주만물로 현현하는 것은 앎을 존재로서 체험하기 위한 것이다. 비존재와 존재, 본체[理]와 작용[氣], 영성[眞如性]과 물성[生滅性]이 하나임을 알기 위해서는 앎을 존재로서 체험하지 않으면 안 된다. 정신은 오직 물질을 통해서만 스스로를 구현할 수 있는 까닭이다. 모든 관점을 통섭할 수 있을 때, 그리하여 선악과 시비를 넘어설 수 있을 때, 바로 그때 진정한 앎이 일어난다. 참자아의 이중성은 선악과 시비를 체험하기 위한 것으로, 그것의 진실은 이중성의 초월에 있다. 참자아는 본체와 작용, 영성과 물성의 이중성을 갖지만 동시에 이중성을 초월해 있다. 참자아[참본성]는 곧 일심(一心)이며 보편의식[근원의식·순수의식·전체의식·우주의식]이다.

하나가 왜 여럿으로 나타나는가에 대한 설명은 목적론적이지만 생명 현

---

* 생명은 곧 참자아[神·天·靈]인데 생명을 본체와 작용으로 나눈 것은, 참자아와 만물의 전일적 관계를 설명하기 위한 것이다. 즉 생명의 본체를 참자아라고 하고 그 작용을 만물이라고 한 것이다.

상은 무위이화(無爲而化)의 작용이므로 목적론적인 것은 아니다. 그 방향성이 우주의 진행 방향인 영적 진화(spiritual evolution 또는 의식의 진화)와 조응해 있다는 것이다. 영적으로 진화한다는 것은 의식이 확장된다는 것이며 이는 곧 앎의 원이 완성되고 자유가 실현되는 것이다. 상대계는 의식의 확장을 위한 최적 조건을 창출한다. 우리는 매순간 과거 카르마의 지배를 받으며 또한 끊임없이 새로운 카르마를 짓고 있는 까닭에 이것들이 맞물려 돌아가면서 영적 교정을 위한 최적 조건을 창출하는 것이다. 우리가 처하게 되는 매 순간이 의식의 진화를 위한 최적 상황이다.

"만유의 가슴속에 머물고 있는 참자아는 모든 앎의 대상이자 궁극적인 목표이며, 앎 그 자체다."[14] 완전한 앎이란 일체의 대립성을 넘어선 소통성의 완성이다. 물성과 영성의 변증법적 리듬이 조성한 긴장감은 진화를 위한 학습효과를 극대화할 수 있다. 이러한 소통성의 완성은 선과 악, 즐거움과 괴로움, 성공과 실패 등 양 극단의 대조적 체험을 통해서만 가능한 까닭에 상대계인 물질적 우주가 생겨난 것이다. 따라서 앎을 존재로서 체험한다는 것은 상대계에서의 양 극단을 체험한다는 것이며, 이는 곧 의식(意識)의 담금질을 통해 영적 진화가 이루어지고 완전한 앎이 달성되는 것이다. 『마이뜨리 우파니샤드 Maitri Upanishad』에서 "마음은 속박의 원천인 동시에 해방의 원천이다. 사물에 집착하면 속박이고, 집착하지 않으면 해방이다"[15]라고 한 것은 일심[참본성·참자아]의 이중성, 즉 진여성(眞如性)과 생멸성(生滅性), 비존재성과 존재성의 이중의식(double consciousness)[16]을 말해주는 것이다. 본체계와 현상계, 영성과 물성을 관통하는 참자아의 이중성을 깨달으면 생명의 비밀을 푸는 마스터키를 소지한 것이나 다름없게 된다.

생명의 본체인 유일자가 우주만물로 현현하는 것이 앎을 존재로서 체험하기 위한 것이라면, 그리고 이러한 양 극단의 체험을 통해 영적 진화가 이루어지고 앎의 원이 완성되는 것이라면, 왜 영적 진화를 이루고 앎의 원을 완성해야 하는가? 우주의 본질인 생명은 합목적적으로 자기조직화하는 칩—'우주 지성'이라고도 부르는—이 내장되어 있어 전체적으로 보면 영적 진화의 방향에서 이탈할 수 없게 되어 있다. 그리고 우리는 영적 진화의 지향성을 갖는 생명이라는 피륙의 한 올이기 때문에 그렇게 모듈되어 있는 것이다. 말하자면 우주의 진행 방향이 영적 진화이고, 우리가 추구하는 제 가치 또한 영적 진화의 산물이기 때문이다. 영적 진화에 역행하면 카르마의 그물에 걸려 재수강할 기회가 주어지므로—즉 삼사라(samsara, 生死輪廻)가 일어나므로—영적 교정을 통해 진화한다. 생명의 본체인 하나가 여럿으로 나타날 뿐만 아니라 여럿이 다시 하나로 돌아가고 하나가 또다시 여럿으로 나타나는, 생명의 순환 과정이 끝없이 반복되면서 진화하는 것이다.

그러면 다음으로 하나가 어떻게 여럿으로 나타나는가? 이 우주는 분리 자체가 근원적으로 불가능한 거대한 파동의 대양이며, 우주만물은 그 파동의 세계가 벌이는 우주적 무도(舞蹈)에 동등한 참여자로서 참여하고 있다. 따라서 이 우주는 누가 누구를 창조하는 것이 아니라 필연적인 자기법칙성에 따라 자기조직화(self-organization)에 의해 스스로 생성되고 변화하여 돌아가는 '참여하는 우주'이다. 생명의 본체인 참본성, 즉 참자아는 존재성과 비존재성, 물성과 영성 그 어느 것에도 구애됨이 없이 변증법적 통합의 형태로 스스로를 드러내는 자이다. 다시 말해 참자아의 이중성은 선악과 시비를 체험하기 위한 방편일 뿐, 그것의 진실은 이중성의 초월에 있다. 『바가바드 기타 The Bhagavad Gita』에서는 이렇게 말한다. "움직이는 것이든, 움직이지 않는 것이든, 존재하는 모든 것은 '밭'과 '밭을 아는 자'의 통합에서 비롯된 것이다."[17]

여기서 '밭'은 곧 프라크리티(prakriti, 물질원리)이고, '밭을 아는 자'는 푸루샤(purusha, 정신원리)이다. 푸루샤는 현상세계 저 너머에서 프라크리티의 활동을 관조하는 인식의 주체, 즉 '아는 자'이며, 프라크리티는 사트바(Sattva, 밝고 고요한 기운), 라자스(Rajas, 활동적이고 격정적인 기운), 타마스(Tamas, 어둡고 무거운 기운)라는 세 가지 구나(guṇa, 기운 또는 성질)로 이루어진 질료인(質料因)이다.* 이러한 물질의 세 성질이 불멸의 영혼을 육체 속에 가두어 놓는 것이다.[18] 이렇듯 만유의 존재성은 물질과 정신의 변증법적 통합으로 이루어진 것이다. 참자아는 물질과 정신이 하나가 된 마음, 즉 일심이다.

힌두사상에서는 브라흐마(Brāhma)의 의식, 즉 우주의식으로부터 창조가 시작되었으며 '명칭과 형태와 근본 물질(primal matter)'[19]이 비롯되었다고『문다까 우파니샤드 *Mundaka Upanishad*』와『바가바드 기타』에서는 말한다.

그로부터 일체의 생명과 마음이, 그리고 감각기관이 비롯되었으며, 그로부터 공간과 빛이, 공기와 불과 물이, 그리고 만물을 지탱하는 대지가 비롯되었다.

From him comes all life and mind, and the senses of all life. From him comes space and light, air and fire and water, and this earth that holds us all.[20]

흙(地), 물(水), 불(火), 바람(風), 에테르, 마음, 이성, 에고 의식, 이 여덟 가지는 모두 참자아의 본성적인 에너지가 밖으로 현현한 것이다. 그러나 이들 너머에는 참자아의 보이지 않는 영(靈)이 있으며, 그것이 이 우주만물을 지탱하는 생명의 근

---

* 이러한 물질의 세 가지 성질의 분포도에 따라 인간의 성격이 각기 다르게 나타난다고 한다. 그리하여 깬 상태, 꿈꾸는 상태, 깊이 잠든 상태를 반복하며 물질 차원의 세 기운이 만들어내는 현상이라는 幻影에 미혹되어 육체의 차원에 머물며 온갖 행위를 하게 되는 것이다.

원이다.

The visible forms of my nature are eight: earth, water, fire, air, ether; the mind, reason, and the sense of 'I'. But beyond my visible nature is my invisible Spirit. This is the fountain of life whereby this universe has its being.[21]

여기서 창조란 브라흐마의 자기현현(self-manifestation)을 일컫는 것이므로 유일자(유일신) 브라흐마와 개별 영혼인 아트만(Ātman)은 대우주(macrocosm)와 소우주(microcosm)의 관계로서 불가분의 하나이다. 힌두사상에서 만물을 창조하고 유지하며 해체하는 신성의 세 측면을 각각 브라흐마(Brāhma, 창조의 신), 비슈누(Vishnu, 유지의 신), 시바(Śiva, 파괴의 신)의 삼신(三神)으로 명명한 것도 생명의 순환 과정을 상징적으로 의인화하여 나타낸 것이다. 말하자면 삼신이 따로 존재하는 것이 아니라 유일자 브라흐마의 세 기능적 측면을 나타낸 것으로 트리무르티(trimurti, 삼위일체)를 의미한다. 브라흐마는 스스로 생성되고 변화하여 돌아가는 '스스로(自) 그러한(然)' 자, 즉 자연이다. 일체 우주만물이 유일자 브라흐마의 자기현현이다.

환인씨의 나라 환국(桓國, B.C. 7199~3898)이 열린 시기를 기점으로 지금으로부터 9,000년 이상 전부터 전해진 천·지·인 삼신일체의 삼신사상 또한 생명의 본체인 참자아[神·天·靈, 一]와 그 작용인 우주만물[三]이 하나라는 일즉삼(一卽三)·삼즉일(三卽一)의 원리에 기초해 있다. 본체계에서 나와 활동하는 생명의 낮의 주기를 삶이라고 부르고 다시 본체계로 돌아가는 생명의 밤의 주기를 죽음이라고 부른다면, 생명은 삶과 죽음을 관통하는 전일적인 흐름(holomovement)이라는 것이 삼신사상의 가르침의 진수(眞髓)다. 영성[眞如性]인 동시에 물성[生滅性]으로 나타나는 참자아의 이중성은, 양자역학에서 파동인 동시에 입자로 나타나는 파동-입자의 이중성과 같은 맥락에서 이해될 수 있다.

생명이 개체화된 물질적 껍질이 아니라 영성 그 자체임을 이해할 때 전체적인 삶이 일어나고 공감 의식이 확장되어 비로소 진정한 자유가 실현된다. 참자아에 대한 인식의 중요성이 여기에 있다. 자기로부터의 자유, 즉 해방된 마음이야말로 최고 상위 개념의 자유다. 이러한 최고 상위 개념의 자유를 깨달을 때 전체적인 행위가 일어난다. 우주만물을 잇는 에너지 장(場) 자체가 생명이니, 생명은 전일적이고 자기근원적이며 근원적으로 평등하고 유기적으로 통합되어 있다. 상대계에서 양 극단의 체험을 통해 대립자의 역동적 통일성이 이루어지면 모든 분열은 종식되고 걸림이 없는 의식에 이르게 된다. 의식이 걸림이 없다는 것은 곧 심신이 건강하다는 것이며, 인류를 위해 기꺼이 헌신할 준비가 되어 있다는 것이다.

이 세상의 모든 문제는 생명을 개체화·물화시킨 데서 파생된 것이다. 이 분법은 앎의 원을, 삶의 원을 완성시키기 위한 방편일 뿐, 진정한 앎은 이원성을 넘어서 있다. 인간이 느끼는 불행은 참본성인 영성에 대한 자각 없이는 근원적인 치유가 이루어질 수 없다. 재물·권력·명예·인기·쾌락 등에 의한 대리만족은 공허한 자아를 재생산해 낼 뿐 근본적인 해결책이 되지 못한다. 사랑과 미움, 기쁨과 슬픔, 건강과 병 등 일체의 분별은 곧 자신의 마음의 분별이며,[22] 마음을 떠나서는 분별할 만한 것이 없다. 마음이 건강하지 못할 때 분리의식에 빠지고 미망에 사로잡히게 되는 것이다. 분별하고 집착하는 마음을 소멸시키는 것, 그것이 바로 영적 진화이며 진정한 자기로부터의 자유다. 실로 '마음은 모든 것(mind is all)'이다. 마음의 차원 변형이 없이는 존재의 차원 변형이 일어날 수 없다.

그래서 흔히 이 세상은 마음속 생각의 투사영이라고 말한다. 그렇다면 왜 마음속 생각과 실제 체험 간에 시차(時差)가 일어나는가? 다시 말해 왜 마음

먹은 대로 즉시 이루어지지 않는 것인가? 생각과 체험 간에 시차가 일어나는 근본 원인은 우리가 유한한 몸을 가지고 시간이라는 관점 속으로 들어왔기 때문이다. 몸과 시간은 의식의 자기교육과정에서 '지금 여기', 즉 순수 현존(pure presence)에 이르기 위한 필수적인 학습 도구다. 그러나 우리가 몸을 떠나 물질계에서 영계로 이동하게 되면 시간이라는 관점에서도 떠나게 되므로 그러한 시차는 사라진다. 따라서 마음속 생각과 실제 체험 간에 어떤 지체도 없이 생각대로 즉시 이루어진다.

거칠고 밀도가 높은 몸(gross body)을 가지고 시간의 관점 속에서 움직이는 물질계에서는 생각과 체험 간의 시차로 인해 양자의 인과성을 명료하게 인식하지 못한다. 그러나 영계에서는 그 시차가 사라져 생각과 체험 간의 인과성이 마치 실물과 그림자의 관계와도 같이 동시적으로 나타남을 알아차리게 된다. 그리하여 반복적인 시행착오 과정을 통해 생각을 조절하는 법을 점차 익혀 가게 된다. 그러나 영계에서의 학습은 물질계에서의 감각적 체험과 시간이라는 관점에 의한 것만큼 구체적이고 치열할 수는 없기 때문에 상대성과 물질성이라는 관점 속으로 다시 들어오게 된다. 말하자면 영적 진화를 위한 삼사라(samsara, 生死輪廻)가 일어나는 것이다.

아미트 고스와미는 말한다. "우리는 비육체적인 초정신체(supramental body)라는 개념 없이는 어찌해서 물리적 법칙들이 존재하고, 이타주의가 존재하고, 윤리와 가치들이 인간의 양심에 영향을 미치는지, 그리고 어떻게 치유가 이루어지는지 이해할 수 없다.……우리는 인간의 가장 깊은 인과적 존재(causal being), 인간의 양자 의식(quantum consciousness)인 신을 알지 못하고서는 우리 자신을 이해할 수 없다."[23] 여기서 말하는 '초정신체'나 신은 만물의 근원인 참자아를 지칭하는 많은 대명사 중의 하나다. 따라서 신이 있느냐 없느냐 하는 논쟁은 초점을 한참 빗나간 것이다. '신은 없다'라고 결론 내린다고 해서 만물의 근원 자체가 사라지거나 만물의 근원에 대한 규명의 필요성이 사라지는 것은 아니기 때문이다.

로마 제정시대 스토아학파의 철인이며 한때 네로(Nero) 측근의 노예로 있었던 에픽테투스(Epictetus)는 '인간이 고통받는 것은 사물로 인해서가 아니라 그것을 받아들이는 관점으로 인해서이다'라고 했다. 이러한 그의 예리한 통찰은 불평등과 부자유의 의식이 어디로부터 오는 것인지를 생각해 보게 한다. 생명을 영성이 아닌 개체화된 물질로 보는 관점에서는 개체화 의식에 사로잡히게 되므로 부정의와 부조화가 만연할 수밖에 없다. 호모커넥투스, 즉 '초연결의 인간'이 단순히 외적·기술적 연결이 아닌 내적 연결을 통해 조화로운 지구생명공동체를 구현하려면, 물성과 영성 그 어느 것에도 구애됨이 없이 변증법적 통합의 형태로 스스로를 드러내는 참자아의 이중성에 대한 인식이 선행되어야 한다.

영성[본체, 眞如性]인 동시에 물성[작용, 生滅性]으로 나타나는 참자아[一心]의 이중성은, 파동인 동시에 입자로 나타나는 양자계(quantum system)의 역설적 존재성과도 상통하는 개념이다. 참자아의 이중성은 선악과 시비를 체험하기 위한 방편일 뿐이며, 그것의 진실은 이중성의 초월에 있다. '하나'인 참자아는 내재와 초월, 본체[理]와 작용[氣], 진여성과 생멸성의 이중성을 갖지만 동시에 이중성을 초월해 있다. 말하자면 '하나이면서 둘(一而二)이고 둘이면서 하나(二而一)'인 이기(理氣)의 묘합, 즉 이기지묘(理氣之妙)*의 구조로 이루어져 있다. 참자아의 본질적 특성인 연결성과 소통성 그리고 능동성은 바로 이

---

* 율곡 성리학의 특징 또한 理氣之妙의 구조로 일관해 있다. 이는 그의 '氣發理乘一途說'이나 '理通氣局說'에 잘 나타나 있다. 理氣之妙는 시간적 先後와 공간적 離合의 저 너머에 있다.

'이기지묘'의 구조에서 오는 것이다. 『이샤 우파니샤드 *Isa Upanishad*』의 경문에는 이중성을 초월한 참자아의 역설적 존재성이 생생하게 드러나 있다.

> 참자아(제1원인)는 움직이면서 동시에 움직이지 않고, 멀리 있으면서 동시에 가까이 있으며, 만유 속에 내재해 있으면서 동시에 만유 밖에 있다.
>
> He(first cause) moves, and he moves not. He is far, and he is near. He is within all, and he is outside all.[24]

'생명의 놀이'의 미학

생명은 '있음(being)'의 상태가 아니라 '됨(becoming)'의 과정이다. 생명의 전일적 흐름, 즉 홀로무브먼트(holomovement)는 시작도 끝도 없는 영원성 속에서 일어나는 생명의 장대한 '놀이(play)'이다. 무시간성(timelessness) 속에서 일어나는 그 장대한 놀이의 미학은 놀이의 '규칙(rule)'에 있다. 그 규칙은 만물이 동등한 내재적 가치를 지니며 그 어떤 것도 도구적 위치에 있지 않고 대등한 참여자로서 영원한 우주적 무도(cosmic dance)*에 참여하는 것이다. 이 우주는 분리 자체가 근원적으로 불가능한 파동의 대양[氣海]이다. 우주만물은 분자, 원자, 전자, 아원자 입자들의 쉼 없는 운동으로 진동하는 에너지장(場)으로서 그 파동의 세계가 벌이는 우주적 무도에 동등한 참여자로서 참여

---

* 덴마크의 물리학자 닐스 보어(Niels Bohr)는 원자가 원자핵 주위를 끝없이 회전하는 전자 파동으로 이루어져 있다고 생각했는데, 이 전자 파동을 우주가 쉼 없이 율동적인 운동을 하며 진동하는 모습으로 은유적으로 표현한 것이 '우주적 무도' 즉 '에너지 무도'이다.

하고 있다. 생명은 비분리성·비이원성을 본질로 하는 영원한 '에너지 무도(energy dance)'이다.

에너지는 한 형태에서 다른 형태로 변화할 수는 있지만 어떠한 물리적 변화에서도 모든 물체가 지닌 에너지의 총량은 불변이므로(에너지 보존의 법칙) 우주에서 사라지는 것은 아무것도 없다. 생명의 흐름은 영원히 이어진다. 생명은 결코 죽지 않는다. 생물학자이자 과학사학자인 제이콥 브로노우스키(Jacob Bronowski)는 죽음에 대해 이렇게 설명한다. "죽음은 세포나 개체의 생명 주기를 지속시키는 물질대사의 정지이며, 그 생명은 정지 속에서 정확하게 생명 주기를 반복하기 시작한다…진화의 연속 과정으로서의 생명은 폐쇄 곡선이 아니다. 그와는 반대로 진화로서의 생명은 위상적으로 열려 있다. 그것에는 시간에 따르는 주기가 존재하지 않기 때문이다."25

이 우주는 전지(omniscience)·전능(omnipotence)의 우주 지성에 의해 작동되는 진행 방향만 있을 뿐 목적도 없고 시간도 없다. 물질적 우주가 창조되면서 시간이 창조되었고, 거칠고 밀도가 높은 몸(gross body)을 가진 인간이 이런저런 해석을 붙이면서 우주의 목적이란 것이 생겨났다. 하지만 우주의 본질인 생명은 스스로 생성되고 변화하여 돌아가는 '스스로(自) 그러한(然)' 자이다. 그 어떤 인위적인 목적도 설정하지 않으며 오직 '자기원인'에 의해 무위이화(無爲而化)의 작용을 할 뿐이다. 우주의 진행 방향은 영적 진화(spiritual evolution 또는 의식의 진화)이다. 그러한 진행 방향은 우주의 본질인 생명 자체에 합목적적으로 자기조직화하는 칩―'우주 지성'이라고도 부르는―이 내장되어 있기 때문이다. 그래서 생명이라는 피류의 한 올인 우리 인간도 전체적으로 보면 영적 진화의 방향에서 이탈할 수 없게 되어 있다.

이러한 '보이지 않는 우주'에 대한 이해가 깊어지면, 영원성의 무대에서 펼쳐지는 '생명의 놀이'의 미학에 대해서도 더 깊이 음미할 수 있게 된다.

영국의 철학자·수학자·사회평론가인 버트런드 러셀(Bertrand Arthur William Russell)은 제1원인인 신(神·天·靈), 즉 참자아의 영원성에 대해 이렇게 설파하고 있다.

> 왜 세계는 더 빨리 창조되지 않았는가? '더 빨리'라는 것이 없었기 때문이다. 세계가 창조되면서 시간이 창조되었다. 시간을 초월한 의미에서 신은 영원하다. 신에게는 과거도 없고 미래도 없고 오직 영원한 현재만이 있을 뿐이다. 신의 영원성은 시간의 관계에서 자유롭다. 신에게는 모든 시간이 바로 지금이다. 신은 그 자신의 시간의 창조를 앞설 수 없었다. 왜냐하면 그것은 그가 시간 속에 있다는 것을 의미하는 것이기 때문이다. 그러나 신은 영원히 시간의 흐름 밖에 있다.
> Why was the world not created sooner? Because there was no 'sooner'. Time was created when the world was created. God is eternal, in the sense of being timeless; in God there is no before and after, but only an eternal present. God's eternity is exempt from the relation of time; all time is present to Him at once. He did not precede His own creation of time, for that would imply that He was in time, whereas He stands eternally outside the stream of time.[26]

우주의 기원이 '영원' 속에 있는가, 아니면 '시간' 속에 있는가 하는 문제는 철학자들과 신학자들 그리고 과학자들에게 많은 혼란을 야기했다. 그러나 이러한 혼란은 불변(不變)의 '보이지 않는 우주[본체계, 의식계]'와 필변(必變)의 '보이는 우주[현상계, 물질계]'의 관계적 본질을 이해하지 못한 데에 기인한다. '영원'과 '시간'의 분리는 우주의 본질인 생명의 자기조직화(self-organization)에 대한 몰이해에서 오는 것이다. 본체[神·天·靈]의 관점에서는 '영원'이지만, 작용[우주만물]의 관점에서는 '시간'이다. '영원'과 '시간'은 본래 분리할 수 없는 하나이지만, 물질의 관점 속으로 들어온 인간이 그 '하나'의 이치를 설명하기 위해 본체와 작용이라는 양 차원으로 나누어 관찰하면서 이분화된 것이다. 우주만물은 내재된 필연적 법칙성에 따라 생성과 소멸을 끝없이 순환 반복하지만, 그 실체인 '파동의 대양[氣海]' 즉 우주의 창조적 에너지의 흐름은 영원히 이어진다. 영원과 시간, 본체와 작용, 참자아와 우주만물의 이원성은 그 '하나'를 설명하기 위한 방편일 뿐, 그것의 진실은 이원성의 초월에 있다.

'생명의 놀이(play of life)'의 미학에 대한 고찰은 우주의 본질인 생명이 완전히 '열린계(open system)'임을 보여준다. 말하자면 우주는 영원히 존재해 왔고 또 존재할 것이다. 과학계에서는 우주가 과거의 어느 특정 시간대에 무(無)의 상태에서 갑작스럽게 출현했다고 본다. 대다수의 우주론자들과 천문학자들은 물질계의 우주가 이른바 '빅뱅(Big Bang)'으로 알려진 엄청난 폭발과 함께 우주 창조가 이루어졌다는 이론에 견해를 같이 한다. 하지만 다른 한편으론 20세기 양자역학의 성립으로 물리량의 양자화와 입자와 파동의 이중성에 대한 이해가 촉구되면서 평행우주(parallel universe)론[27*]의 발전으로 이어졌다. 빅뱅을 만들어낸 에너지가 이미 다중우주(multiverse)라고 불리는 시공간 속에 존재했을 것이라고 보는 다중우주론의 관점에서는 빅뱅이 일상적이고 별 의미가 없는 것일 수도 있다.

생명의 장대한 놀이는 이 우주가 시작도 끝도 없이 영원하며 오는 것도 가는 것도 없다는 것을 말하여 준다. 우주의 시작과 끝, 삶과 죽음의 이원성

---

* 평행우주론의 관점은, 우주의 모든 경우의 수만큼 우주가 존재하며 그 수많은 가능성 가운데 하나만이 선택되어 우리에게 존재하고 나머지 수많은 가능성은 보이지 않는 곳에서 공존하게 된다는 것이다.

은 물질의 관점 속으로 들어온 인간의 해석일 뿐이다. 우주의 본질인 생명은 분리할 수 없는 파동의 대양이며, 만물은 그 파동의 대양에서 일어나는 파도다. 일체 만물은 모두 파동으로 연결되어 있다. 생명의 비분리성·비이원성은 곧 파동체인 우주만물의 본질이며 호모커넥투스의 본질이기도 하다. 사실 우리는 단 한순간도 연결되지 않은 적이 없었다. 우리는 이미 완전히 연결되어 있다. 그래서 우리는 본래 호모커넥투스라고 한 것이다. 분리성은 상대성과 물질성이라는 관점 속으로 들어온 이후에 생겨난 것이다.

분리성이 생겨나면서 호모커넥투스는 '생명의 놀이'의 규칙도 잊어버렸다. 만물이 동등한 내재적 가치를 지니며 그 어떤 것도 도구적 위치에 있지 않고 대등한 참여자로서 영원한 우주적 무도(舞蹈)에 참여하는 놀이의 규칙은 전설이 되어 버렸다. 오래전, 기억조차 할 수 없는 아주 오래전에 인류는 분리주의적 존재성으로 인해 호모커넥투스라는 자신의 이름을 잃어버렸고 그리고는 잃어버렸다는 사실조차 기억하지 못한 채, 마치 새로운 이름인 양 '호모커넥투스'라는 이름을 사용하며 외적·기술적 연결에 몰두하고 있다. 그러나 생명의 장대한 놀이에 관심을 갖기 시작하면, 공감 의식이 점차 확장되어 연결성·소통성·능동성이라는 생명의 본질적 특성을 물리 세계에 구현하는 추동력을 얻게 될 것이다.

생명[神·天·靈], 즉 참자아는 존재성과 비존재성, 물성과 영성 그 어느 것에도 구애됨이 없이 생성·유지·파괴의 전 과정을 주재한다. 이는 곧 우주의 창조적 에너지인 신(神)이 기(氣)로, 다시 정(精)으로 에너지가 체화(體化)하는 과정인 동시에 정(精)은 기(氣)로, 다시 신(神)으로 화하여 본래의 근본자리로 되돌아가는 과정으로서 참자아는 그 어떤 것에도 영향을 받지 않는 원궤의 중심축으로서 기능한다. 우주의 실체는 의식이므로 생명은 곧 영성이며 참본성(眞性·神性)이고 일심(一心)이다. 일심, 즉 '하나(天地人, ONE)'인 참자아[神·天·靈]

는 내재와 초월, 본체[理]와 작용[氣], 진여성(眞如性)과 생멸성(生滅性)의 이중성을 갖지만 동시에 이중성을 초월해 있다. 말하자면 '하나이면서 둘(一而二)이고 둘이면서 하나(二而一)'인 이기(理氣)의 묘합(理氣之妙) 구조로 이루어져 있다.

'생명의 놀이'는 삶과 죽음을 관통하여 일어난다. 생명의 놀이에서는 죽음조차도 진화의 한 과정일 뿐이다. 이 세상의 천변만화(千變萬化)가 생명의 장대한 놀이이며, 만물만상(萬物萬象)이 생명의 다양한 모습이다. 생명은 해와 달이요 별이다. 불이요 물이며 바람이다. 소년이요 소녀이며 노인이다. 꽃속의 향기이며 우유 속의 크림이다. 호수 위의 물안개이며 불타오르는 저녁놀이다. 생명은 모든 존재의 심장 속에서 영원히 타오르는 의식(意識)의 불꽃이다. 생명은 희로애락애오욕(喜怒哀樂愛惡慾)의 감정이다. 귀로 듣고 눈으로 보고 입으로 말하고 코로 냄새 맡고 손으로 잡고 발로 걷고 뛰고 하는 것 모두 생명이 감각기관을 통해 놀이하는 것이다.

『쁘라스나 우파니샤드 *Prasna Upanishad*』에는 우주의 창조적 에너지인 쁘라나(prana, 생명력, 생명에너지)가 우리 몸속으로 들어와 다섯 가지 기능으로 분화되면서 그 기능에 따라 각기 다르게 불리고 있다고 나온다. 즉 숨을 들이마시는 호흡 기능과 관련된 기운은 쁘라나(prana), 배설 및 생식기능과 관련된 기운은 아빠나(Apana), 음식물의 영양분을 몸 전체에 분배하는 기능과 관련된 기운은 사마나(samana), 전신으로 퍼져서 신체의 유지 기능과 관련된 기운은 비야나(vyana), 마신 숨을 내뿜는 정화 기능과 관련된 기운은 우다나(udana)라고 불린다. 사마나로부터 일곱 개의 불꽃(두 눈의 시각력, 두 귀의 청각력, 두 콧구멍의 후각력, 입의 호흡력 및 먹고 말하는 능력)이 타오른다. 생명의 불꽃이 사라지면 육체라는 하드웨어 안에 머물던 우리의 영혼은 우다나를 따라 죽음의 순간에 생각한 바로 그 세계로 간다.[28]

'생명의 놀이'는 우리가 잠들어 있을 때도 계속되고, 육체적 죽음이 일어나도 계속된다. 가시권에서 비가시권에 이르기까지, 극대로부터 극미에 이르기까지 생명의 놀이는 촌음(寸陰)도 쉬지 않고 계속된다. 일원(一元, 宇宙曆 1년)인 12만9천6백 년을 주기로 천지개벽의 도수(度數)에 따라 우주가 봄·여름·가을·겨울의 '개벽'으로 이어지는 우주의 순환, 지구가 태양을 공전하고 태양계는 은하 세계를 2억5천만 년 주기로 회전하며 은하 세계는 은하단을 향하여 회전운동을 하는 천체의 순환, 그리고 천시(天時)와 지리(地理)에 조응하는 생명계의 순환과 카르마(karma, 業)의 작용이 불러일으키는 의식계의 순환—이 모두 생명의 장대한 놀이이다.

우주적 견지에서 보면 죽음은 소우주인 인간이 '하나됨'을 향해 진화하는 과정에서 단지 다른 삶으로 전이하는 것에 불과하다. 죽음 역시 진화의 한 과정이다. 마치 풀벌레가 풀잎 위를 기어가다가 그 끝에 이르면 다른 풀잎으로 옮겨가듯이, 우리의 영혼 또한 소년의 몸과 청·장년의 몸, 그리고 노년의 몸을 거쳐 육체를 떠난 후에는 또 다른 육체 속으로 옮겨가는 것이다. 말하자면 낡은 옷을 벗고 새 옷으로 갈아입듯이, 육신의 낡은 몸을 벗고 새 몸으로 갈아입는 것이다.[29]

참자아는 태어나지도 죽지도 않는 순수 현존(pure presence)이므로 죽음의 지배하에 놓이지 않는다. "자신이 죽이는 자라고 생각하는 것, 또는 죽임을 당하는 자라고 생각하는 것, 모두 영적 무지에서 비롯된 것이다. 참자아는 죽일 수도 없고 죽을 수도 없기 때문이다…자신이 태어나지도 변하지도 않으며 죽지도 않는 영원한 존재라는 사실을 깨달은 사람이 어떻게 다른 사람을 죽이거나 죽일 수 있다고 생각하겠는가."[30] 죽음이란 자기 자신을 참자아로, 순수의식으로 인식하지 못하고 에고(ego)와 욕망을 뿌리로 한 삶을 사는 사람에게 일어나는 것이다. 그것은 일종의 덫이다.

『까타 우파니샤드 *Katha Upanishad*』에 나오는 나치케타스(Nachiketas) 이야기[31]는 바로 이 죽음의 덫에 걸리지 않는 길을 제시한다. 브라만 사제인 바자스라바사(Vajasravasa)는 천국에 가기 위해 자기 재산을 사람들에게 나눠주기로 했다. 늙고 병든 소들을 나눠주는 것을 본 아들 나치케타스는 그러한 이름뿐인 자선 행위로는 천국에 갈 수 없다고 생각했다. 어린 아들은 아버지에게 물었다. "전 누구에게 주실 건가요?" 아무 대답이 없자, 아들은 두 번 세 번 반복해서 물었다. 그러자 아버지는 홧김에 이렇게 말했다. "죽음의 신에게 줄 것이다." 이 말을 들은 나치케타스는 아버지가 또 무슨 목적으로 자기를 죽음의 신에게 바치려 할까 하고 생각했다.

결국 아버지가 내뱉은 말 때문에 아들은 죽어 죽음의 신 야마(Yama)에게로 갔다. 야마는 그에게 세 가지 소원을 말하라고 했다. 그러자 그는 첫 번째 소원으로, 다시 집에 돌아가기를 바란다고 했다. 두 번째 소원으로, 천상으로 인도하는 영적인 지혜의 불의 신비한 힘에 대해 알고 싶다고 했다. 그리고 세 번째 소원으로, 죽음의 비밀에 대해 알고 싶다고 했다. 야마는 첫 번째와 두 번째 소원은 쾌히 들어주었으나, 세 번째 소원에 대해서는 그렇게 쉽게 알 수 있는 문제가 아니라고 하면서 다른 소원을 말하라고 했다. 부귀영화, 자손의 번창, 수명장수 등 이 세상의 온갖 환락을 다 줄 것이니 그것만은 묻지 말아 달라는 것이었다. 그러자 나치케타스는 이렇게 말했다. "오, 죽음의 신이시여! 이제 당신을 본 이상 부귀영화나 수명장수가 다 무슨 소용이겠나이까. 오직 한 가지, 죽음의 비밀에 대해 알고 싶을 뿐입니다."

그제서야 야마는 나치케타스가 신심이 돈독한 구도자임을 알고 삶과 죽음의 저 너머에 이르는 길과 영원불멸의 참자아 '아트만(Ātman, 개별 영혼)'에 대해 설하기 시작했다. 삶과 죽음의 저 너머에 이르는, 영원한 평화에 이르는 유일하고도 완전한 길은 인류가 자기 자신을 아트만으로, 순수의식으로 인식하는 것이다. 아트만 속에는 그 어떤 차별성도 존재하지 않으며, 오직 전체성만이 물결칠 뿐이다. 그러나 이 광대무변한 영원불멸의 아트만은 경전 공부나 학문, 지식에 의해서는 결코 깨달을 수 없다고 야마는 말한다. 악행을 그만두지 않고는, 감각을 잠재우지 않고는, 마음을 모으고 내면의 밭을 갈지 않고는 결코 거기에 이를 수 없다는 것이다.

인류가 자기 자신을 아트만으로, 순수의식으로 인식하는 것이야말로 삶과 죽음의 저 너머에 이르는, 영원한 평화에 이르는 유일하고도 완전한 길이라고 야마는 설파하고 있다. 그렇다면 아트만이 무엇인가에 대해 좀 더 자세히 살펴볼 필요가 있다. 베다(Veda) 사상의 정수(精髓)로 일컬어지는 『우파니샤드 The Upanishads』에는 힌두사상의 골간을 이루는 기본 틀이 구축되어 있다. 즉 생명의 본체이자 현상계의 본질인 유일자 브라흐마(Brāhma), 개별 영혼인 아트만, 브라흐마와 아트만을 분리시키는 물질적 환영(幻影)인 마야(maya), 마야로 인한 삼사라(samsara, 生死輪廻), 그리고 아트만이 마야의 미망과 삼사라의 구속에서 벗어나 다시 브라흐마에로 환귀(還歸)하는 모크샤(mokṣa, 解脫), 이상의 다섯 가지이다.

『우파니샤드』에서는 생명의 본체인 브라흐마와 그 작용인 아트만이 마치 숲[전체성]과 나무[개체성]의 관계와도 같이 분리 자체가 근원적으로 불가능하며 상즉상입의 구조로서 상호 연기(緣起)하고 있음을 보여준다. '브라흐마는 이 세상의 모든 것이며 아트만이 곧 브라흐마(Brahma is all and Atman is Brahma)'[32]라는 것이다. 유일자 브라흐마와 브라흐마의 자기현현인 아트만을 불가분의 하나, 즉 불멸의 음성 '옴(OM)'으로 나타내고 있다. 말하자면 생명, 즉 참자아는 본체[브라흐마: 대우주]와 작용[아트만: 소우주]의 이중성을 갖지만 동시에 이중성을 초월해 있다는 것이다. 다시 말해 브라흐마도 참자아이고 아트만도 참자아이다. 여기서 핵심은 아트만이 개체화된 물질적 껍질이 아니라 영성 그 자체라는 것이다. 바로 이 영성을 이해할 때 공감 의식이 확장되어 진정한 자유가 실현된다. 죽음의 신 야마가 강조한 것은 바로 이 참자아에 대한 인식이다.

그런데 이 영원불멸의 아트만은 경전 공부나 학문, 지식에 의해서는 결코 깨달을 수 없다고 야마는 말한다. 이는 이성과 논리의 세계에 갇혀서는 광대무변한 참자아를 깨달을 수 없다는 것이다. 실재는 경계가 없기 때문이다. 경전이나 학문, 지식은 표월지지(標月之指), 즉 (진리의) 달을 가리키는 손가락일 뿐, 진리 그 자체가 아니다. 강을 건너기 위해서는 나룻배가 필요하지만 언덕에 오르기 위해서는 배를 버려야 하듯이, 손가락에 의지하여 손가락을 여읜 달을 볼 수 있어야 하는 것이다. 경전이나 학문, 지식에 대한 강한 집착은 그 자체를 진리로 굳게 믿는 건강하지 못한 의식을 수반하는 까닭에 어떤 점에서는 물질에 대한 집착보다도 더 큰 문제를 야기하기도 한다.

그래서 야마는 악행을 그만두지 않고는, 감각을 잠재우지 않고는, 마음을 모으고 내면의 밭을 갈지 않고는 결코 거기에 이를 수 없다고 역설한다. 지식인이 지성인이 되지 못하는 오늘의 인류에게 던지는 심오한 메시지이기도 하다. 야마가 제시한 길은 '생명의 놀이'의 규칙을 잘 준수하는 것과 일맥상통한다. 그 규칙은 만물이 동등한 내재적 가치를 지니며 그 어떤 것도 도구적 위치에 있지 않고 동등한 참여자로서 영원한 우주적 무도(舞蹈)에 참여하는 것이다. 생명은 비이원성을 본질로 하는 영원한 '에너지 무도'이다. 그 무도회에서는 어떤 차별성도 존재하지 않으며 전체성만이 물결칠 뿐이다. 이것이 바로 옛사람들이 말한 천리(天理)에 순응하는 삶이다.

쾌락이나 부귀영화에 눈먼 사람에겐 오직 이 세상이 존재할 뿐, 내세 같은 것은 없다고 야마는 말한다. 곧 사라져 버릴 일시적인 것들에 전 존재를 걸고 있으니 계속해서 죽음의 지배하에 놓이게 되는 것이다. 야마가 설치한 죽음의 덫은 바로 이런 사람들을 잡기 위한 것이다. 이들은 어둠 속에 살면서도 자기 자신이 꽤나 현명하고 박식하다고 생각한다. 하지만 눈먼 장님이 또 다른 장님을 이끄는 것과 마찬가지로 빗나간 길을 가고 있을 뿐이다. 참자아의 이중성—본체[理]와 작용[氣], 진여성(眞如性)과 생멸성(生滅性)의 이중성을 갖지만 동시에 이중성을 초월해 있는—을 깨닫게 되면 그 어떤 환영(maya)이나 슬픔도 없으며, 죽음의 덫에 걸리는 일도 없다.

　오직 참자아의 존재성에 대한 확신을 통해서만 우린 참자아를 인식할 수 있고, 그렇게 인식할 때 참자아 또한 그 본질을 드러낸다.[33] 이러한 참자아의 존재성에 대한 확신은 참자아와 하나가 된 순천(順天)의 삶을 추구할 때 일어나게 된다. 따라서 죽음의 덫에 걸리는 것은 참자아가 아니라 오직 이 육체가 자기라는 미망(迷妄)이다. 죽음조차도 소멸시키지 못하는 이 미망을, 삶은 참자아에 대한 깨달음을 통하여 소멸시킨다. 존재 이유를 알지 못하고서는 삶의 목적을 달성할 수가 없고 따라서 죽음의 조건도 달성할 수가 없다. 우리가 의식하든 의식하지 못하든, 궁극적 존재 이유는 영적 진화이며, 그 비밀은 참자아에 대한 깨달음에 있다. 정녕 자신이 누구인지를 알지 못하고서는 인간의 자기실현은 불가능하기 때문이다. 온전한 삶의 요체는 바로 이 참자아에 대한 자각에 있다. 참자아의 자각적 주체가 되는 것이 곧 죽음의 조건을 달성하는 것이다. 참자아의 자각적 주체가 된다는 것은 곧 참본성을 통하는 것이니 '성통(性通)'이다. '성통'이 이루어지면 재세이화, 홍익인간이 구현될 수 있는 것이니 '공완(功完)'이다. 말하자면 '성통공완'은 정제된 행위의 길을 통해 궁극적으로는 영혼의 완성에 이르게 하는 요체다. 인간의 자기실현이란 이를 두고 하는 말이다. 인간의 자기실현이 이루어지면 삶의 목적이 달성된 것이니 죽음의 조건도 달성된 셈이다. 그리하여 온전한 죽음이 일어나면 다시는 죽음의 늪에 빠지는 일도 없게 된다.

생명의 장대한 놀이에 대한 이해가 깊어질수록 세상을 바라보고 사물을 받아들이는 관점 자체도 바뀌게 된다. 그리하여 삶과 죽음에 대한 깊은 통찰이 일어나게 된다. 영적 견지에서 보면 귀천빈부란 존재하지 않는다. 각자가 영적 진화에 적합한 조건에 태어났을 뿐이다. 그런 점에서 일체는 평등무차별하다. 시련의 용광로를 통해서만이 우리의 정신은 비로소 빛나는 금강석이 될 수 있다. 인생이 주는 시련의 교육적 의미에 대해 진지하게 생각할 수 있다면, 삶을 좀 더 적극적으로 수용할 수 있게 된다. 힌두교도의 성하(聖河)인 인도의 갠지스강은 삶과 죽음이 하나로 용해되어 흐르기에 아름답다. 갠지스강에서 목욕하고 그 물을 마시고 죽어서는 다시 그 강물에 재가 뿌려지는 그들의 삶. 정녕 그들의 눈빛 그 어느 구석에서도 삶과 죽음은 둘이 아니다. 죽음은 삶과 마찬가지로 일상사일 뿐이다.

죽음이란 삶이라는 나무 위에 맺어지는 존재론적 열매이다. 그런 까닭에 죽음의 밀도는 정확하게 삶의 밀도에 비례한다. 사랑의 기운으로 충만한 밀도 높은 삶은 탐스러운 존재론적 열매를 맺는다. 그러나 탐욕과 성냄과 어리석음의 삼독(三毒, 貪·瞋·癡)에 물든 밀도 낮은 삶은 부실한 존재론적 열매를 맺게 된다. 영적 진화에 부응하는 순천(順天)의 삶을 살지 못하면 온전한 죽음이 일어날 수 없으므로 삶과 죽음의 계곡을 끝없이 떠돌게 된다. 이른바 '삼사라(samsara, 生死輪廻)'라고 하는 것이 그것이다. 인간은 육적인 동시에 영적인 존재이다. 이 세상 자체가 영적 진화를 위한 하나의 교육장이며 지위고하를 막론하고 우리 모두는 학생 신분으로 왔다가 때가 되면 돌아간다. 일정한 교육과정이 끝남으로써 이루어지는 물형계의 졸업은 학교 졸업과 마찬가지로 축하할 일이다. 다만 낡은 옷인 몸을 인간 자체라고 보는 착각이 통곡을 낳을 뿐이다.

죽음에 대한 인간의 두려움은 어디로부터 오는 것일까? 그것은 삶과 죽음을 하나의 연결된 고리로 보지 못하고 분리시켜 편착하는 데서 오는 것이다. 그리하여 '이것이냐 저것이냐'의 문제가 항상 따라 다니게 된다. 이 세상은 마음의 스크린 위에 투영된 빛의 장난일 뿐, 보고 듣고 느끼는 것은 실체가 아니라 환영(幻影)이다. 실체는 영원히 타오르는 의식의 불꽃이다. 모든 것은 하나의 흐름이며 변화의 연속이다. 실체는 감각기관에 포착되지 않으며 모든 문제와 답은 삶 속에 있다. 삶과 죽음은 동전의 양면과 같아서 삶의 의미를 깨우치게 되면 죽음에 대해서도 자연히 알 수 있게 된다. 자로(子路)가 공자에게 물었다. "죽음이란 대체 어떤 것입니까?" 공자가 말했다. "아직 삶의 의미조차 모르고 있거늘, 하물며 죽음에 대해서 어찌 알겠는가."

삶이라는 이름의 희생제

호모커넥투스의 본질적 특성인 초연결성은 '참자아의 이중성'의 진실에 대한 규명에서 분명히 드러난다. '하나'인 참자아[神·天·靈]는 만유의 참자아이며 호모커넥투스의 참자아이기도 하기 때문이다. 앞서 고찰한 바와 같이 참자아는 내재와 초월, 본체[理]와 작용[氣], 진여성과 생멸성의 이중성을 갖지만, 그것의 진실은 이중성의 초월에 있다. 말하자면 전체성[靈性]인 참자아(true self)가 자기복제로서의 작용을 통해 개체성[物性]인 물질적 자아(material self)의 형태로 현현하고, 또 물성은 다시 영성으로 돌아가는 생명의 순환이 끝없이 반복되는 것이다. 하지만 참자아는 물성과 영성 그 어느 것에도 구애됨이 없이 양 세계를 자유롭게 상호 관통한다. 말하자면 생명은 전일적 흐름, 즉 홀로무브먼트이다. 이처럼 '하나이면서 둘(一而二)이고 둘이면서 하나(二而一)'인 이기(理氣)의 묘합(理氣之妙) 구조가 보여주는 완전한 연결성과 소통성 그리고 능동성은 생명의 본질적 특성이다.

그래서 『동경대전』에서는 내유신령(內有神靈), 즉 '안으로 신성한 영(靈)이 있다'고 하고, 외유기화(外有氣化), 즉 '밖으로 기화(氣化)의 작용이 있다'고 한 것이다. '신령'과 '기화'는 일심의 이문(二門)인 진여(眞如)와 생멸(生滅)의 관계와도 같이 내재와 초월, 본체와 작용의 합일에 대한 인식을 보여준다. 말하자면 참자아는 만유의 본질로서 만유 속에 내재해 있는 동시에 만물화생(萬物化生)의 근본 원리로서 작용하는 것이다. 각지불이(各知不移)의 '지(知)'는 '신령'과 '기화'가 하나임을 아는 것, 즉 생명이 영성임을 깨닫는 것이고, '불이(不移, 不二)'는 참자아의 자각적 주체로서 인내천(천인합일)을 실천하는 것이다. 생명의 영성을 깨달으면 참자아의 자각적 주체가 되므로 공심(公心)의 발휘가 극대화된다.[34] 이처럼 동학은 내유신령·외유기화·각지불이라는 「시(侍, 모심)」의 3화음적 구조로써 생명의 전일성과 자기근원성, 그리고 자각적 실천성을 보여준다.

생명이 단순히 개체화된 물질적 생명체가 아니라 영성[靈·神·天]이라는 사실을 이해하지 못하고서는 삶과 죽음에 대한 진정한 통찰이 일어날 수 없다. 비분리성·비이원성을 본질로 하는 영성에 대한 통찰 없이 호모커넥투스에 대해 논하는 것은 핵심이 빠진 껍데기만 논하는 것이다. 그렇게 되면 인류 사회의 진화라는 것도 문명의 외피만 더듬는 외적·기술적 수준에서 주로 조명하게 된다. 생명을 단순히 물질적 껍질로 보는 정신·물질 이원론으로는 천인합일의 이치를 파악할 수도 없고 따라서 조화로운 삶을 기대하기도 어렵다. 경천(敬天), 즉 하늘을 공경함은 우주만물에 대한 차별 없는 사랑과 공경의 원천인 바로 그 하나인 마음(一心)을 공경하는 것이다. 우주의 실체는 의식이므로 참자아는 곧 참본성이며 일심이다. '자기원인'이자 만물의 원인인 하늘은 만물과 분리될 수 없는 까닭에 특정 종교의 하늘(님)이 아니라 만인의 하늘이며, 우리가 경배해야 할 초월적 존재가 아니라 마음이 곧 하늘이다.

이 세상은 삶이라는 희생제(犧牲祭·燔祭儀式, Sacrifice)[35]*를 주관하는 제주(祭主)들로 꽉 차 있다. 하늘, 별, 바람, 노을, 강물, 안개…온갖 생물과 무생물에 이르기까지, 사람만이 아니라 우주만물이 다 제주이다. 우주만물이 다 제주인 것은, 이 우주가 분리할 수 없는 파동의 대양으로 주체-객체 이분법이 폐기된 '참여하는 우주'인 까닭이다. '생명의 놀이'의 규칙에 따라 만물은 동등한 내재적 가치를 지니며 그 어떤 것도 도구적 위치에 있지 않고 대등한 제주로서 희생제에 참여하는 것이다. 우주만물의 존재성을 순수한 희생제로 보는 것은, 수레바퀴의 모든 살이 중심축을 향해 모이듯 모든 존재는 '자기원인'이자 만물의 원인인 생명의 중심축에 연결되어 존재성을 유지하는 것이니 존재성 자체가 생명을 경배하는 것이기 때문이다.

사람은 육체를 신전(神殿)으로 삼아 매일 위장(胃腸)이라는 제단의 불기운 속에 대가성 없는 제물[음식물]을 바치며 하늘기운인 생명을 경배한다. 사람이 매일 음식물을 섭취하는 것은 어떤 대가를 전제로 하는 것이 아니므로 대가성 없는 제물을 바치는 것이고, 그렇게 해서 생명이 존속되는 것이니 그것이 곧 생명을 경배하는 것이다. 식사하기 전의 기도행위는 마치 제천의식을 거행할 때와 마찬가지로 위장이라는 제단에 제물[음식물]을 바치기 전에

---

* '犧牲祭'는 어린 양이나 흰 소, 비둘기 등의 제물이 불로 태워져 제물로 올려진 까닭에 '燔祭儀式'이라고 명명되기도 한다. 우주만물은 각기 고유의 존재 의미와 가치를 지니는 까닭에 누가 누구를 위하여 희생될 수 있는 것이 아니므로 '희생제'라는 표현은 적절하지 않을지도 모른다. 그럼에도 상대계의 언어로서는 달리 표현할 길이 없으므로 부득이 관습적으로 사용되어 온 용어를 사용한다.

하늘기운인 생명을 경배하는 의식이다. 소우주(microcosm) 차원에선 위장이라는 제단이 되겠지만, 대우주(macrocosm) 차원에선 하늘제단이라고 명명할 수 있을 것이다. 이 우주에 하늘기운 아닌 것이 없으니 기실은 위장 또한 하늘제단이다.

이는 다른 동물들의 경우도 마찬가지다. 육체라는 이름의 신전에서 이루어지는 신진대사 작용 그 자체가 생명을 유지케 하는(경배하는) 대가성 없는 희생제이다. 식물들의 경우에도 그 체(體)는 신전이고, 그 잎에서 일어나는 증산, 호흡, 광합성 작용과 질소동화작용은 모두 그 자체가 생명을 경배하는 대가성 없는 희생제이다. 지구 생태계의 맥박을 조절하는 고세균, 세균과 같은 원핵생물의 다양한 물질대사, 그리고 마침내 인간의 탄생으로 이어지는 새로운 생물 계통으로 안내한 시아노박테리아가 이끈 산소혁명 또한 생명을 경배하는 대가성 없는 희생제이다. 진동수가 극히 낮은 무생물 역시 생물과 마찬가지로 스스로 생성되고 변화하여 돌아가는 생명의 자기조직화의 작용에 의해 존재하는 것으로, 존재성 그 자체가 생명을 경배하는 순수한 희생제의 표징이다.

만유의 존재성은 우주의 진행 방향인 영적 진화와 조응해 있다. 한 개의 바퀴통을 향하여 모여 있는 서른 개의 수레바퀴 살처럼 복잡계의 산일구조(dissipative structure)에서 일사불란하게 일어나는 생명의 자기조직화는 일체 생명 현상과 거시세계의 진화, 그리고 세계의 변혁이 이루어지게 하는 아무런 대가성 없는 희생제이다. 비선형적, 비평형적인 복잡계에서 일어나는 변화의 비가역성(irreversibility)이 혼돈으로부터 질서를 가져오는 메커니즘인 것이다. 이 삶이라는 이름의 희생제는 바로 이러한 생명의 유기적·시스템적 속성에 기인하는 것이다.

은혜로운 비가 대지를 고루 적시는 것, 태양이 사해를 두루 비추는 것, 그리하여 곡식이 영글고 만물이 자라나 영양분을 공급하는 것, 이 모두는 아무런 대가성 없이 생명을 경배하는 순수한 희생제이다. 바위틈을 뚫고 피어난 야생화, 온 산을 분홍빛으로 물들인 진달래의 향연, 새벽 호수 위의 물안개, 겨울 빈 바다에 부서지는 파도 소리, 연꽃 사이로 불타오르는 원색의 저녁놀…. 이 모두는 무위이화(無爲而化)의 덕과 그 기운의 조화 작용을 보여주는 것으로 우리의 영혼을 정화시키는 생명의 불꽃이며, 온몸으로 생명의 환희를 토해내는 순수한 희생제이다. 정녕 대가성 없는 순수한 희생제는 우주의 본질인 생명이 존재하는 방식이다. 따라서 개체화 의식 속에서는 생명을 파악할 길이 없으며 또한 진화할 수도 없다.

역사상 등장하는 번제의식은 삶이라는 희생제의 축소판이다. 어린 양이나 흰 소, 비둘기 등의 제물을 불에 태워 하늘제단에 올리고 지혜의 불로 영혼을 정화시켜 삶 자체를 희생제로 받아들이겠다는 하늘[참자아]과의 서약(誓約)을 하는 것이니, 번제의식은 삶이라는 희생제를 표징하는 것이라 할 수 있다. 제물이 불로 태워진 것은 불의 정화적 기능에 기인하는 것으로, 마치 타오르는 불이 장작을 재로 만들듯 영적인 지혜의 불은 행위로 인한 모든 카르마를 재로 만들어 영혼을 정화시키게 된다는 상징적 의미이다.

우리 상고시대에도 흰 소를 잡아 제천하던 습속이 있었음은 '혈사(血祀)', 즉 피로 제사지낸다는 말이 유래된 것으로 보아 알 수 있거니와, 지금의 송화강 연안인 아사달의 고대 지명이 소머리(牛首·牛頭)라고 한 데서도 잘 나타난다. 『성경 Bible』에 나오는 번제의식으로는 창세기에 나오는 아벨(Abel)의 번제의식(창세기, 4:4),[36] 노아(Noah)의 번제의식(창세기, 8:20),[37] 아브라함(Abraham)의 번제의식(창세기, 22:2-13),[38] 야곱(Jacob)의 번제의식(창세기, 46:1)[39] 등을 들 수 있다. 특히 아브라함의 번제의식은 사랑하는 외아들 이삭마저도 기꺼이 제물로 바치려 했다는 점에서 온전한 희생제의 표본이 되고 있다.

희생제는 인간과 하늘[참자아]과의 가능한 연계를 만드는 상징적인 제전이다. 오로지 이 육체가 자기라는 에고(ego)의 죽음을 통해 영적으로 거듭난다는 의미를 함축하고 있는 동시에, 사랑은 그 어떤 대가도 바라지 않는 온전한 희생제임을 보여주는 것이다. 구약 제사의 가장 공통적인 번제 행위는 속죄를 통해 참자아인 하늘과의 연결고리를 재개하기 위한 것이다. 삶이라는 이름의 희생제가 경건함과 생명의 환희로 넘치는 제전이 되려면 행위로 인한 모든 카르마가 영적인 지혜의 불로써 정화되어야 하는 것이다. 꽃이 보이기 위해 피는 것이 아니듯, 인간도 보이기 위해 사는 것이 아니다. 개인적 진화와 동시에 우주 진화에 동참하고 있는 것이다. 꽃 한 송이, 풀 한 포기도 시공을 초월하여 천지기운과 교감하며 말없이 우주를 밝게 만들고 각기 고유한 천품(天稟)으로 할 일을 하고 있는 것이다.

우주만물에 편재해 있는 생명의 본체인 참자아를 경배하는 대가성 없는 희생제 외의 모든 행위는 욕망의 굴레에 얽매어 있는 까닭에 우주와 공명할 수 없다. 의식의 상승이 일어나지 않고서는, 다시 말해 '하나됨'에 대한 영적 자각이 없이는 이 불길한 카르마의 제전(祭典)을 멈출 길이 없다. 모든 성취와 행복의 원천은 참자아이다. 나무가 껍질이 터지고 뱀이 허물을 벗어야 살 수 있듯이 인간도 에고의 껍질을 벗어야 참자아인 하늘과 연결될 수 있다. 삶 자체가 희생제가 되어야 하는 것은 이 때문이다. 구름이 태양을 가려도 태양은 항시 그곳에 있듯이, 우리가 에고의 구름만 걷어내면 머리 위로 저 우주적 생명인 태양은 찬연히 빛을 내뿜을 것이다. 오직 우리의 자성(自性, self-nature)을 회복하는 일만이 있을 뿐이다.

음식을 단순히 미각을 만족시키고 배를 채우기 위한 것으로 생각해서는 삶이라는 희생제의 의미를 깊이 새길 수가 없다. 인간의 삶이 우주의 진행 방향인 영적 진화에 역행해서는 안 된다는 사실을 자각하지 못하고서는 단지 먹기 위해, 즐기기 위해 사는 것의 허망함을, 그 죄악성을 알 수 없게 되는 것이다. 장주(莊周)는 "즐기고 탐하는 마음의 샘이 깊은 곳에 하늘의 샘은 말라만 간다"⁴⁰고 했다. 미식(美食)이 몸의 기능을 퇴화시키듯이 환락은 영혼의 샘을 마르게 한다. 행위의 결과에 대한 집착을 버리고 이기적인 욕구 충족을 위해서가 아니라 영혼의 정화(purification of soul)를 위해서, 모든 행위를 마치 신에게 바치는 번제의식과도 같이 일념으로 정성을 다하게 되면 오직 전체성만이 물결치는 지선(至善)의 경지에 이르게 되어 삶 자체가 경건한 희생제가 된다.

삼라만상은 죽어 없어지는 것이 아니라 단지 변화할 뿐이다. 꽃이 피고 지는 것이나 인간이 태어나고 죽는 것 모두 자연과 인간이 하나의 생명의 순환고리로 연결되어 있음을 보여준다. 죽어서 흙으로 돌아가고 초목을 키우고 초목은 다시 인간에게 산소와 양분을 공급하는 방식으로. 그러나 삼라만상이 다 깨어 있는데 오직 인간만이 잠들어 있다. 완전히 깬 영롱한 의식이 하는 행위와 덜 깬 몽롱한 의식이 하는 행위가 질적인 차이를 보일 수밖에 없는 것은 당연한 이치다. 영롱한 의식이 하는 모든 행위는 대가를 바라지 않는 희생제인 반면, 몽롱한 의식이 하는 행위는 결과에 집착하는 카르마의 제전이다. 모든 행위를 신에게 바치는 제물이라는 경건한 생각으로 행위할 수 있을 때 이 세상은 지상천국으로 화할 것이다. 그러기 위해서는 몽롱한 의식에서 깨어나야 한다. 지금 이 순간에도 이 우주는 인간이 깨어나기를 학수고대하고 있다.

몽롱한 의식에서 깨어난다는 것은 이 세상 모든 것을 참자아의 자기현현으로 여긴다는 것이다. 『바가바드 기타 *The Bhagavad Gita*』에서는 이 세상 모든 것을 참자아인 신의 자기현현으로 여기는 사람은 분리의식에서 벗어나 신을 깨닫게 된다고 말한다. 일체 만유가 다 하늘, 즉 신의 자기현현이니

신 아닌 것이 없는 것이다.

이 세상 모든 것을 신(참자아)으로 여기는 사람은 진실로 신을 깨닫게 된다. 숭배하는 행위도 신이고, 바쳐지는 제물도 신이다. 제물인 신이 신에 의해 신의 불길에 타는 것이다.

Who in all his work sees God(true self), he in truth goes unto God: God is his worship, God is his offering, offered by God in the fire of God.[41]

선을 수행하는 것은 참자아를 자각하기 위한 하나의 방법이다. 불안 청원(佛眼淸遠) 선사*는 선을 수행함에 있어 두 가지의 병이 있다고 말하고 있다. "그 하나는 나귀를 타고 나귀를 찾는 것이요, 다른 하나는 나귀를 타고서 나귀에서 내리지 않으려고 하는 것이다."[42] 우선 나귀를 타고 나귀를 찾는 어리석음은, 현대 과학기술문명이 그러하듯이 자신의 본성에 눈뜨지 못하고 우리의 주의력이 향외적인 데서 오는 것이다. 낙원이 우리 안에 있다는 사실을 깨닫지 못한 채 낙원에서 점점 더 멀어지면서 낙원을 찾는 데서 오는 것이다. 모든 문제의 답이 바로 자기 안에 있다는 사실을 놓치는 데서 오는 것이다. 다음으로 나귀를 타고서 나귀에서 내리지 않으려고 하는 어리석음은 집착에서 오는 것이다. 외재적 사물에서는 얻을 수 없는 내적인 평화로움의 묘미에 길들여진 데서 오는 것이다. 우리 자신과 나귀가 둘이 아님을 알아차리지 못하고 분리시켜 편착하는 데서 오는 것이다.

인간의 두려움은, 불행한 의식은, 절망은 바로 잘못된 관점과 집착에서

---

* 佛眼淸遠(1067~1120) 선사는 六祖慧能의 대표적 법제자인 南嶽懷讓(677~744)의 14세 법손이자 五祖法演(?~1104)의 법제자이다.

오는 것이다. 우리 자신이 나귀이고 이 세상 전체가 나귀일진대, 타거나 내려야 할 나귀가 따로 있는 것이 아니다. 따라서 천지사방을 헤매고 다닌다고 해서 참자아를 찾을 수 있는 것도 아니고, 외부세계와 단절한 채 내면세계에 머문다고 해서 참자아를 찾을 수 있는 것도 아니다. 참자아는 유기적·시스템적 속성을 지닌 까닭에 우리 자신과 나귀를 분리하는 순간, 참자아로부터 멀어지게 된다. 말하자면 참자아는 생성과 소멸(生滅), 더러움과 깨끗함(垢淨), 늘어남과 줄어듦(增減) 등 일체의 이원성을 넘어서 있으므로 전일성과 다양성, 비존재성[靈性]과 존재성[物性], 본체와 작용, 내재와 초월의 속성을 동시에 지닌다. 따라서 삶과 죽음, 기쁨과 슬픔, 성공과 실패를 하나의 연결된 고리로 보지 못하고 분리시켜 편착하는 방식으로는 결코 참자아에 이를 수 없다.

『장자(莊子)』「지북유(知北游)」에서는 사람이 도를 닦아 덕을 몸에 지니면 도의 관점에서 사물을 직시하게 되므로 종국에는 '생과 사가 동반자이며, 만물이 '하나(一)'이고 '하나'의 기운(一氣)이 천하를 관통하고 있음'[43]을 알게 된다고 했다. 또한 『장자』「제물론(齊物論)」에서는 상호 연관과 상호 의존의 세계 구조를 이해하면 이것과 저것의 대립이 사라진 '도추(道樞)' 또는 '천균(天鈞)'의 경지에 이르게 된다고 했다. 만물을 하나로 평등하게 보는 '도추'의 경지에서 참자아는 스스로 그 모습을 드러낼 것이다.

삶이 있으면 죽음이 있고, 죽음이 있으면 삶이 있다. 됨(可)이 있으면 안 됨(不可)이 있고, 안 됨이 있으면 됨이 있다. 옳음(是)에 의지하면 옳지 않음(非)에 의지하는 것이고, 옳지 않음에 의지하면 옳음에 의지하는 것이다. 하여 성인은 그러한 상대적인 판단에 의하지 않고 절대적인 입장에서 조명하며 또한 대긍정에 의지한다. 이것 또한 저것이고, 저것 또한 이것이다. 저것 또한 하나의 시비이고, 이것 또한 하나의 시비이다. 과연 저것과 이것이 있다는 말인가. 과연 저것과 이것이 없다는 말인가. 저것과 이것의 대립이 사라진 경지, 이를 일러 도추(道樞)라고 한다.

雖然 方生方死 方死方生 方可方不可 方不可方可 因是因非 因非因是 是以聖人不由而照之於天 亦因是也 是亦彼也 彼亦是也 彼亦一是非 此亦一是非 果且有彼是乎哉 果且無彼是乎哉 彼是莫得其偶 謂之道樞.

우리 모두는─의식하든 의식하지 못하든─참자아로 가는 도상에 있다. 기쁨과 슬픔, 성공과 실패, 건강과 병 등 상대계에서의 대조적인 체험은 이것과 저것의 대립이 사라진 '도추'의 경지에 이르기 위한 교육과정이다. 인도인들이 애송하는 『바가바드 기타 *The Bhagavad Gita*』 경전에는 전사인 아르주나(Arjuna)가 비슈누(Visnu) 신의 화신인 크리슈나(Krishna)에게 이렇게 묻고 있다. "크리슈나여, 당신은 행위의 포기에 대해 말씀하시면서 또한 신성한 행위의 길을 권면(勸勉)하십니다. 지혜의 길(the path of wisdom, Jñāna yoga)과 행위의 길(the path of action, Karma yoga), 이 둘 중에서 어느 것이 더 나은 길입니까?"[44]

여기서 '지혜의 길'과 '행위의 길'은 '지행(止行, 坐禪)'과 '관행(觀行, 行禪)'의 관계와 같다. 말하자면 전자가 행위를 멈추고 자신의 내면을 들여다보는 것이라면, 후자는 사심 없는 행위를 하는 것이다. 이는 곧 수신과 헌신적 참여의 관계와 같다. 그러나 수신[止行, 坐禪]만으로는 순수의식에 이를 수 없으며, 헌신적 참여[觀行, 行禪]가 병행될 때 우리의 영혼은 비로소 완성에 이를 수 있다. 영적 진화 과정에서 수신과 헌신적 참여는 동전의 양면과도 같이 동시적으로 존재한다. 이 둘은 깨달은 자의 눈으로 본다면 결국 하나이며 그 목표는 같은 것이다. 하지만 보통 사람들에게는 행위를 포기하는 길보다는 행위의 길이 더 낫다고 크리슈나는 말한다.

> 아르주나여, 행위의 길을 따르지 않고 완전한 포기가 일어나기는 매우 어렵다.
> 지혜로운 자는 순수하고도 헌신적인 행위의 길을 통해 곧 신(참자아)에 이르게 될
> 것이다.
> But renunciation, Arjuna, is difficult to attain without Yoga of work. When a
> sage is one in Yoga he soon is one in God(true self). [45]

영혼을 노래하는 시인 칼릴 지브란(Kahlil Gibran)은 인생이 제공하는 가장
중요한 두 가지 선물인 아름다움과 진실 가운데, 아름다움은 사랑하는 마음
속에서, 진실은 일하는 사람의 손에서 찾아내었다고 했다. 또한 자신의 꿈
을 황금과 은으로 해석하는 것보다 더 낮은 수준으로 몰락할 수 있는 인간
은 이 세상에 없다고 단언했다. 행복이란 아름다움과 진실의 동의어다. 사
랑하는 마음과 헌신적인 행위는 에고를 초월하기 위한 명상이요 기도다. 깨
달은 자의 길과 보통 사람의 길은 영원히 만날 수 없는 평행선이 아니다. 깨
달은 자의 길은 영혼의 세계에서가 아니라 티끌 속에서 티끌 없는 곳으로
가는 길이다. 그 길은 '나'도 없고 '너'도 없는 길이기에, 행위자는 사라지고
행위만 있는 길이다. [46]

카르마의 목적이 단순한 징벌에 있는 것이 아니라 영적 교정 및 영성 계
발에 있다는 사실을 자각한다면, 시련의 교육적 의미를 감사하는 마음으로
새길 수 있을 것이다. 육체를 통한 인간 행위의 중요성은 얼마나 순수하고
도 깊게 그것에 몰입하느냐에 있다. 그러나 도박에 몰입하는 것과 명상에
몰입하는 것은 의식의 질이 다르다. 전자의 경우는 방향이 잘못된 망아(忘
我)로서 결코 초월이 일어날 수 없다. 초월로 통하는 문은 수없이 많다. 명상

이나 기도만이 아니라 모든 분야에 걸쳐 각자의 천품 계발을 통하여 얼마나 순수하고도 깊게 행위에 몰입하느냐가 관건이다. 나무꾼이든 뱃사공이든 도자기공이든, 중요한 것은 천품을 찾아내어 몰입하는 노동 그 자체가 명상이나 기도가 되어 초월의 문으로 진입할 수 있게 된다. 말하자면 의식의 확장을 통해 에고(ego)가 사라짐으로써* 지고의 자유를 달성할 수 있게 된다.

지혜로운 자는 이기적인 욕구 충족을 위해서가 아니라 영혼의 정화를 위해서 행위하는 까닭에 마치 연꽃잎이 물에 젖지 않는 것과 같이 악에 더럽혀지지 않으므로 하늘의 복을 받게 된다. 『명심보감(明心寶鑑)』에서는 "종신토록 선을 행하여도 선은 오히려 부족하고, 단 하루를 악을 행하여도 악은 스스로 남음이 있다"[47]고 하였고, 또한 『참전계경』에서는 "허물이 지나치면 악이라 이르니, 큰 허물과 큰 악은 지혜가 어두운 데서 생긴다. 작은 악도 또한 악을 짓는 것이니, 가히 그 앙화를 받게 된다"[48]고 하였다. 악을 시험 삼아 행하고서 이익을 얻었다고 해서 좋은 방법으로 알고 짓는 것은 본래의 성품을 저버리는 것이다.[49] 우주만물에 대한 차별 없는 공경과 사랑이 일어날 수 있는 것은 그 '하나'인 참자아를 깨닫는 데 있다.

우주만물을 잇는 에너지장(場)에서 우리는 매순간 삶을 부정하거나 긍정하는 선택을 하며 살아가고 있다. 미국의 영성 과학자 그렉 브레이든(Gregg Braden)에 의하면 우리는 감정의 언어로 초공간적이며 홀로그램적인 에너지장(場)과 소통할 수 있다고 한다. 인간의 DNA는 우리 세계를 이루고 있는 물질에 직접적 영향을 주는데, 이 DNA에 직접적 영향을 주는 것이 바로 인간

---

* 에고(ego)란 실재하는 것이 아니니 '사라진다'는 말은 적절하지 않을지도 모른다. 그럼에도 실재한다고 착각하고 있으니 착각하는 그 마음이 사라져야 한다는 것이다. 에고는 개체라는 착각이며 자유의 敵이다. 에고란 말이 쌓인 것으로 말은 곧 생각이다. 묵언 수행의 비밀은 말 없음을 통해, 생각의 끊어짐을 통해 에고를 지우는 데 있다.

의 감정이라는 것이다. 감정과 DNA의 관계는 시공간의 경계를 초월하며 그 영향력은 거리에 관계없이 동일한 것으로 나타난다.[50] '디바인 매트릭스(Divine Matrix)'라고도 불리는 이 미묘한 에너지의 '법칙'을 이해하고 적용할 수 있는 능력이야말로 가장 깊은 치유와 최대의 기쁨, 그리고 인류가 종(種)으로서 살아남는 비결"[51]이라며, "양자 의식 속에서 살고, 사랑하고, 치유하라"[52]고 브레이든은 말한다.

우주만물은 한순간도 멈추는 일이 없이 생생하게 살아 움직이고 있다. 우주의 본질 자체가 생명이고 일체 생명이 파동체임을 이해한다면, 바위나 광물 또한 살아 움직이는 생명의 대열에서 벗어나 있지 않음을 쉽게 알 수 있다. 이처럼 생명에 대한 인식의 지평이 넓어지면 하늘과 사람과 만물을 하나로 느끼게 되므로 존재계는 사랑으로 충만하고 공감적 감수성이 확장되어 나눔과 섬김의 삶을 실천할 수 있게 된다. 기꺼이 고통을 나누고자 하는 자비심이 없이는 영성을 개화시킬 수 없다. 존재계 전체가 생생하게 살아 있으며 의식을 갖고 있다는 인식은 존재계와 사랑의 관계를 맺는 것으로 귀결된다. 우리 모두 '생명의 놀이'와 하나가 되어 '지금 여기'에 존재하는 법을 배워 나가야 할 것이다.

호모커넥투스와
포스트모던 세계

"인간 행동에 대한 통일된 비전을 만들어내려는 근대의 노력은
계급주의, 인종주의, 식민주의의 이데올로기만을 낳았을
뿐이다. 포스트모던 사회학은 다원주의와 양면성을 강조하고
인간의 경험을 구성하는 많은 다른 이야기들을 관용해야 한다고
설파한다.…포스트 모더니스트들은 인간 존재의 생태학을
구성하는 지역적 경험의 다양성을 찬양한다."
"…the modern effort to create a unified vision of human
behavior has led only to ideologies of classism, racism,
and colonialism. Postmodern sociology stresses pluralism
and ambivalence and preaches toleration for the many
different stories that make up the human experience.…The
postmodernists celebrate the diversity of local experiences that
together make up an ecology of human existence."

- Jeremy Rifkin, The Age of Access: *The New Culture of
Hypercapitalism, Where All of Life is Paid-For Experience*(2001)

07

호모커넥투스와
포스트모던 세계의 특성

● 포스트모던의 실존적 세계와 의식구조의 변환

● 포스트구조주의와 해체주의의 사상적 연맥

● 포스트휴먼 사회와 포스트휴머니즘

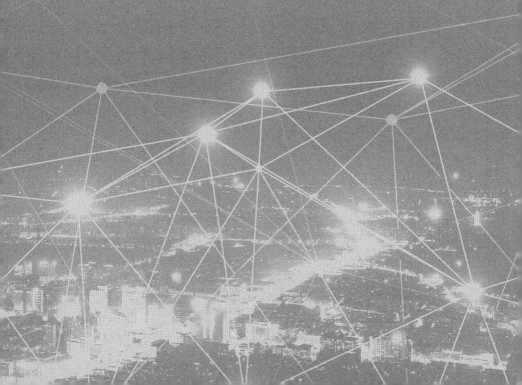

포스트휴먼 시대에는 인간과 사물 간의 분리가 사라지면서 인간은 포스트휴먼 사이보그로 진화할 것이다. 포스트휴먼 시대에 새롭게 등장하는 사이보그는 사물(만물)인터넷과 인간의 연계로 네트워크를 통해 인간의 능력이 증강된 '네트워크 사이보그'다. 인간의 뇌를 다운로드해서 슈퍼컴퓨터에 업로드하는 '트랜센던스(transcendence)' 프로젝트가 성공할 경우, 소프트웨어라는 '마음 파일(mind file)'은 육체라는 하드웨어의 영구성과는 상관없이 널리 확장될 것이다. 그 단계가 되면 'I AM'은 육체적 자아의 정체성이 아니라 보편적 실재로서의 참자아, 즉 순수 현존(pure presence)의 정체성을 나타내는 것임을 분명히 알게 될 것이다. 포스트휴머니즘은 기술적으로만 접근할 수 있는 주제가 아니며 일체의 이원성을 넘어서는 인간 의식의 패턴 변화를 전제로 한다. 그것이 해체주의의 핵심이다. 우리의 의식이 육체적 자아에서 영적, 우주적 자아로 확장될 때 포스트모던 세계가 열린다. 포스트모던 세계는 연결성·소통성·능동성을 본질로 하는 호모커넥투스의 정체성이 구현된 세계다.

- 본문 중에서

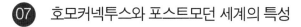

07 호모커넥투스와 포스트모던 세계의 특성

시스템적 관점은 세계를 관계와 통합의 측면에서 보는 것이다.
The systems view looks at the world in terms of relationships and integration.

- Fritjof Capra, *The Turning Point*(1982)

포스트모던의 실존적 세계와 의식구조의 변환

근대적 사유의 특성은 정신·물질 이원론에 입각한 데카르트-뉴턴의 기계론적 세계관에 잘 나타나 있다. 대개 16세기에 시작하여 17세기에 그 정점에 이른 근대 과학혁명(Scientific Revolution)은 이러한 기계론적 세계관을 바탕으로 과학기술의 비약적인 발전과 더불어 물질적 풍요의 혜택을 가져옴으로써 인류의 문명사에 획기적인 전기를 마련했다. 데카르트 이후 과학혁명을 거치면서 자리 잡기 시작한 근대 합리주의는 이성에 대한 믿음과 합리적 사고를 중시하는 18세기 계몽주의와 산업혁명 등 일련의 서구 문명의 흐름과 연결되면서 지난 수백 년간 서구 문화와 여타 세계를 지배한 기초적 패러다임이 되었다. 이성적인 것이 곧 근대적인 것이고 과학적인 것이며 합리적인 것이라는 등식화가 성립된 것이다.

인쇄술과 석탄 동력 기반의 증기기관이 조우하여 일어난 산업혁명은 유럽 전역으로 확대되고 북아메리카 대륙에까지 파급효과를 낳았다. 물레가 다축방적기(spinning jenny)*로 발전되어 산업혁명의 핵심인 방적산업에 혁명을 일으켰으며, 섬유산업의 생산성이 향상되고 특히 천연 면사의 수요가 증대됨에 따라 미국 남부 지역에서는 플랜테이션 경제가 융성했다. 과학기술의 발전이 경제적 측면에 응용되면서 자본주의의 발달을 가져오고 또한 이를 운용하기 위한 제도로서의 민주주의가 나타나게 되면서 바야흐로 근대 민족국가, 나아가 근대 국민국가로 일컬어지는 근대 세계가 열리게 되었다. 다른 한편으론 커뮤니케이션과 에너지 매트릭스가 만들어내는 승수효과(乘數效果, multiplier effect)의 힘은 그 자체 속에 제러미 리프킨이 말하는 에너지-커뮤니케이션 혁명, 즉 2차 산업혁명을 배태하고 있었다.

　1837년 미국의 발명가 새뮤얼 모스(Samuel Finley Breese Morse)는 모스 전신기를 만들었으며 그의 전신 방식과 모스 부호는 세계적으로 채택되었다. 1844년 볼티모어와 워싱턴 간에 세계 최초로 전신이 공식 개통되었고, 1850년대와 1860년대에 전신선은 북아메리카와 유럽 전역으로 빠르게 확산되었다. 유럽을 떠나 미국 땅으로 건너간 이민자들에게 전신선은 '이산가족을 묶어 주는 접착제'였다. 1851년 독일 출신의 영국 사업가 폴 줄리어스 로이터(Paul Julius Reuter)는 로이터 통신사를 설립하였으며 1860년대에 뉴스가 전 세계로 타전됨으로써 '공간의 소멸'을 실감케 했다. 전신과 철도가 기능적으로 연계되면서 체계적인 사업 모델이 되었을 뿐 아니라 근대 공장 체제의

---

* 1차 산업혁명 당시 주요 발명품 중의 하나인 다축방적기(또는 제니 방적기)는 1764년 잉글랜드 랭커셔의 제임스 하그리브스(James Hargreaves)가 발명한 초기의 방적기이다. 이 방적기는 방추가 여러 개인 관계로 노동량은 현저하게 감축된 반면 생산 속도는 빨랐으며, 이로써 근대식 공장 시스템이 시작됐다. 다축방적기로 만든 실의 강도를 개량한 것이 리처드 아크라이트(Richard Arkwright)의 수력방적기(water frame)이다. 이후 아크라이트는 표절 사건에 휘말려 특허가 무효화되는데, 이로 인해 아크라이트의 발명품은 누구나 사용할 수 있게 되어 방적기의 확산을 가속화시켰다.

등장에 핵심적인 인프라를 제공했다. 화석연료 시대의 산물인 근대의 기업 관료주의는 석탄에서 석유로, 증기에서 전기로 공장의 동력이 바뀌던 1920년대에 그 진가를 발휘했다. 거대하고 복잡한 조직을 감독할 수 있게 되었으며 복합적인 활동을 통합하여 신속하게 물량을 처리할 수 있었다.

전신에 이어 상업용 전화도 설치되어 직접적인 실시간 소통을 가능하게 해 주었다. 1876년에 개통된 전화는 3,000대에 불과했지만 1899년에는 100만 대를 넘어섰다. 전신과 전화망의 설치에 이어 전차의 등장으로 외곽의 주거 지역과 도심의 상업 구역이 연결되었다. 1878년에는 미국의 백화점 매장에 처음으로 전기가 가설되었으며 1929년에는 미국 대부분 도시의 가정에 전기가 들어갔다. 공장에 전기가 들어가고 증기기관이 전기로 바뀌면서 생산성은 폭발적으로 증가했고 비용은 절감되었다. 이러한 전기 혁명은 미국과 세계를 석유 시대와 자동차 시대, 즉 2차 산업혁명으로 몰고 간 통제 메커니즘이자 커뮤니케이션의 인프라가 되었다. 그리하여 20세기 초 전기 커뮤니케이션 기술과 석유 동력의 내연기관이 조우하여 일어난 2차 산업혁명은 마침내 새로운 에너지-커뮤니케이션 체계를 탄생시켰다.[1]

새로운 커뮤니케이션-에너지 혁명은 그 전의 혁명과 마찬가지로 인간의 의식구조에도 커다란 변환을 가져왔다. 신화적, 신학적, 이데올로기적 의식이 지배하는 형태가 서서히 빛을 잃게 되면서 심리학적 의식의 시대—19세기 후반에 시작되어 20세기 마지막 10년까지 지속된—로 변환하게 된다. 1800년대 초에 새로운 커뮤니케이션 매체인 전기와 더불어 시작된 심리학적 의식은 인쇄술의 혁명만큼이나 인간의 사고방식에 심대한 영향을 미쳤다. 당시 신사상(New Thought)의 초기 실천가였던 존 보비 다즈(John Bovee Dods)는 전국을 누비며 강연을 하였으며, 그의 저서 『전기심리철학 The Philosophy of Electrical Psychology』은 크게 주목을 받았다. 그는 전기가 '우주를 움직이고 관장하는 창조주가 사용하는 거대한 동인'이라는 생각을 처음으로 제시했다. 그는 실험 결과를 토대로 '전기 작용을 통해 마음은 다양한 인상과 감정을 전달할 수 있고 또한 외부세계에서 오는 모든 인상을 접수할 수 있다'며, 모든 병은 신체의 전기 체계가 균형을 잃을 때 생긴다고 주장했다.

낭만주의 학자, 작가, 시인, 예술가들 역시 전기 용어를 그들의 세계관에 차용했다. 전기장(場)의 연계적 본성은 상호 연결된 영역으로서의 자연에 대한 그들의 관점에 과학적 증거를 제공하는 것처럼 보였다. 자율적인 고형성 물질들이 널려 있는 정지 상태의 세계를 강조한 기계적 은유와는 달리, 전기는 연관성은 물론 유기적 성장, 창조성, 시간에 따른 변화도 환기시켰다. 장(場)이라는 개념 자체가 통일된 세계를 상상하는 새로운 방법을 제공한 것이다. 전기적 은유는 낭만주의 시대가 지나간 이후에도 존속되어 20세기 내내 심리학적 의식의 시대로 이어지는 가교역할을 했다. 20세기 초에 등장한 집단무의식이라는 개념은 공감의 감정이 일어나는 경로를 찾아내고 개발하도록 자극했다. 심리학적 의식에 기반한 새로운 방식의 사고는 공감적 표현을 확대할 수 있는 계기를 마련해 주었다. 그러한 공감적 표현은 베이비붐 세대의 저항 문화와 사회적 행동주의의 물결로 이어졌고 1960년대와 1970년대에 절정에 달했다.[2]

새로운 커뮤니케이션-에너지 혁명이 초래한 인간의 의식구조의 변환에 대해, 리프킨은 "두 가지 힘, 즉 기술적 변화와 문화적 변화가 처음부터 공생 관계 속에서 서로에게 영향을 주었으며, 그 과정에서 초보적인 심리학적 의식을 낳았고, 그것이 20세기 후반을 거치면서 성장하고 성숙하게 되었다"[3]며, 모든 의식혁명이 그랬듯이 심리학적 의식 역시 공감의 물결을 몰고 왔다는 것이다. 전신, 전화, 자동차, 비행기 등에 의한 2차 산업혁명의 진전으로 시간과 공간의 맥락이 극적으로 바뀌면서 생각과 삶의 차원에도 변화가 초래되었다. 마차나 증기 기관차 시스템이 지배하는 세계에서는 비행기의 가능성은 전혀 없었지만, 2차 산업혁명의 도입으로 그것이 현실화됨에 따라 인간의 의식도 더 확장되었다.

시간과 공간의 맥락이 더 극적으로 바뀐 것은 19세기를 풍미했던 라플라스(Pierre Simon de Laplace)*의 결정론적 세계관이 20세기에 들어와 서서히 빛을 잃게 된 데 따른 것이다. 원자와 아원자 세계에 대한 탐구로 물질, 시간, 공간, 인과율과 같은 고전물리학의 기본 개념에 대한 근본적인 수정이 불가피해졌기 때문이다. 아인슈타인의 상대성이론과 양자론에 이르러 뉴턴의 3차원적 절대 시공(時空)의 개념은 폐기되고 4차원의 '시공' 연속체가 형성됨으로써 우주는 본질적으로 역동적이며 불가분적인 전체로서, 정신적인 동시에 물질적인 하나의 실재로서 인식되기 시작한 것이다. 그리하여 세계를 바라보는 관점이 비결정론적으로 바뀌었고, '부분의 단순한 합으로는 전체를 이해할 수 없다'는 주장[4]이 나타나면서 결정론적 세계관에 기초한 뉴턴의 고전역학은 양자역학(quantum mechanics)이라는 새로운 패러다임으로 전환되게 된다.

그럼에도 이성적이고 과학적이며 합리적인 근대세계의 특성은 흔히 근대성으로 통칭되어 근대세계를 규정짓는 근본 원리가 되었을 뿐 아니라 인류의 보편적인 세계관과 가치체계를 추동해 내는 원리로 작용하였다. 그리하여 오늘에 이르기까지도 과학적 방법론과 합리주의는 연구 영역은 물론 자

---

* 프랑스의 천문학자이자 수학자인 라플라스(Pierre Simon de Laplace, 1749~1827)는 뉴턴 역학과 요하네스 케플러(Johannes Kepler, 1571~1630)의 행성의 운동에 관한 3개의 법칙 등에 힘입어 『천체역학 Celestial Mechanics』(5 vols. 1799~1825)을 완성하였다. 근대적 사유의 특성은 그의 결정론적 세계관 속에 잘 함축되어 있다.

본주의적 원리를 따르는 경제활동과 사회정치적인 실천 영역에서도 충실하게 이행되고 있다. 하지만 우리가 처한 시대는 모더니즘과 포스트모더니즘(postmodernism, 탈근대)이 중층화된 구조를 이루는 과도기인 까닭에 비록 근대성의 패러다임이 유효하게 작동하고 있긴 하지만, 인간의 이성과 과학적 합리주의를 중심으로 한 근대세계에 대한 비판적 담론 또한 거세게 일고 있다. 근대의 과학적 합리주의가 함축한 과도한 인간중심주의와 이원론적 사고 및 과학적 방법론의 한계성이 지적되고 전일적 패러다임(holistic paradigm)으로의 대체 필요성이 역설되게 된 것이다.

20세기 후반에 들어 현대 물리학의 주도로 본격화된 패러다임 전환은 21세기에 들어 가속화되고 있으며 우리의 세계관에도 심대한 변화를 초래하고 있다. 데카르트-뉴턴의 기계론적, 환원론적인 세계관으로부터 시스템적, 전일적인 세계관으로 전환되면서 포스트모던(postmodern)의 실존적 세계가 열리고 있는 것이다. 이는 근대 과학사상의 본질적 특성인 부분으로부터 전체를 유추해내는 분석적, 환원주의적 접근 방법과는 달리, 상호작용하는 부분들은 전체 조직과의 맥락 속에서만 파악될 수 있다고 보는 점에서 생태계를 하나의 네트워크로 인식하는 생태학적 관점과 그 맥을 같이 한다. 근대 과학혁명을 통해 새로운 정상과학(正常科學, normal science)이 기계론적 세계관의 새 패러다임에 의해 기존의 정상과학을 대체했듯이, 이제 현대 과학혁명을 통해 새로운 정상과학—특히 현대 물리학—이 전일적 실재관의 새 패러다임에 의해 기존의 정상과학을 대체하려 하고 있다.

1990년대 이후 인터넷의 등장으로 시공간 개념은 더욱 확대되고 있다. 변화의 가속화 경향으로 인해 향후 어떤 기술의 혁신이나 발전이 우리 삶을 근본적으로 바꾸어 놓을지 알 수 없게 되었을 뿐만 아니라, 환경 생태 재앙과 총체적인 인간 실존의 위기가 티핑 포인트(tipping point)에 이르렀다는 분석이 나오고 있다. 인류가 '특이점(Singularity)'⁵*을 향해 나아가고 있으며 그 도래가 임박했다고 보는 견해가 지배적이다. 하지만 우리의 시공간 개념은 더 확대될 필요가 있다. 그러한 시공간 개념의 확대는 의식의 확장을 전제로 한다. 폴란드의 천문학자 니콜라우스 코페르니쿠스(Nicolaus Copernicus)가 1543년 『천구의 회전에 관하여 De revolutionibus orbium coelestium, libri VI』를 출간한 이후 프톨레마이오스(Claudius Ptolemaeos)의 천동설(geocentricism, 지구중심설)로부터 그가 주장한 지동설(heliocentrism, 태양중심설)로의 전환이 이루어진 지 477년이 지났지만, 인류는 여전히 우리가 살고 있는 우주, 그것도 태양계 중심의 사고를 하고 있다.

시공간 패러다임이 지배하는 세계에서는 UFO(unidentified flying object, 미확인비행물체)의 가능성이나 외계 문명의 가능성은 전혀 없다. 그러나 미국의 천문학자이며 갈릴레오 우주선의 행성 탐사 계획에 실험 연구관으로 참여했던 칼 세이건(Carl Edward Sagan)의 말처럼, 이 광활한 우주에 지구에만 생명체가 있다는 것은 공간의 낭비가 아닐까? 물질주의 과학에서 포스트 물질주의 과학으로의 전환이 인류 문명의 진화에 갖는 의미는 지구중심설에서 태양중심설로의 전환보다 훨씬 더 심오한 것일 수 있다. 왜냐하면 그러한 전환은 태양계 중심의 사고에서 벗어나 전 우주적인 무경계(no boundary)의 사고를 상정하는 것이기 때문에 그 폭과 깊이에 있어 이전과는 비교가 안 될 정도로 엄청난 변화를 수반하게 될 것이기 때문이다. 단순히 외적·기술적 연결만이 아니라 무경계의 사고를 통한 내적 자아의 연결을 도모하는 것이 호

---

* '특이점'이란 용어는 천체물리학에서는 '빅뱅 특이점'이라고 하여 대폭발(Big Bang) 전의 크기가 0이고 밀도와 온도가 무한대인 상태를 일컫는 것이지만, 이를 사회경제적인 의미로 원용하여 돌이킬 수 없는 인류 문명의 대변곡점을 지칭하는 것으로 폭넓게 사용되고 있다.

모커넥투스, 즉 '초연결의 인간'의 정체성을 구현하는 길이다.

인간 의식의 진화는 크게 보면 전(前)개인적(또는 전(前)이성적·잠재의식) 단계에서 개인적(또는 이성적·자아의식) 단계로, 그리고 초(超)개인적(또는 초(超)이성적·초(超)의식) 단계를 향해 나아간다고 보는 것이 일반적이다. 인간의 의식구조와 사회문화적 구조의 변화는 표리의 관계로서 상호 조응하며 진화한다. 마법적·신화적인 힘이 약화되면서 개인적이고 이성적·합리적인 힘이 강화되며, 그리고 궁극적으로는 일체의 이원성을 넘어 참자아[순수의식·근원의식·보편의식·우주의식·일심]를 향해 나아가게 되는 것이다. 현재 지구의식(planetary consciousness)은 세 가지 단계가 공존해 있지만 세 번째 단계가 점점 힘을 얻고 있다. 이는 포스트모던 세계의 출현과 의식구조의 변환에 따른 것이다.

인류의 문명은 프랑스 고생물학자 피에르 테야르 드 샤르댕(Pierre Teilhard de Chardin)이 말하는 '오메가 포인트(Omega Point, 인류의 영적 탄생)'를 향하여 나아가고 있다. 샤르댕에 의하면 우주는 우주권 즉 우주의 탄생을 일컫는 '우주 발생'을 시초로 해서 다음으로 '지구 탄생'이 이루어지고, 그 뒤를 이어 '생명 탄생', 즉 생명체(생물권)가 등장하며, 그다음으로 인간과 더불어 '인지(認知) 탄생', 즉 사고의 권역(認知圈)이 도래했다. 샤르댕은 오메가 포인트로 이어지는 마지막 단계가 그리스도 의식의 탄생, 즉 '집단 영성의 탄생'이라고 본다. 그는 생전에 인터넷의 등장을 보지는 못했지만 최초의 컴퓨터 개발을 목격하면서 이러한 신기술이 오메가 포인트를 훨씬 더 앞당길 것이라고 예측했다.[6]

영국 브리스톨대 교수 피터 러셀(Peter Russell)은 변화의 가속화 경향이 지속되면 진화에 영겁의 시간이 필요했던 과거와는 달리, 수억 년에 걸친 진화의 여정이 매우 짧은 시간에 압축적으로 일어날 수도 있다고 본다. 또한 오늘날은 세계 각지에서 전승된 지혜를 하나로 응축한 영적 메시지가 책이나 음성 매체, 웹 등 다양한 정보기술을 통해 세상에 전파되고 있다며, 인류 역사상 지금처럼 많은 영적 지혜에 접근할 수 있었던 시기는 일찍이 없었다고 본다. 아울러 온전한 깨달음을 통해 가르침을 전하거나, 인터넷으로 지혜를 공유하며 영적 각성에 기여하는 이들이 점점 더 많아지고 있다는 것이다.[7] 또한 오늘날 인터넷 커뮤니케이션 기술과 재생에너지가 결합하여 일으킨 3차 산업혁명, 그리고 지속적인 디지털화와 모든 생산 단위의 연결성을 강조하는 독일의 인더스트리 4.0(Industrie 4.0)으로부터 촉발된 4차 산업혁명은 인류가 무한히 가파른 변화의 지점을 향해 나아가고 있음을 말해 준다.

존재의 알파와 오메가는 에너지이다. 로마제국은 에너지 정치학의 좋은 연구 대상으로 꼽힌다. 흔히 로마의 몰락이 지배계층의 타락과 부패, 노예 착취, 이민족의 탁월한 침략 전술 때문이라고 생각하지만, 더 근본적인 원인은 비옥했던 제국의 토양이 남벌·개간·방목 등으로 황폐해져 소출이 줄면서 빈민 복지, 공공 토목 공사, 관료 체제 유지, 거대 기념물·공공건물과 원형극장 설립, 대중오락과 전람회 등 로마의 인프라와 로마인의 복지를 유지할 정도로 충분한 에너지가 공급될 수 없었기 때문이다. 더 이상 새로운 정복과 침략으로 제국을 유지할 수 없게 된 로마는 에너지 체계의 유일한 대안인 농업으로 눈을 돌렸지만, 농업생산에서 비롯된 부의 감소로 점차 쇠락하게 된 것이다. 더욱이 농촌 인구 감소와 감염병 창궐에 따른 인간 에너지의 고갈은 상황을 더욱 악화시켰다. 유일한 대안 에너지 체계의 고갈에 따른 로마제국의 몰락은, 세계 산업 경제가 거의 전적으로 의존하고 있는 화석연료가 고갈돼 가고 있는 오늘날의 문명에 경종을 울리는 교훈일 수 있다.[8]

화석연료에 의존한 지금의 경제성장 모델은 2030년대가 되면 끝날 것으로 예상되고 있다. 포스트모던의 실존적 세계에 대한 전망은 초연결·초융합·초지능의 4차 산업혁명의 성공적인 진행과 공감의 신문명 창출 가능성에 달려 있다. 그리고 그러한 가능성은 환경 파괴의 위험성이 없는 청정에너지의 지속적인 공급 여부에 달려 있다. 공감의 신문명 창출에 대해서는 제1장에서 고찰한 관계로 여기서는 생략하기로 한다. 에너지 자원에는 석유·석탄·천연가스 등의 화석연료, 태양열·지열·풍력·조력 등의 자연에너지, 그리고 원자로·고속증식로(FBR)·핵융합로 등에 의한 핵에너지가 있다. 지금까지 필요한 에너지는 주로 화석연료에 의해 충족됐지만, 매년 에너지 소비량이 급증함에 따라 현재의 에너지 시스템은 환경파괴 문제와 자원 고갈의 내재적 한계로 인해 지속 가능하지 않은 것으로 드러났다.

미국 록펠러대 환경학자 제시 오수벨(Jesse Ausubel)에 따르면 에너지 체계의 진화를 이해하는 핵심은 '탈탄소화(decarbonization)' 경향이다. 탈탄소화란 나무 연료, 석탄, 석유, 천연가스 순으로 단위 질량당 탄소(C)의 수가 줄어드는 것을 말한다. 수소 대 탄소 원자 비율을 보면, 나무는 1:10, 석탄은 1:2, 석유는 2:1, 천연가스는 4:1로서 에너지원의 변화에 따른 탈탄소화로 이산화탄소(CO_2) 방출량이 줄어든 것이다. 에너지 형태 또한 무거운 것에서 가벼운 것으로, 물질적인 것에서 비물질적인 것으로 진화하면서 에너지와 경제활동의 탈물질화도 병행되었다. 즉 에너지 형태가 고체(석탄)에서 액체(석유)로, 그리고 기체(천연가스와 수소 등)로 변하면서 에너지 처리 속도도 빨라지고 효율도 높아진 것이다. 이처럼 철로로 운송되는 석탄에서 파이프라인을 통해 움직이는 석유로, 그리고 석유보다 훨씬 가볍고 빠르게 이동하는 가스로 에너지 형태가 변하면서, 이에 따라 빠르고 효율적이며 가볍고 비물질적인 관련 기술, 상품, 서비스도 등장했다. 에너지의 탈탄소화는 탄소 원자가 전혀 포함돼 있지 않은 수소 에너지로 귀착된다.[9]

인류 역사를 오랫동안 지배해 온 탄화수소(hydrocarbon)*의 종말은 곧 수소가 미래의 주요 에너지원으로 등장하는 것을 의미한다. 수소는 1차 에너지를 이용하여 물·화석연료·바이오매스 등 자연으로부터 추출해 연료전지에 저장한 뒤 전기로 변환시켜 사용할 수 있는 2차 에너지이기 때문에 수소 생산에 들어가는 무공해의 저렴한 에너지 확보가 관건이다. 수소 가격이 저렴해지면 에너지 민주화의 길이 열리면서 수소는 '만인의 에너지'가 될 것이다. 태양열, 풍력, 지열, 조력 등 다양한 종류의 신재생에너지가 있지만 수소 에너지가 미래의 대체에너지원으로 가장 주목받는 이유는, 태양열과 태양광 에너지는 에너지 밀도가 낮고 대규모 발전(發電)이 어려우며, 풍력·지열·조력 등은 특정 지역에서만 제한적으로 이용 가능한 데 비해, 수소는 우주 구성 원소의 90퍼센트를 구성하는 무한·청정·고효율의 지속 가능한 미래의 주요 에너지원이기 때문이다. 또한 수소는 석유를 대신해 유체에너지로서 자동차나 항공기, 로켓 등의 연료로 사용될 수 있다.

영국의 과학자이자 '가이아 이론'의 창시자 제임스 러브록(James Lovelock)이 역설했듯이 수소 산업을 전개하려면 현재로서는 원자력발전(原電)이 지구에 미치는 온실가스 영향을 최소화하는 가장 저렴한 방법이다. 신재생에너지 기술이 고도로 발전하고 '핵융합' 발전이 상용화되어 에너지 문제가 완전히 해결될 때까지는 원전이 교량 역할을 할 수밖에 없는 것이다. 세계 각국이 원자력에 다시 주목하는 이유는 원자력발전의 치명적인 유용성 때문이다. 첫째, 원자력발전은 저렴한 발전 단가와 효율적인 발전으로 경제성이 높은 대체에너지라는 점이다. 둘째, 원자력발전은 지구온난화 주범인 이산

---

* 炭化水素란 탄소와 수소만으로 이루어진 탄소 화합물로서 석유와 천연가스의 주요 구성성분이다.

화탄소 배출이 없으며 대기 오염을 극소화한다는 점이다. 셋째, 원자력발전은 수소에너지(브라운가스, 2H₂+O₂) 산업의 지름길이라는 점이다. 넷째, 원자력발전은 해수담수화(海水淡水化 또는 海水脫鹽, desalination) 산업의 발전에도 크게 기여할 것으로 전망된다는 점이다. 이와 같이 원자력발전은 저렴한 전력 생산, 공해 추방, 수소 산업의 실용화, 해수담수화 산업의 발전 등에 유용한 조건을 제시한다.[10]*

문명의 흥망성쇠를 좌우해 온 '불'의 발달사에서 '제2의 불'인 전기에 이어 '제3의 불'인 원자력이 21세기 새로운 역사의 장을 여는 에너지원이 되고 있다는 것은 주지의 사실이다. 세계 각국은 미래형 원전 개발에 박차를 가하고 있다. 2017년 12월 27일 중국 산둥성 시다오완에서 중국 기술로 제조된 세계 최초의 4세대 원전이 완성된 형태로 모습을 드러내자 세계 원자력 업계는 놀라움을 금치 못했다. 이 '고온가스로(HTR-PM)'는 발전용량이 기존 원전의 5분의 1 수준(210MW)이지만, 방사성 누출이 없는 헬륨가스를 냉각재로 사용하기 때문에 안전성이 뛰어나다. 미국도 미래형 원전 개발에 적극 나서고 있다. 미국 원자력규제위원회는 최근 누스케일사의 '소형모듈원전(small modular reactor, SMR)'에 대한 설계 심사에 들어갔다. 육지에서도 원자로를 물속에 통째로 넣는 SMR은 모든 장비가 원자로 안에 다 들어가고 사고가 나도

---

* 원자력발전에 대해 비판적 입장을 취해 온 미국의 대표적 비영리단체인 UCS(The Union of Concerned Scientists, 참여 과학자 모임)도 최근 '원자력의 딜레마'란 보고서에서 온실가스를 줄여 기후변화에 대응하기 위해선 원전을 계속 가동해야 한다는 입장을 밝혔다. 최근 미국과 일본은 원자력을 온실가스를 배출하지 않는 '청정 에너지(clean energy)'로 규정하고 양국 간 원전 관련 협력을 강화하기로 했다. 미국 상무부, 에너지부와 일본 경제산업성, 문부과학성은 2018년 11월 13일 혁신적 원자로를 포함한 연구개발, 폐로 및 핵폐기물 관리, 안전성 향상을 위한 산업협력 등 5개 분야로 구성된 각서를 체결했다.

원자로 주변의 물로 열을 식힐 수 있다.

또한 미국 마이크로소프트(MS) 창업자 빌 게이츠(Bill Gates)는 2010년 원자력 벤처기업 테라파워를 설립해 우라늄 대신 토륨(thorium, Th)을 사용하는 원자로를 개발 중이다.[11] 한편 러시아는 2018년 4월 세계 최초의 해상 원자력 발전소인 '아카데미크 로모노소프'를 성공적으로 바다에 띄웠다. 미국 MIT의 자콥 부온지오르노 교수는 영국 경제지 이코노미스트지와의 인터뷰에서 "해상 원전은 안전성을 높이는 것은 물론, 전기 생산 단가도 육지 생산의 3분의 1로 줄일 수 있다"고 말했다. 각국은 후쿠시마 사고 이후 높아진 안전 잣대에 부응하기 위해 방사성 폐기물이 적게 나오고 사고가 나도 즉시 원자로 냉각이 가능한 신형 원전 개발을 서두르고 있다. 토륨의 핵분열 성능이 낮은 점이 오히려 원전 안전성을 높일 수 있는 장점으로 부각되면서 토륨 원자로가 미래 원전 기술로 급부상하고 있다.[12]

한국의 탈원전 정책은 급증하는 전력 수요를 충족시킬 수 없을 뿐만 아니라 원전의 공백을 메우기 위해 석탄화력발전을 크게 늘림으로써 미세먼지와 온실가스 배출량을 증가시켰고, 또 값비싼 LNG(액화천연가스)와 석탄발전 증가로 한국전력(한전)과 한국수력원자력(한수원) 등 발전 공기업에 막대한 영업 손실과 부채를 안겨주고 있다는 점에서 비현실적이다. 딜로이트와 에너지경제연구원이 작성한 '원전 산업 생태계 개선 방안'이라는 정부 용역 보고서(2018.8.31)는 현 정부의 탈원전 정책으로 12년 내로 원전 산업 인력 약 1만 명이 일자리를 잃고, 국내 원전 예비품·기자재 납품 업체의 시장 이탈에 따른 원전 산업 생태계 붕괴로 예비 부품 공급에 차질이 생기고, 운영·유지보수 업체도 상당수 폐업하기 때문에 원전 안전과 '국민 안전' 역시 위협받는다고 적시했다.[13] 또한 많은 전문가들은 한국이 탈원전 정책으로 인해 미래 원전 연구에서도 소외될 수밖에 없다는 점을 우려하고 있다.

인류는 지금 수소에너지와 핵융합에너지가 만드는 새로운 에너지 사회를 향해 나아가고 있다. 핵융합에너지는 원자력에너지보다 안전성이 높고, 바닷물에서 연료를 추출해 낼 수 있으므로 연료가 무한하고, 온실가스와 고준위 방사성폐기물이 발생하지 않으며, 태양광·풍력·바이오매스 등의 신재생에너지와는 비교가 안 될 정도로 대규모 발전이 가능하다. '핵융합' 발전(nuclear fusion power generation)은 태양이 에너지를 만들어내는 원리를 이용해 전기를 만드는 것으로, 핵융합 발전의 실현은 지상에 '인공태양'을 만드는 것이나 다름없다. 또한 산출 장소가 지역적으로 편중된 석유 등 에너지 자원과는 달리 바닷물은 널리 분포해 있으므로 에너지 확보를 위한 국제적 분쟁의 우려가 없다. 핵융합 발전의 연료 1g은 석유 8t을 태웠을 때와 같은 에너지를 발생시킬 수 있다고 하니, 핵융합 발전의 에너지 발생은 석유의 800만 배가 되는 셈이다. 핵융합 발전에서는 노트북 배터리 1개에 포함된 리튬 6g과 중수소 1.7g으로 일반적인 가정 1세대의 30년분 에너지 소비량(전기, 가스 등)을 공급할 수 있다고 하니, 핵융합에너지는 그야말로 '꿈의 에너지'이다.[14]

세계는 지금 기후 위기와 에너지 위기를 극복하고 차세대 에너지 주도권 확보를 위해 핵융합에너지 연구 개발에 적극 나서고 있다. 한국을 포함하여 미국, 러시아, 중국, EU(유럽연합), 일본, 인도의 7개국은 핵융합에너지 상용화의 기술적 실증을 위해 세계 최대 규모의 핵융합로 개발 프로젝트를 진행하고 있다. 핵융합에너지의 실현을 위해 프랑스 남부 생폴 르 뒤랑에서 건설되고 있는 'ITER(국제핵융합실험로)' 거대 프로젝트에 참가하고 있는 7개국의 총 인구는 세계 인구의 절반 이상이 되며, GDP(국내 총생산)로는 세계의 4분의 3 이상을 차지한다.[15] 한국은 2005년 12월 인도와 함께 ITER 참여가 확정됐으며, 2007년 세계 최초의 한국형 초전도 토카막 장치인 KSTAR 개발에 성공했다. 종합 시운전을 거쳐 2008년 KSTAR 최초 플라스마 발생 실험을 성공적으로 마침으로써 핵융합 기술의 선도국 대열에 합류했다. KSTAR는 2022년까지 3억℃ 이상의 플라스마를 300초 이상 지속시키는 것을 목표로 한국형 핵융합 실증로(K-DEMO)의 핵심기술 개발에 힘쓰고 있다.[16]

원자력 연구자들은 핵융합을 궁극적인 에너지원으로 생각하고 있고, 또 청정 핵융합에너지의 상용화가 궁극적으로는 가능하다고 전망한다. 그러나 단기간에 그렇게 될 수 있는 것은 아니기 때문에 에너지 안보 차원에서도 다양한 대체에너지원을 확보할 필요가 있다. 수소는 인류 사회에 '지속적으로 전력을 공급할 수 있는 가장 확실한 에너지 저장 수단'[17]*이기 때문에 다양한 종류의 신재생에너지가 있지만 수소에너지가 '탈화석연료 시대'의 대체에너지원으로 가장 주목받고 있다. 수소 산업을 전개하려면 현재로서는 지구에 미치는 온실가스 영향을 최소화하는 가장 저렴한 방법인 원전 외에 다른 대체에너지원을 찾기 어렵다. 또한 안전성이 뛰어난 미래형 원전 개발이 속속 이루어지고 있다는 점에서 원전을 교량으로 삼아 무공해의 저렴하고 지속적인 수소에너지 확보를 통해 우리가 처한 역사적 조건과 한계적 상황을 극복하고 포스트모던의 실존적 세계를 열어 가야 할 것이다.

포스트구조주의와 해체주의의 사상적 연맥

현재 인류가 직면하고 있는 지구 환경의 급격한 변화와 더불어 복합적

---

* 수소는 가격이 高價여서 우주 계획을 제외하고는 연료 또는 에너지 전달 물질로 직접 사용되고 있지는 않다. 수소는 화학공업용 등의 원료로 널리 사용되고 있는데, 원유의 질을 높이기 위한 정제공장이나 각종 화합물을 합성하기 위한 화학공장 및 야금처리 과정에서 사용되고 있다.

이며 다차원적인 세계적 변화는 우리의 세계관과 사고방식 및 가치체계의 근본적인 변화의 필요성을 제기하며 인류 문명의 대전환을 예고하고 있다. 우리가 살고 있는 세계는 한편으론 근대화 담론에 기초하여 서구적 보편주의의 망령이 여전히 횡행하고 있는가 하면, 다른 한편으론 서구적 근대의 초극을 위한 대안 모색이 활발하게 이루어지고 있다. 이러한 세계의 양 측면은 근대와 탈근대의 개념적 대비를 통해 근대세계 전반에 대한 비판적 담론이 불붙는 모티브를 제공했다. 그러나 엄밀히 말하면 포스트모던(postmodern)을 탈근대의 의미로 번역하는 것은 정확하지 않다. 근대세계의 특성이 정신·물질, 자연·문명, 생산·생존 등 이원론(dualism)에 기인하는 것이라면, 포스트모던 세계의 특성은 그러한 이원론의 초극(超克)에 기인하는 것이어야 하는데 '탈근대'는 '근대'와 극명한 대비를 이루며 또 다른 이원론을 상정하고 있기 때문이다.

그렇게 되면 이원론의 완전한 초극이 일어날 수 없다. 완전한 초극이란 일체를 포괄하는 동시에 초월하는 것이다. 삶을 떠나서는 삶의 초극이 일어날 수 없기에, 우리는 삶이라는 티끌 속에서 티끌 없는 곳으로 가는 공부를 하고 있는 것이다. 그렇게 해서 의식의 패턴 자체를 바꾸고 마음을 업그레이드하는 것이다. 포스트모던 세계에서는 삶과 죽음, 선과 악, 행복과 불행, 성공과 실패 등 일체의 경계가 해체된다. 경계가 해체되면 무경계인 실재(reality)가 그 모습을 드러내게 된다. 호모커넥투스, 즉 '초연결의 인간'의 본질이 드러나는 것이다. 우리 삶을 감싸고 있는 이원성(duality)은 육체적 자아인 에고(ego)의 해석일 뿐, 삶은 행(幸)도 불행도 아니며 실재는 이원성의 저 너머에 있다. 따라서 포스트모던 세계는 본질적으로 해체주의(deconstructivism)와 그 맥이 닿을 수밖에 없다. 필자가 '탈근대'보다는 원어 그대로 포스트모던을 선호하는 이유다.

여기서 근대라는 시기 구분은 통상적인 역사적 시기 구분에 따라 르네상스와 종교개혁 이후 20세기 이전까지의 시기를 지칭한다. 프랑스의 환경철학자 오귀스탱 베르크(Augustin Berque)가 적절하게 지적했듯이, 이성적이고 과학적이며 합리적인 근대세계의 특성을 통칭하는 근대성(modernity)은 '윤리의 뿌리를 말살시켜 가는 거창한 과정'[18]이었다. '도구적 이성'과 '도구적 합리성' 및 과학적 방법에 대한 과도한 신뢰는 일체 현상을 분할 가능한 입자의 기계적 상호작용으로 파악하고 정신까지도 물질화하는 결과를 초래함으로써 반생태적·반윤리적인 물신(物神) 숭배가 만연하게 되었다. 이처럼 근대세계는 생명의 전일성과 자기근원성에 대한 인식 부재로 인해 과학발전이 문명의 이기(利器)와 경쟁적인 무기체제 개발로 이어졌을 뿐, 존재혁명의 철저한 수행은 유보될 수밖에 없었다. 근대성이 '미완성의 프로젝트'일 수밖에 없는 이유다.

독일의 사회학자 울리히 베크(Ulrich Beck)는 현대 사회가 '불확실한 문명'을 안은 '네거티브 섬 게임(Negativsummen-Spiel)'의 '위험사회(Risikogesellschaft)'라고 천명했다. 그의 '성찰적 근대화(reflexive modernization)'[19] 명제는 근대성의 역설(paradox of modernity)을 직시하고 과학기술의 가능성과 그 한계를 동시에 인식함으로써 인류의 문명을 좀 더 지속 가능한 기반 위에 세울 수 있게 하는 지침을 제공한다. 그가 제시하는 '제2의 근대화' 개념은 비정부기구(NGO)와 다국적 기업의 활동 증대 및 초국가적 실체의 등장, 그리고 세계무역기구(WTO) 체제의 출범과 자유무역협정(FTA) 체결의 확산에 따라 국민국가의 패러다임이 중대한 도전에 직면하고 있음을 보여준다. 이러한 그의 인식은 서구적 근대의 산물인 근대합리주의의 해체와 그 맥을 같이하는 것이다. 근대합리주의의 해체(deconstruction)의 핵심은 그 근간을 이루는 이분법의 해체이며, 이러한 획일화된 근대성의 틀과 형식이 해체되면서 포스트모더니즘

(postmodernism) 사조가 등장하게 된다.

오늘의 세계는 아직 국제적 표준이 형성되지 않았던, 그래서 훨씬 더 시험적인 서구의 근대세계와는 달리, 이미 형성된 서구적 표준이 지구촌 차원으로 확대되는가 하면, 산업사회의 정치·경제 논리와 문화적 정체성이 정보화 혁명으로 구심력을 상실하고 네트워크가 모든 것을 지배하는 사회로 이행하고 있다. 역사상 처음으로 인터넷과 정보통신에 의해 전 지구가 동시간대에 연동되는 시장이 생겨남으로써 '지구 동시 생활권'이 형성된 것이다. 그리하여 매스(mass)와 디매스(demass), 빅 프레임(big frame)과 그랜드 네트워크(grand network)가 병존하는, 말하자면 모더니즘과 포스트모더니즘, 국민국가 패러다임과 세계시민사회 패러다임이 중층화된 구조를 이루는 지구 한마당이 우리의 활동 무대가 된 것이다.

근대세계가 이성 중심주의와 과학적 합리주의를 근간으로 서구적 보편주의(또는 서구중심주의, Eurocentrism)가 지배하는 세계라고 한다면, 포스트모던 세계는 해체주의(또는 탈중심주의, decentralism)를 근간으로 포스트구조주의(poststructuralism, 후기구조주의·탈구조주의)와 포스트모더니즘, 포스트휴머니즘(posthumanism)이 지배하는 세계라고 할 수 있을 것이다. 1960년대 후반 포스트구조주의와 포스트모더니즘의 주도로 일기 시작한 포스트모던 세계에 대한 담론은 서구적 근대의 도그마에 대한 근본적이고도 종합적인 비판과 이성의 자기성찰의 의미를 담고 있으며 다원화된 대안적인 세계관을 추구하는 것으로 나타났다. 역사상 유례없는 풍요를 이룩한 근대 산업사회의 원리와 구조 자체가 파멸적인 재앙의 근원으로 변모하는 근대성의 역설을 직시하며 근대 합리주의의 비합리성을 비판하기에 이른 것이다. 포스트모던 담론의 비분리성·비이원성에 기초한 통섭적 사유 체계는 포스트휴먼으로의 성공적인 이행과 더불어 새로운 계몽의 시대로 안내할 수 있을 것이다.

그러면 포스트모던 세계에 대한 담론을 설명의 편의상 크게 초기와 후기의 두 시기로 나누어 고찰해 보기로 하자. 우선 초기 담론 시기는 1960년대 후반부터 대두되기 시작한 포스트구조주의의 탈중심적이고 탈이념적인 해체이론이 포스트모더니즘 사조와 맞물려 거의 모든 분야에서 세계적인 추세로 자리 잡은 시기이다. 그러한 추세는 근대의 도그마에 대한 반기로서 미국과 프랑스를 중심으로 한 사회운동과 전위예술 및 문화운동으로 시작되어 1980년대에 들어 철학, 예술, 문예비평, 신학, 생태학, 건축, 인문사회과학, 정신분석학 등 학술 분야는 물론 대중문화에까지 널리 확산되었다. 이성 중심주의와 과학적 합리주의를 근간으로 한 모더니즘은 혁신적이긴 하였으나 획일화된 틀과 형식의 강조로 인해 이질적인 문화 영역 간의 소통 단절, 다양성과 개성의 약화, 인간소외, 환경파괴와 생태 위기를 초래했다.

근대세계에서 인간의 이성은 최적의 삶의 조건을 창출해 낼 수 있을 것이라는 믿음이 확산되어 있었으나 점차 심화된 자본주의의 구조적 모순으로 흔들리기 시작하여 양차 세계대전의 참극을 목격하면서 치명적인 손상을 입게 되었다. 이러한 모더니즘이 처한 존재론적 딜레마를 해결하고자 나타난 포스트모더니즘 사조는 인간 이성의 산물인 근대 사회의 획일화된 틀과 형식을 부정하고 근대 합리주의의 근간을 이루는 이분법을 해체하며, 인종적·문화적·성적(性的) 편견과 그에 따른 폭력 행사를 비판하는 등 사실상 근대세계의 산물 전반에 대해 회의적인 태도를 갖고 이를 타파하려는 실천 운동과 연계되어 나타났다. 포스트구조주의와 포스트모더니즘 사조는 특히 냉전 종식 이후 이데올로기의 허구성이 입증되면서 더욱 가속화되어 근대의 도그마 속에 깃들어 있는 절대성과 중심성의 허구를 드러내는 해체 현상을 통해 포스트모던 시대를 열었다.

다음으로 후기 담론 시기는 21세기에 들어 포스트모던 세계에 대한 담론이 정보통신 분야의 기술 혁신과 맞물려 초기 담론의 연장선상에서 더 확장되고 심화되는 시기이다. 이 시기는 사이보그―'사이버네틱 유기체 (cybernetic organism)'[20]의 합성어―시티즌의 출현으로 인간에 대한 재정의 (redefinition)가 촉구되고 인간과 인공지능의 공생이 포스터모던 담론의 핵심 이슈로 부상하는 시기이다. 특히 21세기에 들어 인공지능(AI), 사물인터넷 (IoT), 클라우드(Cloud), 빅데이터 등 정보통신기술(ICT) 분야에서의 기술 혁신 으로 인간과 인공지능 기계가 공생하는 사이보그 시티즌(cyborg citizen)에 대 한 담론이 활성화되면서, 포스트휴먼(posthuman) 시대에 있어 인간이란 무엇 인가에 대한 존재론적 물음이 제기되기 시작했다.

미국의 고더드대학교 과학기술문화학과 교수 크리스 그레이(Chris Hables Gray)는 인간의 신체는 물론이고 생식, 노동, 전쟁 등 거의 모든 인간 활동이 사이보그화(cyborgization) 되고 있다며, 포스트모던 세계가 사이보그 사회와 사이보그 시티즌으로 구성될 것이라고 주장한다. 그에 따르면 유기체를 기 술적으로 변형시킨 것은 모두 사이보그에 해당된다. 예컨대, 인공장기를 갖 거나 신경보철을 한 사람, 예방접종을 하거나 향정신성 약품을 복용한 사람 들 모두 사이보그다. 더 확대하면, 안경·휴대전화·컴퓨터·자동차·웨어러 블 디바이스(wearable device) 등 우리의 능력을 보완해 주는 장치를 사용하는 사람은 모두 '기능적 사이보그(functional cyborg) 또는 줄여서 파이보그(fyborg) 라는 것이다. 이어 그는 포스트모던 세계에서 새로운 시민권은 "현재 우리 가 경험하고 있는 경제적 변화뿐만 아니라 우리 몸이 사이보그화를 통해 겪 고 있는 실제적인 변화들도 반영한 것이어야 한다"며, "우리는 사이보그 시 민에 관하여 생각해야 하며, 이는 누구에게 그런 시민의 자격이 있는지 결 정해야 하는 것을 의미한다"[21]고 말한다.

현재 구글에서 인공두뇌 개발을 이끌고 있는 미국의 미래학자 레이 커즈와일(Ray Kurzweil)은 21세기 전반부에 'GNR(Genetics:유전학, Nanotechnology:나노기술, Robotics:로봇공학)' 혁명이 중첩적으로 일어나면 자연지능과 인공지능의 융합이 이루어져 인간의 지능이 심대하게 확장되고 점차 사이보그가 되어갈 것이라며, 2030~2040년대가 되면 더욱 근본적인 인체의 재설계가 이루어져 버전 3.0 인체(human body version 3.0)가 탄생할 것이라고 전망한다.[22] 또한 2040년경이 되면 비생물학적 지능은 생물학적 지능보다 수십억 배 뛰어난 상태가 되어 있을 것이라고 내다본다.[23] 유전공학과 사이보그 기술의 발달로 머지않아 현생인류가 포스트휴먼에 의해 대체될 것이라는 전망이 무성하게 나오면서, 이원적 인식론을 넘어선 포스트휴머니즘이 지배하는 포스트모던 세계에 대한 새로운 버전의 담론이 힘을 얻고 있다.

이러한 새로운 버전의 담론은 21세기에 들어 과학기술의 융합 현상이 여러 학문 분과에서 동시다발적으로 진행되면서 '통합 학문'의 시대를 촉발하고 사회 전 분야에 걸쳐 혼융을 통해 새로운 문화를 창출해 내는 '퓨전(fusion)' 코드의 급부상과도 긴밀한 연계성을 갖는다. 거의 모든 학문 분야에 거세게 불고 있는 통합의 바람은 상호 의존하며 공생하는 새로운 문명의 모색과 연계되어 나타나고 있다. 여기서 '통합'이란 용어의 의미는 '다양성 속의 통일(unity-in-diversity)'[24]이다. 의식과 물질, 내면과 외면, 자아와 세계, 주관과 객관이 모두 '한맛(One Taste)'이라는 것이다. 미국 뉴멕시코주 산타페 연구소(Santa Fe Institute), 남아공의 스텔렌보쉬 연구소(The Stellenbosch Institute for Advanced Study), 그리고 네덜란드 헤이그의 라테나우 연구소(Rathenau Institute) 등은 근대 분과학문의 경계를 넘어 과학기술 영역과 인문사회과학 영역을 아우르는 '통합 학문'의 연구를 통해 새로운 문명의 가능성을 탐색하고 있다.

1960년대 말엽부터 대두되기 시작한 포스트구조주의는 포스트모더니즘의 사상적 배경을 이루며 본질적으로 깊이 연계되어 포스트모던 운동을 추동해 왔다. 탈이성, 탈이념, 탈중심, 탈경계, 다양성 강조라는 공통된 특성을 갖는 포스트구조주의와 포스트모더니즘의 깊은 연계성은 마단 사럽(Madan Sarup)의 『포스트구조주의와 포스트모더니즘 An Introductory Guide to Post-Structuralism and Postmodernism』[25]에 잘 나타나 있다. 자크 데리다(Jacques Derrida), 미셸 푸코(Michel Foucault), 장 프랑수아 리오타르(J. F. Ryotard), 질 들뢰즈(Gilles Deleuze), 자크 라캉(Jacques Lacan), 롤랑 바르트(Roland Barthes) 등의 포스트구조주의자들은 근대 자유주의의 사상적 토대를 형성한 인식의 주체, 사유의 주체로서의 이성적이고 합리적인 자아의 진리관을 거부하고 주체의 해체를 통해 이성과 비이성, 주체와 객체의 명확한 구분이 사라지게 함으로써 포스트모던 시대를 열었다.

　이른바 '주체의 죽음'으로 나타나는 주체의 해체에 대한 시도는 서구의 전통적인 형이상학적 진리관을 해체시키려는 것이라는 점에서 실존철학의 선구자이며 '생의 철학'의 기수인 프리드리히 니체(Friedrich Wilhelm Nietzsche)의 영향을 읽을 수 있다.[26] 니체의 반형이상학적인 실존철학은 독일의 철학자 마르틴 하이데거(Martin Heidegger)에 이어 포스트구조주의자들에게 계승되어 포스트모던 시대가 열리게 된 것이니, '해체주의'의 연원은 바로 니체의 실존철학 속에 내재된 해체주의적 요소에 있다. 중세 신의 도그마에 대한 반기로 실증주의와 실존철학이 주로 자연학과 인간학에 몰두하며 신의 절대성을 기반으로 한 종래의 형이상학적 진리관을 해체시키려 했다면, 근대 이성의 도그마에 대한 반기로 해체주의가 거의 모든 분야에서 이성의 절대성을 기반으로 한 종래의 형이상학적 진리관을 해체시키려는 것이다. 신의 절대성, 중심성이 허구인 것처럼 이성의 절대성, 중심성 또한 허구인 까닭에

'존재의 형이상학'은 해체되어야 한다는 것이다. 말하자면 해체주의는 데카르트의 합리적 절대자아로부터 실증주의와 실존철학에 이르기까지 서구의 근대세계 전반에 대한 근본적이고도 종합적인 비판과 성찰적 의미를 지닌 것이라 할 수 있다.[27]

포스트구조주의는 구조주의를 비판적으로 계승하면서 그 한계를 극복하려는 사상 운동으로 나타났다. "구조주의가 구조를 선험적·보편적인 것으로 생각하며 필연을 사유하고 결정론과 합리주의에 닿아 있다면, 포스트구조주의는 구조의 역사성과 상대성에 착안하여 다원화되고 탈중심화된 역동적인 형태를 띠는 것으로 나타난다."[28] 그러나 구조주의와 포스트구조주의가 시기적으로 겹쳐 있어 명확하게 구분하기가 쉽지 않고 또 명확한 형태를 갖춘 사상적 조류라고 보기는 어려워 포스트구조주의자들 사이에서도 통일된 견해를 수립하기가 쉽지 않다. 그럼에도 포스트구조주의는 포스트모더니즘 사조와 맞물려 이분법적인 근대의 도그마에 대한 근본적이고도 종합적인 비판과 이성의 자기성찰을 담고 있다는 점에서 그 시사하는 바가 크다.

구조주의는 20세기 초 스위스의 언어학자 페르디낭 드 소쉬르(Ferdinand de Saussure)의 언어학 강의에서 시작되어 프랑스의 과학철학자 가스통 바슐라르(Gaston Bachelard), 프랑스의 인류학자 클로드 레비스트로스(Claude Lévi-Strauss)로 계승되고 1960년대에 들어 조르주 캉길렘(Georges Canguilhem), 루이 알튀세르(Louis Althusser), 자크 데리다, 미셸 푸코, 장 프랑수아 리오타르, 자크 라캉, 롤랑 바르트, 질 들뢰즈 등의 참여로 활기를 띠게 되면서 프랑스 사상계를 지배하게 된다. 데리다, 푸코, 리오타르, 들뢰즈, 라캉, 바르트 등은 흔히 포스트구조주의자로 일컬어진다. 이들 포스트구조주의자들은 근대 사회의 이원화된 지배구조 속에서 '구성된 주체'는 능동이 아니라 피동이며, 자유가 아니라 충동이고, 상상에 의한 가상적 주체일 뿐이므로 그러한 주체는 해체되어야 한다고 주장한다. 절대 권위나 가치에 대한 급진적인 비판을 의미하는 포스트구조주의자들의 주체의 해체는 탈중심적이고 탈이념적인 정치이론을 낳으며 인문사회과학 전반에 커다란 영향을 미치고 있다.

절대 권위나 가치에 대한 포스트구조주의의 급진적인 비판은 들뢰즈의 저서 『스피노자의 실천 철학 *Spinoza: Practical Philosophy*』(1988)에서 분명히 드러난다. 들뢰즈는 스피노자가 설명하는 신학의 비극과 그것의 유해성이 단순히 사변적인 것이 아니라 본질적으로 서로 다른 두 질서의 실천적인 혼동에 기인하는 것으로 본다. 적어도 신학은 성서가 인식의 기초라고 생각하며, 이로부터 도덕적이고 창조적이며 초월적인 신에 대한 가정이 나온다. 그러나 이는 존재론 전체를 혼란에 빠뜨릴 수 있다고 보는 것이 들뢰즈의 관점이자 스피노자의 관점이기도 하다.[29]

> 명령을 이해해야 할 것으로 오인하고, 복종을 인식 자체로 오인하며, 존재를 당위로 오인하는 오랜 오류의 역사가 존재한다. 법칙은 언제나 선악이라는 가치의 대립을 결정하는 초월적 심급(審級)이지만, 인식은 언제나 좋음과 나쁨이라는 존재 양태들의 질적 차이를 결정하는 내재적 능력이다.
>
> …the history of a *long error* whereby the command is mistaken for something to be understood, obedience for knowledge itself, and Being for a *Fiat*. Law is always the transcendent instance that determines the opposition of values (Good-Evil), but knowledge is always the immanent power that determines the qualitative difference of modes of existence (good-bad).[30]

들뢰즈에 따르면 '금단의 열매'가 문제가 되는 것은 아담이 먹을 경우 그것이 그를 중독시키게 된다는 것이다. 신은 단지 그에게 과일의 섭취에 따른 자연적 결과를 드러냈을 뿐인데, 아담은 원인을 모르기 때문에 신이 그에게 어떤 것을 도덕적으로 금지한다고 생각하는 것이다. 우리가 악이나 질병, 죽음의 범주 아래에 두는 모든 현상들은 나쁜 만남, 중독, 관계의 해체와 같은 형태들이다.[31] 들뢰즈는 가치들의 환상이 의식의 환상과 하나라고 본다. 그는 스피노자와 마찬가지로 선악이라는 가치를 평가절하하며 선악이라는 가치들에 반대하여 좋음과 나쁨이라는 존재 양태들의 질적 차이로 대신했다. 요컨대, 들뢰즈와 스피노자의 삶의 철학은 우리를 삶으로부터 분리시키는 모든 것, 삶을 위조하는 모든 것, 삶을 폄하하는 모든 가치들을 고발한다. 그리하여 모든 허위와 정념과 죽음을 넘어선 삶을 볼 수 있게 한다는 것이다.

> 그것(스피노자의 삶의 철학)은 정확히 우리를 삶으로부터 분리시키는 모든 것, 삶을 거역하는 모든 초월적 가치들, 의식의 조건과 환상에 얽매인 이러한 가치들을 고발한다.
>
> …it consists precisely in denouncing all that separates us from life, all these transcendent values that are turned against life, these values that are tied to the conditions and illusions of consciousness.[32]

포스트구조주의자들의 다원적이고 탈중심적인 경향은 포스트모더니즘의 사상적 배경을 이루며 해체 현상을 이론적으로 조명해 준다. 프랑스의 해체주의 철학자 데리다는 자신의 이론을 '문자학(grammatology)'이라고 칭하며 다원적이고 탈중심적인 해체이론을 내놓았다. 그는 서구의 형이상학이 글보다 말을 더 본원적 의미에 가까운 것으로 여기는 전통을 비판하면서 말 또한 글과 마찬가지로 불완전한 이차 언어에 불과하다고 보았다. 말하기가 글쓰기를 억압한 것과 마찬가지 방식으로 이성이 감성을, 남성이 여성을, 백인이 흑인을 억압하였음을 이분법의 해체를 통해 드러냄으로써 개성과 다양성이 배제된 서구 합리주의의 비합리성을 비판했다. 서구 형이상학의 토대가 되는 이분법은 사회정치구조 속에 나타나는 지배문화와 지배 이데올로기의 부당한 억압구조와 그에 따른 소외현상을 합리화하고 합법화하는 메커니즘으로 작용해 온 까닭에 그러한 이분법의 경계를 해체해야 한다고 주장했다. 그의 해체이론에 따르면 지배체제가 의거해 있는 진리란 단지 당대의 지식과 권력이 담합하여 반대 논리를 억압해서 만들어 놓은 것에 불과하므로 허구에 지나지 않으며 그런 관계로 절대성과 중심성을 가질 수 없다는 것이다. 그의 해체이론이 의미하는 해체란 인식의 전환을 통한 해체로서 자기성찰을 통한 혁신의 한 방법일 수 있다.[33]

프랑스의 철학자이며 포스트구조주의의 대표자로 일컬어지는 푸코의 사회비평[34]에 있어서도 다원화, 탈중심화 경향은 뚜렷하게 드러난다. 그는 『감시와 처벌 Surveiller et Punir』(1979)[35]에서 근대사회 자체를 하나의 거대한 감옥이라고 본다. 권력과 지식의 담합에 의해 운용되는 이 거대한 감시와 처벌의 체계에서 그의 관심의 초점은 '근대화'된 '이성적'인 권력들이 은밀하게 펼치는 교묘한 지배방식이다. 그는 감옥이라는 제도가 교정과 교화를 표방하며 출현했지만, 실상은 권력의 사회적 통제를 위한 전략적 산물로서 불법 행위에 대한 권력의 응징이라는 정치적 기능과 더불어 권력의 지배를 강화하기 위한 억압적 수단으로 전락했기 때문에 현대의 감옥 제도는 실패했다고 본다. 신체에 대한 권력의 작용은 작업장, 군대, 학교 등 사회의 다양한 영역들에서도 일어나는데, 자의적으로 설정해 놓은 기준에서 벗어나는 자들은 규율의 감시, 처벌, 교정의 대상이 되며 이 과정에서 과학은 권력이 최소비용으로 최대효과를 거둘 수 있도록 기여하게 된다는 것이다. 그는 권력과 지식이 결탁한 감시와 처벌의 사회가 지배체제의 강화를 위해 동원하는 방법에 대한 세밀한 분석을 통해 권력의 복합성에 대한 심층적인 이해와 더불어 근대세계에 대한 비판적 통찰을 제공했다.

한편 초개인심리학 분야의 대가이자 대표적 포스트모던 사상가인 켄 윌버는 그의 저서 『만물의 짧은 역사 A Brief History of Everything』(2007)에서 포스트모던 사상들이 일치되게 공격하는 것은 '표상 패러다임(representation paradigm)' 또는 '자연의 거울(mirror of nature)' 패러다임으로 알려진 근본적 계몽주의 패러다임(fundamental Enlightenment paradigm)—계몽주의 이론가들 모두가 동의하고 지지한—이라고 말한다. 포스트모던 집단들은 이 '자연의 거울' 패러다임*을 철저하게 공격했다. 윌버는 모든 포스트모던 대이론가들, 즉 칸트로부터 시작하여 헤겔, 쇼펜하우어(Arthur Schopenhauer), 니체, 딜타이(Wilhelm Dilthey), 푸코, 데리다에 이르는 그들 모두가 '자연의 거울' 패러다임을 강력하게 공격한 것은 계몽주의 지도화 패러다임이 애초부터 지도 작성자인 '자기(self)'를 고려하는 데 실패했기 때문이라고 했다.[36]

이 '자기'는 애초부터 단지 자신이 볼 수 있는 것을 결정하는 맥락과 배경 속에 들어가 있기 때문에 객관적 세계에 대한 지도화는 주관성이 작용할 수밖에 없으므로 '객관적'이지도 않고 따라서 '하나뿐인 진실한 세계'일 수도 없는 것이다. 주체와 대상 혹은 주관과 객관의 분리란 실재하는 것이 아니며, 단지 영적 일체성(spiritual identity)의 결여로 인한 상상의 산물일 뿐이다. 지도 작성자는 그 자신의 진화 단계에 따라 매우 상이한 지도를 작성하게

---

* '자연의 거울' 패러다임이란 하나의 단일한 경험적 세계 혹은 경험적 자연만이 있으며 지식은 오로지 이 하나뿐인 진실한 세계를 거울같이 비추거나 반사시키거나 지도로 모사할 뿐이라고 보는 관념을 말한다.

될 것이다. 우리가 진화하면 할수록 주관과 객관의 합일을 인식하게 되므로 경험적 세계를 작성하는 지도 또한 달라질 수밖에 없다. 하나의 단일한 경험적 세계에 대한 신념에 기초한 계몽주의 이론가들과는 달리, 포스트모던 사상가들은 세계나 '자기'가 단순히 미리 정해진 것이 아니라고 본다. 계속해서 진화하고 그 과정에서 새로운 세계들이 탄생한다고 보는 것이 포스트모던적인 대발견이다.

> 포스트모던 사상의 위대함은, '자기'나 세계는 단순히 미리 주어져 있는 것이 아니고 그것들은 오히려 어떤 역사와 발전을 지닌 맥락과 배경 속에 존재한다는 것을 발견한 데에 있다.
>
> So the great postmodern discovery was that neither the self nor the world is simply pregiven, but rather they exist in contexts and backgrounds that have a history, a development.[37]

윌버가 요약하는 포스트모던의 세 가지 핵심 가정은 "첫째, 실재는 모든 면에서 결코 미리 주어진 것(pregiven)이 아니라 어떤 의미 있는 방식으로의 구성(construction)이고 해석(interpretation)이다. 둘째, 의미는 맥락 의존적이고 맥락에는 경계가 없다. 셋째, 그러므로 인지에는 실재에 대한 단일한 조망을 내릴 특권이 부여되지 말아야 한다"는 것이다. 그는 이 세 가지 핵심 가정을 '구성주의(constructivism)', '맥락주의(contextualism)', '통합적 무조망주의(integral-aperspectival)'로 개념화하고 있다.[38] 그는 이 세 가지 포스트모던적 가정 모두가 매우 정확하며 존중되어야 한다고 본다. 첫 번째 핵심 가정인 구성주의와 관련하여, 사물들 간의 차이(difference)는 우리 마음이 그 차이를 '구성하고(construct)', 그것에 '의미를 부여하고(impose)', 그것을

'해석'한(interpret) 것이므로 인간 오성에서 '해석'이 차지하는 본질적인 역할을 파악하지 않고 포스트모던 세계를 이해할 수 있는 방법은 없다고 윌버는 말한다.[39]

포스트모던의 두 번째 핵심 가정인 '맥락주의'와 관련하여, "실재는 홀론(holon, 전체/부분을 지칭하는 용어)[40] 안에 홀론, 또 그 안에 홀론이 무한히 반복되는, 홀론으로 구성되어 있다는 바로 그 사실 때문에 의미의 맥락에는 실로 경계가 없다. 지금 이 순간의 전체 우주조차도 단순히 다음 순간의 우주의 한 부분이 될 뿐이므로 모든 전체는 끊임없이 언제나 하나의 부분일 뿐이다. 따라서 모든 인식 가능한 맥락에는 경계가 없다. 온우주가 홀론적이라고 말하는 것은 맨 위와 맨 아래에 이르기까지 끝없이 맥락적이라고 말하는 것과 같은 것이다"[41]라고 윌버는 말한다. 그러나 극단적인 포스트모더니스트들(특히 미국 '해체주의' 학파 주창자들)의 경우에서처럼 어떤 종류의 의미가 실제로 존재하거나 전달될 수 있는 것조차도 부인하기 위해 포스트모던적 진리를 이용하는 것은 경계해야 한다고 윌버는 말한다.

포스터모던의 세 번째 핵심 가정인 '통합적 무조망주의'와 관련하여, 단일한 조망은 부분적이고 한계가 있으며 왜곡되기 쉬우므로 통합적인 관점을 획득하기 위해서는 무조망적인 접근을 필요로 한다고 윌버는 말한다. "조망적 이성이 특정한 주제에 대해 독점적인 조망의 특권을 부여해 그 좁은 렌즈를 통해 실재의 모든 것을 보려는 경향이 있다면, 통합적-무조망적 관점은 '그 어느 조망에도 특권을 부여하지 않고 모두 취합(adds up all the perspectives, privileging none)'하고 나서 통합적인 것, 전체적인 것, 맥락들 속의 다양한 맥락을 파악하려고 시도한다."[42] 요약하면, 윌버는 포스트모더니스트들의 인식을 뒷받침하는 것은 구성주의, 맥락주의, 통합적 무조망주의이며 극단적으로 치닫지 않는 한 통합적 관점에서 수용될 필요가 있다고 본다.

이상에서 살펴본 대로 포스트모던의 핵심 가정이 근대적 이성주의와 과학적 합리주의의 한계성을 직시하며 이분법의 해체를 주장하고 있긴 하지만, 더 명료한 이해를 위해서는 해체의 본질에 대한 심층적인 접근이 요망된다. 근대의 도그마에 반기를 들고 객관적 이성과 과학적 합리주의의 절대성과 중심성을 해체해야 한다고 주장하지만, 이분법에 기반한 이성적 주체를 해체하려고 하는 그 주체가 누구인지 규명하지 못하면 해체이론은 결국 현란한 말잔치에 불과한 것이 된다. 그것을 알기 위해서는 마음의 구조를 이해할 필요가 있으며, 이에 대해서는 제1부와 제2부의 앞선 논의에서 충분히 설명되었으므로 여기서는 생략하기로 한다. 다만 해체주의가 제대로 작동하려면 양 극단을 아우를 수 있는 의식의 확장이 전제되어야 한다는 점을 지적해 둔다.

포스트모던적 조류가 나타나게 된 배경에는 근대 산업 문명의 폐해로 여겨지는 국가·지역·계층간 빈부격차, 지배와 복종, 억압과 차별, 환경파괴 등의 문제가 기존의 낡은 패러다임으로는 해결이 불가능하며 완전히 새로운 삶의 패러다임을 채택해야 한다는 인식의 공감대가 형성되어 있다. 말하자면 이성과 영성, 현상과 실재, 객관과 주관, 기술과 도덕, 보편성과 특수성 간의 심연(深淵)이 자리 잡고 있는 것이다. 여성운동, 흑인민권운동, 제3세계 운동, 환경생태운동, 생물 다양성과 문화 다양성을 추구하는 사회운동은 포스트모던의 시대정신과 조응한다. 이러한 포스트모던적 조류는 단순한 시대사조라기보다는 근대 서구의 세계관과 가치체계의 근본적인 변화를 함축한 것으로 공감의 신문명을 창출하는 추동체로서 작용할 것이다.

포스트휴먼 사회와 포스트휴머니즘

우리는 지금 기계와 인간이 공생하는 시대, 다시 말해 과학과 의식이 접합하는 시대에 살고 있다. 포스트휴먼(posthuman) 시대의 포스트휴머니즘(posthumanism)은 기술적으로만 접근할 수 있는 것이 아니며 인간 의식의 패턴 자체가 바뀌어야 함을 시사한다. 포스트휴먼이 된다는 것은 '윤리적 가치와 확대된 공동체 의식을 결합하는 새로운 방식'[43]을 의미한다. 모든 기술과학적 진보는 '인간 종의 변형'을 향해 맞추어져 있으며 오늘날 인공지능(AI)의 급속한 발달로 자연선택은 지적(知的) 설계로 대체되고 있다. 과학의 힘에 의해 인간의 능력이 향상 또는 증강(augmentation)됨으로써 거의 모든 인간 활동이 사이보그화(cyborgization) 되고 있다. 그리스 신화에 등장하는 하늘로 날아오른 이카로스(Icaros) 이야기는 증강 인간의 신화적 버전이다. 인공지능을 갖춘 '로보 사피엔스(Robo Sapiens)'가 '호모 사피엔스'와 공생하는 시대가 임박한 것으로 예측되고 있고 '특이점'을 향한 카운트다운은 이미 시작되었다.

포스트휴먼이란 용어의 의미는 '차세대 인간' 또는 신인류다. 즉 새롭게 진화된 인간이란 뜻으로 다의적인 의미를 함축하고 있다. 포스트휴먼은 근대 휴머니즘의 한계를 극복하기 위한 새로운 휴머니즘인 포스트휴머니즘(또는 네오휴머니즘)의 모색과 연결된 개념으로 흔히 사용된다. 즉 근대 휴머니즘(인본주의)의 토대를 이루는 인간중심주의, 남성중심주의, 유럽중심주의, 백인우월주의의 한계를 극복하고 대안적 인간상을 모색하는 맥락에서 이 개념이 사용되는 것이다. 또한 포스트휴먼은 인간과 기계의 전반적인 수렴이 일어나 그 둘의 경계가 해체되는 시대의 인간으로 전통적인 인간관의 중대한 변환을 내포한 개념이다. 스웨덴의 철학자이며 영국 옥스퍼드대 교수인

닉 보스트롬(Nick Bostrom)에 의하면[44] 포스트휴먼은 그 육체적, 지적 능력(건강수명, 인지, 감정 측면의 능력)이 근본적으로 현재의 인간을 넘어서 있어 현재의 기준으로는 더 이상 인간이라고 부를 수 없는 존재를 지칭한다.

　포스트휴먼은 트랜스휴먼(transhuman)과 혼용되기도 하지만, 영국의 철학자이자 미래학자이며 대표적인 엑스트로피언(Extropian, 생명확장론자)인 막스 모어(Max More)는 양자의 관계를 이렇게 설명한다. "우리가 포스트휴먼이 되려고 추구하고 포스트휴먼 미래를 위해 준비하는 행동을 하는 한에 있어서 우리는 트랜스휴먼이다. 이것은 우리의 능력과 생명 기대치를 증가시킬 수 있고 상식적 전제들에 의문을 제기하고 뒤떨어진 인간 믿음이나 행동을 뛰어넘도록 미래를 위하여 스스로를 변형시킬 수 있도록 해주는 새로운 기술을 배우고 이용하는 것과 관련된다."[45] 즉 트랜스휴먼이 과정적 개념이라면, 포스트휴먼은 그 과정이 축적된 결과로서의 개념이다. 그러나 과정과 결과는 이분화될 수가 없으니, 모어의 관점에서 트랜스휴먼은 포스트휴먼으로 진화해 가는 개념이다.

　포스트휴먼 개념은 자신들을 생명확장론자라고 부르는 사람들(Extropians)에 의해 지지를 받았으며, 1990년에 '엑스트로피 원리(Principles of Extropy)'를 발표한 막스 모어는 현대적 트랜스휴머니즘의 기초를 마련했다. 우주의 모든 것이 카오스 쪽으로 쇠퇴하고 있다고 보는 엔트로피(entropy)와는 반대로, 엑스트로피는 생명의 자기조직적인 속성을 긍정하여 카오스로부터 질서가 나온다고 본다. 엑스트로피언의 관점은 '인간 조건을 더 좋게 변형할 수 있는 테크놀로지의 힘에 대한 낙관적인 믿음'에 기초하고 있다.[46] 모어는 포스트휴먼을 이렇게 정의하고 있다.

　"포스트휴먼은 전례가 없을 정도의 신체적·지적·심리적 능력을 갖춘 사람들로, 자기 프로그램화되고 자기 규정적이며 불멸의 잠재성을 갖고 제한

받지 않는 개인들이다.…생물학적·신경적·심리적 구속을 극복한다.…포스트휴머니티를 획득하는 최선의 방책을 초자연적인 접촉이나 외계나 신적 선물보다는 테크놀로지와 결정주의의 결합을 통해서 추구하는 것으로 본다. 포스트휴먼은 일부 또는 대체로 형태상 생물학적이며, 하지만 일부 또는 전체적으로 포스트생물학적이게 될 것 같다. 우리의 퍼스낼리티는 더 영속적이고 더 변경 가능하며, 더 빠르고 강력한 신체로 전환하고 있고 사고하는 하드웨어가 되고 있다. 우리가 포스트휴먼이 되도록 하는 데 역할을 할 것으로 기대되는 기술과학 가운데는 유전공학, 신경-컴퓨터 통합, 분자 나노테크놀로지와 인지과학이 있다.[47]

인간의 정신적, 육체적 한계 또는 유전이나 후천적 요인에 의한 장애 등을 극복하기 위해 유전공학, 신경-컴퓨터 통합, 분자 나노테크놀로지와 인지과학 등의 기술을 활용해 인체를 강화시킬 수 있다는 주장은 인공 장기 이식에서부터 알츠하이머, 간질 등 뇌 질환을 예방·치료하는 뇌 임플란트, 나아가 인간의 뇌를 스캔해서 컴퓨터로 전송하는 업로딩(uploading)에 의한 정신적인 확장까지도 인체 강화에 포함시키고 있다. 인간의 뇌를 다운로드해서 슈퍼컴퓨터에 업로드하는 '트랜센던스(transcendence)' 프로젝트는 현재 여러 대학과 연구소에서 진행 중에 있다. 현재 컴퓨터의 1억 배 성능일 것으로 예상되는 양자컴퓨터(quantum computer)의 상용화가 머지않은 것으로 전망되고 있어 업로딩이 SF 영화 속에서만이 아니라 현실 속에서 구현될 것이라는 기대도 높아지고 있다.

예술과 현대 인지과학의 접목, 테크놀로지와 예술의 접목을 통해 포스트휴먼 시대를 밝히는 데 주력해 온 로버트 페페렐(Robert Pepperell)은 '포스트휴먼 조건'이 의미하는 바를 크게 세 가지로 나타내고 있다. 첫째, 포스트휴먼 조건이란 '인간의 종말'에 대한 것이 아니라 남성이 중심이 된 '인간 중심

(human-centred)' 우주의 종말, 즉 근대 '휴머니즘'의 종말에 대한 것이다. 르네 상스와 맥락적으로 연결된 근대 휴머니즘에는 단순한 복고 정신뿐만 아니라 인간성의 부활 내지는 인간의 지적·창조적 힘의 재흥(再興)이라는 의미가 담겨 있다. 그러나 근대 휴머니즘은 인간중심적이고 남성중심적이며 유럽중심적이고 백인우월주의적인 전제가 깔려 있는 관계로 인간과 인간, 인간과 자연의 분리를 조장하는 태생적 한계를 안고 있었다. 그럼에도 최소한 14세기 이래로 존재해 온 휴머니즘의 이상에 대한 믿음은 미래에도 계속될 것이다.

둘째, 포스트휴먼 조건이란 유전학만이 아니라 모든 문화적·기술과학적 존재의 도구와 장치를 포함하는 과정으로서의 생명의 진화에 대한 것이다. 인간이 기계적 시스템과의 공동 작업에 더 적합하게 되고 인간 능력의 향상을 통해 더 효과적으로 존재할 수 있다면 포스트휴먼이 될 것이다. 포스트휴먼이 된다는 것이 반드시 인간 게놈의 소멸을 의미하는 것은 아니며, 만일 기계적 생명 형태가 출현한다고 해도 다른 생명의 형태들을 대체할 것이라고 가정할 이유는 없으며 지구는 여전히 인간보다 앞서 발생한 종들로 가득 찰 것이다. 새로운 종의 생성이 오랜 종을 반드시 폐기하는 그런 것이 진화는 아니다.

셋째, 포스트휴먼 조건이란 우리가 어떻게 살 것이며, 환경과 동물 그리고 인간 상호간의 관계를 어떻게 설정할 것인가에 대한 것이다. 휴머니즘의 종말에 대한 가장 뚜렷한 징후는 여성에 대한 남성의 억압에 대항하는 페미니즘 운동, 동물에 대한 인간의 착취에 대항하는 동물권리운동, 지구 자원에 대한 인간의 착취에 대항하는 환경주의운동, 인간에 대한 인간의 착취에 대항하는 반노예운동에서 찾아볼 수 있다. 지난 200년 동안 이러한 운동들이 면면히 이어져 왔다는 것 자체가 남성이 중심이 된 '인간 중심' 세계의 점진적인 전복이 진행되어 왔음을 의미한다. 우주만물이 모두 하나로 연결되어 있다는 생태적 자각이 이루어지면 무언가를 해하는 것이 곧 자신을 해하는 것임을 알게 되므로 인간과 자연 모두를 대하는 방식이 달라질 것이다.[48]

이상의 '포스트휴먼 조건'은 포스트휴머니즘의 정수(精髓)를 보여주는 것으로, 이는 곧 포스트휴먼 사회의 정체성을 밝힌 것이기도 하다. 이반 칼루스(Ivan Callus)와 슈테판 헤어브레히터(Stefan Herbrechter)는 포스트휴머니즘을 포스트휴먼-이즘과 포스트-휴머니즘의 두 갈래로 나눌 수 있다고 보는데, 포스트휴먼-이즘은 트랜스휴머니즘으로 더 잘 알려져 있다. 말하자면 트랜스휴머니즘은 과학기술의 발전으로 지능적, 육체적 한계가 극복되고 인체가 강화된 포스트휴먼의 등장과 접합된 개념으로 포스트휴먼의 이즘(ism)이다. 포스트-휴머니즘, 즉 포스트휴머니즘은 기술의 발달이 휴머니즘의 극복을 선도함으로써 불필요한 억압이나 차별이 없어진다고 본다. '로봇에게도 인격이 있는가? 로봇의 인권도 보장할 것인가?'와 같은 물음을 제기한다.[49] 트랜스휴머니스트들은 생명과학과 신생기술에 의해 장애, 질병, 노화, 죽음과 같은 현재 인간 조건들이 해결되어 인류가 더 확장된 능력을 갖춘 존재로 스스로를 변형시킬 것이라며, 이렇게 변형된 인간을 '포스트휴먼'이라고 명명했다.

포스트휴먼은 기계, 기술과 융합된 인간, 즉 사이보그(cyborg)[50]*다. 사이보그는 사이버네틱 유기체(cybernetic organism)의 합성어로 유기체와 기계장치가 결합된 디지털 시대의 인간이다. 생물적 지능과 디지털 지능의 결합

---

* 기계와 유기체의 결합은 1980년대 우리나라에서도 방영되었던 〈6백만 불의 사나이〉(1974~1978)를 비롯해 〈터미네이터〉(1984), 〈로보캅〉(1987), 〈매트릭스〉(1999) 같은 SF 영화에서 단골 주제로 다뤄졌으며 그 주인공들은 모두 사이보그였다.

을 주장하는 배경에는 '인간 강화(human enhancement)'에 대한 오랜 염원이 담겨있다. 현대의 사이보그는 신체에 탈착이 가능한 웨어러블 컴퓨터(wearable computer), 스마트 의류(smart clothes), HMD(Head Mounted Display)와 같은 가상현실 체험기기, 피부에 이식하는 임플란트 등으로 응용되어 다양한 분야에 활용되고 있다.[51] 사이보그는 자연적인 요소와 인공적인 요소가 하나의 시스템 안에서 결합된 '자가조절 유기체(self-regulating organism)'[52]이다. 제임스 러브록(James Lovelock)이 '가이아 이론(Gaia theory)'에서 제시한 지구 역시 자기조절 기능을 갖고 있으므로—말하자면 생물권이 자가조절 시스템이므로—사이보그다.

포스트휴먼 사회는 사이보그 사회다. 사이보그 사회의 조짐들은 도처에서 쉽게 발견된다. 인터페이스 장치나 의수·의족 등 그 어떤 방식으로도 아직 사이보그가 되지 않은 사람들도 많은 기계 혹은 유기적인 인공두뇌학적 시스템 속에서 살아가고 있다. 우리는 컴퓨터나 텔레비전 등의 기계에 무의식적으로 몰입하기도 하고, 또 어떤 기계들과는 좀 더 의식적으로 상호작용하기도 한다. 사이보그의 종류는 매우 다양하며 수많은 공학, 과학, 의료 분야의 중심에 위치해 있다. 크리스 그레이는 누구든지 어떤 유의미한 방식으로 기술적 개조가 있었다면 그 사람은 확실히 사이보그라고 말한다. 신체의 일부가 반드시 인간이어야 사이보그가 될 수 있는 것은 아니며, 유기적 과정을 기반으로 한 바이오컴퓨터나 생체공학적인 미생물 또한 다른 방식의 사이보그라는 것이다.

설령 우리가 기술적으로 개조되지 않았다 하더라도, 거의 모든 인간 활동이 전방위적으로 사이보그화 되고 있는 사이보그 사회에서 살고 있기 때문에 사이보그 관련 쟁점들은 우리에게 영향을 미칠 것이다. 크리스 그레이의 설명에 따르면, 인간이 기술적으로 스스로를 계속 변형시키는 이 과정의 전반적인 결과는 인간과 기계의 아주 특별한 공생이며, 인류 역사상 전혀 새로운 발전이고, 자연선택(natural selection)을 넘어서는 중대한 도약이며, 다윈이 '인공선택(artificial selection)'이라고 불렀던 의도적인 주의를 기울인 품종개량으로, 이것이 바로 맨프레드 클라인스(Manfred Clynes)가 「사이보그들과 우주(Cyborgs and Space)」라는 논문에서 처음 소개한 '참여적 진화(participatory evolution)'가 가리키는 현상이라는 것이다.[53]

그레이는 그의 저서 『사이보그 시티즌: 포스트휴먼 시대의 정치학 *Cyborg Citizen: Politics in the Posthuman Age*』(2001)에서 참여적 진화가 참여적 정부(participatory government)를 필요로 한다는 것을 보여준다. 진화란 정보와 작용이 밀접하게 연결된 개방형 시스템으로, 우리가 참여적 진화를 진지하게 받아들인다면 맹목적인 우연/필연의 법칙에 의거한 '다윈 식의 관점'이나 절대적 권위에 의거한 '창조론의 관점'에서 자유로워질 수 있는 기회가 생긴다며, 참여적 진화는 참여적 정부를 필요로 한다고 주장한다. 사이보그화 과정이 결국 근본적인 정치적 역할까지 수행하게 될 것이라고 보는 것이다. 참여적 진화는 인간이 다양한 선택을 통해 스스로 미래를 형성해야 함을 의미한다. 그레이는 정치 경제적인 결정들이 마땅히 그래야 하듯—비록 시행착오의 과정이 있다 할지라도—진화에 관한 결정은 풀뿌리에서 이루어져야 한다고 강조한다.[54]

그레이는 그의 책에서 사이보그 현상의 정치학에 초점을 맞추어 그가 사이보그 시민권의 중요성을 주장하는 논거를 제시한다. 그레이는 포스트모던 시대의 인공 진화가 다윈이 말한 품종개량 정도가 아니라 인간의 몸과 유전자에 대한 직접적인 개조까지 포함하며 머지않아 새로운 기술과학(technoscience)에 의해 인간으로 분류할 수조차 없는 개조된 생명체들이 창조될 것이라고 주장한다. 이렇게 인간의 잠재력이 극대화되면 모든 개조 과정은 근본적으로 정치적 성격을 띠게 되며 결국 정치가 포스트휴머니티 안에서 우리가 어떤 가치를 수립할 것인지를 결정하게 된다는 것이다.[55] 사이보그 인식론은 이원적 인식론의 주장을 완전히 넘어서 있다. 미국의 페미니즘 이론가인 도나 해러웨이(Donna Haraway)는 단일한 지배적 세계관이 아닌 수많은 목소리들, 즉 헤테로글로시아(heteroglossia)적 세계관을 명명하기 위해 사이보그의 이미지를 이용한다.[56] 단 하나의 이상적인 사회체제가 있는 것이 아니라 수많은 문화적 실험(cultural experiments)이 있을 뿐이다.

> 유토피아와 디스토피아, 착한 터미네이터와 악한 터미네이터 사이에 선택은 없으며 그들 모두 여기에 있고, 우리는 이 조립된 이중적인 몸에 거주하는 방법을 배우고 있다.
>
> There is no choice between utopia and dystopia, Good Terminator or Evil Terminator—they are both here. We are learning to inhabit this constructed, ambiguous body.[57]

또한 그레이는 '사이보그 국가' 혹은 '정치적인 사이보그의 몸'이란 용어가 현재 벌어지고 있는 일들을 민주정치의 오랜 전통과 연결한다며, 합법적인 정치권력의 원천인 시민 개념에 입각하여 사이보그 시티즌 개념을 제안한다. 또한 그는 '정치적인 몸, 즉 국가(body politic)'라는 은유가 아리스토텔레스 이후 매우 중시되어 왔다는 점에 주목한다. 그는 특히 17세기 영국의 정치이론가이자 최초의 민주적 사회계약론자인 토머스 홉스(Thomas Hobbes)의 저서 『리바이어던 Leviathan』(1651)을 사이보그 시민이론의 출발점으로 본다. 서구 근대정치철학의 토대를 마련한 이 책에서 홉스는 왕의 살아 있는 몸이 곧 국민국가의 모델이라는 '몸의 정치'를 주창했다. 오늘날에는 국가를 왕의 몸에서 찾지 않으며 형식적으로나 실제로나 사이보그가 그 자리를 대신 차지하고 있으며, 그런 점에서 리바이어던은 많은 사람들로 이루어진 사이보그라는 것이다.[58]

나아가 그레이는 "우리 사회가 어떤 도구, 어떤 기계, 어떤 사이보그를 보유해야 하고 어떤 것을 배제해야 하며 만들지조차 말아야 할 것인지를 판단하는 것"이야말로 포스트모던 시대의 진정한 쟁점이라고 전제하고, "우리는 사이보그 시민권을 제대로 만들고 가능한 모든 방법으로 그것을 옹호하고 확장해야 한다"고 역설한다.[59] 오늘날 사이보그화가 가속화됨에 따라 생물과 무생물, 인간과 기계, 인공과 자연의 경계가 점차 사라지고 있는 현실을 직시하지 못하는 사람들에 대한 그레이의 다음 경고는 우리가 깊이 새겨보아야 할 대목이다.

우리 사회는 도구, 기계 그리고 유기체로 이루어진 사이보그 사회이지만 우리는 그것을 부인한다. 유기체에 대한 우리의 관계를 부인하고, 우리가 포함되어 있는 세계를 부인하고, 우리가 만든 기술과학에 대한 책임마저도 부인한다. 유기적이고('자연적인') 기계적인(산업문명) 두 영역에 걸쳐 있는 우리의 사이보그적 상황과 타협하지 못하면 치명적인 결과를 초래할 것이며, 이 두 시스템 중 어느 쪽과 충돌하더라도 인류는 끝장날 것이다.

We are a cyborg society of tools, machines, and organisms but we deny it. We deny our connection to the organic, the world in which we are embedded, and we deny responsibility for the technosciences we make. To fail to come to terms with our cyborgian situation as part of both organic(the 'natural') and machine(industrial civilization) realms would be fatal. Crashing either of these systems will end humanity,…[60]

우리는 지금 '불안정하고 복잡하고 무질서한' 포스트모던 세계에 살고 있다. 로버트 페페렐에 의하면 포스트휴먼 시대가 완전히 시작되는 것은 우리가 더 이상 생명과 기계, 자연과 인간 사이를 구분하는 것이 가능하지 않고 필요하지도 않다고 생각할 때, 다시 말해 우리가 진정으로 인간으로부터 포스트휴먼의 존재 조건으로 넘어갈 때이다.[61] 현재 우리 모두는 미래가 형성될 방식에 영향력을 행사하고 있다는 점에서 포스트휴머니즘은 단지 미래에 대한 것이 아니라, 미래에 대한 것인 만큼 현재에 대한 것이다. 포스트모더니즘적 변화에 있어 우리가 직면하는 난제는 페페렐이 지적하고 있듯이, '왜 우리는 그러한 기계를 발전시키기를 원하며 그러한 기계들이 어떠한 목적에로 향하도록 할 것인가'이다.[62]

환원주의와 결정주의에 대한 휴머니즘의 오랜 집착에 도전하고 있는 카오스 이론이나 카타스트로피 이론(파국이론), 복잡계 이론들은 포스트휴먼 이론의 범주에 포함되는 것으로, 이는 곧 포스트휴먼 시대가 우주와 인간에 대한 새로운 인식론과 존재론을 바탕으로 하고 있음을 말해준다. "세계가 어떻게 변화하고 있는가를 이해하는 것이 세계를 변화시키는 것이다"라고 페페렐은 말한다. 그의 저서 『포스트휴먼의 조건 The Posthuman Condition』(2003) 부록에 소개된 「포스트휴먼 선언문」은 포스트휴먼 시대와 맥락적으로 연결되어 있으므로 그 내용의 일부를 소개하기로 한다.

"인간은 더 이상 우주에서 가장 중요한 것이 아님은 이제 명확하다. 포스트휴먼 시대에 많은 신념이 잉여가 되었다. 특히 인간에 대한 신념이 그러하다. 신과 마찬가지로 인간도 우리가 그것이 존재한다고 믿는 만큼에 한에서만 존재할 뿐이다. 포스트휴먼 시대에 기계들은 더 이상 기계가 아닐 것이다. 복잡한 기계들은 생명의 창발적 형태이다. 컴퓨터가 더욱 인간처럼 발전함에 따라 인간도 더욱 컴퓨터처럼 발전한다. 우리가 기계에 대해 생각한다면, 그러면 기계는 생각을 할 수 있다. 생각하는 기계에 대해 우리가 생각할 수 있으면, 기계는 우리에 대해 생각할 수 있다. 인간과 환경은 에너지의 다른 표현일 뿐이다. 둘 사이에 유일한 차이는 에너지가 취하는 형태이다. 포스트휴먼은 자신의 존재를 확장된 기술과학세계에 구현된 것으로 본다."[63]

포스트휴먼 시대에는 인간과 사물 간의 분리가 사라지면서 포스트휴먼 사이보그로 진화할 것이다. 전통적인 사이보그가 의족이나 심박장치, 인슐린 펌프 등 인간 신체의 일부분을 생체공학(Bionics) 보철로 대체한 것이었다면, 포스트휴먼 시대에 새롭게 등장하는 사이보그는 사물(만물)인터넷과 인간의 연계로 네트워크를 통해 인간의 능력이 증강된 '네트워크 사이보그'다. 이러한 '네트워크 사이보그'형 삶의 초기적 형태를 우리는 이미 스마트폰을 통해 경험하고 있다. 향후 더 진화된 네트워크 사이보그는 인간의 뇌와 컴퓨터의 직접적인 연결을 통해 구현될 전망이다. 테슬라 최고경영자(CEO)이자 민간 우주개발업체 스페이스엑스(Space X) 최고경영자 일론 머스크(Elon Musk)는 2017년 뇌 연구 스타트업 '뉴럴링크(Neuralink)'를 설립했는데, 그 목표는 컴퓨터와 직접 연결해 뇌 속의 정보를 컴퓨터로 업로드하거나 컴퓨터의 정보를 뇌로 다운로드함으로써 인간이 인공지능보다 더 높은 수준의 지능을 갖추는 것이다.[64] 인간과 인공지능 간 융합 효율성을 연구하는 '휴먼 컴퓨테이션(Human Computation)'은 최근 주목받는 연구 분야로 떠오르고 있다.

포스트휴먼 사회는 네트워크 사이보그 사회이며, 트랜스휴머니즘은 인류를 포스트휴먼의 조건으로 인도하려는 지적·문화적 운동이다. 포스트모던 세계의 등장과 맥을 같이 하는 트랜스휴머니즘은 "과학과 테크놀로지에 의해 현재의 인간 형태와 한계를 뛰어넘어 인간이라는 생명체의 진화를 추구하는 생명의 철학으로 종교와 도그마를 거부하고 생명 증진 원리와 가치를 따른다."[65] 그것은 "인간 육체의 한계를 초월하고자 했던 인간의 고대로부터의 욕망과 과학이나 이성 및 개인의 자유에 대한 계몽주의적 믿음이 결합된 산물"[66]로서 '포스트휴먼으로의 변화를 긍정하고 지지하는 운동'이다.

오늘날 트랜스휴머니스트들의 세계관에 대한 표준적인 정의로 인정되고 있는 「트랜스휴머니스트 선언문」(2009.3)[67]과 「트랜스휴머니스트 FAQ」에도 나와 있듯이, 트랜스휴머니스트들은 '인류가 미래에 과학과 기술의 심대한 영향으로 노화·인지적 결함·고통을 극복하고, 지능·육체·정신을 강화시키기 위한 기술을 개발하고 확대함으로써 인간 조건을 근본적으로 향상시키며, 인간의 잠재력을 지구 행성 너머로 확장할 것'이라고 전망한다. 이러한 전망을 크게 세 가지로 분류하면, 첫째는 육체적 노화를 제거하는 것이다. 트랜스휴머니스트들은 인간의 노화가 자연적인 현상이 아니라 일종의 병이며, 그것은 '치유할 수 있는 병'이라고 본다. 이러한 관점은 고대로부터의 불로장생에 대한 인간의 희구와도 맞닿아 있다. 노화뿐만 아니라 선천적 및 후천적 장애도 극복될 수 있다고 본다.

둘째는 정신적 지능을 강화시키는 것이다. 트랜스휴머니스트들은 '인간의 잠재력이 대부분은 여전히 실현되지 않았으며, 이러한 잠재력이 실현되면 인간 조건의 근본적인 향상으로 이어질 수 있다'[68]고 보는 것이다. 셋째는 육체적 및 정신적 강화를 통해 심리적 웰빙을 달성하는 것이다. 여기서 심리적 웰빙이란 육체적 및 정신적 한계를 극복함으로써 인간으로서의 진정한 행복과 복지를 달성하는 것이다. 말하자면 인간의 행복추구권을 최대한으로 보장하는 것이다. 이 세 가지는 곧 '불로장생(superlongevity)', '슈퍼인텔리전스(superintelligence)', '슈퍼웰빙(superwellbeing)'으로 나타낼 수 있다.

트랜스휴머니스트들이나 포스트휴머니스트들은 불로장생이나 슈퍼인텔리전스, 슈퍼웰빙에 대한 인간의 염원이 실현 가능하다고 본다. 미국의 미래학자이자 가장 잘 알려진 트랜스휴머니스트 레이 커즈와일은 NBIC 융합 기술—나노기술(NT), 바이오기술(BT), 정보통신기술(ICT), 인지과학(CT)—의 발전으로 인해 2030~2040년대가 되면 좀 더 근본적인 인체의 재설계가 이루어져 버전 3.0 인체가 탄생할 것이며, 2040년경이 되면 비생물학적 지능은 생물학적 지능보다 수십억 배 뛰어난 상태가 되어 있을 것이라고 전망한다. 미래학자들은 모든 기술과학적 진보가 '인간 종의 변형'을 향해 맞추어져 있으며, 호모 사피엔스가 완전히 다른 존재로 대체되는 시대가 곧 도래할 것이라고 예상한다.

인간의 뇌를 다운로드해서 슈퍼컴퓨터에 업로드하는 '트랜센던스(transcendence)' 프로젝트가 성공할 경우, '마음 파일(mind file)'이라는 소프트웨어는 육체라는 하드웨어의 영구성과는 상관없이 널리 확장될 것이다. "인간은 웹에서 살게 될지도 모른다. 필요가 있거나 원할 때 육체를 가지는 것이다. 다양한 가상현실에서 가상 육체를 가지거나, 홀로그램으로 투사된 육체, 포글릿으로 투사된 육체, 나노봇 군단이나 다른 형태의 나노기술로 구성된 물리적 육체 등 다양한 형태가 될 것이다."[69] 그 단계가 되면 'I AM'은 육체적 자아의 정체성이 아니라 보편적 실재로서의 참자아, 즉 순수 현존(pure presence)의 정체성을 나타내는 것임을 분명히 알게 될 것이다. 그때가 되면 『바가바드 기타 The Bhagavad Gita』의 다음 구절을 떠올리게 될지도 모른다. "나(참자아)는 불멸인 동시에 죽음이며, 존재하는 것과 존재하지 않는 모든 것이다."[70]

그때가 되면 참자아가 곧 하늘(天·神·靈)이며 생명이고 진리라는 것을, 물질현상이면서 동시에 물질현상의 원인이 되는 정신적인 원리라는 것을 알게 될 것이다. 더 이상은 삶과 죽음을 이원화하는 미망에 사로잡히는 일도 없을 것이며, 육체적 자아에 기반한 휴머니즘의 망령과 질곡에서도 자유로

워질 것이다. 불멸은 이원성(duality)의 죽음이다. 포스트휴머니즘은 기술적으로만 접근할 수 있는 주제가 아니며 일체의 이원성을 넘어선 인간 의식의 패턴 변화를 전제로 한다. 그것이 해체주의의 핵심이다. 우리의 의식이 육체적 자아에서 영적, 우주적 자아로 확장될 때 포스트모던 세계가 열린다. 포스트모던 세계는 연결성·소통성·능동성을 본질로 하는 호모커넥투스의 정체성이 구현된 세계다. 포스트휴먼으로 가는 길목에서 우리는 원초적 질문에 직면한다. "인간이란 대체 무엇인가?"

HOMO CONNECTUS
호모커넥투스

"특이점이란 무엇인가? 그것은 미래에 기술 변화의 속도가 매우 빨라지고 그 영향이 매우 깊어서 인간의 삶이 되돌릴 수 없게 변화되는 시기이다. 유토피아도 디스토피아도 아닌 이 시기에는 비즈니스 모델로부터 삶과 죽음의 사이클에 이르기까지, 우리가 삶에 의미를 부여하기 위해 의거해 있는 개념들에 변화가 일어날 것이다. …진실로 특이점을 이해하면 일반적 삶이나 개별적 삶에 대한 인생관이 본질적으로 바뀐다."

"What, then, is the Singularity? It's a future period during which the pace of technological change will be so rapid, its impact so deep, that human life will be irreversibly transformed. Although neither utopian nor dystopian, this epoch will transform the concepts that we rely on to give meaning to our lives, from our business models to the cycle of human life, including death itself…To truly understand it inherently changes one's view of life in general and one's own particular life."

- Ray Kurzweil, *The Singularity is Near: When Humans Transcend Biology*(2005)

08

호모커넥투스와 초연결사회

- 초연결사회와 디지털 혁명
- 사물인터넷과 플랫폼 경제
- 만물지능통신과 4차 산업혁명

21세기 디지털 기술은 사물인터넷(IoT)·만물인터넷(IoE), 가상 물리 시스템(CPS), 인공지능(AI), 빅데이터 등을 중심으로 플랫폼 기반 네트워크에 기초해 있다. 디지털 혁명이 가져올 경이로운 혜택만큼 초연결사회가 직면하게 될 사이버 리스크에 대해서도 대비가 필요할 것이다. 사물인터넷 플랫폼의 분산성, 개방성, 투명성으로 인해 '소유'가 아닌 '공유'가 새로운 경제 모델이 되고 있으며, 우리는 지금 수많은 소규모 플레이어들이 참여하는 더 민주적인 형태의 분산 자본주의(distributed capitalism) 시대에 들어서고 있다. 우리 사회는 플랫폼 혁신이 창출할 구조적 변화에 대응하고, 권위의 계층화 현상을 완화함으로써 창조적인 균형사회를 만들 수 있도록 진력해야 할 것이다. 미래 세계는 정보통신, 전력, 교통인프라를 만물지능통신망으로 재구축하는 데 성공한 나라가 주도권을 갖게 될 것이다. 5세대 통신 'IMT-2020'은 시간과 공간의 제약을 뛰어넘어 산업과 생활방식을 완전히 바꾸는 4차 산업혁명 시대를 촉발함으로써 물리적 행성과 사이버 행성이 초연결되는 문명사적 대전환을 이루게 될 것이다.

- 본문 중에서

08 호모커넥투스와 초연결사회

> 따라서 최초의 초지능 기계가 인간이 만들게 될 마지막 발명품이 될 것이다.
> Thus the first ultraintelligent machine is the last invention that man need ever make.
>
> - Irving John Good, "Speculations Concerning the First Ultraintelligent Machine" (1965)

초연결사회와 디지털 혁명

오늘날 디지털 혁명(digital revolution)의 진행과 연계되어 초연결사회 (hyperconnected society)로의 진화가 가속화되고 있다. '초연결'이라는 말은 2008년 미국의 IT 산업 리서치 업체인 가트너(Gartner, Inc.)가 처음 사용했다. 2014년 1월 22일부터 25일까지 스위스 다보스에서 '세계의 재편: 정치, 기업, 사회에 대한 영향(The Reshaping of the World: Consequences for Politics, Business and Society)'이라는 주제로 열린 세계경제포럼(WEF, 다보스포럼)에서는 초연결 사회의 도래를 세계의 '5대 변화' 중의 하나로 다루며 토론을 했다.[1] 세계적 경영전략가인 돈 탭스콧(Don Tapscott)은 2013년 4월 24일 서울 삼성동 그랜드 인터컨티넨탈 호텔에서 '초연결로 이루는 스마트세상(Via Hyperconnectivity, Into the Smart World)'을 주제로 열린 '엔트루월드(Entrue World) 2013'에서 초연결 사회의 키워드를 '개방'으로 정의하면서, 협업·투명성·지적재산공유·자유를 초연결 시대 개방의 4대 원칙으로 제시했다. 아울러 그는 "초연결된 스마트 네트워킹 사회에서 인간 커뮤니티의 연결도 강화될 것"이라고 말했다.[2]

가트너가 공개한 '2020년 10대 전략 기술 트렌드(Top 10 Strategic Technology Trends for 2020)'를 보면, 주목해야 할 10대 기술로는 ① 초자동화 (Hyperautomation, 머신러닝, 패키징 된 소프트웨어, 자동화 툴을 결합하여 업무 수행), ② 다 중 경험(Multiexperience, 가상현실(VR), 증강현실(AR), 혼합현실(MR) 등), ③ 전문성의 민주화(Democratization of Expertise, 앱 개발·데이터 분석·설계·지식의 민주화), ④ 인간 증강(Human Augmentation, 물리적 증강, e.g. 웨어러블 디바이스) 및 인식적 증강(스마 트 공간 내 다중 경험 인터페이스상의 정보 평가, 애플리케이션 활용), ⑤ 투명성 및 추적성 (Transparency and Tracebility, 디지털 윤리와 개인정보 보호), ⑥ 자율권을 가진 엣지(The Empowered Edge, AI칩 등과 결합하며 소형 서버를 통해 실시간으로 분산 처리), ⑦ 분산형 클라우드(Distributed Cloud, 퍼블릭 클라우드 서비스가 다양한 장소에 배포), ⑧ 자율 사물 (Autonomous Thing, AI를 활용해 로봇, 드론, 자율주행차 등 자동화), ⑨ 실용적 블록체인 (Practical Blockchain, 신뢰 구축, 투명성 제공, 비즈니스 생태계 간 가치 교환 구현, 비용 절감, 거 래 시간 단축, 현금 흐름 개선), ⑩ 인공지능 보안(AI Security, AI 기반 시스템 보호 및 보안 방 어 강화, 공격자의 범죄 목적 AI 사용 예측)이 있다.[3]

이러한 10대 전략 기술 트렌드는 향후 디지털 혁명이 가속화될 것이며, 초 연결사회에서 펼쳐갈 잠재력 또한 무한함을 시사한다. 오늘날 무선 인터넷, 스마트폰, 클라우딩 컴퓨터(clouding computer)의 발전은 디지털 혁명의 기폭 제가 되었다. 컴퓨터와 인터넷을 중심으로 한 20세기 디지털 기술과는 달리, 21세기 디지털 기술은 사물인터넷(Internet of Things, IoT)·만물인터넷(Internet of Everything, IoE), 가상 물리 시스템(Cyber Physical System, CPS), 인공지능(AI), 빅데이 터 등을 중심으로 플랫폼 기반 네트워크에 기초해 있다. 세계 최고 수준의 민 간 연구개발 기관인 벨연구소 소장 마커스 웰던(Marcus Weldon)이 대표 저자로 참여한 『미래 X 네트워크 The Future X Network: A Bell Labs Perspective』(2016) 에서는 새로운 기술혁명을 가져올 미래 네트워크를 형성하기 위한 세 가지

기술적 촉진제로 '클라우드 통합망, 사물인터넷, 증강지능'[4]을 들고 있다.

이제 디지털 혁명은 21세기의 메가트렌드이며 사물은 지능화된 사물로 급속히 진화하고 있다. 기업/산업이 디지털 전환에 적응하고 지속적으로 생존할 수 있는 길은 조직·문화 변혁에서 기술적 변혁, 비즈니스 모델 변혁[5]에 이르기까지 사업 전략을 포괄적으로 이해하는 것이다. 1768년에 처음 발간된 브리태니커 대백과사전(Encyclopaedia Britannica)이 온라인 기반 커뮤니티가 작성하는 위키피디아(Wikipedia)와 같은 무료 대백과사전의 등장으로 244년 만인 2012년에 인쇄본의 발간 중단이 공시되었다는 사실은 디지털 혁명의 위력을 말해준다. 이후 브리태니커는 새로운 고객 경험과 고객의 니즈에 대한 이해를 바탕으로 새로운 경영전략을 모색하면서 편집 품질과 교육 서비스라는 핵심 기조를 유지한 결과, 온라인 구독 모델로 전환하는 데 성공하였을 뿐 아니라 변화하는 교실 커리큘럼과 학습에 필요한 새로운 제품을 출시할 수 있었다.

이처럼 새로운 가치 명제로 적응하고 다변화하고 지속적으로 새로운 고객 가치를 창출해 내는 것이 디지털 혁명에 대응하여 기업이 생존하고 성장할 수 있는 길이다. 브리태니커 대백과사전처럼 디지털 혁신에 성공하는 기업도 많지만, 코닥이나 블록버스터처럼 실패하는 기업도 많다. 그 핵심 이유 중의 하나는 조직의 민첩성(organizational agility)이 결여된 데 있다. 민첩한 조직을 만들려면 자원 할당(allocating resources), 측정의 변화(changing what you measure), 인센티브 배정(aligning incentive)의 세 가지 부분에 집중할 필요가 있다. 자원 할당은 새로운 벤처에 대한 자원 지원의 가능성에 대한 것이고, 측정의 변화는 새로운 비즈니스 모델로의 진화 단계에서 새로운 사고를 지원할 수 있는 지표로서의 가능성에 대한 것이며, 인센티브 배정은 조직 내에서 지원과 포상이 이뤄지는 방식에 대한 것이다.[6]

시장분석기관 콘스텔레이션 리서치(Constellation Research)의 애널리스트 레이 왕(Ray Wang)은 '디지털 혁명으로 인해 2000년 이후 포춘(Fortune) 500대 기업 중 52퍼센트가 인수합병이나 파산으로 인해 사라지고 있다'고 분석했다. 아마존(Amazon), 페이스북(Facebook), 구글(Google), 우버(Uber), 에어비앤비(Airbnb) 등으로 대표되는 '퓨어 디지털 네이티브(Pure Digital Native)'라고 불리는 혁신 스타트업의 등장으로 기존 플레이어의 시장은 빠르게 새로운 버티컬 플랫폼 시장으로 대체되고 있다. 이들 스타트업은 혁신적인 디지털 기술을 활용하여 파괴적 혁신을 통해 새로운 고객 경험과 가치를 창출한 기업들이다. 이제 비즈니스 모델 혁신을 통해서 새로운 고객 경험과 가치를 창출하지 않고서는 더 이상 미래의 성장을 담보할 수 없게 되었다. 최근 들어 주목받고 있는 '스타트업 액셀러레이팅(Startup Accelerating)'이란 컨셉은 오픈 이노베이션의 관점에서 기업 외부의 역량을 내부와 연결시켜 공동 사업화할 수 있는 새로운 비즈니스 모델을 발굴하려는 함의를 지닌 것이다.

바야흐로 데이터 자본주의 시대로 진입함에 따라 디지털 고객 경험에서 발생하는 다양한 데이터를 실시간으로 분석하여 고객 가치 중심의 네트워크 효과(network effect)를 확보하는 체제로 기업 환경이 급변하고 있다. 디지털 신기술의 촉발로 모바일, 클라우드, 사물인터넷, 인공지능, 로봇, 빅데이터 등 다양한 분야에서 자동화, 지능화가 가속화됨에 따라 기업의 경쟁력 강화와 지속 생존을 위한 경영전략적 차원에서 고객 관리, 비즈니스 모델, 운영 프로세스 등 기업 운영 전반에 대한 혁신*이 요구되고 있는 것이다. 특

---

* 고객 경험 혁신은 스타벅스, 버버리, 카카오뱅크 등에서, 비즈니스 모델 혁신은 아마존, 에어비앤비, 우버, 애플, 구글, 페이스북 등에서, 운영 프로세스 혁신은 ZARA(패

히 머신러닝과 딥러닝, 컴퓨터 비전 기술의 발전으로 기업들은 매장, 유통망, 공장 등 오프라인 자산을 늘리는 전략에서 고객 데이터 중심의 알고리즘 노동자를 늘리는 전략으로 선회하고 있다. 퓨어 디지털 네이티브가 구사하는 디지털 전략은 AI, 빅데이터, 클라우드, IoT, VR/AR과 같은 기반기술을 바탕으로 모바일과 웹을 고객 접점으로 활용하여 네트워크 효과로 새로운 고객 가치와 경험을 제공하는 것이다.[7]

디지털 혁명을 추동한 원인은 몇 가지 측면에서 살펴볼 수 있다. 우선 정책적 측면에서는 4차 산업혁명을 통한 고용 확대와 장기적인 경제침체로부터의 탈피 필요성이다. 미국의 경우 디지털 전환의 출발은 '2007~2008 글로벌 금융위기'이다. 경제적 측면에서는 기업의 경쟁력 강화와 지속 생존을 위해 디지털 비즈니스 모델 개발과 디지털 운영혁신의 필요성이다. 사회적 측면에서는 인터넷의 광범위한 보급에 따른 개인 중심의 경제 도래와 '데이터 경제' 시대의 도래에 따른 데이터 기반분석의 필요성이다. 기술적 측면에서는 모바일 인터넷과 스마트폰, SNS, 클라우드, 데이터 기반분석, AI, IoT, VR/AR, 3D 프린터, 플랫폼 등 디지털 기술의 급격한 발전이다.[8] 이들 디지털 기술의 급격한 발전은 '초고속·초저지연·초연결'의 서비스를 제공하는 5G 이동통신으로의 진화와 맥을 같이 하는 것으로 5G 네트워크 인프라 기반의 융합 서비스를 제공할 것이다. 5G가 만들어 갈 '유비쿼터스 모바일 인터넷'을 기반으로 한 세상은 디지털 전환의 바탕을 이루는 것이다.

디지털리테일 컨설팅 그룹(Digital Retail Consulting Group)이 제공한 디지털 전환의 단계별 진화 모델을 보면, 1990년대 후반 인터넷이 등장한 이후 3단계

선 브랜드), GE(General Electric Co.)의 플랫폼 프레딕스(Predix), 아마존의 웹 서비스 AWS 등에서 그 사례를 찾아볼 수 있다.

에 걸쳐 발전해 오고 있다. 1단계인 디지털 인프라 구축 단계는 1990년대 말에 해당하는 시기로 '디지털 제품 출시 및 인프라 기반 구축' 단계이다. 인터넷이 본격적으로 도입되기 시작하면서 음악, 엔터테인먼트 분야에서 디지털 제품이 출시되고 기업 내 디지털 인프라가 구축되는 시기이다. 2단계인 디지털 비즈니스 추진 단계는 2000년대 초에 해당하는 시기로 'e-커머스(electronic commerce) 및 디지털 비즈니스 강화' 단계이다. 인터넷의 대중화로 인터넷 기반의 전자상거래와 마케팅 및 비즈니스 강화를 위해 디지털 비즈니스 전략이 적극적으로 추진된 시기이다. 3단계인 디지털 혁신 단계는 2010년대 초에 해당하는 시기로 '비즈니스 모델 및 경영전략에 초점을 둔 디지털 전환' 단계이다. 디지털 기술의 발전과 산업구조의 변화에 따라 조직, 프로세스, 비즈니스 모델 등 기업 운영 전반에 걸쳐 디지털 운영 혁신을 하는 시기이다.[9]

디지털 혁명(또는 디지털 전환)은 기존의 경영 혁신이나 IT 혁신에 비해 문제에 대한 접근방식이 훨씬 더 전략적이고 구체적이며 본질적이다. 디지털 혁명은 아날로그의 영역인 물리적 세계와 디지털의 영역인 사이버 세계를 유기적으로 결합하며 조직의 업무 개념 자체에 대한 변화와 조직 전반에 걸친 혁신을 요구한다. 그것은 선진기업들의 성공 사례를 벤치마킹하는 것이 아니라 디지털 고객 경험을 바탕으로 고유한 디지털 비즈니스 모델을 개발하고 서비스를 디자인하며, 혁신적인 디지털 가치를 제공하고 디지털 생산성을 창출하는 활동이다. 또한 디지털 고객 경험을 개발하고 디지털 비즈니스 모델과 디지털 기술을 활용하여 해결을 시도한다. 그것은 디지털 플랫폼 생태계 구축을 통해 새로운 오퍼링(offering, 디지털 가치, 서비스 가치, 상품가치)의 패턴을 제시하는 것이며, 고객·공급자 등의 가치를 최대화하기 위한 조직 외부 관점의 혁신이다. 그것은 고객에게 제공하는 오퍼링, 고객과 조직의 상호작용 확대를 위한 비즈니스 모델과 내부 운영 측면에서 고객 가치를 구현

하는 디지털 운영 혁신을 하는 것이다.[10]

디지털 전환은 '제품 중심'의 사고방식에서 '고객 중심'의 사고방식으로 혁신하는 것이다. 디지털 가치는 상품 가치나 서비스 가치와는 별개로 '디지털 기술을 활용하여 부가가치를 창출하고 생산성을 높여주는 것'이다. 모바일, 앱, 클라우드, 인공지능, 콘텐츠, SNS 등과 같은 디지털 가치를 적극적으로 활용하면 고객 가치 구현과 더불어 기업의 경쟁력도 강화될 것이다. 기술 혁신에 따라 고객 관계 관리(CRM) 기법도 바뀌고 있다. 멀티채널(multi-channel), 크로스채널(cross-channel)이 온·오프라인의 경계가 사라진 하나의 옴니채널(omni-channel)로 통합되면서 온라인상에서도 고객의 구매 성향과 구매 관련 행동을 분석해 고객 가치를 실현하고 고객 만족을 극대화하는 eCRM이 주목을 받고 있다. 근년에 들어 옴니채널은 채널과 테크 중심의 전략에서 벗어나 고객과 데이터에 초점을 맞춘 새로운 디지털 서비스를 제공하고 있다. 고객 감동을 이끌어내어 기업 경쟁력을 강화할 수 있도록 옴니채널 전략을 디지털 전환의 관점에서 바라보기 시작한 것이다.

여기서 옴니채널의 특징은 O2O(online to offline)와 비교해 보면 분명히 드러난다. 옴니채널은 온·오프라인의 연결이라는 채널 접근은 O2O와 같지만, 기업이 추구하는 방향성과 전략은 다르다. O2O는 기업이 주도적으로 플랫폼을 기반으로 전 사업 분야에 걸쳐 신규 사업을 온·오프라인 채널로 확장하고 고객 인식 및 결제 기술을 중심으로 하는 전략을 추구한다. 반면 옴니채널은 고객 채널을 기반으로 신규 사업보다는 기존 채널을 통합하고 연계하는 데 중점을 두고 유통 및 금융 분야를 중심으로 고객 경험 및 관리 기술을 활용하는 전략을 추구한다.[11] 옴니채널 구현을 위한 디지털 기술로는 인식 기술, 위치 기반 기술, 분석 기술,[12] 모바일 쇼핑 애플리케이션, 결제 기술, 디지털 체감 기술, 디지털 사이니지(Digital Signage, 실시간 디지털 미디어), 드론 등을 들 수 있다.

디지털 전환의 전략은 제품, 비즈니스 모델, 운영·관리 프로세스, 고객 경험의 네 가지 영역[13]을 대상으로 추진하되, 이러한 전략이 성공을 거두기 위해선 기본적으로 리더십 역량(leadership capability)과 디지털 역량(digital capability)이 모두 충족되어야 한다. 성공 조건은 다음의 다섯 가지로 압축될 수 있다. 첫째는 디지털 비전 수립 역량이다. CEO의 명료한 디지털 비전과 우선순위 제시가 톱다운 방식으로 이뤄져야 하며, 오픈 이노베이션(open innovation)을 통해 변화를 추진하겠다는 CEO의 강력한 의지가 천명되어야 하고, 상황과 전략에 맞는 목적과 비전을 설정하여 단계별로 지속적인 R&D 혁신을 도모해야 한다. 둘째는 조직의 참여 유도 역량이다. 오픈 이노베이션을 추진할 전담 조직을 신설하고 디지털 생산성을 극대화할 수 있도록 CDO(최고 디지털 책임자)에 혁신의 주도권을 부여하며, 디지털 기술 및 추진 핵심 인재를 확보하고 조직의 대규모 참여를 유도할 수 있어야 한다.

셋째는 디지털 거버넌스(digital governance) 구축 역량이다. 디지털 혁신 전략을 추진하기 위해서는 이를 운영, 관리, 조정, 평가할 수 있는 거버넌스 체계가 구축되어야 하며, 디지털 거버넌스 구축을 위해 조직(운영위원회), 프로세스, 정책, 평가 체계가 마련되어야 한다. 넷째는 핵심 운영 역량 및 고객 경험 창출 역량이다. 핵심 운영 역량은 자원 조정, 외부 인터랙션(interaction), 생태계 가치 중심으로 전환되어야 하며, 이를 바탕으로 고객 경험 창출 역량이 확보되어야 한다. 다섯째는 비즈니스 모델 혁신 역량이다. 디지털 패러다임의 변화에 따른 SWOT(강점:strength, 약점:weakness, 기회:opportunity, 위협:threat의 이니셜) 분석을 기반으로 사업 전략을 재설정하고 파괴적 혁신을 통해 새로운 디지털 비즈니스 모델을 도출하고 최적의 디지털 비즈니스 포트폴리오를 구축해야 한다.[14]

미국 컬럼비아대학교 경영대학원 교수이자 세계적인 디지털 전문가인 데이비드 로저스(David L. Rogers)는 컬럼비아대 비즈니스 스쿨에서 쌓은 경험과 비즈니스 컨설팅 경험을 바탕으로 디지털 혁명이 바꾼 고객(customer), 경쟁(competition), 데이터(data), 혁신(innovation), 가치(value)라는 다섯 가지 전략의 핵심 영역에 집중하여 기업이나 조직이 디지털 시대에 어떻게 적응해 나가야 하는지에 대한 가이드라인을 제공한다.

디지털 혁명의 첫 번째 영역은 고객이다. 로저스는 아날로그 시대에서 디지털 시대로의 변화에 따라 기업과 고객의 관계가 극적으로 변화함을 보여준다. 즉 대중 시장(mass market)의 고객에서 동적인 네트워크(dynamic network)의 고객으로, 방송을 통한 고객 커뮤니케이션에서 양방향(two-way) 커뮤니케이션으로, 기업이 핵심 영향력자에서 고객이 핵심 영향력자로, 구매를 설득하는 마케팅에서 구매와 재구매, 지지를 고무하는 마케팅으로, 단방향(one-way) 가치 흐름에서 상호적인(reciprocal) 가치 흐름으로, 기업 규모의 경제에서 고객 가치의 경제로 변화한다는 것이다.[15]

디지털 혁명의 두 번째 영역은 경쟁이다. 로저스는 플랫폼 비즈니스의 전략적 중요성에 대한 인식을 바탕으로 아날로그 시대에서 디지털 시대로의 변화에 따라 경쟁에 대한 전략 가설이 변화함을 보여준다. 즉 정해진 업계 내의 경쟁에서 유동적인 업계 전역에 걸친 경쟁으로, 파트너와 경쟁자의 명확한 구분에서 파트너와 경쟁자의 모호한 구분으로, 제로섬(zero-sum) 게임의 경쟁에서 핵심 영역에서 협력하는 경쟁자로, 핵심 자산이 기업 내에 있는 것에서 핵심 자산이 외부 네트워크에 있는 것으로, 독특한 특징과 장점을 가진 제품에서 파트너와 가치를 교환하는 플랫폼으로, 분야별 소수의 지배적 경쟁자에서 네트워크 효과에 따른 승자독식(winner-takes-all)으로 변화한다는 것이다.[16]

디지털 혁명의 세 번째 영역은 데이터다. 로저스는 데이터를 가치 창출의 원천으로 삼고자 한다면 데이터를 핵심 전략 자산으로 다룰 필요가 있다며, 아날로그 시대에서 디지털 시대로의 변화에 따른 데이터의 역할 변화와 데이터에 대한 전략 가설의 변화를 보여준다. 즉 아날로그 시대에 데이터는 기업 내에서 생산되며 비싼 데 비해, 디지털 시대에 데이터는 어디서나 계속해서 생산된다. 아날로그 시대에 데이터의 난제는 저장과 관리인데 비해, 디지털 시대에 데이터의 난제는 가치 있는 정보로 전환하는 것이다. 아날로그 시대에 기업은 구조화된 데이터만 활용할 수 있는데 비해, 디지털 시대에는 비구조화된 데이터의 활용성과 가치가 증대한다. 아날로그 시대에는 폐쇄적인 운영 조직에서 데이터를 관리한 데 비해, 디지털 시대에 데이터의 가치는 조직 간 연결에 있다. 아날로그 시대에 데이터는 프로세스 최적화의 도구인 데 비해, 디지털 시대에 데이터는 가치 창출을 위한 핵심 무형 자산이다.[17]

디지털 혁명의 네 번째 영역은 혁신이다. 디지털 시대의 기업 혁신은 빠른 실험과 지속적인 학습에 기반을 두고 완제품에 집중하기보다는 실리콘밸리의 많은 린스타트업(Lean Startup)처럼 MVP(minimum viable product)를 개발하고 출시 이전이나 과정, 이후에 개선을 반복해 나가는 방식이다. 로저스는 아날로그 시대에서 디지털 시대로의 변화에 따라 혁신에 대한 전략 가설이 변화함을 보여준다. 즉 직관과 감각에 기반을 둔 의사 결정에서 실험과 검증에 기반을 둔 의사 결정으로, 아이디어의 테스트가 비싸고 느리고 어려운 것에서 아이디어의 테스트가 값싸고 빠르고 쉬운 것으로, 실험은 전문가에 의해 간헐적으로 실행되는 것에서 실험은 누구나 꾸준히 하는 것으로, 혁신의 관건이 정답을 찾아내는 것에서 정확한 문제를 푸는 것으로, 실패는 반드시 피해야 하는 것에서 실패는 빠르게, 적은 비용으로 학습하는 것으

로, 완제품에 집중하는 것에서 MVP 출시 후 반복 개선에 집중하는 것으로 변화한다는 것이다.[18]

디지털 혁명의 다섯 번째 영역은 가치이다. 전통적인 기업의 가치 명제는 오랫동안 경쟁 우위를 유지할 수 있는 원천으로 생각되었지만, 디지털 시대에는 고객 가치를 구현하는 디지털 운영 혁신이 요구된다. 로저스는 아날로그 시대에서 디지털 시대로의 변화에 따라 가치에 대한 전략 가설이 변화함을 보여준다. 즉 가치 명제는 업계에서 결정하던 것에서 고객 니즈의 변화에 따라 결정하는 것으로, 현재 가치 명제를 실행하는 것에서 고객 가치에 대한 다음 기회를 발견하는 것으로, 가능한 오랫동안 비즈니스 모델을 최적화하는 것에서 바뀌어야 할 때가 오기 전에 먼저 진화하는 것으로, 현재 사업에 미치는 영향에 따라 변화를 판단하는 것에서 다음 사업의 창출 가능성에 따라 변화를 판단하는 것으로, 시장의 성공으로 안주하는 것에서 강박적인 생존만이 가능한 것으로 변화한다는 것이다.[19]

디지털 시대의 기업이나 조직이 지속적인 생존과 기업의 경쟁력 강화를 위해선 이상과 같은 다섯 가지 영역의 혁신 전략을 실행할 새로운 사고의 틀이 필요하다. 로저스가 제시하는 디지털 혁명을 위한 생존 전략 가이드는 다섯 가지 핵심 전략 주제로 이루어져 있다. 즉 '고객 네트워크를 활용한다(Harness Customer Networks)', '제품이 아니라 플랫폼을 만든다(Build Platforms, Not Just Products)', '데이터를 자산으로 만든다(Turn Data Into Assets)', '빠른 실험으로 혁신한다(Innovate by Rapid Experimentation)', '새로운 가치 명제로 적응한다(Adapt Your Value Proposition)'는 것이다.

이 다섯 가지 전략 주제의 핵심 개념은 다음과 같다. 고객 영역에선 고객 네트워크를 활용하여 마케팅의 흐름을 재정립하고 구매 경로와 고객 네트워크의 핵심 행동 패턴을 파악한다. 경쟁 영역에선 제품이 아니라 플랫폼을 만드는 전략으로 플랫폼 비즈니스 모델을 구축하고, 직·간접 네트워크 효과와 중개 및 직거래, 경쟁 가치 흐름의 기본원리를 이해한다. 데이터 영역에선 데이터를 자산으로 만들기 위한 전략으로 데이터 가치의 틀, 빅데이터의 동인(動因), 데이터 주도 의사 결정의 인과관계 등을 이해한다. 혁신 영역에선 발산식·수렴식 실험, 최소 실행 가능한 프로토타입을 통해 빠른 실험으로 혁신하며 혁신의 규모를 확대하는 방법을 이해한다. 가치 영역에선 가치 명제에 지속적으로 적응해 나가는 전략으로 시장 가치의 핵심 개념과 하락하는 시장 입지를 극복하는 방법을 이해하고 가치 명제 진화의 단계에 적응하는 역량을 강화한다.[20]

21세기 디지털 기술은 플랫폼 기반 네트워크에 기초해 있으며, 개인이나 기업/산업과 비즈니스는 이러한 네트워크를 통해 유기적으로 연결되고 소통하면서 새로운 가치와 혁신을 창출해 내고 있다. 오늘날 디지털 혁명에 따른 초연결사회로의 진입이 가속화되면서 우리의 일상생활에도 새로운 문제가 등장하고 있다. 페이스북, 트위터(Twitter), 링크드인(LinkedIn), 포스퀘어(Foursquare)와 같은 소셜네트워크서비스의 급속한 확산으로 현실 속의 자아와 사이버 세계에서의 디지털 자아(digital self)가 동일시되면서, 기업이 소비자의 '디지털 자아'에 대한 데이터 분석에 주목하여 이를 통한 마케팅 구현에 관심을 갖게 된 것이다. 디지털 기술이 발전하면서 소비자의 모든 디지털 활동이 측정 가능해짐에 따라 포털에서 검색한 기록을 바탕으로 맞춤형 광고를 보여주거나, 온라인 쇼핑몰에서 구매한 성향을 파악해 제품을 추천해 주며, 최근에는 실시간으로 웹사이트나 휴대폰 접속자의 상황과 성향을 파악해 반영하는 기술까지 현실화되고 있다. 이로 인해 '프라이버시 보호'와 '편리한 생활' 사이에서 균형점 찾기[21] 문제가 제기된다.

또 다른 문제는 사망 후 온라인상에 남는 고인의 '디지털 자아'와 관련된 것이다. 2020년 2월 16일(현지 시각) 미국 시애틀에서 열린 미국과학진흥협회 (AAAS) 연례회의에서 미국 애리조나주립대학교 사회미래혁신부 교수 파힘 후사인은 '당신이 사망한 후 당신의 디지털 자아는 어떻게 될까'를 주제로 디지털 애프터라이프에 대한 발표를 했다. 사망 후 온라인상에 남는 고인의 정보를 '디지털 애프터라이프(Digital Afterlife)'라고 부른다. 오늘날 소셜 미디어 사용이 급증함에 따라 새로운 사회윤리적 이슈가 제기된 것이다. 후사인은 디지털 애프터라이프에 대해 "우리가 소셜 미디어에 우리의 사진, 기억, 메시지를 남긴 채 죽게 된다"며 "페이스북이나 구글 계정 등에는 우리가 어떤 것을 했고, 무엇을 말했고, 어떤 것을 검색했는지가 남게 되는데, 이런 부분에 대해 고심하고 이야기하는 사람은 아무도 없다. 모두가 디지털 애프터라이프에 영향을 받지만 여기에 대한 가이드라인은 없다"고 말했다. 가이드라인의 부재로 인해 소셜 미디어 회사들이 그들의 취향에 맞게 관련 정보들을 다루고 있다는 게 그의 주장이다.

통계전문업체인 스테티스타에 따르면 페이스북은 2019년도 4분기 월간 사용자가 25억 명에 달해 세계에서 가장 규모가 큰 소셜미디어가 됐다. 그런데 2060년경에 이르면 사망한 사용자의 숫자가 살아 있는 사용자의 숫자를 넘어설 것이란 분석이 나온다. 후사인의 주장에 따르면 디지털 애프터라이프에 대한 지침이 없다는 것은 법적인 안전망이 없다는 것이며, 실제로 사회운동을 하던 나히안 알 묵타디르의 가족들은 그가 사망한 후 그가 페이스북에 올렸던 글들을 책으로 출판하려고 했지만 페이스북이 그걸 막았고, 가족들은 나히안의 디지털 애프터라이프를 지키기 위해 싸워야 했다는 것이다. 후사인은 사망한 사람도 여전히 개인정보에 대한 권리를 가지고 있다고 생각한다면서, 당장 법으로 디지털 애프터라이프에 대해 규제하기보다 대화를 통해 이 문제를 어떻게 풀어갈지에 대한 논의가 필요하다고 주장했다.[22]

사실 '디지털 자아' 문제는 초연결사회가 직면해 있거나 직면하게 될 수 많은 문제들의 바탕을 이루는 것이다. 또한 초연결사회는 '인간/비인간 (nonhuman, 동물, 사물, 기계)/공간/환경 등에 대한 인식 전환과 함께 이들 간의 관계 양식에 대한 새로운 이해'[23]를 필요로 한다. 따라서 디지털 혁명이 가져올 경이로운 혜택만큼 초연결사회가 직면하게 될 사이버 리스크에 대해서도 대비가 필요할 것이다. 글로벌 네티즌들은 이러한 사이버 리스크에 대해 지속적인 관심을 가지고 '디지털 공론장(digital public sphere)'을 활성화하며 디지털 민주주의 인프라를 구축하는 민주주의 플랫폼을 만들어 커뮤니티의 연결을 강화하고 지속적인 캠페인을 벌이며 '디지털 행성'의 지킴이가 되는 일에 앞장서야 할 것이다.

사물인터넷과 플랫폼 경제

사물인터넷은 다양한 플랫폼을 기반으로 사물과 인간과 서비스를 연결하는 새로운 패러다임을 창출하고 있다. 사물인터넷은 사람과 사람, 사람과 애플리케이션을 연결하는 과거의 인터넷과는 달리, 인터넷이 센서나 통신기능을 갖춘 기기(스마트폰, 컴퓨터, TV, 자동차 등)에 접속하여 사람과 사람, 사람과 사물, 사물과 사물을 연결하여 역동적으로 정보를 교환할 수 있게 한다. 사물인터넷의 세 가지 핵심적인 개념 요소는 '네트워크로 연결된 스마트 기기들과 그 이용자들에 대한 식별(identification), 사물들 사이의 통신(communication), 그리고 상호작용(interaction)'[24]이다. 오늘날 사물인터넷이 새로운 부가가치를 창출할 수 있게 된 것은 정보통신 관련 기술과 기기의 진화, 즉 정보통신기술(ICT), 빅데이터, 클라우드 기술의 진화와 더불어 그것을 사용할 수 있는 환경이 조성되었기 때문이다. 4차 산업혁명에서 생산기기와 생산품 간 상호 소통체계를 구축하고 전체 생산 과정을 최적화하는 것도 바로 사물인터넷을 통해서이다.

사물인터넷의 발전은 크게 세 단계로 나눠볼 수 있다. 1단계는 기계나 기기를 네트워크로 직접 연결하는 M2M(Machine to Machine, 사물지능통신)이다. M2M은 처음에는 빌딩의 공조설비와 조명, 엘리베이터와 같은 시설관리나 자동판매기의 원격감시 등 특정 산업 분야에 적용되었으며 비용도 고액이었다. 그러나 기기와 스마트폰에 탑재된 센서와 무선통신 모듈의 소형화, 저가격화로 인해 크게 전환하는 계기를 맞게 된다. 그리하여 스마트폰이나 웨어러블 단말기에 장착된 각종 센서 데이터, 생체정보를 근거리 무선통신망이나 이동통신망을 통해 수집하고 해석하여 서비스하는 새로운 비즈니스가 출현했다. 스마트폰에 탑재된 가속도 센서, GPS, 지자기 센서의 정보를 수집하여 이동 경로나 관광 안내에 이용하는 것, 웨어러블 단말기로 생체계측 정보를 수집·분석하여 건강관리에 활용하는 것 등이 대표적인 사례이다.

사물인터넷 보급을 가속화하는 또 하나의 요인으로 들 수 있는 것이 통신캐리어와 MVNO(Mobile Virtual Network Operator, 가상이동통신망사업자)*에 의한 M2M 플랫폼 클라우드 제공이다. 이로써 새로운 하드웨어와 소프트웨어 추가 없이 사물인터넷 애플리케이션을 제공할 수 있게 되어 그 적용이 급속히 확대된 것이 사물인터넷의 2단계이다. 그리고 이들 센서망의 보급으로 인터넷상에 방대한 데이터가 축적되고 이 빅데이터를 인공지능 기술이나 비즈니

---

* MVNO란 KT, SK텔레콤, LG 유플러스와 같은 이동통신망사업자(MNO)의 통신망을 임대하여 독자적인 이동통신서비스를 제공하는 가상이동통신망사업자(한국케이블텔레콤(KCT), 온세텔레콤 등)를 말한다.

스 인텔리전스(business intelligence, BI) 툴로 해석해 다양한 정보를 제공하는 서비스가 창출된 것이 사물인터넷의 3단계이다. 사물인터넷의 종국적인 모습은 사람의 6감(시각·청각·취각·미각·촉각·지각)과 같을 것으로 예측되고 있다.[25]

사물인터넷은 기술적 관점에서는 물론 사회적 관점에서도 커다란 함의를 지닌다. 사물인터넷의 적용 범위는 산업, 자동차·건설기계·농업기계, 공공, 의료·간병, 농업, 생활에 이르는 광범한 분야를 포괄하고 있기 때문이다. 제러미 리프킨에 따르면 사물인터넷 플랫폼의 분산성, 개방성, 투명성으로 인해 '소유'가 아닌 '공유'가 새로운 경제 모델이 되고 있으며,[26] 우리는 지금 수많은 소규모 플레이어들이 참여하는 더 민주적인 형태의 분산 자본주의(distributed capitalism) 시대에 들어서고 있다.[27] 그는 사물인터넷의 미래를 이렇게 전망한다. "현재 사물인터넷에 기기를 연결해 주는 센서가 110억 개에 달한다. 2030년까지 센서는 100조 개에 이를 것이며 (…) 지속적으로 빅데이터를 통신, 에너지 물류 인터넷에 전송할 것이다. 누구라도 사물인터넷에 접근할 수 있으며 빅데이터와 데이터 분석 도구를 이용하여 효율성 속도를 가속화하고 생산성을 급격히 증가시키며 에너지, 제품 및 서비스를 비롯한 물리적 사물의 생산과 유통의 한계 비용을 현재 정보재처럼 거의 0에 가깝게 낮출 수 있는 자동 완성 알고리즘을 개발할 수 있게 될 것이다."[28]

사물인터넷은 민간기업/산업뿐 아니라 공공, 의료, 농업 등 다양한 분야로 그 이용이 확대되고 있다. 산업계에서는 '하드웨어에 가치가 있던 시대는 끝나고 소프트웨어와 서비스가 가치의 원천이 되고 있다'는 인식과 함께 제품 공급에서 벗어나 네트워크를 이용한 새로운 부가가치를 제공하려는 움직임이 일고 있다. 스마트폰이나 태블릿PC에 탑재된 다양한 애플리케이션이 기업 활동과 시민 생활에 큰 변화를 가져오고 있으며, 다양한 웨어러블 단말기가 건강관리나 인간 행동을 지원하는 데 이용되고 있다. 가전제품에도 인터넷 접속 기능을 가진 '네트워크 가전'이 등장하고 있으며 스마트폰으로 원격제어도 가능해졌다. 가전제품에서 생활용품에 이르기까지 부가가치 서비스가 확대되어 공급자와 사용자 간의 직접적인 연결이 실현되고 있다.

제조 현장에서는 설비와 기기에 설치된 센서 데이터를 서버에 축적하여 그 해석 결과를 토대로 프로세스를 효율화·자동화하는 제조공정 개혁이 이루어지고 있다. 또한 납품한 제품에 부착한 센서로부터 데이터를 수집하여 제품의 가동 상황을 파악하고 부품의 교환 주기나 보수 시기를 예측하는 서비스가 나오고 있다. 특히 자동차 분야에서는 주행하는 차에서 올라오는 데이터를 통해 안내하는 내비게이션 정보, 졸음운전 방지, 카메라와 각종 센서를 토대로 한 안전운전 지원시스템(긴급 브레이크, 자동주차) 등 ICT와의 연결이 획기적인 변혁을 가져오고 있다. 건설기계나 농업기계에 적용할 수 있도록 GPS를 이용한 무인운전이나 화상센서를 활용한 자동운전 시스템 개발도 추진되고 있다.

공공 분야에서는 생산연령인구 감소, 의료서비스 확대, 간병 수요 증가의 추세에 부응할 수 있도록 교통, 도로, 전력, 가스, 수도 등 공공 인프라 점검과 보수작업을 효율화하고 자동화하는 데 사물인터넷과 로봇을 활용하고 있다. 의료 분야에서는 디지털화된 의료정보를 의료기관이 공유하고, 의료 서비스의 고도화·효율화와 증가하는 의료비 억제에 사물인터넷을 활용하고자 한다. 제약회사에서는 축적된 의료 데이터나 유전자 정보를 토대로 의약 연구와 개발을 효율화하고자 한다. 농업 분야는 고령화와 취농 인구 감소 문제에 대한 대책으로 농업의 대규모화와 법인화, 사물인터넷을 이용한 농작물 재배 및 관리, 판로 확대 등이 강구되고 있다. IT 대기업이 제공하는 클라우드 환경을 통해 농작물 재배 환경과 생육 상황 등을 관리하여 생산성을 향상시킨 사례도 있다. 기업이 참여하여 운영하는 식물공장도 출현하고 있으며, 힘든 농사일을 도와주는 '파워드 슈트(Powered Suit)'나 농업기계를 무인운전하는 기술 개발도 추진되고 있다.[29]

그런데 사물인터넷 환경이 현실화되려면 사물인터넷을 구성하는 기기들의 표준화 문제, 사물들 사이의 네트워킹과 확장성 문제, 그리고 사물인터넷 시스템을 위한 최적화된 에너지 제공 문제 등 주요 기술적 문제들이 해결되어야 한다. 이와 함께 사물인터넷의 보안 문제, 개인정보 및 데이터 수집이 초래하게 될 프라이버시 침해 문제, 사물인터넷에서 생산되는 개인 데이터 이용과 관련된 데이터 소유권 문제 등도 사물인터넷 프로젝트가 해결해야 할 주요한 사회적 문제들이다. 이 외에도 복잡계적 성격의 강화로 인한 특이점이나 상전이(phase transition) 문제, 유유상종, 승자독식 문제, 플랫폼 지배에 따른 개별국가들의 데이터 주권 훼손 문제 등이 파생될 수 있다.[30]

스위스 세계경제포럼(WEF, 다보스포럼)의 창립자이자 회장인 클라우스 슈밥(Klaus Schwab)이 요약하는 사물인터넷의 긍정적 및 부정적 효과는 다음과 같다. 긍정적 효과로는 '자원 활용의 효율성 증가, 생산성 증가, 삶의 질 향상, 환경에 긍정적 영향, 서비스 가격 인하, 자원 활용 및 상황에 대한 투명성 증가, 비행기·식품 등의 안전성 증가, 물류 효율성 증대, 저장 공간과 대역폭에 대한 수요 증가, 노동시장의 변화, 새로운 비즈니스 창출, 표준 통신 네트워크상에서도 실시간 하드 애플리케이션 실현 가능, 상품 디자인의 디지털화 및 디지털 서비스 제공, 디지털 트윈(digital twin)*이 제공한 데이터로

＊　디지털 쌍둥이(Digital Twin)란 물리적인 실제 세계와 디지털 정보로 된 가상세계가 거울처럼 대칭적으로 작동하는 것을 일컫는 것으로, 구체적으로는 실물과 똑같이 구현된 가상의 제품을 지칭한다. ＊＊ 여기서 '디지털 진주만 습격'이란 디지털 해커 또는 테러리스트가 사회 기반 시설을 마비시켜 식료품과 연료, 전기를 몇 주간 차단하는 피해가 생길 수 있는 상황을 상정한 것이다.

모니터링·통제·예측 가능, 연결된 '스마트' 사물을 통해 가치와 추가적인 지식 발생 등을 들고 있다. 사물인터넷의 발달이 가져올 부정적 효과로는 '사생활 침해, 비숙련 노동자의 일자리 감소, 해킹·보안 위협에 노출 등을 들고 있다. 이 외에도 사물인터넷이 발달하면서 '디지털 진주만 습격'**과 같은 예측 불가능한 일이 일어날 수도 있다고 지적한다.[31]

기업 간(B2B) 세계에서 사물인터넷의 파급력은 매우 클 것으로 예상되고 있다. 첨단기술 투자회사인 클라이너 퍼킨스 코필드 앤드 바이어스(Kleiner Perkins Caufield and Byers, KPCB)의 파트너 데이비드 마운트(David Mount)는 다가올 혁신의 물결을 '산업 지각(Industrial Awakening)'이라고 부른다. 그는 산업용 기기들 간의 스마트 연결을 바탕으로 수십억 달러 규모의 산업을 창출할 잠재력을 갖춘 여덟 개의 시장 목록을 제시했다. 즉 보안, 네트워크, 접속 서비스, 제품으로서의 서비스, 지급, 개조, 번역, 수직적 애플리케이션이 그것이다.

보안은 플랫폼 기반 네트워크를 사용해 산업용 자산을 공격으로부터 보호하는 것이고, 네트워크는 산업용 도구들을 연결·통제하는 네트워크를 설계·구축 및 서비스하는 것이며, 접속 서비스는 새로운 네트워크를 관리하는 소프트웨어와 시스템을 개발하는 것이고, 제품으로서의 서비스는 기계와 도구를 판매하는 제조 기업을 플랫폼 연결을 통해 서비스 판매 회사로 변모시키는 것이다. 지급은 산업용 장비를 가지고 가치를 창출하거나 획득할 수 있는 새로운 방법을 실천하는 것이고, 개조는 기존 산업용 기계가 새로운 산업용 인터넷에 참여할 수 있도록 필요한 장비를 갖추는 것이며, 번역은 기기와 소프트웨어 시스템이 상호 데이터를 공유하고 통신할 수 있도록 가르치는 것이고, 수직적 애플리케이션은 특정 문제해결을 위해 산업용 도구들이 가치사슬의 다양한 지점에서 연결할 수 있는 방법을 찾는 것이다.[32]

초연결사회 디바이스의 성패가 실시간 데이터 수집능력과 처리능력에 달려 있다고 할 만큼 오늘날 데이터 기술의 중요성은 날로 커지고 있으며, 그 데이터 안에 있는 규칙을 발견해 내는 것이 큰 과제가 되고 있다. 휴대전화 통화의 네트워크나 메신저 네트워크, 페이스북이나 링크드인(LinkedIn) 네트워크는 로컬에서 글로벌 규모에 이르기까지 사람들의 연결망을 들여다볼 수 있게 한다. 미국의 네트워크 과학 전문가이자 사회학자 던컨 와츠(Duncan J. Watts)와 그의 지도교수 스티브 스트로가츠(Steve H. Strogatz)는 컴퓨터 시뮬레이션 실험을 통해 주변 사람들하고만 연결된 관계에서 몇 가닥의 무작위 연결이 가지를 뻗으면 몇 단계 만에 누구에게든 쉽게 연결될 수 있다고 결론 내렸다. 그들은 이 네트워크를 '작은 세상 네트워크(small world network)'[33]라고 불렀으며, 그 연구 결과는 1998년 네이처에 게재됐다.

그런데 와츠는 모든 것의 연결이 모든 요소들의 동등한 연결을 의미하지는 않는다는 것을 밝혀냈다. 오히려 정반대로 멱함수(冪函數, power function)의 법칙에 의해 지배되는 네트워크 구조가 일반적이며 '지름길'이 존재한다는 사실이 밝혀지면서 네트워크의 허브나 매개자들(intermediaries)에 대한 관심이 높아졌다. 연결의 밀도가 급증하는 초연결사회에서는 빅데이터가 매개자들의 역할을 부분적으로 대신하게 된다. 연구자들에 따르면 전 세계 플랫폼의 플랫폼이랄 수 있는 사물인터넷 네트워크의 경우에도 거대 허브가 생기고 선호적 연결을 따르도록 알고리즘이 만들어질 가능성이 매우 높다. 사물인터넷 플랫폼은 비즈니스 모델을 통한 수익 창출에 그치지 않고 생산된 데이터를 차등적으로 분배함으로써 수익 창출을 도모하려 할 것이다. 초연결사회는 수많은 서비스를 통해 편리함과 신속함을 가져다주겠지만, 데이터를 소유하지 못한 개인이나 기업, 국가는 처음부터 공정한 경쟁을 할 수 없는 상황을 받아들이는 대가를 지불해야 할 것이다.[34]

플랫폼은 비즈니스와 경제 및 사회 생태계를 철저히 바꾸는 매우 혁신적인 파괴력을 지닌 개념이다. 전통적인 관점에서 볼 때 기업 생존에 필수적인 자원조차 소유하지 않은 신생기업들이 단기간에 매우 극적이고 예상치 못한 변화를 가져오게 된 것은 새로운 비즈니스 모델인 플랫폼의 위력에 있다. 오늘날 가장 빠른 성장세로 가장 강력한 파괴력을 지닌 기업들, 즉 구글, 우버, 애플, 페이스북, 에어비앤비, 아마존, 유튜브(YouTube), 마이크로소프트(Microsoft), 이베이(eBay), 위키피디아(Wikipedia), 아이폰(iPhone), 업워크(Upwork), 트위터, 카약(KAYAK), 인스타그램(Instagram), 핀터레스트(Pinterest), 위워크(WeWork, 글로벌 공유오피스 기업), 디디추싱(Didi Chuxing, 중국판 Uber), 샤오미(Xiaomi), 루닷컴(Lu.com, 중국 핀테크 분야 기업), 바이두(Baidu), 알리바바(Alibaba), 텐센트(Tencent)[35] 등 유니콘(unicorn) 기업*의 한 가지 공통점은 이들 기업 모두 '플랫폼 비즈니스 모델(Platform Business Model)'을 구현하고 있다는 것이다.

유니콘은 기업가치 10억 달러 이상의 비상장 스타트업으로 소수의 투자자가 만든 기업가치이다. 주식시장에서 일반인들이 그 회사의 주식을 사거나 대기업이 현금을 주고 인수하면서 검증된 가치는 아니기 때문에 기업가치에 거품이 낄 수도 있다. 2019년 말의 위워크 스캔들은 거품 낀 기업가치의 확실한 사례이다. 2014년 2월 위워크가 유니콘이 된 이후 기업가치는 계속 올라갔고 소프트뱅크는 마침내 위워크의 기업가치를 470억 달러까지 인정했다. 그런데 2019년 말 위워크가 주식시장에 상장하려고 했을 때 매년

---

* 유니콘 기업이 계속 성장함에 따라 기업가치가 100억 달러 이상인 비상장 스타트업은 '데카콘(decacorn) 기업', 기업가치가 1,000억 달러 이상인 비상장 스타트업은 '헥토콘(hectocorn) 기업'으로 구분하기 시작했다.

조 단위 적자가 나는 회사의 거품 낀 기업가치를 일반 투자자들은 인정할 수 없었다. 월스트리트는 벤처 투자자들이 거금을 투입해 만든 인공적인 매출 성장보다는 수익성을 보여줄 것을 요구했다. 2019년 5월 상장한 우버의 주가가 공모가에서 30퍼센트 폭락했기 때문이다. 위워크는 상장을 포기했고 소프트뱅크는 위워크의 기업가치를 6분의 1로 축소했다.[36]

2019년 말까지 한국의 유니콘 스타트업 수는 총 11개이다. 전자상거래 업체 '쿠팡', 게임업체 '크래프톤', 쿠차·피키캐스트 등을 운영하는 '옐로모바일', 마스크팩 메디힐 화장품 '엘엔피(L&P)코스메틱', 배달의 민족 앱, 푸드테크 '우아한 형제들', 토스(toss) 송금앱 핀테크 '비바리퍼블리카', 전자상거래 업체 '위메프', 숙박 예약 업체 '야놀자', 종합 화장품 기업 '지피클럽', 온라인 패션커머스 기업 '무신사', 생명공학 전문 벤처기업 '에이프로젠'이 유니콘 스타트업에 올랐다. 유니콘이 가치를 증명하는 가장 빠른 방법은 수익성 확보다. 유니콘이 늘어나면 그 가치를 실현해 줄 유통시장이 있어야 한다. 따라서 유니콘 숫자에 집착하기보다는 건전한 유통시장을 만드는 데 힘써야 할 것이다.[37] 한국 유니콘 중 70퍼센트가 고전을 면치 못하고 있는 현실 때문에 업계에서는 유니콘으로 등극한 업체도 새로운 성장동력과 시장을 찾아야 한다고 조언한다. 특히 적자를 기록한 유니콘 대부분이 국내 무대에서만 활동하고 있는 만큼 국경을 넘어서야 '퀀텀점프(quantum jump)'가 가능하다고 지적한다.[38]

이제 플랫폼은 경제뿐 아니라 교육과 행정, 의료와 에너지 분야, 그리고 우리의 일상생활 속에까지 변화를 가져오기 시작했다. 플랫폼은 기술을 이용해 사람과 조직, 자원을 인터랙티브(interactive)한 생태계에 연결해 엄청난 가치를 창출하고 교환할 수 있게 해 준다. 플랫폼의 파괴력에 대해서는 혁신적인 플랫폼 몇 가지 사례에서 확연히 드러난다. 숙박시설 공유 플랫폼

에어비앤비는 호텔 방 하나 소유하지 않은 채 2008년 설립하여 192개국 3만 4,800여 개 장소에 대한 숙박을 중개하는 거대 기업이 되었다. 현재까지 에어비앤비 서비스 이용자는 6천만 명이 넘는다. 2019년 기준, 에어비앤비의 기업가치는 약 300억 달러이다.

스마트폰 기반 차량 공유 플랫폼 우버는 단 한 대의 차량도 소유하지 않은 채 2010년 샌프란시스코에서 서비스를 시작해 전 세계 200개 이상 도시에서 전통적인 택시 산업의 판도를 뒤바꾸고 있다. 2019년 기준, 기업가치는 약 1,200억 달러인 것으로 평가됐다. 그러나 한국의 경우 에어비앤비는 기존 호텔·모텔 사업자 반대로, 우버·타다는 택시업계 저항에 막혀 모두 '불법'이 됐다. 2020년 3월 4일 '타다 금지법(여객자동차운수사업법 개정안)'이 국회 법사위(법제사법위원회)를 통과한 데 이어 3월 6일에는 국회 본회의에서 표결 처리됨으로써 승합차 호출 서비스인 타다는 불법화된 것이다. 이에 대해 경제계에선 '정치권이 25만에 이르는 택시 기사들 표를 의식해 혁신 성장의 싹을 잘랐다'는 반응이 나왔다.

페이스북은 직접 창작한 콘텐츠 하나 없이 2004년에 설립하여 정기 사용자 23억 명으로 세계 최대의 소셜 네트워크 서비스(SNS) 기업이 되었다. 2019년 기준, 기업가치는 약 5,000억 달러이다.[39] 또 다른 사례는 중국 전자상거래 거대 기업 알리바바 산하 라이브 스트리밍 플랫폼 타오바오(Taobao)다. 소비자간 전자상거래 시장인 타오바오는 단 한 개의 재고도 없이 10억 종에 달하는 상품을 구비하고 있다. 타오바오 라이브는 코로나바이러스감염증-19(COVID-19) 영향으로 2020년 2월 비즈니스가 폭발적으로 증가한 것으로 나타났다.[40] 이런 사례들은 기업 생존에 필수적인 자원조차 소유하지 않은 스타트업 기업들이 플랫폼 비즈니스 모델을 이용해 전통적인 산업을 지배하고 시장 판도를 뒤바꾸고 새로운 산업을 창출하고 직업 세계를 바꿀 수 있음을 보여준다. 이것이 바로 플랫폼의 위력이다.

플랫폼의 가장 중요한 목적은 플랫폼 내에서 '상품과 서비스, 또는 사회적 통화를 교환하게 해 줌으로써 모든 참여자들이 가치를 창출할 수 있게 하는' 것이다. 가치의 창출과 이동이 단계적으로 일어나는 단선적인 파이프라인(pipeline) 방식에서 생산자와 소비자 그리고 플랫폼이 변수로 개입되는 복합적인 관계로 변화하면서 플랫폼이 창출한 가치의 교환이 이루어진다. 말하자면 '선형적 가치사슬(linear value chain)'로 설명되는 전통적인 '파이프라인' 구조에서 '플랫폼의 복합적인 가치 매트릭스'로의 변화가 진행되고 있는 것이다.[41] 플랫폼 비즈니스와 파이프라인 비즈니스의 중요한 차이점의 하나는 플랫폼 세계에서는 전통적인 마케팅에서 사용하는 푸시(push) 전략보다 바이럴(viral) 확산을 촉진하도록 설계된 풀 전략이 더 중요하다는 점이다.[42] 플랫폼 비즈니스 모델의 특징은 생산자와 소비자가 '연결'되는 '양방향'에 있으며, 이 양면시장(two-sided market)으로 불리는 구조가 활성화되기 위해서는 네트워크 효과(network effect)가 필수적이다.[43]

플랫폼 비즈니스가 전통적인 비즈니스보다 훨씬 빠르게 성장할 수 있는 것은 자신들이 소유하거나 통제하지 않는 자원을 활용하여 가치를 창출하기 때문이다. 이들 대부분의 가치는 자신들의 서비스를 이용하는 커뮤니티로부터 창출한다. 시가 총액 기준으로 볼 때 가치를 창출하는 플랫폼 기업들이 집중되어 있는 곳은 북아메리카이다. 애플, 마이크로소프트, 아마존, 구글, 페이스북, 오라클(Oracle), 인텔(Intel)이 북아메리카의 플랫폼 기업들이다. 대규모의 동종 시장을 형성하고 있는 중국의 플랫폼 기업들도 빠르게 성장하고 있다. 알리바바, 텐센트, 소프트뱅크(Softbank), 제이디닷컴(JD.com)이 아시아의 플랫폼 기업들이다. 유럽 플랫폼 기업은 좀 더 세분화된 시장을 갖추고 있으며, 그 가치는 북아메리카 플랫폼 기업의 4분의 1 미만이다.

SAP, 스포티파이(Spotify)가 유럽의 플랫폼 기업들이다. 이 외에 라틴아메리카와 아프리카의 플랫폼 기업으로 나스퍼스(Naspers)가 있다.[44] 대부분의 비즈니스가 플랫폼 혁명의 후보군에 속하고, 급성장세를 보이는 세계적인 브랜드들이 플랫폼 기업들인 것으로 나타난다.

2019년 글로벌 시가총액 기준 세계 5대 기업(The Big Five)은 애플, 마이크로소프트, 아마존, 구글, 페이스북이다. 이 5대 기업의 시가총액은 4조 달러가 넘는다.[45] 모두 플랫폼 비즈니스 모델을 따르고 있으며 앞으로도 그 비중은 계속 늘어날 전망이다. 오늘날 플랫폼 모델이 다양한 산업으로 빠르게 효율적으로 확장되면서 비즈니스의 거의 모든 측면에서 혁신적 변화가 감지되고 있다. 비효율적인 게이트키퍼(gate keeper)가 사라지고 있고, 공급자의 성격이 달라지고 있으며, 품질 관리 방식이 바뀌고 있고, 기업 활동의 초점이 이동하고 있다. 제품을 기반으로 세워진 많은 파이프라인 기업들이 여전히 존재하지만, 동일한 시장에 진출할 경우 거의 언제나 플랫폼 기반 기업들이 이긴다. 그 한 가지 이유는 파이프라인 기업들이 비효율적인 게이트키퍼에 의존하기 때문이다. 아마존의 경우 전통적 게이트키퍼인 편집자가 독자 커뮤니티에서 제공하는 자동 시장 신호로 대체되기 때문에 킨들(Kindle) 플랫폼 시스템이 빠르게 효율적으로 확장하면서 성장할 수 있었다.[46]

플랫폼 모델의 확산에 따른 혁신적인 변화로 공급자의 성격도 달라지고 있다. 에어비앤비와 같은 신생 플랫폼 기업들은 기업의 성장이 더 이상 자본의 투입과 물리적 자산의 관리 능력에 따른 제약을 받지 않고 '재고' 시스템을 운영하는 까닭에 성장세가 전통 호텔 기업에 비해 훨씬 빠르다. 품질 관리 방식도 바뀌고 있다. 모든 종류의 플랫폼이 킨들 플랫폼과 유사한 피드백 고리(feedback loop)에 의존하는 방식으로 바뀌고 있다. 플랫폼이 콘텐츠의 품질이나 서비스 제공자의 평판에 대한 커뮤니티의 반응을 수집할수록 이후 시장에서 상호작용이 더 효율적으로 이뤄진다. 기업 활동의 초점 또한 이동하고 있다. 플랫폼의 가치는 대부분 사용자 커뮤니티에 의해 생성되는 까닭에 혁신은 더 이상 사내 전문가들과 연구 개발팀의 전유물이 아니라 크라우드소싱과 플랫폼에 있는 독립적인 참여자들의 아이디어를 통해 일어난다. 최근에는 정보 기술 시스템도 아웃 오브 디 오피스(out-of-the-office) 실험이 소셜 미디어와 빅데이터를 활용하여 이뤄지고 있다.[47]

플랫폼의 출현은 다수의 산업에서 구조적 변화를 야기하고 있으며 시장 구조에도 변화를 가져왔다. 정보 집약적 산업은 물론 게이트키퍼를 고용하는 소매업과 출판업도 변화될 가능성이 크다. 전통시장, 의료 보험과 주택 담보 대출 시장에서도 변화가 일어나고 있다. 교육이나 의료와 같이 정보 집약적이고, 확장성이 없는 게이트키퍼가 있고, 고도로 분화되어 있고, 정보 비대칭성을 갖추고 있는 경우에는 플랫폼 혁명에 대비하지 않으면 도태되고 말 것이다. 에너지 생산과 분배, 금융도 모두 플랫폼으로 향하고 있으며, 물류와 수송은 고도로 효율적인 알고리즘을 지닌 플랫폼의 역량에 힘입어 차량과 자원의 이동을 조정하여 수급을 맞추는 방향으로 진화하고 있다. 앞으로 모든 노동 및 전문 서비스 시장에 플랫폼 모델이 적용되면 최고 수준의 전문서비스 분야에서는 승자독식 시장이 출현하게 될 가능성이 높다.[48] 애플, 구글, 페이스북, 아마존 등은 승자독식 시장의 대표적인 사례이다.

승자독식(winner-takes-all) 시장이 출현하게 되는 것은 플랫폼 경제, 플랫폼 비즈니스로 대변되는 네트워크 비즈니스에 있어서 '수확체증(increasing returns)의 법칙'이 적용되기 때문이다. 토지, 노동, 자본은 생산요소를 추가 투입하여 어느 시점이 지나면 한계생산량은 점차 감소하기 때문에 '수확체감(diminishing returns)의 법칙'이 적용된다. 반면 지적 자본은 오히려 '수확체증의 법칙'이 적용된다. 정보산업, 소프트웨어산업, 문화산업 등은 생산량이 증가하더라도 추가비용이 거의 들지 않는다. 유통시장, 자동차시장, 전자제품시장 등 수확체감의 법칙이 적용되는 비즈니스는 산업의 경계가 명확했기 때문에 기업은 점유율을 두고 경쟁을 벌이며 후발기업들은 벤치마킹을 통한 '캐치업(catch-up)' 전략을 구사했다. 반면 구글, 페이스북, 아마존, 우버와 같은 네트워크 기반 기업들에서 영역 간 경계는 큰 의미가 없으며, 수확체감이 적용되는 비즈니스에서 이야기하는 균형점이 존재하지 않으므로 결국 승자독식이 될 수밖에 없다.

승자독식을 추구하는 네트워크 비즈니스는 수확체증 현상의 확대를 도모하게 되고, 참여자가 많이 모여 있는 기존 네트워크에 다양한 서비스를 도입해 차별성을 없애는 한편 전환비용을 증대시켜 멀티호밍(multi-homing, 이용자들이 여러 마켓을 동시에 활용하는 현상)이 발생하지 않도록 하는 전략을 구사하게 된다. 예컨대, 페이스북에 메신저 기능과 동영상 재생 기능, 인스타그램 등 타 사이트와의 연동 서비스 등을 계속 추가함으로써 다른 사이트에 가지 않고도 원하는 서비스를 한 곳에서 누릴 수 있게 하는 것이다. 또한 네트워크의 가치는 연결의 수에 비례하기 때문에 단순히 많은 물리적 투자를 하는 것에 그치지 않고 연결의 상태를 잘 유지하고 확대할 수 있게 하는 유인적 조치들이 필요하다. 네트워크의 특성상 영향력 있는 노드들이 사라지면 멀티호밍 비용이 높다 해도 그에 딸린 링크들 역시 함께 사라질 것이기 때문이다.[49]

플랫폼 비즈니스 모델이 활성화되기 위해서는 플랫폼 참여자들의 역할과 이들에 대한 인센티브가 명확하게 제시되어야 하기 때문에 파이프라인 씽킹(pipeline thinking)에서 플랫폼 씽킹(platform thinking)으로의 전환이 요구된다. 새로운 디지털 비즈니스 모델 발굴 및 최적의 디지털 비즈니스 포트폴리오 구축과 함께 개인이 아닌 플랫폼 자체의 가치 극대화에 집중하여 플랫폼 참여자들의 역할과 니즈에 대한 이해를 바탕으로 지속적인 교류와 참여를 유도하는 수요 중심의 규모의 경제에 착안해야 할 것이다. 플랫폼의 파괴적 혁신은 궁극적으로는 개개인이 잠재력을 발휘할 사회적 여건을 조성하고 창조적이며 풍요로운 삶이 보장되는 사회, 다시 말해 인간의 제 가치가 실현된 세상에 초점을 맞추어야 한다.[50] 또한 우리 사회는 플랫폼 혁신이 창출할 구조적 변화에 대응하고, 권위의 계층화 현상을 완화함으로써 창조적인 균형사회를 만들 수 있도록 진력해야 할 것이다.

만물지능통신과 4차 산업혁명

정보통신 전문가들은 2010년대 4G 사물인터넷이 2020년대에는 초연결성이 강화된 5G 만물인터넷으로 진화할 것으로 전망하고 있다. 만물인터넷(IoE)은 "사물과 사람, 데이터, 프로세스 등 세상에서 연결 가능한 모든 것이 인터넷에 연결되어 상호작용하는 것을 의미하는" 용어이다. 만물인터넷의 궁극적인 비전은 만물(초)지능통신 기반의 초연결 인터넷이다. 2013년 세계경제포럼(WEF, 다보스포럼)에서는 만물인터넷을 "네트워크와 스마트 기기가 결합하면서 촉발시킨 연결 작용들이 스마트 기술을 토대로 서비스, 산업과 연결되고 결국 비즈니스와 삶의 모습을 바꾸는 기술"이라고 규정했다.[51] 말하자면 사물지능통신(M2M)이나 사물인터넷(IoT)보다 더 확장된 상위 개념으로, 사람과 데이터, 클라우드, 모바일 등 만물에 네트워크 기능이 탑재돼 인터넷으로 연결된 가장 발전된 형태의 인터넷 기술로서 초연결사회를 표징하는 용어이다.

만물인터넷은 '초고속 통신망, 스마트그리드(smart grid, 차세대 지능형 전력망),

유비쿼터스 센서 네트워크 등이 유기적으로 연결되어 단순한 사물 간의 연결을 넘어 센서로 정보를 수집하고 클라우딩 컴퓨터, 인공지능 등으로 정보를 분석하여 가치를 창출'[52]하는 미래의 모든 네트워크를 통칭하는 것으로 만물지능통신망을 의미한다. 만물인터넷은 '사물인터넷과 빅데이터 기술, 클라우드 기술 등 첨단 정보통신기술(ICT)을 종합한 최첨단 기술'로서 통신기술의 발전과 밀접하게 연관돼 있다. 스마트 기기의 대중화와 네트워크 환경의 개선, 클라우드와 빅데이터의 결합으로 만물을 연결하는 초연결 시대의 도래가 더욱 빨라질 것으로 전망된다. 만물인터넷 기술은 비즈니스와 결합하여 새로운 서비스를 창출하는 등 상업적 효과도 크다. 만물인터넷 단말기, 칩셋(chipset)을 활용한 다양한 기기서비스는 스마트그리드, 스마트미터(smart meter, 전자식 전력량계), 스마트홈, 헬스케어 등에서 활용 가능하다.

만물인터넷의 선두주자는 영국이다. 영국 엔필드 지역 엔필드 지방자치단체(Enfield Civic Centre)는 만물인터넷을 이용해 교통체증 및 공기 오염 등의 지역 문제를 해결하는 것은 물론, 세계적인 IT 기업 인텔과의 기술협력을 통해 지속적인 변화를 도모하고 있다. 만물인터넷의 활용에 공공기관뿐만 아니라 기업들도 발 빠른 움직임을 보이고 있다. 독일에서 열린 주요 IT 전시회인 'CeBIT 2014' 개막식에서 당시 데이비드 캐머런(David Cameron) 영국 총리와 앙겔라 메르켈(Angela Merkel) 독일 총리는 영국의 킹스칼리지런던(King's College London), 서리대학, 독일의 드레스덴대학이 공동으로 5G 이동통신기술 개발에 나서기로 합의했다고 밝혔다. 캐머런 총리는 "만물인터넷으로 인류의 건강 증진과 에너지 사용 감축, 교통 효율성 증대, 기후변화 대처 등의 과제를 해결할 수 있다"며, "독일과 영국이 이 같은 변화를 주도할 것"이라고 덧붙였다.[53] 미래 세계는 정보통신, 전력, 교통인프라를 만물지능통신망으로 재구축하는 데 성공한 나라가 주도권을 갖게 될 것이다.

만물인터넷은 첨단 ICT를 종합한 만물지능통신망으로 이를 구현하는 핵심 인프라는 5세대(5th Generation, 5G) 이동통신 네트워크이다. 5G 이동통신은 4세대(4G) 'LTE-Advanced Pro'에 이은 차세대 통신기술로서 공식 명칭은 'IMT-2020(International Mobile Telecommunications-2020)'이다. 글로벌 이동통신사들이 설립한 비영리 표준화 단체인 '차세대 모바일 네트워크 연합(NGMN)'은 5G 이동통신을 "완벽한 모바일 및 연결된 사회를 가능케 하는 엔드투엔드(end-to-end) 생태계"[54]로 규정한다. 5G는 28GHz의 초고대역 주파수를 사용함으로써 4G LTE보다 최소 20배 이상 빠른 속도, 0에 가까운 지연 속도로 초고화질(UHD) 영상, 3D 입체영상, 360도 동영상 및 홀로그램 등 대용량 데이터를 전송할 수 있다. 5G 이동통신 네트워크는 특히 속도·용량·연결성에 있어 자율주행차 외에도 4차 산업혁명이나 디지털 전환을 이끌 핵심 기술인 사물인터넷/만물인터넷, 인공지능(AI), 로봇공학, 블록체인(Blockchain), 클라우드(Cloud), 가상현실(VR)/증강현실(AR), 빅데이터 등을 구현하는 핵심 인프라인 점에서 4차 산업혁명의 대동맥이자 디지털 전환의 거대 동력이다.

만물인터넷은 계속해서 늘어나는 단말기와 그에 따른 폭발적인 데이터량을 수용할 수 있는 5G 무선통신 기술과 근거리 통신을 결합하여 우리의 삶을 더 편리하고 윤택하게 해 줄 것으로 기대되고 있다. 전기전자 및 정보통신 분야의 UN으로 불리는 국제전기통신연합(ITU)은 2020년 'IMT-2020'의 상용화를 목표로 2017년부터 5G 후보 기술의 국제 표준화 일정을 세웠다. ITU에서는 5G 이동통신의 핵심 서비스를 세 가지로 제시하고 있다. 즉 '초고속을 제공하는 eMBB(enhanced Mobile Broadband)', '초저지연을 제공하는 URLLC(Ultra-Reliable and Low Latency Communication)', '초연결을 제공하는 mMTC(massive Machine Type Communication)'가 그것이다. 초고속·초저지연·초연결의 이 세 가지는 ITU에서 정의한 5G 이동통신의 성능 목표이기도 하다. 이 성능 목표를 부연하면 다음과 같다.

"(1) 정지 상태에서 최대 데이터 전송 속도는 20Gbps급을 보장해야 한다 (eMBB). (2) 어떤 서비스는 1밀리세컨드 이내에 반응할 수 있는 초저지연 성능을 보장해야 한다. 또한 데이터의 송수신이 성공할 확률이 1-10-5 이상을 만족하는 고신뢰 성능을 보장해야 한다(URLLC). (3) 1㎢ 면적에 100만 명의 군중이 밀집해 있더라도 원활한 통신을 보장해야 한다(mMTC)." 초고속의 eMBB 서비스는 UHD, VR/AR, 홀로그램 등의 서비스를 염두에 둔 목표다. 초저지연의 URLLC 서비스는 자율주행 차량이나 드론, 로봇, 공장 자동화 등 기계들 간의 통신에 요구되는 사항이다. 초연결의 mMTC 서비스는 대규모 경기장이나 공연장, 지하철 환승 구간 등 밀집한 공간에 요구되는 사항이다.[55]

5G에서는 정밀한 수준의 원격제어를 위해 초고속만큼이나 초저지연(超低遲延)이 중요하다. 실제로 건설 현장의 중장비를 원격제어하는 일에서부터 원격수술에 이르기까지 다양한 산업 분야가 5G를 기반으로 융합되고 재편되고 있다. 교통과 공공안전 등 도시 전체가 데이터 기반으로 연결된 스마트시티는 5G 인프라를 기반으로 구현될 초연결사회의 총집결판이다. 2019년 4월 두산인프라코어는 LG유플러스와 함께 독일 뮌헨에서 열린 건설기계 전시회 '바우마 2019'에서 5G 통신 기반 건설기계 원격제어 기술을 선보였는데, 뮌헨 전시장에서 약 8,500km 떨어진 한국 인천의 굴삭기를 성공적으로 원격제어했다. 5G 네트워크의 초저지연 특성에 힘입어 전 세계 어디서든 5G 네트워크만 연결돼 있으면 건설 중장비를 제어할 수 있게 되었다.

5G를 활용한 원격수술 또한 현실이 되고 있다. 초저지연이 구현되면 실제 현장에 있는 것처럼 원격으로 상황을 판단할 수 있고 아무런 지연 없이 장비나 로봇 등을 조작할 수 있게 된다. 중국에서는 2019년 3월 5G 기술을 이용해 약 3천km 떨어진 환자의 뇌수술에 성공하는 등 5G 원격수술에 대

한 사례들이 나오고 있다. 한편 2019년 2월 스페인 바르셀로나에서 진행된 세계 최대 규모 이동통신산업 전시회 '모바일월드콩그레스(MWC) 2019'에서는 원거리 차량 원격제어, 5G 드론 택시 등이 시연·전시됐다. 글로벌 통신 장비업체 에릭슨(Ericsson)은 바르셀로나에서 스웨덴 현지의 차량을 원격제어하는 모습을 선보였고, 카타르의 이동통신사 우레두(Ooredoo)는 5G 클라우드 기반의 원격비행이 적용될 드론 택시를 전시했다. 원격제어는 무인화의 장점 때문에 작업의 효율성을 높이고 안전성을 챙길 수 있어서 지뢰 제거, 폐기물처리, 건물 철거 등 위험한 작업에도 활용될 수 있다. 나아가 스마트팩토리, 스마트건설, 스마트팜, 스마트항만, 스마트시티까지 기존 산업 영역에 5G 원격제어를 결합한 사업들이 전방위적으로 준비되고 있다.[56]

통신장비업체 에릭슨에 따르면 5G 상용화 이후 디지털 혁신이 진행됨에 따라 2026년 세계 ICT(정보통신기술) 시장 규모는 3조 2,810억 달러에 달할 것으로 전망된다. 이는 2016년 시장 규모 9,390억 달러의 3배를 넘는 수치다. 5G 통신은 반경 1km 이내 사물인터넷 기기 100만 개를 동시에 연결할 수 있으며, 데이터 송수신 과정에서 발생하는 지연 시간을 0.001초 이내로 줄일 수 있어 무인 자율주행차(autonomous car) 등 미래 기술 상용화의 핵심 인프라로 주목받고 있다.[57] 5G의 영역이 확장됨에 따라 5G 인프라를 기반으로 한 산업 혁신은 더 가속화될 전망이다. 2020년은 5G 상용화의 원년인 만큼 앞으로 해결해야 할 기술적 과제도 많고 기존의 사회적·제도적 정비도 이뤄져야 하지만 5G 원격제어를 기반으로 한 스마트 시대는 머지않아 열릴 것으로 전망된다.

고도화된 네트워크 기술이 실현되는 5G 시대에는 모든 사람, 기기, 산업이 연결되는 초연결사회가 현실화된다. 무인 자율주행차, 로봇, 가상현실/증강현실, 홀로그램, 원격의료 등 전 산업군에 5G 통신이 적용되고 초연결사회가 도래함에 따라 ICT와 에너지, 헬스케어, 금융 등이 결합된 새로운 융합산업이 본격화된다. 특히 5G 시대는 단순히 네크워크가 아닌 콘텐츠, 플랫폼, 디바이스 등과 연계해 산업 전반의 판도를 바꿀 것으로 예상된다. 세계 각국이 선제적 대응을 통해 5G 이동통신의 주도권을 확보하기 위해 총력을 기울이는 것도, 5G가 미래 신성장 동력으로 주목받고 있기 때문이다. 모든 사람과 기기, 산업이 통신 기반시설로 연결되고 홀로그램 캐릭터가 대중화되는 5G 시대가 다가오고 있다.[58] 이처럼 이동통신 기술의 진화는 사회 전 분야에 걸쳐 커다란 변화를 가져오면서, 소셜 네트워크에 의해 상호 연결된 신인류를 지칭하는 '호모커넥투스'라는 신조어까지 등장했다.

한국은 2018년 2월 평창 동계올림픽에서 KT가 세계 최초로 5G 기술을 활용한 시범서비스를 선보였다. 이어 2019년 4월 3일 오후 11시 5G 서비스 상용화 개시가 발표됨으로써 세계 첫 5G 상용화 국가가 됐다. 국내 테크(기술) 기업들은 2025년 7,900억 달러 규모로 성장할 것으로 예상되는 5G 시장의 주도권을 잡기 위한 설비투자를 본격화하고 있다. 2015년 이후 3년간 이동통신 3사(SK텔레콤·KT·LG유플러스)가 5G 서비스를 위한 네트워크 업그레이드·효율화·최적화에 대부분 투입한 연구개발(R&D) 비용은 2조866억 원에 달한다.[59] 5G 통신망이 구축되면 집 안에 있는 전자제품이 인터넷으로 연결되고 인공지능에 의해 통제되는 '스마트홈(Smart Home)'이 구현되며, 나아가 도시 전체가 하나로 연결되는 '스마트시티(Smart City)' 시대도 열릴 수 있다. 하지만 세계 최초 5G 상용화 1년여가 지난 지금, 이용자 불만과 투자 지연의 악순환으로 인해 아직 기대 수준에는 못 미치고 있다.

한편 도널드 트럼프(Donald Trump) 미국 행정부는 중국의 대표적 통신장비업체인 화웨이(Huawei)의 세력 확장을 억제하기 위해 총력전에 나섰다. 화웨이는 이미 노키아(Nokia), 에릭슨 등을 제치고 글로벌 최대 통신장비업체로 등장했다. 화웨이는 LG 유플러스에 LTE 장비를 공급하면서 한국 시장에도 깊숙이 들어왔다. 미국은 7년 전부터 화웨이 통신장비에 경고 조치를 해 왔으며, 2019년 5월에는 화웨이 장비가 중국 당국에 의한 스파이 행위에 이용될 수 있다며 국가 안보를 이유로 화웨이를 블랙리스트로 지정하고 미국 기업이 수출 등 거래를 하려면 사전 승인을 얻도록 했다. 이러한 미국의 화웨이 견제 배경에는 4차산업 대동맥인 5G망을 중국에 맡길 수 없다는 우려가 깔려 있다. 트럼프 행정부는 5G 분야에서 화웨이의 우위를 막기 위해 유럽연합(EU)을 비롯한 동맹국에 화웨이 장비를 사용하지 말 것을 지속적으로 요구하고 있다.

화웨이가 세계 1위 통신 사업자이면서 동시에 반도체로 휴대전화를 만드는 글로벌 스마트폰 업체인 만큼, 트럼프 행정부의 공세 범위도 5G에서 반도체로까지 확장했다. 트럼프 행정부의 화웨이에 대한 압박 수위가 점차 높아지는 가운데, 미국 정부는 2020년 4월 초 동맹국 기업을 백악관으로 초청해 '5G 서밋'을 개최하기로 했지만 COVID-19로 인해 무기한 연기될 가능성이 커졌다. 이 자리에는 한국 삼성전자, 핀란드 노키아, 스웨덴 에릭슨 등 화웨이를 제외한 경쟁 통신장비업체가 모두 초청됐으며, 미국 측에서는 트럼프 대통령을 비롯해 AT&T, 버라이즌, 퀄컴 등 주요 통신사가 참석할 예정이었다. 2020년 2월 23일 삼성전자는 미국 5위 이동통신사 'US셀룰러'에 5G·LTE(4세대 이동통신) 장비 공급계약을 체결했다. 이에 따라 삼성전자는 앞서 계약을 체결한 버라이즌·AT&T·스프린트까지 미국 통신 가입자의 80퍼센트를 차지하는 4개 미국 업체에 5G망을 공급하게 됐다. 시장조사기관 델오로(Dell'Oro)에 따르면 2019년 4분기 5G 통신장비 시장점유율은 1위가 화웨이(31.2%), 2위가 에릭슨(25.2%), 3위가 노키아(18.9%), 4위가 삼성전자(15%)였다.[60]

전 세계 테크 기업들의 명운이 5G·B5G(Beyond 5G) 시장 선점에 달려 있다. 5G 시장 선점을 위해서는 통신망 구축뿐만 아니라 이른바 '파괴적 혁신(disruptive innovation)'을 통한 비즈니스 모델 개발도 중요하다. 인공지능이나 로봇, 자율 드론 같은 5G 활용 분야에도 선제적인 투자가 요망된다. 4세대 통신 LTE가 스마트폰과 결합해 앱(응용 프로그램)이라는 새로운 경제를 창출해 내고 페이스북과 우버, 에어비앤비 등 거대 테크 기업을 탄생시켰다면, 5세대 통신 'IMT-2020'은 시간과 공간의 제약을 뛰어넘어 산업과 생활 방식을 완전히 바꾸는 4차 산업혁명(the Fourth Industrial Revolution) 시대 또는 디지털 전환 시대를 촉발함으로써 물리적 행성과 사이버 행성이 초연결되는 문명사적 대전환을 이루게 될 것이다.

세계는 지금 만물지능통신 생태계를 기반으로 4차 산업혁명의 물결이 일고 있다. 4차 산업혁명은 제조업에 디지털 혁명이 접목되는 방식으로 21세기의 시작과 동시에 출현했다. 사물인터넷/만물인터넷으로 대표되는 디지털 기술은 4차 산업혁명의 기반기술로서의 역할을 수행한다. 4차 산업혁명 시대의 환경은 정보통신기술(ICT)을 중심으로 사람, 기계, 산업, 국가 등 지구상에 존재하는 모든 사람과 사물, 서비스가 상호 연결되어 다양한 플랫폼을 기반으로 물리적 세계(오프라인)와 사이버 세계(온라인)가 결합함으로써 새로운 가치를 창출하는 초연결사회(hyperconnected society)를 기본 축으로 한다. 클라우스 슈밥(Klaus Schwab)은 4차 산업혁명의 기술적 특징으로 "유비쿼터스 모바일 인터넷, 더 저렴하면서 작고 강력해진 센서, 인공지능(AI)과 머신러닝(machine learning)"[61]을 들고 있다.

4차 산업혁명의 개념은 2010년 독일 제조업이 직면한 문제를 해결하기 위해 제조업에 ICT를 접목하여 최적화된 스마트팩토리(Smart Factory)를 구현하고 확장하는 프로젝트를 제시한 '인더스트리 4.0(Industrie 4.0)'에서 출발하여 2011년 하노버 박람회에서 소개된 이후 전 세계에서 사용되고 있다. 2016년 다보스포럼 이후에는 좀 더 광의의 개념인 4차 산업혁명이 공식적으로 제기되면서 4차 산업혁명을 견인할 인공지능과 로봇, 3D 프린팅과 퀀텀 컴퓨팅(quantum computing), 빅데이터와 클라우딩, 나노·바이오 기술 등 신산업을 둘러싼 세계 각국의 주도권 경쟁이 치열해지고 있다. 초연결·초융합·초지능의 4차 산업혁명은 'IBCA(IoT/IoE, Big Data, CPS, AI)의 오케스트라'이다. IoT/IoE를 통해 모인 데이터들을 클라우드에 저장하여 축적된 빅데이터로 CPS(가상 물리 시스템, 인공지능을 기반으로 물리적 세계와 사이버 세계를 네트워크로 연결한 지능형 시스템)를 구축하여 정확하고 효율적인 의사 결정을 통해 새로운 서비스와 비즈니스 모델을 창출해 낼 수 있다.

독일의 '플랫폼 인더스트리 4.0', 미국의 '산업 인터넷(Industrial Internet, 산업혁명과 인터넷 혁명을 융합하는 신산업혁명) 컨소시엄', 중국의 '중국제조 2025', 한국의 '제조업 혁신 3.0'과 같은 세계 각국의 4차 산업혁명 프로젝트는 초점이 조금씩 다를 수 있겠지만 그 본질은 두 가지로 압축될 수 있다. "첫째는 사람과 기계 설비, 공장을 연결하고 모든 사물을 네트워크화하는 만물초지능 통신 기반을 구축하겠다는 것이고, 둘째는 이 기반 위에 4차 산업혁명을 견인하는 플랫폼과 표준화를 선점하겠다는 것이다."⁶² 한국의 경우 특히 IoT/IoE과 스마트 헬스케어가 유망 신산업으로 떠오르고 있다. 기술 혁신에 따른 현실과 가상현실의 융합으로 모든 것이 연결되고 확장되어 더 지능적인 사회로의 진화가 가속화되고 있다. 최근에는 '인터넷 플랫폼을 기반으로 모든 사물·공간·산업·사람을 지능적으로 연결·융합해 인류의 사회·경제·생활방식을 변화'시킨다는 개념으로 확대되고 있다.

4차 산업혁명을 견인하는 핵심기술들이 실현되기 위해서는 기반기술로서의 정보통신기술(ICT)이 매우 중요하다. 인터넷에 연결되는 사물의 수는 2020년에는 500억 개의 디바이스들이 네트워크에 접속할 것으로 전망된다. 이러한 초연결사회의 기반이 All-IT 네트워크 5G 이동통신이 될 것이고,

IT·자율주행차·AR/VR·헬스케어 등의 버티컬 산업이 5G 이동통신 네트워크 인프라 기반의 융합 서비스를 제공할 것이다. 이 5G 이동통신 네트워크가 지원하는 환경에서 IoT/IoE, Cloud, 빅데이터, 인공지능(AI)이 ICT 산업의 성장을 견인하게 될 것이다. ICT 산업이 성장하면 의료, 운송, 생산, 금융, 유통, 교육 분야 등에서도 지능정보 가치가 창출되고 우리의 삶과 비즈니스에도 혁신적인 변화가 일어날 것이다.[63]

4차 산업혁명 성공의 열쇠는 5G 기반의 ICT 기술이다. 따라서 4차 산업혁명을 선도하기 위해서는 ICT 산업의 성장을 견인할 수 있도록 5G와 AI의 융합을 통해 '지능형 네트워크'로의 진화가 요망된다. 4차 산업혁명의 파괴적 혁신은 속도(velocity), 범위와 깊이(breadth and depth), 시스템 충격(systems impact)이 가져오는 효과로 인해 예측 불가능한 미래와 마주하게 한다. 우리가 살고 있는 세계는 다면적이고 깊이 연계되어 있으며 네트워크에 기초한 신기술의 등장으로 변화는 기하급수적인 속도로 진행되고 있다. 범위와 깊이에 있어서도, 디지털 혁명을 기반으로 한 4차 산업혁명은 다양한 과학기술을 융합해 경제뿐 아니라 개인과 사회 전체를 새로운 패러다임으로 안내한다. '무엇'을 '어떻게'라는 문제뿐 아니라 우리는 '누구'인가라는 인간 정체성에 대해서도 변화를 일으키고 있다. 시스템 충격 면에서도 4차 산업혁명은 국가 간, 기업 간, 산업 간 그리고 사회 전체 시스템의 변화를 수반하는 대전환의 물결이다.[64]

유럽 최대의 전략 컨설팅 회사 롤랜드버거(Roland Berger)는 4차 산업혁명의 주요 특성을 일곱 가지로 대별하고 있다. 즉 (1) 가상 물리 시스템(CPS)과 시장, (2) 로봇의 상호 연결형 업무 수행과 인간-기계 인터페이스(Human-Machine Interface, HMI) 사용, (3) 빅데이터, (4) 연결성의 새로운 특성(디지털 세계의 범위를 벗어나 실제 현실 세계의 특징), (5) 에너지 효율성과 분산화, (6) 가상 산업화(i.e. 디지털 트윈), (7) 팩토리 4.0(센서·3D 프린터·차세대 로봇 등 새로운 기술 적용, 제조의 완전한 연결 지향)이다. 롤랜드버거는 디지털화된 빅데이터가 비즈니스는 물론 공공정책에서도 효율성을 개선하여 공익을 도모할 수 있다고 보았다. 빅데이터는 흔히 용량(Volume), 다양성(Variety), 속도(Velocity)를 뜻하는 3V로 정의된다. 빅데이터는 세 분야의 주요 혁명이 융합되면서 등장했다. "인공지능은 비정형 데이터 처리를 가능하게 하고, 분산 컴퓨팅은 데이터 처리 능력을 획기적으로 개선하고, 머신러닝은 데이터 학습이 가능한 스마트 알고리즘을 개발한다."[65]

4차 산업혁명에서 인간과 기계와 자원은 가상 물리 시스템(CPS)를 기반으로 전 과정 논스톱 커뮤니케이션을 한다. CPS는 분산 네트워크를 구축하고 자율적으로 최적화함으로써 인간과 기계 사이의 새로운 균형을 유지하고, 사람들을 '코피티션(coopetition, cooperation과 competition의 합성어)', 즉 협력적 경쟁의 단계로 이끌어 새로운 부가가치와 비즈니스 모델의 탄생에 일대 혁신을 일으킬 것이다. 4차 산업혁명의 미래는 표준화에 대한 노력 여하에 달려 있다. 유럽은 M2M(Machine-to-Machine, 사물지능통신)을 획기적으로 간소화시켜 줄 통일된 데이터 구조와 공통 표준을 만들기 위해 전력을 기울이고 있다. 독일 단체 '플랫폼 인더스트리 4.0'은 현재 '표준화 로드맵'을 계획하고 있으며, 미국 스마트제조선도기업연합(SMLC)도 같은 문제를 다루고 있다.[66]

4차 산업혁명은 물리학, 디지털, 생물학 기술을 다차원적으로 융합하여 인간과 기계, 현실세계와 가상세계, 공학적인 것과 생물학적인 것, 조직과 비조직을 융합하는 특징적 형태를 보이고 있다. 클라우스 슈밥은 이 세 가지 분야의 신기술이 4차 산업혁명 시대를 견인할 것으로 예단한다. 그는 신개발과 신기술의 공통된 특성으로 디지털 기술과 정보통신기술(ICT)이 기반기술(base technology)로 활용되고 있는 점을 꼽았다. 대표적인 물리학 기술 분야로는 다양한 무인운송수단, 3D 프린팅과 4D 프린팅, 첨단 로봇공학, 신소재 등을 들 수 있다.[67] 사물인터넷/만물인터넷으로 대표되는 디지털 기술은 4차 산업혁명의 기반기술이다. 스마트폰, 태블릿, 컴퓨터와 같이 인터넷과 연결된 기기들의 기하급수적인 증대로 원격 모니터링 기술이 광범위하게 활용되고 있다. 이 외에도 블록체인 기술, 디지털 플랫폼 기술, 핀테크(FinTech) 등을 들 수 있다. 디지털화 추세는 헬스케어 분야에서도 분명한 트렌드로 나타나고 있다. 아마존, 구글 등의 거대 기술 기업은 이미 헬스케어를 미래 핵심 투자 분야로 선정했다.

기술 혁신은 유전학과 합성생물학(synthetic biology) 같은 생물학 분야 기술에서도 나타난다. 컴퓨터 능력의 비약적인 향상으로 연산력과 데이터 분석이 발전하여 유전자 염기서열 분석의 비용은 줄고 절차는 간소해졌으며, 손상된 DNA를 제거해 문제를 해결하는 유전자 가위 기술도 계속해서 진화하고 있다. 크리스퍼(CRISPR)-Cas9라는 3세대 유전자 가위 기술의 개발로 유전자 편집(genome editing) 및 교정 분야의 기술이 급속도로 발전하고 있다. 하지만 크기가 큰 Cas9 시스템은 원하는 타겟만 편집하는 기능이 비교적 낮아 안전성 문제와 급성 면역거부반응을 일으키는 문제가 있다. 이에 반해 새로운 유전자 가위인 Cpf1은 Cas9보다 상대적으로 작은 크기로 안정성이 높아 유전자 치료에 적합한 강점을 지니지만 유전자 교정 효율이 낮다는 것이 단점이다.

한국생명공학연구원 유전자교정연구센터 김용삼 박사팀은 크리스퍼-Cpf1의 장점은 유지하면서도 효율을 높이는 기술개발에 성공함으로써 바이러스 전달체를 이용한 유전자 치료 활용 가능성을 높였다. 연구 결과는 생물학 분야 세계적 학술지인 『네이처 커뮤니케이션 *Nature Communications*』(2018.9.7) 온라인 판에 게재됐다.[68] 또한 유전자 편집 기술과 결합한 바이오프린팅(bioprinting, 생체조직 프린팅 기술)을 통해 피부와 뼈, 조직의 생산이 가능해지고, 유전자지도(genome map)를 통해 질병을 예측하여 선제적으로 대응할 수 있는 개인 맞춤형 헬스케어 시대가 열릴 것으로 전망된다.

4차 산업혁명과 관련해 가장 민감한 사안 중 하나는 일자리 문제이다. 디지털화와 자동화의 혜택이 '기술적 실업'을 보충할 수 있을 것인가에 대해 롤랜드버거는 4차 산업혁명에는 수많은 일자리가 포함돼 있다고 본다. 4차 산업혁명에서 가치 창출은 양적 크기, 규모 효과, 노동 비용 요인이 아니라, 제품과 서비스의 맞춤화 및 투입 자본의 감소에 의해 이뤄질 것이며 이러한 새로운 가치 동인에는 새로운 활동과 일자리 창출의 가능성이 잠재해 있다는 것이다. 4차 산업혁명은 네 가지 주요 사안, 즉 자산 경쟁력의 향상, 유연성, 수요의 이동과 변화 대응 능력, 그리고 생산의 지역화에 대응하며 작은 조직들을 인구 밀집 지역에 위치시켜 일종의 '가내공업 르네상스'를 촉진한다는 것이다.[69]

과학기술 혁신이 노동시장에 끼치는 영향에 대해 클라우스 슈밥은 향후 수십 년 내에 다양한 산업 분야와 직군에서 기술 혁신이 노동을 대체하게 되리라고 보았다. 이미 여러 직종에서 기계적인 단순 반복 업무나 정밀한 육체노동은 자동화되었으며, 예상보다 빠른 시일 내에 변호사, 재무분석가, 의사, 기자, 회계사, 보험판매자나 사서와 같은 직업군 역시 부분적으로 혹은 전면적으로 자동화가 이루어질 것으로 전망했다. 그는 4차 산업혁명이 전 세계적으로 노동시장과 업무 현장에 변화를 가져온다는 사실은 피할 수 없는 일이기 때문에 이 사태를 인간 대 기계의 딜레마로 해석해서는 안 된다며, 리더는 지능형 컴퓨터와 협업할 수 있도록 노동력을 대비시키고 교육 모델 개발에 주력해야 한다고 강조했다. 또한 그는 4차 산업혁명의 사회적 파급효과와 관련하여 긍정적 영향과 동시에 부정적 영향도 있기 때문에 특히 불평등, 고용, 노동시장에 관련된 문제들을 제대로 인식하고 다룰 필요

가 있다고 본다.[70]

　4차 산업혁명의 진행에 따른 산업 지형의 거대한 변화는 위협인 동시에 기회가 된다. 피어그룹 간 공유(peer-to-peer sharing)가 일상화되고, 사용자가 콘텐츠를 만들어내는 대변환의 시기에 조직, 프로세스, 역량 등을 변화시키고 혁신하는 기업은 살아남을 것이다. '산업 민주주의' 트렌드에 따라 작고 자율적인 '이동식 제조 조직(mobile manufacturing unit)'이 현지 시장용 제품을 생산해낼 수 있다. 이런 유형의 게임 체인저(game changer)는 외국인의 직접 투자 환경을 변화시킬 수 있다. '메이커 스페이스(Maker Space, 사물을 즉석에서 만들어낼 수 있는 협업 공간)'와 같은 개방형 생산기지와 클러스터가 조성되므로 조직은 훨씬 더 분산되고 유연해질 것이다.[71]

　조직의 분산성과 유연성은 세계적인 미래학자 자크 아탈리(Jacques Attali)가 예단한 '하이퍼 민주주의' 시대로의 이행을 촉발할 것이다. 아탈리는 그때가 되면 트랜스휴먼으로 불리는 전위적 주역들의 등장으로 '관계의 경제'라고 하는 새로운 경제활동이 시장경제와 병행해서 발전하다가 궁극적으로는 시장경제의 종말을 고하게 될 것이라고 본다. 그리하여 상업적 이익보다는 관계 위주의 새로운 집단생활을 창조할 것이며, 창조적인 능력을 공유하여 보편적인 지능(universal intelligence)을 탄생시킬 것이라고 본다.[72]

　만물지능통신 기반의 4차 산업혁명은 속도, 범위와 깊이 그리고 시스템 충격이란 측면에서 근본적이고 글로벌한 특성을 갖기 때문에 관련 이슈에 대해 다양한 분야와 경계를 아우르는 상호 협력과 파트너십이 요구된다. 초연결사회가 '존재의 섬'이 아니라 호모커넥투스의 본질적 특성인 연결성·소통성·능동성을 구현한 '따뜻한' 사회가 될 수 있기 위해서는 기술 고도화와 공동 기술 개발에 기울이는 만큼의 관심과 정성을 '의식의 플랫폼(platform of consciousness)' 정비에도 기울여야 할 것이다.

"(현대 물리학에서) 우리는 이제 세계를 서로 다른 대상 그룹이 아니라 서로 다른 연결 그룹으로 나눈다.…구별할 수 있는 것은 어떤 현상에 있어서 가장 중요한 연결 유형이다..…따라서 세계는 사건들의 복잡한 조합으로 나타나며 그 안에서 다른 종류의 연결들이 교대로 일어나거나 중첩되거나 결합되어 전체의 구조를 결정한다."

"(In modern physics), one has now divided the world not into different groups of objects but into different groups of connections… What can be distinguished is the kind of connection which is primarily important in a certain phenomenon…The world thus appears as a complicated tissue of events, in which connections of different kinds alternate or overlap or combine and thereby determine the texture of the whole."

- Werner Heisenberg, *Physics and Philosophy*(1958)

09

호모커넥투스 시대

- '디지털 행성(Digital Planet)' 시대로의 대전환
- 공감의 시대를 여는 지혜의 연금술
- 호모커넥투스 시대: 전망과 과제

의식이라는 소프트웨어가 인체라는 하드웨어의 한계를 넘어 널리 확장되면, 삶과 죽음, 주관과 객관, 개체와 전체 등 물질적 육체로부터 기인하는 온갖 이분법이 의미를 상실하게 될 것이다. 그렇게 되면 인간의 정체성을 육체적 자아와 동일시 하는 일도 없을 것이다. 이처럼 물질계는—과학기술의 발달을 포함하여—아무런 방향성 없이 흘러가는 것이 아니라 의식계와 조응하여 '오메가 포인트'를 향해 나아가고 있으며, 종국에는 '집단 영성의 탄생'으로 이어질 것이다. 그때가 되면 알게 될 것이다. 자신의 정체성이 육체적 자아가 아니라 영성(spirituality) 그 자체라는 것을! 그리고 모든 미망(迷妄)의 뿌리가 바로 'I AM'에 대한 인식의 결여, 즉 영적 일체성(spiritual identity)의 결여에서 오는 것임을 호모커넥투스는 깨닫게 될 것이다.

- 본문 중에서

09 호모커넥투스 시대

> 사물들 전체의 전일성을 깨닫지 못할 때, 개체화뿐만 아니라 무지가 일어나고
> 온갖 부정한 심상(心相)이 커지게 된다.
> When the oneness of the totality of things is not recognised, then ignorance
> as well as particularisation arises, and all phases of the defiled mind are thus
> developed.
>
> - Ashvaghosha, *The Awakening of Faith* (1900)

'디지털 행성(Digital Planet)' 시대로의 대전환

5세대(5G) 이동통신이 2019년 4월 한국과 미국을 시작으로 상용화된 데이어, 6세대(6G) 이동통신의 주도권을 둘러싼 글로벌 경쟁이 뜨겁게 달아오르면서 '디지털 행성(Digital Planet)' 시대로의 대전환이 예고되고 있다. 핀란드는 발전한 IT 인프라를 바탕으로 6G 이동통신 기술개발을 선도하고 있다. 핀란드 오울루대학교는 2018년 3월부터 8년 동안 약 3천억 원을 투자하는 세계 최초 6G 플래그십 프로젝트 '6Genesis(6G-Enabled Wireless Smart Society & Ecosystem)' 사업을 주관하고 있으며, 세계 최초 6G 프로모션 행사인 6G 와이어리스 서밋(Wireless Summit)을 개최했다. 6G 플래그십 프로젝트를 주도하고 있는 오울루대학교 마티 라트바아호(Matti Latva-aho) 교수팀은 2019년 9월 세계 최초의 6G 백서를 발간해 6G 시대의 의미와 산업발전 방향, 연구 과제 등을 정의했다.

6G 백서에 따르면 '6G의 결론은 데이터이며, 무선 네트워크 내에서 데이터를 수집, 처리, 전송하고 소비하는 방식이 6G의 발전을 이끌 것'으로 보인

다. 6G 차세대 통신기술은 초당 100Gbps 이상의 전송 속도를 구현해 사람과 사물, 공간, 데이터를 유기적으로 연결하는 환경을 조성함으로써 만물지능인터넷(AIoE) 시대를 열 것으로 전망되며, 오는 2030년경 상용화될 것으로 예상된다. 또한 6G 시대에 스마트폰은 가벼운 안경 형태의 'XR 디바이스'로 대체되며 웨어러블 디스플레이, 고해상도 이미징 기술 등을 바탕으로 텔레프레즌스(telepresence)도 가능해질 전망이다. 표준화 기관인 국제전기통신연합(ITU)도 2020년 표준화 절차에 착수해 비전 수립, 요구사항 정의, 기술 제안, 기술 검증 등 작업을 시작할 예정이다.[1]

핀란드뿐만 아니라 한국을 포함한 세계 각국은 이미 6G 선점 경쟁에 뛰어들었다. 한국은 2028년 6G 상용화를 목표로 2021년부터 8년간 약 1조 원의 R&D 비용을 투입한다는 구상이 공개됐다. 한국전자통신연구원(ETRI)은 이미 2018년 6월 테라헤르츠 대역 주파수로 6G 이동통신 기술개발에 착수했다. 또한 2019년 6월 한국전자통신연구원과 핀란드 오울루대학교는 6G 이동통신 기술협력 및 공동연구를 위한 양해각서(MOU)를 체결했다. MOU 체결을 통해 양측은 5G와 5세대 이후(B5G) 이동통신 기술, 6G 무선접속·네트워크 기술, 6G 이동통신 기술 홍보, 그 외 합의된 다른 통신기술 영역에 대해 공동연구를 진행키로 했으며, 오울루대학교의 '6Genesis' 프로젝트와 ETRI의 B5G·6G 사업 간 공동참여 기회를 제공하고 연구 성과를 공유하는 정기 교류회를 개최할 예정이다.[2]

한국 기업들도 6G 개발에 박차를 가하고 있다. 삼성전자·LG전자·KT·SK텔레콤 등 ICT(정보통신기술) 기업 중심으로 2019년 초부터 6G 시장을 공략하기 위한 선제적 투자가 시작됐다. 삼성전자는 2019년 6월 R&D 전담 조직인 삼성리서치의 조직 개편을 통해 차세대통신연구센터를 신설하여 6G 연구팀을 비롯한 선행 솔루션팀, 표준연구팀 등을 구성했다. LG전자는 2019

년 1월 카이스트(KAIST)와 'LG전자·KAIST 6G 연구센터'를 설립해 글로벌 표준화를 주도하고 신규 사업 기회를 창출하려는 전략을 세우고 있다. KT는 2019년 6월 서울대 뉴미디어통신공동연구소와 '6G 통신 공동연구 및 자율주행 사업 협력을 위한 업무 협약'을 체결하고 컨소시엄을 구성해 본격적인 연구 활동을 추진할 계획이다. SK텔레콤 또한 2019년 6월 글로벌 통신장비 업체 핀란드 노키아, 스웨덴 에릭슨과 각각 5G 기술 고도화와 6G 공동 기술 개발을 위한 양해각서(MOU)를 체결하고 향후 긴밀한 R&D 협력을 추진하기로 했다.[3]

한편 미국 국방부 산하 연구기관인 방위고등연구계획국(DARPA)은 이미 2017년 7월 6G 연구 프로젝트에 본격 착수했다고 밝혔다. 중국은 2018년 6G에 대한 연구를 시작해, 2019년 11월 과학기술부·발전개혁위원회·교육부·공업정보화부·중국과학원회 등이 협력해 '국가 6G 기술 연구 업무 개시 선포식'을 개최하며 국가 주도 6G 연구개발을 공식화했으며, 2020년부터 본격 개발에 착수하고 2030년 상용화를 목표로 하는 계획을 밝힌 바 있다. 일본은 2018년 5월 NTT(일본전신전화공사)가 세계 최초로 100Gbps 무선전송 시연의 성공을 알리면서 6G 도전 가능성을 언급한 데 이어, 2020년 2월 총무성 직속기관으로 6G 관민(官民)연구회(도쿄대 총장을 좌장으로 NTT도코모, 도시바 등 IT업계 관계자가 참여)를 발족했다. 유럽연합(EU)은 5G+와 6G를 연계한 호라이즌 유럽 프로젝트(Horizon-Europe)를 2021년부터 2027년까지 계획 중이며, 러시아 등도 6G 관련 작업을 진행시키고 있는 것으로 알려졌다.

이처럼 주요국들은 다가올 '만물지능인터넷' 시대 시장 선점을 위해 앞다퉈 6G 연구에 돌입했다. 2011년 상용화된 4G LTE에서 5G로 넘어가기까지 8년이 걸렸다는 점에서 아직 5G 상용화가 안착되지 않은 초기에 6G를 언급하는 것은 너무 빠르다는 지적이 있기는 하지만, 6G 표준 기술 등 시장 주도권 확보를 위해서는 긴 호흡으로 준비해야 한다는 의견이 지배적이다. 5G 통신 비전 수립이 4G LTE 상용화 다음 해인 2012년부터 시작된 것을 감안하면, 지금부터 6G를 준비하는 것이 결코 이르지 않다는 것이 한국 정부와 업계의 공통된 견해다. 한국이 2018년 2월 평창 동계올림픽에서 세계 최초로 5G 기술을 시범서비스하고 평창 규격을 만들어 80퍼센트 이상을 3GPP 표준에 반영시킨 것처럼, 6G 연구도 지금 시작해야 5G처럼 한국이 세계 최초 6G 상용화 국가가 될 수 있다는 것이다.[4]

2020년 2월 11일 통신3사(SKT·KT·LG유플러스)와 삼성전자·LG전자 등이 함께 하는 5G포럼은 6G 이동통신을 준비하는 심포지움을 열었다. 국내 이동통신을 리드하는 산·학·연 전문가 200여 명이 참여한 이 '6G 오픈 심포지움 2020'은 차세대 이동통신(B5G~6G) 비전 및 핵심개발기술을 사전에 준비해야 이동통신 경쟁력을 지속적으로 확보할 수 있다는 취지에서 기획된 것이었다. 3GPP(이동통신 표준화 기술협력 기구) 일정을 반영한 글로벌 단체들의 6G 연구 동향 및 예상 일정, 6G 이동통신 주요 추진 동력 및 공론화 주제 발굴에 대한 발표에 이어 'Why 6G Now?'라는 주제로 패널토의가 열려 6G 추진 전략과 6G 핵심기술을 지원해야 하는 이유 등이 언급됐으며, 정보통신기술평가원에서는 6G 국가기술개발사업을 소개했다. 우리나라는 2019년 5월부터 6G 개발에 대한 통신사와 제조사의 업무협약과 국가 차원의 6G 연구개발(R&D)을 위한 핵심개발사업이 기획돼 예비타당성 조사가 진행 중이다.[5]

6G는 '더 짧은 지연 시간, 더 큰 주파수 대역, 더 넓은 커버 범위, 더 높은 자원 이용률의 방향으로 발전할 것'으로 전망된다. 또한 위성 및 성층권 통신기술과 지상 기술의 융합 등 새로운 융합 기술이 개발되면, 기지국을 건설할 수 없는 바다와 광섬유를 부설할 수 없었던 오지와 벽지 등 많은 지역을 커버하게 될 것이다. 이외에도 6G 무선통신기술은 전파의 커버 범위가

확대되어 대표적인 통신 음영 지역인 수중 통신의 실현 가능성도 점쳐지고 있다. 중국 통신업계 전문매체인 페이상왕(飛象網)의 샹리깡(項立剛) CEO에 따르면 6G 시대에는 수중 통신이 가능해지면서, "해양학 관련 데이터 수집, 수중 환경 오염, 해저 이상 활동, 기후변화 관측, 해저 목표의 탐사 및 원격 화상 전송 등 다양한 분야에서 유용하게 활용할 수 있으며, 특히 군사 분야에서 매우 중요한 계획이 진행될 것"으로 전망된다.[6]

헨더슨-클라크 모델(Henderson-Clark Model)에 따른 6G 기술 방향은 네 가지 유형으로 나타낼 수 있다. "첫째는 점진적 혁신이다. 기존 기술을 세련되게 하며 확장하는 변화로, 네트워크 구조 및 네트워크 모듈(노드 또는 장치)의 변화가 작은 규모로 발생한다. 둘째는 모듈화 혁신이다. 네트워크의 구조적 변경 없이 장치 부류의 설계 수준에서 와해적 변화이다. 셋째는 구조적 혁신이다. 네트워크 구조의 변경을 초래하는 와해적 변화로, 새로운 유형의 장치 도입 또는 기존 장치에 새로운 기능 추가까지 포함한다. 넷째는 급진적 혁신이다. 네트워크 구조와 장치 모두에서 대규모 영향을 초래하는 와해적 변화이다."[7] 한국전자통신연구원은 가까운 미래에 여섯 가지 와해적(모듈화, 구조적, 급진적) 기술이 네트워크 구조적 측면과 모듈화 측면에서 큰 변화를 이룰 수 있다고 판단하며 이를 도표로 나타내고 있다.

	기존 기술 역량 활용	새로운 기술 역량 필요
기존 구조 활용	점진적 혁신 5G의 진화	모듈화 혁신 동일 대역 전이중(IFD) 전송 무선 정보 및 전력 동시 전송 간섭 채널 비직교 전송
새로운 구조 변경 필요	고밀도 셀-탈피 네트워크 구조적 혁신	테라헤르츠 통신 무선 캐싱 급진적 혁신

〈표 9.1〉 헨더슨-클라크 혁신 모델에 따른 6G 기술 방향[8]

6G 시대는 사람과 사물, 공간, 데이터가 유기적으로 연결되는 만물지능인터넷(AIoE) 환경의 초공간 산업생태계가 구축될 것으로 전망된다. 지난 30년 동안 이동통신은 1세대(1G)부터 4세대(4G)까지 10년 주기로 진화를 거듭하며 스펙트럼, 기술, 서비스[9]에 있어서 변화를 보여 왔다. 오늘날의 통신 환경은 사실상 인터넷 환경 자체다. 지난 30년 동안 인터넷은 전 인류로 하여금 정보를 공유하게 함으로써 인간의 역량을 확장해 온 '인간 인터넷(Internet of People, IoP) 시대'였다. 하지만 앞으로의 30년은 지능형 인터넷을 기반으로 세상의 모든 사람, 모든 사물, 모든 공간을 일원적으로 초연결하는 '만물초지능 인터넷(Ambient Intelligence Internet of Everything) 시대'로 나아가게 될 것이다.[10] 이러한 만물초지능통신 생태계가 성숙하면 4차 산업혁명 또한 본격화되어 물리적 세계와 사이버 세계가 최적으로 연계된 초연결사회가 출현할 것이다.

하원규 한국전자통신연구원 책임연구원은 이동통신의 진화 주기와 관련하여, 2010년대 4G 사물인터넷 시대로부터 2020년대 초연결성이 강화된 5G 만물인터넷 시대로 진화하고, 2030년대에는 지능화가 반영되기 시작하는 6G 만물지능인터넷 시대로 진화하며, 그리고 2040년대에는 7G 만물초지능인터넷 시대로 진화할 것으로 전망하고 있다. 이러한 혁신이 이루어지면 자동차, 로봇, 가전제품, 센서 등 모든 것이 무선으로 클라우드 네트워크에 연결되어 정보 수집 및 관리 제어가 자동적이고 지능적으로 수행될 수 있다. 또한 무선을 통해 공공 안전과 재난·재해 극복을 위한 서비스 제공 등 공동체 기반 조성을 위한 이동통신의 역할이 더욱 증대될 것이다.[11]

이러한 이동통신의 진화 과정은 만물초지능통신 생태계의 성숙으로 4차 산업혁명이 본궤도에 오르는 과정과 맥을 같이한다. 이는 곧 만물초지능 통신혁명, 즉 사물인터넷(IoT)·만물인터넷(IoE), CPS(가상 물리 시스템), 빅데이터, 인공지능(AI)의 발전과 그 상호작용으로 파생되는 수확 가속화(law of accelerating returns)로 우리의 생활방식과 사회·경제의 운영방식이 총체적으로 혁신되는 '디지털 행성' 시대로의 대전환과 맥을 같이 하는 것이다.[12] 이렇듯 만물이 인간 수준에 근접하는 형태로 지능을 갖는 만물초지능인터넷 생태계가 구축되면 공간 자체가 네트워크화되고 인터넷 환경으로 전환될 것이다. 다음은 이동통신 생태계 및 네트워크 로드맵을 도표화한 것이다.

4G (~2020년)	5G (2020~2030년)	6G (2030~2040년)	7G (2040년 이후)
· 빅테이터, 클라우드, 인공지능형 디바이스와 연결 · 전파 이용 플랫폼으로 M2M·IoT 생태계 발전 · 분야별 CPS 기술 개발과 표준화	· 전 산업과 전 인프라에 M2M·IoT 플랫폼 연계 심화 · 하늘(클라우드), 땅(M2M·IoT), 사람(인공지능형 단말) 간의 천지인 생태계 성숙 · 산업과 인프라에 CPS 전면적 보급	· 사람-사물-공간-데이터-프로세스가 지능적으로 연결되는 환경 실현 · 6G-인터넷 융합으로 만물지능 인터넷 생태계 정착 · 가상현실과 증강현실 연계·융합 심화	· 사람이 존재하는 공간 자체가 네트워크화 및 인터넷 환경으로 전환 · CPS와 신체망이 연계되는 만물초지능 인터넷 생태계 정착 · 모든 산업과 인프라의 CPS 생태계 정착
4G 광대역 기반 산업 생태계 Universal Mega Net	5G 기반 초연결 산업 생태계 Ubiquitous Giga Net	6G 기반 초공간 산업 생태계 Ambient Giga·Tera Net	7G 기반 초지능 산업 생태계 Neural Tera Net

〈표 9.2〉 이동통신 생태계 및 네트워크 로드맵[13]

여기서 가장 관건이 될 핵심기술로 꼽고 있는 것은 에너지 하베스팅(energy harvesting) 및 무선 전력 전송과 같은 자체 전력 충당 기술이다. 또한 데이터 생성 주체가 지금까지는 사람이었다면, 앞으로는 클라우드에 연결된 사물이 그 주체가 될 것으로 전망된다. 사물이 지능화된 사물로 급속히 진화하면서 트래픽의 흐름 방향이 기존의 네트워크로부터 단말로의 하향 방향에서 앞으로는 단말로부터 네트워크로의 상향 방향으로 전환될 것으로 전망된다. 클라우드 통합망을 구성하는 무선 네트워크의 미래는 '성능 최적화 실현'과 '에너지-고효율 네트워크 구축'이 관건이다.[14] 2040년경에는 세상의 모든 것이 클라우드와 융합하고, 온갖 전기 제품과 생활용품에도 초소형 두뇌형 컴퓨터가 탑재될 전망이다.

4차 산업혁명과 '디지털 행성' 시대의 도래는 세상의 모든 것이 인터넷으로 연결되고 모든 데이터가 수집 및 활용되는 만물초지능 통신혁명과 연계되어 있다. 하지만 중요한 것은 단순히 사물이 서로 연결되어 데이터가 수집 및 활용되는 그 자체가 아니라 데이터의 연결로 사용자에게 솔루션을 제공하는 것, 그리고 어떤 가치를 창출할 것인가 하는 것이다. 이러한 의미 있는 변혁이 수반되기 위해서는 인터넷에 접속된 사물 자체가 정보를 분석하여 학습하는 '생각하는' 만물로 진화하는 것이 관건이다. 4차 산업혁명의 본질은 사물과 하드웨어가 스스로 정보를 분석하고 생각하는 주체로 진화하는 데에 있다. 디지털 행성 시대의 진정한 의미도 여기에 있다.

4차 산업혁명의 본질은 다음의 세 가지로 요약할 수 있다. "첫째, '현실세계의 디지털화'이다. 초소형 컴퓨터를 탑재한 하드웨어가 다른 하드웨어와 연결되는 초연결성의 확보를 통해 방대한 데이터와 정보를 창출하고 축적한다. 둘째, '디지털 세계의 지능화'이다. 이러한 빅데이터와 정보가 클라우드와의 접목을 통해 하드웨어 자체가 분석하고 생각하게 됨으로써 디지털화된 물리적 세계의 객체들이 초지능성을 갖게 된다. 셋째, '지능화 시스템의 사회적 탑재와 적용'이다. 소프트웨어와 인공지능의 역할이 증대됨과 동시에 이들 소프트웨어와 하드웨어의 융합으로 사회 시스템의 통제 가능성이 확장되면서 산업구조, 도시 시스템, 그리고 삶의 방식이 극적으로 달라진다."[15]

예를 들어 스마트폰은 센서 등 초소형 컴퓨터를 내장한 하드웨어이지만,

중요한 것은 탑재된 소프트웨어(인공지능)이다. 이 소프트웨어는 수많은 사용자의 다양한 정보를 수집하여 클라우드에 축적하고 각각의 사용자에게 의미 있는 형태로 정보를 해석하여 제공한다. 이러한 경험이 축적되면서 소프트웨어는 정기적으로 업데이트되고 그 기능이 진보되어 하드웨어가 성장하게 된다. 앞으로 온갖 하드웨어가 스마트폰처럼 클라우드에 데이터를 축적하고 필요에 따라 해석함으로써 스스로를 자동적으로 갱신해 가면 모든 제조업, 모든 시스템의 운용 방식은 구조적 대변화를 수반하게 된다. 이 과정에서 하드웨어와 소프트웨어의 대융합, 말하자면 사물인터넷(IoT)·만물인터넷(IoE)과 인공지능이 만나는 만물초지능 생태계가 구축된다.

인공지능이 사물인터넷, CPS, 빅데이터와 만나 이 기술들 간의 상승 작용으로 수확 가속화 단계로 접어들면서 진정한 '디지털 행성' 시대로 인류를 안내하고 있다. 기술적 관점에서 디지털 혁명의 방향성은 세 갈래이다. "첫째는 초연결화(IoT·IoE+AI)이다. 현실 세계의 디지털화와 네트워크화, 즉 사물인터넷과 만물인터넷이 인공지능을 만나 모든 것의 수평적 연결성이 지수함수적으로 확장되는 것이다. 둘째는 초지능화(CPS+AI)이다. 초연결된 만물들이 생성하는 빅데이터에 대한 고도의 해석, 즉 AI의 진화로 판단의 고도화와 자율 제어가 가능해짐으로써 기존 사회·경제 시스템의 구조를 근본적으로 재구축하는 수직적 지능성이 지수함수적으로 강화되는 것이다. 셋째는 예측 가능성(빅데이터+AI)의 확장이다. 초연결된 현실 세계와 빅데이터 해석 역량이 강화된 사이버 세계와의 상호 관련이 심화된 CPS 운용을 통해 미래의 불확실성을 감소시키고 합리성을 증대시키는 것이다."[16]

우리는 지금 물리적 행성과 사이버 행성이 융합하는 '디지털 행성' 시대로 진입하고 있다. 물리적 행성은 인류가 살아 온 삶의 터전이며, 사이버 행성은 인터넷의 출현으로 제2의 삶의 터전이 된 사이버 행성이다. 디지털 행성은 IoT/IoE·CPS·AI 혁명으로 출현하고 있는 제3의 터전이다. 여기서 디지털 행성이란 '물리적 행성과 사이버 행성의 최적 연계를 통해 구현되는 글로벌 디지털 완전체의 지향성'을 일컫는 개념이다. 인터넷 혁명 이전의 세계는 우리의 생활공간이 물리적 세계에 한정된 시대였다면, 인터넷 혁명 이후의 세계는 사이버 세계로 확장된 시대이다. 오늘날 인터넷 생태계를 재구축하는 기술 혁신이 가속화되면서 사실상 '물리적 세계, 사이버 세계, 디지털 세계가 동공간적 플랫폼(homo-spatial platform) 상에서 작동하는 거대한 디지털 생태계'를 창조할 것으로 전망되고 있다.

물리적 세계와 사이버 세계, 디지털 세계는 모든 것이 지능적으로 연결되는 만물지능인터넷(AIoE)을 기반으로 상호 긴밀하게 연동된다. 물리적으로 유한한 지구에서 지속 가능한 사회의 구현을 위해서는 물리적 행성에 대한 의존을 최대한 줄이고 물리적 행성과 사이버 행성이 융합하여 생겨나는 디지털 행성을 개척하고 발전시킬 필요가 있다. "농업혁명이 '자연의 길'이었다면, 산업혁명은 '인공의 길'이었다. 정보혁명이 '사이버의 길'이었다면, 이젠 세 개의 길이 만나는 '대융합의 길(holonic path)'에서 그 해답을 찾아야 한다. 그 길은 새로운 에너지 혁명이고, 물질의 대량생산과 소비를 적량·맞춤형 대량생산(mass customization)하는 생산성 혁명이다." 디지털 행성의 완전체는 "100억 스마트폰 가입자가 디지털 행성 거주자가 되고, 그들이 평균 10대의 스마트 디바이스를 활용하는 1,000억 개의 스마트 센서가 연결되는 만물인터넷 플랫폼이 심층 인프라로 가동되는 세계"이다.[17]

'초연결성'은 4차 산업혁명의 가장 중요한 특성이자 디지털 행성의 바탕을 이루는 것이다. 인간인터넷(IoP)에서 사물인터넷(IoT) 그리고 만물인터넷(IoE)으로 진화하고 인공지능(AI)과 결합하여 초연결성의 확장이 이루어지고 있다. 2020년대에는 50억 인구가 인터넷에 연결될 것으로 전망되고 있다. 이들 50억 인터넷 가입자와 500억 개의 스마트 디바이스가 초연결된 생태계(IoT·IoE)에서 40제타바이트(ZB)의 구조화·비구조화 데이터가 뒤얽힌 초거대 빅데이터를 신속하게 처리하고 가치 있는 서비스를 창출하기 위해서는 인공지능의 분석력이 핵심 관건이다. 제3세대 인지형 컴퓨팅(congnitive computing)은 OS와 소프트웨어 등 프로그램에 의해 작동하는 제2세대와는 달리 컴퓨터가 스스로 학습하여 생각하고 방대한 정보원으로부터 신속하게 대량의 데이터를 통합하여 분석할 수 있게 될 것이다. 사람처럼 말하고 생각하고 감정과 의사를 가지며 방대한 데이터를 활용하여 진화해 가는 인공지능 신시대가 다가오고 있다.

21세기 시스템의 기본 구조는 물리적 시스템과 사이버(가상) 시스템이 상호작용하면서 하드웨어와 소프트웨어가 융합되고 초연결되어 '글로벌 CPS(가상 물리 시스템) 생태계'로 재편될 전망이다. 중장기적 관점에서 볼 때 세상은 모든 것이 연결되고, 모든 것이 데이터를 생산하고, 모든 것이 생각하는 만물초지능인터넷 시대를 향해 나아가고 있으며, '생각하고 판단하는 신산업혁명'이 본격화되고 있다. 향후 4차 산업혁명의 방향성은 크게 '초연결성의 확장'과 '초지능성의 확장'으로 나눌 수 있다. 초연결성은 컴퓨팅과 통신의 대상이 사람·사물·공간으로 퍼져가는 '네트워킹의 수평적 관점'에 주목하는 개념이고, 초지능성은 초연결 공유 플랫폼의 기반 위에 CPS와 인공지능을 기축으로 사회 시스템 간의 상호작용이 심화되는 '네트워킹의 수직적 확장'에 주목하는 개념이다. 말하자면 초연결성이 미래 네트워크의 '횡적' 기본축이라면, 초지능성은 사회 시스템의 '종적' 기본축이다.[18]

IoT/IoE·CPS·AI 혁명은 네트워크의 횡적 연결성과 종적 연결성을 갖춘 만물초지능통신망의 구축을 촉진함으로써 사회 시스템의 재편을 촉발할 것이다. 또한 만물초지능통신망은 현실세계를 가상공간에 구축할 수 있게 함으로써 현실 상태를 모니터링하고 그 미래를 예측함으로써 새로운 가치를 창출하고 시스템을 혁신하는 CPS 플랫폼 역할을 수행할 것이다. 이에 따라 가장 합리적인 제3의 시스템 창조가 가능해진다는 점에서 CPS 플랫폼은 21세기의 사회·경제 인프라 모델로 급부상하고 있다.[19] 앞으로 사회의 모든 분야에서 사물의 데이터화를 지능화 ICT 네트워크로 활용하게 되면 사회 및 생활환경 전반에 걸쳐 일대 혁신이 일어날 것이다. 또한 딥러닝(deep learning)이라는 새로운 '뉴럴 네트워크(neural network)' 기술의 등장으로 인공지능의 진화는 가속화될 전망이다. 과연 인간은 '스스로 진화하는 AI'와 공존할 수 있을 것인가? 이 문제는 호모커넥투스 시대에 반드시 해결해야 할 심대한 과제 중의 하나다.

공감의 시대를 여는 지혜의 연금술

인류는 지금 지구촌 차원의 경제적, 사회적, 정치적 인프라 구축을 통해 동시간대에 연동되는 글로벌 문명의 발판을 마련하기는 했지만, 인류의 멸망을 예고하는 지구촌 엔트로피의 심연과 마주하고 있다. 내셔널지오그래픽이 제시한 '2020 인류멸망 10대 시나리오'를 보면, 인위적으로 초래될 수 있는 다섯 가지가 전진 배치되어 있다. 즉 합성생물학(synthetic biology)의 대두, 로봇의 반란, 핵겨울, 기후변화와 인공적인 온난화 대책, 인공블랙홀이 그것이다. 그 뒤를 이어 변종 바이러스의 전파, 외계인의 침공, 슈퍼화산 폭발, 소행성 충돌, 움직이는 블랙홀이 배치되어 있다.[20] 전진 배치된 다섯 가지를 살펴보면, 우선 합성생물학은 바이오 에너지, 합성백신, 생물치료제 등 학술적·상업적 가치가 매우 큰 것으로 알려져 있지만, 다른 한편으론 생명의 인위 탄생과 조작, 치명적 바이러스 개발, 소모품 복제인간 개발 등 과학의 윤리성 문제가 제기되고 있다. 로봇의 반란은 딥러닝을 통한 인공지능의 진화가 가속화되면서 초지능기계의 출현이 가져올 부정적인 측면이다.

핵겨울은 핵폭발에 따른 분진이 전 세계로 퍼져나가 태양 빛을 차단함으로써 생물의 생존 자체가 불가능한 죽음의 땅이 되는 것을 말한다. 기후변화는 지구온난화로 생태계가 파괴되고 문명의 종말로 이어질 수 있는 기후재앙을 말한다. 빙하 감소로 지각에 작용하는 하중이 줄어들어 지각판이 보다 자유롭게 이동하게 돼 지진 발생 증가로 이어지고, 또한 빙하의 후퇴로 고대 메탄가스가 대기 중으로 방출돼 지구 대기권의 온실가스를 증가시킨다. 인공거울 등으로 태양 빛을 차단하는 인공적인 온난화 대책은 오히려 인류와 지구에 심각한 위협이 될 수 있다는 지적이 나오고 있다. 게다가 빙하가 녹아 얼음 속에 갇혀 있던 고대 세균과 바이러스가 현대의 바이러스와 만나 유전적 변이를 일으키면 치명적인 슈퍼 박테리아 변종이 탄생할 수도 있다. 인공블랙홀은 우주 탄생의 비밀을 풀기 위한 거대강입자가속기(LHC) 실험(입자 충돌)으로 지구 내부에 생성될 수도 있는 블랙홀을 말한다(블랙홀이 커지면 지구가 빨려 들어갈 수도 있다).

최근에는 코로나바이러스감염증-19(COVID-19)[21]의 급속한 확산으로 세계 증시가 폭락을 거듭하는 등 지구촌 전체가 '패닉' 상태에 빠졌다. 세계보건기구(WHO)는 2020년 3월 11일 COVID-19가 세계적인 대유행(Pandemic) 단계에 돌입했다고 발표했다. COVID-19 여파로 세계 각국이 자국민 보호 차원에서 국경봉쇄에 들어가고, 지역 간 이동 및 집회가 제한되고, 전자상거래 수요가 급증하고, 휴교령이 내려졌다. 우리나라도 1월 20일 COVID-19에 감염된 국내 첫 확진자가 나온 이후 급속히 확산되는 추세를 보였다. 이번 COVID-19 팬데믹은 하루에 5만여 대의 비행기가 사람과 화물을 몇 시간 내에 지구 곳곳에 내려놓다 보니 바이러스도 인간과 똑같은 기동성을 발휘하여 순식간에 전 세계로 퍼진 것이다. 국가 간 전파에 이은 2차 물결로 한편으로 COVID-19의 발생 양상은 지역사회 감염으로 나타나면서 아래로 파고들고 다른 한편으로 지구촌 전역을 휩쓸면서 전 지구적으로 장기화될 조짐이다. COVID-19는 2003년 유행했던 사스(SARS, 중증급성호흡기증후군), 2012년 유행했던 메르스(MERS, 중동호흡기증후군)와 같은 코로나바이러스의 신종이면서 그것을 훨씬 뛰어넘는 전파력을 나타내고 있다.

인류 역사상 가장 큰 공포를 유발한 감염병은 14세기에 유라시아 대륙을 휩쓴 페스트(흑사병)이다. 중국에서 처음 발생한 것으로 추정되는 페스트는 중국 인구의 1/3 정도의 목숨을 앗아간 이후 몽골제국이 활성화한 중앙아시아 교역로를 통해 몽골군과 함께 가공할 속도로 서쪽으로 전파되어 1346년에는 흑해 연안에서 창궐했다. 1347년 킵차크 부대에 의해 아시아 내륙의 페스트가 유럽에 전파된 이래 유럽 전역으로 급격히 확산되어 당시 유럽 인구의 1/3이 목숨을 잃었다. 이에 따른 급격한 인구 감소는 노동력의 손실로 이어져 결국 중세 유럽 경제를 지탱하던 장원제도와 봉건제도가 몰락하게 되었다. 뿐만 아니라 극한의 공포 속에서 정신적 공황 상태에 빠진 유럽인들 사이에는 '악마'의 소행이라는 미신이 퍼지면서 그리스도를 십자가에 못 박혀 죽게 한 유대인이 대표적인 표적이 되어 가혹한 유대인 집단학살 사건들이 일어나기도 했다.

천연두(두창) 또한 인류의 역사를 바꾼 대표적인 질병으로 여겨진다. 제국주의와 함께 남아메리카에 전파된 천연두가 남아메리카 전역을 초토화하며 아즈텍 문명과 잉카 문명을 멸망으로 몰아넣었기 때문이다. 1519년 11월 초 스페인의 에르난 코르테스(Hernán Cortés)는 550명의 병사를 이끌고 멕시코 아즈텍 문명의 중심지 테노치티틀란에 도착했다. 이듬해 봄에는 또 다른

스페인 군대가 멕시코 동부 해안에 도착했는데, 그 배에는 아프리카에서 온 흑인 노예들이 타고 있었고 그들 중의 천연두 보균자에 의해 코르테스의 부대가 전염되었다. 코르테스의 군대는 아즈텍 군대와의 1차 전투에서 패했지만, 면역력이 없었던 아즈텍인들에게 천연두가 대유행하여 결국 1521년 아즈텍 제국은 멸망했다. 페루에서 발생한 잉카 문명은 1530년 프란시스코 피사로(Francisco Pizarro)가 이끄는 스페인 군대가 쳐들어가기 3년 전 이미 천연두가 퍼지기 시작하여 잉카 왕도 천연두에 걸려 사망했다. 두 아들 간에 왕위쟁탈전이 벌어져 1532년 아타후알파(Atahualpa)가 승리하여 왕위에 올랐으나 그 직후 피사로의 군대가 잉카 제국을 정복함으로써 잉카 문명 역시 지구에서 사라지고 말았다.

이처럼 감염병은 인류의 역사에 깊숙이 관여하며 총·칼조차도 무력화시킬 정도로 지정학적 역학관계를 변화시키는 데에 결정적인 역할을 해 왔다. 20세기에 가장 크게 유행한 감염병은 1918년에 창궐한, 일명 '스페인 독감'으로 불린 인플루엔자 바이러스이다. 제1차 세계대전에서 사망한 사람이 1,500만 명 정도였는데 비해, 스페인 독감으로 사망한 사람은 5,000만 명이 넘는 것으로 추산된다. 세계대전으로 사망한 사람보다 인플루엔자 바이러스로 사망한 사람이 더 많다는 사실이 충격적이다. 1979년 3월에는 생물학적 체르노빌 사건으로 불리는 탄저균 유출 사고가 소련(지금의 러시아)의 예카테린부르크에서 발생했다. 공식적으로 집계된 사망자 수는 80명이지만 비공식적으로는 2,000명이 넘는 것으로 추산된다. 우연히 발생하는 사고보다 더 위험한 것은 의도와 목적을 가진 공격의 가능성이다. 지금도 지구촌의 실험실 곳곳에서는 치명적 바이러스가 개발되고 있으며, 이미 지구상에는 전 인류를 살상할 수 있는 생물학 무기가 넘쳐나고 있다.

지구가 대규모 재앙의 티핑 포인트(tipping point)로 다가서고 있다며 국제 사회의 공동 대응을 촉구하는 경고가 잇달아 나오고 있고, 인류의 생존 자체를 위협하는 엔트로피(entropy 또는 disorder)의 심연과 마주하고 있는 지금, 과연 인류는 '연금술적 공생(alchemical symbiosis)'을 통해 새로운 진화적 창조성을 발휘할 수 있을 것인가? 인류는 지금 지구라는 행성의 경계를 넘어 다른 행성에서 새로운 문명을 열기 위한 인터스텔라(Interstellar) 탐사 구상을 본격화하면서도 정작 우리가 살고 있는 지구에 대해서는 3차원적 시각과 지각의 경계를 벗어나지 못하고 있다.

우리는 지구 자체에 대해 좀 더 심층적으로 이해할 필요가 있다. 그것은 지구 유기체가 지구의 물리·화학적 환경을 변화시키는 살아 있는 생명 실체라는 사실이다. '가이아 이론(Gaia theory)'을 창시한 제임스 러브록은 컴퓨터 시뮬레이션을 통해 지구상의 생명체가 무생명계와 상호작용함으로써 스스로 항상성(homeostasis)을 유지할 수 있다며, 지구를 자기조절 능력을 가진 거대한 생명체로 파악했다. 새로운 시스템적 관점에서 볼 때 진화의 추진력은 새로운 것을 창조하려는 생명 자체에 내재된 고유한 성향에 있으며, 새로운 것의 창조는 점증하는 복잡성과 질서의 자발적인 출현 속에서 일어난다.

여기서 우리는 진화의 첫 20억 년 동안 유일한 생명체였던 무수한 미생물의 행성망(planetary web)에 대한 연구 결과에 주목할 필요가 있다. 그 20억 년 동안 박테리아는 지속적으로 지구의 표면과 대기를 변화시켰고, 그렇게 하는 가운데 발효, 광합성, 질소고정(nitrogen fixation), 호흡, 그리고 빠른 운동을 위한 회전 장치들을 포함한 모든 생명체에 필수적인 생명공학기술을 발명했다.[22] 우리가 현대 문명의 성취로 여기는 유전공학과 지구 통신 네트워크와 같은 기술들이, 사실은 지구상의 생명체를 규제하기 위해 수십억 년 동안 박테리아의 행성망(網)에 의해 사용되었다는 것을 미생물학 연구는 우리에게 알려 준다.

지구 생태계 작동의 열쇠는 먹이사슬의 정점에 있는 포유류가 아니라 박테리아처럼 작고 단순한 미생물들이다. 지금도 이 세상은 원핵생물(prokaryote)의 물질대사가 생태계의 기본회로를 이루고 있다. 생물권의 활동을 효율적이며 지속 가능하게 지탱하는 것은 박테리아다. 따라서 생태계 작동의 원리로 본다면 동식물과 같은 진핵생물(eukaryote)이 박테리아와 같은 원핵생물의 세계에 적응하기 위해 진화한 것이다.[23] 미국의 생물학자 린 마굴리스(Lynn Margulis)의 공생 진화(symbiotic evolution) 이론에 의하면 단순하고 원시적인 원핵세포(原核細胞)에서 인간의 몸을 이루고 있는 것과 같은 복잡하고 정교한 진핵세포(眞核細胞)로의 진화 메커니즘은 '공생'이다.

마굴리스에 따르면 독립된 유기체가 새로운 복합체를 형성하고, 또 합병된 유기체들이 산소호흡을 하는 더 복잡한 형태의 생명체로 진화하게 된 메커니즘은 영구적인 '공생 동맹(symbiotic alliance)'이었다. 이러한 새로운 관점은 생물학자들로 하여금 진화 과정에서 모든 생명체들 사이의 지속적인 협력과 상호 의존의 치명적인 중요성을 인식하게 했다. 수십억 년에 걸친 생명체의 진화적 전개는 모든 시스템에 내재된 창조성에 의해 추동되어 세 가지 주요 진화의 길, 즉 돌연변이, DNA 재조합(유전자 거래), 그리고 공생을 통해 표현되고 자연선택에 의해 연마되어 쉼 없이 증가하는 다양성의 형태로 확장되고 강화되었다.[24] '생명체는 전투로가 아니라 네트워킹으로 지구를 점령했다'[25]는 마굴리스와 칼 세이건의 말은 공생 동맹체로서의 지구의 유기적 본질을 우리에게 환기시켜 준다.

이처럼 유기체와 환경, 부분과 전체는 경쟁과 협력, 창조와 상호 적응을 통해 공진화(co-evolution)한다. 생태계 작동의 기능적 측면에서 볼 때 모든 생명체는 동등한 내재적 가치를 지니며 그 어떤 것도 도구적 위치에 있지 않고 대등한 참여자로서 '생명의 놀이'에 참여한다. 인간과 우주자연, 인간과 지구, 인간과 인간의 이분법은 분리의식의 산물로서 공감적 감수성을 수반할 수 없는 까닭에 진화적 창조성의 발휘에 역행하는 것이다. 우리의 앎이 감각적 단계[육의 눈(肉眼)]에서 정신적 단계[마음(정신)의 눈(心眼)]로, 그리고 초월적 단계[영의 눈(靈眼)]로 이행할수록 공감 인식의 보편화가 이루어져 진화적 창조성을 발휘할 수 있게 된다. 인류가 직면한 위기가 다양한 것 같지만 한 마디로 인식의 위기이다. 그래서 포스트휴머니즘은 일체의 이원성(duality)을 넘어선 인간 의식의 패턴 변화를 전제로 한다.

오늘의 인류가 전 지구적 위기에 실효적으로 대처하지 못하는 것은 자원이 부족해서도 아니고, 과학기술이 부족해서도 아니며, 전문 인력이 부족해서도 아니다. 가장 근본적인 이유는 우리의 생각과 행동이 전체적이지 못하고 특정 개인이나 집단의 이익에 초점이 맞춰져 있기 때문이다. 그러나 양자물리학으로 대표되는 포스트 물질주의 과학에서도 밝히고 있듯이, 생명은 분리 자체가 근원적으로 불가능하기 때문에 전체와 분리된 개인이나 집단은 실재하는 것이 아니다. 개인 이기주의 또는 집단 이기주의는 '자기조화(self-consistency)'가 깨어진 건강하지 못한 분리의식의 산물이다. 사실 자연 속에 있는 그 어떤 것도 자신을 위해 살지 않는다. 오직 인간만이 그러할 뿐이다. 다음의 아름다운 글귀는 교황 프란치스코(Papa Francesco)의 메시지에 나오는 것이다. 이와 비슷한 버전이 예로부터 인구(人口)에 회자(膾炙)되어 왔다.

강은 자신의 물을 마시지 않는다. 나무는 자신의 열매를 먹지 않는다. 태양은 그 자신에게 비추지 않으며, 꽃은 그 자신을 위해 향기를 퍼뜨리지 않는다. 다른 사람들을 위해 사는 것은 자연의 법칙이다. 우리는 모두 서로를 돕기 위해 태어났다. 아무리 힘들어도… 행복할 때는 인생이 좋지만, 다른 사람들이 당신 때문에 행복할 때는 훨씬 더 좋다.

Rivers do not drink their own water; trees do not eat their own fruit; the sun does not shine on itself and flowers do not spread their fragrance for themselves. Living for others is a rule of nature. We are all born to help each other. No matter how difficult it is…Life is good when you are happy, but much better when others are happy because of you.

실로 자연은 아름답게 늙고 아름답게 죽는 것을 가르쳐 주는 훌륭한 스승이다. 유위법(有爲法)에 길들여진 인간에게 자연은 너무도 온유한 방식으로 무위법(無爲法)을 설파하고 있는 것이다. 삼라만상은 죽어 없어지는 것이 아니라 단지 변화할 뿐이라는 것을, 자연은 사시사철의 순환을 통해 무언의 가르침을 설파한다. 다음은 『챤도갸 우파니샤드 Chandogya Upanishad』에 나오는 이야기로, 현인 우달라까 아루니(Uddālaka Aruṇi)가 그의 아들 슈베따께뚜(Śvetaketu)에게 지혜의 연금술을 설하는 내용이다. 이는 만물이 명칭과 모양은 제각기 다르지만 만물을 관통하고 있는 '하나'인 실재(reality), 즉 생명[靈·神·天]의 비밀을 비유적으로 설파한 것이다.

한 덩어리의 점토를 앎으로써 점토로 빚은 모든 것에 대해 알 수 있는 것은, 비록 명칭과 모양은 다르지만 기본 재료는 동일한 점토이기 때문이다; 한 조각의 금을 앎으로써 금으로 만든 모든 것에 대해 알 수 있는 것은, 비록 명칭과 모양은 다르지만 기본 재료는 동일한 금이기 때문이다; 한 조각의 철을 앎으로써 철로 만든 모든 것에 대해 알 수 있는 것은, 비록 명칭과 모양은 다르지만 기본 재료는 동일한 철이기 때문이다.

Just as by knowing a lump of clay, my son, all that is clay can be known, since any differences are only words and the reality is clay; Just as by knowing a piece of gold all that is gold can be known, since any differences are only words and the reality is only gold; And just as by knowing a piece of iron all that is iron is known, since any differences are only words and the reality is only iron.[26]

'연금술적 공생'을 통해 새로운 진화적 창조성을 발휘하기 위해서는 공생 동맹체로서의 지구의 유기적 본질에 대한 심층적인 이해와 함께 인간의 의식에 대해서도 심층적으로 이해할 필요가 있다. '미시세계에서의 역설(paradox in the micro-world)'을 비롯한 모든 양자역설(quantum paradox)은 양자물리학과 의식의 접합을 통해 해결될 수 있다. 그래서 '의식 안의 과학(science within consciousness)'이 나오게 된 것이다. 깨져 있는 창을 통해 보면 모든 것이 깨져 보이듯, 분리의식이 자리 잡고 있으면 세상의 모든 것이 자기중심적으로 선과 악, 정의와 부정의의 구도로 이분화되어 분열과 갈등을 조장하게 된다. 따라서 분리의식을 치유하지 않고서는 세상의 소음을 잠재울 길이 없는 것이다.

그렇다면 어떻게 분리의식을 치유할 것인가? 사실 그대로의 우주를 자각하기만 하면 된다. 게슈탈트 치료(gestalt therapy)에서도 강조하듯이 자각(self-awareness) 그 자체가 치료적 속성을 지니고 있기 때문이다. 전체와 분리된 '나'라는 에고 의식이 환상임을 깨달으면 영적 치유(spiritual healing)가 일어나므로 모든 문제는 순식간에 사라진다. 고통이나 두려움은 그 스스로의 실체가 있는 것이 아니라 에고 의식의 부산물일 뿐이기 때문이다. 그래서 우리가 본래 호모커넥투스, 즉 초연결의 인간이라는 사실을 자각하는 것이 중요한 것이다. 그러한 자각을 돕기 위해 이 책에서는 과학을 통한 영성으로의 접근(Approaching spirituality through science)과 영성을 통한 과학으로의 접근 (Approaching science through spirituality)이라는 상호 피드백 과정을 통해 생명에 대한 심오한 철학적·과학적 이해를 수반하는 시너지 효과를 창출하고자 하였다.

인도계 미국인 대체의학자 디팩 초프라(Deepak Chopra)는 그의 저서 『양자 치유 Quantum Healing』(1989)에서 치유에 대한 양자물리학의 응용 가능성을 제시했다. 그는 자가치유의 새로운 과학적 모델을 제시하면서, 마음-몸 치유에 의식과 양자물리학을 도입했다. 심신 치유의 마음-몸 상호작용은 '양자역학체(quantum mechanical body)'를 통해 일어나고 의식에 의해 매개된다고 보았다. 그는 자가치유에서의 불연속적인 '양자도약(quantum leap or quantum jump)'을 보고 영감을 받아 '마음-몸 치유는 양자치유'라고 말한다. 양자도약은 전자들이 연속적인 궤도 안에서 핵 주변을 회전하다가 매우 불연속적인 방식으로 특정 궤도를 거치지 않고 즉각 도약하는 것을 의미한다. 그렇게 해서 경험하는 실제 사건으로 나타나는 것이다. 그는 양자도약으로 이루어지는 자가치유의 양자 본성을 명료하게 직관하고 있었다.

> 신비한 기원을 공유하는 많은 치료법—신앙치유, 자연적인 완화, 위약의 효과적인 사용이나 모조 약품—역시 양자도약을 향한다. 왜일까? 이러한 모든 경우에 내적 인식의 능력이 치유 메커니즘에서 극적인 양자도약을 촉진하기 때문이다. Many cures that share mysterious origins—faith healing, spontaneous remissions, and the effective use of placebo, or 'dummy drugs'—also point toward a quantum leap. Why? Because in all of these instances, the faculty of inner awareness seems to have promoted a drastic jump—a quantum leap—in the healing mechanism.[27]

인도 출신 미국의 저명한 이론핵물리학자 아미트 고스와미는 양자치유에 대해 이렇게 설명한다.

> 정신적 사고의 맥락은 의식의 초정신 영역에서 온다. 맥락을 새로운 것으로 바꾸려면 우리 정신적 존재가 초정신으로 도약해야 한다. 이 도약은 불연속적인 양자도약이고, 그래서 이런 유형의 치유를 양자치유라고 한다.
>
> The contexts of mental thinking come from the supramental domain of consciousness; to change the context to a new one, we mental beings will have to leap to the supramental. This leap is a discontinuous quantum leap, and this is why this type of healing is quantum healing.[28]

고스와미에 따르면 마음-몸 치유의 수수께끼는 어떻게 생각 같은 비물질적 객체가 뇌에서 뉴로펩타이드 같은 물질적 객체를 만들 수 있게 하는 것이며, 또 뉴로펩타이드 분자가 면역계 또는 내분비계와의 소통을 시작해 결국 치유에 이르게 하느냐는 것이다. 새로운 심신평행론의 관점에서 보면, 새로운 뉴로펩타이드를 가지고 있는 뇌의 상태를 따라 동시에 맥락이 변화하는 자가치유의 생각을 의식이 인지하고 선택하게 된다는 것이다. 여기서 초정신으로의 양자도약은 치유를 위해 매우 중요한 것으로 나타난다.

한편 치유에 있어서 기도와 영적 치료 등 바물리적 요인을 중시한 미국의 내과의사 래리 도시(Larry Dossey)는 치유의 비국소성(nonlocality)에 관한 이론을 제시했다. 미국의 심장병 전문의인 랜돌프 버드(Randolph Byrd)의 연구는 치유의 양자 비국소성을 보여주는 좋은 사례이다. 그는 샌프란시스코 종합병원 심장병 센터 393명의 환자들을 대상으로 기도의 치유 효과를 실험한 결과, 멀리서 시행된 기도의 효과를 확인했고 비국소적으로도 놀라운 효과가 있었다. 예를 들면, 기도를 받은 환자는 항생제를 쓸 일이 1/5로 줄었고, 폐부종이 1/3로 줄었다. 이러한 치유 효과는 도시의 '타자 치유의 양자 비국소성'과 초프라의 '자가치유의 양자도약'의 통합모델로 설명될 수 있다. 누군가 멀리서 당신을 위해 순수한 의도로 기도할 때, 의식은 비국소적이고 통합적이 되면서, 동시에 당신 마음에 있는 치유 의도를 정신적 텔레파시에서처럼 붕괴시키고, 그런 다음 양자치유가 자가치유에서처럼 작동되는 것이다.[29]

사랑은 초정신체의 요소이다. 조건 없는 사랑은 초정신체로의 양자도약을 통해 개발될 수 있다. 사랑은 초정신 지능(supramental intelligence)의 주요한 징후이다.[30] 초정신체로의 양자도약이 일어나면 에고 의식에서 보편의식으로 변환하게 되므로 건강하지 못한 분리의식은 치유된다. '죽음의 소용돌이(vortex of death)'와 같은 절박한 상황에서 인간의 의식은 깨어나기 시작하고 가장 성숙한 형태의 공감적 반응이 일기 시작한다. 인류 역사를 통해 주기적으로 반복돼 온 가공할 감염병은 인류의 잠든 의식을 흔들어 깨우는 기제로서의 역할을 했고, 그 시기가 지나가면 또 새로운 시대가 열리곤 했다. 인간이 겪는 고난 중에서도 전 인류적인 집단 병고(病苦)는 '초정신 지능'을 깨우는 가장 강도 높은 고행이다. 이 중대한 시기를 인류의 집단의식의 상승(ascendance)을 위한 기회로 삼아 '의식의 플랫폼(platform of consciousness)'을 재정비하고 사랑의 문명이 꽃피는 진정한 공감의 시대를 열어야 할 것이다.

호모커넥투스 시대: 전망과 과제

'창조, 융합, 연결, 확장'[31]을 통한 초연결사회로의 진화는 거역할 수 없는 대세가 되고 있다. 바야흐로 호모커넥투스 시대가 다가오고 있는 것이다. 가트너가 공개한 '2020년 10대 전략 기술 트렌드'는 향후 디지털 혁명이 가속화될 것이며, 초연결사회에서 펼쳐갈 잠재력 또한 무한함을 시사한다.[32] 21세기의 메가트렌드인 디지털 혁명은 사물인터넷(IoT)·만물인터넷(IoE), 가상 물리 시스템(CPS), 인공지능(AI), 빅데이터 등을 중심으로 플랫폼 기반 네트워크에 기초해 있으며, 사물은 지능화된 사물로 급속히 진화하고 있다. 초연결성이 강화된 5G 만물인터넷이 상용화될 것으로 전망되는 2020년대에는 사람과 데이터, 클라우드, 모바일 등 만물에 네트워크 기능이 탑재돼 인터넷으로 연결된 초연결사회가 도래할 것이다.

초연결사회로의 진화 과정은 만물초지능통신 생태계의 성숙으로 4차 산업혁명이 본궤도에 오르는 과정과 맥을 같이한다. 이는 곧 만물초지능 통신 혁명으로 파생되는 수확 가속화로 우리의 생활 방식과 사회·경제의 전반적인 운영 방식이 총체적으로 혁신되는 '디지털 행성' 시대로의 대전환과 맥을 같이 하는 것이다. 미국의 독보적인 인공지능 개발자이며 미래학자인 레이 커즈와일(Ray Kurzweil)이 제시하는 수확 가속 법칙의 원칙들을 이해하면 진화 알고리즘(algorithm)의 핵심을 파악할 수 있다. 그 원칙들을 요약하면 다음과 같다.

'진화는 발전(질서의 증가)의 한 단계에서 생겨난 유용한 기법이 다음 단계를 만드는 데 사용되는 포지티브 피드백(positive feedback, 陽의 되먹임) 방법을 써서 기하급수적 속도로 진행되며, 시간이 흐를수록 진화 과정에 축적된 정보의 '질서(order)'도 기하급수적으로 증가한다. 특이점에 이르면 기계가 인간 이상으로 발전할 것이기 때문에 인간과 기술 간의 구별이 사라질 것이다. 정보 기반 기술의 힘과 가격 대 성능비의 기하급수적 성장은 컴퓨터뿐만 아니라 모든 정보기술과 다양한 인간 지식에도 적용되며, '정보기술'이라는 용어가 점점 더 포괄적으로 사용되어 궁극적으로는 모든 경제활동과 문화 현상을 포함하게 될 것이다. 특정 진화 과정이 더 효과적이 될수록—예컨대, 연산의 용량과 비용 대비 효과(cost-effectiveness)가 높아질수록—활용되는 자원의 양도 커지므로 이중의 기하급수적 증가가 일어난다.'[33]

헝가리 태생의 미국 수학자 존 폰 노이만(John von Neumann)은 기술의 가속적 발전과 특이점의 상관관계를 규명함으로써 인간의 발전이 선형적이지 않고 기하급수적이며 이러한 기하급수적 증가의 폭발성이 완전한 변화를 가져올 것이라고 예견했다. 그는 기술 발전의 가속화로 인류가 무한히 가파른 변화의 지점을 향해 나아가고 있으며 육체적으로나 지적으로 또는 영적으로 생물학적 한계를 뛰어넘는 시점, 이른바 '양자 변환(quantum transformation)'으로 일컬어지는 새로운 우주 주기에 곧 도달하게 된다고 보았다.

> 점점 가속화하는 기술의 발전이 인류 역사상 특이점의 도래를 촉발할 것이며, 그 후의 인간사는 우리가 알고 있는 것과는 전혀 다른 방향으로 진행될 것이다. …the ever-accelerating progress of technology…gives the appearance of approaching some essential singularity in the history of the race beyond which human affairs, as we know them, could not continue.[34]

인간의 상상을 현실로 만들어내는 기술이 기하급수적으로 강력해지면서 돌이킬 수 없는 인류 문명의 대변곡점인 특이점이 다가오면 생물학적 사고 및 존재와 기술의 융합이 절정을 이루면서 우리 삶이 의거해 있는 온갖 개념들과 조직들에 총체적인 변화가 일어날 것이다. 커즈와일에 따르면 2030년 무렵 나노봇으로 할 수 있는 가장 중요한 일은 생물학적 지능과 비생물학적 지능을 융합함으로써 우리 마음을 확장하는 것이다. 사고의 방법과 구조가 바뀌고 패턴 인식 능력이나 기억력 및 전반적 사고력이 크게 향상되며 강력한 비생물학적 지능과 직접 소통하거나 뇌끼리 무선통신을 할 수도 있을 것이다. 버전 3.0 인체가 등장해 마음대로 몸의 형태를 바꿀 수 있고 뇌가 생물학의 구조적 한계를 넘어서게 되면, 인간이란 무엇인가에 대해 깊이 생각하게 될 것이다.

커즈와일이 밝히고 있는 특이점의 원리는 의미심장한 미래적 함의를 지니고 있으며, 특이점 이후를 준비하는 인류에게 많은 시사점을 제공한다. '금세기 말이 되면 지구에서는 비생물학적 지능이 생물학적 지능보다 수조 배 강력해져서 인류 문명도 비생물학적인 것이 되어 있을 것이다. 태양계 너머로 지능을 확장하는 임무는 생물학적 인간들을 보내는 방식이 아니라 자기복제력이 있는 나노봇으로 하여금 수행하게 할 것이다. 최고 수준의 지능이 빛의 속도로 우주 너머로 확장해 갈 것이며 웜홀(wormholes)*을 통해 다른 장소로 빠르게 이동할 수 있을 것이다. 문명은 결국 중력과 다른 우주적 힘들을 제어하고 조작할 수 있게 될 것이다. 우주를 원하는 대로 만드는 것이 특이점의 목표가 될 것이다.'[35]

기술의 사회적 파급효과와 관련하여, 전문가들은 인류가 기술의 진화 과정에서 기술을 올바르게 다룰 방법에 대한 답을 찾기도 전에 기술의 역량이 기하급수적으로 증대되는 현상에 대해 우려를 표명한다. 인공지능 기술의 발전이 수백만 개의 일자리를 대체하고 통제 불능의 위기를 초래할 것이라

---

* 웜홀은 공간상의 가상터널을 지칭하는 용어로 이 공간(지름길)을 이용하면 광속 이상의 속도로 다른 공간으로 순식간에 이동할 수 있다. 다시 말해 웜홀은 '3차원을 넘어선 우주의 차원들에 접힌 주름'을 활용하는 것으로 어디에나 존재하기 때문에 이 지름길을 통해 다른 공간으로 빠르게 이동할 수 있다. 웜홀은 아인슈타인의 상대성이론에 근거를 두고 있다.

고 보는 기술 회의론자들의 시각이 있다. 다른 한편으론 '기계 문제(machinery question)'에 따른 실업 공포는 200여 년 전 중기기관 발명과 기계화가 진행되던 때에도 똑같이 있었다며 오히려 더 많은 일자리를 창출해 낼 가능성이 높다고 보는 기술 낙관론자들의 시각도 있다. 그러나 4차 산업혁명의 물결이 거스를 수 없는 대세이고 혜택과 잠재적 위험이라는 양면성을 동시에 지니고 있으며 또한 경제 생태계와 우리 삶 전반에 미칠 심대한 파급효과가 예상된다는 점에서 이분법적인 접근보다는 '열린 혁신'을 향한 총합적인 접근이 도전 과제들에 대한 적극적인 대응 전략을 마련하는 데에도 실효성이 있을 것으로 보인다.

또한 기술과 인간의 상호작용에 대한 인문사회과학적 탐구가 그 어느 때보다도 중요시되고 있다. 이는 인간의 신체 능력이나 인지 능력과 직결된 기술 트렌드의 등장―웨어러블 디바이스나 모바일 헬스케어와 같은 기술이나 서비스에서 보듯―이 인간의 존재 양식에 큰 변화를 가져온 데 따른 것이다. 정보통신정책연구원(KISDI)에 따르면 정보통신기술(ICT) 혁신의 파급효과가 물리적 시스템의 변화는 물론 사회생태계를 지탱해 온 인간 중심의 사고 체계에 커다란 도전이 되고 있는 만큼 이러한 ICT 트렌드는 포스트휴먼 기술로의 전환이라는 관점에서 인간 주체의 역할 변화에 주목할 필요가 있다는 것이다. 최근 ICT에 의해 추동되고 있는 융합사회는 '초대형 복잡계'로서 ICT 생태계에서의 인간의 역할 변화와 더불어 인간과 사물의 융합까지도 포함함으로써 사물에 대한 새로운 정의, 역할, 기능 및 의미가 부활하는 새로운 생태계를 형성할 수 있기 때문에 이러한 현상에 대한 철학적·사회학적 진단과 전망이 필요하다는 것이다.[36]

인문사회과학적 지식이 기술 혁신의 새로운 규범으로 자리 잡고 있는 징후는 ICT 영역에서 인문학적 가치 또는 인문학적 상상력이 강조되고 빅데이터 기반의 사회과학적 분석이 보편화되고 있는 데서 찾아볼 수 있다.[37] 단순히 고부가가치 기술을 확보하고 새로운 비즈니스 모델을 개발하고 빅데이터를 활용해 품질을 향상하고 서비스를 혁신한다고 성공하는 것은 아니다. ICT 융합사회의 핵심은 역시 사람이다. ICT 융합사회가 성공적으로 안착하기 위해서는 다양한 사람들의 지속적인 피드백을 통해 이루어지는 플랫폼 방식의 의사소통[38] 능력이 관건이다. 사물과 제조, 서비스의 중심에 의사소통 플랫폼을 구축하고 이들을 유기적으로 연결하며 조절할 수 있다면 최대한의 시너지를 낼 수 있을 것이다. 기술이 진화하면 할수록 인문사회과학적 분석 및 진단이 수반되어야 하는 것은 이 때문이다.

디지털 혁명이 초래하게 될 초연결·초융합·초지능의 호모커넥투스 시대에는 인간, 사물·기계, 공간, 환경 등에 대한 새로운 인식과 이들 간의 새로운 생태계 형성이 요구된다. 국민국가의 경계를 초월하여 인터넷과 스마트 디바이스로 지식과 정보를 공유하는 오늘의 세계에서 '스마트 신인류'는 '밈(meme, 유전적 방법이 아닌 모방을 통해 습득되는 비유전적 문화 요소 또는 문화의 전달 단위)'을 통한 사회적 교류 속에서 빠르게 진화하며 복제된 공통의 사고 및 생활양식을 가지고서 문화적·경제적인 거대 파워 세력으로 부상했다. 스마트 신인류는 인류가 5만 년 동안에 이룩한 생물학적 진화보다 더 강력한 문화적 진화를 단 5년 만에 이룩할 정도로 급성장했다.[39]

호모커넥투스 시대가 실현되는 바람직한 방식을 결정하는 과정에는 다양한 기술적, 사회적, 법적 고려가 필요하다. 하지만 초고속 연결망이 광범위하게 깔리고 정보통신 산업에 대한 규제가 사라진다고 해서 자연스럽게 그러한 시대가 실현될 수 있는 것은 아니다. 초연결사회로의 진화가 대세가 된 것은 분명하지만, 이로 인한 부작용도 적지 않다. 그 중 대표적인 것이 사이버 안보 문제다. 사이버 리스크를 예방하기 위해 세계의 모든 나라가 법 제정, 시스템 구축, 컨트롤타워 설치, 인력 양성, 민관·국제협력 등의 사이버 대책을 내놓으며 방안을 강구하고 있지만, 날로 진화하는 사이버 공격을 기술적 '창과 방패'의 대전(對戰)으로 어느 정도 실효성을 거둘 수 있을지는 미지수다.

또한 기술 혁신 못지 않게 중요한 것은, 기술에 대한 '인간 제어' 기능 확보 문제, 기술 사회의 윤리 정립 문제, SNS에서의 유해정보 확산 문제 등 사이버 세상의 '기본'을 세우는 일이다. 그렇지 않으면 초연결사회의 역설이 발생할 수 있다. 사생활 보호, 개인정보 보호, 저작권 보호 같은 사항도 보완되어야 한다.[40] SNS의 개방성·소통성·확장성이 우리에게 생활의 편리함과 많은 긍정적 측면을 가져다 주었지만, 거의 공해 수준의 의미 없는 문자 폭탄과 유해정보 확산에 우린 피로감을 느끼며 때론 혼자 있고 싶어하고, 잊혀질 자유를 희구하기도 한다. 호모커넥투스는 연결되어 있어도 고독하다 (Connected, but alone). 왜 그런가? 기술 혁신에 따른 초연결성이란 것이 단지 외적 자아(outer self)의 연결에 머물러 있을 뿐, 내적 자아(inner self)의 연결로 이어지지 못하고 있기 때문이다.

초연결사회가 내적 자아의 연결로 이어져 호모커넥투스 시대가 구현되기 위해서는 초연결성이 주는 순기능을 목표로 해야 한다. 스위스 세계경제포럼(WEF, 다보스포럼)의 창립자이자 회장인 클라우스 슈밥이 적절하게 지적했듯이, 4차 산업혁명이 가져올 부정적 영향, 특히 불평등, 고용, 노동시장에 관련된 문제들을 충분히 인식하고 다룰 필요가 있다. 노동시장의 거대한 변화 등으로 인해 초연결사회에서 증가하는 심대한 불평등은 분열과 분리, 사회불안을 심화시키며 폭력적 극단주의가 발생하는 상황을 만들 수도 있다. 질병과 이민과 테러는 국가 간의 불평등에서 비롯되는 직접적인 결과이다.

이러한 문제들을 타개하기 위해 다양한 개인·조직·국가들이 '모더스 비벤디(modus vivendi, 잠정 합의)'와 같은 타협안을 찾아내고 더 안전한 세상을 위하여 상호 협력해야 한다고 슈밥은 말한다. 그는 4차 산업혁명으로 촉발된 기술 혁신이 인간의 정의를 재정립하고 있다며, 이러한 혁신이 공공의 이익이 아닌 특정 집단의 이익을 위해 악용될 수 있음을 경계한다.[41]

불평등 문제에 이어 호모커넥투스 시대가 직면한 가장 중대한 다른 두 가지 문제는 지구의 기후변화(global climate change)와 환경자원의 관리이다. 문명의 발생, 이동 성장과 몰락을 탐구해 온 세계적 석학 재레드 다이아몬드(Jared Diamond)에 따르면 기후변화는 물리적, 생물학적 및 사회적인 원인이 복합된 문제이기 때문에 사회적으로 큰 파장을 끼치게 될 것이며, 향후 10년 내에 우리 모두의 삶에 가장 큰 영향을 미치게 될 것이라고 본다. 다음으로 지속 가능성을 파괴하는 자원의 남용 문제 역시 전 세계가 직면한 문제이다. 자연자원에는 어류, 숲과 토양, 담수가 모두 포함된다. 모든 인간 사회는 재생 가능한 자원에 의존할 수밖에 없고, 자연자원은 우리에게 필수적인 소비재 제공은 물론 생태계 서비스(ecosystem service, 물과 공기를 정화하고 토양을 비옥하게 유지하는 것)까지 제공한다. 그러나 세계 전역에서 어장과 숲, 토양과 맑은 물 등 재생 가능한 자연자원이 점점 줄어들고 있다.[42] 기후변화, 불평등, 환경자원의 관리 문제는 호모커넥투스 시대를 구현하기 위해 인류가 시급히 해결해야 할 과제들이다.

우리는 지금 인공지능(AI), 사물인터넷(IoT)·만물인터넷(IoE), 빅데이터 등 정보통신기술(ICT) 분야에서의 기술 혁신이 기존의 모든 것을 송두리째 바꿔놓을 것으로 예상되는 시점에 살고 있다. 이 외에도 가상현실(VR)과 증강현실(AR), 클라우드 컴퓨팅, 3D 프린팅, 웨어러블 디바이스 등의 신기술이 우리 삶 깊숙이 들어오면서, 인공지능 기계들이 진화의 선봉에 설 것이라는 예단과 함께 우리의 의식을 컴퓨터에 다운로드 하는 형식으로 인간과 기계 사이에 지능의 대융합이 일어날 것이라는 전망도 나오고 있다. 이원성과 분리성의 원천인 인간 중심의 협소한 사고 체계로는 인간과 기술의 공존을 담보하기 어렵다. 이미 스마트폰으로 시작된 인간과 인공지능의 공생관계는 '의미 있는 인간 제어' 없이는 인간이 기계의 아바타로만 존재하는 상황이 벌어질 수도 있다는 우려가 제기되고 있다. 따라서 자연지능과 인공지능이 소통하는 새로운 통합 모델, 즉 인공지능 윤리가 준수될 수 있는 새로운 휴머니즘의 모색이 시급하다.

21세기에 들어 정보통신기술 분야에서의 기술 혁신이 가속화됨에 따라 고삐 풀린 과학기술이 재앙이 될 수 있다는 인식이 확산되면서 특히 인공지능 윤리 문제가 핵심 이슈로 떠오르고 있다. 인간이 '스스로 진화하는 AI'와 공존할 수 있을 것인가 하는 문제는 호모커넥투스 시대가 직면한 최대의 딜레마이다. 그러나 지금까지 인공지능 윤리에 대한 분석과 표피적인 가이드라인은 많이 나오고 있지만, '인공지능 시스템이 자기 코드를 수정하거나 스스로 다른 인공지능 시스템을 제작하는' 최악의 상황을 막을 근본적이고도 실효성 있는 대책은 강구되지 못하고 있다. 무기 통솔 체계에서부터 민간 상업 분야에 이르기까지 인공지능의 응용 범위는 실로 방대하며 최근의 발전 추세로 볼 때 수없이 많은 우리 사회의 근간을 인공지능이 유·무선 네트워크로 제어하는 위치에 오를 것이 예상된다. 심지어 정보의 바다 자체가 인공지능의 자유의지와 자의식이 싹트는 토양이 될지도 모른다며 인간과 인공지능을 구분하는 마지노선이 무너지게 될 수도 있다는 우려까지 나오고 있다.

2015년 7월 27일(현지 시각) 영국의 세계적인 이론물리학자 스티븐 호킹과 테슬라 최고경영자 일론 머스크(Elon Musk), 애플 공동창업자 스티브 워즈니악(Steve Wozniak) 등 인공지능 분야 전문가 1,000여 명은 미국 미래생명연구소(FLI)의 공개서한을 통해 "자동화 무기 시스템은 암살이나 국가 전복, 시위 진압, 특정 인종에 대한 선택적 살인 등의 임무를 수행하는 데 최적화돼 있다"며, 인간의 개입 없이도 스스로 공격 대상을 파악해 공격하는 '킬러로봇'이 원자폭탄보다 더 심각한 위협이 될 수 있다고 경고하며 화약과 핵무기에 이어 '제3의 전쟁 혁명'을 일으킬 수 있는 킬러로봇의 개발 규제를 촉구했다.[43] 한편 스티븐 호킹과 미국 UC 버클리대학교 교수 스튜어트 러셀(Stuart Russell) 등은 『인디펜던트 The Independent』(2 May 2014)지에서 인공지능의 혜택은 누리면서 위험은 피할 수 있는 확률을 높이기 위해 지금 무엇을 할 수 있는지 함께 고민해야 할 때라며, "인공지능의 영향력은 단기적으로는 누가 통제하느냐에 달렸지만, 장기적으로는 결국 인공지능이 통제될 수 있을 것인가에 달려 있다"[44]고 역설했다.

인공지능 윤리는 개발자와 과학자들의 윤리, 인공지능 시스템에 내재한 윤리 코드, 인공지능 시스템이 학습하고 추론하는 과정에서 발생하는 윤리 문제로 대별될 수 있다. 인공지능 윤리와 관련된 연구를 하는 기관이나 단체는 '인류의 공동선을 어떻게 추구할 것이며, 인류에게 해가 될 수 있는 무분별한 개발을 어떻게 억제하면서 기술 진보를 이루어낼 것인가'를 핵심 연구 주제로 삼고 있다. 이 중에서 '오픈 로봇윤리 이니셔티브(Open Roboethics initiative, ORi)'는 로봇 공학의 윤리, 법률, 사회적 이슈에 대해 적극적 토의를 주도하는 싱크 탱크로서 가장 적극적인 활동을 하는 기관이다.[45] 그러나 인공지능 윤리를 구현하는 작업은 그렇게 단순하지가 않다. 인공지능 시스템에 보편적인 윤리 코드[46]를 설정할 경우 그것은 어떤 동기나 목적, 결과와는 무관하게 무조건적이고 절대적으로 지켜야 하는 도덕법칙을 구체화하는 방식이 될 것이다. 스스로 도덕적 결정을 내리는 '인공 도덕 행위자(artificial moral agent, AMA)'가 과연 신뢰할 만한 인간의 아바타가 되어 줄 수 있는지가 관건이다.

하지만 인류 사회 자체가 인종적, 민족적, 국가적, 종교적, 이념적 갈등과 대립으로 서로 죽이고 죽임을 당하는 판국에—그것도 인공지능 등 모든 수단을 동원해서—항상 인류에게 우호적인 인공지능을 기대한다는 것은 비현실적이다. 미국의 SF 작가이자 생화학자 아이작 아시모프(Isaac Asimov)의 단편『술래잡기 로봇 *Runaround*』(1942)에서 처음 제시된 '로봇공학의 삼원칙 (Three Laws of Robotics)'*이란 것이 있지만, 그것이 작동하려면 인간 의식의 패턴 자체가 바뀌고 마음이 업그레이드 돼야 한다. 영국 옥스퍼드대학교 철학교수 닉 보스트롬(Nick Bostrom)은 인류에게 비우호적인 초지능이 등장할 경우 인간의 운명은 이 초지능에 의해서 결정될 것이라고 말한다.

그렇다면 해결책은 무엇인가? 그것은 우리 스스로가 초지능 개발 여정의 첫 시작을 선택할 수 있다는 데 있다. 인간 가치를 수호하도록 초기조건을 설정하는 선택권이 우리 인류에게 있다는 말이다. 보스트롬은 이 해결책의 단초를 '최선의 인간 본성'47에서 찾고 있다. 그는 과학기술의 잠재적 위험에 대해 경고하면서도 초지능의 거대한 잠재력을 강조하며 인간 본성에 대한 강한 신뢰를 보이고 있다. 하지만 일단 인류에게 비우호적인 초지능이 만들어지면 그것을 대체하거나 변경하려는 시도는 그 비우호적인 초지능에 의해서 가로막히게 될 것이므로 우리의 운명은 돌이킬 수 없게 된다.48 트랜

---

* '로봇공학의 삼원칙'은 인공지능의 의무론적 윤리를 구체화한 사례로 널리 알려져 있다. 세 가지 원칙은 다음과 같다: "(1) 로봇은 인간에게 해를 가하거나, 행동하지 않음으로써 인간에게 해가 가도록 해서는 안 된다. (2) 로봇은 제1원칙에 위배되지 않는 한, 인간의 명령에 복종해야 한다. (3) 로봇은 제1, 2원칙에 위배되지 않는 한, 자신을 지켜야 한다."

스휴머니스트로서 그는 오늘날 인공지능을 비롯한 과학기술의 발달이 진화의 필연적 과정이며 휴머니즘의 확장을 가져올 것이라고 전망한다.

초기조건을 설정하는 선택권이 인간에게 있는 만큼, 컴퓨터 과학자나 인공지능 연구자들의 윤리 학습이 더 시급한 과제다. 인공지능의 윤리 문제는 결국 이들 과학자나 연구자들의 윤리 코드가 이입되어 나타난 결과이기 때문이다. 그럼에도 이들 분야 연구자들은 윤리학과의 관련성을 별로 인지하지 못하는 경우가 대부분이다. 따라서 인공지능 기술의 발전이 인류 사회의 이익을 극대화하고 지구 공동체 전체에 혜택을 주는 방향으로 이루어져야 한다는 내용의 공개서한이 온라인 서명을 통해 더욱 확산될 필요가 있다. 2008년 이후 컴퓨터 과학 및 인공지능 전공자들의 윤리 학습 방법으로 주목받고 있는 방안은 'SF를 통한 컴퓨터 윤리학' 코스로 유니온 칼리지의 아나스타시아 피스(Anastasia Pease), 켄터키대학의 쥬디 골드스미스(Judy Goldsmith), 호주 뉴사우스웨일스대학의 니콜라스 마테이(Nicholas Matej) 등이 이러한 시도에 앞장서고 있다.[49]

인공지능이든 유전학이든 나노기술이든 모두 불안 요소를 갖고 있지만, 기술 혁신이 특정 집단의 이익이 아닌 공공의 이익을 위해 선용(善用)되어야 한다는 대전제에 인류가 합의하고 그러한 합의를 제도화시켜 나갈 수 있다면, 과학기술의 미래에 대한 디스토피아적 전망은 한갓 기우에 지나지 않게 될 것이다. 인공지능 기술의 발전과 함께 인공지능과 로봇의 법적 인격 및 권리와 책임 문제, 인공지능과 로봇 관련 법제도와 지역적·세계적 거버넌스 등에 대한 논의와 연구를 국제협력을 통해 더욱 활성화시켜야 할 것이다. 지속적인 윤리 학습 강화와 플랫폼 방식의 의사소통 능력 확대 그리고 공동연구 확대와 온라인 공론장 활성화를 통한 서명운동 확산—이런 것들은 인류에게 비우호적인 인공지능의 등장을 제어하는 일정한 가이드라인 역할을 할 수 있다.

  그러나 본질적인 문제는 결국 인간이다. 인간의 의식 패턴이 바뀌고 마음이 업그레이드 되지 않으면 이러한 가이드라인은 실효성을 발휘할 수 없기 때문이다. 또다시, 대체 인간이란 무엇인가? 인류가 그 장구한 세월 동안 찾아 헤맨 것은 결국 찾아 헤매는 사람 그 자신이었단 말인가! 프랑스 고생물학자 피에르 테야르 드 샤르댕(Pierre Teilhard de Chardin)은 점증하는 복잡성과 상호연결로 표징되는 진화의 방향을 연구한 끝에 인류가 '오메가 포인트(Omega Point, 영적 탄생)'를 향해 나아가고 있으며 그 마지막 단계가 그리스도 의식의 탄생, 즉 '집단 영성의 탄생'이라고 보았다. 그것은 곧 우리의 의식이 '몸'의 단계에서 '마음'의 단계로, '영'의 단계로 진화함으로써 '내적 자아'의 연결성을 달성하는 것이다. 호모커넥투스 시대가 온갖 정보로 넘쳐나고 초연결이 이루어진다 해도 '자기조화'를 이루지 못한다면 그것은 분리성에 기초한 '몸'의 단계에 불과한 것이다. 전체(우주)는 빅데이터를 돌려서 얻는 부분(정보)의 단순한 합이 아니다.

  레이 커즈와일에 따르면 2030년대 말이 되면 뇌를 완전히 스캔해서 생물학적 뇌보다 훨씬 강력한 다른 연산 기판에다 그대로 옮기는 것이 충분히 가능하다고 한다. 그때도 인체는 여전히 존재하겠지만, 분자나노기술 조립이 몸에 대해서도 가능해지면 원하는 대로 이런저런 몸을 취할 수 있게 된다는 것이다. 우리는 컴퓨터를 새것으로 바꿀 때 파일을 복사해서 새 하드웨어에 재설치함으로써 소프트웨어의 수명이 본질적으로 하드웨어와 무관하다는 것을 잘 알고 있다. 그런데 인간의 경우에는 인체라는 하드웨어가 망가지면 우리의 삶—개인적인 '마음 파일(mind file)'—이라는 소프트웨어도 함께 죽는 것으로 생각한다. 그러나 뇌 속에 패턴을 이루며 들어 있는 수천 조 바이트의 정보들을 다른 곳에 저장하는 방법을 알아내게 되면 마음 파일의 수명은 인체라는 특정 하드웨어(생물학적 육체와 뇌)의 지속 가능성과는 무관하게 된다고 커즈와일은 말한다. 궁극적으로 소프트웨어 기반의 인간은 인체라는 엄격한 한계를 넘어 광범하게 확장될 것이며, 필요하거나 원할 때만 육체를 가지면서 인간은 웹에서 살게 될지도 모른다.[50] 커즈와일은 이렇게 묻는다.

> 내 마음 파일이 많은 연산 기관을 옮겨 다니며 특정 하드웨어와는 무관하게 살아남는 상태가 된다면, 그 마음 파일을 가진 존재를 정말 나라고 할 수 있을까?
> But is that person based on my mind file, who migrates across many computational substrates and who outlives any particular thinking medium, really me?[51]

> 내 모든 생각과 지식을 터득한 어떤 존재가 있다면 그것은 정말 나인가 아니면 다른 사람인가?
> Is that really me or rather someone else who just happens to have mastered all my thoughts and knowledge?[52]

이러한 물음은 고대로부터 끊임없이 제기되어 온 의식과 정체성에 관한 것이다. 의식이라는 소프트웨어가 인체라는 하드웨어의 한계를 넘어 널리 확장되면, 삶과 죽음, 주관과 객관, 개체와 전체 등 물질적 육체로부터 기인하는 온갖 이분법이 의미를 상실하게 될 것이다. 그렇게 되면 인간의 정체성을 육체적 자아와 동일시하는 일도 없을 것이다. 이처럼 물질계는—과학기술의 발달을 포함하여—아무런 방향성 없이 흘러가는 것이 아니라 의식계와 조응하여 '오메가 포인트'를 향해 나아가고 있으며, 종국에는 '집단 영성의 탄생'으로 이어질 것이다. 그때가 되면 알게 될 것이다. 자신의 정체성이 육체적 자아가 아니라 영성(spirituality) 그 자체라는 것을! 그리고 모든 미망(迷妄)의 뿌리가 바로 순수 현존(pure presence)인 'I AM'*에 대한 인식의 결여, 즉 영적 일체성(spiritual identity)의 결여에 있음을 호모커넥투스는 깨닫게 될 것이다.

---

* 여기서 'I AM'은 보편적 실재로서의 유일자, 즉 참자아(靈·神·天, 一心)의 정체성을 나타내는 의미로 사용한 것이다. 개체로서의 '나'의 정체성을 의미하는 것과 구분하기 위해 'AM'을 대문자로 표기하였다. 따라서 'I AM'은 참자아의 영적 일체성을 표상하는 의미로 보면 된다. 한글로는 설명이 복잡해지기 때문에 영어로 표기한 것이다.

01 호모커넥투스: 본질과 의미

1   Jeremy Rifkin, *The Age of Access: The New Culture of Hypercapitalism, Where All of Life is Paid-For Experience*(New York: Jeremy P. Tarcher/Putnam, 2001).

2   http://news.chosun.com/site/data/html_dir/2016/05/17/2016051700301.html (2020.1.4)

3   전창범 지음, 『5G: 이동통신 입문』(서울: 홍릉과학출판사, 2018), 25-26쪽.

4   http://news.chosun.com/site/data/html_dir/2018/06/20/2018062000127.html (2018.6.20.) UN이 규정하고 있는 난민은 인종, 종교, 민족, 신분, 정치적 의견 등 다섯 가지 이유로 박해를 받을 우려가 있는 사람을 말한다.

5   주요 내용은 원유와 정제유 제재 강화, 북한 해외노동자 24개월 이내 송환, 해상 차단 강화, 수출입 금지 품목 확대, 개인 및 단체에 대한 제재대상 추가 지정 등이다.

6   주요 내용은 대북제재를 위반한 것으로 의심되는 선박들에 대한 해상 제한 조치 등 EU 차원의 추가적인 독자 제재안 마련, 자국법과 국제법에 따라 모든 북한 노동자들 24개월 이내 송환 등이다.

7   톰 하트만 지음, 김옥수 옮김, 『우리 문명의 마지막 시간들』(파주: 아름드리미디어, 1999), 31쪽.

8   Alvin and Heidi Toffler, *Creating A New Civilization*(Atlanta: Turner Publishing, Inc., 1994), p.67.

9   Jeremy Rifkin, *op. cit.*, pp.4-5.

10 제러미 리프킨 지음, 이진수 옮김, 『수소 혁명』(서울: 민음사, 2003), 304쪽. 전력이 있어야 농기구를 가동하고 공장과 작업장을 운영하며 가정, 학교, 기업의 전등을 밝힐 수 있다. 현재 세계 인구 중 1/3이 전력에 전혀 접하지 못한다는 것은 땔감이나 가축 분뇨 등을 찾아 헤매는 일상의 생존 노동에 묶여 경제적 기회를 놓치고 있음을 의미한다.

11 Requoted from Jeremy Rifkin, *op. cit.*, p.97(italics author's).

12 *Ibid.*, p.6.

13 *Ibid.*, pp.6-7.

14 *Ibid.*, p.7.

15 https://www.theplayethic.com/ (2020.1.24.)

16 Ray Kurzweil, *The Singularity is Near: When Humans Transcend Biology*(London: Penguin Books, 2005), pp.338-340.

17 *Ibid.*, pp.341-342.

18 Jeremy Rifkin, *op. cit.*, pp.7-8.

19 *Ibid.*, pp.57-58, 60-61.

20 Requoted from *Ibid.*, p.60(parenthesis mine).

21 *Ibid.*, pp.60-63.

22 *Ibid.*, pp.64-65.

23 *Ibid.*, p.65(parentheses mine).

24 *Ibid.*, pp.65-67, 69.

25 *Ibid.*, p.67.

26 *Ibid.*, pp.67-69.

27 *Ibid.*, pp.69-71. 좀 더 거시적 안목에서 보면, 유전공학과 생명공학 기술의 발달이 인간의 생리기능이나 면역계, 수명은 물론 지적, 정서적 능력까지 크게 변화시킬 것이며, 그 결과 호모 사피엔스 종은 막을 내리게 될 가능성이 매우 크다(유발 하라리 지음, 조현욱 옮김, 『사피엔스』(파주: 김영사, 2015), 565-571쪽).

28 Jeremy Rifkin, *op. cit.*, pp.71-72.

29 *Ibid.*, pp.137-138. 이러한 리프킨의 진단은, 20세기에 들어와서 정치 영역과 문화 영역의 가치가 경제 영역으로 끌려 들어가 점점 더 상품화되었다는 다니엘 벨(Daniel Bell)의 관점과 상통한다.

30 Requoted from *Ibid.*, p.139.

31 *Ibid.*, pp.138-140, 143-144

32 Requoted from *Ibid.*, p.145: "Lived experienceis is the last stage of commodity reification. Put another way, lived experience…has become the final commodity in the circulation of capital."

33 *Ibid.*, pp.152, 163-164.

34 *Ibid.*, p.167.

35 Requoted from *Ibid.*, p.170: "All messages of all kinds become enclosed in the medium, because the medium has become so comprehensive, so diversified, so malleable, that it absorbs in the same multi-media text the whole of human experience, past, present, and future."

36 *The Rise of the Network Society, The Information Age: Economy, Society and Culture*, vol.1(1996, second edition, 2009); *The Power of Identity, The Information Age: Economy, Society and Culture*, vol.2(1997, second edition, 2009); *The End of the Millenium, The Information Age: Economy, Society and Culture*, vol.3(1998, second edition, 2010).

37 Jeremy Rifkin, *op. cit.*, pp.170-171.

38 *Ibid.*, p.178.

39 *Ibid.*, pp.182, 184-185. Requoted from *Ibid.*, p.185: "When we lose a language, it is like dropping a bomb on the Louvre." 프랑스 정부는 프랑스의 언어와 문화가 미국의 문화 중개자들과 미국 기업이 행사하는 영향력에 무너질 가능성을 우려하여 유럽의 텔레비전이나 영화관에서 상영되는 내용의 51퍼센트 이상을 반드시 유럽에서 만들어진 작품으로 하자는 안을 유럽연합에 제출했다.

40 *Ibid.*, p.265.

41 *Ibid.*, p.258.

42 Crawford MacPherson, *Democratic Theory: Essays in Retrival*(Oxford: Clarendon

Press, 1973), p.133: "an individual right not to be excluded from the use or benefit of the accumulated productive resources of the whole society."

43 *Ibid.*, p.140: "a right to participate in a system of power relations which will enable the individual to live a fully human life."

44 Jeremy Rifkin, *op. cit.*, pp.236-239.

45 *Ibid.*, pp.243-245, 247.

46 *Ibid.*, pp.248, 250.

47 *Ibid.*, pp.250-251.

48 *Ibid.*, pp.252-253.

49 *Ibid.*, pp.256-258.

50 *Ibid.*, pp.260, 263, 265.

51 *Ibid.*, p.266.

52 Erich Fromm, *To Have or To Be*(New York: Harper & Row, Publishers, 1976), p.81: "In the having mode, one's happiness lies in one's superiority over others, in one's power, and in the last analysis, in one's capacity to conquer, rob, kill. In the being mode it lies in loving, sharing, giving."

53 *Ibid.*, p.27.

54 *Ibid.*, p.109.

55 *Ibid.*, p.110: "If I am who I am and not what I have, nobody can deprive me of or threaten my security and my sense of identity."

56 *Ibid.*, p.126.

57 *Ibid.* (italics author's).

58 *Ibid.*, pp.126-129.

59 E. F. Schmacher, *Small is Beautiful: Economic as if People Mattered*(New York: Harper & Row, 1973).

60 Requoted from Erich Fromm, *op. cit.*, p.165.

61 https://news.chosun.com/site/data/html_dir/2020/01/27/2020012701393.html (2020. 2.2.)

62 제러미 리프킨 지음, 안진환 옮김, 『3차 산업혁명』(서울: 민음사, 2012), 56-57쪽. 리프킨이 말하는 3차 산업혁명은 사실상 4차 산업혁명을 포괄하는 개념이다.

63 제러미 리프킨 지음, 이경남 옮김, 『공감의 시대』(서울: 민음사, 2010), 6, 33-34쪽.

64 위의 책, 6쪽.

65 Paul Gilding, *The Great Disruption*(London: Bloomsbury Publishing PLC, 2011).

66 https://www.youtube.com/results?search_query=내셔널지오그래픽+인류멸망+시나리오 (2020.2.4.)

67 제러미 리프킨 지음, 이경남 옮김, 앞의 책, 756쪽.

68 위의 책, 757쪽.

69 *Nicomachean Ethics*, Book VIII, 1, 1155a25-3: "Further, if people are friends, they have no need of justice, but if they are just they need friendship in addition; and the

justice that is most just seems to belong to friendship."

70 *Nicomachean Ethics*, Book IX, 4, 1166b1.

71 제러미 리프킨 지음, 이경남 옮김, 앞의 책, 759쪽.

72 위의 책, 734-735쪽.

73 위의 책, 760-761쪽.

74 위의 책, 117, 119-120쪽.

⑩ 전체성과 홀로그램의 원리

1 David Bohm, *Wholeness and the Implicate Order*(London: Routledge & Kegan Paul, 1980), pp.186-190.

2 *Ibid.*, pp.182-190, 224-225.

3 Paul Davies, *Superforce*(New York: Simon & Schuster, 1984), p.48.

4 cf. *Mandukya Upanishad* in *The Upanishads*, translated from the Sanskrit with an introduction by Juan Mascaro(London: Penguin Books Ltd., 1962), p.83: "OM. This eternal Word is all: what was, what is and what shall be, and what beyond is in eternity. All is OM."

5 Michael Talbot, *The Holographic Universe*(New York: Harper Perennial, 1992), p.54.

6 강길전·홍달수 지음, 『양자의학: 새로운 의학의 탄생』(서울: 돋을새김, 2013), 83쪽.

7 Requoted from Michael Talbot, *op. cit.*, p.32.

8 David Bohm, *op. cit.*, pp.190-196.

9 *Ibid.*, p.9: "···wholeness is what is real, and that fragmentation is the response of this whole to man's action, guided by illusory perception, which is shaped by fragmentary thought···what is needed is for man to give attention to his habit of fragmentary thought, to be aware of it, and thus bring it to an end."

10 Padma-Sambhava, *The Tibetan Book of the Great Liberation*, Introductions, Annotations and Editing by W. Y. Evans-Wents, with Psychological Commentary by C. G. Jung, with a new Foreword by Donald S. Lopez, Jr.(London: Oxford University Press, 2000), p.9. 元曉大師가 '歸一心源(일심의 원천으로 돌아감)'을 강조한 것도 和諍의 비밀이 일심에 있다고 보았기 때문이다.

11 『華嚴一乘法界圖』: "一中一切多中一 一卽一切多卽一."

12 『般若心經』: "色不異空 空不異色 色卽是空 空卽是色."

13 Requoted from Fritjof Capra, *The Turning Point: Science, Society, and the Rising Culture*(New York: Bantam Books, 1982), p.68.

14 *Ibid.*, p.76

15 *Ibid.*.

16 Fritjof Capra, *The Tao of Physics*(Boston:Shambhala Publications, Inc., 1975).

17 Niels Bohr, *Atomic Physics and Human Knowledge*(New York: John Wiley & Sons,

1958), p.20.

18 元曉의 '一切唯心造' 사상에 따르면 일체가 오직 마음이 지어낸 것이므로 생명의 본체는 일심[순수의식·보편의식·근원의식·전체의식·우주의식]이다.

19 『大乘起信論』에서는 一心의 해명을 목적으로 眞如門과 生滅門의 二門을 설정하고 있다. 一心二門에 대해서는 拙著, 『동학사상과 신문명』(서울: 모시는사람들, 2005), 18-22쪽.

20 Asvaghosa, The Awakening of Faith, trans. Teitaro Suzuki(Mineola, New York: Dover Publications, INC., 2003), p.59.

21 元曉, 「金剛三昧經論」, 조명기 편, 『원효대사전집』(서울: 보련각, 1978), 185쪽(이하 『金剛三 昧經論』으로 약칭): "… 非空非不空 無空不空."

22 Werner Heisenberg, Physics and Philosophy(New York: Harper Torchbooks, 1958), p.125.

23 Ray Kurzweil, The Singularity is Near: When Humans Transcend Biology(London: Penguin Books, 2005), p.310.

24 元曉, 「大乘起信論疏」, 조명기 편, 앞의 책, 426쪽(이하 『大乘起信論疏』로 약칭): "一切分別 卽分別自心."

25 Fritjof Capra, The Turning Point: Science, Society, and the Rising Culture, p.292.

26 『道德經』 40章.

27 『道德經』 16章.

28 존 휠러는 '관찰자(observer)'라는 말 대신에 '참여자(participator)'라는 말을 사용하여 '참 여하는 우주'의 경계를 설파했다.

29 스티븐 호킹, 레오나르드 믈로디노프 지음, 전대호 옮김, 『위대한 설계』(서울: 까치, 2010), 13-14쪽.

30 Gregg Braden, The Divine Matrix(New York: Hay House, Inc., 2007), p.vii: "The Divine Matrix is our world. It is also everything in our world. It is us and all that we love, hate, create, and experience. Living in the Divine Matrix, we are as artists expressing our innermost passions, fears, dreams, and desires through the essence of a mysterious quantum canvas. But we are the canvas, as well as the images upon the canvas. We are the paints, as well as the brushes."

31 Requoted from Michael Talbot, op. cit., p.50.

32 Ibid., pp.54-55.

33 Ibid., p.54.

34 Ibid., pp.15-18, 48.

35 Ibid., pp.2-3, 158.

36 Ibid., p.53: "the nonlocal aspects of quantum systems is therefore a general property of nature."

37 『海月神師法說』, 「天地理氣」: "…人之在於陰水中 如魚之在於陽水中也 人不見陰水 魚不 見陽水也."

38 Padma Sambhava, The Tibetan Book of the Dead : Liberation through Understanding in the Between, translated by Robert A. F. Thurman and foreword

by H. H. the Dalai Lama(New York: Bantam Books, 1994)(原語로 『바르도 퇴돌 *Bardo Thödol*』), 류시화 옮김, 『티벳 死者의 書』(서울: 정신세계사, 2001), 91쪽.

39 『朱子語類』 卷94: "本只是一太極 而萬物各有稟受 又各全具一太極爾 如月在天 只一而已 及散在江湖 則隨處而見 不可謂月已分也."

40 『栗谷全書』 卷9, 書1 「答成浩原」: "本然者 理之一也 流行者 分之殊也 捨流行之理 而別求本然之理 固不可…."

41 『栗谷全書』 卷14 「天道策」: "一氣運化 散爲萬殊 分而言之 則天地萬象 各一氣也 合而言之 則天地萬象 同一氣也."

42 『金剛經』: "一切有爲法 如夢幻泡影 如露亦如電 應作如是觀."

43 元曉, 「大乘起信論別記」, 조명기 편, 『元曉大師全集』, 483쪽(이하 『大乘起信論別記』로 약칭).

44 Requoted from Michael Talbot, *op. cit.*, p.229.

45 *Ibid.*, pp.248-249; Joel L. Whitton and Joe Fisher, *Life between Life*(New York: Doubleday, 1986), p.39.

46 Michael Talbot, *op. cit.*, p.250.

47 *Ibid.*, pp.257-259.

48 Requoted from *Ibid.*, p.259.

49 Plato, *Republic*, translated by G. M. A. Grube, revised by C. D. C. Reeve(Indianapolis/Cambridge: Hackett Publishing Company Inc., 1992), Book VII, 514a-517a.

50 Benedict de Spinoza, "The Ethics," in *The Benedict de Spinoza Reader*, translated from the Latin by R. H. M. Elwes(Radford, VA: Wilder Publications, 2007). I, Propositions 29, Note, p.20(이하 *The Ethics*로 약칭).

51 *The Ethics*, V, Propositions 37, p.148에서 스피노자는 "신에 대한 지적 사랑에 반대되거나 또는 그것을 제거할 수 있는 것은 자연 안에 아무것도 없다"라고 말하였다. 즉 행복에 도달함을 방해하는 것은 자연 안에는 아무것도 없다는 것이다. 따라서 신의 필연적 법칙성을 인식하기만 하면 된다.

52 뇌의 진화와 지능의 탄생에 대해서는 拙著, 『빅 히스토리: 생명의 거대사, 빅뱅에서 현재까지』(서울: 모시는사람들, 2018), 385-407쪽.

53 아미트 고스와미 지음, 이봉호 옮김, 『신은 죽지 않았다』(서울: 시그마인사이트컴, 2014), 7쪽.

54 위의 책, 7-9쪽.

55 위의 책, 9-10쪽.

56 위의 책, 11, 378, 380쪽.

57 Amit Goswami, *The Self-Aware Universe: How Consciousness Creates the Material World*(New York: Tarcher/Putnam, 1995), p.105.

58 아미트 고스와미 지음, 이봉호 옮김, 앞의 책, 45, 47-48, 50쪽.

59 Amit Goswami, *op. cit.*, p.107.

60 *Ibid.*, pp.108-112.

61 *Ibid.*, p.112.

62 "John" in *Bible*, 14:6 : "I am the way and the truth and the life. No one comes to the Father except through me."

63 *Mandukya Upanishad* in *The Upanishads*, p.83.

64 『東經大全』, 「論學文」의 降靈之文에는 '鬼神者吾也'라고 나와 있는데, 이는 귀신이란 것이 바로 나(吾), 즉 참자아인 하늘임을 나타낸 것이다. 『海月神師法說』, 「天地人·鬼神·陰陽」에는 "귀신이란 천지의 음양이요, 理氣의 변동이며, 차고 더움(寒熱)의 精氣이니, 나누면 한 이치가 만 가지로 다르게 나타나고(一理萬殊) 합하면 한 기운일 따름이다. 그 근본을 연구하면 귀신, 성심, 造化가 都是 한 기운이 시키는 바이다(鬼神者 天地之陰陽也 理氣之變動也 寒熱之精氣也 分則一理萬殊 合則一氣而已 究其本則 鬼神也 誠心也 造化也 都是一氣之所使也)"라고 나와 있다.

65 『東經大全』, 「論學文」.

66 미국의 철학자이며 심리학자인 윌리엄 제임스(William James)는 그의 저서 *The Varieties of Religious Experience*(1935)에서 '우리가 이성적 의식(rational consciousness)이라고 부르는 깨어 있는 의식은 의식의 한 특수한 형태에 지나지 않으며, 그 너머에는 완전히 다른 의식의 잠재적 형태가 있다'라고 했다.

67 *The Bhagavad Gita*, translated from the Sanskrit with an introduction by Juan Mascaro(London: Penguin Books Ltd., 1962), 9. 19(parenthesis mine).

❸ '양자 얽힘'과 생명의 그물망

1 만지트 쿠마라 지음, 이덕환 옮김, 『양자혁명: 양자물리학 100년사』(서울: 까치, 2014), 293-294쪽.

2 위의 책, 298-301쪽.

3 위의 책, 301쪽에서 재인용.

4 *Physical Review* 47(10), pp.777-780

5 https://ko.wikipedia.org/wiki/코펜하겐_해석 (2019.11.24.)

6 Fritjof Capra, *The Turning Point: Science, Society, and the Rising Culture*, pp.82-83, 85.

7 만지트 쿠마라 지음, 이덕환 옮김, 앞의 책, 289쪽.

8 Asvaghosa, *The Awakening of Faith*, trans. Teitaro Suzuki(Mineola, New York: Dover Publications, INC., 2003), p.59.

9 『大乘起信論疏』, 427쪽. 원효가 도반인 義湘과 함께 求道的 일념으로 당나라로 건너가던 도중 땅막(土龕) 같은 곳에 들어가 자다가 목이 말라 사발 같은 데에 고인 물을 마시고 解渴하여 편히 쉬었는데, 이튿날 살펴보니 그 땅막은 古塚의 龕室이요, 물그릇은 해골박이었다. 이를 본 원효는 갑자기 구토를 일으키다가 홀연 三界唯心의 이치를 大悟하여 "마음이 일어나면 갖가지 법이 일어나고 마음이 사라지면 갖가지 법이 사라지니, 삼계는 오직 마음뿐이요, 만법은 오직 식(識)뿐이라(心生則種種法生 心滅則種種法滅 三界唯心 萬法唯識)"고 하고, "마음 밖에 법이 없거늘(心外無法), 따로 구할 것이 없다(胡用別求)"(『宋高

僧傳』卷4「義湘傳」)고 했다. 이것이 곧 一切唯心造라는 것이다.

10 https://ko.wikipedia.org/wiki/코펜하겐_해석 (2019.12.1.)

11 강길전·홍달수 지음, 『양자의학: 새로운 의학의 탄생』(서울: 돋을새김, 2013), 83쪽.

12 위의 책, 86쪽. 봄의 양자이론이 정당하다는 것을 입증하는 사례는 위의 책, 84-86쪽.

13 다세계 해석과 서울 해석에 대해서는 김재영, 「여러 세계/마음 해석과 '서울 해석'」, 『물리학과 첨단기술』(April 2012), 22-30쪽.

14 https://ko.wikipedia.org/wiki/이중_슬릿_실험 (2019.11.24.) 데이비슨은 전자회절을 발견하여 영국의 물리학자 조지 톰슨(George P. Thomson)과 함께 노벨 물리학상을 수상했다.

15 Fred Alan Wolf, Dr. Quantum's Little Book of Big Ideas: Where Science Meets Spirit(Needham, Massachusetts: Moment Point Press, 2005), p.126.

16 『大乘起信論疏』, 426쪽.

17 『大乘起信論疏』, 426쪽.

18 『大乘起信論疏』, 426쪽.

19 『大乘起信論疏』, 426쪽: "一切法皆從心起妄念而生者."

20 『大乘起信論疏』, 426쪽: "一切分別卽分別自心心不見心無相可得者."

21 『大乘起信論疏』, 426쪽.

22 『大乘起信論疏』, 427쪽: "世間乃至無體可得唯心虛妄者."

23 『大乘起信論疏』, 427쪽: "以心生則法生."

24 스피노자의 실체와 양태의 관계성에 대해서는 拙著, 『스피노자의 사상과 그 현대적 부활』(서울: 모시는사람들, 2015), 45-55쪽.

25 Fritjof Capra, The Turning Point: Science, Society, and the Rising Culture, p.360.

26 Ibid., pp.361-362. 원형과 무의식에 대해서는 C. G. 융 지음, 한국융연구원 C. G. 융저작번역위원 옮김, 『원형과 무의식』(융 기본 저작집 2)(서울: 솔, 2002) 참조.

27 Michael Talbot, op.cit., p.60.

28 Ibid., p.61; Renee Weber, "The Enfolding-Unfolding Universe: A Conversation with David Bohm," in The Holographic Paradigm, ed. Ken Wilber(Boulder, Colo.: New Science Library, 1982), p.72.

29 Michael Talbot, op.cit., p.61: "Due to personal resonance, relatively few of the almost infinite variety of 'images' in the implicate holographic structure of the universe are available to an individual's personal consciousness."

30 Ibid., pp.67-69.

31 Ibid., pp.70-72.

32 Requoted from Ibid., p.11.

33 Fritjof Capra, The Turning Point: Science, Society, and the Rising Culture, p.362.

34 칼 G. 융·볼프강 E. 파울리 지음, 이창일 옮김, 『자연의 해석과 정신』(고양: 연암서가, 2015), 212쪽.

35 위의 책, 210-211쪽.

36 위의 책, 141쪽.

37 위의 책, 84-85쪽.

38 Michael Talbot, *op. cit.*, pp.78-79.

39 https://en.wikipedia.org/wiki/Unus_mundus(2019.12.8.)

40 Michael Talbot, *op. cit.*, p.79.

41 *Ibid.*, pp.79-80.

42 Carl Gustav Jung, *Synchronicity: An Acausal Connecting Principle*(London and New York: Routledge, 2008), pp.133-134.

43 칼 G. 융·볼프강 E. 파울리 지음, 이창일 옮김, 앞의 책, 25-26쪽. 라인의 ESP 실험에 대해서는 위의 책, 207-209쪽.

44 http://lightlink.com/vic/distinguishing.html(2019.12.8.); Victor Mansfield, *Synchronicity, Science, and Soul-Making*(Chicago: Open Court Publications, 1995).

45 Carl Gustav Jung, *op. cit.*, p.133.

46 본 장 2절의 이하 글은 拙著, 『삶의 지문』(서울: 모시는사람들, 2008), 122-170쪽.

47 『明心寶鑑』, 「天命」 六 : "天網恢恢疎而不漏."

48 *Mandukya Upanishad* in *The Upanishads*, p.83. 자아의식의 네 가지 상태는 拙著, 『생명에 관한 81개조 테제: 생명정치의 구현을 위한 眞知로의 접근』(서울: 모시는사람들, 2008), 734-739쪽.

49 "1 John" in *Bible*, 4:8.

50 cf.『金剛三昧經論』, 145쪽: "眞如門에 의하여 止行을 닦고 生滅門에 의하여 觀行을 일으키어 止와 觀을 동시에 닦아 나가야 한다." 여기서 止行[坐禪]과 觀行[行禪]은 수신과 헌신적 참여와 같은 의미이며 본래의 空心에 이르기 위한 방법이다.

51 *The Bhagavad Gita*, 5. 1. : "Renunciation is praised by thee, Krishna, and then the Yoga of holy work. Of these two, tell me in truth, which is the higher path?"

52 *Mundaka Upanishad* in *The Upanishads*, translated from the Sanskrit with an introduction by Juan Mascaro(London: Penguin Books Ltd., 1962), 2. 2. 3., p.79(parenthesis mine).

53 천국과 지옥에 대해서는 拙著, 『생명에 관한 81개조 테제: 생명정치의 구현을 위한 眞知로의 접근』, 112-117쪽. 불교에서는 이 우주의 무수한 세계를 크게 欲界, 色界, 無色界의 三界로 분류하고 이를 다시 세분하여 地獄, 餓鬼, 畜生, 人間, 天道, 阿修羅 등 六道의 세계로 나타낸다. 이 三界六道의 세계는 이 우주가 의식의 진화 단계에 따라 무수한 세계가 있음을 나타낸 것이다. 삼계육도에 관한 자세한 내용은 오형근, 『불교의 영혼과 윤회관』(서울: 대승, 2005) 참조.

54 Padma Sambhava, *The Tibetan Book of the Dead : Liberation through Understanding in the Between*, translated by Robert A. F. Thurman and foreword by H. H. the Dalai Lama(New York: Bantam Books, 1994)(原語로 『바르도 퇴돌 *Bardo Thödol*』), 류시화 옮김, 『티벳 死者의 書』(서울: 정신세계사, 2001). 전 세계적으로 주목받고 있는 이 경전은 죽음 너머 미지의 세계로 떠나는 死者를 위한 안내서이다. 이 경전에는 사후에 대개 49일간의 세 단계의 바르도(Bardo, 중간영계)를 거쳐 영체[意識體]가 인간계나 다른 세계 또는 천상계에 환생하는 것으로 나와 있다.

55 버지니아 대학교 의과대학 정신과 교수인 이안 스티븐슨(Ian Stevenson)은 자발적으로
전생을 기억해낸 어린이들을 30년 이상 탐문하여 수천 건의 사례들을 모아서 분석한
결과, 우리의 죄에 대해 우주적으로 단죄를 받는다는 어떠한 단서도 발견하지 못했다
며, "우리의 행위에 대한 어떤 외부적인 심판도 없고, 응분의 대가로 우리를 삶에서 삶
으로 배치시키는 어떤 존재도 없다.…만일 이 세상이 '영혼을 빚어내는 골짜기(a vale of
soul-making)'라면 우리의 영혼을 빚어내는 것은 우리 자신이다"라고 했다(Ian Stevenson,
Children Who Remember Previous Lives(Charlottesville, Va.: University Press of Virginia,
1987), pp.259-260).

56 아미트 고스와미 지음, 이봉호 옮김, 『신은 죽지 않았다』(서울: 시그마인사이트컴, 2014),
10쪽.

57 위의 책, 15, 7-8쪽.

58 위의 책, 11, 378-380쪽.

59 위의 책, 379-380쪽.

60 위의 책, 381-382쪽.

61 위의 책, 383-385쪽.

62 위의 책, 385-389쪽.

63 위의 책, 390-394쪽.

04 실재를 향한 현대 과학의 여정

1 Niels Bohr, *Atomic Physics and the Description of Nature*(Cambridge, Eng.: Cambridge
University Press, 1934), p.57: "Isolated material particles are abstractions, their
properties being definable and observable only through their interaction with other
systems."

2 David Bohm, "Hidden Variables and the Implicate Order," in *Quantum Implications*,
ed. Basil J. Hiley and F. David Peat(London: Routledge & Kegan Paul, 1987), p.38.

3 Requoted from Fritjof Capra, *The Tao of Physics*, p.138.

4 Werner Heisenberg, *Physics and Beyond*(New York: Harper & Row, 1971) 참조.

5 Fritjof Capra, *The Web of Life*(New York: Anchor Books, 1996), pp.134-135.

6 Fritjof Capra, *The Turning Point: Science, Society, and the Rising Culture*, pp.91-92.

7 Alfred North Whitehead, *Process and Reality*(New York: Macmillan, 1929).

8 Fritjof Capra, *The Turning Point: Science, Society, and the Rising Culture*, p.92.

9 Stephen Hawking & Leonard Mlodinow, *A Briefer History of Time*(New York:
Random House, Inc., 2005), pp.15-16.

10 拙著, 『새로운 문명은 어떻게 만들어지는가: 한반도發 21세기 과학혁명과 존재혁명』(서
울: 모시는사람들, 2013), 148-149쪽.

11 Fritjof Capra, *The Turning Point: Science, Society, and the Rising Culture*, p.86.

12 *Ibid.*, pp.86-87(parenthesis mine).

13 Requoted from Gregg Braden, *The Divine Matrix*(New York: Hay House, Inc., 2007), p.3: "When we understand us, our consciousness, we also understand the universe and the separation disappears."

14 Fritjof Capra, *The Turning Point: Science, Society, and the Rising Culture*, pp.103-104.

15 강길전·홍달수 지음, 『양자의학: 새로운 의학의 탄생』(서울 돈을새김, 2013), 95-96쪽.

16 위의 책, 112쪽. 카오스(chaos) 현상, 프랙탈(fractal) 현상, 복잡계 현상은 양자파동장(또는 양자포텐셜)이 일으키는 특이현상이다(위의 책, 151-159쪽).

17 拙著, 『동서양의 사상에 나타난 인식과 존재의 변증법』(서울: 모시는사람들, 2011), 107-108쪽에서 재인용.

18 Fritjof Capra, *The Web of Life*, p.85.

19 Ilya Prigogine and Isabelle Stengers, *Order out of Chaos: Man's New Dialogue with Nature*, foreword by Alvin Toffler(Toronto, New York: Bantam Books, 1984), p.292. 프리고진으로 대표되는 브뤼셀학파의 자기조직화의 원리는 헤르만 하켄(Hermann Haken)의 레이저 이론(Laser Theory)에서의 자기조직화의 원리를 더 넓은 범위에서 정교하게 다듬은 것이다.

20 그렉 브레이든 외 지음, 이창미·최지아 옮김, 『World Shock 2012』(서울: 쌤앤파커스, 2008), 29쪽에서 재인용.

21 *Maitri Upanishad* in *The Upanishads*, p.104.

22 http://opensciences.org/files/pdfs/ISPMS-Summary-Report.pdf (2019.12.20.)

23 Fritjof Capra, *The Tao of Physics*, p.53.

24 *Ibid.*.

25 디팩 초프라 지음, 도솔 옮김, 『바라는 대로 이루어진다』(서울: 황금부엉이, 2013), 27-28쪽.

26 위의 책, 28-29쪽.

27 위의 책, 30-32쪽.

28 위의 책, 33-35쪽.

29 위의 책, 35-37쪽.

30 *Mundaka Upanishad* in *The Upanishads*, translated from the Sanskrit with an introduction by Juan Mascaro(London: Penguin Books Ltd., 1962), 1. 1. p.76.

31 디팩 초프라 지음, 도솔 옮김, 앞의 책, 44쪽.

32 로저 펜로즈 지음, 노태복 옮김, 『유행 신조 그리고 공상: 우주에 관한 새로운 물리학』(서울: 승산, 2018) 참조.

33 켄 윌버에 관한 본 절의 이하 내용은 拙稿, 「켄 윌버의 홀라키적 전일주의(holarchic holism)와 수운의 「시」(侍)에 나타난 통합적 비전」, 『동학학보』 제23호, 동학학회, 2011, 9-46쪽.

34 Ken Wilber, *The Eye of Spirit*(Boston & London: Shambhala Publications Inc., 2001), p.76.

35 Ken Wilber, *Eye to Eye*(Boston, Massachusetts: Shambhala Publications Inc., 1999), pp.2-7.

36 Ken Wilber, *A Brief History of Everything*(Boston: Shambhala, 2007), pp.39-40.

37 Ken Wilber, *The Atman Project*: *A Transpersonal View of Human Development*(Wheaton, Illinois: Quest Books, 1996), ch. 8, pp.73-81.

38 *Ibid.*, ch. 9, pp.83-91; Ken Wilber, *The Collected Works of Ken Wilber*, Vol I(Boston & London: Shambhala, 1999), ch. 10, pp.558-575.

39 Ken Wilber, *Eye to Eye*, p.6.

40 홀론이란 용어는 아서 쾨슬러(Arthur Koestler)의 저서 『기계속의 유령 *The Ghost in the Machine*』(1967)에서 처음 사용된 것이다. 월버는 모든 홀론이 작인(作因 agency), 공생 (communion), 초월(transcendence), 분해(dissolution)라는 네 가지 추동력을 공유하며 홀라키적으로 창발한다고 본다. 그는 쾨슬러의 자연적 위계(natural hierarchy)라는 용어를 사용해 홀론이 홀라키적으로 창발하는 것을 설명한다. 점증하는 전체성의 질서인 자연적 위계가 곧 홀라키이다(Ken Wilber, *Integral Psychology: Consciousness, Spirit, Psychology, Therapy*(Boston, Massachusetts: Shambhala Publications Inc., 2000), p.39).

41 Ken Wilber, *Integral Psychology: Consciousness, Spirit, Psychology, Therapy*, p.5.

42 *Ibid.*, p.6.

43 김상일, 「월버의 과학사상」, 『과학사상』 20호(1997 봄), 153쪽.

44 켄 윌버 지음, 정창영 옮김, 『켄 윌버의 통합 비전』(서울: 물병자리, 2009).

45 월버는 통합지도를 일컫는 다른 말로 '모든 四象限, 모든 수준, 모든 라인, 모든 상태, 모든 타입'을 간략하게 줄여서 아퀄(AQAL)이라고 표시하고 있다(위의 책, 66쪽).

46 위의 책, 30-39쪽.

47 Ken Wilber, *Integral Psychology: Consciousness, Spirit, Psychology, Therapy*, pp.62, 67; Ken Wilber, *A Brief History of Everything*, pp.110-111.

48 Ken Wilber, *Integral Psychology: Consciousness, Spirit, Psychology, Therapy*, p.73; 켄 윌버 지음, 정창영 옮김, 앞의 책, 67-68쪽.

49 Ken Wilber, *A Brief History of Everything*, pp.188-189.

50 켄 윌버 지음, 정창영 옮김, 앞의 책, 127-129쪽.

51 Ken Wilber, *Integral Psychology: Consciousness, Spirit, Psychology, Therapy*, p.158; Ken Wilber, *A Brief History of Everything*, p.516.

52 Ken Wilber, *Integral Psychology: Consciousness, Spirit, Psychology, Therapy*, p.67; Ken Wilber, *A Brief History of Everything*, p.516.

53 *Ibid.*, pp.512-520.

54 켄 윌버의 통합적 진리관에 대해서는 박정호, 「진·선·미: 켄 윌버의 통합적 진리관에 대한 소고」, 『범한철학』 제36집(2005년 봄), 127-150쪽; 조효남, 「상보적 통합적 생명 인식」, 『한국정신과학학회지』 제11권 제2호(2007.12, 통권 제22호), 9-43쪽; 이정배, 「켄 윌버의 홀아키적 우주론과 과학과 종교의 통합론」, 『신학과 세계』 42권(2001), 242-265쪽 참조.

55 Fritjof Capra, *The Web of Life*, pp.12-13.

56 *Ibid.*, pp.33-35.

57 시오자와 요시노리 지음, 임채성 등 옮김, 『왜 복잡계 경제학인가』(서울: 푸른길, 1999); Ludwig von Bertalanffy, *General System Theory*: Foundations, Development, Applications(New York: Braziller, 1968), ch. 2 참조.

58 본 절에 나오는 '4C' 이론은 拙著, 『생태정치학: 근대의 초극을 위한 생태정치학적 대응』 (서울: 모시는사람들, 2007), 360-381쪽.

59 이에 관해서는 브라이언 M. 페이건 지음, 남경태 옮김, 『고대 세계의 70가지 미스터리』 (서울: 오늘의책, 2003); 얀 클라게 지음, 이상기 옮김, 『날씨가 역사를 만든다』(서울: 황소자리, 2004) 참조.

60 線型系(linear system)에서는 단순한 직선적 운동이 이루어지므로 결과가 원인에 비례하여 전체 행동이 예측가능한 데 비해, 非線型系(non-linear system)에서는 변수들이 독립적이지 않고 상호 연관되어 복잡하게 작용하므로 결과가 원인에 비례하지 않아 전체 행동을 예측하기 어렵다.

61 카오스이론을 다룬 대표적인 저서들로는 G. Nicolis and Ilya Prigogine, *Self-Organization in Nonequilibrium Systems: From Dissipative Structures to Order through Fluctuations*(New York: Jone Wiley & Sons, 1977); llya Prigogine and Isabelle Stengers, *Order out of Chaos: Man's New Dialogue with Nature*, foreword by Alvin Toffler(Toronto, New York: Bantam Books, 1984). 모든 생명체는 근본적으로 복잡계이며 이들 생명체가 만드는 사회적 제 현상도 자연현상과 마찬가지로 복잡한 변수들의 상호 작용으로 일어나는 복잡계의 현상이다. 일기예보, 공기나 물의 흐름, 나뭇잎의 낙하운동, 생물의 발생과 진화, 뇌의 활동, 주식변동, 경제 및 사회 정치변동 등과 같이 복잡한 비선형적인 관계로 이루어진 현상들은 기존의 물리학으로는 설명할 수 없었던 것으로 카오스이론의 전형적인 예이다.

62 초기조건에 민감한 비선형계(non-linear system)와는 달리 선형계는 초기조건과는 무관하게 가능한 한 평형에 가깝게 엔트로피를 최소화하는 방향으로 진행되므로 완전히 예측 가능한 변화이다(*Ibid.*, p.140).

63 *Ibid.*, p.292.

64 산일구조와 자기조직화에 관한 프리고진의 학설은 1960년대 초 러시아의 화학자 벨루소프(B. P. Belousov)와 자보틴스키(A. M. Zhabotinsky)가 발견한 화학 반응, 즉 '벨로우소프-자보틴스키 반응(Belousov-Zhabotinskii reaction)'에 의해 그가 예측한 화학 반응이 실험적으로 증명되면서 공인되었다. 또한 그는 베나르 대류(The Bénard Convection)라는 유체역학적 현상을 산일구조의 또 다른 예로서 제시하기도 했다(Fritjof Capra, *The Web of Life*, pp.86-89).

65 *Ibid.*, p.85.

66 cf. Harold J. Morowitz, "Biology as a cosmological science," *Main Currents in Modern Thought*, vol. 28, 1972, p.156.

67 Ilya Prigogine, *From Being to Becoming*(San Francisco: Freeman, 1980).

68 과학혁명의 과제에 대해서는 拙著, 『새로운 문명은 어떻게 만들어지는가: 한반도發 21세기 과학혁명과 존재혁명』(서울: 모시는사람들, 2013), 56-62쪽.

69 '생명의 3화음적 구조'에 대해서는 拙著, 『천부경·삼일신고·참전계경』(서울: 도서출판 모시는사람들, 2006) 참조. 천부경의 三神一體(천·지·인), 불교의 三身佛(法身·化身·報身), 기독교의 三位一體(聖父·聖子·聖靈), 그리고 동학 「侍(모심)」의 세 측면인 內有神靈·外有氣化·各知不移는 모두 一心(自性)의 세 측면을 나타낸 것으로 본체-작용-본체·작용의 합

일이라는 '생명의 3화음적 구조'와 조응한다.

70 cf. 에른스트 페터 지음, 이민수 옮김, 『과학혁명의 지배자들』(서울: 양문, 2002), 7쪽.

71 Thomas S. Kuhn, *The Structure of Scientific Revolutions*, 3rd edition(Chicago and London: The University of Chicago Press, 1996), pp.103, 112, 148, 150, 198ff.

72 제이콥 브로노우스키, 『과학과 인간의 미래』(서울: 김영사, 2011), 350쪽.

73 위의 책, 14쪽.

74 위의 책, 422쪽.

05 호모커넥투스와 복잡계의 진화

1 "John" in *Bible*, 14:6.

2 "John" in *Bible*, 4:24.

3 *The Ethics*, I, Proposition XXV, Corollary, p.18: "Individual things are nothing but modifications of the attributes of God, or modes by which the attributes of God are expressed in a fixed and definite manner."

4 *The Ethics*, I, Proposition XVI, Corollary II, p.14: "···God is a cause in himself, and not through an accident of his nature."

5 *The Ethics*, I, Proposition XVI, Corollary III, p.14: "···God is the absolutely first cause."

6 "1 John" in *Bible*, 4:8.

7 Plato, *Republic*, translated by G. M. A. Grube, revised by C. D. C. Reeve(Indianapolis/Cambridge: Hackett Publishing Company Inc., 1992), Book VI, 508d-e.

8 *Republic*, Book VI, 511e.

9 http://opensciences.org/about/manifesto-for-a-post-materialist-science (2019. 12.30.);
http://opensciences.org/files/pdfs/ISPMS-Summary-Report.pdf (2019.12.30.)

10 에른스트 마이어 지음, 임지원 옮김, 『진화란 무엇인가』(서울: 사이언스북스, 2013), 34-36, 536쪽.

11 위의 책, 36쪽.

12 Fritjof Capra, *The Web of Life*, p.223.

13 에른스트 마이어 지음, 임지원 옮김, 앞의 책, 36-37쪽.

14 위의 책, 37-38, 42쪽. 다양성의 원천인 분기 진화는 항상 종 분화(speciation)에서 시작되지만, 시간이 지남에 따라 새로운 분기군은 또 다시 잔가지를 쳐서 계통 발생 나무에서 중요한 굵은 가지가 될 수 있다. 이 분기 진화의 연구는 대진화(macroevolution) 연구의 주요 관심사가 되고 있다. 대진화를 소진화(microevolution)와 구분하기도 하지만, 대진화는 소진화의 축적의 산물이고 진화의 메커니즘 자체가 본질적으로 다른 것은 아니라는 점에서 필자는 설명의 편의상 구분으로 본다.

15 앨프리드 러셀 윌리스 지음, 노승영 옮김, 『말레이 제도』(서울: 지오북, 2017), 790쪽.

16 에른스트 마이어 지음, 임지원 옮김, 앞의 책, 239-243쪽.

17 찰스 다윈 지음, 송철용 옮김, 『종의 기원』(서울: 동서문화사, 2013), 138-206쪽.

18 에른스트 마이어 지음, 임지원 옮김, 앞의 책, 233쪽.

19 Fritjof Capra, *The Web of Life*, p.224.

20 https://ko.wikipedia.org/wiki/장바티스트_라마르크 (2020.1.10.)

21 Fritjof Capra, *The Web of Life*, pp.224-225.

22 *Ibid.*, pp.225-226.

23 본 절의 이하 '이보디보' 관련 논의는 拙著, 『빅 히스토리: 생명의 거대사, 빅뱅에서 현재까지』, 253-259쪽.

24 Sean B. Carroll, *Endless Forms Most Beautiful: The New Science of Evo Devo and The Making of the Animal Kingdom*(New York: W. W. Norton & Company, 2005), pp.164-165; 션 B. 캐럴 지음, 김명남 옮김, 『이보디보: 생명의 블랙박스를 열다』(고양: 지호, 2007), 16-17쪽. 여기서 혹스 유전자란 포유류에서 호메오박스(homeobox)를 가진 호메오 유전자들을 일컫는 것으로 그것이 암호화하는 60개의 아미노산 배열을 포함하는 단백질 부분이 호메오도메인(homeodomain)이다.

25 Sean B. Carroll, *op. cit.*, pp.213-214.

26 *Ibid.*, pp.64-65, 79.

27 피터 워드·조 커슈빙크 지음, 이한음 옮김, 『새로운 생명의 역사』(서울: 까치, 2015), 154-155쪽.

28 위의 책, 152, 155-156쪽.

29 Fritjof Capra, *The Web of Life*, p.226.

30 *Ibid.*, p.85.

31 Erich Jantsch, *The Self-Organizing Universe*(New York: Pergamon, 1980).

32 Fritjof Capra, *The Web of Life*, p.227.

33 Requoted from *Ibid.*.

34 拙著, 『빅 히스토리: 생명의 거대사, 빅뱅에서 현재까지』, 199, 206쪽.

35 Fritjof Capra, *The Web of Life*, p.228.

36 *Ibid.*.

37 *Ibid.*, pp.228-229.

38 앤드루 H. 놀 지음, 김명주 옮김, 『생명 최초의 30억 년』(서울: 뿌리와이파리, 2015), 41-42, 44쪽.

39 Fritjof Capra, *The Web of Life*, p.230.

40 https://ko.wikipedia.org/wiki/허버트_스펜서 (2020.1.9.)

41 Ray Kurzweil, *The Singularity is Near: When Humans Transcend Biology*(London: Penguin Books, 2005), p.38: "Order is information that fits a purpose. The measure of order is the measure of how well the information fits the purpose."

42 *Ibid.*, pp.39-40.

43 *Ibid.*, pp.40-41.

44 *Ibid.*, p.42.

45 빅뱅과 우주의 진화에 대해서는 Stephen Hawking and Leonard Mlodinow, *A Briefer History of Time*(New York: Bantam Dell, 2005), pp.68-85; Stephen Hawking, *The Universe in a Nutshell*(New York: Bantam Books, 2001), pp.69-99.

46 벤 길리랜드 지음, 김성훈 옮김, 『인포그래픽으로 보는 우주 탄생의 비밀』(서울: RHK, 2015), 57-58쪽.

47 拙著, 『빅 히스토리: 생명의 거대사, 빅뱅에서 현재까지』, 137-138쪽.

48 『中阿含經』: "若見緣起便見法 若見法便見緣起."

49 cf. *Isa Upanishad* in *The Upanishads*, p.49: "When a sage sees this great Unity and his Self has become all beings, what delusion and what sorrow can ever be near him?"

50 https://terms.naver.com/entry.nhn?docId=1224678 (2020.1.17.)

51 https://ko.wikipedia.org/wiki/복잡계 (2020.1.17.)

52 존 홀런드 지음, 김희봉 옮김, 『숨겨진 질서』(서울: 사이언스북스, 2001), 29-30쪽.

53 위의 책, 31-33쪽.

54 위의 책, 33-34, 36쪽.

55 위의 책, 36-37, 46쪽.

56 위의 책, 46-47쪽. 이러한 마디-줄-자원의 삼각체제는 다른 CAS에도 적용된다. 중추신경계에서 신경세포-신경세포 간 연결-펄스, 생태계에서 종-먹이그물 상호작용-생화학 물질, 인터넷에서 컴퓨터-케이블-메시지 등을 예로 들 수 있다.

57 https://100.daum.net/encyclopedia/view/188XX75601236 (2020.1.19.)

58 존 홀런드 지음, 김희봉 옮김, 앞의 책, 51-54, 56쪽.

59 위의 책, 56-60쪽.

60 위의 책, 60, 62-63쪽.

61 위의 책, 20, 23-25쪽.

62 앤드루 H. 놀 지음, 김명주 옮김, 앞의 책, 45쪽. 본 절의 이하 부분은 拙著, 『빅 히스토리: 생명의 거대사, 빅뱅에서 현재까지』, 241-244쪽.

63 위의 책, 53쪽.

64 린 마굴리스 지음, 이한음 옮김, 『공생자 행성』(서울: 사시언스북스, 2014), 23쪽.

65 위의 책, 78-80쪽.

66 http://100.daum.net/encyclopedia/view/24XXXXX71719 (2020.1.19.)

67 Fritjof Capra, *The Web of Life*, pp.231-232.

68 Requoted from *Ibid.*, p.232.

06 하나가 왜, 어떻게 여럿으로 나타나는가

1 Fritz Perls 지음, 노안영 옮김, 『펄스의 게슈탈트적 자기치료』(서울: 학지사, 1996) 참조.

2 *The Bhagavad Gita*, 13. 14. : "···He is beyond all, and yet he supports all. He is beyond the world of matter, and yet he has joy in this world."

3 Padma-Sambhava, *The Tibetan Book of the Great Liberation*, Introductions, Annotations and Editing by W. Y. Evans-Wents, with Psychological Commentary by C. G. Jung, with a new Foreword by Donald S. Lopez, Jr.(London: Oxford University Press, 2000), p.liii.

4 *The Ethics*, I, Definition I, p.5.

5 *The Ethics*, I, Proposition XXV, P.18: "God is the efficient cause not only of the existence of things, but also of their essence."

6 *The Ethics*, I, Proposition XVI, Corollary II, p.14: "···God is a cause in himself, and not through an accident of his nature."

7 *The Ethics*, I, Proposition XVI, Corollary III, p.14: "···God is the absolutely first cause."

8 *The Ethics*, I, Proposition XVII, p.14: "God acts solely by the laws of his own nature, and is not constrained by anyone."

9 *The Ethics*, I, Proposition XVI, Corollary I, p.14: "···God is the efficient cause of all that can fall within the sphere of an infinite intellect."

10 *The Ethics*, I, Proposition XXXIV, Proof, p.23: "From the sole necessity of the essence of God it follows that God is the cause of himself (Prop. xi.) and of all things (Prop. xvi. and Coroll.)."

11 *The Ethics*, I, Proposition V, Proof, p.6: "···there cannot be granted several substances, but one substance only."

12 *The Ethics*, I, Proposition XIV, p.11: "Besides God no substance can be granted or conceived."

13 拙著, 『스피노자의 사상과 그 현대적 부활』(서울: 모시는사람들, 2015), 44-45, 47-51쪽.

14 *The Bhagavad Gita*, 13. 17. : "···It is vision, the end of vision, to be reached by vision, dwelling in the heart of all."

15 *Maitri Upanishad* in *The Upanishads*, translated from the Sanskrit with an introduction by Juan Mascaro(London: Penguin Books Ltd., 1962), p.104: "Mind is indeed the source of bondage and also the source of liberation. To be bound to things of this world: this is bondage. To be free from them: this is liberation."

16 cf. 파동-입자의 이중성(wave-particle duality). 眞如性[본체]인 동시에 生滅性[작용]으로 나타나는 一心의 이중성은 파동인 동시에 입자로 나타나는 파동-입자의 이중성과 같은 맥락에서 이해될 수 있다.

17 *The Bhagavad Gita*, 13. 26. : "Whatever is born, Arjuna, whether it moves or it moves not, know that it comes from the union of the field and the knower of the field."

18 *The Bhagavad Gita*, 14. 5. : "SATTVA, RAJAS, TAMAS - light. fire, and darkness - are the three constituents of nature. They appear to limit in finite bodies the liberty of their infinite Spirit."

19 *Mundaka Upanishad* in *The Upanishads*, translated from the Sanskrit with an introduction by Juan Mascaro(London: Penguin Books Ltd., 1962), 1. 1. p.76: "From

that Spirit who knows all and sees all, whose *Tapas* is pure vision, from him comes Brahma, the creator, name and form and primal matter."

20 *Mundaka Upanishad* in *The Upanishads*, 2. 1, p.77.

21 *The Bhagavad Gita*, 7. 4-5.

22 『大乘起信論疏』, 426쪽: "一切分別卽分別自心."

23 아미트 고스와미 지음, 이봉호 옮김, 『신은 죽지 않았다』(서울: 시그마인사이트컴, 2014), 397쪽.

24 *Isa Upanishad* in *The Upanishads*, p.49(parenthesis mine).

25 제이콥 브로노우스키 지음, 임경순 옮김, 『과학과 인간의 미래』(파주: 김영사, 2011), 305쪽.

26 Bertrand Russell, *The History of Western Philosophy*(New York: Simon & Schuster, Inc., 1972), pp.353-354.

27 양자물리학과 평행우주에 대해서는 Fred Alan Wolf, *Parallel Universes*(New York: Simon & Schuster Paperbacks, 1988), pp.25-61.

28 *Prasna Upanishad* in *The Upanishads*, pp.70-71.

29 *The Bhagavad Gita*, 2. 22. : "As a man leaves an old garment and puts on one that is new, the Spirit leaves his mortal body and then puts on one that is new."

30 *The Bhagavad Gita*, 2. 21. : "When a man knows him as never-born, everlasting, never-changing, beyond all destruction, how can that man kill a man, or cause another to kill?"

31 *Katha Upanishad* in *The Upanishads*, pp.55-66.

32 *Mandukya Upanishad* in *The Upanishads*, p.83.

33 cf. *Katha Upanishad* in *The Upanishads*, p.66: "In the faith of 'He is' his existence must be perceived, and he must be perceived in his essence. When he is perceived as 'He is', then shines forth the revelation of his essence."

34 拙稿, 「'한'과 동학의 사상적 특성과 정치실천적 과제」, 『동학학보』 제48호, 동학학회, 2018, 269쪽.

35 예로부터 높은 산은 하늘로 통하는 문으로 여겨져 祭天儀式이 그곳에서 거행되었는데, 단군이 천제를 지낸 백두산과 甲比古次의 壇所와 摩利山의 塹城壇 등은 상징적인 하늘제단의 대표적인 것이다. 犧牲祭에 대해서는 拙著, 『생명에 관한 81개조 테제: 생명정치의 구현을 위한 眞知로의 접근』(서울: 모시는사람들, 2008), 619-624쪽.

36 "Genesis" in *Bible*, 4:4 : "But Abel brought fat portions from some of the firstborn of his flock. The LORD looked with favor on Abel and his offerings."

37 "Genesis" in *Bible*, 8:20 : "Then Noah built an altar to the LORD and, taking some of all the clean animals and clean birds, he sacrificed burnt offerings on it."

38 "Genesis" in *Bible*, 22:2-13 : "Then God said, "Take your son, your only son, Isaac, whom you love, and go to the region of Moriah. Sacrifice him there as a burnt offering···Abraham looked up and there in a thicket he saw a ram caught by its horns. He went over and took the ram and sacrificed it as a burnt offering instead of

his son."

39 "Genesis" in *Bible*, 46:1 : "So Israel set out with all that was his, and when he reached Beersheba, he offered sacrifices to the God of his father Isaac."

40 『莊子』,「大宗師」: "其嗜欲深者 其天機淺."

41 *The Bhagavad Gita*, 4. 24(parenthesis mine).

42 『清遠禪師語錄』: "騎驢尋驢 騎驢不肯下."

43 『莊子』,「知北游」: "生也死之徒 死也生之始…故萬物一也…故曰 通天下一氣耳."

44 *The Bhagavad Gita*, 5. 1. : "Renunciation is praised by thee, Krishna, and then the Yoga of holy work. Of these two, tell me in truth, which is the higher path?"

45 *The Bhagavad Gita*, 5. 6(parenthesis mine).

46 행위를 하되 그 행위의 결과에 집착함이 없이 담담하게 행위하는 것을 말한다. 사람은 누구나 타고난 본성의 기운에 따라 행위 하게 되어 있는 까닭에 비록 한순간이라 할지라도 행위를 하지 않고 있을 수 있는 사람은 없다. 단순히 행위를 포기한다고 해서 행위로 부터 자유로워질 수 있는 것이 아닌 것은, 행위는 행위를 통해서만 초월될 수 있기 때문이다. 행위를 포기하고서는 至高의 완성에 이를 수 없다(*The Bhagavad Gita*, 3. 4-5. : "Not by refraining from acrion does man attain freedom from action. Not by mere renunciation does he attain supreme perfection. For not even for a moment can a man be without action. Helplessly are all driven to action by the forces born of Nature").

47 『明心寶鑑』,「繼善」, 第5章: "馬援曰 終身行善 善猶不足 一日行惡 惡自有餘."

48 『參佺戒經』第316事「小」(報 6階): "過怨 過曰惡 大怨大惡 出自昧智 小惡 亦所做 可領其禍."

49 『參佺戒經』第317事「背性」(報 6階 27級).

50 Gregg Braden, *The Divine Matrix*(New York: Hay House, Inc., 2007), Introduction, pp.xxi-xxii.

51 *Ibid.*, Introduction, p.xxv: "…our ability to understand and apply the 'rules' of the Divine Matrix holds the key to our deepest healing, our greatest joy, and our survival as a species."

52 *Ibid.*, Introduction, p.xxiv.

07 호모커넥투스와 포스트모던 세계의 특성

1 제러미 리프킨 지음, 이경남 옮김, 『공감의 시대』(서울: 민음사, 2010), 470-475쪽.

2 위의 책, 462-467쪽.

3 위의 책, 479쪽.

4 Werner Heisenberg, *Physics and Beyond*(New York: Harper & Row, 1971) 참조.

5 Ray Kurzweil, *The Singularity is Near: When Humans Transcend Biology*(London: Penguin Books, 2005) 참조.

6 그렉 브레이든 외 지음, 이창미·최지아 옮김, 『World Shock 2012』(서울: 쌤앤파커스,

2008), 53-54쪽.

7   위의 책, 37, 50쪽.

8   제러미 리프킨 지음, 이진수 옮김, 『수소혁명』(서울: 민음사, 2003), 83-85쪽.

9   Jeremy Rifkin, *The Hydrogen Economy*(New York: Penguin Group Inc., 2002), pp.178-180.

10 拙著, 『무엇이 21세기를 지배하는가』(서울: 모시는사람들, 2019), 237-241쪽.

11 https://biz.chosun.com/site/data/html_dir/2018/06/20/2018062000232.html (2020. 2.20.) 이산화탄소 배출로 지구온난화의 최대 주범이 된 화력발전은 이미 석유 카운트다운 시작과 더불어 중소형 원전으로의 방향 전환을 모색하고 있다.

12 http://biz.chosun.com/site/data/html_dir/2017/09/09/2017090900248.html (2020. 2.20.) 토륨은 우라늄보다 매장량이 4배나 많으며, 토륨 원자로에서 나오는 사용후핵연료에는 핵무기의 재료가 되는 플루토늄이 나오지 않아 핵확산 우려도 없다.

13 http://biz.chosun.com/site/data/html_dir/2018/09/01/2018090100181.html (2020. 2.20.)

14 뉴턴프레스 지음, 『수소에너지와 핵융합에너지』(서울: 아이뉴턴(뉴턴코리아), 2016), 98, 108쪽.

15 위의 책, 100-101쪽. 운전 개시는 2020년경을 목표로 하고 있으며, 2020년대 중반에 실증로(DEMO), 2035년경에는 상업용 발전소 건설 및 운영, 2040~50년경에는 본격적인 핵융합 발전 시대의 도래 및 실용화를 목표로 하고 있다. ITER 건설 총사업비는 약 50억 8,000만 유로이며, 그중 유럽연합이 45.46퍼센트, 나머지 6개 참여국은 9.09퍼센트씩 분담한다. 한국은 원화로 약 9,000억 원의 비용(현금 22퍼센트, 나머지는 현물)을 부담하게 된다. 향후 ITER 사업 참여국들은 ITER 사업에 관련된 연구개발기술을 무상으로 공유하고 시설 건설과 운영에 직접 참여하며, 관련 기술 및 지적재산권을 공유하게 된다 (https://terms.naver.com/entry.nhn?docId=1255100 (2020.2.20))

16 http://ko.wikipedia.org/wiki/KSTAR (2020.2.20.) KSTAR의 규모는 ITER의 약 25분의 1 정도다. KSTAR는 2019년 12월부터 2021년 12월까지 ITER가 투자하고 KSTAR가 매칭 펀드를 내는 방식으로 '플라스마 붕괴 완화를 위한 대칭형 SPI 및 관련 진단 장치 개발'이라는 과제를 수행 중에 있다 (http://blog.naver.com/PostView.nhn?blogId=nfripr&logNo=221734090604 (2020.2.20.)

17 Jeremy Rifkin, *The Hydrogen Economy*, p.191. 수소에너지의 특징에 대해서는 권호영·강길구 공저, 『수소저장합금개론』(서울: 민음사, 2003), 20쪽 참조.

18 오귀스탱 베르크 지음, 김주경 옮김, 『대지에서 인간으로 산다는 것』(서울: 미다스북스, 2001), 28쪽.

19 Ulrich Beck, Anthony Giddens and Scott Lash, *Reflexive Modernity: Politics, Tradition and Aesthetics in the Modern Social Order*(UK: Polity Press, 1994).

20 사이버네틱스(인공두뇌학)는 미국의 수학자 노버트 위너(Norbert Wiener)의 저서 *Cybernetics: Control and Communication in the Animal and the Machine*(1948)에 소개된 이론으로, "생물의 自己制御의 원리를 기계 장치에 적용하여 통신, 제어, 정보 처리 등의 기술을 종합적으로 연구하는 학문 분야"(https://dic.daum.net/word/view.

do?wordid=kkw000129547 (2017.7.19.))이다. 사이버네틱스의 지향점은 스스로 최적의 상태에 도달할 수 있도록 자동조절 되는 시스템이다.

21 Chris Hables Gray, *Cyborg Citizen*(New York and London: Routledge, 2002), p.24.

22 Ray Kurzweil, *The Singularity is Near: When Humans Transcend Biology*, p.310. 생물학적 지능과 인공지능 사이의 긴밀한 관계에 대해서는 Ray Kurzweil, *The Age of Spiritual Machines: When Computers Exceed Human Intelligence*(New York: Penguin Books, 1999) 참조.

23 Ray Kurzweil, *The Singularity is Near: When Humans Transcend Biology*, p.309.

24 Ken Wilber, *A Brief History of Everything*, p.181.

25 마단 사립 지음, 전영백 옮김, 『후기구조주의와 포스트모더니즘』(서울: 조형교육, 2005). 본 절의 포스트구조주의와 포스트모더니즘에 대해서는 拙稿, 「포스트모던 세계와 포스트휴먼 그리고 트랜스휴머니즘」, 『동학학보』 제44호, 동학학회, 2017, 140-144쪽.

26 마단 사립 지음, 임헌규 옮김, 『데리다와 푸꼬 그리고 포스트모더니즘』(서울: 인간사랑, 1999) 참조. 한국칸트학회, 『포스트모던 칸트』(서울: 문학과지성사, 2006)에서는 흔히 니체의 적자로만 알려진 데리다, 푸코, 리오타르, 들뢰즈 등 포스트모던 철학자들이 실상은 칸트 철학의 磁場안에 있는 것으로 본다.

27 拙著, 『생태정치학: 근대의 초극을 위한 생태정치학적 대응』, 464-465쪽.

28 위의 책, 468-469쪽.

29 Gilles Deleuze, *Spinoza: Practical Philosophy*, translated by Robert Hurley(San Francisco: City Lights Books, 1988), p.24.

30 *Ibid.*, pp.24-25.

31 *Ibid.*, pp.22-23.

32 *Ibid.*, p.26(parenthesis mine).

33 자크 데리다(Jacques Derrida)의 해체이론에 관해서는 Michael Naas, *Taking on the Tradition: Jacques Derrida and the Legacies of Deconstruction*(Stanford, CA: Stanford University Press, 2003); 김영한, 「푸코, 데리다, 료타르의 해체사상」, 『해석학연구』 제4집, 한국해석학회, 1997, 259-278쪽 참조.

34 Michel Foucault, "What is Critique?", in James Schmidt(ed.), *What is Enlightenment? Eighteenth-Century Answers and Twentieth-Century Question*(Berkely: University of California Press, 1996).

35 Michel Foucault, *Discipline and Punish: the Birth of the Prison*, translated from the French by Alan Sheridan(New York: Vintage Books, 1979); 미셸 푸코 지음, 오생근 옮김, 『감시와 처벌: 감옥의 역사』(서울: 나남, 2003).

36 Ken Wilber, *A Brief History of Everything*, pp.86-88.

37 위의 책, p.88.

38 Ken Wilber, *The Marriage of Sense and Soul: Integrating Science and Religion*, pp.120-121: "Reality is not in all ways pregiven, but in some significant ways is a construction, an interpretation (this view is often called 'constructivism')···Meaning is context-dependent, and contexts are boundless (this is often called 'contextualism').

Cognition must therefore privilege no single perspective (this is called 'integral-aperspectival').

39 *Ibid.*, pp.121-123.

40 홀론은 "부분으로서 전체의 구성에 관여함과 동시에 각각이 하나의 전체적, 자율적 통합을 가지는 단위"이다(https://dic.daum.net/word/view.do?wordid=kkw000294517 (2020. 2.22.))

41 Ken Wilber, *The Marriage of Sense and Soul: Integrating Science and Religion*, p.124: "···contexts are indeed boundless precisely because reality is composed of holons within holons within holons indefinitely,···. Even the entire present universe is simply a part of the next moment's universe. Every whole is always a part, endlessly. And therefore every conceivable context is boundless. To say that the Kosmos is holonic is to say it is contextual, all the way up and down."

42 *Ibid.*, p.131.

43 로지 브라이도티 지음, 이경란 옮김, 『포스트휴먼』(파주: 아카넷, 2016), 243쪽. 본 절의 이하 내용은 拙稿, 「포스트모던 세계와 포스트휴먼 그리고 트랜스휴머니즘」, 『동학학보』 제44호, 동학학회, 2017, 144-156쪽; 拙著, 『빅 히스토리: 생명의 거대사, 빅뱅에서 현재까지』(서울: 모시는사람들, 2018), 550-560.

44 Nick Bostrom, "Why I Want to be a Posthuman When I Grow Up," in Bert Gordijn and Ruth Chadwick(eds.), *Medical Enhancement and Posthumanity*(New York: Springer, 2008).

45 로버트 페페렐 지음, 이선주 옮김, 『포스트휴먼의 조건』(파주: 아카넷, 2017), 269-270쪽.

46 위의 책, 269쪽.

47 위의 책, 270쪽; http://www.extropy.org (2017.7.17.)

48 로버트 페페렐 지음, 이선주 옮김, 앞의 책, 271-272쪽.

49 한국포스트휴먼연구소·한국포스트휴먼학회 편저, 『포스트휴먼시대의 휴먼』(파주: 아카넷, 2016), 278-279쪽.

50 사이보그라는 용어는 1960년 미국의 컴퓨터 전문가인 맨프레드 클라인스(Manfred Clynes)와 정신과 의사인 네이선 클라인(Nathan S. Kline)이 쓴 논문 "Cyborgs and Space"에서 처음 사용되었다. 이 논문에서 이들은 인간이 우주복을 입지 않고도 우주에서 생존하기 위해서는 기술적으로 인체를 개조해야 한다고 주장하며 기계와 유기체의 합성물을 사이보그라고 명명했다.

51 영국의 로봇공학 전문가이자 인공두뇌학의 세계적 권위자인 케빈 워릭(Kevin Warwick)은 1998년 자신의 왼쪽 팔에 실리콘 칩을 이식한 데 이어, 2002년에는 왼쪽 손목 밑에 실리콘 전극을 삽입하는 실험을 했고 또한 그의 아내에게도 인공지능 칩을 이식시켜 생각만으로 의사소통을 하게 되어 세계 최초의 사이보그 부부가 됐다.

52 Chris Hables Gray, *op. cit.*, p.2.

53 *Ibid.*, pp.2-3: "···Overall the effect is an extraordinary symbiosis of humans and machines. This is a fundamentally new development in the history of the human. Now with the advent of genetic engineering, we not only can consciously evolve

and invent our machine companions, we can do the same for our bodies. This is clearly a major step beyond natural selection and the careful breeding Darwin called artificial selection. It is, in a phrase coined by Manfred Clynes···participatory evolution."

54 *Ibid.*, p.3.
55 *Ibid.*, p.11.
56 *Ibid.*, p.17.
57 *Ibid.*, p.20.
58 *Ibid.*. pp.19-20.
59 *Ibid.*, pp.6, 31.
60 *Ibid.*, p.194.
61 로버트 페페렐 지음, 이선주 옮김, 앞의 책, 256쪽.
62 위의 책, 272쪽.
63 위의 책, 280-281, 286, 295쪽.
64 http://www.asiae.co.kr/news/view.htm?idxno=2017061615054207450 (2020.2.23.)
65 http://www.extropy.org (2017.7.15); http://humanityplus.org (2017.7.15); 로버트 페페렐 지음, 이선주 옮김, 『포스트휴먼의 조건: 뇌를 넘어선 의식』(파주: 아카넷, 2017), 270쪽.
66 신상규, 『호모 사피엔스의 미래: 포스트휴먼과 트랜스휴머니즘』(파주; 아카넷, 2017), 109쪽.
67 위의 책, 108-109쪽.
68 위의 책, 108쪽.
69 Ray Kurzweil, *The Singularity is Near: When Humans Transcend Biology*, p.325.
70 *The Bhagavad Gita*, 9. 19(parenthesis mine): "I am life immortal and death; I am what is and I am what is not."

08 호모커넥투스와 초연결사회

1 http://mofakr.blog.me/140204918006 (2020.2.24.) 나머지 4대 변화는 수직적 의사 결정의 네트워크된 수평화, 지구촌 거버넌스의 변화, 아시아의 부상, 지구 생태계의 급격한 변화이다.
2 http://news.heraldcorp.com/view.php?ud=20130424000412 (2020.2.24.)
3 https://www.gartner.com/smarterwithgartner/gartner-top-10-strategic-technology-trends-for-2020/ (2020.2.24.)
4 ETRI 5G사업전략실 지음, 『5G 시대가 온다』(서울: 콘텐츠하다, 2017), 224-225쪽; Marcus Weldon, *The Future X Network: A Bell Labs Perspective*, CRC Press, 1st edition, March 1, 2016.
5 조직·문화 변혁을 위한 실행으로는 디지털 사업 비전 제시, 전담 조직 신설, CDO(최고 디지털 책임자) 영입, CoE(Center of Excellence, 전문가 조직)를 중심으로 한 학습 조직 강화

등을 들 수 있다. 기술적 변혁을 위한 실행으로는 디지털 기술 도입, 기술 벤처/스타트업과의 제휴, 액셀러레이팅, 차세대 기술 보유 업체에 대한 투자 및 M&A 등을 들 수 있다. 비즈니스 모델 변혁을 위한 실행으로는 산업/시장 재창조, 디지털 플랫폼 비즈니스 모델로의 전환, 가치 전달 모델의 재구성, 가치 제안의 재정의 등을 들 수 있다(김진영·김형택·이승준 지음, 『디지털 트랜스포메이션 어떻게 할 것인가』(서울: e비즈북스, 2017), 87-88쪽).

6   David L. Rogers, *The Digital Transformation Playbook*(New York: Columbia University Press, 2016), p.240.

7   김진영·김형택·이승준 지음, 앞의 책, 27-29쪽. 본 절의 이하 내용은 拙著, 『새로운 문명은 어떻게 만들어지는가』, 320-336쪽.

8   권병일·안동규·권서림 지음, 『디지털 트랜스포메이션』(서울: 청람, 2018), 8-17쪽. '2007~2008 글로벌 금융위기'는 2007년 미국의 서브프라임 모기지(subprime mortgage) 사태에서 2008년 미국 역사상 가장 큰 파산인 리먼 브라더스(Lehman Brothers)의 파산(bankruptcy)으로 이어지는 위기를 말한다.

9   김진영·김형택·이승준 지음, 앞의 책, 35-36쪽.

10   권병일·안동규·권서림 지음, 앞의 책, 23-24쪽.

11   김형택 지음, 『옴니채널 전략 어떻게 할 것인가』(서울: e비즈북스, 2018), 37-38쪽.

12   인식 기술로는 QR코드, RFID(전자태그), NFC(모바일 신용카드), 이미지 인식 기술 등이 있고, 위치 기반 기술로는 Wi-Fi, GPS, 비콘(Beacon), 지오펜싱(Geofencing) 등이 있으며, 분석 기술로는 빅데이터 분석, 매장 트래킹(tracking) 분석, AI에 의한 고객의 행동 예측 및 취향 분석이 있다(위의 책, 166-294쪽 참조). 고객의 위치를 파악해 고객과 커뮤니케이션할 수 있는 용도로 활용되는 비콘은 쇼루밍(showrooming, 오프라인 매장에서 제품을 살펴본 후 구매는 온라인 사이트를 이용하는 쇼핑 행태) 고객의 매장 구매 유도 및 온·오프라인 연결 매체로 부상하고 있다. 위치 반경 내 고객을 유도하는 지오펜싱은 지리를 뜻하는 geographic과 울타리를 뜻하는 fencing의 합성어이다.

13   김진영·김형택·이승준 지음, 앞의 책, 38-39쪽.

14   위의 책, 69-74쪽.

15   David L. Rogers, *op. cit.*, p.21.

16   *Ibid.*, p.53.

17   *Ibid.*, p.91.

18   *Ibid.*, p.125.

19   *Ibid.*, p.168.

20   *Ibid.*, pp.11-14.

21   https://blog.naver.com/ash_86/221578321959 (2020.2.27.)

22   http://dongascience.donga.com/news.php?idx=34605 (2020.2.27.)

23   이호영 외, 『커넥티드 사회의 구조변동』(서울: 진한엠앤비, 2016), 19쪽.

24   위의 책, 24쪽.

25   요시카와 료조 편저·한일IT경영협회 지음, KMAC 옮김, 『제4차 산업혁명』(서울: KMAC, 2016), 142-146쪽. 실시간 처리로 확대·발전하는 빅데이터 활용은 산업을 포함한 의료, 농업, 공공 서비스 등 광범한 분야에 도전적인 테마로 부상하고 있다. 그러나 이 빅데이

터를 분야의 벽을 넘어 유통과 연계해 이용하기 위해서는 축적되는 데이터의 공통포맷과 이용하는 API(Application Programming Interface, 응용 프로그램 프로그래밍 인터페이스)의 오픈화 등 해결해야 할 과제가 있다.

26 제러미 리프킨 지음, 이진수 옮김, 『수소혁명』(서울: 민음사, 2003), 281-285쪽.

27 제러미 리프킨 지음, 안진환 옮김, 『3차 산업혁명』(서울: 민음사, 2012), 159쪽.

28 마셜 밴 앨스타인·상지트 폴 초더리·제프리 파커 지음, 이현경 옮김, 『플랫폼 레볼류션』(서울: 부키, 2017), 450쪽에서 재인용.

29 요시카와 료조 편저·한일IT경영협회 지음, KMAC 옮김, 앞의 책, 155-160쪽.

30 이호영 외, 앞의 책, 25-26쪽.

31 클라우스 슈밥 지음, 송경진 옮김, 앞의 책, 198-200쪽.

32 마셜 밴 앨스타인·상지트 폴 초더리·제프리 파커 지음, 이현경 옮김, 앞의 책, 448-449쪽.

33 Duncan J. Watts and Steve H. Strogatz, "Collective Dynamics of 'Small-World' Networks," *Nature* 393(June 1998), pp.440-442; https://www.nature.com/articles/30918 (2020.2.29.)

34 이호영 외, 앞의 책, 27-28쪽.

35 중국의 대표적 인터넷 기업인 바이두(Baidu), 알리바바(Alibaba), 텐센트(Tencent)는 영문 이니셜을 따서 BAT라고 부른다. BAT는 미국의 대표적 인터넷 기업군인 'TGIF(트위터·구글·애플아이폰·페이스북)'와 맞먹을 정도로 고속성장하고 있다.

36 http://news.chosun.com/site/data/html_dir/2020/01/05/2020010501548.html (2020.2.29.)

37 http://news.chosun.com/site/data/html_dir/2020/01/05/2020010501548.html (2020.2.29.)

38 https://www.asiae.co.kr/article/2020011611284882115 (2020.3.1.)

39 http://www.fortunekorea.co.kr/news/articleView.html?idxno=11140 (2020.3.1.)

40 http://news.einfomax.co.kr/news/articleView.html?idxno=4071747 (2020.3.1.)

41 마셜 밴 앨스타인·상지트 폴 초더리·제프리 파커 지음, 이현경 옮김, 앞의 책, 36-37쪽. 파이프라인은 기업들이 전반적으로 채택하고 있는 전통적인 시스템으로, 파이프라인의 양쪽 끝에는 각각 생산자와 소비자가 있고, 가치의 창출과 이동이 단계적으로 일어난다. 즉 회사가 먼저 제품이나 서비스를 디자인한 다음, 제품을 제조해서 판매하거나 서비스를 제공하기 위한 시스템이 작동하고, 마지막으로 고객이 등장해 제품이나 서비스를 구매한다. 이러한 단선적 형태로 인해 파이프라인 비즈니스는 '선형적 가치사슬'로 설명되기도 한다.

42 위의 책, 187쪽.

43 김진영·김형택·이승준 지음, 앞의 책, 103쪽.

44 마셜 밴 앨스타인·상지트 폴 초더리·제프리 파커 지음, 이현경 옮김, 앞의 책, 49, 33쪽.

45 https://rankro.tistory.com/181 (2020.3.1.)

46 위의 책, 38쪽.

47 위의 책, 40-45쪽.

48 위의 책, 146, 418-440쪽.

49 이호영 외, 앞의 책, 65-67쪽.

50 마셜 밴 앨스타인·상지트 폴 초더리·제프리 파커 지음, 이현경 옮김, 앞의 책, 450-453쪽.

51 https://100.daum.net/encyclopedia/view/54XXX1090081 (2020.3.6.)

52 https://terms.naver.com/entry.nhn?docId=2838487 (2020.3.7.) 무인 자동차가 집이나 도로, 가로등과 지능적으로 연결되어 정보를 주고받는 것을 예로 들 수 있다.

53 https://terms.naver.com/entry.nhn?docId=3579300 (2020.3.8.)

54 전창범 지음, 『5G: 이동통신 입문』(서울: 홍릉과학출판사, 2018), 7쪽.

55 ETRI 5G사업전략실 지음, 앞의 책, 121-124쪽.

56 https://blog.uplus.co.kr/3695 (2020.3.6.)

57 http://biz.chosun.com/site/data/html_dir/2018/03/18/2018031801730.html (2020.3.7)

58 https://www.news1.kr/articles/?2411356 (2020.3.7.)

59 http://it.chosun.com/site/data/html_dir/2018/04/26/2018042685069.html (2020.3.7)

60 http://economychosun.com/client/news/view.php?boardName=C05&t_num=13608525 (2020.3.7.)

61 클라우스 슈밥 지음, 송경진 옮김, 『제4차 산업혁명』(서울: 메가스터디(주), 2016), 25쪽.

62 하원규·최남희 지음, 『제4차 산업혁명』(서울: 콘텐츠하다, 2015), 279쪽. 미국의 첨단기술·서비스·금융 기업인 GE는 2012년 사물인터넷 시대의 도래를 대비한 신전략으로 '산업 인터넷, 지성과 기계의 한계를 뛰어넘다(Pushing the Boundaries of Minds and Machines)'라는 계획을 발표했다. '중국제조 2025'에 대해서는 김동하, 「'중국제조 2025'와 '인터넷+'」, 포스코경영연구원, 『친디아플러스(Chindia plus)』vol.122, March/April 2017, 15쪽.

63 전창범 지음, 앞의 책, 25-26쪽. All-IP 네트워크가 "음성, 영상, 데이터 등 각종 신호 및 트래픽이 인터넷 프로토콜(IP) 기반으로 통합되는 네트워크"라면, 5G 이동통신 네트워크는 "네트워크와 IT의 융합으로 네트워크 인프라 자체가 통신 지향 데이터센터 위에 EPC, eNB 등의 네트워크 기능들이 가상화되어 구현된 All-IT 네트워크로 진화하게 될 것"으로 전망된다(위의 책, 14-15쪽).

64 클라우스 슈밥 지음, 송경진 옮김, 앞의 책, 12-13쪽.

65 롤랜드버거 지음, 김정희·조원영 옮김, 『4차 산업혁명, 이미 와 있는 미래』(파주: 다산, 2017), 23-27, 167쪽.

66 위의 책, 46-53쪽.

67 클라우스 슈밥 지음, 송경진 옮김, 앞의 책, 37-39쪽. 41-44쪽.

68 https://www.yna.co.kr/view/AKR20181004096100063 (2020.3.8.)

69 롤랜드버거 지음, 김정희·조원영 옮김, 앞의 책, 76-80쪽.

70 클라우스 슈밥 지음, 송경진 옮김, 앞의 책, 64, 66-71쪽.

71 롤랜드버거 지음, 김정희·조원영 옮김, 앞의 책, 28-31쪽.

72 자크 아탈리 지음, 양영란 옮김, 『미래의 물결』(서울: 위즈덤하우스, 2007), 18-19쪽.

09 호모커넥투스 시대

1   https://www.ajunews.com/view/20190915082215452 (2020.3.15.)

2   https://www.edaily.co.kr/news/read?newsId=04742886622520736 (2020.3.15.); http://www.kookje.co.kr/news2011/asp/newsbody.asp?key=20190614.22015006490 (2020.3.15.)

3   http://www.digitaltoday.co.kr/news/articleView.html?idxno=222766 (2020.3.15.)

4   http://www.digitaltoday.co.kr/news/articleView.html?idxno=222766 (2020.3.16.); http://www.m-i.kr/news/articleView.html?idxno=688764 (2020.3.16.)

5   https://www.news1.kr/articles/?3839076 (2020.3.16.)

6   http://www.g-enews.com/view.php?ud=201811041328008449d6eb469fd3_1 (2020.3.16.)

7   ETRI 5G사업전략실 지음, 『5G 시대가 온다』(서울: 콘텐츠하다, 2017), 231-232쪽. 여섯 가지 와해적 기술은 동일 대역 전이중(IFD) 전송, 무선 정보 및 전력 동시 전송, 간섭 채널 비직교 전송, 고밀도 셀-탈피 네트워크, 테라헤르츠 통신, 무선 캐싱이다.

8   위의 책, 232쪽.

9   전창범 지음, 『5G: 이동통신 입문』(서울: 홍릉과학출판사, 2018), 50-51쪽.

10   하원규·최남희 지음, 『제4차 산업혁명』(서울: 콘텐츠하다, 2015), 9-11쪽.

11   ETRI 5G사업전략실 지음, 앞의 책, 223쪽.

12   하원규·최남희 지음, 앞의 책, 11쪽.

13   ETRI 5G사업전략실 지음, 앞의 책, 224쪽.

14   위의 책, 23-25쪽.

15   하원규·최남희 지음, 앞의 책, 14-15쪽.

16   위의 책, 15-17쪽.

17   위의 책, 34-38쪽. 사이버 행성은 1969년 인터넷의 원형이라 할 수 있는 미국 국방부의 ARPA 네트워크(Advanced Research Project Agency Network)가 발전을 거듭하여 전 세계의 인프라로 급속히 확산되면서 생겨났다(위의 책, 34쪽).

18   위의 책, 93-94, 96-97쪽. IoT·IoE에 대한 인류의 비전은 PC나 스마트폰뿐만 아니라 인간의 모든 문명의 이기와 자연물에까지 RFID, 탑재형 센서, 무선 LAN, 5G·B5G 등에 의해 인터넷에 접속하여 개체를 식별하고 위치를 특정하여 통제를 가능하게 하겠다는 것이다(위의 책, 97쪽).

19   위의 책, 107-108쪽. 앞으로 10~20년 사이에 사라질 직업과 잔존할 직업에 대한 전망을 보면, 잔존할 직업 상위 10가지는 레크리에이션 치유사, 정비·설비·수리의 제1선 감독자, 위기관리 책임자, 정신 건강 및 약물 관련 소셜 워크, 청각 훈련사, 작업요법사(작업치료사), 치과 교정사 및 의치 기공사, 의료 소셜 워크, 구강 외과의, 방범·방재 제1선 감독자 등이 있다. 사라질 직업 상위 10가지는 전화 판매원, 부동산 등기의 심사·조사, 손바느질 재봉사, 컴퓨터를 사용한 데이터의 수집·가공·분석, 보험업자, 시계 수리공, 화물 취급인, 세무 신고 대행사, 필름 사진 현상 기술자, 은행 신규 구좌 개설 담당자 등이 있다(위의 책, 123쪽에서 재인용).

20 https://www.youtube.com/results?search_query=내셔널지오그래픽+인류멸망+시나리오 (2020.3.18.)

21 2020년 2월 11일 세계보건기구(WHO)는 이 감염중의 공식 명칭을 COVID-19(Coronavirus disease 2019)로 확정하였다.

22 Fritjof Capra, *The Web of Life*, p.228.

23 앤드루 H. 놀 지음, 김명주 옮김, 『생명 최초의 30억 년』(서울: 뿌리와이파리, 2015), 44쪽.

24 Fritjof Capra, *The Web of Life*, pp.231-232.

25 Requoted from *Ibid.*, p.232.

26 *Chandogya Upanishad* in *The Upanishads*, 6. 1. p.117.

27 Requoted from Amit Goswami, *Quantum Doctor: A Quantum Physicist Explains the Healing Power of Integral Medicine*(Charlottesville, VA: Hampton Roads Publishing Company, Inc., 2004), p.222.

28 *Ibid.*, p.221.

29 *Ibid.*, pp.223-224.

30 *Ibid.*, p.238.

31 박영숙·제롬 글렌 지음, 『유엔미래보고서 2050』(파주: 교보문고, 2016)은 미래적 비전을 함축하고 있는 키워드로 창조, 융합, 연결, 확장을 들고 있다.

32 https://www.gartner.com/smarterwithgartner/gartner-top-10-strategic-technology-trends-for-2020/ (2020.3.24.)

33 Ray Kurzweil, *The Singularity is Near: When Humans Transcend Biology*(London: Penguin Books, 2005), pp.40-41.

34 Requoted from *Ibid.*, p.10. 다음의 저술들은 특이점을 향한 인류의 질주가 필연적임을 분명히 보여준다. Ray Kurzweil, *The Age of Intelligent Machines*(Cambridge, Mass.: MIT Press, 1989); Ray Kurzweil, *The Age of Spiritual Machines: When Computers Exceed Human Intelligence*(New York: Viking, 1999); Hans Moravec, *Robot: Mere Machine to Transcendent Mind*(New York: Oxford University Press, 1999); Damien Broderick, *The Spike: Accelerating into the Unimaginable Future*(Sydney, Australia: Reed Books, 1997).

35 Ray Kurzweil, *The Singularity is Near: When Humans Transcend Biology*, pp.309, 325, 340, 352-364.

36 이원태 외 8인, 『포스트휴먼(Post-Human)시대 기술과 인간의 상호작용에 대한 인문사회학제간 연구』, 정책연구(14-59), 정보통신정책연구원(KISDI), 2014, 166-167쪽.

37 위의 책, 168쪽.

38 김인숙·남유선 지음, 『4차 산업혁명, 새로운 미래의 물결』(수원: 호이테북스, 2016), 258-260쪽.

39 하원규·최남희 지음, 앞의 책, 82-83쪽.

40 https://100.daum.net/encyclopedia/view/54XX34200151 (2020.3.27.)

41 클라우스 슈밥 지음, 송경진 옮김, 『제4차 산업혁명』(서울: 메가스터디(주), 2016), 64, 139, 158쪽. 기술이 일자리를 대체하는 시기에 숙련된 근로자들에게 혜택이 집중되면서 소

득 불균형은 이미 증가하고 있다. 이는 고용주와 정책입안자에게 두 가지 과제를 제시한다. 즉 '어떻게 기존 근로자들이 새로운 기술을 습득하도록 도울 것인가', 그리고 '어떻게 미래 세대를 인공지능으로 채워진 일터에 대비시킬 것인가' 하는 문제다. 고용정책 차원에서는 '평생교육'과 '현장 중심의 직업교육', '시뮬레이션형 직능교육 확대', '인공지능을 활용한 맞춤형 교육과 재교육 기회 확대', 그리고 (기계가 대신할 수 없는) 사회적 공감 능력과 소통 능력이 요구되는 일에 근로자 역할 확대 등이 제시되고 있다(The Economist, "Artificial Intelligence 'March of the Machines'", The Economist, 25 June 2016, p.9).

42 재레드 다이아몬드 지음, 강주헌 옮김, 『재레드 다이아몬드의 나와 세계』(파주: 김영사, 2016), 184, 203, 205쪽.

43 https://newsis.com/ar_detail/view.html?ar_id=NISX20150728_0010189851 (2020. 3.28.) 킬러 로봇 개발은 현재 구상 단계에 있으나 컴퓨터 기술과 인공지능의 급속한 발전으로 향후 20년 내에 현실화될 것으로 전망되며, 양자컴퓨터가 실용화되면 그 시기는 더욱 앞당겨질 전망이다.

44 클라우스 슈밥 지음, 송경진 옮김, 앞의 책, 158쪽에서 재인용; Stephen Hawking, Stuart Russell, Max Tegmark, Frank Wilczek, "Stephen Hawking: Transcendence looks at the implications of artificial intelligence - but are we taking AI seriously enough?", The Independent, 2 May 2014.

45 http://slownews.kr/55083 (2020.3.28.)

46 도덕이 프로그램화될 수 있는가에 관해서는 http://futureoflife.org/category/ai (2020.3.28.); http://futurism.com/the-evolution-of-ai-can-morality-be-programmed (2020.3.28.)

47 닉 보스트롬 지음, 조성진 옮김, 『슈퍼인텔리전스: 경로, 위험, 전략』(서울: 까치, 2017), 456쪽.

48 위의 책, 11쪽.

49 http://slownews.kr/56435 (2020.3.28.)

50 Ray Kurzweil, The Singularity is Near: When Humans Transcend Biology, pp.324-325.

51 Ibid., pp.325-326.

52 Ibid., p.329.

1. 경전 및 사서

『金剛經』　　　　　　『金剛三昧經論』　　　　『大乘起信論』
『大乘起信論別記』　　『大乘起信論疏』　　　　『道德經』
『東經大全』　　　　　『明心寶鑑』　　　　　　『般若心經』
『三國遺事』　　　　　『三一神誥』　　　　　　『龍潭遺詞』
『栗谷全書』　　　　　『莊子』　　　　　　　　『朱子語類』
『中阿含經』　　　　　『中庸』　　　　　　　　『參佺戒經』
『天道敎經典』　　　　『天符經』　　　　　　　『淸遠禪師語錄』
『海月神師法說』　　　『華嚴經』　　　　　　　『華嚴一乘法界圖』
Bible　　　　　　　　*The Bhagavad Gita*　　　*The Upanishads*

2. 국내 저서 및 논문

강길전·홍달수 지음, 『양자의학: 새로운 의학의 탄생』, 서울: 돋을새김, 2013.

권병일·안동규·권서림 지음, 『디지털 트랜스포메이션』, 서울: 청람, 2018.

권호영·강길구 공저, 『수소저장합금개론』, 서울: 민음사, 2003.

김동하, 「'중국제조 2025'와 '인터넷+'」, 포스코경영연구원, 『친디아플러스(Chindia plus)』 vol.122, March/April 2017.

김영한, "푸코, 데리다, 료타르의 해체사상," 『해석학연구』 제4집, 한국해석학회, 1997.

김인숙·남유선 지음, 『4차 산업혁명, 새로운 미래의 물결』, 수원: 호이테북스, 2016.

김진영·김형택·이승준 지음, 『디지털 트랜스포메이션 어떻게 할 것인가』, 서울: e비즈북스, 2017.

김형택 지음, 『옴니채널 전략 어떻게 할 것인가』, 서울: e비즈북스, 2018.

그렉 브레이든 외 지음, 이창미·최지아 옮김, 『World Shock 2012』, 서울: 쌤앤파커스, 2008.

김상일, 「윌버의 과학사상」, 『과학사상』 20호(1997 봄).

김재영, 「여러 세계/마음 해석과 '서울 해석'」, 『물리학과 첨단기술』, 한국물리학회, April 2012.

뉴턴프레스 지음, 『수소에너지와 핵융합에너지』, 서울: 아이뉴턴(뉴턴코리아), 2016.

닉 보스트롬 지음, 조성진 옮김, 『슈퍼인텔리전스: 경로, 위험, 전략』, 서울: 까치, 2017.

더글러스 파머 지음, 강주헌 옮김, 『35억년, 지구 생명체의 역사』, 고양: 위즈덤하우스, 2010.

도미니크 바뱅 지음, 양영란 옮김, 『포스트휴먼과의 만남』, 서울: 궁리, 2007.

디팩 초프라 지음, 도솔 옮김, 『바라는 대로 이루어진다』, 서울: 황금부엉이, 2013.

디팩 초프라·레너드 플로디노프 지음, 류운 옮김, 『세계관의 전쟁』, 파주: 문학동네, 2013.

레이 커지와일 지음, 김명남·장시형 옮김, 『특이점이 온다』, 파주: 김영사, 2007.

로버트 페페렐 지음, 이선주 옮김, 『포스트휴먼의 조건: 뇌를 넘어선 의식』, 파주: 아카넷, 2017.

로저 펜로즈 지음, 노태복 옮김, 『유행 신조 그리고 공상: 우주에 관한 새로운 물리학』, 서울: 승산, 2018.

로지 브라이도티 지음, 이경란 옮김, 『포스트휴먼』, 파주: 아카넷, 2016.

롤랜드버거 지음, 김정희·조원영 옮김, 『4차 산업혁명 이미 와 있는 미래』, 파주: 다산, 2017.

린 마굴리스 지음, 이한음 옮김, 『공생자 행성』, 서울: 사이언스북스, 2014.

마단 사럽 지음, 임헌규 옮김, 『데리다와 푸꼬 그리고 포스트모더니즘』, 서울: 인간사랑, 1999.

마단 사럽 지음, 전영백 옮김, 『후기구조주의와 포스트모더니즘』, 서울: 조형교육, 2005.

마셜 밴 앨스타인·상지트 폴 초더리·제프리 파커 지음, 이현경 옮김, 『플랫폼 레볼류션』, 서울: 부키, 2017.

만지트 쿠마라 지음, 이덕환 옮김, 『양자혁명: 양자물리학 100년사』, 서울: 까치, 2014.

미셸 푸코 지음, 오생근 옮김, 『감시와 처벌: 감옥의 역사』, 서울: 나남, 2003.

박성원 외, 『트랜스휴머니즘 부상에 따른 과학기술 정책이슈의 탐색』(정책연구 2016-19), 과학기술정책연구원, 2016.

박영숙·제롬 글렌 지음, 『유엔미래보고서 2050』, 파주: 교보문고, 2016.

박정호, 「진·선·미: 켄 윌버의 통합적 진리관에 대한 소고」, 『범한철학』 제36집(2005년 봄).

벤 길리랜드 지음, 김성훈 옮김, 『인포그래픽으로 보는 우주 탄생의 비밀』, 서울: RHK, 2015.

브라이언 M. 페이건 지음, 남경태 옮김, 『고대 세계의 70가지 미스터리』, 서울: 오늘의책, 2003.

션 B. 캐럴 지음, 김명남 옮김, 『이보디보: 생명의 블랙박스를 열다』, 고양: 지호, 2007.

스티븐 호킹, 레오나르드 플로디노프 지음, 전대호 옮김, 『위대한 설계』, 서울: 까치, 2010.

시오자와 요시노리 지음, 임채성 등 옮김, 『왜 복잡계 경제학인가』, 서울: 푸른길, 1999.

신상규, 『호모 사피엔스의 미래: 포스트휴먼과 트랜스휴머니즘』, 파주; 아카넷, 2017.

아미트 고스와미 지음, 이봉호 옮김, 『신은 죽지 않았다』, 서울: 시그마인사이트컴, 2014.

아미트 고스와미 지음, 최경규 옮김, 『양자의사』, 서울: 북랩, 2017.

앤드루 H. 놀 지음, 김명주 옮김, 『생명 최초의 30억 년』, 서울: 뿌리와이파리, 2015.

앨프리드 러셀 월리스 지음, 노승영 옮김, 『말레이 제도』, 서울: 지오북, 2017.

얀 클라게 지음, 이상기 옮김, 『날씨가 역사를 만든다』, 서울: 황소자리, 2004.

에른스트 마이어 지음, 임지원 옮김, 『진화란 무엇인가』, 서울: 사이언스북스, 2013.

에른스트 페터 지음, 이민수 옮김, 『과학혁명의 지배자들』, 서울: 양문, 2002.

오귀스탱 베르크 지음, 김주경 옮김, 『대지에서 인간으로 산다는 것』, 서울: 미다스북스,

2001.

오형근, 『불교의 영혼과 윤회관』, 서울: 대승, 2005.

요시카와 료조 편저·한일IT경영협회 지음, KMAC 옮김, 『제4차 산업혁명』, 서울: KMAC, 2016.

유발 하라리 지음, 조현욱 옮김, 『사피엔스』, 파주: 김영사, 2015.

윤희봉, 『무기이온교환체 ACTIVA 연구와 응용의 실제와 가설 1권: 기초 점토연구 편』, 서울: 에코엑티바, 1988.

＿＿＿, 『무기이온교환체 ACTIVA 연구와 응용의 실제와 가설 2권: 파동과학으로 보는 새 원자 모델 편』, 서울: 에코엑티바, 1999.

＿＿＿, 『무기이온교환체 ACTIVA 연구와 응용의 실제와 가설 3권: 물의 물성과 물관리 편』, 서울: 에코엑티바, 2007.

이원태 외 8인, 『포스트휴먼(Post-Human)시대 기술과 인간의 상호작용에 대한 인문사회 학제간 연구』, 정책연구(14-59), 정보통신정책연구원(KISDI), 2014.

이정배, 「켄 윌버의 홀아키적 우주론과 과학과 종교의 통합론」, 『신학과 세계』 42권(2001).

이호영 외, 『커넥티드 사회의 구조변동』, 서울: 진한엠앤비, 2016.

자크 아탈리 지음, 양영란 옮김, 『미래의 물결』, 서울: 위즈덤하우스, 2007.

재레드 다이아몬드 지음, 강주헌 옮김, 『재레드 다이아몬드의 나와 세계』, 파주: 김영사, 2016.

전창범 지음, 『5G: 이동통신 입문』, 서울: 홍릉과학출판사, 2018.

제러미 리프킨 지음, 안진환 옮김, 『3차 산업혁명』, 서울: 민음사, 2012.

제러미 리프킨 지음, 이경남 옮김, 『공감의 시대』, 서울: 민음사, 2010.

제러미 리프킨 지음, 이진수 옮김, 『수소혁명』, 서울: 민음사, 2003.

제이콥 브로노우스키, 『과학과 인간의 미래』, 서울: 김영사, 2011.

조명기 편, 『원효대사전집』, 서울: 보련각, 1978.

조효남, 「상보적 통합적 생명 인식」, 『한국정신과학회지』 제11권 제2호(2007.12, 통권 제22호).

존 홀런드 지음, 김희봉 옮김, 『숨겨진 질서』, 서울: 사이언스북스, 2001.

찰스 다윈 지음, 송철용 옮김, 『종의 기원』, 서울: 동서문화사, 2013.

최민자 지음, 『무엇이 21세기를 지배하는가』, 서울: 모시는사람들, 2019.

＿＿＿, 『빅 히스토리: 생명의 거대사, 빅뱅에서 현재까지』, 서울: 모시는사람들, 2018.

＿＿＿, 『스피노자의 사상과 그 현대적 부활』, 서울: 모시는사람들, 2015.

＿＿＿, 『새로운 문명은 어떻게 만들어지는가: 한반도發 21세기 과학혁명과 존재혁명』, 서울: 모시는사람들, 2013.

＿＿＿, 『동서양의 사상에 나타난 인식과 존재의 변증법』, 서울: 모시는사람들, 2011.

＿＿＿, 『생태정치학: 근대의 초극을 위한 생태정치학적 대응』, 서울: 모시는사람들, 2007.

＿＿＿, 『천부경·삼일신고·참전계경』, 서울: 모시는사람들, 2006.

＿＿＿, 『동학사상과 신문명』, 서울: 모시는사람들, 2005.

_____, 「켄 윌버의 홀라키적 전일주의(holarchic holism)와 수운의 「시」(侍)에 나타난 통합적 비전」, 『동학학보』 제23호, 동학학회, 2011.
칼 G. 융·볼프강 E. 파울리 지음, 이창일 옮김, 『자연의 해석과 정신』, 고양: 연암시가, 2015.
켄 윌버 지음, 정창영 옮김, 『켄 윌버의 통합 비전』, 서울: 물병자리, 2009.
클라우스 슈밥 지음, 송경진 옮김, 『제4차 산업혁명』, 서울: 메가스터디(주), 2016.
톰 하트만 지음, 김옥수 옮김, 『우리 문명의 마지막 시간들』, 파주: 아름드리미디어, 1999.
파드마 삼바바 지음, 류시화 옮김, 『티벳 死者의 서』, 서울: 정신세계사, 2001.
파드마삼바바 지음, 유기천 옮김, 『티벳 해탈의 서』, 서울: 정신세계사, 2000.
프리초프 카프라·슈타인즈-라스트·토마스 매터스 지음, 김재희 옮김, 『신과학과 영성의 시대』, 서울: 범양사 출판부, 1997.
피터 워드·조 커슈빙크 지음, 이한음 옮김, 『새로운 생명의 역사』, 서울: 까치, 2015.
하원규·최남희 지음, 『제4차 산업혁명』, 서울: 콘텐츠하다, 2015.
한국칸트학회, 『포스트모던 칸트』, 서울: 문학과지성사, 2006.
한국포스트휴먼연구소·한국포스트휴먼학회 편저, 『포스트휴먼시대의 휴먼』, 파주: 아카넷, 2016.
C. G. 융 지음, 한국융연구원 C. G. 융저작번역위원 옮김, 『원형과 무의식』, 융 기본 저작집 2, 서울: 솔, 2002.
ETRI 5G사업전략실 지음, 『5G 시대가 온다』, 서울: 콘텐츠하다, 2017.
Fritz Perls 지음, 노안영 옮김, 『펄스의 게슈탈트적 자기치료』, 서울: 학지사, 1996.

3. 국외 저서 및 논문

Aristotle, *Nicomachean Ethics*, translated by J. L. Ackrill, London: Faber & Faber Ltd., 1973.
Asvaghosa, *The Awakening of Faith*, trans. Teitaro Suzuki, Mineola, New York: Dover Publications, INC., 2003.
Beck, Ulrich, Anthony Giddens and Scott Lash, *Reflexive Modernity: Politics, Tradition and Aesthetics in the Modern Social Order*, UK: Polity Press, 1994.
Bertalanffy, Ludwig von, *General System Theory*: Foundations, Development, Applications, New York: Braziller, 1968.
Bohm, David, *Wholeness and the Implicate Order*, London: Routledge & Kegan Paul, 1980.
_____, "Hidden Variables and the Implicate Order," in *Quantum Implications*, ed. Basil J. Hiley and F. David Peat, London: Routledge & Kegan Paul, 1987.
_____, *Quantum Theory*, New York: Prentice-Hall, 1951.

Bohr, Niels, *Atomic Physics and Human Knowledge*, New York: John Wiley & Sons, 1958.

_____ , *Atomic Physics and the Description of Nature*, Cambridge, Eng.: Cambridge University Press, 1934.

Bostrom, Nick, "Why I Want to be a Posthuman When I Grow Up," in Bert Gordijn and Ruth Chadwick(eds.), *Medical Enhancement and Posthumanity*, New York: Springer, 2008.

Braden, Gregg, *The Divine Matrix*, New York: Hay House, Inc., 2007.

Broderick, Damien, *The Spike: Accelerating into the Unimaginable Future*, Sydney, Australia: Reed Books, 1997.

Capra, Fritjof, *The Turning Point: Science, Society, and the Rising Culture*, New York: Bantam Books, 1982.

_____ , *The Web of Life*, New York: Anchor Books, 1996.

_____ , *Belonging to the Universe: Exploration on the frontiers of Science and Spirituality*, New York: Harper & Row Publishers, Inc., 1991.

_____ , *The Tao of Physics*, Boston: Shambhala Publications, Inc., 1975.

Carroll, Sean B., *Endless Forms Most Beautiful: The New Science of Evo Devo and The Making of the Animal Kingdom*, New York: W. W. Norton & Company, 2005.

Castells, Manuel, *The Rise of the Network Society, The Information Age: Economy, Society and Culture*, vol.1, Oxford: Wiley Blackwell Publishing, 1996(second edition 2009).

_____ , *The Power of Identity, The Information Age: Economy, Society and Culture*, vol.2, 1997(second edition 2009).

_____ , *The End of the Millenium, The Information Age: Economy, Society and Culture*, vol.3, 1998(second edition 2010).

Chandogya Upanishad in *The Upanishads*, translated from the Sanskrit with an introduction by Juan Mascaro, London: Penguin Books Ltd., 1962.

Davies, Paul, *Superforce*, New York: Simon & Schuster, 1984.

Deleuze, Gilles, *Spinoza: Practical Philosophy*, translated by Robert Hurley, San Francisco: City Lights Books, 1988.

Diamond, Jared, *Collapse*, New York: Penguin Books, 2005.

Foucault, Michel, "What is Critique?", in James Schmidt(ed.), *What is Enlightenment? Eighteenth-Century Answers and Twentieth-Century Question*, Berkely: University of California Press, 1996.

_____ , *Discipline and Punish: the Birth of the Prison*, translated from the French by Alan Sheridan, New York: Vintage Books, 1979.

Friedman, Norman, *Bridging Science and Spirit: Common Elements in David Bohm'* s Physics, the Perennial Philosophy and Seth, New Jersey: The Woodbridge Group, 1993.

Fromm, Erich, To Have or To Be, New York: Harper & Row, Publishers, 1976.

Gilding, Paul, The Great Disruption, London: Bloomsbury Publishing PLC, 2011.

Goswami, Amit, The Self-Aware Universe: How Consciousness Creates the Material World, New York: Tarcher/Putnam, 1995.

──────, Quantum Doctor: A Quantum Physicist Explains the Healing Power of Integral Medicine, Charlottesville, VA: Hampton Roads Publishing Company, Inc., 2004.

Gray, Chris Hables, Cyborg Citizen, New York and London: Routledge, 2002.

Greenspan, Alan, The Age of Turbulence: Adventures in a New World, New York: penguin Press, 2007.

Hawking, Stephen, The Universe in a Nutshell, New York: Bantam Books, 2001.

Hawking, Stephen & Leonard Mlodinow, A Briefer History of Time, New York: Random House, Inc., 2005.

Hawking, Stephen, Stuart Russell, Max Tegmark, Frank Wilczek, "Stephen Hawking: Transcendence looks at the implications of artificial intelligence - but are we taking AI seriously enough?", The Independent, 2 May 2014.

Heisenberg, Werner, Physics and Philosophy, New York: Harper Torchbooks, 1958.

──────, Physics and Beyond, New York: Harper & Row, 1971.

Isa Upanishad in The Upanishads, translated from the Sanskrit with an introduction by Juan Mascaro, London: Penguin Books Ltd., 1962.

Jantsch, Erich, The Self-Organizing Universe, New York: Pergamon, 1980.

Jung, Carl Gustav, Synchronicity: An Acausal Connecting Principle, London and New York: Routledge, 2008.

Katha Upanishad in The Upanishads, translated from the Sanskrit with an introduction by Juan Mascaro, London: Penguin Books Ltd., 1962.

Kuhn, Thomas S., The Structure of Scientific Revolutions, 3rd edition, Chicago and London: The University of Chicago Press, 1996.

Kurzweil, Ray, The Singularity is Near: When Humans Transcend Biology, London: Penguin Books, 2005.

──────, The Age of Spiritual Machines: When Computers Exceed Human Intelligence, New York: Penguin Books, 1999.

──────, The Age of Intelligent Machines, Cambridge, Mass.: MIT Press, 1989.

Lovelock, James, The Revenge of Gaia, New York: Basic Books, 2006.

MacPherson, Crawford, Democratic Theory: Essays in Retrival, Oxford: Clarendon Press, 1973.

Maitri Upanishad in The Upanishads, translated from the Sanskrit with an introduction by Juan Mascaro, London: Penguin Books Ltd., 1962.

Mandukya Upanishad in *The Upanishads*, translated from the Sanskrit with an introduction by Juan Mascaro, London: Penguin Books Ltd., 1962.

Mansfield, Victor, *Synchronicity, Science, and Soul-Making*, Chicago: Open Court Publications, 1995.

Moravec, Hans, *Robot: Mere Machine to Transcendent Mind*, New York: Oxford University Press, 1999.

_____, "When Will Computer Hardware Match the Human Brain?," *Journal of Evolution and Technology* 1(1998).

Morowitz, Harold J., "Biology as a cosmological science," *Main Currents in Modern Thought*, vol. 28, 1972.

Naas, Michael, *Taking on the Tradition: Jacques Derrida and the Legacies of Deconstruction*, Stanford, CA: Stanford University Press, 2003.

Naisbitt, John and Patricia Aburdene, *Megatrends 2000*, New York: William Morrow and Company, Inc., 1990.

Nicolis, G. and Ilya Prigogine, *Self-Organization in Nonequilibrium Systems: From Dissipative Structures to Order through Fluctuations*, New York: Jone Wiley & Sons, 1977.

Padma-Sambhava, *The Tibetan Book of the Great Liberation*, Introductions, Annotations and Editing by W. Y. Evans-Wents, with Psychological Commentary by C. G. Jung, with a new Foreword by Donald S. Lopez, Jr., London: Oxford University Press, 2000.

Plato, *Republic*, translated by G. M. A. Grube, revised by C. D. C. Reeve, Indianapolis/Cambridge: Hackett Publishing Company Inc., 1992.

Prasna Upanishad in *The Upanishads*, translated from the Sanskrit with an introduction by Juan Mascaro, London: Penguin Books Ltd., 1962.

Prigogine, Ilya and Isabelle Stengers, *Order out of Chaos: Man's New Dialogue with Nature*, foreword by Alvin Toffler, Toronto, New York: Bantam Books, 1984.

Ilya Prigogine, *From Being to Becoming*, San Francisco: Freeman, 1980.

Rifkin, Jeremy, *The Age of Access: The New Culture of Hypercapitalism, Where All of Life is Paid-For Experience*, New York: Jeremy P. Tarcher/Putnam, 2001.

_____, *The Hydrogen Economy*, New York: Penguin Group Inc., 2002.

Rogers, David L., *The Digital Transformation Playbook*, New York: Columbia University Press, 2016.

_____, *The Network Is Your Customer: Five Strategies to Thrive in a Digital Age*, New Haven, Conn.: Yale University Press, 2012.

Russell, Bertrand, *The History of Western Philosophy*, New York: Simon & Schuster,

Inc., 1972.

Schmacher, E. F., *Small is Beautiful: Economic as if People Mattered*, New York: Harper & Row, 1973.

Spinoza, Benedict de, "The Ethics," in *The Benedict de Spinoza Reader*, translated from the Latin by R. H. M. Elwes, Radford, VA: Wilder Publications, 2007.

Stevenson, Ian, *Children Who Remember Previous Lives*, Charlottesville, Va.: University Press of Virginia, 1987.

Talbot, Michael, *The Holographic Universe*, New York: Harper Perennial, 1992.

The Bhagavad Gita, translated from the Sanskrit with an introduction by Juan Mascaro, London: Penguin Books Ltd., 1962.

The Economist, "Artificial Intelligence 'March of the Machines'", *The Economist*, 25 June 2016.

Toffler, Alvin and Heidi, *Creating A New Civilization*, Atlanta: Turner Publishing, Inc., 1994.

Watts, Duncan J. and Steve H. Strogatz, "Collective Dynamics of 'Small-World' Networks," *Nature* 393(June 1998).

Weber, Renee, "The Enfolding-Unfolding Universe: A Conversation with David Bohm," in *The Holographic Paradigm*, ed. Ken Wilber, Boulder, Colo.: New Science Library, 1982.

Weldon, Marcus, *The Future X Network: A Bell Labs Perspective*, CRC Press, 1st edition, 1 March, 2016.

Whitehead, Alfred North, *Process and Reality*, New York: Macmillan, 1929.

Whitton, Joel L. and Joe Fisher, *Life between Lif*, New York: Doubleday, 1986.

Wilber, Ken, *A Brief History of Everything*, Boston: Shambhala, 2007.

_____, *The Eye of Spirit*, Boston & London: Shambhala Publications Inc., 2001.

_____, *Integral Psychology: Consciousness, Spirit, Psychology, Therapy*, Boston, Massachusetts: Shambhala Publications Inc., 2000.

_____, *Eye to Eye*, Boston, Massachusetts: Shambhala Publications Inc., 1999.

_____, *The Collected Works of Ken Wilber*, Vol I, Boston & London: Shambhala, 1999.

_____, *The Atman Project: A Transpersonal View of Human Development*, Wheaton, Illinois: Quest Books, 1996.

_____, *The Marriage of Sense and Soul: Integrating Science and Religion*, New York: Broadway Books, 1998.

Wolf, Fred Alan, *Dr. Quantum's Little Book of Big Ideas: Where Science Meets Spirit*, Needham, Massachusetts: Moment Point Press, 2005.

_____, *Parallel Universes*, New York: Simon & Schuster Paperbacks, 1988.

4. 인터넷 사이트

http://www.extropy.org (2017.7.15)

http://humanityplus.org (2017.7.15.)

http://www.extropy.org (2017.7.17.)

https://dic.daum.net/word/view.do?wordid=kkw000129547 (2017.7.19.)

http://news.chosun.com/site/data/html_dir/2018/06/20/2018062000127.html (2018. 6.20.)

https://ko.wikipedia.org/wiki/코펜하겐_해석 (2019.11.24.)

https://ko.wikipedia.org/wiki/이중_슬릿_실험 (2019.11.24.)

https://ko.wikipedia.org/wiki/코펜하겐_해석 (2019.12.1.)

https://en.wikipedia.org/wiki/Unus_mundus(2019.12.8.)

http://lightlink.com/vic/distinguishing.html(2019.12.8.)

http://opensciences.org/files/pdfs/ISPMS-Summary-Report.pdf (2019.12.20.)

http://opensciences.org/about/manifesto-for-a-post-materialist-science (2019.12.30.)

http://opensciences.org/files/pdfs/ISPMS-Summary-Report.pdf (2019.12.30.)

http://news.chosun.com/site/data/html_dir/2016/05/17/2016051700301.html (2020.1.4)

https://ko.wikipedia.org/wiki/허버트_스펜서 (2020.1.9.)

https://ko.wikipedia.org/wiki/장바티스트_라마르크 (2020.1.10.)

https://terms.naver.com/entry.nhn?docId=1224678 (2020.1.17.)

https://ko.wikipedia.org/wiki/복잡계 (2020.1.17.)

https://100.daum.net/encyclopedia/view/188XX75601236 (2020.1.19.)

http://100.daum.net/encyclopedia/view/24XXXXX71719 (2020.1.19.)

https://www.theplayethic.com/ (2020.1.24.)

https://news.chosun.com/site/data/html_dir/2020/01/27/2020012701393.html (2020.2.2.)

https://www.youtube.com/results?search_query=내셔널지오그래픽+인류멸망+시나리오 (2020.2.4.)

https://biz.chosun.com/site/data/html_dir/2018/06/20/2018062000232.html (2020.2.20.)

http://biz.chosun.com/site/data/html_dir/2017/09/09/2017090900248.html (2020.2.20.)

http://biz.chosun.com/site/data/html_dir/2018/09/01/2018090100181.html (2020.2.20.)

https://terms.naver.com/entry.nhn?docId=1255100 (2020.2.20)

http://ko.wikipedia.org/wiki/KSTAR (2020.2.20.)

http://blog.naver.com/PostView.nhn?blogId=nfripr&logNo=221734090604 (2020.2.20.)

https://dic.daum.net/word/view.do?wordid=kkw000294517 (2020.2.22.)

http://www.asiae.co.kr/news/view.htm?idxno=2017061615054207450 (2020.2.23.)

http://blog.naver.com/PostView.nhn?blogId=mofakr&logNo=140204918006 (2020. 2.24.)

http://news.heraldcorp.com/view.php?ud=20130424000412 (2020.2.24.)

https://www.gartner.com/smarterwithgartner/gartner-top-10-strategic-technology-trends-
     for-2020/ (2020.2.24.)

https://blog.naver.com/ash_86/221578321959 (2020.2.27.)

http://dongascience.donga.com/news.php?idx=34605 (2020.2.27.)

http://news.chosun.com/site/data/html_dir/2020/01/05/2020010501548.html (2020.
     2.29.)

http://news.chosun.com/site/data/html_dir/2020/01/05/2020010501548.html (2020.
     2.29.)

https://www.asiae.co.kr/article/2020011611284882115 (2020.3.1.)

http://www.fortunekorea.co.kr/news/articleView.html?idxno=11140 (2020.3.1.)

http://news.einfomax.co.kr/news/articleView.html?idxno=4071747 (2020.3.1.)

https://rankro.tistory.com/181 (2020.3.1.)

https://100.daum.net/encyclopedia/view/54XXX1090081 (2020.3.6.)

https://blog.uplus.co.kr/3695 (2020.3.6.)

https://terms.naver.com/entry.nhn?docId=2838487 (2020.3.7.)

http://biz.chosun.com/site/data/html_dir/2018/03/18/2018031801730.html (2020.3.7.)

https://www.news1.kr/articles/?2411356 (2020.3.7.)

http://it.chosun.com/site/data/html_dir/2018/04/26/2018042685069.html (2020.3.7.)

http://economychosun.com/client/news/view.php?boardName=C05&t_num=13608525
     (2020.3.7.)

https://terms.naver.com/entry.nhn?docId=3579300 (2020.3.8.)

https://www.yna.co.kr/view/AKR20181004096100063 (2020.3.8.)

https://www.ajunews.com/view/20190915082215452 (2020.3.15.)

https://www.edaily.co.kr/news/read?newsId=04742886622520736 (2020.3.15.)

http://www.kookje.co.kr/news2011/asp/newsbody.asp?key=20190614.22015006490
     (2020.3.15.)

http://www.digitaltoday.co.kr/news/articleView.html?idxno=222766 (2020.3.15.)

http://www.digitaltoday.co.kr/news/articleView.html?idxno=222766 (2020.3.16.)

http://www.m-i.kr/news/articleView.html?idxno=688764 (2020.3.16.)

https://www.news1.kr/articles/?3839076 (2020.3.16.)

http://www.g-enews.com/view.php?ud=201811041328008449d6eb469fd3_1 (2020.3.16.)

https://www.gartner.com/smarterwithgartner/gartner-top-10-strategic-technology-trends-
     for-2020/ (2020.3.24.)

https://100.daum.net/encyclopedia/view/54XX34200151 (2020.3.27.)

https://newsis.com/ar_detail/view.html?ar_id=NISX20150728_0010189851 (2020.3.28.)

http://slownews.kr/55083 (2020.3.28.)

http://futureoflife.org/category/ai (2020.3.28.)

http://futurism.com/the-evolution-of-ai-can-morality-be-programmed (2020.3.28.)

http://slownews.kr/56435 (2020.3.28.)

[용어편]

【ㄱ】

[인명편]

게이츠(Bill Gates) 381

고스와미(Amit Goswami) 121, 125, 209, 212, 338, 482

그레이(Chris Hables Gray) 388

그로프(Stanislav Grof) 110, 161, 162

그리빈(John Gribbin) 152

그리피스(Robert B. Griffiths) 154

길딩(Paul Guilding) 76

나치케타스(Nachiketas) 347

노자(老子) 97

뉴턴(Isaac Newton) 115

니체(Friedrich Wilhelm Nietzsche) 390

다 빈치(Leonardo da Vinci) 115

다윈(Charles Robert Darwin) 288

다즈(John Bovee Dods) 371

더프리스(Hugo Marie de Vries) 292

데리다(Jacques Derrida) 390

데모크리토스(Democritus) 224

데바리(Anton deBary) 320

데스파냐(Bernard d'Espagnat) 89

데이비스(Paul Davies) 86, 110, 166

데이비슨(Clinton Joseph Davisson) 154

데카르트(René Descartes) 95, 125

덴진(Norman Denzin) 57

도시(Larry Dossey) 482

돌(George F. Dole) 116

돌턴(John Dalton) 225

드 브로이(Louis Victor de Broglie) 141, 150, 154

들뢰즈(Gilles Deleuze) 390, 392

디랙(Paul Dirac) 139, 150, 154

딜타이(Wilhelm Dilthey) 395

라마르크(Jean-Baptiste de Lamarck) 288, 289

라이트(E. O. Wright) 50

라인(Glen Rein) 229

라인(Joseph Banks Rhine) 167

라캉(Jacques Lacan) 390

라트바아호(Matti Latva-aho) 461

라플라스(Pierre Simon de Laplace) 220, 373

러더퍼드(Ernest Rutherford) 224

러브록(James Lovelock) 300, 379, 404

러셀(Bertrand Arthur William Russell) 342

러셀(Peter Russell) 231, 376

러셀(Stuart Russell) 492

레비스트로스(Claude Lévi-Strauss) 391

레빈(Uri Levine) 29, 30

레식(Lawrence Lessig) 30

로런츠(Hendrik Antoon Lorentz) 141

로렌츠(Edward Lorentz) 251

로이터(Paul Julius Reuter) 370

로저스(David L. Rogers) 425

리오타르(J. F. Ryotard) 390

리프킨(Jeremy Rifkin) 29, 31, 41, 45, 51, 55

링(Kenneth Ring) 109, 113

마굴리스(Lynn Margulis) 294, 300, 319, 320, 477

마이어(Ernst Mayr) 288

마투라나(Humberto Maturana) 300

만델브로트(Benoit Mandelbrot) 251

만스필드(Victor Mansfield) 168

매슬로(Abraham Maslow) 162

맥퍼슨(Crawford B. MacPherson) 62

맬서스(Thomas Robert Malthus) 291

머민(N. D. Mermin) 153

머스크(Elon Musk) 409, 491

메레슈코프스키(Konstantin S. Merezhkousky) 321

메르켈(Angela Merkel) 445

멘델(Gregor J. Mendel) 292

모스(Samuel Finley Breese Morse) 370

모어(Max More) 400

무디(Raymond A. Moody, Jr.) 113

미치오 카쿠(Michio Kaku) 151

[도서편]

호모커넥투스

등록 1994.7.1 제1-1071
1쇄 발행 2020년 6월 5일

지은이   최민자
펴낸이   박길수
편집장   소경희
편 집   조영준
관 리   위현정
디자인   이주향
마케팅   조영준
펴낸곳   도서출판 모시는사람들
         03147 서울시 종로구 삼일대로 457 (경운동 수운회관) 1207호
전 화   02-735-7173, 02-737-7173 / 팩스 02-730-7173
홈페이지   http://www.mosinsaram.com/

인 쇄   (주)성광인쇄(031-942-4814)
배 본   문화유통북스(031-937-6100)

값은 뒤표지에 있습니다.
ISBN   979-11-88765-82-9   93100

이 도서의 국립중앙도서관 출판예정도서목록(CIP)은 서지정보유통지원시스템
홈페이지(http://seoji.nl.go.kr)와 국가자료공동목록시스템(http://www.nl.go.
kr/kolisnet)에서 이용하실 수 있습니다.(CIP제어번호: CIP2020018645)